SURVIVAL BIBEL - DRITTE AUSGABE 2019
ISBN: 978-3-946919-21-6
Artikel 1791.21.000

Survival Bibel entstammt von Bible for the Nations e.V.
Die 128 vierfarbigen Seiten sind von Bible for the Nations zusammengestellt worden.

Bible for the Nations e.V.
Aulkestraße 28, D-48734 Reken
www bible-for-the-nations com
info@bible-for-the-nations com
Tel: 02864-882907, Fax: 02864-882909
Bibeltext:
Für diese Ausgabe des Neuen Testamentes mit ausgewählten Psalmen wurde verwendet: Neues Leben. Die Bibel, © der deutschen Ausgabe 2002 und 2006 SCM R.Brockhaus in der SCM Verlagsgruppe GmbH, Witten/Holzgerlingen

Gestaltung des Einbands und der Farbseiten: Daniel Karlsson
Druck und Verarbeitung: Druckerei C H Beck / Deutschland

Krisen und lebens-gefährliche Situationen

In den unterschiedlichen Krisen und lebensgefährlichen Situationen ist es einfach zu glauben, dass es keinen Ausweg gibt. Man sieht, dass sich das Ende nähert. Man kämpft vielleicht gegen die Naturgewalten, Kälte, Wasser, Sturm und Feuer. In so einer Situation hat man vielleicht nicht

gerade die Survival Bibel zur Hand. Deshalb kann es sinnvoll sein, sie vorher zu lesen.

Was du hier liest – in den Lebensberichten, Gebeten oder im Neuen Testament, kann lebensrettend sein.

Die Survival Bibel beinhaltet Lebensberichte von Menschen, die sich in ganz unterschiedlichen lebensbedrohlichen Situationen befunden haben. Die Geschichten gehen „unter die Haut“. Sie sind ehrlich, klar und stark. Die Kernaussage ist: Wenn wir in lebensgefährliche Situationen geraten, können wir zu dem um Hilfe rufen, der uns kennt und liebt – Jesus Christus.

Auf ihn kann man sich immer verlassen. Viele Menschen haben in den meisten aussichtlosen Situationen so etwas erlebt, was man „Engelschutz“ nennen kann. Es ist gut zu wissen, dass man, auch wenn es so aussieht, als wenn es keinen Ausweg gibt, sich auf den verlassen kann, der der Weg, die Wahrheit und das Leben selber ist: Jesus Christus. Durch ihn gibt es auch bei den unmöglichsten Situationen einen Ausweg.

Roul und Birgit Åkesson

Ursula Costa
CRASH
in Gottes Hand

Ruhig fährt der Sportler nach einem Wettkampf auf dem Mountainbike nach Hause. Er spürt den Fahrtwind im Gesicht, die wärmende Sonne auf der Haut, das regelmäßige Schlagen seines Herzens, und plötzlich kommt dieses Gefühl in ihm hoch: Du lebst! Vor drei Monaten hätten sie dich beinahe in einem Sarg aus Indien heimgebracht. Aber du lebst! «In diesem Moment wurde mir bewusst, wie riesengroß das Geschenk des Lebens ist», sagt Thomas Bärfuss, bevor er zurückblendet auf jenes Ereignis, das sein Leben bisher am tiefsten prägte.

Als Berufs- und Militärpilot ist er durch und durch Profi. Er liebt seinen Job, vertraut auf die Technik, das Material und auf sein Können. Für ihn ist selbstverständlich, dass er die

«IN DIESEM MOMENT WIRD MIR BEWUSST, WIE RIESENGROSS DAS GESCHENK DES LEBENS IST.»

Garantenrolle für seine Passagiere übernimmt und diese nach bestem Wissen von A nach B fliegt. Das ist auch an diesem Tag im Jahr 2002 nicht anders, als er in Indien einen Bergführer mit drei Gästen auf über 4500 m Höhe hinauf transportiert. Weil ihn beim Landeanflug etwas stört, bricht er diesen ab und überfliegt den Landeplatz.

Er realisiert, dass der Heli trotz maximaler Leistung die Höhe nicht mehr halten kann – innerhalb von Sekunden wechselt die Szenerie von normal auf katastrophal. Nach einem Grat sieht der Pilot die Felsen neben sich größer werden – und spürt bereits im nächsten Moment kühlen Schnee im Gesicht. Dann kraxelt er aus dem kopfüber liegenden Helikopter heraus. Seine Passagiere folgen – alle unverletzt. Das Wrack ist im steilen Gelände in einer Schneemulde hängen geblieben. Sein erster Gedanke: Das ist unmöglich! Gleichzeitig ist das Gefühl, versagt zu haben, unermesslich stark, der Gedanke, jetzt auch zu den Unfallpiloten zu gehören, mehr als schmerzlich. «Nach 5000 Flugstunden, 27'000 Landungen ohne gravierende Zwischenfälle war dieser Absturz für mich ein totales Zerbrechen», versucht Thomas Bärfuss seine damaligen Gefühle zusammenzufassen.

«ALS OB GOTT DIE HAND UNTER DEN HELI GEHALTEN HÄTTE»

Er, der auf der Sonnenseite des Lebens aufwuchs, kaum Rückschläge einstecken musste, war nach diesem Misserfolg am Boden zerstört. Er, der bis dahin dachte, alles im Griff zu haben, wusste plötzlich, dass nur einer wirklich alles im Griff hat – nämlich Gott. Und dieser Gott hatte ihn – fernab von zuhause – in einer Schneemulde sanft landen lassen. «Als ob er seine Hand unter den Heli gehalten und gesagt hätte, bis dahin lasse ich es zu», sinniert Thomas Bärfuss.

Der Unfall, der genauso gut Tote und Schwerverletzte hätte fordern können, wirkte sich frappant auf die Gottesbeziehung des Piloten aus. Bis zu diesem Zeitpunkt hatte der 40jährige zwar mit Gott gelebt, aber nicht wirklich jeden Bereich mit ihm geteilt. Das änderte sich nun: «Ich realisierte immer deutlicher, dass Gott mich ganz haben will, nicht nur Teile von mir. Konsequenterweise überließ ich Jesus vorbehaltlos alle Aspekte meines Lebens, also Beruf, Familie, Freizeit und Sport. Dieser Entschluss veränderte mein Verhältnis zu ihm, und ich erlebe heute eine andere Qualität von Glauben als früher. Der Unterschied zwischen Alltag und unseren ‹christlichen Aktivitäten› existiert nicht mehr. Wenn ich Jesus Christus alles hingebe, erwarte ich auch seine Präsenz im täglichen Leben. Das ist ein fortschreitender Prozess.»

DIE ZEIT IN EINER WACHSENDEN BEZIEHUNG MIT GOTT LEBEN

Auf seine berufliche Tätigkeit hatte der Unfall keine Konsequenzen. Immer noch sei Fliegen seine Passion, und Helipilot der beste Job, den er sich denken könne, erklärt der ruhig wirkende Mann. Natürlich gebe es Situationen, die ihn an den Unfall erinnerten, wo eine innere Warnlampe aufleuchte, aber nicht im Sinne von Angst. Verändert hat sich jedoch seine Sicht: Er erkennt heute vermehrt, was ihm anvertraut worden ist. In Anbetracht von Unfällen, zu denen er als Rettungsflieger gerufen wird, wird ihm immer mehr bewusst, dass Gott souverän ist. «Er gibt uns eine gewisse Anzahl Tage. Die Frage ist, was wir mit diesen Tagen machen. Ich weiß nicht, wie lange mein irdisches Leben dauert. Aber ich weiß, dass ich diese Spanne in einer wachsenden Beziehung zum Schöpfer erleben und

«ER ERKENNT HEUTE VERMEHRT, WAS IHM VON GOTT ANVERTRAUT WORDEN IST.»

die Zeit für ihn einsetzen will.»

Das Risiko war und ist Bestandteil seiner Geschichte. Etwas, woran er sich gewöhnt hat und mit dem er in seinem Beruf leben muss. Als Kind eines Pioniers im Bereich der Helikopterfliegerei kann er sich gut daran erinnern, wie er jeweils bangte, wenn sein Vater nachts zu Einsätzen ausrücken musste. Menschen, die mit der Familie am Tisch gesessen hatten, kamen nicht mehr zurück. Später waren es Arbeitskollegen und Freunde. Dieser Umgang mit dem Risiko ist prägend und führte dazu, dass Thomas Bärfuss heute als Ehemann und Familienvater darauf achtet, dass alles bereinigt ist, wenn er das Haus verlässt.

DIE FASZINATION DER BERGE

Mit der Familie teilt er seine zweite Passion: Die Berge, respektive das Klettern und Bergsteigen. Die Berge faszinieren ihn ganz generell. «Wenn ich am frühen Morgen oder abends den Gipfeln entlangfliege und sich Sonne, Schatten, Kontraste und verschiedenste Farben abwechseln, ist das einfach genial. Davon kann ich nie genug kriegen.» Ebenso berührend sei der Weg zu Fuß auf den Gipfel: Der Einstieg in den Tag, das erste Tasten über Steine, die Wegsuche im Dunkeln, der allmähliche Lichteinfall, Höhepunkte mit schönen Passagen, Grate zum Überwinden und schließlich der Gipfel. Zum Naturerlebnis kommt dann auch die sportliche Herausforderung:

«Klettern ist der genialste Sport! Du brauchst Kraft und Ausdauer, alle deine Sinne und die Psyche – den kompletten Menschen. Das fasziniert mich.»

Eine Faszination, die er bereits bei seinem 13jährigen Sohn spürt. Ihm und seinen beiden Töchtern wünscht er eine ebenso natürliche, für den Alltag relevante Gottesbeziehung. Denn für Thomas Bärfuss liegt die Tatsache, dass der Gott, der diese Welt und die Natur so imposant und genial erschaffen hat, sich noch für die kleinsten Details im Leben jedes einzelnen Menschen interessiert, jenseits jeglichen Vorstellungsvermögens. Aber es ist so, dies erlebt der Pilot seit seiner «Landung in Gottes Hand» täglich neu.

Vom Jugendleiter zum Rausschmeißer

ENTSCHEIDUNG FÜR'S LEBEN

In der Schule ging es nicht immer friedlich zu. Ich wurde nicht akzeptiert und musste mich oft verteidigen. Deshalb kam es immer wieder zu Schlägereien. Ich hatte auch sonst viele Probleme aufgrund meiner aggressiven Haltung.

Mit meinem Bruder gab es immer wieder Streit. Möglicherweise war das der Grund dafür, dass mein Vater, der Pastor ist, mich so oft auf seine Reisen mitnahm. Oft saß ich in den verschiedenen Gottesdiensten und hörte ihm aufmerksam zu. Dabei lernte ich viel Interessantes aus der Bibel, aber was das alles mit meinem Leben zu tun haben sollte, hatte ich bis dahin nicht ganz gecheckt.

Als ich 14 Jahre alt war, kam ein Gastprediger in unsere Gemeinde. Mir war, als ob er über mein Leben reden würde. Damals ging es mir nicht sonderlich schlecht, aber plötzlich wurde mir klar, dass ich Gott brauchte. Und dann noch zu hören, dass mich Gott so liebt, wie ich bin, das schlug bei mir wie ein Blitz ein, und ich bekehrte mich an diesem Tag zu Jesus. Der Prediger sagte dann noch zu mir: „Ich soll dir von Gott ausrichten, dass du einmal ein Evangelist sein wirst.“ Ich war skeptisch, aber er sollte damit Recht behalten.

DER GRÖSSTE FEHLER MEINES LEBENS

Ich verbrachte nun viel Zeit in meiner Gemeinde. Mein Leben wurde ruhiger. Als ich 16 Jahre alt war, begann ich eine Pfadfinderarbeit und machte etwa zur gleichen Zeit als Laie meine ersten Erfahrungen mit dem Predigen.

Zu dieser Zeit begann ich mit dem Bodybuilding und trainierte wie besessen in einem Fitness-Studio.

Kurz vor meinem 18. Lebensjahr machte ich einen großen Fehler. Ich setzte mich ans Steuer eines Autos, obwohl ich keinen Führerschein besaß, und baute einen Unfall. Ich fuhr einen Bekannten an, und das direkt vor meiner Haustür. Damals brach eine Welt für mich zusammen. Der ganze Ort redete darüber, und alle Pläne, die ich für mein Leben hatte, waren dahin.

VOM JUGENDLEITER ZUM RAUSSCHMEISSER

Die Krankenhauskosten zahlte keine Versicherung, und so musste ich mir an den Wochenenden selbst Geld verdienen, um die Rechnungen zu begleichen. Nachdem die Gerichtsverhandlung abgeschlossen war, bekam ich einen Job als Rausschmeißer in einer Diskothek angeboten und willigte ein. Inzwischen war ich Vizemeister im Bodybuilding geworden und hatte wohl die nötigen Qualitäten für diesen Job. Da ging es dann richtig zur Sache.

Fast jeden Abend gab es Schlägereien und Auseinandersetzungen. Viele meiner Kollegen wurden zusammengeschlagen. Es wurden Messer gezogen und auch eingesetzt. Da denkt man dann schon mal über Sinn und Unsinn des Lebens nach, wenn sich Leute wegen irgendwelcher Lappalien mit Wagenhebern, Äxten und Zaunlatten die Knochen zerschmettern, und du selbst bist mitten drin. Ich hatte so viele Fragen an Gott. Noch heute sehe ich mich genau, wie ich damals in die Sterne gerufen habe: „Gott, was soll das alles?“ Die Sinnlosigkeit dieser Gewalt nagte an mir. Aber so war das Leben.

Kneifen ging nicht. Das wollte ich auch gar nicht. In eine heile Welt, die die Augen vor der Wahrheit verschließt, wollte ich nicht fliehen. So machte ich dann weiter. Ich wurde immer aggressiver, und das brachte mir noch mehr Probleme. Meine damalige Verlobte hielt das alles nicht mehr aus und gab mir den Laufpass. Damit war ich dann richtig im Keller und geriet in eine Existenzkrise. Meine Nerven lagen blank. Ich war am Ende und wusste nicht mehr weiter. Ich haderte mit meinem Schicksal, mit meinem Gewissen, mit meiner Schuld und mit Gott. So konnte es nicht weitergehen.

Nur ein Gedanke hielt mich noch bei Verstand: „Wenn es Gott gibt, dann muss es einen Weg aus dieser Situation geben." Und beides gab bzw. gibt es.

SIE WOLLTEN SICH RÄCHEN

Ich kann mich besonders an ein Ereignis erinnern. Eine Gruppe von 30 Leuten war vor der Disco aufgetaucht und wollte sich dafür rächen, dass wir ein paar von ihnen in der Nacht rausgeprügelt hatten. Sie waren mit Baseballschlägern, Messern und anderen Waffen ausgerüstet. Wir waren zu der Zeit nicht viele Türsteher, und einer sagte: „Jetzt ist es aus! Das schaffen wir nicht!" Schon oft wurden unsere Diskotheken gestürmt und verwüstet. Aber diesmal sah es richtig schlecht für uns aus. Wenn dich solche Leute einmal am Boden haben, machen sie dich alle.

Tief in mir spürte ich, dass Gott zu mir sagte: „Ich bin ein Gott des Friedens! Vertraue mir!" Ich wusste plötzlich, dass es die beste Lösung wäre, wenn ich rüber gehen würde, um mit den Jungs zu reden. Aber das war auch die unvernünftigste Lösung, denn sie warteten nur darauf, einen von uns in die Finger zu bekommen. Meine Kollegen hielten mich fest, als ich meine Waffen weg legte. Sie sagten: „Wenn du dort hingehst, werden sie dich zu Tode prügeln!" – Als ob ich das nicht selbst gewusst hätte.

Ich konnte mich aber doch frei machen und ging zu der Gang rüber. Was dann wirklich passierte, weiß ich nicht. Ich sprach mit den Leuten, und nach 20 Minuten packten sie ihre Waffen zusammen und gingen einfach davon. Als ich wieder bei meinen Kollegen ankam, sagte einer von ihnen: „Dein Gott lebt wirklich!“ Über diese Aussage musste ich dann selbst nachdenken. Mehrere Male war ich in meinem Leben in Todesgefahr, aber ich durfte immer erleben, dass Gott bei mir ist.

VON DER DISCO AUF DIE KANZEL

Die große Not, die mir bei meiner Arbeit begegnete, machte mir zu schaffen. Immer wieder traf ich Menschen, die am Ende waren und nicht weiter wussten, die sich die Birne zudröhnten, damit sie nicht über gestern und morgen nachdenken mussten. Ich erinnerte mich an das, was der Prediger gesagt hatte: „Du wirst einmal Evangelist.“ Mein Glaube wuchs in dieser Zeit und wurde stark. Ich las wieder mehr in der Bibel und bekam Antworten auf Fragen, die mich umtrieben. Die Gottesdienste am Sonntagvormittag wollte ich nicht verpassen, so fuhr ich oft direkt von der Disco zum Gottesdienst. Einige Male predigte ich dort auch. Das Thema war nicht selten die große Not der Menschen, die mir während meiner Arbeit begegneten. Damals kamen auch Menschen auf mich zu, die ich noch nie zuvor gesehen hatte. Sie sagten mir alle ungefähr das Gleiche: „Ich soll dir von Gott ausrichten, dass du Evangelist werden sollst.“ Darüber war ich schockiert. Aber irgendwann musste ich mich entscheiden, ob ich weiter in den Diskotheken arbeiten wollte, oder ob es jetzt Zeit war, Gott ganz zu vertrauen – mit allen Konsequenzen.

DAS LETZTE MESSER

Während einer Schlägerei an der Tür sprang jemand mit gezogenem Messer auf mich zu. Es war zu spät, noch zu reagieren. Innerlich brüllte ich: „Gott, hilf mir!“ In diesem Augenblick blieb der Typ wie angewurzelt stehen. Ich wollte sofort mit meinem Schlagring zuschlagen, aber ich konnte nicht. Irgendetwas war in mir geschehen. So standen wir einige Augenblicke da, und eine innere Stimme sagte mir: „Du wirst hier krepieren, wenn du weiterhin vor mir weg läufst.“ Ich wusste, dass Gott mir diese Gedanken gegeben hatte. Ich war wie gelähmt und forderte den Typ auf, mir das Messer zu geben. Dann dachte ich, ich spinne, denn er gab es mir, drehte sich um und ging weg. Seit diesem Moment weiß ich es ganz genau: Gott ist da.

Nach diesen Erlebnissen hörte ich auf, an der Tür zu arbeiten und besuchte ein theologisches Seminar, um persönlich im Glauben weiter zu kommen und mehr Zeit zum Studieren und Beten zu haben.

Mit meiner Ehefrau Annika und guten Freunden, die ebenfalls mit Jesus Christus leben, sind wir oft in der Szene und in christlichen Gemeinschaften unterwegs, um den Menschen Gottes wunderbare Botschaft weiter zu geben. Wir nennen uns „Jesus Family – Holy Bikers” und wollen Gottes Reich bauen und nicht „unseren Club”. Es gibt nichts Gigantischeres als mit und für Jesus unterwegs zu sein, in seinem Frieden und seiner Kraft! Wenn wir Dir irgendwie helfen können, dann melde Dich!

Kornelius Novak „Mondo“
0172/2348968, k.n@jf-kq.de

Gefangen im Netzwerk Osama bin Ladens

GEKIDNAPPT

Es war im Mai 2001. Mein Mann Martin und ich flogen zu einer schöner Touristenanlage im Süden der Philippinen, um unseren Hochzeitstag zu feiern. Es war für uns eine lang ersehnte Pause, die wir wirklich benötigten. Wir hatten für unsere Kinder jemanden besorgt, der auf sie aufpassen konnte. Damals waren wir seit 16 Jahren als Missionare auf den Philippinen gewesen und das letzte Jahr war ein besonders hartes Jahr gewesen. Deshalb genossen wir es umso mehr, einfach zu zweit wegzufahren. Doch unser romantischer Urlaub verlief nicht so, wie wir es uns erträumt hatten. Es wurde ein furchtbares Erlebnis, weit schlimmer, als wir uns je vorgestellt hätten. Wir wurden in unserem Hotel von Abu Sayyaf Terroristen gekidnappt. Die Abu Sayyaf ist eine Organisation, die in Verbindung zu Osama bin Laden steht.

WIR WAREN AN UNSERE GRENZEN GEKOMMEN

Am Anfang unserer Gefangenschaft dachten wir, dass wir innerhalb kürzester Zeit frei gehandelt werden würden. Wir dachten, dass es sich nur um einige Tage, im schlimmsten Fall um ein paar Wochen handeln würde. Doch die Tage und Wochen wurden zu Monaten in Gefangenschaft.

Unsere Tage verbrachten wir im Dschungel. Wir mussten um unser Leben laufen indem wir versuchten, dem philippinischen Militär zu entkommen. Wir flohen vor denen, die von der Regierung ausgesandt waren, um uns zu finden und zu retten. Wir kamen an unsere Grenzen. Wir waren ausgehungert, haben auf dem nackten Boden geschlafen und tranken das Wasser direkt aus dem Fluss. Wir wurden Zeugen der schlimmen Brutalität dieser Männer, wenn wir Dorfeinwohnern begegneten. Es war, als ob dieser Albtraum nie zu Ende zu gehen schien.

WO WAR DIE STARKE GLAUBENSHELDIN GRACIA GEBLIEBEN?

Als meine körperlichen Kräfte schwanden, schwand auch mein Glaube. Ich war erschrocken über die Entwicklung, die ich bei mir feststellen konnte. Ich fing an, Gottes Güte in Frage zu stellen. Und ich sah mich als jemanden, von dem ich glaubte, dass es ihn gar nicht gibt. Wo war die starke Glaubensheldin Gracia, die ich vorher gekannt hatte, geblieben?

In meiner Verzweiflung begann ich, mitten in meinem Versagen, zu Gott zu schreien.

Gott, der voll Barmherzigkeit ist und der Vater allen Trostes, begann in meinem Herzen zu wirken. Viele Tage und Nächte fragten wir uns, ob wir noch einen Tag schaffen würden. Doch gerade in diesen Situationen, jedesmal ohne Ausnahme, hat Gott immer dafür gesorgt, dass wir auf irgendeine Art und Weise eine Ermutigung bekamen.

UNSERE GEDANKEN DREHTEN SICH UMS ESSEN

Es war fast am Jahrestag unserer Gefangenschaft. Niemals hätten wir uns vorstellen können, dass unsere Geiselhaft so lange dauern würde. Unser „kulinarisches Angebot" gab viel Anlass zu Träumen und Wünschen. Martin, die anderen Geiseln und ich hatten zu dieser Zeit durch die magere Diät viel Gewicht verloren. Deswegen war Essen unser Hauptgesprächsthema. Irgendwie drehten sich unsere Gedanken immer ums Essen. In dieser Zeit tat ich etwas ziemlich wildes und fing damit an, Gott um einen Hamburger zu bitten. Einfach nur so! Ich kann nicht sagen, dass ich wirklich eine Gebetserhörung erwartet habe. Ich hatte nur einfach Hunger nach gutem „American food". Jeden Tag war mein Gebet: ein Hamburger.

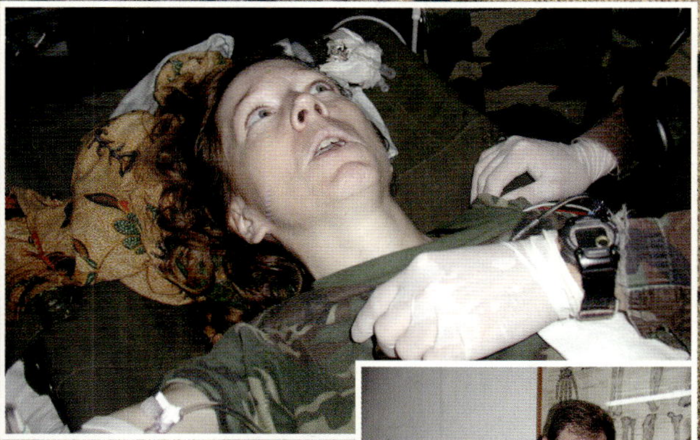

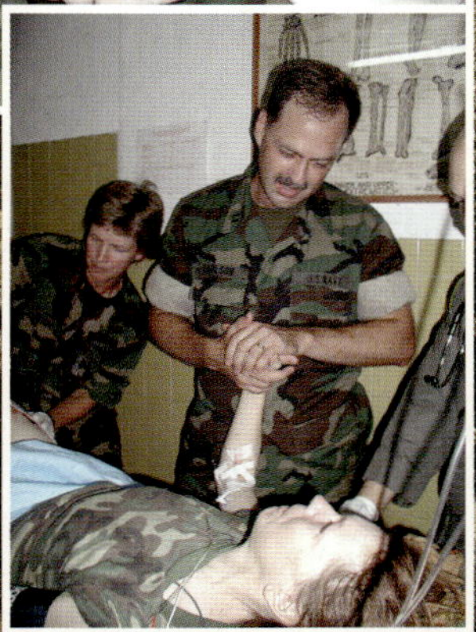

DER HAMBURGER

Es war nicht lange danach, als wir uns bei einem kleinen Fischerdorf, in der Nähe einer Großstadt befanden. Eines Tages fuhr ein Teil unserer Kidnapper in die Stadt, um Vorräte zu besorgen. Sie machten Halt bei Jollibee, der philippinischen Version von MC Donalds. Spät abends kamen die Männer zurück. Sie hatten Hamburger, Pommes Frites und Coca Cola für Martin und mich dabei. Sie selber aßen keine Hamburger, weil es für sie verboten war, brachten aber welche für uns mit. Martin und ich bekamen an diesem Abend eine Sonderlieferung mit Abendessen, mitten im Dschungel. Das war ein Wunder. Als ich diesen Hamburger aß, waren meine Augen mit Tränen gefüllt. Der Geschmack war wunderbar!

GOTTES TREUE

Mein Herz, meine Seele und mein Körper waren so tief bewegt von dieser unbeschreiblichen Versorgung durch unseren liebenden Vater im Himmel. Mein Hamburger Wunder im Dschungel erinnerte mich in schwierigen Zeiten an Gottes Treue. Es wuchs in mir ein ganz neues Vertrauen zu Gott, trotz meiner Umstände. Dieses Erlebnis half mir auch durch die schwere Zeit, als Martin, ein paar Monate später, bei einem Feuergefecht während unserer Befreiung erschossen wurde. Martin verlor sein Leben bei der Operation, die meine Freiheit bedeutete. Später wurde mir klar, dass der Gott, der dafür gesorgt hat, dass ich im Dschungel einen Hamburger bekam, derselbe Gott ist, der mir bei meiner Rückkehr in

die Zivilisation helfen würde, als ich zu meinen drei Kindern zurückfuhr, um uns ein neues Leben aufzubauen.

GOTT FINDET IMMER EINEN WEG

Es gibt keine Situation, die für Gott zu schwer ist. Er findet immer einen Weg, um uns das zu geben, was wir benötigen. Das gilt auch für die dunkelsten Zeiten in unserem Leben. Auch wenn die schweren Zeiten nicht immer so ausgehen, wie wir uns das gewünscht haben. Er gibt genügend Kraft, die wir brauchen, damit wir weitergehen können.

Zum Schluss ein Gebet: Danke, lieber himmlischer Vater, dass du uns immer versorgst, auch wenn wir uns im tiefsten Tal unseres Lebens befinden. Du wirst dafür sorgen, dass wir das haben, was wir benötigen.

Gracia Burnham

** Die ganze Geschichte kann man in dem Buch „Im Angesicht meiner Feinde“ lesen. Gerth Medien Verlag.*

Fritz Herrli

In der Lawine schrie ich zu Gott

Als die Lawine zum Stillstand kam, war ich im Schnee wie eingemauert. «Jesus, du siehst, wo ich bin!», schrie ich noch. Dann verlor ich das Bewusstsein, eingemauert von der Lawine.

Es war extrem windig auf dem Crasta Mora. Auf dem flachen Grat mussten wir, Ueli, 62 und Martin, 54, streckenweise kriechen – derart stark war der Wind. Der Crasta Mora im Engadin gilt als relativ lawinensicher, dazu kam, dass Martin und ich diesen Berg gut kannten: Schon fünf Mal waren wir mit den Tourenskiern auf dem 2952 Meter hohen Berg gewesen. Wir ahnten nichts von der Gefahr.

KAMPF OHNE CHANCE

Es war so kalt auf dem Grat, dass wir beide schon nach wenigen Minuten die Abfahrt antraten. Ich machte ein paar erste Schwünge und wollte dann stoppen. Doch ich konnte nicht. Das war der erste Schreck. Ich merkte, dass etwas passierte – der Instinkt sagte mir: Reiss sofort die Ski heraus und weg! Doch ich konnte nicht mehr aus den sich bewegen-

«DIE LAWINE REISST IHN MIT, TREIBT IHN AUF ZWEI FELSBLÖCKE ZU ...»

den Schneemassen heraus kommen. Das war mein zweiter Schreck: ausgeliefert! Die Lawine riss mich mit, trieb mich auf zwei Felsblöcke zu. Ich versuchte zwischen ihnen hindurchzusteuern. Doch in diesem Moment staute sich die Lawine, und der Schnee deckte mich zu. Es war 15.05 Uhr. Die Lawine hatte auch Martin erfasst, ihn jedoch nur bis zur Hüfte zugedeckt. Mit der Schaufel aus seinem Rucksack konnte er sich ausgraben. Er rief nach mir – keine Antwort. Die Lawine war 80 Meter breit und 250 Meter lang. Nichts war zu sehen. Suchgeräte hatten wir nicht. Martin erkannte, dass er keine Chance hatte mich zu finden. Er beschloss nach La Punt hinunterzufahren und Hilfe zu holen.
Schreie im Schnee
Ich hörte ein grosses Rauschen und wurde einfach beerdigt. Ich war von der Lawine völlig zugedeckt und fühlte einen furchtbaren Druck. Schnee überall, auch vor meinem Gesicht. Unbeschreibliche Panik. Ich wollte mir Luft verschaffen, rüttelte mit dem Kopf, versuchte, die Hand zu

bewegen. Doch es ging nicht. Lawinenschnee ist wie Beton. Ich rief nach Martin. Nach jedem Schrei rang ich nach Luft. Durch den Schnee drang nur wenig Sauerstoff. Dann schrie ich zu Gott: «Jesus, du siehst, wo ich bin!» Ich rang nach Atem. «Wenn du willst, dass ich einen neuen Auftrag erfülle ...» Wieder rang ich nach Atem. «... dann musst du mich hier herausholen!» Ich wiederholte mein Stossgebet – dann verlor ich das Bewusstsein.

Ganzer Einsatz

Bis La Punt brauchte Martin 45 Minuten. Er stürmte ins Hotel, wo er und Ueli in den Ferien waren und telefonierte mit der Rettungsflugwacht. Um 16.25 Uhr starteten in Samedan zwei Hubschrauber. Einer landete kurz in La Punt, um Martin aufzunehmen. Dann flogen sie hinauf zum Crasta Mora. Die Helfer wussten: Nach so langer Zeit sind die meisten Verschütteten bereits tot. «Wir sind jetzt an der Unfallstelle angekommen», meldeten die Retter per Funktelefon ins Hotel, wo meine Frau und die Freunde bangten und beteten. Fünf Hundeteams waren im Einsatz, darunter auch Hundeführer Gian Paul Caratsch und sein Deutscher Schäfer Pol. In 35 Jahren hatte Caratsch 60 Lawineneinsätze mitgemacht. Erst einmal hatte er einen Verschütteten lebend gefunden.

Körpertemperatur 33 Grad

Pol ist es, der mich nach 15 Minuten ortete. Die Helfer gruben und legten meinen Kopf frei. Ich sass aufrecht im Schnee – und ich lebte! Die Retter sagten mir, ich hätte gebrüllt wie ein Stier, aber ich kann mich nicht daran erinnern. Nur unbewusst realisierte ich meine eigene Rettung. Noch konnten die Retter nicht sagen, ob ich überleben würde. Meine Körpertemperatur betrug nur noch 33 Grad, doch ich war unverletzt. Um 17.40 Uhr startete der Hubschrauber. 12 Minuten später war ich im Kantonsspital Chur. Das Erste, woran ich mich wieder erinnerte, war ein silberner schimmernder Sack, in dem ich lag und aus dem mir warme Luft entgegen strömte. «Er ist

gut ansprechbar», meldete der Arzt nach La Punt. Und: «Wir haben keine Schäden gefunden.» Zwei Stunden und zwanzig Minuten war ich verschüttet. Nach so langer Zeit beträgt die Überlebenschance noch etwa 3 Prozent.

Ein Entrecôte für Pol

Drei Tage später kehrte ich mit meiner Frau ins Engadin

«DIE ÜBERLEBENSCHANCE WAR ETWA 3 PROZENT – ER ÜBERLEBTE WIE DURCH EIN WUNDER ...»

zurück. Im Hotel gab es ein kleines Fest. Ich spendierte zwei Entrecôtes – eines für Caratsch und eines für Pol. Nachher las ich den offiziellen Flugrapport der Rega. Darauf hiess es über meine Rettung: «Überlebt wie durch ein Wunder.»

Autor: Fritz Herrli/ umgeändert B. Åkesson
Quelle: Die Bergbibel, www.bergbibel.com

3200 km barfuß durch den Dschungel

Gandhi Marinova

SCHÜSSE UND STREITEREIEN IN DER UMGEBUNG

Nach meiner Ausbildung als Krankenschwester in der Schweiz, habe ich mich entschieden in Afrika zu arbeiten. Das war für mich viel spannender, als in der Schweiz in einer Klinik als Krankenschwester tätig zu sein. Durch die Schweizerische Allianz Missionsgesellschaft kam ich nach Angola. Die erste Zeit war sehr schön; ich habe die Sprache und die Kultur kennengelernt. In Afrika musste ich viele selbständige Entscheidungen bei der Arbeit treffen und eine meiner wichtigsten Aufgaben war es, die Angolaner auszubilden. Ich arbeitete für 12 Jahre auf einer großen Leprastation, dann später auf einer Aussenstation. Als es im Land unruhiger wurde, sind fast alle Missionare, die Kinder hatten wieder in die Heimat gefahren. Ich war alleinstehend und bin auf der Missionsstation geblieben. Oft hörten wir Schüsse und Auseinandersetzungen in der Umgebung, manchmal hatte ich Angst, doch immer wieder haben wir den Schutz Gottes erlebt.

„NEIN, TÖTET SIE NICHT"!

Nach einer Weihnachtsfeier auf der Station, mitten in der Nacht, kamen die Rebellen von UNITA. Zuerst hatte ich keine Angst vor ihnen, weil sie mich kannten und sie mir ihre Dankbarkeit gezeigt hatten. Die Rebellen, die aber in dieser Nacht kamen, kannten mich nicht. Sie zogen mich, nachdem ich nicht auf ihren Befehl reagiert hatte, einfach nach draußen. Auf der Veranda zog einer der Rebellen sein großes Buschmesser, um mich zu töten. Da hörte ich von hinten, wie ein anderer Rebell rief: „Nein, tötet sie nicht!" Er sagte, sie sollten mich mitnehmen. Ohne Schuhe und Kleidung, barfuß und nur mit Nachthemd, haben sie mich verschleppt. Ich war an den Händen gefesselt und wurde zusammen mit noch fünf anderen vom Personal des Missionskrankenhauses weggeführt. Später trennten die Rebellen mich von den andern und ohne dass ich es mitbekam, brachten sie die anderen um. Das ganze Krankenhaus haben sie verwüstet.

3200 KM IN SIEBEN MONATEN

Da war ich nun, im Dschungel, barfuß, im Nachthemd, umgeben von bewaffneten Männern, die voller Wut und Hass waren. Weil ich ihre Sprache gelernt hatte, konnte ich mich mit den Rebellen verständigen. Nie hätte ich mir träumen lassen, dass dies der Anfang eines Marathonlaufes über 3200 km innerhalb von sieben Monaten werden würde. Zuerst habe ich nicht richtig realisiert, dass dies eine echte Entführung war, doch langsam begriff ich, dass ich eine Gefangene war. Ich musste die ganze Nacht laufen. Ich wusste nicht, was die Rebellen mit mir vorhatten. Aus Angst musste ich mich erbrechen und war ganz außer mir. Ich war so fertig, dass ich die Rebellen gebeten habe, mich zu töten. Ich wollte einfach nicht weiter. Ich bat sie, mich lieber zu erschießen und nicht mit dem Buschmesser zu töten. Sie aber sagten, ich sollte weiterlaufen.

DIE BIBEL UND EIN PAAR BRILLEN

Es war ein langer Lauf von Lager zu Lager. Jeden Tag musste ich barfuß laufen, in der Nacht musste ich draußen schlafen, in Kälte und Regen. Was mir Kraft gegeben hat und was das erste Zeichen von Oben in dieser Situation war, war als einer der Rebellen mir eine Bibel gab. Ich war überglücklich. Kurz danach reichte er mir ein paar Brillen. Ich war so froh über die Bibel, dass ich gar nicht daran gedacht hatte, dass ich ohne Brille nichts lesen konnte und der Rebell hatte ja auch keine Ahnung, dass ich eine Brille brauchte. Aber aus irgendeinem Grund schenkte er mir diese Brillen. Jeden Tag las ich in der Bibel und schöpfte daraus die nötige Kraft.

Zum essen gab man mir Maisbrei und Fische, die sehr gestunken haben. Ich wollte das nicht essen und dachte aus Wut über einen Hungerstreik nach. Doch dann kam mir plötzlich der Gedanke, dass ich auf der Veranda vor dem tödlichen Buschmesser bewahrt worden bin. Wollte Gott, dass ich noch weiterlebe? Ich beschloss, dass ich das Meinige dazutun wollte, um zu überleben und aß alles, was sie mir gaben. Ich ließ meine Wut los und beschloss, den Soldaten zu vergeben und Gott zu vertrauen, obwohl ich nicht verstehen konnte, warum dies alles mit mir geschah.

2. MOSE 23,20

Der Anführer der Rebellen beschloss, dass man mich in das Hauptlager, auf der anderen Seite des Landes, bringen sollte. Das bedeutete eine Wanderung von 3200 km ohne Schuhe und mit nur wenig Kleidung, Tag und Nacht in einem Kriegsgebiet. Manchmal mussten wir eine ganze Woche lang wieder zurück gehen und einen Umweg um das Kriegsgebiet machen. Ich habe nicht alles verstanden, aber irgendwie doch mitbekommen, dass ein langer Marsch vor mir lag. Während dieser Zeit las ich in der Bibel und kam dabei an eine Stelle, in der es heißt:

„Siehe, ich sende einen Engel vor dir her, der dich behüte auf dem Wege und bringe dich an den Ort, den ich bereitet habe“ (2.Mose 23, 20). Ich war überrascht, aber ich wusste, es war ein Wort vom Herrn. Ich war mir sicher, dass ich einen Engel bei mir hatte, der mit mir gehen und mich ans Ziel bringen würde. Das gab mir die Kraft zum weiterlaufen.

DIE EINSAMKEIT MACHTE MIR SEHR ZU SCHAFFEN

Ich lief und lief und lief – und ich hatte Gottes Schutz. Kein wildes Tier griff mich an, auch keine Schlangen oder Krokodile. Die Moskitos, die mich gestochen haben, haben mich nicht mit Malaria angesteckt. Bei den Schießereien bin ich nicht verwundet worden. Ich musste schmutziges Wasser trinken, ohne es vorher abzukochen und bin nicht krank geworden. Bei den Übernachtungen im Busch, im „Hotel tausend Sterne", kam ich abends zur Ruhe. Obwohl ich manchmal traurig war, litt ich nicht an Depressionen. Meine Füße waren voller Wunden und taten mir sehr weh. Auch die Einsamkeit machte mir sehr zu schaffen. Manchmal träumte ich von Mahlzeiten, die ich essen würde, wenn ich wieder frei sein würde. Wonach ich mich am meisten sehnte waren Rösti.

AN MEINE GRENZEN GEKOMMEN

Wenn ich mich ausruhen durfte, dachte ich darüber nach, was mit mir passieren würde und was die Rebellen mit mir vorhatten. Doch immer wieder schenkte Gott mir seinen Frieden. Es geschah ein paar Mal, dass ich an meine Grenzen der Kraft kam. Eines Abends, als wir das Lager aufgeschlagen hatten, überfiel mich ein starkes Gefühl von Hilflosigkeit, Verlassenheit und überwältigte mich. Ich konnte nur noch weinen. Einer der Rebellen, der mich früher gefragt hatte, warum ich die Bibel lesen würde, kam auf mich zu, sah dass ich weinte und fragte: „Was hast du heute in der Bibel gelesen?" Er wollte mich ermuti-

gen, meinen Glauben an Gott festzuhalten – auch in den dunkelsten Tagen.

Auch die Sterne am Himmel waren wie Leuchtfeuer in meiner Finsternis. Es war, als würden sie mir Mut zusprechen und mich daran erinnern, dass Menschen für mich beten. Ich begriff, dass Gott von meiner Situation wusste, auch wenn Menschen nicht wussten wo ich war.

AUS MEINER GEFANGENSCHAFT DAS BESTE ZU MACHEN

Was fast am Schlimmsten für mich war, war als ich in die verschieden Lager kam und viel Not und Krankheit sah und nichts machen konnte. Ich hatte keine Medikamente und konnte den Menschen nicht helfen. Sie verstanden nicht, warum ich als Weiße ihnen nicht helfen konnte, sondern selber eine Gefangene war.

Die Soldaten wechselten sich bei den Fußmärschen ab, nur ich war gezwungen, die ganze Strecke zu laufen. Immer waren es vier Soldaten, die mich bewachten. Ohne Seife, Shampoo, Zahnbürste oder die Kleidung zu wechseln, habe ich alles versucht, aus meiner Gefangenschaft das Beste zu machen. Doch mit der Zeit magerte ich sehr ab und sah fast aus wie ein wandelndes Skelett. Obwohl ich als die einzige Frau mit so vielen Männern unterwegs war, rührten sie mich nicht an. Eine Woche lang hatte ich so schwere Wunden an den Füßen, dass ich von vier Soldaten getragen werden musste.

IM HAUPTLAGER

Endlich erreichten wir das Hauptlager und ich traf den Rebellenführer.

Sie hatten mit der schweizerischen Regierung in Bern um mich verhandelt und ein Abkommen abgeschlossen. Doch so wie ich aussah, wollten sie mich nicht loslassen. Sie „mästeten“ mich eine Woche lang und gaben mir viel zu essen. Der Anführer hatte in der Schweiz studiert und kannte sich mit unserer Neutralität aus. Trotzdem wollte er wissen, warum wir als Schweizer im Land geblieben waren, als alle anderen Missionare längst nach Hause gefahren waren. Ich bekam auch mit, dass er den Rebellen befohlen hatte, alles zu tun, damit ich in einem guten Zustand im Hauptlager ankomme. Zum ersten Mal nach Monaten konnte ich wieder unter einem Dach schlafen. Das war etwas ganz besonders.

MIT SWISSAIR NACH GENF

Nach viel Hin und Her wurde ich über die Grenze in das Nachbarland gebracht. Sie versprachen mir, dass dort ein Flugzeug warten und mich ins Ausland bringen würde. Es dauerte aber noch einige Tage und wir mussten immer fort, um zum Flugzeug zu kommen. Ich war der Verzweiflung nahe und fragte mich, ob es je dazu kommen würde, dass mich ein Flugzeug abholen kommt. Doch endlich kam der langersehnte Flug. Ich war ganz alleine im Flugzeug, das mich nach Sambia brachte. Dort wurde ich eine Woche lang in einem Haus festgehalten. Ein weiteres Flugzeug brachte mich in den Senegal. Einer der Rebellen flog mit mir. Er kam auch mit, als ich zur schweizerischen Botschaft in Dakar ging. So konnte ich niemanden davon berichten, was mit mir passiert war. Durch Augenzwinkern nahm ich Kontakt mit einer Frau dort auf. Sie verstand was los war. Ich bekam einen neuen Pass und ein Flugticket für einen Flug nach Genf. Aber ich war immer noch in den Händen von UNITA.

Im Wartebereich des Flughafens konnte ich immer noch nicht begreifen, dass ich jetzt in ein paar Stunden in meiner Heimat landen würde. Auf dem Flughafen in Genf wurde ich von Journalisten empfangen und musste sofort eine Pressekonferenz geben. Es war politisch sensibel, was immer ich auch sagen würde, aber Gott hat mir dabei geholfen.

Erst dann konnte ich meine Familie und Freunde wieder in die Arme schließen.

EIN NEUER AUFTRAG

Die folgenden zwei Jahre war ich in der Schweiz. Doch dann bekam ich ein Angebot, eine ganz neue Arbeit unter Leprakranken in Guinea Conakry, Westafrika aufzubauen. Weil ich Erfahrung mit Leprakranken hatte, fragte mich die Missionsgesellschaft, ob ich nicht mit einem jungen Team diese Arbeit aubauen wollte. Wir waren die einzige Missionsgesellschaft, die die Erlaubnis bekommen hatte, in diesem Land zu arbeiten. Zuerst lehnte ich ab, auch meine Freunde meinten, dass ich doch Gott auch in der Schweiz dienen könnte.

Doch Gott hat zu mir gesprochen. Und ich habe mich dieser neuen Aufgabe gestellt. Es war keine leichte Aufgabe. Ich glaube, wenn ich nicht diese Erfahrung als Geisel im Dschungel gehabt hätte, hätten wir es als Team nicht im Guinea ausgehalten. Es war uns fast unmöglich, unsere Arbeit dort auszuführen. Mehrmals wollte mein Team aufgeben, aber ich habe irgendwie gewusst, dass Gott uns diese „Tür“ aufgemacht hatte. Ich blieb insgesamt 15 Jahre im Land, von denen die ersten vier Jahre eine schwere Prüfung für uns alle im Team waren.

GOTT, ICH VERTRAUE DIR!

Heute bin ich mehr als 80 Jahre alt und lebe in der Schweiz.

Ich habe Angola und meinen alten Arbeitsplatz wieder besucht.

Gerne möchte ich noch einmal nach Guinea, um von diesem Land Abschied zu nehmen und um zu sehen, wie die Arbeit dort vorangeht.

Was mir bei all dem, was ich erlebt habe, am wichtigsten geworden ist, ist das man Gott immer vertrauen kann. Auch wenn man nicht alles versteht. Ich lebe mit dieser Aussage: „Gott, ich verstehe alles nicht, aber ich vertraue dir".

Gandhi Marinova

Zweite Chance im Leben

Ryan Roberts

Den 5. September 1999 werde ich immer als Wendepunkt in meinem Leben in Erinnerung behalten. Es war der Tag, an dem Gott mir eine zweite Chance gab.

DER TRAUM

In der Nacht vom 18. August 1999 hatte ich den lebhaftesten Traum, an den ich mich je nach dem Aufwachen erinnern konnte. Der Traum begann mit mir in einem Wald, ich lag auf dem Rücken. Ich hatte den Eindruck, dass gerade etwas wirklich Furchtbares passiert war und ich sehr still liegen sollte. Leute standen um mich herum und ich bat sie, mit mir zu beten. Wir baten den Herrn um seinen Segen für die ganze Situation. Das nächste woran ich mich erinnerte war, wie ich die Unterseite eines Hubschraubers sah, während ich an einem 15 Meter langen Seil hing. Ich erinnere mich, wie ich in dem Traum dachte, „Mann, das ist mein erster Hubschrauberflug und ich kann mich noch nicht mal darüber freuen!" Ich erinnere mich auch an einen Fotografen, der dort war und Fotos machte. Das nächste, woran ich mich erinnere war, dass ich in einem Krankenwagen fahre. Dann bin ich in der Notaufnahme in einem Krankenhaus. Ich werde langsam in eine weiße Röhre mit einem roten Licht, das um meinen Kopf herumschwirrt, geschoben. Die letzte Szene zeigt mich unter einem Röntgengerät und C3 und C5 an meiner Halswirbelsäule sind markiert. Ich war mir im Traum sehr sicher, dass die Ärzte C5 untersuchten, um sicherzustellen, dass er nicht verletzt ist. Das nächste, was ich erkenne ist eine Stimme. Ich weiß, es ist die Stimme des Herrn, der mir einige wichtige Schlüsselsätze sagt. Er sagte, *„All dies* *muss geschehen, aber ich werde mit dir hindurchgehen. Die richtigen Leute werden zur richtigen Zeit am richtigen Ort sein."* Die Aussage, die allem zugrunde lag war, *„Du wirst komplett wiederhergestellt werden."*

Am nächsten Morgen erwachte ich recht beunruhigt von diesem Traum, tat es aber einfach ab als das, was es war, ein Traum.

Zwei Wochen kamen und gingen und ich erinnerte mich wieder an den Traum. Damals habe ich gedacht, „Nun gut, es ist noch nichts passiert, also denke ich, dass es nicht eintreten wird." Ich wusste nichts von dem, was Gott für mich vorbereitet hatte!

DER UNFALL

Es war das lange Wochenende vom 5. September 1999. Zwei Freunde und ich beschlossen mit den Mountain Bikes loszufahren. Ich betrachte mich selbst als gemäßigten Fahrer mit einiger Erfahrung in dem Gelände, das wir uns für diesen Tag vorgenommen hatten. Wir beschlossen, nur die kleine Runde (6,8 km) zu fahren. Meine Freunde und ich kamen gut voran und wir waren bereits auf dem Rückweg zum Auto und hatten nur noch 1,5 km vor uns.

Der einspurige Weg war recht breit, mit stark ansteigendem Gelände zur Linken und einem steilen Abhang auf der rechten Seite. Ich war vorsichtig, weil wir um eine leichte Linkskurve fuhren. Mitten aus dem Weg ragte ein Stein und ich beschloss, rechts daran vorbei zu fahren. Mein Reifen muss an einen anderen Stein oder etwas anderes gestoßen sein, weil ich, bevor ich es richtig bemerkte, vom Weg abrutschte und über den Hügel fuhr. Meine Versuche, mit aller Kraft, zu korrigieren machten

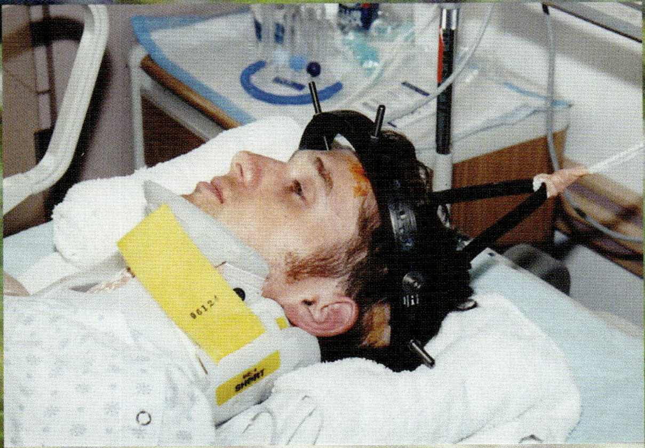

alles nur noch schlimmer, als ich den 45° Hang hinunterstürzte.

Als ich versuchte vom Fahrrad loszukommen und nicht den Hang hinunterzustürzen, prallte das Rad auf etwas im Wald und ich wurde rückwärts über eine 9 Meter hohe Klippe geschleudert. Es müssen 15 Meter gewesen sein, bevor ich zum Stillstand kam.

Meine zerschrammte Brille war durchgebrochen, hatte aber meine Augen vor Schaden bewahrt. Aber der Rest hatte nicht so viel Glück. Ich erinnere mich schwach daran, auf einem Stein gesessen und mir den Nacken gehalten zu haben, während unerträgliche Schmerzen durch meinen Körper schossen. Weil mir noch nicht alle Farbe aus dem Gesicht gewichen war und ich zu der Zeit noch alle Sinne beieinander hatte, gingen mein Freund und ich zurück auf den Weg. Ich erinnere mich noch daran, dass ich meinen Nacken mit beiden Händen gerade gehalten habe als wir

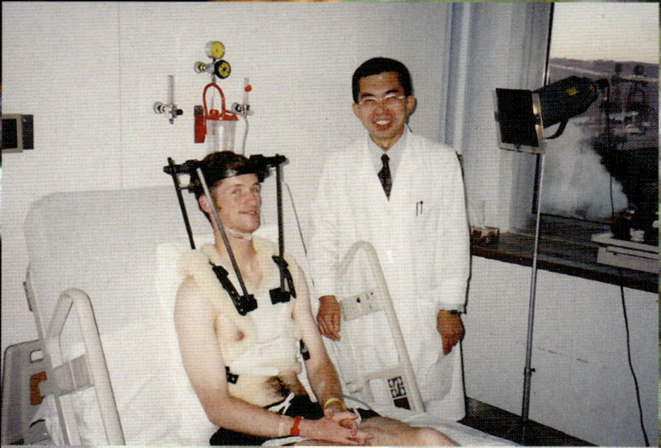

gingen, weil ich wusste, dass irgendetwas ganz und gar falsch war.

Als wir zurück auf dem Weg waren, kam gerade eine Krankenschwester vorbei, die in die andere Richtung wanderte. Sie wies mich an, mich hinzulegen und hielt meinen Nacken so still wie möglich. Innerhalb einer Zeit von fünf Minuten brachte Gott einen Arzt und zwei weitere Krankenschwestern (insgesamt 4 medizinische Mitarbeiter).

Ich erinnere mich nicht daran, aber als alle um mich herum versammelt waren, habe ich in dem Chaos und meinem wiederholten Bericht von der Gehirnerschütterung, jedem erzählt, dass ich dies in einem Traum früher gesehen hatte. Ich sagte, dass wir in dem Traum gebetet hatten.

Einige der Leute lachten, aber meine Freunde wussten, dass ich meinte, was ich sagte, also beteten wir. Der Park Ranger kam bald darauf mit einem Spineboard, zur Ruhigstellung der Wirbelsäule. Weil ein weiterer Unfall mit einem Quad in der Nähe passiert war, war ich Zweiter, der ausgeflogen werden sollte.

Es dauerte vier Stunden bis der Hubschrauber kam, aber mir kam es vor, als wenn es nur ein paar Minuten gewesen wären. Ich phantasierte, wiederholte mich alle zwei Minuten. Ich erinnere mich während dieser Zeit, in der ich auf dem Weg lag, nur daran, dass ich aufschaute und den besorgten Blick meines Freundes sah. Das nächste woran ich mich erinnere ist, dass ich nach oben sah und einen Hubschrauber über mir erkannte, von dem ein 30 Meter langes Seil herabhing. Mein Kopf war stramm auf das Spineboard gebunden und eine Halskrause schütze meinen Hals. Ich versuchte mit den Augen zur Seite zu sehen, aber alles was ich sehen konnte war Luft. „Es passiert“, dachte ich, „der Traum passiert!“ Danach wurde ich wieder ohnmächtig. Sie schafften es, mich zu einem nahegelegenen Parkplatz zu fliegen und ein Krankenwagen brachte mich zum Krankenhaus. Ein Rettungssanitäter erzählte mir später, dass ich ihm versichert hatte, dass alles gut werden würde. Nachdem wir im Krankenhaus angekommen waren, ordneten die Ärzte sofort eine Computertomografie, Kernspintomografie und Röntgenaufnahme für eine Diagnose an. Ich öffnete meine Augen zwei Sekunden lang, als ich in die Röhre geschoben wurde, in der ein rotes Licht um meinen Kopf schwirrte. Im Traum hatte ich nicht erkannt, um was für ein Gerät es sich gehandelt hatte, aber in der Realität wusste ich es.

Ich hatte solch ein überwältigendes Gefühl von Frieden, das ich nicht beschreiben kann. Ich lag auf dem Spineboard mit der Halskrause, schaute auf die Röntgenaufnahmen mit meinem Genickbruch, ohne zu wissen, ob ich jemals wieder würde gehen können. Jesus gab mir seinen Frieden. Ich hatte die totale Zusicherung von Jesus, dass er auf mich aufpassen würde und dass er mich durch diese Lebenskrise bringen würde.

Einer der Ärzte in der Notaufnahme sagte mitten im Chaos spontan, „wir sehen nicht viele Überlebende bei dieser Art von Verletzung, ganz zu schweigen Menschen, die ihre Arme und Beine wieder voll bewegen können."

Nach Gebet mit verschiedenen Menschen und Gesprächen mit mehreren Ärzten, wurde die Entscheidung getroffen, mich in einen Halo-Fixateur zu stecken, einen „Heiligenschein" aus Metall. Nein, sie wollten nicht den Stöpsel ziehen und mich zum Himmel schicken, damit ich einen bekommen würde, sondern haben einen Kopfring aus Metall an meinem Kopf befestigt.

Der Fixateur hält den Nacken gerade und komplett aufrecht, damit die Heilung einsetzen kann. Ein orthopädischer Spezialist wurde gerufen, der auch biomechanischer Ingenieur und Christ war! Er bohrte vier verschiedene Schrauben in meinen Schädel, die den Fixateur sicherten. „Du wirst ein lautes Knacken hören", sagte er, als er seinen Schrauberzieher benutze, um die Bolzen an meinem Kopf zu befestigen.

Danach legten sie mich in einen Streckverband, damit mein Genick von alleine heilen konnte. Der Gedanke dahinter war, wenn sie meinen Nackenwirbel lang genug strecken konnten, würde er vielleicht wieder von alleine an seinen alten Platz zurück gehen. Das wurde über eine Zeit von zwei Tagen probiert, aber mit begrenztem Erfolg. Er ging zwar immer von alleine zurück, aber wenn sie mich auf die Beine stellten, rutschte er wieder aus der Stellung. Fünf Tage später wurde die Entscheidung getroffen, weiterzumachen und zu operieren.

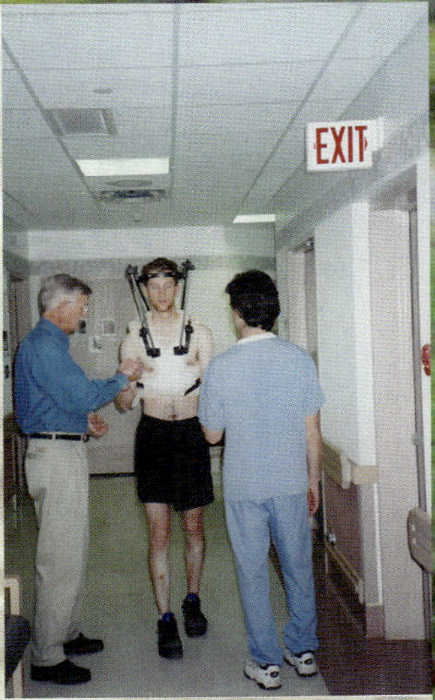

Nachdem ich in den OP gefahren wurde und bevor der Anästhesist mir die Narkose verabreichte, bat ich, ob wir für die OP beten könnten.

„Wir machen das normalerweise nicht... aber ja, sicher!" erwiderte der Arzt. Wir hielten uns rund um den OP an den Händen und ich betete laut: *„Herr Jesus, ich bete, dass du die Ärzte leitest und durch sie zu deiner Ehre arbeitest. Ich bete, dass dein Wille geschieht und dass du während der ganzen Operation dabei bist. Bitte segne diese Menschen, dass sie durch dein handwerkliches Geschick Heilung bringen. Im Namen Jesu, Amen."*

Ich wachte im Aufwachraum auf und hatte einen miserablen Geschmack im Mund. Ich versuchte die Schwester zu fragen, „wie ist es gelaufen?"

„Der Arzt sagte, es war zu 99% perfekt", informierte sie mich. Einen Tag nach der OP konnte ich laufen und nach zwei Tagen wurde ich aus dem Krankenhaus entlassen.

Niemals war Gottes Liebe deutlicher für mich, als während dieser herausfordernden Zeit. Als ich eines schönen

Abends aus meinem Krankenhausfenster schaute, sah ich einen rosa Sonnenuntergangshimmel, Gebirgsausläufer im Vordergrund und schneebedeckte, glitzernde Bergspitzen im Hintergrund. Für einen kurzen flüchtigen Moment verstand ich seinen Plan, nicht nur für mein Leben, sondern für die Menschheit. Ich erkannte, wie gewaltig und ehrfurchtgebietend Gott wirklich ist. Ich erkannte auch, wie kurz unsere Zeit auf der Erde ist und wie kostbar unsere Zeit hier wirklich ist.

ENDLICH FREI

Dienstag, 7. Dezember 1999 – der Fixateur wird abgenommen.

Ich werde niemals den Tag vergessen, an dem der Fixateur entfernt wurde. Was für ein Gewicht wurde von meinen Schultern genommen! Auf dem Nachhauseweg, nachdem der Fixateur entfernt wurde, liefen einfach Tränen der Freude und Dankbarkeit über mein Gesicht.

Das war vor mehreren Jahren und ich bin jetzt, genau wie Gott versprochen hat, komplett geheilt. Ich beendete mein Studium der Elektrotechnik an der Universität von Calgary und bin jetzt Verkehrspilot in den Vereinigten Staaten.

Wenn du mit dem etwas anfangen kannst, was ich erzählt habe, dann hör mir bitte zu: Gott ist ein Gott der Liebe. Er ist der Gott der zweiten Chancen. Wenn du dein Vertrauen auf Jesus setzt, wird er dich niemals im Stich lassen. Egal, wie viel Angst du vielleicht hast, gebe alles ihm, vertraue dein Leben ihm an, du wirst es niemals bereuen, wenn du diese Entscheidung triffst. Ich fordere dich heraus, diese lebensverändernde Entscheidung heute zu treffen.

Ryan Roberts
President/CEO
Halozone Enterprises

Haiti
– das Erdbeben und Jesus Christus

WIE PASST DAS DENN ZUSAMMEN? LIES BITTE WEITER.

Am 6.1.2010 bebte für 37 Sekunden die Erde auf Haiti, dem viertärmsten Land der Welt. Das relativ kurze Beben hatte aber die Kraft von acht Hiroshima-Atombomben und kostete mindestens 200.000 Menschen das Leben. 3 Millionen Menschen wurden obdachlos. Internationale Hilfe wurde unerlässlich und wird auch für weitere Jahre notwendig bleiben. Aber was hat das mit mir zu tun?

14 Tage nach diesem Ereignis erhielt ich eine Anfrage, ob ich mir vorstellen könnte an einem medizinischen Einsatz des Kinderhilfswerkes Global-Care aus Fritzlar teilzunehmen. Der Einsatzort sollte ein teilweise zerstörtes Waisenhaus mit angeschlossenem Krankenhaus in Saintard sein, 50 km NW von der Hauptstadt Port-au-Prince. Dort sollte medizinisch und personell unterstützt werden, da 70% des Personals ebenfalls Erdbebenopfer waren.

Was sollte ich machen? Natürlich wollte ich helfen, denn das sehe ich als gern geübte Christenpflicht an, ein bisschen Abenteuer ist auch ganz nett, aber es gab da doch einiges zu regeln. Ich müsste innerhalb von zwei Werktagen sechs notwendige Impfungen erhalten, Urlaubsantrag genehmigen lassen und die Ausrüstung zusammenstellen. Würde das klappen? Es hat geklappt, und so ging es dann dienstags früh bei Schnee und minus 12 Grad los. Auf Haiti angekommen waren es dann 40 Grad mehr.

300 BIS 400 MENSCHEN BATEN UM MEDIKAMENTE, UNTERSUCHUNGEN, BEHANDLUNGEN VON VERLETZUNGEN.

Wir trafen Lebensbedingungen an, die auch unabhängig von den Erdbebenfolgen recht primitiv waren. Darüber hinaus sind die Menschen unterernährt. Sie wohnen überwiegend in Lehm- und Palmhütten, selten sieht man mal ein Wellblech- oder Steinhaus. Straßen aus gestampfter Erde. Lediglich eine asphaltierte Hauptstraße führt durch den Ort. 80% Arbeitslosigkeit, viele chronisch Kranke. Dabei ist die Hälfte der Bevölkerung 25 Jahre alt oder jünger. Kaum Lebensmittel, große Armut, kein fließendes Wasser, katastrophale Sanitäranlagen und die üblichen Haustiere. Eher Afrika statt Karibik.

Die Situation im Waisenhaus war etwas besser als in der Stadt, aber immer noch weit unter westlichem Standard. Die 60 Kinder schliefen nachts in einem großen Zelt, da das Waisenhaus einige verdächtige Risse in Wänden und tragenden Elementen aufwies. Tags lebten die Kinder unter freiem Himmel, auch die Schule fand im

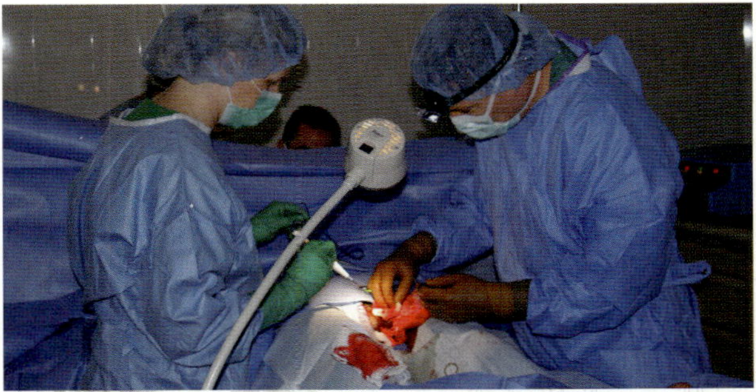

Freien statt. Dennoch strahlten die Kinder eine gewisse Freude aus.

Das Krankenhaus wurde erst mal gründlich gereinigt, die Ambulanz eingerichtet und die „Apotheke“ aufgeräumt. Wir entdeckten ein uraltes Siemens Ultraschallgerät und freuten uns, dass es noch funktionierte. Täglich ab 07.00 Uhr kamen 300 bis 400 Menschen und baten um Medikamente, Untersuchungen, Behandlungen von Verletzungen und notwendige Operationen, die sie sonst niemals erhalten hätten, da auch auf Haiti Geld die Welt regiert. Wir waren überwältigt von der Geduld und Dankbarkeit der Leute, die ohne Verpflegung teilweise bis in die Abendstunden warteten, bis sie an der Reihe waren. Zwischendurch sangen sie zu unserer Aufmunterung kreolische Spirituals, da sie sahen, dass auch wir bald erschöpft waren. In diesen Situationen wurde mir klar, dass sich meine Entscheidung zur Teilnahme an dieser Mission als richtig erwiesen hat.

Haiti
– das Erdbeben und Jesus Christus

Ich konnte endlich jemandem etwas abgeben von dem, was mir Gott geschenkt hat, ohne dass die Möglichkeit zur Revanche bestand. Jesus hat mal gesagt: „Was ihr einem dieser Geringsten getan habt, das habt ihr mir getan“. Und das konnte ich dort praktisch leben. Bitte nicht falsch verstehen. Ich will nicht als überheblicher, dickbäuchiger, westlicher Wohltäter missverstanden werden, der sich mal ein paar Tage sozial engagiert. Es ging tiefer. Ich hatte Gelegenheit, mit meinen medizinischen Kenntnissen wirklich bedürftigen Menschen existenziell zu helfen, anders als bei meiner üblichen Arbeit. Und ich konnte die Empfehlung von Paulus umsetzen, die er im 2. Brief an Timotheus geschrieben hat: „Fordere sie auf, ihr Geld zu nutzen um Gutes zu tun. Sie sollen reich an guten Taten sein, die Bedürftigen großzügig unterstützen und immer bereit sein, mit anderen zu teilen, was Gott ihnen gegeben hat.“

DAS WAR DIE BESTE ENTSCHEIDUNG MEINES LEBENS.

Genau so bewerte ich meine Situation und meine Möglichkeiten. Meine Qualifikation, meinen Job, meine Gesundheit hat Gott mir gegeben, damit ich etwas Vernünftiges daraus mache. Haus oder Wohnmobil, Bike und Geld können ruck zuck vernichtet werden wie eine Seifenblase. Aber was bleibt, was ist wichtig im Leben? Gott bleibt, und eine Beziehung zu ihm hat Bestand und ist das Wichtigste überhaupt. Das ist lebenswichtig. Diese Beziehung kann ich mir aber nicht verdienen oder erarbeiten. Zum Glück hat Jesus Christus diese Beziehung hergestellt. Und was muss ich tun? Glauben! Glauben, dass er der Sohn Gottes ist, der für meine Schuld,

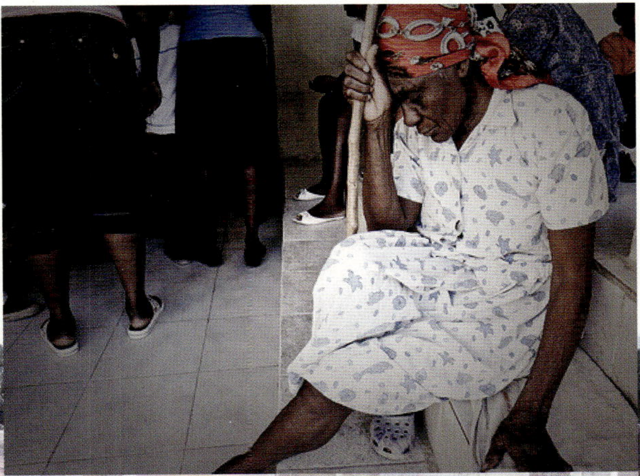

die es zweifelsfrei gibt, am Kreuz mit seinem Blut bezahlt hat. Und Jesus zum Regisseur meines Lebens machen. Ich habe das bereits vor etlichen Jahren getan. Das war die beste Entscheidung meines Lebens. Aufgrund dieser Gottesbeziehung habe ich den Einsatz mitgemacht. Aufgrund dieser Beziehung waren die Waisenkinder trotz allem glücklich und aufgrund dieser Beziehung haben die Patienten, trotz Hitze, Hunger und Durst für uns singen können. Hast du eine persönliche Beziehung zu Jesus Christus? Falls nicht, dann lies weiter in diesem Buch und überlege, ob es nicht langsam dran wäre, daran was zu ändern. Falls ja: wir sehen uns!

Dr. Thomas Gilbert

Haiti
– das Erdbeben und Jesus Christus

Täglicher Gebetsschutz

Jesus, in deinem Namen binde ich, weise ich zurück und erkläre für unwirksam:

alle Teilung, Missstimmung, Uneinheit, Streit, Hader und Ärger, Zorn, Mord, Kritik, Verdammnis und Stolz, Neid, Missgunst, negatives Reden, Übertreibungen und Lüge, Armut, Geister die Furcht verbreiten, erklären und hindern wollen, Geister die relativieren, religiöse Geister, okkulte Geister, Geister der Hexerei und den antichristlichen Geist.

Ich binde alle Flüche, die gegen mich ausgesprochen wurden. Ich segne die, die mich verfluchen und ich bete, dass du Vater, diese Menschen segnest. Ich binde alle ausgesprochenen Worte, die mich richten sollen, ebenso aber auch alle Worte, die ich über andere ausgesprochen habe. Ich binde die Kraft der negativen Worte über meinem Leben, ebenso binde ich und erkläre alle Gebete, die nicht durch dich, Heiliger Geist, gesprochen wurden für wirkungslos. Ich binde über meinem Leben jede physische und seelische Kraft der Hexerei, Zauberei und falsche Zungen, die gegen mich gebetet haben.

Vater, ich bin dein Kind! Ich widerstehe dem Teufel. Keine Waffe, die gegen mich gerichtet ist, wird mich treffen. Ich lege deine Waffenrüstung an und nehme Autorität über diesen Tag. Jesu, in deinem Namen erkläre ich, dass dieser Tag erfolgreich, gesegnet und in allen Bereichen wohlständig sein wird. Ich erkläre, dass ich heute in deiner Liebe laufen werde.

Heiliger Geist führe und leite du mich an diesem Tag. Ich unterscheide zwischen den Gerechten und den Bösen. Satan, ich nehme Autorität über dich und all deine Dämonen und erkläre, dass du unter meinen Füßen bist.

Vater, ich bin ein Gerechter in Jesus Christus. Ich bin dein Eigentum. Ich bekenne, dass ich geheilt und gesund bin. Ich blühe, werde lange leben, bin beständig, unbestechlich, fruchtbar, voller Frieden, Geduld und Liebe. Was immer ich mit meinen Händen tun werde, es wird mir gelingen, denn du Vater kümmerst dich um all meine Belange. Jesus, du hast mir Autorität gegeben über alle Dämonen, Mächte und Gewalten. Satan, du bist gebunden über meine Familie, meinem Verstand, meinem Körper, meinem Zuhause und meinen Finanzen.

Gott, ich bete für den Dienst, den du für mich hast. Salbe mich Herr, für alles, wozu du mich gerufen hast zu tun. Ich rufe in Existenz göttliche Zeitpunkte, offene Türen für Gelegenheiten, für von dir herbeigeführte Begegnungen. Vater, ich bekenne, dass mein Zeugnis und mein Dienst wirksam und vollmächtig ist. Ich schieße die Pfeile des Evangeliums ab und du Heiliger Geist sorgst dafür, dass sie treffen.

Ich richte um mich und um meine Familie einen Schutzwall auf, für Tags und für Nachts. Ich bitte dich Vater, im Namen von Jesus, Engel aufzustellen, die mich umgeben. Ebenso bitte ich dich Engel aufzustellen um mein Haus und meine Wohnung, ebenso um mein Auto und meinen Besitz und alles was mir wertvoll ist. Ich bitte Engel, mein Haus und meine Wohnung vor jedem Eindringling zu bewahren. Jesus, ich und meine Familie sind durch dein Blut geschützt vor jeder dämonischen und physischen oder mentalen Attacke.

Vater im Himmel, ich preise dich und danke dir im Namen Jesus.

AMEN

BETTINA RATERING

Es gibt Hoffnung

Mit 15 bin ich von meinen Pflegeeltern abgehauen und habe mich in einen Zug Richtung Hamburg gesetzt. Ich wollte zu meiner richtigen Mutter, obwohl ich damit in die Hölle zurück fuhr, aus der ich zehn Jahre zuvor gerettet worden bin. Es war mir alles egal, ich wollte meine Mutter zurück. Sie wollte mich aber nicht.

GEBOREN AUF DER REEPERBAHN

Meine Geschichte fängt 1965 auf der Reeperbahn in Hamburg an. Ich, Bettina Ratering, wurde in einem Hinterzimmer, dem sogenannten Billardzimmer, von einer 15jährigen Prostituierten zur Welt gebracht. Ich war mehr oder weniger ein „Arbeitsunfall“. Durch viele traumatische Erlebnisse, sexuellem Missbrauch als zweijährige und ein Leben, wie in einem Gefängnis, in dem ich mit Tabletten ruhig gestellt wurde, war ich ein traumatisiertes Kind, das nicht weinte, nicht lachte und auch nicht sprach. Bis zu meinem fünften Lebensjahr war ich nirgendwo gemeldet. Durch einen Zufall flog mein Vorhandensein auf. Ein betrunkener „Kunde“ erzählte von mir. Die Behörden wurden eingeschaltet. Und ich landete in einer Pflegefamilie weit weg von Hamburg.

ICH KONNTE MEINE PFLEGEMUTTER NICHT AKZEPTIEREN

Wie konnte es so weit kommen, dass ich mich auf den Weg, zurück in das alte Milieu, machte? Nach vielen Jahren in einer gutbürgerlichen Familie, in der ich einen Teil meiner Kindheit verbrachte? Ich wurde gefördert und hatte alles was ich brauchte. Innerlich war ich aber nicht glücklich. Ich war dort nicht richtig Zuhause. Es war auch weit weg von meinem früheren Zuhause. Ich konnte meine Pflegemutter nicht akzeptieren, weil ich immer noch einen Bezug zu meiner leiblichen Mutter hatte. Mit meinen Pflegevater war es ein wenig einfacher. Meine Pflegeeltern gaben sich viel Mühe, aber ich spürte trotzdem, dass ich nicht in ihre Welt passte. Mit der Zeit kam mein Frust heraus und ich schlug andere Kinder. Ich war ein Einzelgänger. Als ich 13 oder 14 Jahre alt war, wurde ich innerlich sehr unruhig. Es war wie eine Identitätskrise. Mit 15 hatte ich einfach genug von der heilen Welt.

OB MEINE MUTTER MICH WIEDERERKENNEN WÜRDE?

Eines Morgens ging ich einfach weg und setzte mich in den Zug nach Hamburg. Damals war ich schon auf

Heroin. Ich hatte innerlich eine richtige Sehnsucht nach meiner Mutter und stellte mir vor, wie sie sich freuen würde, wenn ich plötzlich bei ihr auftauchen würde. Als ich in Hamburg angekommen war, machte ich mich auf den Weg Richtung Reeperbahn. Ich überlegte, ob mich meine Mutter wiedererkennen würde und ob sie sich freuen würde, mich wieder zu sehen.

WAS WILLST DU VON MIR?

Ich nahm all meinen Mut zusammen und ging in ein Bordell, das mir bekannt vorkam. Dort begegnete mir meine leibliche Mutter. Das erste was sie mir sagte war: „Was willst du von mir“? „Verschwinde!“, schrie sie. Ich fühlte mich völlig hilflos. Sie drückte mir Geld in die Hand und schob mich wieder nach draußen. Ich bin den ganzen Tag und die ganze Nacht herumgelaufen, ich wusste nicht wohin mit mir. Um sechs Uhr am nächsten Morgen bestellte ich mir einen Kaffee in einer kleinen Bar. Ich setzte mich hin und überlegte, was ich nun tun sollte.

ES GAB KEIN ZURÜCK MEHR

Ich ging wieder zu meiner Mutter. In diesem Gespräch machte sie mir klar, dass ich für sie eine Last sei und ab jetzt anschaffen gehen musste, falls ich bei ihr bleiben wollte.

Für mich war es, als ob es kein Zurück mehr gäbe. Sie hat mich eingekleidet und zum Anschaffen weggeschickt. So fing für mich ein Leben an, in dem ich begann, die Menschen zu verachten und ich verlor meine eigene Persönlichkeit. Meiner Mutter war es egal, dass sich mein körperlicher und seelischer Zustand immer mehr verschlechterte. Um all das zu verkraften, nahm ich Drogen. Ich war zutiefst deprimiert und verzweifelt.

RICHTUNG ZÜRICH

Am Ende flüchtete ich. Zuerst versteckte ich mich ein paar Tage lang bei einem Bekannten, verschaffte mir neue Klamotten und machte mich aus dem Staub. Per Anhalter fuhr ich Richtung Zürich. Ich hatte viel von Zürich gehört. Dorthin wollte ich. Ich, Bettina, nun eine drogenabhängige Prostituierte. Nach einem Zwischenstopp in Basel landete ich in Zürich. Da war ich nun, in einem fremden Land, ganz alleine. Irgendwie spürte ich in der Szene, dass Deutsche hier nicht willkommen waren. Doch trotz der Widerstände erkämpfte ich mir meinen Platz. Ich wollte dazugehören. Über Nacht zog ich in eine Tiefgarage, wo ich mir an einem nicht so einsehbaren Ort ein Lager aufbaute.

EINE WILLKOMMENE ABWECHSLUNG

Eines Tages kam eine Truppe junger Christen auf den Hirschplatz, wo ich mich oft aufhielt. Sie sangen christliche Lieder und erzählten von Jesus. Es war für mich eine willkommene Abwechslung. Doch dann fing ich an, mich über die Gruppe lustig zu machen. Ein junger Mann begann zu predigen. Er stellte sich auf eine Kiste und erzählte über die Liebe Gottes.

So ein Quatsch, dachte ich. In mir stieg Frust und Enttäuschung hoch. „Dieser Gott, wenn es ihn gibt, warum hilft er mir nicht?“, dachte ich. Ich begann mich innerlich hochzuschaukeln.

Ich brüllte ihn an und beschimpfte die ganze Gruppe. Dann zerschlug ich eine Bierflasche am Rand der Bank, auf der ich saß. Mit dem aufgeschlagenen Flaschenhals ging ich auf den jungen Prediger los und traf ihn am Oberkörper. Dann bekam ich plötzlich Panik, löste mich aus der Menge und rannte davon. Ich hatte Angst, dass die Polizei kommen und mich einsperren würde.

ES BESCHÄMTE MICH EIN WENIG

Ich rannte weiter, bis ich das Gefühl hatte, sicher zu sein. Dann setzte ich mich in einer kleinen Hausnische, in einer Gasse, hin. Dort blieb ich sitzen. Meine Situation war total verfahren. Am liebsten wollte ich tot sein. Ich schloss meine Augen. So saß ich mehrere Stunden dort. Dann begann ich zu frieren. Mein Körper fühlte sich an wie aus Blei. Kein Geld, kein Stoff. Ich fing an, unter den Schmerzen zu jammern. Dann hörte ich Schritte.

Der junge Prediger kam auf mich zu. Er schien okay zu sein. Er lächelte und setzte sich neben mich. Ich war überrascht. Dieser Mann setzt sich in den Dreck, neben mich, dachte ich.

Es beschämte mich ein wenig. Aber ich war so fertig und mein ganzer Körper zitterte.

WAS SOLL JESUS MIT MEINEM WERTLOSEN LEBEN?

Er fragte nach meinem Namen, zog dann seine Bibel raus und las mir daraus vor (1. Johannesbrief Kapitel 4, Vers 4-7). Ich sagte nichts, sondern dachte: „Wann habe ich das schon mal erlebt, dass einer sich so viel Mühe mit mir gibt“? Dann schlug der Mann vor, dass ich mein Leben Jesus geben sollte und dass wir gemeinsam beten sollten. Ich dachte, „was soll Jesus mit meinem absolut wertlosen Leben“? Ich war völlig am Ende. Mit zitternden Händen und den Kopf zwischen den Knien saß ich da. Dann dachte ich, „Mach mal, es kann dir ja nichts mehr schaden, du bist ja sowieso kaputt."

GEFÜHL VON GLÜCK

Er betete vor, ich sprach ihm nach: „Herr Jesus Christus, hilf mir! Rette mich. Befreie mich.

Erlöse mich aus der Macht der Drogen und des Alkohols. Bitte vergib mir all meine Schuld, die ich auf mich geladen habe. Zerreiße alle Ketten, die mich binden und zerbrich alles, was mir den Weg zu dir versperrt. Danke, dass du für mich gestorben bist....Amen."

Als ich dieses Gebet gesprochen hatte, spürte ich, wie die Kälte in mir verschwand. Ein warmer Strom durchzog meinen ganzen Körper. Mehr noch, es war ein Gefühl von Glück und Geborgenheit da. Das war etwas, was ich nicht kannte. So etwas hatte mir keine Droge gegeben.

ICH WAR FREI VON DROGEN

Dann fragte mich der Prediger, wie es mir ging. Ich merkte, dass die Anzeichen des Drogenentzugs völlig verschwunden waren. Auch das Verlangen war weg. Und ich hatte keine Schmerzen. Er schenkte mir ein Neues Testament und lud mich in seine Kirchengemeinde zum übernachten ein. Ab diesem Tag fing für mich eine ganz neue Zeit an. Ich durfte mitten in der Gemeinschaft in der Teestube wohnen, in der Gemeinschaft mit anderen jungen Christen. Ich war wie neu geboren. Gott fing an in meinem Leben zu arbeiten. Ich war frei von Drogen und innerlich fand auch eine ganz neue Orientierung statt.

ZURÜCK ZU MEINEN PFLEGEELTERN

Was danach geschah ist eine lange Geschichte. Mein anschließender Weg war nicht immer einfach. Aber ich war nicht mehr alleine. Ab jetzt war Jesus an meiner Seite. Ich fing an mein Leben aufzuarbeiten. Ich fuhr zu meinen Pflegeeltern nach Deutschland zurück und bat sie um Vergebung für all die Schmerzen, die ich ihnen zugefügt hatte. In mir ist auch viel Heilung passiert und der Heilungsprozess geht immer noch weiter. Die Gemeinde ist mir eine starke Hilfe geworden, in der ich Geborgenheit, Annahme und Liebe empfangen und erleben durfte. So viel ist in den nachfolgenden Jahren passiert, so dass ich ein Buch darüber schreiben konnte.

ES GIBT HOFFNUNG

Mittlerweile habe ich eine Ausbildung als Sozialpädagogin. Zusammen mit meinem Mann leite ich eine Therapieeinrichtung für suchtkranke Männer. Ich erlebe tagtäglich Jesu Nähe und Hilfe in den Lebensumständen, in denen ich mich heute befinde. Ich bin auch glückliche Mutter von drei Kindern und habe eine wunderbare Familie. Als mein Leben am dunkelsten war, hätte ich mir nie vorstellen können, dass es so eine glückliche Wendung nehmen würde.

Aller Dank gehört Jesus und den Menschen, die bereit waren, mir von seiner Freiheit und Rettung zu erzählen.

Es gibt Hoffnung – egal, wie schlimm die Ausgangslage auch sein mag.

Bettina Ratering

WINFRIED WENTLAND

Dem Tod knapp entronnen

Vor Beginn dieser für mich so dramatischen Reise nach Guinea Bissau hatte ich mehrere Träume. Es waren Träume, die mich sehr bewegten. Sie waren alles andere als ermutigend. Jedesmal kam jemand im Traum und sagte dasselbe: „Ihr werdet eure Ausrüstung verlieren, aber euer Leben behalten!“

EIN 50 TONNEN SCHWERER LKW

Ich, Winfried Wentland, bin seit mehreren Jahren verantwortlicher technischer Leiter für die Großevangelisationen von Christus für alle Nationen, mit dem Evangelisten Reinhard Bonnke. Ich war mit einigen weiteren Mitarbeitern diesmal mit einem 50 Tonnen schweren LKW unterwegs. Die Reise ging von Malawi nach Guinea Bissau und wir mussten einen Fluss überqueren. Der LKW wurde mit voller Ladung auf die Autofähre gefahren. Doch die Fähre begann zu sinken. Ich sprang in die Fahrerkabine und setzte zurück. Der LKW stand nun zwei Meter im Wasser. Alles, was mit Muskelkraft bewegt werden konnte, wurde entladen.

Übrig blieben der Stromgenerator und die Lichtmasten, die nur mit Hilfe eines Gabelstaplers entladen werden konnten.

IN ACHT METERN TIEFE

Bei den Bergungsarbeiten zog ein anderer Laster unseren über eine Seilwinde die Böschung hoch, als plötzlich das Stahlseil riss. Unser LKW, mit mir in der Fahrerkabine

raste wieder ins Wasser – aber diesmal richtig, bis auf den Grund, acht Meter tief!

Als ich merkte, das ich nicht genügend Luftdruck zum Bremsen hatte, öffnete ich das Seitenfenster der Fahrerkabine, um rauszuspringen, doch die hereinstömenden Wassermassen drückten mich zurück. In acht Metern Tiefe, in der der LKW zum Stillstand kam, war es stockdunkel. Ich wusste nicht wo oben und unten war.

ABSOLUTE DUNKELHEIT

Als ich im schlammigen Wasser wegen der absoluten Dunkelheit alle Orientierung verloren hatte und mir klar wurde, dass ich innerhalb weniger Sekunden vor meinem

Gott stehen würde, schien die Ewigkeit für Bruchteile von Sekunden über mich hereinzubrechen. Ich dachte an meine Familie und die Freunde, den Auftrag meines Lebens, unsere wertvolle Ausrüstung. Mir kamen die Träume, die ich vor der Reise hatte, wieder ins Bewusstsein. Ich erlebte diese Sekunden als Schrecken ohne Panik und Hysterie. Merkwürdigerweise war auch kein Zeitgefühl vorhanden, das sonst so eine große Bedeutung für unseren Tagesablauf hatte.

DIE WASSEROBERFLÄCHE DURCHBROCHEN

Wie durch ein Wunder konnte ich durch das Fenster schwimmen und sah zum Schluss Licht von oben, dann durchbrach ich die Wasseroberfläche im letzten Moment. Die anderen Mitarbeiter, die nur meine herumschwimmende Mütze gesehen hatten, waren erstaunt und voller Freude, als sie mich an die Wasseroberfläche kommen sahen.

DER ALLTAG BEKAM GANZ NEUE FARBEN

Fünf Wochen nach diesem traumatischen Untergang wurde der LKW und die restliche Ausrüstung fast unversehrt aus dem Fluss geborgen. Der Missionsalltag war wieder eingekehrt. Doch nach meiner Todeserfahrung hatte der Alltag ganz neue Farben bekommen.

Auch diesmal hatte der Tod, wie so oft vorher in meinem Leben, verloren.

Winfried Wentland

Neues Leben
Die Bibel

Das Neue Testament
in grosser Schrift

NLB

SCM R.Brockhaus

Neues Leben. Die Bibel,

SCM R.Brockhaus in der SCM Verlagsgruppe GmbH, Witten/Holzgerlingen
Homepage: www.scm-brockhaus.de; E-Mail: info@scm-verlag.de

Umschlaggestaltung: Daniel Karlsson
Satz: Satz & MedienWieser, Stolberg
Druck und Bindung: C.H.Beck
Gedruckt in Deutschland

Inhalt

Das Neue Testament

Das Evangelium von Matthäus

Die Vorfahren von Jesus

1 1Dies ist ein Verzeichnis der Vorfahren von Jesus Christus, einem Nachkommen des Königs David und Abrahams:
2Abraham war der Vater von Isaak.
Isaak war der Vater von Jakob.
Jakob war der Vater von Juda und seinen Brüdern.
3Juda war der Vater von Perez und
Serach (ihre Mutter war Tamar).
Perez war der Vater von Hezron.
Hezron war der Vater von Ram*.
4Ram war der Vater von Amminadab. Amminadab war der
Vater von Nachschon.
Nachschon war der Vater von Salmon.
5Salmon war der Vater von Boas (seine Mutter war Rahab).
Boas war der Vater von Obed (seine Mutter war Rut).
Obed war der Vater von Isai.
6Isai war der Vater von König David. David war der Vater
von König Salomo (seine Mutter war die Frau von Uria).
7Salomo war der Vater von Rehabeam. Rehabeam war der
Vater von Abija. Abija war der Vater von Asa*.
8Asa war der Vater von Joschaphat.
Joschaphat war der Vater von Joram*.
Joram war der Vater* von Usija.
9Usija war der Vater von Jotam.
Jotam war der Vater von Ahas.
Ahas war der Vater von Hiskia.
10Hiskia war der Vater von Manasse. Manasse war der Vater
von Amon*. Amon war der Vater von Josia.

1,3 Griech. *Aram;* s. auch 1,4. u. 1. Chronik 2,9-10.
1,7 S. 1. Chronik 3,10.
1,8a S. 1. Könige 22,51 sowie die Anm. zu 1. Chronik 3,11.
1,8b O. *Ahnherr*; so auch in 1,11.
1,10 S. 1. Chronik 3,14.

11Josia war der Vater von Jojachin* und seinen Brüdern (die in der Zeit des Babylonischen Exils geboren wurden).
12Nach dem Babylonischen Exil:
Jojachin war der Vater von Schealtiël. Schealtiël war der Vater von Serubbabel.
13Serubbabel war der Vater von Abihud. Abihud war der Vater von Eljakim. Eljakim war der Vater von Asor.
14Asor war der Vater von Zadok.
Zadok war der Vater von Achim.
Achim war der Vater von Eliud.
15Eliud war der Vater von Eleasar.
Eleasar war der Vater von Mattan.
Mattan war der Vater von Jakob.
16Jakob war der Vater von Josef, dem Ehemann Marias.
Maria war die Mutter von Jesus, der Christus* genannt wird.
17Von Abraham bis König David sind es insgesamt vierzehn Generationen, von David bis zum Babylonischen Exil wiederum vierzehn, und noch einmal vierzehn Generationen nach dem Babylonischen Exil bis zu Christus.

Die Geburt von Jesus

18Und so wurde Jesus Christus geboren. Maria, seine Mutter,
war mit Josef verlobt. Aber noch vor ihrer Hochzeit wurde
sie, die noch Jungfrau war, schwanger durch den Heiligen
Geist. 19Josef, ihr Verlobter, war ein aufrechter Mann. Um sie
nicht der öffentlichen Schande preiszugeben, beschloss er, die
Verlobung in aller Stille zu lösen. 20Während er noch darüber
nachdachte, erschien ihm im Traum ein Engel des Herrn. »Josef, Sohn Davids«, sagte der Engel, »zögere nicht, Maria zu
heiraten. Denn das Kind, das sie erwartet, ist vom Heiligen
Geist. 21Sie wird einen Sohn zur Welt bringen. Du sollst ihm
den Namen Jesus* geben, denn er wird sein Volk von allen
Sünden befreien.« 22All das geschah, damit sich erfüllt, was
Gott durch seinen Propheten angekündigt hat:

1,11 Griech. *Jechonia*; so auch in 1,12. S. 2. Könige 24,6 und die Anmerkung zu 1. Chronik 3,16.
1,16 Übersetzung von Hebr. *Messias*, d.h. der *Gesalbte*.
1,21 Jesus bedeutet »Der Herr rettet.«

23»Seht! Die Jungfrau wird ein Kind erwarten! Sie wird ei-
nem Sohn das Leben schenken, und er wird Immanuel ge-
nannt werden. Das heißt, Gott ist mit uns.«*
24Als Josef aufwachte, tat er, was der Engel des Herrn ihm
gesagt hatte. Er nahm Maria zur Frau. 25Josef aber rührte sie
nicht an, bis ihr Sohn geboren war. Und Josef gab ihm den
Namen Jesus.

Der Besuch der Sterndeuter

2 1Jesus wurde in der Stadt Bethlehem in Judäa während
der Herrschaft von König Herodes geboren. In dieser
Zeit kamen einige Sterndeuter* aus einem Land im Osten
nach Jerusalem und fragten überall: 2»Wo ist der neugebore-
ne König der Juden? Wir haben seinen Stern aufgehen sehen*
und sind gekommen, um ihn anzubeten.«
3Ihre Frage versetzte Herodes in große Unruhe, und alle
Einwohner Jerusalems mit ihm. 4Er berief eine Versammlung
der obersten Priester und Schriftgelehrten ein. »Wo soll denn
der Christus nach Aussage der Propheten zur Welt kom-
men?«, fragte er sie.
5»In Bethlehem«, sagten sie, »denn der Prophet hat ge-
schrieben:
6›O Bethlehem in Judäa, du bist alles andere als ein unbe-
deutendes Dorf, denn ein Herrscher wird aus dir hervor-
gehen, der wie ein Hirte mein Volk Israel führen wird.‹*«
7Daraufhin sandte Herodes eine geheime Botschaft an die
Sterndeuter und bat sie zu sich. Bei dieser Zusammenkunft
erfuhr er den genauen Zeitpunkt, an dem sie den Stern zum
ersten Mal gesehen hatten. 8Er sagte zu ihnen: »Geht nach
Bethlehem und sucht das Kind. Wenn ihr es gefunden habt,
kommt wieder her und erzählt es mir, damit ich auch hin-
gehen kann, um es anzubeten!«
9Nach diesem Gespräch machten die Sterndeuter sich auf
den Weg. Wieder erschien ihnen der Stern und führte sie

1,23 Jesaja 7,14.
2,1 O. *königliche Astrologen*; griech. *magi*; so auch in 2,7.13.16.
2,2 O. *Wir haben seinen Stern im Osten gesehen.*
2,6 Micha 5,1; 2. Samuel 5,2.

nach Bethlehem. Er zog ihnen voran und blieb über dem Ort
stehen, wo das Kind war. [10]Als sie den Stern sahen, war ihre
Freude groß. [11]Sie gingen in das Haus und fanden das Kind
mit seiner Mutter Maria, sanken vor ihm auf die Knie und
beteten es an. Dann öffneten sie ihre Truhen mit Kostbarkei-
ten und beschenkten es mit Gold, Weihrauch und Myrrhe.
[12]Als es Zeit war, wieder aufzubrechen, zogen sie jedoch auf
einem anderen Weg in ihre Heimat zurück, denn Gott hatte
sie in einem Traum davor gewarnt, zu Herodes zurückzu-
kehren.

Die Flucht nach Ägypten

[13]Nachdem die Sterndeuter gegangen waren, erschien Josef
im Traum ein Engel des Herrn. »Steh auf und flieh mit dem
Kind und seiner Mutter nach Ägypten«, sagte der Engel.
»Bleib dort, bis ich dir sage, dass ihr zurückkehren könnt,
denn Herodes will das Kind umbringen.« [14]Noch in dersel-
ben Nacht machte sich Josef mit dem Kind und dessen Mutter
Maria auf den Weg nach Ägypten. [15]Dort blieben sie bis zum
Tod des Herodes. Auf diese Weise erfüllte sich, was der Herr
durch den Propheten gesagt hatte: »Ich habe meinen Sohn
aus Ägypten gerufen.«*

[16]Herodes war außer sich vor Zorn, als er erfuhr, dass die
Sterndeuter ihn hintergangen hatten. Er schickte Soldaten
aus, die in Bethlehem und der ganzen Umgebung alle Jungen
im Alter von zwei Jahren und jünger umbringen sollten.
Denn die weisen Männer hatten ihm erzählt, dass sie den
Stern vor etwa zwei Jahren zum ersten Mal gesehen hatten.*
[17]Durch diese grausige Tat des Herodes erfüllte sich die Pro-
phezeiung Jeremias:

[18]»Ein Schrei der Angst ertönt in der Stadt Rama – das Kla-
gen und Trauern nimmt kein Ende. Rahel weint um ihre Kin-
der und lässt sich nicht trösten – denn sie sind tot.«*

2,15 Hosea 11,1.
2,16 O. *nach der Zeit, die er aus den Angaben der Gelehrten errechnet hatte.*
2,18 Jeremia 31,15.

Die Rückkehr nach Nazareth
[19]Als Herodes gestorben war, erschien Josef wieder ein Engel
des Herrn im Traum. Er sagte zu ihm: [20]»Steh auf und bring
das Kind und seine Mutter zurück ins Land Israel, denn die,
die das Kind umbringen wollten, sind tot.« [21]Daraufhin kehr-
te Josef mit Jesus und Maria nach Israel zurück. [22]Als er aber
erfuhr, dass Archelaus, der Sohn des Herodes, der neue Herr-
scher war, bekam er Angst. Und wieder erhielt er im Traum
Gottes Anweisung: Er sollte nach Galiläa gehen. [23]Die Familie
zog in die Stadt Nazareth, um sich dort niederzulassen. Da-
mit erfüllte sich, was die Propheten vorausgesagt hatten:
»Man wird ihn den Nazarener nennen.«

Johannes der Täufer – der Wegbereiter
3 [1]Um diese Zeit fing Johannes der Täufer an, in der Wüste
von Judäa zu predigen: [2]»Kehrt um und wendet euch
Gott zu, denn das Himmelreich ist nahe*.« [3]Schon Jesaja hatte
auf Johannes hingewiesen, als er verkündete: »Er ist eine
Stimme, die in der Wüste ruft: ›Schafft Raum für das Kom-
men des Herrn! Ebnet ihm den Weg!‹*«
[4]Johannes trug Kleider aus gewebtem Kamelhaar und einen
Lederriemen um die Hüften; er ernährte sich von Heuschre-
cken und wildem Honig. [5]Aus Jerusalem, aus allen Teilen Ju-
däas und aus dem ganzen Jordanland strömten die Men-
schen hinaus in die Wüste, um ihn predigen zu hören. [6]Und
wenn sie ihre Sünden bekannt hatten, taufte er sie im Jordan.
[7]Als er aber sah, dass auch viele Pharisäer und Sadduzäer
kamen, um sich von ihm taufen zu lassen, fuhr er sie an. »Ihr
Schlangenbrut! Wer hat euch eingeredet, ihr könntet dem be-
vorstehenden Gericht Gottes entkommen? [8]Beweist durch
euren Lebenswandel, dass ihr eure Sünden hinter euch gelas-
sen und euch Gott zugewandt habt. [9]Es genügt nicht zu sa-
gen: ›Wir sind die Nachkommen Abrahams. Uns kann nichts
geschehen.‹ Das beweist gar nichts. Wenn Gott wollte, könnte
er aus diesen Steinen Kinder Abrahams machen. [10]Die Axt

3,2 O. *ist gekommen* oder *kommt bald.*
3,3 Jesaja 40,3.

wird schon durch die Luft geschwungen, bereit, eure Wur-
zeln abzuhacken; denn jeder Baum, der keine guten Früchte
bringt, wird umgehauen und ins Feuer geworfen.
11 Ich taufe all diejenigen mit* Wasser, die ihren Sünden den
Rücken kehren und sich Gott zuwenden. Doch bald kommt
einer, der ist viel stärker als ich – so viel gewaltiger, dass ich
nicht einmal wert bin, sein Diener zu sein.* Er wird euch mit
dem Heiligen Geist und mit Feuer* taufen.
12 Er wird mit seiner Schaufel die Spreu vom Weizen tren-
nen, den Dreschplatz aufräumen und den Weizen in die
Scheune bringen; die Spreu aber wird er im ewigen Feuer
verbrennen.«

Die Taufe von Jesus
13 Um diese Zeit kam Jesus aus Galiläa an den Jordan, um sich
von Johannes taufen zu lassen. 14 Doch Johannes weigerte
sich. »Eigentlich müsste ich mich von dir taufen lassen«, sagte
er, »warum kommst du zu mir?«
15 Jesus erwiderte: »Es muss sein. Wir müssen alles so halten,
wie es von Gott aus sein soll.*« Da taufte ihn Johannes.
16 Als Jesus gerade aus dem Wasser stieg, öffnete sich der
Himmel, und er sah den Geist Gottes wie eine Taube herab-
schweben und sich auf ihm niederlassen. 17 Und eine Stimme
aus dem Himmel sprach: »Dies ist mein geliebter Sohn, an
ihm habe ich große Freude.«

Die Versuchung
4 1 Danach führte der Heilige Geist Jesus in die Wüste, weil
er dort vom Teufel auf die Probe gestellt werden sollte.
2 Nachdem er vierzig Tage und vierzig Nächte keine Nahrung
zu sich genommen hatte, war er sehr hungrig. 3 Da trat der
Teufel* zu ihm und sagte: »Wenn du der Sohn Gottes bist,
dann verwandle diese Steine in Brot.«

3,11a O. *in.*
3,11b Griech. *seine Sandalen zu tragen.*
3,11c O. *im Heiligen Geist und in Feuer.*
3,15 O. *Wir müssen alle Gerechtigkeit erfüllen.*
4,3 Griech. *der Versucher.*

4Doch Jesus erwiderte: »Nein! Die Schrift sagt: ›Der Mensch
braucht mehr als nur Brot zum Leben. Er lebt auch von jedem
Wort, das aus dem Mund Gottes kommt.‹*«

5Darauf nahm ihn der Teufel mit nach Jerusalem, auf den
höchsten Punkt der Tempelmauer. 6Dort sagte er: »Wenn du
der Sohn Gottes bist, dann spring hinunter! Denn die Schrift
sagt: ›Er befiehlt seinen Engeln, dich zu beschützen. Sie wer-
den dich auf ihren Händen tragen, damit deine Füße niemals
stolpern.‹*«

7Jesus antwortete: »Die Schrift sagt aber auch: ›Fordere den
Herrn, deinen Gott, nicht heraus.‹*«

8Als Nächstes nahm ihn der Teufel mit auf den Gipfel eines
hohen Berges und zeigte ihm alle Länder der Welt mit ihren
Reichtümern. 9»Das alles schenke ich dir«, sagte er, »wenn du
vor mir niederkniest und mich anbetest.«

10»Scher dich fort von hier, Satan«, sagte Jesus zu ihm. »Denn
die Schrift sagt: ›Du sollst den Herrn, deinen Gott, anbeten
und nur ihm allein dienen.‹*«

11Da verließ ihn der Teufel, und Engel kamen und sorgten
für Jesus.

Der Beginn des öffentlichen Wirkens

12Als Jesus hörte, dass Johannes verhaftet worden war, ver-
ließ er Judäa und kehrte nach Galiläa zurück. 13Doch er ging
nicht nach Nazareth, sondern nach Kapernaum am See Gene-
zareth, im Gebiet von Sebulon und Naftali. 14Auf diese Weise
erfüllte sich die Prophezeiung Jesajas:

15»Im Lande Sebulon und Naftali, am See, jenseits des Jor-
dan, in Galiläa, leben so viele Menschen, die Gott nicht ken-
nen*. 16Dort hat das Volk, das im Dunkel lebt, ein helles Licht
gesehen. Und über den Menschen in einem vom Tode über-
schatteten Land ist ein strahlendes Licht aufgegangen.«*

4,4 5. Mose 8,3.
4,6 Psalm 91,11-12.
4,7 5. Mose 6,16.
4,10 5. Mose 6,13.
4,15 Griech. *Heiden*.
4,15-16 Jesaja 8,23–9,1

[17]Von da an begann Jesus zu predigen: »Hört auf zu sündi-
gen und kehrt um zu Gott, denn das Himmelreich ist nahe*.«

Die ersten Jünger

[18]Eines Tages, als Jesus am Ufer des Sees Genezareth entlang-
ging, sah er zwei Brüder, die ihre Netze auswarfen. Simon,
der später Petrus genannt wurde, und Andreas waren von
Beruf Fischer. [19]Jesus rief ihnen zu: »Kommt mit und folgt
mir nach. Ich will euch zeigen, wie man Menschen fischt!«
[20]Sofort ließen sie ihre Netze liegen und gingen mit ihm.
[21]Etwas weiter am Ufer entlang sah er zwei andere Brüder,
Jakobus und Johannes, die mit ihrem Vater Zebedäus in ei-
nem Boot saßen und ihre Netze flickten. Auch sie rief er zu
sich. [22]Ohne Zögern folgten sie ihm und ließen das Boot und
ihren Vater zurück.

Das Wirken von Jesus in Galiläa

[23]Jesus reiste durch ganz Galiläa und sprach in den Synago-
gen. Überall verkündigte er die Botschaft vom Reich Gottes
und heilte die Menschen von ihren Krankheiten und Gebre-
chen. [24]Die Neuigkeiten über ihn verbreiteten sich weit über
die Grenzen Galiläas. Bald strömten die Kranken sogar aus
Syrien herbei, um sich von ihm gesund machen zu lassen.
Und ganz gleich, welche Krankheit und welche Beschwer-
den sie quälten, ob sie von Dämonen besessen, Epileptiker
oder Gelähmte waren – er heilte sie. [25]Große Menschenmas-
sen umlagerten ihn, wohin er auch ging – es waren Leute
aus Galiläa, aus den Zehn Städten*, aus Jerusalem, aus
ganz Judäa, selbst aus den Gegenden östlich des Jordan.

Die Bergpredigt

5 [1]Eines Tages, als sich immer mehr Menschen um Jesus
sammelten, stieg er mit seinen Jüngern auf einen Berg
und setzte sich dort hin, um sie zu unterrichten.

4,17 O. *ist gekommen* oder *kommt bald.*
4,25 Griech. *Dekapolis*.

Die Seligpreisungen

2Und das lehrte er sie:
3»Gott segnet die, die erkennen, dass sie ihn brauchen*,
denn ihnen wird das Himmelreich geschenkt.
4Gott segnet die, die traurig sind, denn sie werden getröstet
werden.
5Gott segnet die Freundlichen und Bescheidenen, denn ih-
nen wird die ganze Erde gehören.
6Gott segnet die, die nach Gerechtigkeit hungern, denn sie
werden sie im Überfluss erhalten.
7Gott segnet die Barmherzigen, denn sie werden Barmher-
zigkeit erfahren.
8Gott segnet die, die ein reines Herz haben, denn sie werden
Gott sehen.
9Gott segnet die, die sich um Frieden bemühen, denn sie
werden Kinder Gottes genannt werden.
10Gott segnet die, die verfolgt werden, weil sie in Gottes Ge-
rechtigkeit leben, denn das Himmelreich wird ihnen gehören.
11Gott segnet euch, wenn ihr verspottet und verfolgt werdet
und wenn Lügen über euch verbreitet werden, weil ihr mir
nachfolgt. 12Freut euch darüber! Jubelt! Denn im Himmel er-
wartet euch eine große Belohnung. Und denkt daran, auch
die Propheten sind einst verfolgt worden.

Von Salz und Licht

13Ihr seid das Salz der Erde. Doch wozu ist Salz noch gut,
wenn es seinen Geschmack verloren hat? Kann man es etwa
wieder brauchbar machen? Es wird weggeworfen und zertre-
ten, wie etwas, das nichts wert ist. 14Ihr seid das Licht der
Welt – wie eine Stadt auf einem Berg, die in der Nacht hell
erstrahlt, damit alle es sehen können. 15Versteckt euer Licht
nicht unter einem umgestülpten Gefäß! Stellt es lieber auf ei-
nen Lampenständer und lasst es für alle leuchten. 16Und ge-
nauso lasst eure guten Taten leuchten vor den Menschen, da-
mit alle sie sehen können und euren Vater im Himmel dafür
rühmen.

5,3 Griech. *die Armen im Geist.*

Über das Gesetz
17 Versteht nicht falsch, warum ich gekommen bin. Ich bin
nicht gekommen, um das Gesetz oder die Schriften der Pro-
pheten abzuschaffen. Im Gegenteil, ich bin gekommen, um
sie zu erfüllen. 18 Ich versichere euch: Solange der Himmel
und die Erde bestehen, wird selbst die kleinste Einzelheit
von Gottes Gesetz gültig bleiben, so lange, bis ihr Zweck er-
füllt ist. 19 Wenn ihr also das kleinste Gebot brecht und andere
dazu ermuntert, dasselbe zu tun, werdet ihr auch die Ge-
ringsten im Himmelreich sein. Dagegen wird jeder, der die
Gesetze Gottes befolgt und sie anderen erklärt, im Himmel-
reich groß sein.
20 Aber ich warne euch – nur wenn eure Gerechtigkeit die
der Schriftgelehrten und Pharisäer weit übertrifft, dürft ihr
ins Himmelreich hinein.

Vom Zorn
21 Ihr habt gehört, dass es im Gesetz von Mose heißt: ›Du sollst
nicht töten. Wer einen Mord begeht, wird verurteilt.‹* 22 Ich
aber sage: Schon der, der nur zornig auf jemanden* ist*, wird
verurteilt! Wer zu seinem Freund sagt: ›Du Dummkopf!‹*,
den erwartet das Gericht. Und wer jemanden verflucht*,
dem droht das Feuer der Hölle.
23 Wenn ihr also vor dem Altar im Tempel steht, um zu op-
fern, und es fällt euch mit einem Mal ein, dass jemand etwas
gegen euch hat, 24 dann lasst euer Opfer vor dem Altar liegen,
geht zu dem Betreffenden und versöhnt euch mit ihm. Erst
dann kommt zurück und bringt Gott euer Opfer dar. 25 Einigt
euch rasch mit eurem Gegner, bevor es zu spät ist und ihr vor
Gericht gestellt, einem Gerichtsdiener übergeben und ins Ge-
fängnis geworfen werdet. 26 Ich versichere euch: Ihr kommt
erst wieder frei, wenn ihr eure Schuld bis auf den letzten
Cent bezahlt habt.

5,21 2. Mose 20,13; 5. Mose 5,17.
5,22a Griech. *auf seinen Bruder*.
5,22b Manche Handschriften fügen hinzu *ohne Grund*.
5,22c Wörtlich *Raca*, ein aramäischer Ausdruck der Verachtung.
5,22d Griech. *wer sagt: »Du Tor!«*.

Vom Ehebruch

27Ihr habt gehört, dass es im Gesetz von Mose heißt: ›Du sollst nicht die Ehe brechen.‹* 28Ich aber sage: Wer eine Frau auch nur mit einem Blick voller Begierde ansieht, hat im Herzen schon mit ihr die Ehe gebrochen. 29Wenn dich also dein Auge – auch wenn es dein gutes Auge* ist – zur Begierde verführt, reiß es heraus und wirf es weg! Besser, du verlierst einen Körperteil, als dass dein ganzer Körper in die Hölle geworfen wird. 30Und wenn dich deine Hand – auch wenn es deine kräftigere Hand* ist – zum Bösen verführt, hack sie ab und wirf sie weg! Besser, du verlierst einen Körperteil, als dass dein ganzer Körper in die Hölle geworfen wird.

Von der Ehescheidung

31Ihr habt gehört, dass es im Gesetz von Mose heißt: ›Ein Mann darf sich von seiner Frau scheiden lassen, wenn er ihr einen Scheidungsbrief ausstellt.‹* 32Ich aber sage: Wenn ein Mann sich von seiner Frau scheiden lässt – es sei denn, sie war untreu –, macht er sie zur Ehebrecherin. Und wer eine geschiedene Frau heiratet, begeht ebenfalls Ehebruch.

Vom Schwören

33Ihr habt auch gehört, dass es im Gesetz von Mose heißt: ›Du sollst einen Schwur nicht brechen; du sollst die Versprechen, die du vor dem Herrn abgelegt hast, halten.‹* 34Ich aber sage: Schwört überhaupt nicht! Wenn ihr sagt: ›Beim Himmel!‹, dann ist das ein heiliger Schwur, denn der Himmel ist Gottes Thron.

35Und wenn ihr sagt: ›Bei der Erde!‹, dann ist auch das ein heiliger Schwur, denn die Erde ist seine Fußbank. Und schwört auch nicht: ›Bei Jerusalem!‹, denn Jerusalem ist die Stadt des großen Königs.

5,27 2. Mose 20,14; 5. Mose 5,18.
5,29 Griech. *dein rechtes Auge.*
5,30 Griech. *deine rechte Hand.*
5,31 5. Mose 24,1.
5,33 4. Mose 30,3.

36Schwört nicht einmal: ›Bei meinem Kopf!‹, denn ihr könnt kein einziges Haar auf eurem Kopf weiß oder schwarz machen. 37Sagt einfach ›Ja‹ oder ›Nein‹. Jedes Wort darüber hinaus ist vom Bösen.*

Von der Rache

38Ihr habt gehört, dass es im Gesetz von Mose heißt: ›Wer jemand am Auge verletzt, soll selbst am Auge verletzt werden. Und wer anderen einen Zahn ausschlägt, soll selbst einen Zahn dafür einbüßen.‹ 39Ich aber sage: Wehrt euch nicht, wenn euch jemand Böses tut! Wer euch auf die rechte Wange schlägt, dem haltet auch die andere hin. 40Wenn ihr vor Gericht erscheinen müsst und euer Hemd wird euch abgenommen, gebt euren Mantel noch dazu. 41Wenn jemand von euch verlangt, eine Meile* weit mit ihm zu gehen, dann geht zwei Meilen mit ihm. 42Gebt denen, die euch bitten, und kehrt denen nicht den Rücken, die etwas von euch borgen wollen.

Von der Liebe zu den Feinden

43Ihr habt gehört, dass es im Gesetz von Mose heißt: ›Liebe deinen Nächsten‹* und hasse deinen Feind. 44Ich aber sage: Liebt eure Feinde!* Betet für die, die euch verfolgen! 45So handelt ihr wie wahre Kinder eures Vaters im Himmel. Denn er lässt die Sonne für Böse und Gute aufgehen und sendet Regen für die Gerechten wie für die Ungerechten. 46Wenn ihr nur die liebt, die euch auch lieben, was ist daran Besonderes? Das tun sogar die bestechlichen Steuereintreiber. 47Wenn ihr nur zu euren Freunden freundlich seid, wodurch unterscheidet ihr euch dann von den anderen Menschen? Das tun sogar die, die Gott nicht kennen. 48Ihr sollt aber vollkommen sein, so wie euer Vater im Himmel vollkommen ist.

5,37 O. *Alles, was darüber ist, ist vom Bösen.*
5,41 Griech. *milion* (1,478 km).
5,43 3. Mose 19,18.
5,44 Manche Handschriften fügen hinzu *Segnet die, die euch verfluchen, tut denen Gutes, die euch hassen.*

Vom Geben an die Bedürftigen

6 [1]Nehmt euch in Acht. Wenn ihr Gutes tut, dann tut es
nicht öffentlich, nur damit ihr bewundert werdet. In die-
sem Fall dürft ihr nicht erwarten, von eurem Vater im Him-
mel belohnt zu werden. [2]Wenn du einem Bedürftigen etwas
gibst, posaune es nicht heraus, wie es die Heuchler tun, die in
den Synagogen und auf den Straßen mit ihren Wohltaten an-
geben, nur um die Aufmerksamkeit auf sich zu ziehen! Ich
versichere euch: Das ist der einzige Lohn, den sie jemals dafür
erhalten werden. [3]Wenn du jemandem etwas gibst, dann sag
deiner linken Hand nicht, was deine rechte tut.
[4]Gib in aller Stille, und dein Vater, der alle Geheimnisse
kennt, wird dich dafür belohnen.

Vom Beten und Fasten

[5]Und nun zum Beten. Wenn ihr betet, seid nicht wie die
Heuchler, die mit Vorliebe in aller Öffentlichkeit an den Stra-
ßenecken und in den Synagogen beten, wo jeder sie sehen
kann. Ich versichere euch: Das ist der einzige Lohn, den sie
jemals erhalten werden. [6]Wenn du betest, geh an einen Ort,
wo du allein bist, schließ die Tür hinter dir und bete in der
Stille zu deinem Vater. Dann wird dich dein Vater, der alle
Geheimnisse kennt, belohnen.
[7]Plappert nicht vor euch hin, wenn ihr betet, wie es die Men-
schen tun, die Gott nicht kennen. Sie glauben, dass ihre Ge-
bete erhört werden, wenn sie die Worte nur oft genug wieder-
holen. [8]Seid nicht wie sie, denn euer Vater weiß genau, was
ihr braucht, noch bevor ihr ihn darum bittet!
[9]So sollt ihr beten: ›Unser Vater im Himmel, dein Name wer-
de geehrt.
[10]Dein Reich komme bald. Dein Wille erfülle sich hier auf
der Erde genauso wie im Himmel.
[11]Schenk uns heute* unser tägliches Brot
[12]und vergib uns unsere Schuld, wie auch wir denen ver-
geben haben, die an uns schuldig geworden sind.

6,11 O. *für morgen.*

[13]Lass nicht zu, dass wir der Versuchung nachgeben, son-
dern erlöse uns von dem Bösen*.‹
[14]Wenn ihr denen vergebt, die euch Böses angetan haben,
wird euer himmlischer Vater euch auch vergeben. [15]Wenn
ihr euch aber weigert, anderen zu vergeben, wird euer Vater
euch auch nicht vergeben.
[16]Wenn ihr fastet, so tut es nicht öffentlich wie die Heuchler,
die blass und nachlässig gekleidet herumgehen, damit die
Leute sie für ihr Fasten bewundern. Ich versichere euch: Das
ist der einzige Lohn, den sie jemals dafür erhalten werden.
[17]Wenn du fastest, dann kämme deine Haare und wasche dir
das Gesicht. [18]Dann wird niemand auf den Gedanken kom-
men, dass du fastest, außer deinem Vater, der weiß, was du in
aller Stille tust. Und dein Vater, der alle Geheimnisse kennt,
wird dich dafür belohnen.

Von Geld und Besitz

[19]Sammelt keine Reichtümer hier auf der Erde an, wo Motten
oder Rost sie zerfressen oder Diebe einbrechen und sie steh-
len können. [20]Sammelt eure Reichtümer im Himmel, wo sie
weder von Motten noch von Rost zerfressen werden und vor
Dieben sicher sind. [21]Denn wo dein Reichtum ist, da ist auch
dein Herz.
[22]Dein Auge ist das Fenster deines Körpers. Ein klares Auge
lässt das Licht bis in deine Seele dringen. [23]Ein schlechtes
Auge dagegen sperrt das Licht aus und stürzt dich in Dun-
kelheit. Wenn schon das, was du für Licht hältst, in dir Dun-
kelheit ist, wie dunkel wird dann erst die Dunkelheit sein!
[24]Niemand kann zwei Herren dienen. Immer wird er den
einen hassen und den anderen lieben oder dem einen treu
ergeben sein und den anderen verabscheuen. Ihr könnt nicht
gleichzeitig Gott und dem Geld dienen.
[25]Darum sage ich euch: Sorgt euch nicht um euer tägliches
Leben – darum, ob ihr genug zu essen, zu trinken und anzu-
ziehen habt. Besteht das Leben nicht aus mehr als nur aus

6,13 O. *vom Bösen*. Manche Handschriften fügen hinzu *Denn dir gehört das Reich und die Macht und die Herrlichkeit in Ewigkeit. Amen*. S. 1. Chronik 29,10b-12.

Essen und Kleidung? 26Schaut die Vögel an. Sie müssen we-
der säen noch ernten noch Vorräte ansammeln, denn euer
himmlischer Vater sorgt für sie. Und ihr seid ihm doch viel
wichtiger als sie. 27Können all eure Sorgen euer Leben auch
nur um einen einzigen Augenblick verlängern? Nein.
28Und warum sorgt ihr euch um eure Kleider? Schaut die
Lilien an und wie sie wachsen. Sie arbeiten nicht und nähen
sich keine Kleider. 29Trotzdem war selbst König Salomo in
seiner ganzen Pracht nicht so herrlich gekleidet wie sie.
30Wenn sich Gott so wunderbar um die Blumen kümmert,
die heute aufblühen und schon morgen wieder verwelkt sind,
wie viel mehr kümmert er sich dann um euch? Euer Glaube
ist so klein!
31Hört auf, euch Sorgen zu machen um euer Essen und Trin-
ken oder um eure Kleidung. 32Warum wollt ihr leben wie die
Menschen, die Gott nicht kennen und diese Dinge so wichtig
nehmen? Euer himmlischer Vater kennt eure Bedürfnisse.
33Macht das Reich Gottes zu eurem wichtigsten Anliegen,
lebt in Gottes Gerechtigkeit, und er wird euch all das geben,
was ihr braucht.
34Deshalb sorgt euch nicht um morgen, denn jeder Tag
bringt seine eigenen Belastungen. Die Sorgen von heute sind
für heute genug.

Verurteilt niemanden

7 1Hört auf, andere zu verurteilen, dann werdet auch ihr
nicht verurteilt. 2Denn andere werden euch so behandeln,
wie ihr sie behandelt. Der Maßstab, nach dem ihr andere be-
urteilt, wird auch an euch angelegt werden, wenn man euch
beurteilt.* 3Warum regst du dich über einen Splitter im Auge
deines Nächsten auf, wenn du selbst einen Balken im Auge
hast? 4Mit welchem Recht sagst du: ›Mein Freund, komm, ich
helfe dir, den Splitter aus deinem Auge zu ziehen‹, wenn du
doch nicht über den Balken in deinem eigenen Auge hinaus-
sehen kannst? 5Du Heuchler! Zieh erst den Balken aus dei-

7,2 O. *Denn Gott wird euch behandeln, wie ihr andere behandelt;* im Griech. heißt es *Denn mit dem Urteil, das ihr fällt, werdet ihr selbst beurteilt werden.*

nem eigenen Auge; dann siehst du vielleicht genug, um dich mit dem Splitter im Auge deines Freundes zu befassen.
6Gebt das, was heilig ist, nicht Menschen, denen nichts heilig ist.* Werft keine Perlen vor die Säue! Sie zertrampeln die Perlen, drehen sich um und stürzen sich auf euch.

Wirksames Beten

7Bittet, und ihr werdet erhalten. Sucht, und ihr werdet finden.
Klopft an, und die Tür wird euch geöffnet werden. 8Denn wer
bittet, wird erhalten. Wer sucht, wird finden. Und die Tür
wird jedem geöffnet, der anklopft. 9Ihr Eltern – wenn euch
eure Kinder um ein Stück Brot bitten, gebt ihr ihnen dann
stattdessen einen Stein? 10Oder wenn sie euch um einen Fisch
bitten, gebt ihr ihnen eine Schlange? Natürlich nicht! 11Wenn
ihr, die ihr Sünder seid, wisst, wie man seinen Kindern Gutes tut, wie viel mehr wird euer Vater im Himmel denen, die ihn darum bitten, Gutes tun.

Die Goldene Regel

12Geht so mit anderen um, wie die anderen mit euch umgehen sollen. In diesem Satz sind das Gesetz und die Propheten zusammengefasst.

Das enge Tor

13Ihr könnt das Reich Gottes nur durch das enge Tor betreten.
Die Straße zur Hölle* ist breit und ihre Tür steht für die vielen
weit offen, die sich für den bequemen Weg entscheiden. 14Das
Tor zum Leben dagegen ist eng und der Weg dorthin ist schmal, deshalb finden ihn nur wenige.

Der Baum und seine Früchte

15Nehmt euch vor falschen Propheten in Acht. Sie kommen daher wie harmlose Schafe, aber in Wirklichkeit sind sie ge-
fährliche Wölfe, die euch in Stücke reißen wollen. 16Ihr er-
kennt sie an ihrem Verhalten, so wie ihr einen Baum an seinen

---

7,6 Griech. *Gebt das Heilige nicht den Hunden.*
7,13 Griech. *Der Weg, der in das Verderben führt.*

Früchten erkennt. An Dornbüschen wachsen keine Trauben
und an Disteln keine Feigen. [17]Ein gesunder Baum trägt gute
Früchte, ein kranker Baum dagegen schlechte.
[18]An einem guten Baum wachsen keine schlechten Früchte,
ebenso wenig wie ein kranker Baum gesunde Früchte hervor-
bringt. [19]Deshalb wird jeder Baum, der keine guten Früchte
bringt, umgehauen und ins Feuer geworfen. [20]Ihr seht, man
erkennt sie an ihren Früchten.

Echte Jünger

[21]Nicht alle Menschen, die sich fromm gebärden, glauben an
Gott. Auch wenn sie ›Herr‹ zu mir sagen, heißt das noch lan-
ge nicht, dass sie ins Himmelreich kommen. Entscheidend ist,
ob sie meinem Vater im Himmel gehorchen. [22]Am Tag des
Gerichts werden viele zu mir kommen und sagen: ›Herr,
Herr, wir haben in deinem Namen prophezeit und in deinem
Namen Dämonen ausgetrieben und viele Wunder voll-
bracht.‹ [23]Doch ich werde ihnen antworten: ›Ich habe euch
nie gekannt. Fort mit euch. Was ihr getan habt, habt ihr gegen
das Gesetz getan.‹

Ein festes Fundament

[24]Wer auf mich hört und danach handelt, ist klug und handelt
wie ein Mann, der ein Haus auf massiven Fels baut. [25]Auch
wenn der Regen in Sturzbächen vom Himmel rauscht, das
Wasser über die Ufer tritt und die Stürme an diesem Haus
rütteln, wird es nicht einstürzen, weil es auf Fels gebaut ist.
[26]Doch wer auf mich hört und nicht danach handelt, ist ein
Dummkopf; er ist wie ein Mann, der ein Haus auf Sand baut.
[27]Wenn der Regen und das Hochwasser kommen und die
Stürme an diesem Haus rütteln, wird es mit Getöse einstür-
zen.«
[28]Als Jesus seine Rede beendet hatte, waren die Menschen
überwältigt von seiner Lehre, [29]denn er sprach mit Vollmacht
– anders als die Schriftgelehrten.

Jesus heilt einen Leprakranken

8 1 Viele Menschen folgten Jesus, als er den Berg hinunter-
gestiegen war. 2 Da trat ihm ein Aussätziger in den Weg.
Er fiel vor ihm nieder und sagte: »Herr, wenn du willst,
kannst du mich gesund machen.«
3 Jesus berührte ihn. »Ich will es tun«, sagte er. »Sei gesund!«
Und im selben Augenblick war der Mann von seiner Krank-
heit geheilt. 4 Daraufhin sagte Jesus zu ihm: »Geh zum Pries-
ter und lass dich von ihm untersuchen. Sprich unterwegs mit
niemandem darüber. Aber nimm das Opfer mit, das Mose für
die Heilung von Aussatz vorgeschrieben hat. Das soll für alle
ein Beweis deiner Heilung sein.«

Der Glaube des römischen Offiziers

5 Als Jesus in Kapernaum eintraf, kam ein römischer Offizier
zu ihm und bat ihn um Hilfe: 6 Er sagte: »Herr, mein junger
Diener liegt im Bett, er ist gelähmt und hat große Schmerzen.«
7 Jesus antwortete: »Ich werde kommen und ihn heilen.«
8 Da sagte der Offizier: »Ach Herr, ich bin es nicht wert, dass
du in mein Haus kommst. Sprich nur einfach ein Wort, und
mein Diener wird gesund! 9 Ich weiß das, weil ich selbst vor-
gesetzte Offiziere habe und auch mir Soldaten unterstellt
sind. Ich brauche nur zu sagen: ›Geht‹, und sie gehen, oder
›Kommt‹, und sie kommen. Und wenn ich zu meinem Skla-
ven sage: ›Tu dies oder tu das‹, dann tut er es.«
10 Als Jesus das hörte, war er tief beeindruckt. Er wandte sich
an die Menge und sagte: »Ich versichere euch: Einen solchen
Glauben habe ich bisher in ganz Israel noch nicht erlebt!
11 Und ich sage euch: Viele Menschen werden aus der ganzen
Welt herbeiströmen und mit Abraham, Isaak und Jakob im
Himmelreich zu Tisch sitzen. 12 Viele Israeliten dagegen – für
die das Reich Gottes eigentlich bestimmt war – werden in die
tiefste Dunkelheit hinausgestoßen, wo sie weinen und mit
den Zähnen knirschen werden.«
13 Dann sagte Jesus zu dem römischen Offizier: »Geh wieder
nach Hause. Was du geglaubt hast, ist eingetroffen.« Und der
junge Diener wurde noch in derselben Stunde wieder ge-
sund.

Jesus heilt viele Menschen
14Als Jesus in das Haus von Petrus kam, lag dessen Schwie-
germutter mit hohem Fieber im Bett. 15Doch als Jesus ihre
Hand nahm, verschwand das Fieber. Da stand sie auf und
machte ihm etwas zu essen.
16An diesem Abend wurden viele Menschen zu Jesus ge-
bracht, die von Dämonen besessen waren. Auf sein Wort hin
verschwanden alle Geister, und er heilte auch alle Kranken.
17Damit erfüllte sich das Wort Gottes, das der Prophet Jesaja
gesprochen hatte: »Er nahm unsere Leiden auf sich und trug
unsere Krankheiten.«*

Der Preis für die Nachfolge
18Als Jesus sah, dass die Menschenmenge immer größer wur-
de, wies er seine Jünger an, ans andere Ufer des Sees hinüber-
zufahren.
19Da sagte einer der Schriftgelehrten zu ihm: »Meister, ich
will dir nachfolgen, wohin du auch gehst!«
20Doch Jesus entgegnete ihm: »Füchse haben ihren Bau, und
Vögel haben ihre Nester, aber der Menschensohn hat keinen
Ort, wo er sich hinlegen kann.«
21Ein anderer seiner Jünger sagte: »Herr, lass mich erst noch
nach Hause gehen und meinen Vater begraben.«
22Doch Jesus sagte zu ihm: »Komm jetzt gleich mit mir! Die
nicht nach Gott fragen, sollen selbst für ihre Toten sorgen.*«

Jesus stillt den Sturm
23Dann stieg Jesus ins Boot und fuhr mit seinen Jüngern über
den See. 24Plötzlich kam ein schrecklicher Sturm auf und die
gewaltigen Wellen schlugen ins Boot. Doch Jesus schlief.
25Schließlich weckten ihn die Jünger. »Herr, rette uns!«, riefen
sie aufgeregt. »Wir sinken!«
26Doch Jesus antwortete: »Warum habt ihr Angst? Ist euer
Glaube denn so klein?« Und er stand auf und drohte dem
Wind und den Wellen, und augenblicklich war alles wieder

8,17 Jesaja 53,4.
8,22 Griech. *Die Toten sollen ihre Toten selbst begraben.*

ruhig. 27Die Jünger saßen voller Ehrfurcht und Bewunderung
da und fragten sich: »Wer ist dieser Mann? Sogar Wind und
Wellen gehorchen ihm!«

Jesus heilt zwei Besessene

28Als Jesus am anderen Ufer des Sees in dem Gebiet der Ga-
darener* ankam, begegnete er zwei Männern, die von Dämo-
nen besessen waren. Sie lebten in Grabhöhlen und waren so
gefährlich, dass niemand es wagte, durch dieses Gebiet zu
reisen. 29Als sie ihn sahen, fingen die beiden an zu schreien:
»Was haben wir mit dir zu tun, Sohn Gottes? Du hast kein
Recht, uns jetzt schon, vor dem von Gott festgesetzten Zeit-
punkt, zu quälen!« 30In einiger Entfernung weidete eine gro-
ße Schweineherde, 31und die Dämonen baten ihn: »Wenn du
uns austreibst, dann schick uns in diese Schweineherde.«
32»So geht!«, befahl Jesus ihnen. Da fuhren die Dämonen aus
den Männern in die Schweine, und die ganze riesige Herde
stürzte die steile Böschung hinunter in den See, wo alle Tiere
ertranken. 33Die Hirten aber flohen in die Stadt und erzählten
allen, was mit den Besessenen geschehen war. 34Da kam die
ganze Stadt zu Jesus hinaus. Und alle baten ihn, fortzugehen
und sie unbehelligt zu lassen.

Jesus heilt einen Gelähmten

9 1Jesus stieg in ein Boot und fuhr über den See zurück in
die Stadt, in der er wohnte. 2Ein paar Leute brachten einen
Gelähmten auf einer Trage zu ihm. Als er ihren Glauben sah,
sagte Jesus zu dem Gelähmten: »Nur Mut, mein Sohn! Deine
Sünden sind dir vergeben.«
3»Das ist Gotteslästerung!«, entrüsteten sich einige der
Schriftgelehrten im Stillen.
4Jesus wusste, was sie dachten, und fragte sie: »Warum habt
ihr so böse Gedanken? 5Ist es leichter zu sagen: ›Deine Sün-
den sind dir vergeben‹ oder ›Steh auf und geh‹? 6Ich werde
euch beweisen, dass der Menschensohn hier auf der Erde die

8,28 In manchen Handschriften heißt es *Gerasener;* in noch anderen *Gergesaner;* s. Markus 5,1; Lukas 8,26.

Vollmacht hat, Sünden zu vergeben.« Und er wandte sich zu
dem Gelähmten und sagte: »Steh auf und nimm deine Trage
und geh nach Hause, denn du bist geheilt!«
7Da sprang der Mann auf und ging nach Hause! 8In den
Menschen, die Zeugen dieses Vorfalls geworden waren, stie-
gen Angst und Ehrfurcht auf. Sie rühmten Gott, dass er ihnen
einen Mann mit so großer Vollmacht gesandt hatte.

Jesus beruft Matthäus

9Als Jesus die Straße entlangging, sah er Matthäus in seiner
Zollstation sitzen. »Komm mit und folge mir nach«, sagte er
zu ihm. Und Matthäus stand auf und folgte ihm nach.
10Am selben Abend lud Matthäus Jesus und seine Jünger
zum Abendessen ein. Einige andere Steuereintreiber und vie-
le stadtbekannte Sünder waren ebenfalls eingeladen. 11Die
Pharisäer waren empört »Wie kommt euer Meister dazu,
mit solchem Abschaum* zu essen?«, fragten sie seine Jünger.
12Als Jesus es hörte, antwortete er: »Die Gesunden brauchen
keinen Arzt – wohl aber die Kranken.« 13Und er fügte hinzu:
»Nun geht und denkt einmal darüber nach, was mit dem
Wort in der Schrift gemeint ist: ›Ich will, dass ihr barmherzig
seid; eure Opfer will ich nicht.‹* Denn ich bin für die Sünder
gekommen und nicht für die, die meinen, sie seien schon gut
genug.«

Gespräch über das Fasten

14Eines Tages kamen die Jünger von Johannes dem Täufer zu
Jesus und fragten ihn: »Warum fasten wir und die Pharisäer,
aber deine Jünger fasten nicht?«
15Jesus antwortete: »Sollen etwa die Hochzeitsgäste trauern,
solange sie mit dem Bräutigam feiern? Eines Tages wird er
ihnen weggenommen werden, und dann werden sie fasten.
16Wer würde ein altes Kleidungsstück mit neuem Stoff fli-
cken? Der Flicken läuft ein und reißt ein noch größeres Loch

9,11 Griech. *mit Steuereinnehmern und Sündern.*
9,13 Hosea 6,6.

in den alten Stoff. 17Genauso wenig würde jemand neuen Wein in alte Schläuche füllen. Die alten Schläuche würden unter dem Druck platzen, der Wein würde auslaufen und die Schläuche wären nicht mehr zu gebrauchen. Neuer Wein gehört in neue Schläuche. Auf diese Weise bleibt der Wein erhalten und die Schläuche werden geschont.«

Jesus heilt durch Glauben

18Noch während Jesus sprach, trat der Vorsteher einer Synagoge zu ihm, kniete vor ihm nieder und sagte: »Meine Tochter ist gerade gestorben, aber du kannst sie wieder lebendig machen, wenn du nur kommst und ihr die Hände auflegst.«

19Auf dem Weg zum Haus des Vorstehers folgte Jesus und
den Jüngern 20eine Frau, die schon seit zwölf Jahren starke
Blutungen hatte. Sie berührte heimlich den Saum seines Mantels,
21denn sie dachte: »Wenn ich nur seinen Mantel berühre, werde ich wieder gesund.«

22Da drehte Jesus sich um und sagte zu ihr: »Meine Tochter, hab keine Angst! Dein Glaube hat dich geheilt.« Und im selben Augenblick war die Frau wieder gesund.

23Als Jesus ins Haus des Vorstehers kam, fand er laut weinende Menschen vor und hörte Trauermusik.
24Da sagte er: »Geht hinaus, das Mädchen ist nicht tot; es schläft nur.« Aber die Menge lachte ihn aus.
25Als die Leute endlich alle draußen waren, ging Jesus zum Mädchen hinein, nahm es bei der Hand, und es stand auf.
26Die Nachricht von diesem Wunder verbreitete sich wie ein Lauffeuer in der ganzen Gegend.

Jesus heilt Blinde und Stumme

27Nachdem Jesus das Haus des Mädchens verlassen hatte, liefen ihm zwei Blinde nach und riefen: »Sohn Davids, hab Erbarmen mit uns!«

28Sie folgten ihm bis in das Haus, wo er wohnte, und Jesus fragte sie: »Glaubt ihr, dass ich euch das Augenlicht wiedergeben kann?« Sie antworteten: »Ja, Herr.«

29Da berührte er ihre Augen und sagte: »Weil ihr glaubt, wird es geschehen.«
30Und auf einmal konnten sie sehen! Jesus ermahnte sie eindringlich: »Erzählt niemandem davon.«

[31]Doch stattdessen erzählten sie in der ganzen Gegend von
seinen wunderbaren Taten.
[32]Als sie fort waren, brachten einige Leute einen Mann zu
ihm, der nicht sprechen konnte, weil er von einem bösen
Geist besessen war. [33]Jesus trieb den Dämon aus, und sofort
konnte der Mann wieder sprechen. Die Menschen waren vol-
ler Bewunderung für Jesus. »So etwas ist in Israel noch nie-
mals geschehen!«, riefen sie.
[34]Die Pharisäer aber meinten: »Er kann nur deshalb Dämo-
nen austreiben, weil er seine Macht vom Obersten der Dämo-
nen bekommen hat.«

Arbeiter werden gesucht

[35]Jesus zog durch die Städte und Dörfer der Umgebung. Er
lehrte in den Synagogen und verkündete die Botschaft vom
Reich Gottes. Und überall, wo er hinkam, heilte er Menschen
von ihren Krankheiten und Leiden. [36]Er hatte tiefes Mitleid
mit den vielen Menschen, die zu ihm kamen, denn sie hatten
große Sorgen und wussten nicht, wen sie um Hilfe bitten
konnten. Sie waren wie Schafe ohne Hirten. [37]Deshalb sagte
er zu seinen Jüngern: »Die Ernte ist groß, aber es sind nicht
genügend Arbeiter da. [38]Betet zum Herrn und bittet ihn,
mehr Arbeiter zu schicken, um die Ernte einzubringen.«

Jesus sendet die zwölf Apostel aus

10 [1]Jesus rief seine zwölf Jünger zu sich und gab ihnen die
Vollmacht, böse Geister auszutreiben und alle Arten
von Krankheiten und Leiden zu heilen. [2]Dies sind die Namen
der zwölf Apostel: der Erste war Simon (der auch Petrus ge-
nannt wurde), dann kamen Andreas (der Bruder von Petrus),
Jakobus (der Sohn des Zebedäus), Johannes (der Bruder von
Jakobus), [3]Philippus, Bartholomäus, Thomas, Matthäus (der
Steuereintreiber), Jakobus (der Sohn des Alphäus), Thad-
däus, [4]Simon (der Zelot*) und Judas Iskariot (der ihn später
verriet).

10,4 Griech. *der Kanaanäer.*

[5]Jesus sandte die zwölf Jünger aus und gab ihnen folgenden
Auftrag: »Geht nicht zu den Menschen, die Gott nicht ken-
nen, oder zu den Samaritern. [6]Geht nur zu den Menschen
aus dem Volk Israel – sie sind Gottes verlorene Schafe. [7]Geht
und verkündet ihnen, dass das Himmelreich unmittelbar be-
vorsteht*. [8]Macht die Kranken gesund, erweckt die Toten
zum Leben, heilt die Aussätzigen und treibt böse Geister
aus. Teilt eure Gaben genauso großzügig aus, wie ihr sie ge-
schenkt bekommen habt!

[9]Tragt kein Geld bei euch. [10]Und nehmt auch keine Tasche
mit, keinen Ersatzmantel und Sandalen und auch keinen
Wanderstab. Zögert nicht, Gastfreundschaft anzunehmen,
denn wer arbeitet, verdient auch, dass man ihm zu essen
gibt*. [11]Wenn ihr in eine Stadt oder in ein Dorf kommt, sucht
nach einem würdigen Mann und bleibt bei ihm, bis ihr wie-
der weiterzieht. [12]Wenn ihr in ein Haus eingeladen werdet,
dann segnet dieses Haus. [13]Wenn sich das Haus als würdig
erweist, dann ruht euer Segen weiterhin darauf; andernfalls
kehrt der Segen wieder zu euch zurück. [14]Wenn ihr in einem
Dorf nicht willkommen seid und man euch nicht zuhören
will, dann geht fort und schüttelt den Staub von euren Füßen.
[15]Ich versichere euch: Die gottlosen Städte Sodom und Go-
morra werden am Tag des Gerichts besser dastehen als ein
solcher Ort.

[16]Seht, ich sende euch aus wie Schafe unter die Wölfe. Seid
vorsichtig wie die Schlangen und sanft wie die Tauben.
[17]Aber hütet euch vor den Menschen! Denn ihr werdet vor
die Richter gezerrt und in den Synagogen geschlagen wer-
den. [18]Um meinetwillen müsst ihr Statthaltern und Königen
Rede und Antwort stehen. Das wird euch Gelegenheit geben,
ihnen von mir zu erzählen und so vor der Welt als Zeugen für
mich aufzutreten. [19]Wenn ihr verhaftet werdet, macht euch
keine Sorgen, was ihr zu eurer Verteidigung sagen sollt,
denn Gott wird euch zur rechten Zeit die rechten Worte in

10,7 O. *nahe gekommen ist oder bald kommt.*
10,10 O. *der Arbeiter ist die Unterstützung, die er empfängt, wert.*

den Mund legen. [20]Nicht ihr seid es, die dann reden – nein,
der Geist eures Vaters wird durch euch reden.

[21]Der Bruder wird seinen Bruder verraten, Väter werden
ihre Kinder verraten, und Kinder werden sich gegen ihre El-
tern auflehnen und sie dem Tod ausliefern. [22]Ja, alle werden
euch hassen, weil ihr euch zu mir bekennt. Aber wer bis zum
Ende durchhält, wird gerettet werden. [23]Wenn ihr in einer
Stadt verfolgt werdet, dann flieht in die nächste. Ich versiche-
re euch: Der Menschensohn wird wiederkommen, noch be-
vor ihr in allen Städten Israels gewesen seid.

[24]Ein Schüler steht nicht über seinem Lehrer. Ein Diener
steht nicht über seinem Herrn. [25]Der Schüler teilt das Schick-
sal seines Lehrers und der Diener das seines Herrn. Und
wenn schon der Hausherr als Herr der Dämonen* bezeichnet
wird, wie viel mehr wird das denen geschehen, die zu seinem
Haushalt gehören! [26]Doch fürchtet euch nicht vor denen, die
euch bedrohen. Denn die Zeit kommt, in der die Wahrheit ans
Licht kommt und alle Geheimnisse bekannt werden. [27]Wenn
der Tag anbricht, dann schreit hinaus, was ich euch heute in
der Dunkelheit sage. Ruft von allen Dächern, was ich euch in
die Ohren flüstere, damit jeder es hören kann!

[28]Habt keine Angst vor denen, die euch umbringen wollen.
Sie können nur euren Körper töten; eure Seele ist für sie un-
erreichbar. Fürchtet allein Gott, der Leib und Seele in der Höl-
le vernichten kann. [29]Nicht einmal ein Spatz, der doch kaum
etwas wert ist, kann tot zu Boden fallen, ohne dass euer Vater
es weiß. [30]Selbst die Haare auf eurem Kopf sind alle gezählt.
[31]Deshalb habt keine Angst; ihr seid Gott kostbarer als ein
ganzer Schwarm Spatzen.

[32]Wer sich hier auf der Erde öffentlich zu mir bekennt, den
werde ich auch vor meinem Vater im Himmel bekennen.
[33]Aber wer mich hier auf der Erde verleugnet, den werde ich
auch vor meinem Vater im Himmel verleugnen.

[34]Glaubt nicht, dass ich gekommen bin, um der Welt Frie-
den zu bringen! Nein, sondern das Schwert. [35]Ich bin gekom-
men, um den Sohn gegen seinen Vater aufzubringen, die

10,25 Griech. *Beelzebul.*

Tochter gegen ihre Mutter und die Schwiegertochter gegen
ihre Schwiegermutter. 36Eure erbittertsten Feinde werdet ihr
in der eigenen Familie finden. 37Wer Vater oder Mutter mehr
liebt als mich, ist es nicht wert, zu mir zu gehören; und wer
seinen Sohn oder seine Tochter mehr liebt als mich, der ist es
nicht wert, zu mir zu gehören. 38Wer sich weigert, sein Kreuz
auf sich zu nehmen und mir nachzufolgen, ist es nicht wert,
zu mir zu gehören. 39Wer an seinem Leben hängt, wird es
verlieren; aber wer es für mich aufgibt, wird es finden.

40Wer euch in sein Haus aufnimmt, der nimmt mich auf,
und wer mich aufnimmt, nimmt den Vater auf, der mich ge-
sandt hat. 41Wer einen Propheten aufnimmt als einen, der für
Gott spricht,* wird den gleichen Lohn erhalten wie der Pro-
phet. Und wer gute und gottesfürchtige Menschen aufnimmt,
weil sie an Gott glauben, wird den gleichen Lohn erhalten
wie sie. 42Und wer dem geringsten meiner Nachfolger auch
nur ein Glas kaltes Wasser reicht, darf sicher sein, dafür be-
lohnt zu werden.«

Jesus und Johannes der Täufer

11 1Nachdem Jesus seinen zwölf Jüngern diese Anwei-
sungen gegeben hatte, zog er weiter, um in den Städ-
ten des ganzen Landes zu lehren und zu predigen.

2Johannes der Täufer, der damals im Gefängnis war, hörte
von den Taten des Christus. Er schickte seine Jünger zu Jesus
mit der Frage: 3»Bist du wirklich der, der kommen soll, oder
sollen wir auf einen anderen warten?«

4Jesus antwortete ihnen: »Geht zurück zu Johannes und be-
richtet ihm, was ihr gesehen und gehört habt: 5Blinde sehen,
Gelähmte gehen, Aussätzige werden gesund, Taube hören,
Tote werden zum Leben erweckt und den Armen wird die
gute Botschaft verkündet. 6Und sagt ihm weiter: ›Gott segnet
die, die keinen Anstoß an mir nehmen.‹*«

7Als die Jünger des Johannes wieder gegangen waren, er-
zählte Jesus den Menschen von ihm. »Wer ist dieser Mann in

10,41 Griech. *Wenn ihr einen Propheten im Namen eines Propheten aufnehmt.*
11,6 O. *die nicht meinetwegen abfallen.*

der Wüste, den ihr unbedingt sehen wolltet? Kam er euch schwach vor wie ein Schilfrohr, das im Windhauch hin und her schwankt? [8]Oder habt ihr einen Mann erwartet, der in kostbare Gewänder gehüllt ist? Wer solche Kleidung trägt, wohnt in einem Palast und sicher nicht in der Wüste. [9]Oder habt ihr in ihm einen Propheten vermutet? Ja, das ist er, er ist sogar noch mehr als das. [10]Johannes ist der Mann, von dem die Schrift sagt: ›Ich sende meinen Boten vor dir her, er wird deine Ankunft vorbereiten.‹*

[11]Ich versichere euch: Von allen Menschen, die jemals gelebt haben, war keiner größer als Johannes der Täufer. Und doch ist noch der Geringste im Himmelreich größer als er! [12]Seit Johannes der Täufer predigt und tauft, ist das Himmelreich mit Macht näher gerückt, und es gibt genügend Menschen, die versuchen, gewaltsam hineinzudrängen.* [13]Denn alle Propheten und das Gesetz haben diese Zeit angekündigt, bis Johannes kam. [14]Und wenn ihr bereit seid, meinen Worten zu glauben: Er ist Elia, von dem die Propheten sagten, dass er kommen würde.* [15]Wer bereit ist zu hören, soll zuhören und begreifen!

[16]Wie soll ich die Menschen von heute am besten beschreiben? Sie sind wie Kinder, die auf der Straße spielen. Sie beklagen sich bei ihren Freunden: [17]›Wir haben lustige Lieder gespielt, und ihr wart nicht fröhlich. Dann haben wir Klagelieder gespielt, aber ihr wart nicht traurig.‹ [18]Johannes der Täufer trank keinen Wein und fastete oft, und nun sagt ihr von ihm, er sei von einem Dämon besessen. [19]Der Menschensohn trinkt und feiert, und von ihm sagt ihr: ›Er ist ein Schlemmer und Säufer, und die schlimmsten Leute sind seine Freunde!‹ Doch die Weisheit erweist sich als richtig, und zwar durch das, was sie bewirkt.«

11,10 Maleachi 3,1.
11,12 O. *Seit … tauft, haben begierige Menschenmengen ins Himmelreich hineingedrängt.*
11,14 S. Maleachi 3,23.

Gericht über galiläische Städte
[20]Danach begann Jesus die Städte anzuklagen, in denen er
die meisten seiner Wunder vollbracht hatte. Ihre Einwohner
waren dennoch nicht zu Gott umgekehrt. [21]»Welche Schre-
cken erwarten euch, Chorazin und Betsaida! Denn wenn ich
die Wunder, die ich bei euch getan habe, in den gottlosen
Städten Tyrus und Sidon getan hätte, hätten ihre Einwohner
schon längst ihre Schuld bekannt und sich zum Zeichen ihrer
Reue in Säcke gehüllt und Asche auf ihre Häupter gestreut.
[22]Ich versichere euch: Am Tag des Gerichts werden Tyrus
und Sidon besser dastehen als ihr! [23]Und ihr Bewohner von
Kapernaum, ob ihr wohl einst in den Himmel gehoben wer-
det? Ganz sicher nicht. Ihr werdet vielmehr hinunter ins
Reich der Toten* geworfen. Denn wenn ich die Wunder, die
ich bei euch getan habe, in Sodom getan hätte, würde die
Stadt heute noch stehen. [24]Seid versichert: Sodom wird am
Tag des Gerichts besser dastehen als ihr!«

Jesus spricht ein Dankgebet
[25]Danach sprach Jesus das folgende Gebet: »O Vater, Herr des
Himmels und der Erde, ich danke dir, dass du die Wahrheit
vor denen verbirgst, die sich selbst für so klug und weise hal-
ten. Ich danke dir, dass du sie stattdessen denen enthüllst, die
ein kindliches Gemüt haben. [26]Ja, Vater, so wolltest du es!
[27]Mein Vater hat mir Vollmacht über alles gegeben. Nie-
mand außer dem Vater kennt den Sohn wirklich, und nie-
mand kennt den Vater außer dem Sohn und jenen, denen
der Sohn den Vater offenbaren will.«
[28]Dann sagte Jesus: »Kommt alle her zu mir, die ihr müde
seid und schwere Lasten tragt, ich will euch Ruhe schenken.
[29]Nehmt mein Joch auf euch. Ich will euch lehren, denn ich
bin demütig und freundlich, und eure Seele wird bei mir zur
Ruhe kommen. [30]Denn mein Joch passt euch genau, und die
Last, die ich euch auflege, ist leicht.«

11,23 Griech. *in den Hades.*

Unterschiedliche Meinungen zum Sabbat

12 [1]Etwa um diese Zeit ging Jesus am Sabbat durch die
Kornfelder. Seine Jünger hatten Hunger; sie rissen
sich unterwegs ein paar Weizenähren ab und aßen die Kör-
ner. [2]Einige Pharisäer sahen es und empörten sich: »Deine
Jünger dürfen das nicht! Es verstößt gegen das Gesetz, am
Sabbat Korn zu ernten.«

[3]Doch Jesus hielt ihnen entgegen: »Habt ihr schon einmal in
der Schrift gelesen, was König David tat, als er und seine Be-
gleiter Hunger hatten? [4]Er ging in das Haus Gottes, und sie
aßen die Brote, die allein den Priestern vorbehalten waren.
[5]Und habt ihr noch nie im Gesetz von Mose gelesen, dass die
Dienst habenden Priester am Sabbat im Tempel arbeiten dür-
fen, ohne dabei schuldig zu werden? [6]Das sage ich euch: Hier
ist einer, der größer ist als der Tempel! [7]Ihr hättet nicht Un-
schuldige verurteilt, wenn ihr den Sinn des Schriftwortes ver-
standen hättet: ›Ich will, dass ihr barmherzig seid; eure Opfer
will ich nicht.‹* [8]Denn der Menschensohn herrscht auch über
den Sabbat.«

[9]Damit ging er hinüber in die Synagoge, [10]wo er einen Mann
mit einer verkrüppelten Hand bemerkte. Die Pharisäer frag-
ten Jesus: »Ist es nach dem Gesetz erlaubt, am Sabbat Kranke
zu heilen?« Sie hofften natürlich, dass er Ja sagen würde, da-
mit sie einen Grund hatten, ihn anzuzeigen.

[11]Er antwortete: »Wenn ihr nur ein einziges Schaf hättet und
es fiele am Sabbat in einen Brunnen, würdet ihr nicht alles
daransetzen, es herauszuziehen? Ganz bestimmt. [12]Wie viel
mehr ist ein Mensch wert als ein Schaf! Daher ist es erlaubt,
am Sabbat Gutes zu tun!« [13]Dann sagte er zu dem Mann:
»Streck deine Hand aus.« Der Mann streckte seine Hand
aus, und sie wurde wieder so gesund wie die andere Hand.
[14]Daraufhin gingen die Pharisäer nach draußen und schmie-
deten einen Plan, wie sie Jesus umbringen könnten.

12,7 Hosea 6,6.

Jesus, Gottes auserwählter Diener

15Jesus erkannte, was sie vorhatten. Er ging fort, und viele
Menschen folgten ihm. Er heilte alle Kranken unter ihnen,
16aber er verbot ihnen zu sagen, wer er war. 17Damit erfüllte
sich die Prophezeiung Jesajas über Jesus:

18»Dies ist mein Diener, den ich auserwählt habe. Ich liebe
ihn und habe meine Freude an ihm. Ich werde meinen Geist
auf ihn legen, und er wird den Völkern Gerechtigkeit verkün-
den. 19Er wird weder kämpfen noch schreien; er wird seine
Stimme nicht in der Öffentlichkeit erheben. 20Er wird das ge-
knickte Rohr nicht zerbrechen und den glimmenden Docht
nicht auslöschen. Durch seine Treue wird er die vollkom-
mene Gerechtigkeit durchsetzen. 21Und auf seinem Namen
wird die Hoffnung der ganzen Welt ruhen.«*

Jesus und der Oberste der Dämonen

22Ein Besessener, der blind und stumm war, wurde zu Jesus
gebracht. Jesus heilte ihn, sodass er wieder sehen und spre-
chen konnte. 23Die Menschen waren sehr verwundert.
»Könnte es sein, dass dieser Jesus der Sohn Davids ist?«, frag-
ten sie sich.

24Als das jedoch den Pharisäern zu Ohren kam, sagten sie:
»Kein Wunder, dass er böse Geister austreiben kann. Er hat
seine Macht von Satan*, dem Herrscher über die Dämonen.«

25Doch Jesus kannte ihre Gedanken und antwortete: »Ein
Königreich, das gegen sich selbst kämpft, ist dem Untergang
geweiht. Eine Stadt oder eine Hausgemeinschaft, in der man
sich streitet, ist verloren. 26Wenn Satan Satan austreiben wür-
de, würde er gegen sich selbst kämpfen. Sein Reich könnte
nicht bestehen. 27Wenn ich meine Macht vom Herrscher über
alle Dämonen habe, was ist dann mit euren eigenen Leuten?
Sie treiben doch auch böse Geister aus. Sie werden euch nach
euren eigenen Worten richten. 28Wenn ich aber die Dämonen
mit dem Geist Gottes austreibe, dann ist das Reich Gottes zu
euch gekommen. 29Niemand kann in das Haus eines starken

12,18-21 Jesaja 42,1-4.
12,24 Griech. von *Beelzebul*.

Mannes eindringen und ihn ausrauben, ohne ihn zuvor zu
fesseln. Erst dann kann man sein Haus ausplündern!* [30]Wer
mich nicht unterstützt, ist gegen mich, und wer nicht Seite an
Seite mit mir arbeitet, arbeitet im Grunde gegen mich.
[31]Jede Sünde oder Gotteslästerung kann vergeben werden –
bis auf die Lästerung gegen den Heiligen Geist. Dafür gibt es
keine Vergebung. [32]Wer gegen den Menschensohn lästert,
dem kann vergeben werden. Wer aber gegen den Heiligen
Geist lästert, dem wird niemals vergeben werden – nicht in
dieser Welt und auch nicht in der zukünftigen.
[33]Einen Baum erkennt man an seinen Früchten. Ist ein Baum
gut, so wird er auch gute Früchte tragen. Ist ein Baum
schlecht, so wird er schlechte Früchte tragen. [34]Ihr Schlangen-
brut! Wie können böse und hinterhältige Menschen wie ihr
reden, was gut und richtig ist? Denn immer bestimmt ja euer
Herz, was ihr sagt. [35]Ein guter Mensch spricht gute Worte aus
einem guten Herzen, und ein böser Mensch spricht böse Wor-
te aus einem bösen Herzen. [36]Ich sage euch: Am Tag des Ge-
richts müsst ihr euch für jedes böse Wort, das ihr sagt, verant-
worten. [37]Was ihr heute sagt, entscheidet über euer Schicksal;
entweder werdet ihr gerettet oder gerichtet.«

Das Zeichen des Propheten Jona

[38]Eines Tages kamen einige Schriftgelehrte und Pharisäer zu
Jesus und sagten: »Meister, bitte zeige uns ein Wunder, als
Beweis dafür, dass du von Gott kommst.«
[39]Doch Jesus erwiderte: »Nur schlechte, treulose Menschen
würden ein Wunder verlangen. Das einzige Zeichen, das ich
ihnen geben will, ist das, was mit dem Propheten Jona ge-
schah. [40]So wie Jona drei Tage und drei Nächte im Bauch
des großen Fisches verbracht hat,* so wird der Menschen-
sohn drei Tage und drei Nächte im Herzen der Erde sein.
[41]Die Einwohner Ninives werden sich am Tag des Gerichts
gegen euch erheben und euch verurteilen, denn sie haben

12,29 O. *Man kann Satans Reich nicht ausrauben, ohne ihn zuvor zu fesseln. Erst dann können seine Dämonen verjagt werden.*

12,40 Jona 2,1.

Reue gezeigt, nachdem sie Jonas Predigt gehört hatten.* Und
nun ist einer bei euch, der weit größer ist als Jona – aber ihr
weigert euch zu bereuen. [42]Auch die Königin von Saba* wird
sich am Tag des Gerichts gegen euch erheben und euch verurteilen,
denn sie kam aus einem fremden Land, um die
Weisheiten König Salomos zu hören. Und nun ist einer bei
euch, der weit größer ist als Salomo – und ihr wollt ihm nicht
zuhören.

[43]Wenn ein böser Geist einen Menschen verlässt, geht er in
die Wüste und sucht Ruhe, aber er findet keine. [44]Da sagt er
sich: ›Ich will lieber wieder in den Menschen fahren, aus
dem ich gekommen bin.‹ Und er kehrt zurück und findet
sein früheres Heim leer, gefegt und sauber vor. [45]Danach
findet der Dämon noch sieben weitere Dämonen, die noch
schlimmer sind als er selbst, und sie alle ergreifen Besitz von
dem Menschen und nisten sich in ihm ein. Genauso wird es
euch ergehen.«

Die wahre Familie von Jesus

[46]Während Jesus noch zu den Leuten redete, kamen seine
Mutter und seine Brüder zu ihm und wollten ihn sprechen.
[47]Jemand sagte zu Jesus: »Deine Mutter und deine Brüder
stehen draußen, sie möchten dich sprechen.«

[48]Jesus fragte: »Wer ist meine Mutter? Und wer sind meine
Brüder?« [49]Und er zeigte auf seine Jünger und sagte: »Diese
Leute sind meine Mutter und meine Brüder. [50]Wer den Willen
meines Vaters im Himmel erfüllt, ist mein Bruder und meine
Schwester und meine Mutter!«

Das Gleichnis vom Bauern, der die Saat ausbringt

13 [1]Später am gleichen Tag verließ Jesus das Haus und
ging hinunter an den See, [2]wo sich bald eine riesige
Menschenmenge um ihn sammelte. Da stieg er in ein Boot,
setzte sich und sprach zu den Menschen, die ihm vom Ufer
aus zuhörten. [3]Er erzählte ihnen viele Gleichnisse, so wie

12,41 Jona 3,5.
12,42 Griech. *die Königin des Südens;* vgl. 1. Könige 10,1-10.

dieses: »Ein Bauer ging aufs Feld, um zu säen. [4]Als er die
Saat über das Feld ausstreute, fielen einige Körner auf einen
Weg, und die Vögel kamen und pickten sie auf. [5]Andere
Körner fielen auf eine dünne Erdschicht mit felsigem Unter-
grund. Die Saat ging schnell auf, [6]aber schon bald vertrock-
neten die Pflänzchen unter der heißen Sonne, weil die Wur-
zeln in der dünnen Erdschicht keine Nahrung fanden.
[7]Andere Samenkörner fielen in die Dornen, die schnell
wuchsen und die zarten Pflänzchen erstickten. [8]Einige Sa-
men aber fielen auf fruchtbaren Boden, und der Bauer ern-
tete dreißig, sechzig, ja hundert Mal so viel, wie er gesät
hatte. [9]Wer hören will, der soll zuhören und begreifen!«

[10]Seine Jünger kamen zu ihm und fragten: »Warum erzählst
du immer Gleichnisse, wenn du zu den Leuten sprichst?«

[11]Da erklärte er ihnen: »Euch war erlaubt, die Geheimnisse
vom Himmelreich zu verstehen, aber andere können das
nicht. [12]Wer sich meinen Lehren öffnet, wird noch mehr be-
greifen, und er wird eine Fülle von Wissen haben. Aber wer
nicht zuhört, dem wird sogar das genommen, was er hat.
[13]Ich erzähle diese Gleichnisse, weil die Menschen zwar se-
hen, was ich tue, es aber dennoch nicht richtig begreifen. Sie
hören, was ich sage, aber sie verstehen es nicht richtig. [14]Da-
mit erfüllt sich die Prophezeiung Jesajas:

›Du wirst meine Worte hören, sie aber nicht verstehen; du
wirst sehen, was ich tue, aber du wirst nicht begreifen, was es
bedeutet.

[15]Denn die Herzen dieser Menschen sind verhärtet, ihre Oh-
ren können nicht hören und sie haben ihre Augen geschlos-
sen. Ihre Augen sehen nicht, ihre Ohren hören nicht und ihr
Herz versteht nicht, und sie kehren nicht zu mir um, damit
ich sie heil mache.‹*

[16]Eure Augen aber sind gesegnet, weil sie sehen, und eure
Ohren, weil sie hören können. [17]Ich versichere euch: Viele
Propheten und gottesfürchtige Menschen haben sich danach
gesehnt, das zu sehen und zu hören, was ihr gesehen und
gehört habt, aber sie konnten es nicht.

13,14-15 Jesaja 6,9-10.

[18]Doch ich will euch das Gleichnis vom Bauern, der seine
Saat ausstreute, erklären: [19]Die Saat, die auf den harten Weg
fiel, steht für die Menschen, die die Botschaft vom Reich
Gottes hören, sie aber nicht verstehen. Dann kommt der
Teufel und reißt ihnen die Saat aus dem Herzen. [20]Der felsi-
ge Boden steht für jene, die die Botschaft hören und sie freu-
dig annehmen. [21]Aber wie bei jungen Pflänzchen in einem
solchen Boden reichen ihre Wurzeln nicht sehr tief. Zuerst
kommen sie gut zurecht, doch sobald sie Schwierigkeiten
haben oder wegen ihres Glaubens verfolgt werden, verdor-
ren sie. [22]Die Dornen stehen für jene, die das Wort Gottes
hören und es annehmen. Doch viel zu schnell wird es er-
stickt durch die alltäglichen Sorgen und Verlockungen des
Reichtums, und die Ernte bleibt aus. [23]Der gute Boden steht
für die Herzen derer, die die Botschaft Gottes annehmen
und eine große Ernte einfahren – dreißig, sechzig, ja hun-
dert Mal so viel, wie gesät wurde.«

Das Gleichnis vom Unkraut im Weizenfeld

[24]Jesus erzählte noch ein anderes Gleichnis: »Das Himmel-
reich ist vergleichbar mit einem Bauern, der gutes Saatgut
auf sein Feld säte. [25]Doch in der Nacht, als alles schlief, kam
sein Feind und säte Unkraut zwischen den Weizen und ging
wieder weg. [26]Als das Korn zu wachsen begann und Ähren
ausbildete, kam auch das Unkraut zum Vorschein. [27]Da ka-
men die Arbeiter des Bauern und sagten: ›Herr, das Feld, auf
dem du gutes Saatgut gesät hast, ist voller Unkraut!‹

[28]›Das hat mein Feind getan!‹, rief der Bauer aus. ›Sollen wir
das Unkraut ausreißen?‹, fragten die Arbeiter.

[29]Er antwortete: ›Nein, wenn ihr das tut, schadet ihr dem
Weizen. [30]Lasst beides bis zur Zeit der Ernte wachsen. Dann
will ich den Erntehelfern sagen, dass sie das Unkraut heraus-
sammeln und verbrennen sollen. Den Weizen aber sollen sie
in die Scheune bringen.‹«

Das Bild vom Senfkorn

[31]Jesus benutzte noch ein anderes Beispiel: »Das Himmelreich
ist wie ein Senfkorn, das auf ein Feld gesät wird. [32]Es ist das

kleinste von allen Samenkörnern, aber es wächst zur größten
Pflanze heran und wird so groß wie ein Baum, sodass die
Vögel in seinen Ästen Schutz finden.«

Das Gleichnis vom Sauerteig

[33]Auch das folgende Gleichnis erzählte Jesus: »Das Himmel-
reich ist wie Sauerteig, den eine Frau zum Brotbacken ge-
brauchte. Obwohl sie eine große Menge* Mehl nahm, durch-
drang der Sauerteig doch den ganzen Teig.«

[34]Jesus benutzte stets Gleichnisse und Bilder, wenn er zu
den Menschen sprach, er sprach nie zu ihnen, ohne solche
Vergleiche zu verwenden. [35]So erfüllte sich die Prophezeiung:
»Ich werde zu euch in Gleichnissen sprechen. Ich werde die
Geheimnisse erklären, die seit der Erschaffung der Welt ver-
borgen waren.«*

Die Erklärung des Gleichnisses vom Unkraut im Weizenfeld

[36]Danach ging Jesus ins Haus und ließ die Menschenmenge
draußen stehen. Seine Jünger baten ihn: »Erkläre uns das
Gleichnis vom Unkraut auf dem Feld.«

[37]Jesus sagte: »Der Bauer, der den guten Samen aussät, ist
der Menschensohn. [38]Das Feld ist die Welt, und der gute
Same steht für die Kinder des Himmelreiches. Das Unkraut
sind die Menschen, die zu Satan gehören. [39]Der Feind, der das
Unkraut zwischen den Weizen ausgesät hat, ist der Teufel.
Die Ernte ist das Ende der Welt, und die Erntehelfer sind die
Engel.

[40]Genauso, wie das Unkraut aussortiert und verbrannt
wird, so wird es auch am Ende der Welt sein. [41]Der Men-
schensohn wird seine Engel schicken, und sie werden aus sei-
nem Reich alles entfernen, was zur Sünde verleitet, und alle
Menschen, die Böses tun. [42]Und sie werden sie in den Ofen
werfen und verbrennen. Dort werden sie schreien und mit
den Zähnen knirschen. [43]Dann werden alle, die zu Gott gehö-

---

13,33 Griech. *drei Maß.*
13,35 Psalm 78,2.

ren, im Reich ihres Vaters leuchten wie die Sonne. Wer bereit
ist zu hören, soll zuhören und verstehen!

Das Bild vom verborgenen Schatz

44Das Himmelreich ist wie ein Schatz, den ein Mann in einem
Feld verborgen fand. In seiner Aufregung versteckte er ihn
wieder und verkaufte alles, was er besaß, um genug Geld zu
beschaffen, damit er das Feld kaufen konnte – und mit ihm
den Schatz zu erwerben!

Das Bild vom Perlenhändler

45Das Himmelreich ist auch vergleichbar mit einem Perlen-
händler, der nach kostbaren Perlen Ausschau hielt. 46Als er
eine Perle von großem Wert entdeckte, verkaufte er alles,
was er besaß, und kaufte die Perle!

Das Bild vom Fischernetz

47Das Himmelreich kann man auch vergleichen mit einem
Fischernetz, das ins Wasser geworfen wird und in dem viele
verschiedene Fische gefangen werden. 48Wenn das Netz voll
ist, wird es ans Land gezogen, und die Fischer sammeln die
guten Fische heraus und legen sie in Kisten, und die schlech-
ten werfen sie weg. 49Genauso wird es auch am Ende der Welt
sein. Die Engel werden kommen und die gottlosen Menschen
von den Gläubigen trennen. 50Die Gottlosen werden ins Feuer
geworfen. Dort werden sie weinen und mit den Zähnen knir-
schen. 51Versteht ihr das alles?« Sie antworteten: »Ja.«

52Dann fügte er noch hinzu: »Jeder Schriftgelehrte, der ein
Jünger im Himmelreich geworden ist, ist wie ein Hausherr,
der aus seinem reichen Vorrat Neues ebenso hervorholt wie
Altes.«

Jesus wird in Nazareth abgelehnt

53Nachdem Jesus diese Gleichnisse erzählt hatte, verließ er
diese Gegend. 54Er kehrte in seine Heimatstadt Nazareth zu-
rück. Als er dort in der Synagoge lehrte, staunten die Men-
schen und fragten: »Woher hat er diese Weisheit und weshalb
kann er solche Wunder tun? 55Er ist doch nur der Sohn eines

Zimmermanns, und wir kennen doch alle Maria, seine Mut-
ter, und seine Brüder – Jakobus, Josef, Simon und Judas. 56Al-
le seine Schwestern leben hier unter uns. Was macht ihn zu so
etwas Besonderem?« 57Und sie ärgerten sich über ihn und
wollten nicht an ihn glauben. Da sagte Jesus: »Ein Prophet
wird überall verehrt, außer in seiner Heimatstadt und in sei-
ner eigenen Familie.« 58Und er tat dort nur wenige Wunder,
weil sie nicht glaubten.

Der Tod Johannes des Täufers

14 1Als Herodes Antipas* von Jesus hörte, 2sagte er zu
seinen Ratgebern: »Das muss Johannes der Täufer
sein, der von den Toten auferstanden ist! Darum kann er sol-
che Wunder tun.« 3Denn Herodes hatte Johannes auf Bitten
seiner Frau Herodias (der früheren Frau von Philippus, dem
Bruder von Herodes) ins Gefängnis werfen lassen. 4Johannes
hatte Herodes immer wieder ins Gewissen geredet: »Es ist
gegen das Gesetz, dass du sie geheiratet hast.« 5Herodes hätte
Johannes gern endgültig aus dem Weg geschafft, aber er hatte
Angst vor einem Aufstand, weil die Bevölkerung Johannes
für einen Propheten hielt.
6Doch auf einer Geburtstagsfeier für Herodes tanzte die
Tochter von Herodias vor den Gästen, und sie gefiel Herodes
sehr. 7Er tat einen Schwur, ihr jeden Wunsch zu erfüllen. 8Auf
Drängen ihrer Mutter bat das Mädchen: »Schenk mir den
Kopf von Johannes dem Täufer auf einer Schale!« 9Nun tat es
dem König leid, aber weil er es ihr versprochen hatte und sich
vor seinen Gästen keine Blöße geben wollte, erteilte er die
notwendigen Befehle. 10So wurde Johannes im Gefängnis ent-
hauptet. 11Sein Kopf wurde dem Mädchen auf einer Schale
übergeben, die sie ihrer Mutter brachte. 12Die Jünger des Jo-
hannes holten seinen Leichnam und begruben ihn. Dann er-
zählten sie Jesus, was geschehen war.

14,1 Griech. *der Tetrarch Herodes.* Er war ein Sohn von König Herodes und Herrscher über eines der vier Teilgebiete in Palästina.

Jesus speist fünftausend Menschen

13Als Jesus die Nachricht erhalten hatte, fuhr er mit dem Boot
in eine entfernte Gegend, denn er wollte allein sein. Aber die
Menschen hatten erfahren, wohin er fuhr, und aus zahlrei-
chen Dörfern folgten sie ihm über Land. 14Als er aus dem
Boot stieg, erwartete ihn bereits eine große Menschenmenge.
Er hatte Mitleid mit ihnen und heilte die Kranken.

15Am Abend kamen die Jünger zu ihm und sagten: »Es ist
einsam hier und schon spät. Schick die Leute weg, dann kön-
nen sie in die Dörfer gehen, um sich etwas zu essen zu kau-
fen.«

16Doch Jesus antwortete: »Das ist nicht nötig – gebt ihr ih-
nen zu essen.«

17»Unmöglich!«, riefen sie aus. »Wir haben nur fünf Brote
und zwei Fische!«

18»Bringt sie her!«, befahl er. 19Dann wies er die Leute an,
sich ins Gras zu setzen. Und er nahm die fünf Brote und
zwei Fische, blickte hinauf zum Himmel und bat Gott um
seinen Segen für das Essen. Dann brach er das Brot in Stücke
und gab jedem der Jünger davon, und diese verteilten es an
die Menschen. 20Alle aßen, so viel sie wollten, und anschlie-
ßend sammelten sie noch zwölf Körbe mit Resten ein. 21Etwa
fünftausend Menschen hatten zu essen bekommen, Frauen
und Kinder nicht mitgerechnet!

Jesus geht auf dem Wasser

22Sofort danach schickte Jesus seine Jünger zum Boot zurück
und befahl ihnen, ans andere Ufer überzusetzen, während er
die Menschen nach Hause entließ. 23Dann stieg er allein in die
Berge hinauf, um dort zu beten. Als es dunkel wurde, war er
immer noch allein dort oben. 24In der Zwischenzeit gerieten
die Jünger weit weg vom Ufer in Seenot, denn ein starker
Wind war aufgekommen, und sie hatten gegen hohe Wellen
anzukämpfen.

25Gegen drei Uhr morgens* kam Jesus über das Wasser zu
ihnen. 26Als ihn die Jünger sahen, schrien sie entsetzt auf,

14,25 Griech. *in der vierten Nachtwache.*

denn sie hielten ihn für einen Geist. 27Doch Jesus sprach sie
sogleich an: »Es ist gut«, sagte er. »Ich bin es! Habt keine
Angst.«
28Da rief Petrus ihm zu: »Herr, wenn du es wirklich bist,
befiehl mir, auf dem Wasser zu dir zu kommen.«
29»Dann komm«, sagte Jesus. Und Petrus stieg aus dem Boot
und ging über das Wasser Jesus entgegen. 30Als er sich aber
umsah und die hohen Wellen erblickte, bekam er Angst und
begann zu versinken. »Herr, rette mich!«, schrie er.
31Sofort streckte Jesus ihm die Hand hin und hielt ihn fest.
»Du hast nicht viel Glauben«, sagte Jesus. »Warum hast du
gezweifelt?« 32Als sie schließlich zurück ins Boot stiegen, leg-
te sich der Wind.
33Da beteten ihn die Jünger an. »Du bist wirklich der Sohn
Gottes!«, riefen sie.
34Auf der anderen Seite des Sees gingen sie in Genezareth
an Land. 35Als die Menschen dieser Gegend Jesus erkannten,
verbreitete sich dies sofort in der ganzen Umgebung. Schon
bald brachten die Leute alle ihre Kranken zu ihm, damit er
sie heilte. 36Die Kranken baten ihn, auch nur den Saum sei-
ner Kleidung berühren zu dürfen. Und alle, die ihn berühr-
ten, wurden gesund.

Jesus spricht über innere Reinheit

15 1Einige Pharisäer und Schriftgelehrte kamen aus Jeru-
salem, um Jesus zur Rede zu stellen. 2»Warum halten
deine Jünger sich nicht an unsere uralten Überlieferungen?«,
fragten sie. »Sie missachten unsere Vorschrift, sich vor dem
Essen die Hände zu waschen.«
3Jesus erwiderte: »Und warum verstoßt ihr mit euren Über-
lieferungen gegen Gottes Gebote? 4Gott sagt zum Beispiel:
›Ehre Vater und Mutter‹ und ›Wer Vater oder Mutter ver-
flucht, soll mit dem Tod bestraft werden.‹* 5Ihr sagt jedoch:
›Man muss seine Eltern nicht dadurch ehren, dass man für sie
sorgt, wenn man stattdessen Gott das Geld gibt.‹ 6So setzt ihr

---

15,4 2. Mose 20,12; 21,17; 3. Mose 20,9; 5. Mose 5,16.

durch eure eigene Überlieferung das Gebot Gottes außer
Kraft. 7Ihr Heuchler! Jesaja hat euch gemeint, als er sagte:
8›Diese Menschen ehren mich mit ihren Worten, aber nicht
mit ihrem Herzen. 9Ihre Anbetung ist nutzlos, denn sie erset-
zen die Gebote Gottes durch ihre eigenen Lehren.‹*«
10Danach rief Jesus die Menschen zu sich und sagte: »Hört
gut zu, was ich euch jetzt sage, und versucht, es zu verstehen.
11Ihr werdet nicht durch das unrein, was ihr esst; ihr werdet
unrein durch das, was ihr sagt und tut.«*
12Da kamen die Jünger zu ihm und fragten ihn: »Weißt du,
dass du mit deinen Worten die Pharisäer gegen dich auf-
gebracht hast?«
13Jesus antwortete: »Jede Pflanze, die nicht von meinem
Vater im Himmel gepflanzt worden ist, wird ausgerissen.
14Beachtet sie deshalb gar nicht. Sie sind nur blinde Blinden-
führer, und wenn ein Blinder einen anderen führt, werden
beide in den Graben fallen.«
15Da sagte Petrus: »Erkläre uns doch, was du damit meinst,
dass man nicht durch das unrein wird, was man isst.«
16»Habt ihr es denn immer noch nicht begriffen?«, fragte
Jesus ihn. 17»Alles, was ihr esst, geht durch den Magen und
verlässt dann wieder den Körper. 18Böse Worte aber kommen
aus einem bösen Herzen und machen den Menschen, aus
dessen Mund sie kommen, unrein. 19Aus dem Herzen kom-
men böse Gedanken wie zum Beispiel Mord, Ehebruch, Un-
zucht, Diebstahl, Lüge und Verleumdung. 20Das macht un-
rein. Wer aber mit ungewaschenen Händen isst, wird davon
nicht unrein!«

Der Glaube der kanaanäischen Frau

21Jesus verließ Galiläa und zog nach Norden in die Gegend
von Tyrus und Sidon. 22Eine kanaanäische Frau*, die dort leb-
te, kam zu ihm und bat ihn inständig: »Hab Mitleid mit mir,

15,8-9 Jesaja 29,13.
15,11 O. *was aus dem Mund kommt, macht einen Menschen unrein.*
15,22 Griech. *Kanaaniterin.*

o Herr, Sohn Davids! Meine Tochter hat einen bösen Geist in
sich, der ihr schlimme Qualen bereitet.«
23Jesus antwortete ihr nicht – er sagte kein Wort. Doch seine
Jünger drängten ihn, ihre Bitte zu erfüllen. »Sie belästigt uns
sonst weiter mit ihrer Bettelei«, sagten sie.
24Da sagte er zu der Frau: »Ich bin gesandt worden, um
dem Volk Israel zu helfen – Gottes verlorenen Schafen –
und nicht denen, die keine Juden sind.«
25Sie lief jedoch hinter ihm her, warf sich vor ihm nieder und
bat ihn wieder: »Herr, hilf mir doch!«
26»Es ist nicht recht, den Kindern das Essen wegzunehmen
und es stattdessen den Hunden vorzuwerfen«, sagte er.
27»Du hast recht, Herr«, antwortete sie, »aber selbst Hunde
dürfen die Krümel fressen, die vom Tisch ihres Herrn fallen.«
28Da sagte Jesus zu ihr: »Frau, dein Glaube ist groß. Deine
Bitte soll erfüllt werden.« Und im gleichen Augenblick war
ihre Tochter gesund.

Jesus heilt viele Menschen

29Jesus ging zum See Genezareth zurück. Er stieg auf einen
Berg und setzte sich. 30Eine große Menschenmenge kam zu
ihm und brachte ihm Gelähmte, Blinde, Krüppel, Stumme
und viele Menschen mit anderen Gebrechen. Sie legten sie
vor ihn hin, und er heilte sie alle. 31Die Menschen kamen nicht
aus dem Staunen heraus. Stumme konnten wieder sprechen,
Krüppel wurden wieder gesund, Gelähmte konnten wieder
gehen und Blinde wieder sehen! Und alle lobten den Gott
Israels.

Jesus speist viertausend Menschen

32Da rief Jesus seine Jünger zu sich und sagte: »Mir tun diese
Menschen leid. Sie waren nun drei Tage lang bei mir, und jetzt
haben sie nichts mehr zu essen. Ich will sie nicht hungrig
wegschicken, sonst könnten sie unterwegs zusammenbre-
chen.«
33Die Jünger erwiderten: »Wo sollen wir hier in dieser ver-
lassenen Gegend genügend zu essen für alle hernehmen?«

34Jesus fragte: »Wie viele Brote habt ihr dabei?« Sie antwor-
teten: »Sieben, und ein paar kleine Fische.« 35Da wies Jesus
die Menschen an, sich hinzusetzen. 36Er nahm die sieben Bro-
te und die Fische, dankte Gott, zerteilte sie und gab sie den
Jüngern, die das Essen an die Menge weitergaben.
37Alle aßen, bis sie satt waren, und als am Ende die Reste
eingesammelt wurden, waren sogar sieben große Körbe voll
übrig! 38An diesem Tage wurden viertausend Menschen satt,
Frauen und Kinder nicht mitgerechnet. 39Danach entließ Je-
sus die Leute wieder nach Hause. Er selbst stieg in ein Boot
und fuhr hinüber in die Gegend von Magadan.

Die Pharisäer und Sadduzäer fordern ein Wunder

16 1Eines Tages suchten die Pharisäer und Sadduzäer Je-
sus auf, um ihn herauszufordern. Dazu baten sie ihn
um ein Zeichen vom Himmel.
2Er erwiderte: »Abendrot verheißt gutes Wetter für den
nächsten Tag, 3Morgenrot bedeutet für den ganzen Tag
schlechtes Wetter.* Das Wetter könnt ihr anhand der Zeichen
am Himmel gut deuten, aber die ganz offensichtlichen Zei-
chen der Zeit begreift ihr nicht! 4Nur böse, treulose Menschen
verlangen nach einem Wunder. Doch das einzige Zeichen,
das ich ihnen geben werde, ist das Zeichen des Propheten
Jona.« Damit ließ er sie stehen und ging.

Der Sauerteig der Pharisäer und Sadduzäer

5Später, nach der Überfahrt über den See, bemerkten die Jün-
ger, dass sie vergessen hatten, Brot mitzunehmen. 6»Seht
euch vor!«, warnte Jesus sie. »Nehmt euch in Acht vor dem
Sauerteig der Pharisäer und der Sadduzäer.«
7Sie meinten, er hätte das gesagt, weil sie kein Brot mit-
genommen hatten. 8Jesus wusste, was sie dachten, deshalb
sagte er: »Euer Glaube ist so klein! Warum sorgt ihr euch
ums Essen? 9Werdet ihr es denn nie begreifen? Denkt doch
an die fünftausend Menschen, die ich mit fünf Broten satt

16,2-3 In manchen Handschriften fehlen die Worte in 16,2-3 nach der Wendung *Er erwiderte.*

gemacht habe, und an die Körbe voller Brot, die danach noch
übrig blieben! [10]Und denkt an die viertausend, die ich mit
sieben Broten satt gemacht habe. Auch da blieb so viel übrig!
[11]Wie könnt ihr nur auf den Gedanken kommen, dass ich
vom Essen gesprochen habe? Ich sage es noch einmal:
›Nehmt euch in Acht vor dem Sauerteig der Pharisäer und
der Sadduzäer.‹«

[12]Da begriffen sie endlich, dass er nicht von Sauerteig oder
Brot gesprochen, sondern die falschen Lehren der Pharisäer
und Sadduzäer gemeint hatte.

Das Bekenntnis des Petrus

[13]Als Jesus in die Gegend von Cäsarea Philippi kam, fragte er
seine Jünger: »Für wen halten die Leute den Menschensohn?«

[14]»Nun«, erwiderten sie, »manche sagen, er ist Johannes der
Täufer, andere sagen, Elia, und wieder andere halten ihn für
Jeremia oder einen der anderen Propheten.«

[15]Daraufhin fragte er sie: »Und was meint ihr, wer ich bin?«

[16]Simon Petrus antwortete: »Du bist der Christus, der Sohn
des lebendigen Gottes.«

[17]Da erwiderte Jesus: »Du bist gesegnet, Simon, Sohn des
Johannes*. Denn das hat dir mein Vater im Himmel offenbart.
Von einem Menschen konntest du das nicht haben. [18]Von nun
an sollst du Petrus* heißen. Auf diesen Felsen will ich meine
Gemeinde bauen, und alle Mächte der Hölle* können ihr
nichts anhaben. [19]Ich werde dir die Schlüssel zum Himmel-
reich geben. Was du auf der Erde bindest, wird auch im Him-
mel gebunden sein, und was du auf der Erde öffnest, wird
auch im Himmel offen sein.« [20]Danach wies er sie streng an,
niemandem zu sagen, dass er der Christus sei.

Jesus sagt seinen Tod voraus

[21]Von da an sprach Jesus ganz offen mit seinen Jüngern darü-
ber, dass er nach Jerusalem gehen musste und was ihn dort

16,17 Griech. *Simon, Sohn des Jona;* s. Johannes 1,42; 21,15-17.
16,18a Petrus bedeutet *Stein* oder *Fels.*
16,18b Griech. *und die Tore des Hades.*

erwartete. Er würde durch die Hand der Ältesten, der obers-
ten Priester und Schriftgelehrten vieles erleiden müssen. Er
würde getötet werden und am dritten Tage von den Toten
auferstehen.
22Doch Petrus nahm ihn beiseite und bedrängte ihn: »Das
darf nicht sein, Herr«, sagte er. »Das darf auf keinen Fall ge-
schehen!«
23Jesus drehte sich zu Petrus um und sagte: »Geh weg von
mir, Satan! Du willst mich in die Falle locken. Du siehst die
Dinge nur mit den Augen der Menschen und nicht, wie Gott
sie sieht.«
24Dann sagte Jesus zu den Jüngern: »Wer von euch mir
nachfolgen will, muss sich selbst verleugnen und sein Kreuz
auf sich nehmen und mir nachfolgen. 25Wer versucht, sein
Leben zu behalten, wird es verlieren. Doch wer sein Leben
für mich aufgibt, wird das wahre Leben finden. 26Was nützt
es, die ganze Welt zu gewinnen und dabei seine Seele* zu
verlieren? Gibt es etwas Kostbareres als die Seele? 27Denn
der Menschensohn wird mit seinen Engeln in der Herrlich-
keit seines Vaters kommen und die Menschen nach ihrem
Tun richten. 28Und ich versichere euch: Einige von euch, die
jetzt hier stehen, werden nicht sterben, bevor sie den Men-
schensohn in seinem Reich kommen sehen.«

Jesus wird verklärt

17 1Sechs Tage später nahm Jesus Petrus und die beiden
Brüder Jakobus und Johannes mit auf einen hohen
Berg. 2Plötzlich veränderte sich sein Aussehen. Sein Gesicht
leuchtete wie die Sonne und seine Kleidung wurde strahlend
weiß. 3Auf einmal erschienen Mose und Elia und begannen
mit Jesus zu sprechen. 4Petrus rief aus: »Herr, wie wunderbar
ist das! Wenn du willst, baue ich drei Hütten*, eine für dich,
eine für Mose und eine für Elia.«
5Doch noch während er das sagte, glitt eine helle Wolke
über sie, aus der eine Stimme zu ihnen sprach: »Dies ist mein

16,26 O. *euer Leben.*
17,4 Griech. *Tabernakel.*

geliebter Sohn, an dem ich meine Freude habe. Hört auf ihn.«
6Die Jünger erschraken zu Tode und fielen mit dem Gesicht
voran auf die Erde.

7Da kam Jesus zu ihnen und berührte sie. »Steht auf«, sagte
er, »ihr braucht keine Angst zu haben.« 8Und als sie aufblick-
ten, sahen sie niemanden mehr außer Jesus. 9Als sie den Berg
wieder hinunterstiegen, befahl Jesus ihnen: »Erzählt nieman-
dem, was ihr gesehen habt, bis der Menschensohn von den
Toten auferstanden ist.«

10Die Jünger fragten: »Warum behaupten die Schriftgelehr-
ten, dass zuerst Elia wiederkommen muss?«*

11Jesus erwiderte: »Elia kommt tatsächlich zuerst, um alles
vorzubereiten. 12Aber ich sage euch, er ist bereits gekommen.
Doch niemand hat ihn erkannt, und er wurde schwer miss-
handelt. Und bald wird auch der Menschensohn durch ihre
Hand leiden.« 13Da wurde den Jüngern klar, dass er von Jo-
hannes dem Täufer gesprochen hatte.

Jesus heilt einen besessenen Jungen

14Als sie am Fuß des Berges ankamen, wurden sie bereits von
einer großen Menschenmenge erwartet. Ein Mann trat zu Je-
sus und kniete vor ihm nieder. Er sagte: 15»Herr, hab Mitleid
mit meinem Sohn. Er hat schwere Anfälle und leidet fürchter-
lich. Immer wieder fällt er ins Feuer oder ins Wasser. 16Ich
habe ihn zu deinen Jüngern gebracht, aber sie konnten ihm
nicht helfen.«

17Jesus antwortete: »Ihr uneinsichtigen, ungläubigen Men-
schen! Wie lange muss ich noch bei euch sein, bis ihr endlich
glaubt? Wie lange muss ich euch noch ertragen? Bringt den
Jungen zu mir.« 18Jesus bedrohte den bösen Geist im Körper
des Jungen, und der Geist fuhr aus ihm heraus. Im selben
Augenblick war der Junge wieder gesund.

19Als sie später wieder unter sich waren, fragten die Jünger
Jesus: »Warum konnten wir diesen Dämon nicht austreiben?«

20»Weil euer Glaube so gering ist«, sagte Jesus. »Ich ver-
sichere euch: Wenn euer Glaube auch nur so groß wäre wie

17,10 Griech. *dass Elia zuerst kommen muss.*

ein Senfkorn, könntet ihr zu diesem Berg sagen: ›Rücke dich
von hier nach da‹, und er würde sich bewegen. Nichts wäre
euch unmöglich.«*

Jesus kündigt erneut seinen Tod an

22 Eines Tages, als sie nach Galiläa zurückkamen, sagte Jesus
zu ihnen: »Der Menschensohn wird verraten werden. 23 Man
wird ihn umbringen, doch drei Tage später wird er von den
Toten auferweckt werden.« Als die Jünger das hörten, wur-
den sie sehr traurig.

Die Bezahlung der Tempelsteuer

24 Als sie nach Kapernaum kamen, traten die Einnehmer der
Tempelsteuer auf Petrus zu und fragten ihn: »Zahlt euer
Meister keine Tempelsteuer?«

25 »Doch«, antwortete Petrus. Dann ging er nach Hause, um
es Jesus zu erzählen. Aber noch bevor er ansetzen konnte zu
sprechen, fragte Jesus ihn: »Was meinst du, Petrus*? Belegen
Könige ihr eigenes Volk mit Steuern? Oder verlangen sie Ab-
gaben von den Fremden, die sie besiegt und deren Länder sie
erobert haben?«

26 »Von den Fremden«, erwiderte Petrus. »Nun«, sagte Jesus,
»dann müssten die eigenen Bürger also eigentlich keine Steu-
ern zahlen! 27 Wir wollen sie jedoch nicht vor den Kopf stoßen.
Geh hinunter zum See und wirf eine Angelschnur aus. Dem
ersten Fisch, den du fängst, öffne das Maul. Du wirst darin
eine Münze finden. Nimm diese Münze und bezahle damit
für uns beide die Steuer.«

Der Größte im Reich Gottes

18 1 Etwa zu dieser Zeit kamen die Jünger zu Jesus und
fragten ihn: »Wer ist der Größte im Himmelreich?«

2 Da rief Jesus ein kleines Kind zu sich und stellte es vor sie
hin. 3 Dann sagte er: »Ich versichere euch: Wenn ihr nicht um-

---

17,20 In manchen Handschriften folgt V. 21: *Doch diese Art Dämonen gehen nicht, ehe ihr nicht gebetet und gefastet habt.*

17,25 Griech. *Simon*.

kehrt und werdet wie die Kinder, werdet ihr nie ins Himmel-
reich kommen. [4]Deshalb: Wer so gering wird wie dieses Kind,
der ist der Größte im Himmelreich. [5]Und wer ein solches
Kind in meinem Namen aufnimmt, der nimmt mich auf.
[6]Wer aber eines dieser Kinder, die mir vertrauen, vom rechten
Glauben abbringt, für den wäre es besser, er würde mit einem
schweren Mühlstein um den Hals ins Meer geworfen werden.
[7]Schreckliches erwartet die, die andere zur Sünde verfüh-
ren. Die Versuchung, Böses zu tun, wird es immer geben,
doch dem, der andere in diese Versuchung bringt, wird es
schlimm ergehen. [8]Wenn dich also deine Hand oder dein
Fuß zum Bösen verführen will, hack sie ab und wirf sie
weg. Besser du kommst als Krüppel oder Gelähmter in den
Himmel*, als dass du mit allen deinen Gliedmaßen ins ewi-
ge Höllenfeuer geworfen wirst. [9]Und wenn dich dein Auge
zum Bösen verführen will, stich es aus und wirf es weg.
Besser du kommst halb blind in den Himmel, als zwei Au-
gen zu haben und ins ewige Höllenfeuer geworfen zu wer-
den.
[10]Hütet euch davor, auf ein einziges dieser Kinder herab-
zusehen. Denn ich sage euch, dass ihre Engel im Himmel mei-
nem himmlischen Vater stets besonders nahe sind.*

Das Gleichnis vom verlorenen Schaf

[12]Wenn ein Hirte hundert Schafe hat, und eines läuft weg
und verirrt sich, was wird er wohl tun? Wird er nicht die
neunundneunzig anderen stehen lassen und in die Berge
gehen, um das verirrte Schaf zu suchen? [13]Und wenn er es
findet, wird er sich ganz sicher mehr darüber freuen als über
die neunundneunzig, die nicht fortgelaufen sind. [14]Genauso
ist es nicht der Wille meines Vaters, dass auch nur eines von
diesen Kindern verloren geht.

18,8 Griech. *in das Leben;* so auch in 18,9.
18,10 In manchen Handschriften folgt V. 11: *Der Menschensohn ist gekommen, die Verlorenen zu retten.*

Zurechtweisung des Bruders

15Wenn dir ein Bruder Unrecht getan hat, geh zu ihm und
weise ihn auf seinen Fehler hin. Wenn er auf dich hört und
seine Schuld zugibt, hast du ihn zurückgewonnen. 16Wenn
es dir nicht gelingt, nimm einen oder zwei andere und geht
noch einmal gemeinsam zu ihm, sodass alles, was du sagst,
von zwei oder drei Zeugen bestätigt werden kann. 17Wenn er
auch dann nicht zuhören will, trage den Fall deiner Gemein-
de vor. Wenn die Gemeinde dir Recht gibt, aber der andere
auch dieses Urteil nicht anerkennt, dann behandelt ihn wie
einen, der Gott nicht kennt, oder wie einen bestechlichen
Steuereinnehmer. 18Ich sage euch: Was ihr auf der Erde ver-
bietet, ist auch im Himmel verboten, und was ihr auf der Erde
erlaubt, ist auch im Himmel erlaubt.*

19Und ich sage euch auch: Wenn zwei von euch hier auf der
Erde darin eins werden, eine Bitte an Gott zu richten, dann
wird mein Vater im Himmel diese Bitte erfüllen. 20Denn wo
zwei oder drei zusammenkommen, die zu mir gehören*, bin
ich mitten unter ihnen.«

Das Gleichnis vom uneinsichtigen Schuldner

21Dann kam Petrus zu ihm und fragte: »Herr, wie oft soll ich
jemandem vergeben, der mir Unrecht tut? Sieben Mal?«

22»Nein!«, antwortete Jesus, »siebzigmal sieben Mal*!

23Deshalb kann man das Himmelreich mit einem König ver-
gleichen, der beschlossen hatte, mit seinen Bediensteten, die
von ihm Geld geliehen hatten, abzurechnen. 24Unter ihnen
war auch einer, der ihm sehr viel Geld* schuldete. 25Da er
nicht bezahlen konnte, befahl der König das Folgende: Er,
seine Frau, seine Kinder, und alles, was er besaß, sollten ver-
kauft werden, um damit seine Schuld zu begleichen. 26Doch
der Mann fiel vor ihm nieder und bat ihn: ›Herr, hab doch
Geduld mit mir, ich werde auch alles bezahlen.‹ 27Da hatte

18,18 Griech. *Was ihr auf der Erde bindet, wird auch im Himmel gebunden sein, und was ihr auf der Erde löst, wird auch im Himmel gelöst sein.*

18,20 Griech. *in meinem Namen zusammenkommen.*

18,22 Oder *siebenundsiebzig Mal.*

18,24 Griech. *zehntausend Talente.*

der König Mitleid mit ihm, ließ ihn frei und erließ ihm seine Schulden.

28Doch sobald der Mann frei war, ging er zu einem anderen Diener, der ihm eine kleine Summe* schuldete, packte ihn am Kragen und verlangte, dass er auf der Stelle alles bezahlen sollte. 29Der Diener fiel vor ihm nieder und bat ihn um einen kurzen Aufschub: ›Hab doch Geduld mit mir, ich werde auch alles bezahlen.‹ 30Doch der Mann war nicht bereit zu warten. Er ließ ihn verhaften und einsperren, so lange, bis dieser seine ganze Schuld bezahlt hätte.

31Als die anderen Diener das sahen, waren sie empört. Sie gingen zum König und erzählten ihm, was vorgefallen war. 32Da ließ der König den Mann rufen, dem er zuvor seine Schulden erlassen hatte, und sagte zu ihm: ›Du herzloser Diener! Ich habe dir deine großen Schulden erlassen, weil du mich darum gebeten hast. 33Müsstest du da nicht auch mit diesem Diener Mitleid haben, so wie ich Mitleid mit dir hatte?‹ 34Der König war so zornig, dass er den Mann ins Gefängnis werfen ließ, bis er seine Schulden bis auf den letzten Cent bezahlt hatte.

35Genauso wird mein Vater im Himmel mit euch verfahren, wenn ihr euch weigert, euren Brüdern und Schwestern zu vergeben.«

Über Ehe und Ehescheidung

19 1Nachdem Jesus zu Ende gesprochen hatte, verließ er Galiläa und ging nach Süden in die Gegend von Judäa, östlich des Jordan. 2Eine große Menschenmenge folgte ihm dorthin, und er heilte ihre Kranken.

3Da kamen einige Pharisäer zu ihm und versuchten, ihm eine Falle zu stellen. Sie fragten ihn: »Darf sich ein Mann aus jedem beliebigen Grund von seiner Frau trennen?«

4»Wisst ihr nicht, was in der Schrift steht?«, erwiderte Jesus. »Dort steht, dass ›der Schöpfer die Menschen als Mann und Frau schuf‹*. 5Und es heißt weiter: ›Deshalb wird ein

18,28 Griech. *hundert Denare.* Ein Denar war ein voller Tagelohn.
19,4 1. Mose 1,27; 5,2.

Mann Vater und Mutter verlassen und sich an seine Frau
binden und die beiden werden zu einer Einheit.‹* [6]Dann
sind sie also nicht mehr zwei, sondern eins, und niemand
soll sie mehr trennen, denn Gott hat sie zusammenge-
bracht.«

[7]»Und warum hat dann Mose gesagt, dass ein Mann seiner
Frau einen offiziellen Scheidungsbrief ausstellen und sie
dann fortschicken darf*?«, fragten sie.

[8]Jesus antwortete: »Mose erlaubte die Ehescheidung, weil
eure Herzen hart sind, aber ursprünglich war sie nicht Gottes
Wille. [9]Und ich sage euch: Ein Mann, der sich von seiner Frau
scheiden lässt und eine andere heiratet, begeht Ehebruch – es
sei denn, seine Frau war untreu.«*

[10]Da sagten die Jünger zu Jesus: »Dann wäre es ja besser, gar
nicht zu heiraten!«

[11]»Nicht jeder kann dies verstehen«, sagte Jesus. »Das kön-
nen nur die, denen Gott dabei hilft. [12]Manche werden unfähig
zur Ehe geboren, andere werden von Menschen dazu unfähig
gemacht, und wieder andere haben sich dafür entschieden,
um des Himmelreiches willen nicht zu heiraten. Wer dies be-
greifen kann, der handle danach.«

Jesus segnet die Kinder

[13]Einige Kinder wurden zu Jesus gebracht. Er sollte ihnen die
Hand auflegen und für sie beten. Doch die Jünger fuhren die
Leute an, ihn nicht zu stören. [14]Aber Jesus sagte: »Lasst die
Kinder zu mir kommen. Haltet sie nicht zurück! Denn das
Himmelreich gehört ihnen.« [15]Und er legte ihnen die Hände
auf und segnete sie, bevor er weiterzog.

19,5 1. Mose 2,24.
19,7 5. Mose 24,1.
19,9 In manchen Handschriften heißt es weiter: *Und der Mann, der eine geschiedene Frau heiratet, begeht Ehebruch.*

Der reiche Jüngling
16Einmal kam ein Mann zu Jesus und fragte ihn: »Meister*, was muss ich Gutes tun, um das ewige Leben zu bekommen?«
17»Warum fragst du mich, was gut ist?«, erwiderte Jesus. »Nur Gott ist gut. Du kannst das ewige Leben nur erlangen, wenn du dich an die Gebote hältst.«
18»Welche Gebote?«, fragte der Mann. Und Jesus antwortete: »Du sollst nicht töten. Du sollst nicht die Ehe brechen. Du sollst nicht stehlen. Du sollst keine Falschaussage machen.
19Ehre deinen Vater und deine Mutter. Liebe deinen Nächsten wie dich selbst.«*
20»Alle diese Gebote habe ich gehalten«, sagte der junge Mann. »Was muss ich noch tun?«
21Jesus sagte zu ihm: »Wenn du vollkommen sein willst, dann geh und verkaufe alles, was du hast, und gib das Geld den Armen, und du wirst einen Schatz im Himmel haben.
Dann komm und folge mir nach.«
22Doch als der junge Mann das hörte, ging er traurig fort, denn er war sehr reich.
23Da sagte Jesus zu seinen Jüngern: »Ich will euch die Wahrheit sagen: Es ist sehr schwer für einen Reichen, ins Himmelreich zu gelangen.
24Ich sage es noch einmal: Eher geht ein Kamel durch ein Nadelöhr, als dass ein Reicher in das Reich Gottes kommt!«
25Die Jünger waren sehr betroffen. »Wer kann denn dann überhaupt gerettet werden?«, fragten sie.
26Jesus sah sie eindringlich an und sagte: »Menschlich gesehen ist es unmöglich. Aber bei Gott ist alles möglich.«
27Da sagte Petrus zu ihm: »Wir haben alles aufgegeben, um dir nachzufolgen. Was werden wir dafür bekommen?«
28Jesus antwortete: »Ich versichere euch: Wenn der Menschensohn im Reich Gottes* auf seinem Thron der Herrlichkeit sitzt, dann werdet ihr, die ihr mir nachgefolgt seid, ebenfalls auf zwölf Thronen sitzen und über die zwölf Stämme

19,16 In manchen Handschriften heißt es *Guter Meister.*
19,18-19 2. Mose 20,12-16; 3. Mose 19,18; 5. Mose 5,16-20.
19,28 Griech. *bei der Wiedergeburt.*

Israels richten. 29Und jeder, der um meines Namens willen
sein Haus, seine Geschwister, seine Eltern, seine Kinder oder
seinen Besitz aufgegeben hat, wird hundertmal so viel wie-
derbekommen und das ewige Leben erlangen. 30Doch viele,
die heute wichtig erscheinen, werden dann die Geringsten
sein, und die, die hier ganz unbedeutend sind, werden dort
die Größten sein.*

Das Gleichnis von den Arbeitern im Weinberg

20 1Denn das Himmelreich ist vergleichbar mit dem Be-
sitzer eines großen Gutes, der früh am Morgen hinaus-
ging, um Arbeiter für seinen Weinberg einzustellen. 2Er ver-
einbarte mit ihnen den üblichen Tagelohn* und schickte sie
an die Arbeit.

3Um neun Uhr morgens ging er über den Marktplatz und
sah einige Leute herumstehen, die keine Arbeit hatten. 4Er
stellte auch sie ein und sagte ihnen, sie würden am Abend
den ihnen zustehenden Lohn erhalten. 5Am Mittag und
dann noch einmal nachmittags gegen drei Uhr tat er dasselbe.
6Um fünf Uhr abends ging er noch einmal in die Stadt und sah
immer noch ein paar Leute herumstehen. Er fragte sie: ›Wa-
rum habt ihr heute nicht gearbeitet?‹

7Sie antworteten: ›Weil uns niemand angestellt hat.‹ Da sag-
te der Gutsbesitzer zu ihnen: ›Dann geht zu den anderen Ar-
beitern in meinem Weinberg.‹

8Am Abend schließlich beauftragte er seinen Verwalter, die
Leute zu rufen und sie zu entlohnen. Er sollte mit den Arbei-
tern beginnen, die als Letzte eingestellt worden waren. 9Als
die, die erst um fünf Uhr eingestellt worden waren, bezahlt
wurden, erhielten sie alle einen vollen Tagelohn. 10Als die, die
früher eingestellt worden waren, an der Reihe waren, dach-
ten sie, dass sie mehr bekommen würden. Aber auch sie er-
hielten einen Tagelohn. 11Als sie ihr Geld bekamen, beschwer-

---

19,30 Griech. *Doch viele, die die Ersten sind, werden die Letzten sein, und die Letzten die Ersten.*

20,2 Griech. *einen Denar,* den vollen Tagelohn eines Arbeiters; so auch in 20,9.10.13.

ten sie sich. 12›Diese Leute haben nur eine Stunde gearbeitet
und doch bekommen sie genauso viel wie wir, die wir den
ganzen Tag in der sengenden Hitze schwer gearbeitet haben.‹
13Einem von ihnen antwortete er: ›Mein Freund, ich war
nicht ungerecht! Warst du nicht damit einverstanden, dass
du den ganzen Tag für den üblichen Lohn arbeitest? 14Nimm
dein Geld und gib dich zufrieden. Ich will aber diesem letzten
Arbeiter genauso viel geben wie dir. 15Oder ist es mir nicht
erlaubt, mit meinem Geld zu machen, was ich will? Willst
du dich etwa darüber beklagen, dass ich gütig bin?‹
16Genauso ist es bei Gott: Viele, die jetzt die Ersten sind,
werden die Letzten sein, und die, die jetzt die Letzten sind,
werden dann die Ersten sein.«

Jesus kündigt nochmals seinen Tod an

17Auf dem Weg nach Jerusalem nahm Jesus die zwölf Jünger
beiseite und sagte ihnen, was mit ihm geschehen würde.
18»Wenn wir nach Jerusalem kommen«, sagte er, »wird der
Menschensohn an die obersten Priester und Schriftgelehrten
verraten werden. Sie werden ihn zum Tode verurteilen.
19Dann werden sie ihn den Römern ausliefern, und die wer-
den ihn verspotten, auspeitschen und kreuzigen. Doch am
dritten Tag wird er von den Toten auferweckt werden.«

Vom Dienen

20Später kam die Mutter von Jakobus und Johannes, den Söh-
nen des Zebedäus, mit ihren Söhnen zu Jesus. Sie kniete res-
pektvoll vor ihm nieder, denn sie wollte ihn um einen Gefal-
len bitten.
21»Was möchtest du?«, fragte er sie. Sie antwortete: »Wirst
du meinen Söhnen in deinem Reich die Ehrenplätze neben dir
geben, den einen rechts und den anderen links von dir?«
22Doch Jesus sagte zu ihnen: »Ihr wisst ja nicht, worum ihr
bittet! Könnt ihr auch aus dem bitteren Leidenskelch trin-
ken, den ich trinken werde?« Sie antworteten: »O ja, das
können wir!«
23Da sagte er zu ihnen: »Ihr werdet tatsächlich daraus trin-
ken müssen. Aber ich habe nicht das Recht zu bestimmen,

wer einmal neben mir sitzen wird. Mein Vater hat diese Plätze
für die bestimmt, die er ausgewählt hat.«
24Als die anderen zehn Jünger hörten, worum Jakobus und
Johannes gebeten hatten, ärgerten sie sich. 25Doch Jesus rief
sie zu sich und sagte: »Ihr wisst, dass in dieser Welt die Köni-
ge Tyrannen sind und die Herrschenden die Menschen oft
ungerecht behandeln. 26Bei euch soll es anders sein. Wer
euch anführen will, soll euch dienen, 27und wer unter euch
der Erste sein will, soll euer Sklave werden. 28Der Menschen-
sohn ist nicht gekommen, um sich bedienen zu lassen, son-
dern um anderen zu dienen und sein Leben als Lösegeld für
viele hinzugeben.«

Jesus heilt zwei Blinde

29Als Jesus und die Jünger die Stadt Jericho verließen, folgte
ihnen eine große Menschenmenge. 30An der Straße saßen
zwei Blinde. Als sie hörten, dass Jesus kam, begannen sie zu
rufen: »Herr, Sohn Davids, hab Erbarmen mit uns!« 31Die
Leute ermahnten sie, doch still zu sein, aber sie schrien nur
noch lauter: »Herr, Sohn Davids, hab Erbarmen mit uns!«
32Jesus blieb stehen und fragte sie: »Was soll ich für euch
tun?«
33»Herr«, sagten sie, »wir möchten sehen können!« 34Da
hatte Jesus Mitleid mit ihnen und er berührte ihre Augen.
Im gleichen Augenblick konnten sie sehen. Und sie folgten
ihm nach.

Der triumphale Einzug

21 1Kurz vor Jerusalem kamen Jesus und die Jünger
durch das Städtchen Betfage am Ölberg. Jesus schickte
zwei der Jünger voraus. 2»Geht in das Dorf dort«, sagte er,
»dort werdet ihr eine Eselin angebunden sehen und bei ihr
ein Fohlen. Bindet die beiden los und bringt sie her. 3Wenn
jemand fragt, was ihr da tut, dann sagt nur: ›Der Herr braucht
sie‹, und man wird sie euch mitgeben.« 4Auf diese Weise wur-
de die Prophezeiung erfüllt:

5»Sagt dem Volk Israel*: ›Seht, euer König kommt zu euch.
Er ist sanftmütig und reitet auf einem Esel – ja auf dem Foh-
len eines Esels, dem Jungen eines Lasttieres.‹«*
6Die beiden Jünger taten, was Jesus ihnen aufgetragen hatte.
7Sie brachten die Tiere zu ihm, warfen ihre Mäntel über das
Fohlen, und er setzte sich darauf.*
8Viele Menschen breiteten ihre Mäntel vor Jesus auf der
Straße aus. Andere schnitten Zweige von den Bäumen und
bestreuten den Weg damit. 9Er befand sich in der Mitte des
Zuges, und die Menge um ihn herum jubelte: »Gelobt sei
Gott* für den Sohn Davids! Gepriesen sei, der im Namen des
Herrn kommt! Lobt Gott im höchsten Himmel!«*
10Die ganze Stadt Jerusalem war in Aufruhr, als er einzog.
»Wer ist das?«, fragten die Leute.
11Und die Menschen in der Menge antworteten: »Das ist Je-
sus, der Prophet aus Nazareth in Galiläa.«

Jesus reinigt den Tempel

12Jesus ging in den Tempel und fing an, die Händler und jene,
die bei ihnen kauften, hinauszutreiben. Er stieß die Tische der
Geldwechsler und die Stände der Taubenverkäufer um. 13Da-
bei sagte er: »In der Schrift steht: ›Mein Haus soll ein Ort des
Gebets sein‹, aber ihr habt eine Räuberhöhle daraus ge-
macht!«*
14Blinde und Gelähmte kamen zu ihm, und er heilte sie im
Tempel. 15Die obersten Priester und die Schriftgelehrten sa-
hen diese Wunder und hörten, wie die kleinen Kinder im
Tempel riefen: »Lobt Gott für den Sohn Davids!« Das erregte
ihren Unwillen 16und sie fragten Jesus: »Hörst du, was die
Kinder da rufen?« Jesus erwiderte: »Ja. Habt ihr noch nie in
der Schrift gelesen? Dort steht geschrieben: ›Kinder und

21,5a Griech. *sagt der Tochter Zion;* Jesaja 62,11.
21,5b Sacharja 9,9.
21,7 Griech. *über sie, und er setzte sich auf sie.*
21,9a Griech. *Hosianna,* ein Ausruf des Lobes; wörtlich: »Hilf doch«; so auch in 21,9b.15.
21,9b Psalm 118,26; 148,1.
21,13 Jesaja 56,7; Jeremia 7,11.

Säuglinge hast du gelehrt, dich zu loben.‹*« 17Dann ließ er sie
stehen und kehrte nach Betanien zurück, wo er die Nacht ver-
brachte.

Jesus verflucht den Feigenbaum

18Als Jesus am nächsten Morgen nach Jerusalem zurückging,
bekam er Hunger. 19Er entdeckte einen Feigenbaum an der
Straße und ging hinüber, um zu sehen, ob Feigen daran wa-
ren, aber es waren nur Blätter daran. Da sagte er zu dem
Baum: »Du sollst nie wieder Früchte tragen!« Und der Fei-
genbaum verdorrte im selben Augenblick.

20Die Jünger waren sehr erstaunt, als sie das sahen, und
fragten: »Wie kommt es, dass der Feigenbaum so schnell ver-
dorrt ist?«

21Da sagte Jesus zu ihnen: »Ich versichere euch: Wenn ihr
fest glaubt und nicht zweifelt, könnt ihr auch solche Dinge
tun und noch viel mehr als das. Ihr könnt sogar zu diesem
Berg sagen: ›Hebe dich empor und wirf dich ins Meer‹, und
es wird geschehen. 22Wenn ihr glaubt, werdet ihr alles be-
kommen, worum ihr im Gebet bittet.«

Die Frage nach der Vollmacht von Jesus

23Als Jesus in den Tempel zurückkehrte und dort zu lehren
begann, kamen die obersten Priester und einige der Ältesten
auf ihn zu. Sie fragten ihn: »Mit welchem Recht hast du die
Händler aus dem Tempel gejagt? Wer hat dich dazu ermäch-
tigt?*«

24»Ich sage euch, wer mir die Vollmacht dazu gegeben hat,
wenn ihr mir auch eine Frage beantwortet«, antwortete Je-
sus. 25»War die Taufe des Johannes eine Handlung im Auf-
trag Gottes oder war es nur die Tat eines Menschen?« Sie
besprachen sich miteinander. »Wenn wir sagen, es war eine
Handlung im Auftrag Gottes, dann wird er uns fragen, wa-
rum wir Johannes nicht geglaubt haben. 26Wenn wir aber
sagen, dass es nur die Handlung eines Menschen war, wird

21,16 Psalm 8,3.
21,23 O. *Mit welcher Vollmacht tust du all diese Dinge?*

das Volk über uns herfallen, weil sie ihn für einen Propheten
halten.« [27]Also sagten sie schließlich: »Wir wissen es nicht.«
Und Jesus erwiderte: »Dann beantworte ich eure Frage auch
nicht.

Das Gleichnis von den zwei Söhnen

[28]Doch was haltet ihr von Folgendem? Ein Mann hatte zwei
Söhne und sagte zu dem älteren: ›Mein Sohn, geh und ar-
beite heute im Weinberg.‹ [29]Der Sohn antwortete: ›Nein, ich
will nicht.‹ Doch später änderte er seine Meinung und ging
doch. [30]Dann sagte der Vater zu dem anderen Sohn: ›Dann
geh du‹, und der sagte: ›Ja, Vater, ich gehe‹, aber er ging
nicht. [31]Welcher von den beiden Söhnen hat nun seinem Va-
ter gehorcht?« Sie antworteten: »Der erste natürlich.« Da
erklärte ihnen Jesus, was er damit sagen wollte. »Ich ver-
sichere euch: Bestechliche Steuereinnehmer und Huren
kommen eher ins Reich Gottes als ihr. [32]Denn Johannes der
Täufer kam und zeigte euch den Weg der Gerechtigkeit,
und ihr habt ihm nicht geglaubt. Die Steuereinnehmer und
Huren dagegen haben ihm geglaubt. Obwohl ihr das alles
gesehen habt, wolltet ihr nicht umkehren und ihm glauben.

Das Gleichnis von den bösen Bauern

[33]Hört auch folgendes Gleichnis. Ein Grundbesitzer legte ei-
nen Weinberg an, baute eine Mauer darum, hob eine Grube
aus, um darin den Traubensaft zu keltern, und baute einen
Wachturm. Dann verpachtete er den Weinberg an Bauern
und zog in ein anderes Land. [34]Zur Zeit der Traubenernte
schickte er seine Diener, um seinen Anteil an der Ernte ein-
zufordern. [35]Doch die Pächter überfielen die Diener. Den ei-
nen schlugen sie halb tot, den anderen brachten sie um, ein
weiterer wurde gesteinigt. [36]Da schickte der Grundbesitzer
noch weitere Diener, doch sie erlitten dasselbe Schicksal.

[37]Schließlich schickte er seinen Sohn, weil er dachte: ›Ihn
werden sie sicher respektieren.‹

[38]Doch als die Bauern seinen Sohn kommen sahen, sagten
sie zueinander: ›Da kommt der Erbe des Anwesens. Lasst uns
ihn umbringen, dann können wir das Land für uns behalten!‹

39 Also überfielen sie ihn, schleppten ihn vor den Weinberg
und ermordeten ihn.
40 Wenn nun der Eigentümer des Weinbergs wiederkommt«,
sagte Jesus, »was meint ihr, wird er mit diesen Bauern ma-
chen?«
41 Sie antworteten: »Er wird diese heimtückischen Mörder
einen schrecklichen Tod sterben lassen und den Weinberg an
andere Bauern verpachten, die ihm nach jeder Ernte seinen
Anteil geben.«
42 Da fragte Jesus sie: »Habt ihr das nicht schon einmal in der
Schrift gelesen? ›Der Stein, den die Bauleute verworfen ha-
ben, ist zum Eckstein geworden. Das ist das Werk des Herrn,
und es ist wunderbar anzusehen.‹* 43 Ich will damit sagen,
dass das Reich Gottes euch weggenommen wird und ein an-
deres Volk es bekommt, das gute Früchte bringt. 44 Wer über
diesen Stein stolpert, wird in tausend Stücke zerbrechen, und
der Stein wird jeden zermalmen, auf den er fällt.*«
45 Als die obersten Priester und Pharisäer Jesus sprechen
hörten, merkten sie, dass mit den Bauern in seinem Gleichnis
sie gemeint waren. 46 Sie hätten ihn gern verhaften lassen,
doch sie wagten es nicht, weil das Volk Jesus für einen Pro-
pheten hielt.

Das Gleichnis vom großen Festmahl

22 1 Jesus erzählte ihnen noch viele andere Gleichnisse,
um ihnen das Reich Gottes begreiflich zu machen. Er
sagte: 2 »Man kann sich das Himmelreich auch am Beispiel
eines Königs vorstellen, der ein großes Hochzeitsfest für sei-
nen Sohn vorbereitete. 3 Viele Gäste waren eingeladen, und
als alles fertig war, schickte er seine Diener, um ihnen zu sa-
gen, dass es Zeit wäre zu kommen. Doch keiner wollte kom-
men! 4 Also schickte er andere Diener, die ihnen sagen sollten:
›Das Festmahl ist angerichtet, und das beste Fleisch wurde
dafür gebraten. Alles ist bereit, beeilt euch!‹ 5 Doch die Gäste,
die er eingeladen hatte, beachteten die Abgesandten gar nicht

21,42 Psalm 118,22-23.
21,44 Dieser Vers fehlt in einigen frühen Handschriften.

und gingen ihrer Arbeit nach. Der eine ging auf seinen Acker,
ein anderer kümmerte sich um seine Geschäfte. 6Wieder an-
dere packten die Boten und misshandelten sie, einige von ih-
nen töteten sie sogar.

7Da wurde der König zornig. Er schickte seine Soldaten
aus. Sie sollten die Mörder umbringen und ihre Stadt in
Brand setzen. 8Und zu seinen Dienern sagte er: ›Das Hoch-
zeitsmahl ist bereit, und die Gäste, die ich eingeladen hatte,
sind es nicht wert, dass ihnen diese Ehre zuteilwird. 9Des-
halb geht hinaus an die Straßenecken und ladet jeden ein,
dem ihr begegnet.‹

10Also brachten die Diener alle, die sie finden konnten, gute
und schlechte Menschen, und der Festsaal war voller Gäste.
11Aber als der König hereinkam, um seine Gäste zu begrüßen,
bemerkte er einen Mann, der nicht für eine Hochzeit geklei-
det war. 12›Mein Freund‹, fragte er ihn, ›wie kommt es, dass
du hier bist, ohne feierlich gekleidet zu sein, wie es sich für
eine Hochzeit gehört?‹ Der Mann wusste keine Antwort da-
rauf. 13Da sagte der König zu seinen Dienern: ›Fesselt ihn an
Händen und Füßen und werft ihn hinaus in die Dunkelheit,
wo Weinen und Zähneknirschen herrschen.‹ 14Denn viele
sind eingeladen, aber nur wenige sind auserwählt.«

Steuern für den Kaiser

15Da kamen die Pharisäer zusammen, um ein Komplott zu
schmieden. Sie wollten Jesus zu einer Äußerung verleiten,
die ihnen einen Vorwand liefern würde, ihn unter Anklage
zu stellen. 16Sie beschlossen, einige ihrer Schüler zusammen
mit Anhängern des Herodes zu ihm zu schicken und ihm
folgende Frage zu stellen: »Meister, wir wissen, wie ehrlich
und wahrhaftig du bist. Du lehrst Gottes Weg ohne jede
Furcht – auch nicht vor Menschen. Du lässt dich von nieman-
dem beeinflussen und bevorzugst niemanden. 17Nun sage
uns, was du darüber denkst: Ist es richtig, an den Kaiser Steu-
ern zu zahlen?«

18Doch Jesus durchschaute ihre böse Absicht und sagte: »Ihr
Heuchler! Warum versucht ihr, mich mit euren Fangfragen in
eine Falle zu locken? 19Zeigt mir eine römische Münze, mit

der die Steuern zu bezahlen sind.« Als sie ihm die Münze*
reichten, fragte er sie: [20]»Wessen Bild und Titel sind hier ein-
geprägt?«
[21]»Das Bild und der Titel des Kaisers«, antworteten sie.
»Nun«, sagte er, »dann gebt dem Kaiser, was ihm gehört.
Und gebt Gott, was Gott gehört.« [22]Seine Antwort machte
sie sprachlos, und sie gingen weg.

Gespräch über die Auferstehung

[23]Am selben Tag meldeten sich einige Sadduzäer zu Wort.
Diese jüdische Gruppierung vertritt die Auffassung, dass es
keine Auferstehung nach dem Tod gibt. Sie stellten ihm fol-
gende Frage: [24]»Meister, Mose hat gesagt: ›Wenn ein Mann
kinderlos stirbt, soll sein Bruder die Witwe heiraten und ein
Kind mit ihr haben. Dieses Kind soll dann der Erbe des ver-
storbenen Bruders sein.‹* [25]Nun waren da sieben Brüder. Der
älteste heiratete und starb kinderlos. Also heiratete der zwei-
te Bruder die Witwe. [26]Auch dieser Bruder starb kinderlos,
und der nächste Bruder heiratete die Frau. So ging es immer
weiter, bis sie mit allen sieben Brüdern verheiratet gewesen
war. [27]Schließlich starb auch sie. [28]Nun sage uns: Wessen
Frau wird sie nach der Auferstehung sein? Denn sie war ja
mit allen sieben verheiratet!«
[29]Jesus erwiderte: »Ihr irrt euch, weil ihr die Schrift nicht
kennt und auch nicht die Macht Gottes! [30]Denn wenn die
Toten auferstehen, werden sie nicht verheiratet sein. Sie wer-
den sein wie die Engel im Himmel. [31]Doch nun zu der Frage,
ob es überhaupt eine Auferstehung der Toten gibt: Habt ihr
nie in der Schrift davon gelesen? Lange nachdem Abraham,
Isaak und Jakob gestorben waren, sagte Gott*: [32]›Ich bin der
Gott Abrahams, der Gott Isaaks und der Gott Jakobs.‹* Also
ist er der Gott der Lebenden und nicht der Toten.«
[33]Als die Menschen das hörten, waren sie tief beeindruckt
von seinen Worten.

22,19 Griech. *einen Denar.*
22,24 5. Mose 25,5-6.
22,31 Griech. *Habt ihr nie in der Schrift gelesen, dass Gott sagte.*
22,32 2. Mose 3,6.

Das wichtigste Gebot

34Als die Pharisäer hörten, dass er den Sadduzäern mit seiner
Antwort den Mund gestopft hatte, dachten sie sich eine neue
Frage aus, die sie ihm stellen wollten. 35Einer von ihnen, der
sich im Gesetz Moses besonders gut auskannte, versuchte,
ihm mit der folgenden Frage eine Falle zu stellen: 36»Meister,
welches ist das wichtigste Gebot im Gesetz von Mose?«

37Jesus antwortete: »›Du sollst den Herrn, deinen Gott, lie-
ben, von ganzem Herzen, mit ganzer Seele und mit all deinen
Gedanken!‹* 38Das ist das erste und wichtigste Gebot. 39Ein
weiteres ist genauso wichtig: ›Liebe deinen Nächsten wie
dich selbst.‹* 40Alle anderen Gebote und alle Forderungen
der Propheten gründen sich auf diese beiden Gebote.«

Wessen Sohn ist der Christus?

41Jesus stand mitten unter den Pharisäern. Er richtete eine
Frage an sie: 42»Was denkt ihr über den Christus? Wessen
Sohn ist er?« Sie antworteten: »Er ist der Sohn Davids.«

43Jesus erwiderte: »Warum hat ihn David, geleitet vom Hei-
ligen Geist, dann Herr genannt? Denn David sagte:

44›Der Herr sprach zu meinem Herrn: Setze dich auf den
Ehrenplatz zu meiner Rechten, bis ich deine Feinde demütige
und sie zum Schemel unter deinen Füßen mache.‹* 45Wenn
David ihn Herr nannte, wie kann er dann gleichzeitig sein
Sohn sein?«

46Niemand konnte seine Frage beantworten. Danach wagte
niemand mehr, ihm weitere Fragen zu stellen.

Jesus warnt die Schriftgelehrten

23 1Dann sprach Jesus zu der Menschenmenge und zu
seinen Jüngern: 2»Die Schriftgelehrten und Pharisäer
sitzen als Ausleger der Schrift auf dem Stuhl von Mose. 3Des-
halb haltet euch an das, was sie euch sagen, aber folgt nicht
ihrem Beispiel. Denn sie handeln nicht nach dem, was sie

22,37 5. Mose 6,5.
22,39 3. Mose 19,18.
22,44 Psalm 110,1.

euch lehren. 4Sie knebeln euch mit unerfüllbaren religiösen
Forderungen und tun nicht das Geringste, um euch die Last
zu erleichtern.

5Alles, was sie tun, tun sie nur nach außen hin. Am Arm
tragen sie besonders große Gebetsriemen*, und sie haben
extra lange Fransen an ihren Gewändern. 6Und wie sie es
lieben, bei Festessen am Kopfende des Tisches auf dem Eh-
renplatz zu sitzen und in der Synagoge auf den besten Plät-
zen! 7Sie genießen die Beachtung, die ihnen auf der Straße
zuteilwird. Besonders gern mögen sie es, wenn man sie mit
›Rabbi‹* anredet. 8Lasst euch niemals ›Rabbi‹ nennen. Ihr
habt nur einen Meister, und ihr alle seid gleich, wie Brüder
und Schwestern. 9Und bezeichnet niemanden hier auf der
Erde als ›Vater‹, denn nur Gott im Himmel ist euer geist-
licher Vater. 10Lasst euch auch nicht ›Lehrer‹ nennen, denn
es gibt nur einen Lehrer, und das ist der Christus. 11Der
Größte unter euch muss den anderen dienen. 12Diejenigen
jedoch, die sich über die anderen stellen, werden gedemü-
tigt werden, und die, die demütig sind, werden erhöht.

13Euch Schriftgelehrten und Pharisäern wird es schlimm er-
gehen. Ihr Heuchler! Denn wenn ihr andere nicht ins Him-
melreich hineinlasst, werdet auch ihr nicht hineingelassen.*
15Ja, euch Schriftgelehrten und Pharisäern wird es schlimm
ergehen. Ihr reist über Land und Meer, um einen Menschen
zu bekehren, und dann macht ihr aus ihm einen Sohn der
Hölle, der doppelt so schlimm ist wie ihr selbst.

16Ihr blinden Anführer! Schlimm wird es euch ergehen! Ihr
behauptet, es habe keine Bedeutung, ›beim Tempel Gottes‹ zu
schwören – einen solchen Eid könne man ruhig brechen. Und
im selben Atemzug behauptet ihr, wenn man aber ›beim
Gold im Tempel‹ schwört, müsse man sich daran halten. 17Ihr
verbohrten Dummköpfe! Was ist wichtiger, das Gold oder

23,5 Griech. *Sie vergrößern ihre Phylakterien.*

23,7 Rabbi, aus dem Aramäischen, bedeutet »Meister« oder »Lehrer«.

23,13 In manchen Handschriften folgt V. 14: *Wie schrecklich wird es sein für euch Schriftgelehrte und euch Pharisäer! Ihr Heuchler! Schamlos bringt ihr die Witwen um ihr Eigentum und sprecht dann lange Gebete in der Öffentlichkeit, um zu verbergen, was für Menschen ihr wirklich seid. Deshalb wird eure Strafe jedoch umso schärfer ausfallen.*

der Tempel, durch den das Gold erst heilig wird? 18Ihr sagt,
ein Schwur ›beim Altar‹ dürfte ruhig gebrochen werden, ein
Eid ›bei den Opfergaben auf dem Altar‹ aber sei bindend!
19Ihr seid blind! Was ist wichtiger, die Opfergabe auf dem
Altar oder der Altar, durch den die Opfergabe erst heilig
wird? 20Wenn ihr ›beim Altar‹ schwört, dann schwört ihr bei
dem Altar und allem, was darauf ist. 21Und wenn ihr ›beim
Tempel‹ schwört, schwört ihr beim Tempel und bei Gott, der
im Tempel wohnt. 22Und wenn ihr ›beim Himmel‹ schwört,
schwört ihr bei dem Thron Gottes und bei Gott selbst, der auf
diesem Thron sitzt.

23Euch Schriftgelehrten und Pharisäern wird es schlimm er-
gehen. Ihr Heuchler! Sorgfältig achtet ihr darauf, auch noch
vom geringsten Teil eures Einkommens den zehnten Teil ab-
zugeben*, doch um die wahrhaft wichtigen Dinge des Geset-
zes wie Gerechtigkeit, Barmherzigkeit und Glauben küm-
mert ihr euch nicht. Ihr sollt den Zehnten geben, gewiss,
aber ihr dürft die viel wichtigeren Dinge darüber nicht ver-
nachlässigen. 24Ihr blinden Anführer! Ihr siebt euer Wasser
durch, damit ihr nicht aus Versehen eine Mücke verschluckt,
und dann verschluckt ihr ein Kamel!

25Euch Schriftgelehrten und Pharisäern wird es schlimm er-
gehen. Ihr Heuchler! Sorgfältig achtet ihr darauf, dass eure
Tassen und Teller nach außen sauber sind, doch innerlich
seid ihr durch und durch verdorben – voller Missgunst und
Maßlosigkeit! 26Ihr blinden Pharisäer! Wascht erst einmal die
Tasse von innen aus; das Äußere wird dann von selbst sauber.

27Euch Schriftgelehrten und Pharisäern wird es schlimm er-
gehen. Ihr Heuchler! Ihr seid wie weiß getünchte Gräber –
mit einer sauberen, ordentlichen Außenseite, doch innen vol-
ler Gebeine und Schmutz. 28Ihr gebt euch den Anschein recht-
schaffener Leute, doch euer Herz ist voller Heuchelei und
Gesetzesverachtung.

29Euch Schriftgelehrten und Pharisäern wird es schlimm er-
gehen. Ihr Heuchler! Ihr baut Grabmäler für die Propheten,
die von euren Vorfahren ermordet wurden, und schmückt

23,23 Griech. *auch noch von Minze, Dill und Kümmel den zehnten Teil abzugeben.*

die Gräber der gottesfürchtigen und gerechten Menschen, die
von euren Vorfahren umgebracht wurden. 30 Und dann be-
hauptet ihr dreist: ›Wir hätten niemals mitgemacht, als sie
die Propheten ermordeten.‹

31 Damit bestätigt ihr selbst, dass ihr die Nachkommen der
Prophetenmörder seid. 32 Macht weiter so! Bringt zu Ende,
was sie angefangen haben. 33 Ihr Schlangen! Ihr Söhne von
Vipern! Wie wollt ihr der Verurteilung zur ewigen Verdamm-
nis entgehen? 34 Ich werde euch Propheten und weise Männer
und Schriftgelehrte schicken. Einige von ihnen werdet ihr
kreuzigen, andere werdet ihr in euren Synagogen auspeit-
schen und sie von Stadt zu Stadt hetzen. 35 Und deshalb wer-
det ihr schuldig gesprochen werden für die Ermordung aller
gottesfürchtigen Menschen, angefangen mit dem gerechten
Abel, bis zu Secharja, dem Sohn des Berechja, den ihr im Tem-
pel zwischen Altar und Heiligtum ermordet habt.* 36 Ich ver-
sichere euch: Die Strafe für all das wird über diese Generation
hereinbrechen.

Jesus trauert um Jerusalem

37 O Jerusalem, Jerusalem, du Stadt, die Propheten ermordet
und Gottes Boten steinigt! Wie oft wollte ich deine Kinder
zusammenrufen, wie eine Henne, die ihre Küken unter ihren
Flügeln birgt, doch ihr habt es nicht zugelassen. 38 Und nun
seht, euer Haus ist euch überlassen, leer und verödet. 39 Denn
ich sage euch, ihr werdet mich nicht wieder sehen, ehe ihr
nicht sagt: ›Gelobt sei, der da kommt im Namen des Herrn.‹*«

Jesus spricht über die Zukunft der Welt

24 1 Als Jesus das Tempelgelände verließ, zeigten seine
Jünger ihm die verschiedenen Gebäude, die zum Tem-
pel gehörten. 2 Doch er sagte zu ihnen: »Seht ihr diese Gebäu-
de? Ich versichere euch: Sie werden alle zerstört werden, so-
dass kein Stein auf dem anderen bleibt.«

23,35 S. 1. Mose 4,8; 2. Chronik 24,20-21.
23,39 Psalm 118,26.

3Später saß Jesus am Hang des Ölbergs. Seine Jünger kamen
zu ihm und fragten: »Wann wird all das geschehen? Und
wird es vorher ein Zeichen geben, das deine Wiederkehr
und das Ende der Welt* ankündigt?«

4Jesus antwortete ihnen: »Lasst euch von niemandem etwas
weismachen. 5Viele werden in meinem Namen auftreten und
behaupten: ›Ich bin der Christus‹, und sie werden viele irre-
führen. 6Überall werden Kriege ausbrechen. Aber habt keine
Angst – diese Dinge müssen geschehen, doch das Ende wird
noch nicht unmittelbar darauf folgen. 7Völker und Königrei-
che werden sich den Krieg erklären. In vielen Teilen der Welt
wird es Erdbeben geben, und es wird zu Hungersnöten kom-
men. 8Doch all das wird erst der Anfang der Schrecken sein,
die auf euch zukommen.

9Ihr werdet verhaftet, verfolgt und umgebracht werden.
Auf der ganzen Welt wird man euch hassen, weil ihr euch zu
meinem Namen bekennt. 10Viele werden sich von mir abwen-
den und einander verraten und hassen. 11Viele falsche Pro-
pheten werden auftreten und die Menschen täuschen. 12Die
Gesetzlosigkeit wird immer mehr überhandnehmen und die
Liebe wird bei vielen erkalten. 13Doch wer bis zum Ende
durchhält, wird gerettet werden. 14Die Botschaft vom Reich
Gottes wird auf der ganzen Welt gepredigt werden, damit
alle Völker sie hören, und dann erst wird das Ende kommen.

15Es wird eine Zeit kommen, da werdet ihr sehen, wovon
der Prophet Daniel gesprochen hat: das abscheuliche Götzen-
bild, das den heiligen Ort, an dem es steht, entweiht*. Wer
dies liest, der horche auf! 16Dann müssen alle Menschen in
Judäa in die Berge fliehen. 17Wer sich vor seinem Haus* befin-
det, darf nicht mehr hineingehen, um zu packen. 18Wer drau-
ßen auf dem Feld ist, darf nicht erst nach Hause gehen, um
sich einen Mantel zu holen. 19Besonders schlimm wird diese
Zeit für schwangere Frauen sein und für Mütter, die ihre Kin-
der stillen. 20Betet darum, dass ihr nicht im Winter oder an

24,3 O. *des Zeitalters.*
24,15 Griech. *der Gräuel der Verwüstung;* s. Daniel 9,27.
24,17 Griech. *auf dem Dach.*

einem Sabbat fliehen müsst. [21]Denn es wird eine Schreckens-
zeit sein, wie die Welt sie noch nie erlebt hat und auch nie
wieder erleben wird. [22]Wenn diese Zeit der Not nicht abge-
kürzt würde, würde die gesamte Menschheit umkommen.
Doch wegen der Auserwählten Gottes wird sie abgekürzt
werden.

[23]Wenn irgendjemand zu euch sagt: ›Schaut her, hier ist der
Christus‹ oder ›Da ist er‹, beachtet ihn nicht. [24]Denn falsche
Erlöser und falsche Propheten werden überall auftauchen
und große Zeichen und Wunder vollbringen, um selbst die
von Gott Auserwählten zu verführen. [25]Ich habe euch ge-
warnt!

[26]Wenn euch also jemand erzählt: ›Der Christus ist draußen
in der Wüste‹, macht euch nicht die Mühe hinzugehen und
nachzusehen. Oder wenn einer sagt: ›Da und da hält er sich
verborgen‹ – glaubt es nicht! [27]Denn wenn der Menschen-
sohn kommt, wird es sein wie ein Blitz, der den ganzen Him-
mel erhellt. [28]So wie ein Schwarm Geier ein Hinweis darauf
ist, dass in der Nähe ein Tierkadaver liegt*, sind diese Zei-
chen der Beweis, dass das Ende nahe ist.

[29]Unmittelbar nachdem diese schreckliche Zeit zu Ende ist,
wird sich die Sonne verfinstern, der Mond wird nicht mehr
leuchten, die Sterne werden vom Himmel stürzen und die
Kräfte des Himmels werden erschüttert.* [30]Und schließlich
wird das Zeichen für das Kommen des Menschensohns am
Himmel erscheinen, und unter den Völkern der Erde wird
tiefe Trauer herrschen. Sie werden sehen, wie der Menschen-
sohn mit großer Macht und Herrlichkeit auf den Wolken des
Himmels kommt.* [31]Er wird seine Engel mit lautem Posau-
nenschall vorausschicken, und sie werden seine Auserwähl-
ten von den Enden der Welt sammeln.

[32]Lernt vom Feigenbaum: Wenn seine Knospen weich wer-
den und die Blätter zu sprießen beginnen, wisst ihr, dass der

---

24,28 Griech. *Wo der Leichnam ist, sammeln sich die Geier.*
24,29 S. Jesaja 13,10; 34,4; Joel 2,10.
24,30 S. Daniel 7,13.

Sommer kommt, ohne dass es euch jemand sagt. [33]Wenn ihr
also seht, wie alle diese Dinge passieren, dann wisst ihr, dass
die Wiederkunft des Menschensohnes vor der Tür steht. [34]Ich
versichere euch: Diese Generation* wird nicht von der Erde
verschwinden, bevor all das geschehen ist. [35]Himmel und
Erde werden vergehen, doch meine Worte bleiben ewig.

[36]Niemand kennt den Tag oder die Stunde, in der diese Din-
ge geschehen werden, nicht einmal die Engel im Himmel,
und auch nicht der Sohn*. Nur der Vater weiß es.

[37]Wenn der Menschensohn wiederkommt, wird es sein wie
zur Zeit Noahs. [38]In den Tagen vor der Sintflut feierten die
Menschen rauschende Feste, Orgien und Hochzeiten, bis
Noah in seine Arche stieg. [39]Sie merkten nicht, was geschah,
bis die Flut kam und sie alle hinwegschwemmte. Genauso
wird es sein, wenn der Menschensohn kommt.

[40]Zwei Männer werden zusammen auf dem Feld arbeiten;
einer wird mitgenommen, der andere zurückgelassen. [41]Zwei
Frauen werden in der Mühle Mehl mahlen; eine wird mit-
genommen, die andere zurückgelassen. [42]Deshalb haltet
euch bereit, denn ihr wisst nicht, wann euer Herr wieder-
kommt.

[43]Macht euch eines klar: Ein Hausbesitzer, der weiß, wann
der Dieb kommt, ist wachsam und lässt es nicht zu, dass in
sein Haus eingebrochen wird. [44]Ihr müsst jederzeit bereit
sein. Denn der Menschensohn wird kommen, wenn ihr es
am wenigsten erwartet.

[45]Wer ist also ein vertrauenswürdiger und kluger Diener,
dem der Herr sein Haus und die Versorgung seiner Familie
anvertrauen kann? [46]Wenn der Herr zurückkommt und fest-
stellt, dass der Diener seine Aufgabe zu seiner Zufriedenheit
erfüllt, ist der Diener glücklich zu schätzen. [47]Ich versichere
euch: Der Herr wird diesem Diener die Verantwortung für
seinen gesamten Besitz übertragen. [48]Doch wenn der Diener
böse ist und glaubt, ›Mein Herr wird ja erst einmal eine Weile

24,34 O. *dieses Zeitalter* oder *dieses Volk.*
24,36 In manchen Handschriften fehlt die Wendung *und auch nicht der Sohn.*

fort sein‹, 49wenn er anfängt, die anderen Diener schlecht zu
behandeln, und Trinkgelage veranstaltet – 50dann wird sein
Herr unangemeldet und völlig überraschend zurückkehren.
51Und er wird diesen Diener davonjagen und dorthin schi-
cken, wo auch die Heuchler sind. Und an jenem Ort werden
sie weinen und mit den Zähnen knirschen.

Das Gleichnis von den zehn Brautjungfern

25 1Man kann das Himmelreich auch am Beispiel der
zehn Brautjungfern* erklären, die ihre Lampen nah-
men und dem Bräutigam entgegengingen. 2Fünf von ihnen
waren töricht, und fünf waren klug. 3Die fünf törichten nah-
men kein Öl für ihre Lampen mit, 4doch die fünf anderen
waren so umsichtig, zusätzliches Öl mitzunehmen. 5Als sich
der Bräutigam verspätete, legten sie sich alle hin und schlie-
fen. 6Um Mitternacht wurden sie von dem Ruf aus dem Schlaf
gerissen: ›Seht, da kommt der Bräutigam! Geht und begrüßt
ihn!‹

7Rasch standen alle Brautjungfern auf und machten ihre
Lampen zurecht. 8Da baten die fünf törichten die anderen:
›Gebt uns doch ein wenig von eurem Öl ab, sonst erlöschen
unsere Lampen.‹ 9Doch diese erwiderten: ›Wir haben nicht
genügend Öl für uns alle. Geht und kauft euch welches.‹

10Aber während sie noch unterwegs waren, um Öl zu kau-
fen, traf der Bräutigam ein. Die, die zu seinem Empfang bereit
waren, gingen mit ihm zur Hochzeitsfeier, und die Tür wurde
zugeschlossen. 11Als die anderen fünf Brautjungfern schließ-
lich kamen, standen sie draußen und riefen: ›Herr, mach uns
auf!‹ 12Aber er antwortete: ›Ich kenne euch nicht!‹

13Deshalb schlaft nicht ein und haltet euch bereit, denn ihr
kennt weder den Tag noch die Stunde meiner Wiederkehr.

Das Gleichnis von den drei Dienern

14Man kann das Himmelreich auch am Beispiel von dem
Mann erklären, der auf eine Reise ging. Er rief alle seine Die-
ner zusammen und gab ihnen Geld, das sie während seiner

25,1 O. *Jungfrauen*; so auch in 25,7.11.

Abwesenheit für ihn anlegen sollten. 15Einem gab er fünf Beu-
tel Gold*, einem anderen gab er zwei Beutel und dem dritten
gab er einen Beutel – jeweils ihren Fähigkeiten entsprechend.
Dann reiste er ab. 16Der Diener, der die fünf Beutel erhalten
hatte, ging sofort daran, das Geld anzulegen, und konnte es
bald verdoppeln. 17Der Diener mit den zwei Beuteln machte
sich ebenfalls sogleich an die Arbeit und verdoppelte das
Geld. 18Der Dritte jedoch, der den einen Beutel Gold bekom-
men hatte, grub einfach ein Loch in die Erde und versteckte
das Geld seines Herrn, um es sicher zu verwahren.

19Nach langer Zeit kehrte ihr Herr von seiner Reise zurück
und rief sie zu sich. Sie sollten ihm berichten, was sie mit sei-
nem Geld gemacht hatten. 20Der Diener, dem er fünf Beutel
Gold anvertraut hatte, sagte: ›Herr, du gabst mir fünf Beutel
Gold, und ich habe sie verdoppelt.‹ 21Der Herr freute sich
sehr. ›Gut gemacht, mein guter und treuer Diener. Du bist
mit diesem kleinen Betrag zuverlässig umgegangen, deshalb
will ich dir größere Verantwortung übertragen. Lass uns mit-
einander feiern!‹

22Als Nächstes kam der Diener an die Reihe, der die zwei
Beutel Gold bekommen hatte. ›Herr, du hast mir zwei Beutel
Gold gegeben, und ich habe sie verdoppelt.‹ 23Der Herr sagte:
›Gut gemacht, mein guter und treuer Diener. Du bist mit die-
sem kleinen Betrag zuverlässig umgegangen, deshalb will ich
dir größere Verantwortung übertragen. Lass uns miteinander
feiern!‹

24Dann kam der Diener mit dem einen Beutel Gold und sag-
te: ›Herr, ich weiß, du bist ein strenger Mann, der erntet, was
er nicht gepflanzt hat, und sammelt, was er nicht angebaut
hat. 25Ich hatte Angst, dein Geld zu verlieren, also vergrub
ich es in der Erde. Hier ist es.‹

26Aber der Herr erwiderte: ›Du böser, fauler Diener! Du
hältst mich für einen strengen Mann, der erntet, was er nicht
gepflanzt hat, und der sammelt, was er nicht angebaut hat?
27Du hättest wenigstens mein Geld zur Bank bringen können,
dann hätte ich immerhin noch Zinsen dafür bekommen.

25,15 Griech. *Talente;* so in dem ganzen Gleichnis. Ein Talent entspricht etwa 34 kg.

28 Nehmt diesem Diener das Geld weg und gebt es dem mit
den zehn Beuteln Gold. 29 Wer das, was ihm anvertraut ist, gut
verwendet, dem wird noch mehr gegeben, und er wird im
Überfluss haben. Wer aber untreu ist*, dem wird noch das
wenige, das er besitzt, genommen. 30 Und nun werft diesen
nutzlosen Diener hinaus in die Dunkelheit, wo Weinen und
Zähneknirschen herrschen.‹

Das Jüngste Gericht

31 Doch wenn der Menschensohn in Herrlichkeit wieder-
kommt, und alle Engel mit ihm, wird er auf seinem Thron
der Herrlichkeit sitzen. 32 Alle Völker werden vor ihm zusam-
mengerufen, und er wird sie trennen, so wie ein Hirte die
Schafe von den Ziegen trennt. 33 Die Schafe wird er zu seiner
Rechten hinstellen, die Ziegen zu seiner Linken. 34 Dann wird
der König zu denen auf seiner rechten Seite sagen: ›Kommt,
ihr seid von meinem Vater gesegnet, ihr sollt das Reich Gottes
erben, das seit der Erschaffung der Welt auf euch wartet.
35 Denn ich war hungrig, und ihr habt mir zu essen gegeben.
Ich war durstig, und ihr gabt mir zu trinken. Ich war ein Frem-
der, und ihr habt mich in euer Haus eingeladen. 36 Ich war
nackt, und ihr habt mich gekleidet. Ich war krank, und ihr
habt mich gepflegt. Ich war im Gefängnis, und ihr habt mich
besucht.‹

37 Dann werden diese Gerechten fragen: ›Herr, wann haben
wir dich jemals hungrig gesehen und dir zu essen gegeben?
Wann sahen wir dich durstig und haben dir zu trinken gege-
ben? 38 Wann warst du ein Fremder und wir haben dir Gast-
freundschaft erwiesen? Oder wann warst du nackt und wir
haben dich gekleidet? 39 Wann haben wir dich je krank oder
im Gefängnis gesehen und haben dich besucht?‹ 40 Und der
König wird ihnen entgegnen: ›Ich versichere euch: Was ihr
für einen der Geringsten meiner Brüder und Schwestern ge-
tan habt, das habt ihr für mich getan!‹

41 Und dann wird sich der König denen auf seiner linken
Seite zuwenden und sagen: ›Fort mit euch, ihr Verfluchten,

25,29 O. *Wer aber nichts hat.*

ins ewige Feuer, das für den Teufel und seine bösen Geister
bestimmt ist! [42]Denn ich war hungrig, und ihr habt mir nichts
zu essen gegeben. Ich war durstig, und ihr gabt mir nichts zu
trinken. Ich war ein Fremder, und ihr habt mich nicht in euer
Haus eingeladen. [43]Ich war nackt, und ihr habt mich nicht
gekleidet. Ich war krank, und ihr habt mich nicht gepflegt.
Ich war im Gefängnis, und ihr habt mich nicht besucht.‹

[44]Dann werden sie fragen: ›Herr, wann haben wir dich je-
mals hungrig oder durstig oder als Fremden, nackt, krank
oder im Gefängnis gesehen und dir nicht geholfen?‹ [45]Und
er wird ihnen erwidern: ›Ich versichere euch: Was ihr bei ei-
nem der Geringsten meiner Brüder und Schwestern unterlas-
sen habt, das habt ihr an mir unterlassen!‹ [46]Und sie werden
der ewigen Verdammnis übergeben werden, den Gerechten
aber wird das ewige Leben geschenkt.«

Das Mordkomplott gegen Jesus

26 [1]Als Jesus zu Ende gesprochen hatte, sagte er zu seinen
Jüngern: [2]»Wie ihr wisst, beginnen in zwei Tagen die
Feierlichkeiten zum Passahfest. Dann wird der Menschen-
sohn verraten und gekreuzigt werden.«

[3]Zur selben Zeit trafen sich die obersten Priester und die
Ältesten des jüdischen Volkes im Haus von Kaiphas, dem
Hohen Priester, [4]um zu beraten, wie sie Jesus heimlich ver-
haften und töten könnten. [5]»Aber es darf nicht während des
Passahfestes geschehen«, hatten sie beschlossen, »sonst gibt
es einen Aufruhr.«

Jesus wird in Betanien gesalbt

[6]In der Zwischenzeit war Jesus zu Gast im Haus von Simon,
einem Mann, der früher einmal Aussatz gehabt hatte. [7]Wäh-
rend des Abendessens kam eine Frau mit einem wunderschö-
nen Gefäß* mit teurem Parfümöl herein, das sie ihm über den
Kopf goss. [8]Die Jünger waren sehr aufgebracht, als sie das
sahen. »Was für eine Geldverschwendung«, ärgerten sie sich.

26,7 Griech. *mit einem Alabasterkrug.*

[9]»Sie hätte es lieber für viel Geld verkaufen und den Erlös den Armen geben sollen.«

[10]Doch Jesus erwiderte: »Warum fallt ihr über sie her? Sie tut mir etwas Gutes. [11]Die Armen werdet ihr immer bei euch haben, aber ich werde nicht mehr lange bei euch sein. [12]Sie hat dieses Parfümöl über mir ausgegossen, um meinen Körper zum Begräbnis vorzubereiten. [13]Ich versichere euch: Überall auf der Welt, wo man die gute Botschaft verbreiten wird, wird man auch davon sprechen, was diese Frau getan hat.«

Der Verrat

[14]Dann ging Judas Iskariot, einer der zwölf Jünger, zu den obersten Priestern [15]und fragte sie: »Wie viel bezahlt ihr mir, wenn ich Jesus an euch verrate?« Und sie gaben ihm dreißig Silberstücke.

[16]Von da an hielt Judas Ausschau nach dem geeigneten Ort und dem richtigen Zeitpunkt, Jesus zu verraten.

Das letzte Abendmahl

[17]Am ersten Tag des Festes der ungesäuerten Brote kamen die Jünger zu Jesus und fragten ihn: »Wo sollen wir das Passahmahl vorbereiten?«

[18]Er antwortete ihnen: »Wenn ihr in die Stadt geht, werdet ihr dort einen Mann sehen. Sagt ihm: ›Der Meister lässt dir sagen: Meine Zeit ist gekommen. Ich möchte das Passahmahl mit meinen Jüngern in deinem Haus feiern.‹« [19]Die Jünger taten, was Jesus ihnen gesagt hatte, und bereiteten dort das Passahmahl vor.

[20]Als es Abend war, setzte sich Jesus mit den zwölf Jüngern an den Tisch. [21]Während sie aßen, sagte er: »Ich sage euch: Einer von euch wird mich verraten.«

[22]Zutiefst erschrocken begannen sie, ihn nacheinander zu fragen: »Doch nicht ich, Herr, oder?«

[23]Er antwortete: »Einer von euch, der jetzt mit mir isst*, wird mich verraten. [24]Der Menschensohn muss sterben, wie es die

26,23 O. *Der, der seine Hand mit mir in die Schüssel getaucht hat.*

Schrift vor langer Zeit vorausgesagt hat. Doch wie schrecklich wird es erst seinem Verräter ergehen! Es wäre besser für ihn, er wäre nie geboren worden!«

25Auch Judas, der ihn verraten sollte, fragte: »Rabbi, ich bin es doch nicht etwa, oder?« Und Jesus entgegnete ihm: »Du hast es selbst gesagt.«

26Während sie aßen, nahm Jesus einen Laib Brot, dankte und bat Gott um seinen Segen. Dann brach er ihn in Stücke und gab sie den Jüngern mit den Worten: »Nehmt und esst,
denn das ist mein Leib.« 27Und dann nahm er einen Becher
mit Wein und dankte Gott dafür. Er gab ihn seinen Jüngern
und sagte: »Jeder von euch soll davon trinken, 28denn das ist
mein Blut, das den Bund* zwischen Gott und den Menschen
besiegelt. Es wird vergossen, um die Sünden vieler Menschen zu vergeben. 29Merkt euch meine Worte – ich werde
keinen Wein mehr trinken bis zu dem Tag, an dem ich ihn
wieder mit euch im Reich meines Vaters trinken werde.«
30Dann sangen sie ein Loblied und gingen hinaus auf den
Ölberg.

Jesus sagt voraus, dass Petrus ihn verleugnen wird

31»Heute Nacht werdet ihr mich alle verlassen«, sagte Jesus zu ihnen. »Denn in der Schrift steht: ›Gott wird* den Hirten schlagen, und die Schafe der Herde werden zerstreut werden.‹*

32Doch wenn ich von den Toten auferstanden bin, werde ich euch nach Galiläa vorausgehen und euch dort treffen.«

33Petrus behauptete: »Selbst wenn dich alle verlassen, ich werde bei dir bleiben.«

34»Petrus«, erwiderte Jesus, »ich versichere dir, noch in dieser Nacht wirst du mich drei Mal verleugnen, ehe der Hahn kräht.«

26,28 In manchen Handschriften heißt es *den neuen Bund.*
26,31a Griech. *Ich will.*
26,31b Sacharja 13,7.

35»Nein!«, beharrte Petrus. »Nicht einmal, wenn ich mit dir
sterben müsste! Ich werde dich niemals verleugnen!« Und
alle anderen Jünger beteuerten dasselbe.

Jesus betet in Gethsemane

36Dann nahm Jesus sie mit in einen Olivenhain mit dem Na-
men Gethsemane. Dort sagte er zu ihnen: »Bleibt hier sitzen,
während ich ein Stück weitergehe, um zu beten.« 37Petrus
und die beiden Söhne des Zebedäus, Jakobus und Johannes,
nahm er mit. Er war sehr traurig, und schreckliche Angst
quälte ihn. 38Er sagte zu ihnen: »Meine Seele ist zu Tode be-
trübt. Bleibt hier und wacht mit mir.«

39Er ging noch ein bisschen weiter, sank zu Boden und be-
tete: »Mein Vater! Wenn es möglich ist, lass den Kelch des
Leides an mir vorübergehen. Doch ich will deinen Willen
tun, nicht meinen.« 40Dann kehrte er zu den Jüngern zurück
und sah, dass sie eingeschlafen waren. Er sagte zu Petrus:
»Konntet ihr nicht wenigstens eine Stunde mit mir wach
bleiben? 41Bleibt wach und betet. Sonst wird euch die Ver-
suchung überwältigen. Denn der Geist ist zwar willig, aber
der Körper ist schwach!«

42Und wieder ließ er sie zurück und betete: »Mein Vater!
Wenn dieser Kelch nicht an mir vorübergehen kann, dann
geschehe dein Wille.« 43Wieder ging er zu den Jüngern zu-
rück und sah, dass sie schliefen, denn sie konnten ihre Augen
nicht offen halten.

44Da ging er ein drittes Mal fort, um zu beten, und sprach die
gleichen Worte. 45Dann kehrte er zu den Jüngern zurück und
sagte: »Schlaft ihr immer noch? Ruht ihr euch immer noch
aus?* Nun ist es so weit. Der Menschensohn wird in die Hän-
de der Verbrecher ausgeliefert. 46Kommt, lasst uns gehen.
Seht, mein Verräter ist schon da!«

Jesus wird verhaftet

47Noch während er das sagte, kam Judas, einer der zwölf Jün-
ger, inmitten einer mit Schwertern und Knüppeln bewaff-

26,45 O. *Schlaft weiter. Ruht euch aus.*

neten Menge auf ihn zu. Sie waren von den obersten Priestern
und den Ältesten des Volkes geschickt worden. [48]Judas hatte
vorher mit ihnen ein Zeichen vereinbart: »Ihr sollt den fest-
nehmen, den ich zur Begrüßung küsse.« [49]Also ging Judas
direkt auf Jesus zu. »Ich grüße dich, Rabbi!«, rief er und gab
ihm einen Kuss.

[50]Jesus sagte: »Mein Freund, tu, wozu du gekommen bist.«
Da packten die anderen Männer Jesus und nahmen ihn fest.
[51]Einer der Männer um Jesus zog ein Schwert und schlug ei-
nem Diener des Hohen Priesters ein Ohr ab.

[52]»Steck dein Schwert weg«, befahl ihm Jesus. »Wer das
Schwert benutzt, wird durchs Schwert umkommen. [53]Wisst
ihr denn nicht, dass ich meinen Vater um Tausende* von En-
geln bitten könnte, um uns zu beschützen, und er würde sie
sofort schicken? [54]Doch wenn ich das täte, wie sollte sich
dann erfüllen, was in der Schrift vorausgesagt wird und nun
eintreten muss?«

[55]Dann sagte Jesus zu den Männern: »Bin ich ein gefähr-
licher Verbrecher, dass ihr mit Schwertern und Knüppeln be-
waffnet ausgerückt seid, um mich festzunehmen? Warum
habt ihr mich nicht im Tempel verhaftet? Ich habe doch jeden
Tag dort gepredigt. [56]Doch all das geschieht, um die Worte
der Propheten zu erfüllen, wie sie in der Schrift aufgeschrie-
ben sind.« Da verließen ihn alle Jünger und flohen.

Jesus vor dem Hohen Rat

[57]Dann brachten die Leute, die Jesus verhaftet hatten, ihn in
das Haus von Kaiphas, dem Hohen Priester. Dort hatten sich
die Schriftgelehrten und die Ältesten bereits versammelt.
[58]Petrus folgte ihnen in einiger Entfernung bis in den Innen-
hof des hohepriesterlichen Hauses. Er ging hinein und setzte
sich so zu den Wachen, dass er sehen konnte, was mit Jesus
geschehen würde.

[59]Im Haus suchten die obersten Priester und der gesamte
Hohe Rat* nach Zeugen, die zu einer Falschaussage gegen

26,53 Griech. *zwölf Legionen.*
26,59 Griech. *der Sanhedrin.*

Jesus bereit wären, sodass sie ihn zum Tode verurteilen konn-
ten. 60Aber obwohl sie viele fanden, die sich zu falschen Aus-
sagen bereit erklärten, war keine Aussage darunter, die sie
gegen ihn verwenden konnten. Schließlich fanden sie zwei
Männer, 61die behaupteten: »Dieser Mann hat gesagt: ›Ich
kann den Tempel Gottes zerstören und ihn in drei Tagen wie-
der aufbauen.‹«

62Da stand der Hohe Priester auf und fragte Jesus: »Hast du
zu diesen Anschuldigungen nichts zu sagen? Was hast du zu
deiner Verteidigung vorzubringen?« 63Doch Jesus schwieg.
Da sagte der Hohe Priester zu ihm: »Im Namen des leben-
digen Gottes, sage uns, ob du der Christus bist, der Sohn
Gottes.«

64Jesus erwiderte: »Es ist, wie du sagst. Von nun an werdet
ihr den Menschensohn zur Rechten Gottes sehen, auf dem
Platz der Macht, und ihr werdet sehen, wie er auf den Wolken
des Himmels wiederkommen wird.«*

65Da zerriss der Hohe Priester zum Zeichen seines Abscheus
sein Gewand und rief aus: »Gotteslästerung! Wozu brauchen
wir noch weitere Zeugen? Ihr alle habt seine Gotteslästerung
gehört! 66Was ist euer Urteil?« Sie riefen: »Schuldig! Er muss
sterben!«

67Dann spuckten sie Jesus ins Gesicht und schlugen ihn mit
den Fäusten. Und einige prügelten auf ihn ein 68mit den Wor-
ten: »Prophezeie uns, du Christus! Wer hat dich gerade ge-
schlagen?«

Petrus verleugnet Jesus

69Während Petrus draußen im Hof saß, ging eine junge Die-
nerin vorüber und sagte zu ihm: »Du bist doch auch einer von
denen, die zu Jesus, dem Galiläer, gehören.«

70Doch Petrus leugnete laut, sodass es alle hören konnten.
»Ich weiß nicht, wovon du sprichst«, sagte er.

71Später, als er draußen am Tor war, bemerkte ihn eine an-
dere Dienerin, und auch sie sagte zu den Umstehenden: »Die-
ser Mann war bei Jesus von Nazareth.«

26,64 S. Psalm 110,1; Daniel 7,13.

72Und wieder leugnete Petrus, diesmal schwor er sogar:
»Ich kenne den Mann noch nicht einmal.«
73Ein wenig später kamen andere Umstehende und sagten
zu ihm: »Du musst einer von ihnen sein; wir erkennen dich an
deinem galiläischen Akzent.«
74Wieder sagte Petrus: »Ich schwöre bei Gott, ich kenne die-
sen Mann nicht.« Und in diesem Augenblick krähte der
Hahn. 75Plötzlich fielen Petrus die Worte von Jesus wieder
ein: »Ehe der Hahn kräht, wirst du mich drei Mal verleug-
nen.« Und er ging fort und weinte bitterlich.

Judas erhängt sich

27 1Früh am nächsten Morgen versammelten sich die
obersten Priester und die Ältesten des jüdischen Vol-
kes noch einmal. Sie berieten, wie sie die römische Regierung
dazu bringen konnten, Jesus zum Tode zu verurteilen. 2Sie
fesselten ihn und brachten ihn zu Pilatus, dem römischen
Statthalter.
3Als seinem Verräter Judas klar wurde, dass Jesus zum
Tode verurteilt war, überfiel ihn tiefe Reue. Er wollte den
obersten Priestern und Ältesten die dreißig Silberstücke zu-
rückgeben. 4»Ich habe gesündigt«, gestand er, »ich habe ei-
nen Unschuldigen verraten.« Sie fuhren ihn an: »Was geht
uns das an? Das ist deine Sache.« 5Da warf Judas das Geld
auf den Boden des Tempels, ging hinaus und erhängte sich.
6Die obersten Priester hoben das Geld auf. »Wir können es
nicht zum Tempelschatz legen«, sagten sie, »denn es ist ge-
gen das Gesetz, Geld anzunehmen, das für einen Mord ge-
zahlt wurde.« 7Und nachdem sie eine Weile beraten hatten,
beschlossen sie, den Acker des Töpfers davon zu kaufen und
daraus einen Friedhof für Fremde zu machen. 8Deshalb heißt
dieses Stück Land heute noch Blutacker. 9So erfüllte sich die
Prophezeiung Jeremias: ›Sie nahmen* die dreißig Silberstü-
cke – die Summe, die er dem Volk Israel wert war – 10und

27,9 O. *Ich nahm.*

kauften damit den Acker des Töpfers, so wie es der Herr
befahl.«*

Jesus vor Pilatus

[11]Nun stand Jesus vor Pilatus, dem römischen Statthalter.
»Bist du der König der Juden?«, fragte dieser ihn. Jesus ant-
wortete: »Ja, es ist, wie du sagst.«
[12]Doch als die obersten Priester und die Ältesten ihre Ankla-
gen vorbrachten, schwieg Jesus. [13]»Hörst du nicht die An-
schuldigungen gegen dich?«, fragte Pilatus. [14]Doch sehr zum
Erstaunen des Statthalters sagte Jesus nichts.
[15]Es war Brauch, dass der Statthalter jedes Jahr anlässlich
des Passahfestes einen Gefangenen freiließ, den das Volk be-
stimmen durfte. [16]In diesem Jahr saß ein berüchtigter Verbre-
cher namens Barabbas* im Gefängnis. [17]Als die Menge sich
an diesem Morgen vor dem Haus von Pilatus versammelt
hatte, fragte er sie: »Welchen soll ich für euch freilassen –
Barabbas oder Jesus, den man den Christus nennt?« [18]Denn
er wusste sehr wohl, dass sie Jesus nur aus Neid verhaftet
hatten.
[19]Während Pilatus auf dem Richterstuhl saß, schickte ihm
seine Frau eine Nachricht: »Lass diesen unschuldigen Mann
in Ruhe; ich hatte letzte Nacht seinetwegen einen schreck-
lichen Traum.«
[20]In der Zwischenzeit hatten die obersten Priester und die
Ältesten das Volk aufgehetzt: Es sollte die Freilassung von
Barabbas und die Hinrichtung von Jesus fordern. [21]Als der
Statthalter noch einmal fragte: »Wen von diesen beiden soll
ich freilassen?«, rief die Menge: »Barabbas!«
[22]»Aber wenn ich Barabbas freilasse«, fragte Pilatus, »was
soll ich dann mit Jesus machen, der Christus genannt wird?«
Und alle schrien: »Kreuzige ihn!« [23]»Warum?«, wollte Pilatus
wissen. »Was hat er denn verbrochen?« Aber die Menge
schrie nur noch lauter: »Kreuzige ihn!«

27,10 Griech. *wie der Herr mich angewiesen hat,* Sacharja 11,12-13; Jeremia 32,9.
27,16 In manchen Handschriften heißt er *Jesus Barabbas;* so auch in 27,17.20.22.26.

24Pilatus sah, dass er so nicht weiterkam und dass sich ein Tumult anbahnte. Da ließ er sich eine Schüssel mit Wasser bringen und wusch sich vor den Augen der Menge die Hände mit den Worten: »Ich bin unschuldig am Blut dieses Mannes. Die Verantwortung liegt bei euch!«

25Und die Menge schrie zurück: »Wir übernehmen die Verantwortung für seinen Tod – wir und unsere Kinder!«*

26Also ließ Pilatus Barabbas frei. Jesus aber ließ er auspeitschen und lieferte ihn dann den römischen Soldaten aus, die ihn kreuzigen sollten.

Die Soldaten verspotten Jesus

27Einige der Soldaten des Statthalters brachten Jesus in das Prätorium* und riefen alle anderen Soldaten zusammen. 28Sie zogen ihn aus und legten ihm ein purpurrotes Gewand an. 29Dann machten sie eine Krone aus langen, spitzen Dornen, setzten sie ihm auf den Kopf und gaben ihm einen Stock in die rechte Hand als Zepter. Daraufhin knieten sie vor ihm nieder, verhöhnten ihn und grölten: »Sei gegrüßt, König der Juden!« 30Und sie spuckten ihn an, nahmen ihm den Stock weg und schlugen ihn damit auf den Kopf. 31Nachdem sie ihn verspottet hatten, nahmen sie ihm das Gewand ab und zogen ihm seine eigenen Kleider wieder an. Dann führten sie ihn zur Kreuzigungsstätte.

Die Kreuzigung

32Auf dem Weg begegnete ihnen ein Mann namens Simon, der aus Kyrene* stammte. Den zwangen sie, das Kreuz für Jesus zu tragen. 33Dann zogen sie hinaus zu einem Ort namens Golgatha, das heißt Schädelstätte. 34Die Soldaten gaben ihm Wein, der mit bitterer Galle vermischt war, doch als er ihn schmeckte, weigerte er sich, ihn zu trinken.

27,25 Griech. *Sein Blut komme über uns und unsere Kinder.*
27,27 Palast des Statthalters.
27,32 Kyrene war eine Stadt in Nordafrika.

[35]Nachdem sie ihn ans Kreuz genagelt hatten, würfelten die
Soldaten um seine Kleider.* [36]Dann setzten sie sich um das
Kreuz und hielten Wache. [37]Über seinem Kopf wurde eine
Tafel angebracht, auf der stand, was ihm vorgeworfen wurde:
»Dies ist Jesus, der König der Juden.«

[38]Zusammen mit ihm wurden zwei Verbrecher gekreuzigt,
einer auf jeder Seite von ihm. [39]Die Leute, die vorübergingen,
beschimpften und verhöhnten ihn: [40]»So! Du kannst also den
Tempel zerstören und in drei Tagen wieder aufbauen? Nun,
wenn du der Sohn Gottes bist, dann rette dich doch selbst und
steig vom Kreuz herab!«

[41]Die obersten Priester, Schriftgelehrten und Ältesten ver-
spotteten Jesus ebenfalls. [42]»Anderen hat er geholfen«, höhn-
ten sie, »aber sich selbst kann er nicht helfen! Wenn er wirk-
lich der König Israels ist, dann soll er doch vom Kreuz
herabsteigen. Dann werden wir an ihn glauben! [43]Er hat Gott
vertraut – nun soll Gott zeigen, dass er zu ihm steht, indem er
ihn verschont! Er hat ja behauptet: ›Ich bin der Sohn Gottes.‹«
[44]Und auch die Verbrecher, die mit ihm gekreuzigt worden
waren, verhöhnten ihn.

Der Tod von Jesus

[45]Um die Mittagszeit wurde es plötzlich im ganzen Land
dunkel – bis drei Uhr. [46]Gegen drei Uhr rief Jesus mit lauter
Stimme: »Eli, Eli, lama asabtani?«, das bedeutet: »Mein Gott,
mein Gott, warum hast du mich verlassen?«*

[47]Einige der Vorübergehenden hatten ihn falsch verstanden
und dachten, er riefe nach dem Propheten Elia. [48]Einer lief
und tauchte einen Schwamm in sauren Wein und hielt ihn
auf einem Stab hoch, damit er trinken konnte.

[49]Aber die anderen sagten: »Lass ihn in Ruhe. Wir wollen
sehen, ob Elia kommt und ihn rettet.«*

27,35 Griech. *warfen die Soldaten Lose um seine Kleider.* In manchen späteren Handschriften heißt es weiter: *Damit erfüllte sich das Wort des Propheten: »Sie verteilten meine Kleider unter sich und warfen Lose um mein Gewand.«*; s. Psalm 22,19.

27,46 Psalm 22,2.

27,49 In manchen Handschriften heißt es weiter: *Und ein anderer nahm einen Speer und durchbohrte seine Seite, und es kam Wasser und Blut heraus.*

[50]Da schrie Jesus noch einmal und starb. [51]In diesem Augen-
blick zerriss der Vorhang im Tempel von oben bis unten in
zwei Teile. [52]Die Erde bebte, Felsen zerbarsten, Gräber öff-
neten sich und die Leiber vieler gottesfürchtiger Männer
und Frauen, die schon längst verstorben waren, wurden von
den Toten auferweckt. [53]Nachdem Jesus auferstanden war,
verließen sie die Gräber, gingen in die heilige Stadt Jerusalem
und erschienen dort vielen Menschen.
[54]Den römischen Offizier und die anderen Soldaten, die ihn
gekreuzigt hatten, überkam Todesangst bei dem Erdbeben
und den anderen Ereignissen. Sie sagten: »Es stimmt, das
war wirklich der Sohn Gottes!«
[55]Viele Frauen, die mit Jesus aus Galiläa gekommen waren,
um für ihn zu sorgen, sahen aus einiger Entfernung zu. [56]Un-
ter ihnen waren auch Maria Magdalena, Maria, die Mutter
von Jakobus und Josef und die Frau des Zebedäus, die Mutter
von Jakobus und Johannes.

Das Begräbnis

[57]Als es Abend wurde, ging Josef, ein reicher Mann aus Ari-
mathäa, ebenfalls ein Anhänger von Jesus, [58]zu Pilatus und
bat ihn um den Leichnam von Jesus. Pilatus erließ Befehl, Je-
sus vom Kreuz abzunehmen. [59]Josef nahm den Leichnam
und wickelte ihn in ein langes Leinentuch. [60]Dann legte er
ihn in sein eigenes neues Grab, das in den Felsen gehauen
worden war. Schließlich rollte er einen großen Stein vor den
Eingang und ging. [61]Maria Magdalena und die andere Maria
aber blieben in der Nähe sitzen und beobachteten alles.

Die Wache am Grab

[62]Am nächsten Tag – dem ersten Tag des Passahfestes* – gin-
gen die obersten Priester und Pharisäer zu Pilatus. [63]Sie sag-
ten zu ihm: »Herr, uns ist eingefallen, dass dieser Verführer,
als er noch lebte, einmal gesagt hat: ›Nach drei Tagen werde
ich von den Toten auferweckt.‹ [64]Wir möchten dich deshalb
bitten, das Grab bis zum dritten Tag versiegeln zu lassen. Das

---

27,62 O. *Am nächsten Tag, dem Tag nach der Vorbereitung.*

wird seine Jünger daran hindern, zurückzugehen und seinen
Leichnam zu stehlen, um dann allen zu sagen, er sei wieder
lebendig! Denn wenn das geschieht, wird der Betrug noch
schlimmer sein als vorher.«
65Pilatus erwiderte: »Nehmt Wachen mit und sichert das
Grab, so gut ihr könnt.« 66Also versiegelten sie das Grab und
stellten Wachen auf, die es schützen sollten.

Die Auferstehung

28 1Am Sonntagmorgen* in aller Frühe gingen Maria
Magdalena und die andere Maria hinaus zum Grab.
2Plötzlich gab es ein starkes Erdbeben, weil ein Engel des
Herrn vom Himmel herabkam, den Stein beiseite rollte und
sich darauf niederließ. 3Sein Gesicht leuchtete wie ein Blitz,
und sein Gewand war weiß wie Schnee. 4Die Wachen zitter-
ten vor Angst, als sie ihn sahen, fielen zu Boden und blieben
wie tot liegen.
5Der Engel sprach die Frauen an. »Habt keine Angst!«, sagte
er. »Ich weiß, ihr sucht Jesus, der gekreuzigt wurde. 6Er ist
nicht hier! Er ist von den Toten auferstanden, wie er gesagt
hat. Kommt und seht, wo sein Leichnam gelegen hat. 7Und
nun geht und sagt seinen Jüngern, dass er von den Toten auf-
erstanden ist und ihnen nach Galiläa vorausgeht. Dort wer-
det ihr ihn sehen. Merkt euch, was ich euch gesagt habe.«
8Die Frauen liefen schnell vom Grab fort. Sie waren zu Tode
erschrocken und doch zugleich außer sich vor Freude. So
schnell sie konnten, liefen sie zu den Jüngern, um ihnen aus-
zurichten, was der Engel gesagt hatte. 9Unterwegs begegne-
ten sie Jesus. »Seid gegrüßt!«, sagte er. Und sie liefen zu ihm
hin, umklammerten seine Füße und beteten ihn an. 10Jesus
sagte zu ihnen: »Habt keine Angst! Geht und sagt meinen
Brüdern, sie sollen nach Galiläa kommen, dort werden sie
mich sehen.«

28,1 Griech. *Nach dem Sabbat, am ersten Tag der Woche.*

Der Bericht der Wache
[11]Während die Frauen auf dem Weg in die Stadt waren, gin-
gen einige der Männer, die das Grab bewacht hatten, zu den
obersten Priestern und berichteten ihnen, was geschehen war.
[12]Sofort wurde eine Versammlung aller Ältesten einberufen.
Sie beschlossen, die Soldaten zu bestechen, und [13]gaben ih-
nen die folgende Anweisung: »Ihr müsst sagen: ›Die Jünger
von Jesus kamen in der Nacht, während wir schliefen, und
haben seinen Leichnam gestohlen.‹ [14]Wenn der Statthalter
davon erfährt, werden wir euch beistehen. Ihr braucht nichts
Schlimmes zu befürchten.« [15]Die Soldaten nahmen das Beste-
chungsgeld an und sagten, was ihnen aufgetragen worden
war. Ihre Geschichte verbreitete sich unter den Juden, und
sie erzählen sie noch bis zum heutigen Tag.

Der große Auftrag
[16]Dann gingen die elf Jünger nach Galiläa zu dem Berg, den
Jesus ihnen genannt hatte. [17]Als sie ihn sahen, beteten sie ihn
an – aber einige zweifelten immer noch.
[18]Jesus kam und sagte zu seinen Jüngern: »Mir ist alle Macht
im Himmel und auf der Erde gegeben. [19]Darum geht zu allen
Völkern und macht sie zu Jüngern. Tauft sie im Namen des
Vaters und des Sohnes und des Heiligen Geistes und [20]lehrt
sie, alle Gebote zu halten, die ich euch gegeben habe. Und ich
versichere euch: Ich bin immer bei euch bis ans Ende der
Zeit.«

Das Evangelium von Markus

Johannes der Täufer kündigt Jesus an

1 [1]So beginnt die gute Botschaft von Jesus Christus, dem Sohn Gottes.*

[2]Im Buch des Propheten Jesaja steht:

»Siehe, ich sende meinen Boten vor dir her. Er wird dir den Weg bereiten.*

[3]Er ist eine Stimme, die in der Wüste ruft: ›Schafft Raum für das Kommen des Herrn! Ebnet ihm den Weg!‹*«

[4]Dieser Bote war Johannes der Täufer. Er lebte in der Wüste und forderte die Menschen auf, sich taufen zu lassen als Zeichen dafür, dass sie sich von ihren Sünden abgekehrt und Gott zugewandt hatten, um Vergebung ihrer Sünden zu erhalten*. [5]Aus ganz Jerusalem und Judäa strömten die Menschen in die Wüste hinaus, um Johannes zu sehen und zu hören. Und wenn sie ihre Sünden bekannten, taufte er sie im Jordan. [6]Seine Kleider waren aus Kamelhaar gewebt, und er trug einen Ledergürtel; seine Nahrung bestand aus Heuschrecken und wildem Honig. [7]Er verkündete: »Bald wird einer kommen, der stärker ist als ich; ich bin nicht einmal wert, sein Diener zu sein*. [8]Ich habe euch nur mit* Wasser getauft, aber er wird euch mit dem Heiligen Geist taufen!«

Jesus lässt sich taufen

[9]Eines Tages kam Jesus aus Nazareth in Galiläa und ließ sich von Johannes im Jordan taufen. [10]Als er aus dem Wasser stieg, sah er, wie der Himmel sich öffnete und der Heilige Geist wie eine Taube auf ihn herabkam. [11]Und aus dem Himmel sprach eine Stimme: »Du bist mein geliebter Sohn, an dir habe ich große Freude.«

1,1 In manchen Handschriften fehlt die Wendung *Sohn Gottes.*
1,2 Maleachi 3,1.
1,3 Jesaja 40,3.
1,4 Griech. *predigte eine Taufe der Buße für die Vergebung der Sünden.*
1,7 Griech. *niederzuknien und ihm die Sandalen umzubinden.*
1,8 O. *in.*

Jesus wird in Versuchung geführt
12Gleich darauf drängte der Heilige Geist Jesus, in die Wüste
zu gehen. 13Vierzig Tage lang wurde er dort von Satan ver-
sucht. Er lebte mitten unter den wilden Tieren, und Engel
sorgten für ihn.

Die ersten Jünger
14Nachdem Johannes durch Herodes Antipas verhaftet wor-
den war, ging Jesus nach Galiläa, um dort die Botschaft Got-
tes zu predigen. 15»Jetzt ist die Zeit gekommen«, verkündete
er. »Das Reich Gottes ist nahe*! Kehrt euch ab von euren Sün-
den und glaubt an diese gute Botschaft!«
16Eines Tages, als Jesus am Ufer des Sees Genezareth ent-
langging, sah er Simon* und seinen Bruder Andreas. Sie war-
fen gerade ihr Netz aus, denn sie waren Fischer. 17Jesus rief
ihnen zu: »Kommt mit und folgt mir nach. Ich will euch zei-
gen, wie man Menschen fischt!« 18Sofort ließen sie ihre Netze
liegen und folgten ihm nach.
19Nicht weit davon entfernt sah Jesus die Söhne des Zebe-
däus, Jakobus und Johannes. Sie saßen in einem Boot und
flickten ihre Netze. 20Auch sie forderte er auf, mit ihm zu
kommen. Und ohne zu zögern ließen sie ihren Vater Zebe-
däus bei den Tagelöhnern im Boot zurück und gingen mit
ihm.

Jesus treibt einen bösen Geist aus
21Sie kamen in die Stadt Kapernaum. Am Sabbat ging Jesus in
die Synagoge und lehrte dort die Menschen. 22Sie waren von
seiner Lehre überwältigt, denn er sprach – anders als die
Schriftgelehrten – mit Vollmacht.
23In der Synagoge war ein Mann, der von einem bösen Geist
besessen war. 24Er fing an zu rufen: »Was willst du von uns,
Jesus von Nazareth? Bist du gekommen, um uns zu vernich-
ten? Ich weiß, wer du bist – der Heilige Gottes, den er gesandt
hat!«

1,15 Griech. *Das Reich Gottes ist [zu euch] gekommen.*
1,16 Simon wird ab 3,16 *Petrus* genannt.

25»Schweig!«, herrschte Jesus ihn an. »Verlass diesen Mann.«
26Da schüttelte der böse Geist den Mann hin und her, schrie
auf und verließ ihn.
27Staunen erfasste die Zuschauer, und sie redeten untereinander darüber. »Was ist das für eine neue Lehre, die so viel Vollmacht hat?«, fragten sie einander aufgeregt. »Sogar
böse Geister gehorchen seinem Befehl!« 28Und die Nachricht
von dem, was Jesus getan hatte, verbreitete sich rasch in ganz
Galiläa.

Jesus heilt viele Menschen

29Nachdem Jesus und seine Jünger die Synagoge verlassen
hatten, gingen sie zum Haus von Simon und Andreas; auch
Jakobus und Johannes kamen mit. 30Simons Schwiegermutter
war krank und lag mit hohem Fieber im Bett. Sofort erzählten
sie Jesus von ihr. 31Er trat an ihr Bett, nahm ihre Hand und
half ihr, sich aufzusetzen. Da verschwand das Fieber, und sie
stand auf und machte ihnen etwas zu essen.
32Am Abend nach Sonnenuntergang brachte man alle Kranken und von Dämonen besessenen Menschen zu Jesus. 33Vor
dem Haus versammelte sich eine große Menschenmenge,
Leute aus ganz Kapernaum waren gekommen. 34Jesus heilte
viele Menschen, die an den verschiedensten Krankheiten litten, und befahl vielen Dämonen, ihre Opfer zu verlassen. Den Dämonen verbot er zu sprechen, denn sie wussten, wer er war.

Jesus predigt in Galiläa

35Am nächsten Morgen ging Jesus allein an einen einsamen
Ort, um zu beten. 36Später suchten ihn Simon und die anderen. 37Als sie ihn gefunden hatten, sagten sie zu ihm: »Alle
fragen nach dir.«
38Doch er entgegnete: »Wir müssen auch in die anderen Städte gehen, damit ich auch dort predige; denn dazu bin
ich gekommen.« 39Und so zog er durch das ganze Gebiet
von Galiläa, predigte in den Synagogen und trieb bei vielen Menschen Dämonen aus.

Jesus heilt einen Leprakranken

40Ein Aussätziger kam zu Jesus, kniete vor ihm nieder und bat
ihn, ihn zu heilen. »Wenn du willst, kannst du mich gesund
machen*«, sagte er.
41Jesus hatte Mitleid mit ihm* und berührte ihn. »Ich will es
tun«, sagte er. »Sei gesund!«* 42Im selben Augenblick ver-
schwand der Aussatz und der Mann war geheilt. 43Daraufhin
schickte Jesus ihn sofort weg und befahl ihm: 44»Geh zum
Priester und lass dich von ihm untersuchen. Sprich unter-
wegs mit niemandem. Nimm das Opfer mit, das Mose für
die Heilung von Aussatz vorgeschrieben hat. Das soll für
alle ein Beweis deiner Heilung sein.«
45Doch als der Mann wegging, fing er sofort an, überall zu
erzählen, was ihm widerfahren war, sodass Jesus sich bald in
keiner Stadt mehr öffentlich zeigen konnte und sich nur noch
an abgeschiedenen Orten aufhielt. Aber auch dort strömten
die Menschen von überall her zu ihm.

Jesus heilt einen Gelähmten

2 1Einige Tage später kehrte Jesus nach Kapernaum zurück.
Die Nachricht von seiner Ankunft verbreitete sich schnell
in der ganzen Stadt.* 2Es dauerte nicht lange, da war das
Haus, in dem er wohnte, von Besuchern überfüllt, sodass
kein Einziger mehr Platz hatte, nicht einmal draußen vor der
Tür. Und er verkündete ihnen Gottes Wort. 3Da kamen vier
Männer, die einen Gelähmten auf einer Matte trugen. 4Es ge-
lang ihnen nicht, durch die Menge zu Jesus vorzudringen,
deshalb deckten sie das Dach über ihm ab. Dann ließen sie
durch die Öffnung den Kranken auf seiner Matte hinunter.
5Als Jesus ihren Glauben sah, sagte er zu dem Gelähmten:
»Mein Sohn, deine Sünden sind dir vergeben.«
6Doch einige Schriftgelehrte, die dabeisaßen, dachten:
7»Wie kann er so etwas sagen? Das ist doch Gotteslästerung!
Nur Gott allein kann Sünden vergeben!«

1,40 Griech. *reinigen*
1,41a In einigen Handschriften heißt es *Jesus war von Zorn bewegt.*
1,41b Griech. *Werde rein!*
2,1 Griech. *Es wurde über ihn gehört, dass er im Haus ist.*

8Jesus wusste, was in ihnen vorging, und sagte: »Warum
macht ihr euch in euren Herzen solche Gedanken? 9Ist es
leichter, zu dem Gelähmten zu sagen: ›Deine Sünden sind
dir vergeben‹ oder: ›Steh auf, nimm deine Matte und geh‹?
10Ich werde euch beweisen, dass der Menschensohn auf der
Erde die Vollmacht besitzt, Sünden zu vergeben.« Und er
wandte sich dem Gelähmten zu und sagte zu ihm: 11»Steh
auf, nimm deine Matte und geh nach Hause, denn du bist
geheilt!«
12Der Mann sprang auf, nahm die Matte und bahnte sich
einen Weg durch die staunende Menge. Da lobten sie alle
Gott. »So etwas haben wir noch nie gesehen!«, riefen sie.

Jesus beruft Levi (Matthäus)

13Danach kehrte Jesus zurück ans Ufer des Sees und lehrte die
Menschen, die sich um ihn versammelten. 14Als er weiter-
ging, sah er Levi, den Sohn des Alphäus, am Zollhaus sitzen.
»Komm, folge mir nach«, sagte Jesus zu ihm. Da stand Levi
auf und folgte ihm nach.
15Danach lud Levi Jesus und seine Jünger zum Essen ein. Er
bat auch viele Steuereintreiber und andere Menschen, die als
Sünder galten, dazu. Viele von ihnen gehörten zu der Menge,
die Jesus folgte. 16Als nun aber einige der Schriftgelehrten, die
zu den Pharisäern* gehörten, sahen, dass Jesus mit diesen
Leuten aß, sagten sie zu seinen Jüngern: »Warum isst er mit
diesem Abschaum*?«
17Als Jesus das hörte, sagte er zu ihnen: »Die Gesunden
brauchen keinen Arzt – wohl aber die Kranken. Ich bin ge-
kommen, um Sünder zu rufen, nicht Menschen, die sich
schon für gut genug halten.«

Ein Gespräch über das Fasten

18Die Jünger des Johannes und die Pharisäer fasteten regel-
mäßig. Eines Tages kamen einige Leute zu Jesus und fragten:

2,16a Griech. *die Schriftgelehrten der Pharisäer.*
2,16b Griech. *mit Steuereinnehmern und Sündern.*

»Warum fasten die Jünger von Johannes und die Pharisäer,
deine Jünger aber nicht?«
19Jesus erwiderte: »Fasten denn die Hochzeitsgäste, wäh-
rend sie mit dem Bräutigam feiern? Natürlich nicht. Sie kön-
nen nicht fasten, solange sie mit dem Bräutigam zusammen
sind. 20Doch eines Tages wird er ihnen genommen werden,
und dann werden sie fasten. 21Niemand flickt ein altes Klei-
dungsstück mit neuem Stoff. Der neue Flicken würde einrei-
ßen und schließlich wäre das Loch im alten Kleidungsstück
größer als zuvor. 22Es füllt auch niemand neuen Wein in alte
Weinschläuche. Sie würden platzen, der Wein würde auslau-
fen und die Schläuche wären verdorben. Neuer Wein gehört
in neue Weinschläuche.«

Ein Gespräch über den Sabbat

23Als Jesus an einem Sabbat durch die Kornfelder ging, fingen
seine Jünger an, Weizenähren abzureißen. 24Da sagten die
Pharisäer zu Jesus: »Das dürfen sie nicht! Es ist gegen das
Gesetz, am Sabbat zu arbeiten und Getreide zu ernten.«
25Doch Jesus entgegnete: »Habt ihr nie in der Schrift gelesen,
was David tat, als er und seine Begleiter hungrig waren? 26Er
ging in das Haus Gottes (zu der Zeit, als Abjatar Hoher Pries-
ter war), aß das besondere Brot, das nur den Priestern vor-
behalten ist, und gab auch seinen Begleitern davon. Auch
das war ein Verstoß gegen das Gesetz.« 27Und er fuhr fort:
»Der Sabbat wurde zum Wohl des Menschen gemacht und
nicht der Mensch für den Sabbat. 28Und deshalb ist der Men-
schensohn auch Herr über den Sabbat!«

Jesus heilt am Sabbat

3 1Wieder ging Jesus in die Synagoge. Dort bemerkte er
einen Mann mit einer verkrüppelten Hand. 2Seine Geg-
ner beobachteten ihn ganz genau. Wenn er am Sabbat die
Hand des Mannes heilen würde, dann könnten sie ihn an-
klagen. 3Jesus sagte zu dem Mann: »Komm her und tritt in
die Mitte.« 4Dann wandte er sich an seine Gegner und fragte:
»Ist es nach dem Gesetz erlaubt, am Sabbat Gutes zu tun,
oder ist es ein Tag, um Böses zu tun? Ist dies ein Tag, um

Leben zu retten oder zu vernichten?« Doch sie schwiegen.
5Zornig und erschüttert über ihre Hartherzigkeit sah er sie
an. Dann forderte er den Mann auf: »Streck deine Hand
aus.« Der Mann streckte seine Hand aus und sie wurde wie-
der gesund! 6Daraufhin zogen sich die Pharisäer zurück und
trafen sich heimlich mit den Anhängern des Herodes, um zu
planen, wie sie Jesus töten könnten.

Eine große Menschenmenge folgt Jesus

7Jesus zog sich mit seinen Jüngern an den See zurück. Eine
riesige Menschenmenge aus ganz Galiläa, Judäa, 8Jerusalem,
Idumäa, aus dem Gebiet östlich des Jordan und sogar aus den
fernen Städten Tyrus und Sidon folgte ihm. Die Nachricht
von seinen Wundern hatte sich überall verbreitet, und die
Menschen kamen scharenweise zu ihm.

9Jesus beauftragte seine Jünger, ein Boot bereitzuhalten,
falls die Menge der Menschen ihn zu erdrücken drohte.
10Weil Jesus so viele Menschen heilte, drängten sich viele
Kranke um ihn und versuchten, ihn zu berühren. 11Und alle,
die von bösen Geistern besessen waren, fielen vor ihm nieder
und schrien: »Du bist der Sohn Gottes!« 12Aber Jesus verbot
ihnen streng zu sagen, wer er war.

Jesus wählt die zwölf Apostel aus

13Später stieg Jesus auf einen Berg und rief die zu sich, die er
bei sich haben wollte. Sie traten zu ihm. 14Er wählte zwölf von
ihnen aus, die ihn ständig begleiten sollten, und nannte sie
Apostel.* Er wollte sie aussenden, damit sie predigen und
15mit Vollmacht Dämonen austreiben. 16Und das sind die Na-
men der zwölf, die er wählte:

Simon (dem er den Namen Petrus gab), 17Jakobus und Jo-
hannes (die Söhne des Zebedäus; ihnen gab er den Beinamen
»Donnersöhne«*), 18Andreas, Philippus, Bartholomäus, Mat-
thäus, Thomas, Jakobus (der Sohn des Alphäus), Thaddäus,

3,14 In einigen Handschriften fehlt die Wendung *und nannte sie Apostel.*
3,17 Griech. *die er Boanerges nannte, das bedeutet Söhne des Donners.*

Simon (der Zelot*) 19und Judas Iskariot (der ihn später ver-
riet).

Jesus und der Oberste der Dämonen

20Als Jesus in das Haus zurückkehrte, in dem er wohnte, ka-
men wieder so viele Menschen zu ihm, dass er und seine Jün-
ger nicht einmal Zeit fanden zu essen. 21Als seine Familie da-
von hörte, wollten sie ihn zu sich nach Hause holen. »Er hat
den Verstand verloren«, meinten sie.

22Doch die Schriftgelehrten, die aus Jerusalem gekommen
waren, erklärten: »Er ist von Satan*, dem Obersten der Dämo-
nen, besessen. Daher hat er die Macht, Dämonen auszutrei-
ben.«

23Jesus aber rief sie zu sich und erzählte ihnen folgendes
Gleichnis: »Wie kann denn der Satan den Satan austreiben?«,
fragte er. 24»Ein Königreich, das mit sich selbst im Krieg liegt,
wird fallen. 25Ein Haus, das in sich selbst zerstritten ist, wird
untergehen. 26Und wenn Satan gegen sich selbst kämpft, wie
kann er dann bestehen? Er würde niemals überleben. 27Lasst
es mich euch so erklären: Man kann nicht in das Haus eines
starken Mannes eindringen und ihn berauben, ohne ihn zu-
erst zu fesseln. Erst dann kann man sein Haus ausrauben!*

28Ich versichere euch: Jede Sünde kann den Menschen ver-
geben werden und auch jede Gotteslästerung. 29Wer aber ge-
gen den Heiligen Geist lästert, dem wird niemals vergeben
werden. Diese Sünde währt ewig.« 30Das sagte er zu ihnen,
weil sie behaupteten, er habe einen bösen Geist.

Die wahre Familie von Jesus

31Seine Mutter und seine Brüder kamen zu dem Haus, in dem
Jesus lehrte. Sie blieben draußen stehen und schickten je-
mand zu ihm, um ihn zu rufen. 32Viele Menschen saßen dicht
gedrängt um Jesus herum, als ihm ausgerichtet wurde: »Dei-

3,18 Griech. *der Kananäer.*

3,22 Griech. *Beelzebul.*

3,27 O. *Man kann Satans Königreich nicht berauben, ohne ihn zuerst zu fesseln. Erst dann können seine Dämonen ausgetrieben werden.*

ne Mutter und deine Brüder und Schwestern* stehen draußen
und fragen nach dir.«
33Da erwiderte Jesus: »Wer ist meine Mutter? Wer sind mei-
ne Brüder?« 34Dann sah er die an, die rings um ihn herum
saßen, und sagte: »Diese Leute hier sind meine Mutter und
meine Brüder. 35Wer den Willen Gottes tut, ist mein Bruder
und meine Schwester und meine Mutter.«

Das Gleichnis vom Bauern, der die Saat ausstreute

4 1Wieder einmal fing Jesus an, am Ufer des Sees zu lehren.
Die Menschenmenge, die ihn umdrängte, war jedoch so
groß, dass er in ein Boot stieg, sich setzte und von dort aus zu
ihnen sprach. 2Er brachte den Menschen seine Lehre nahe,
indem er ihnen viele Gleichnisse wie das folgende erzählte:
3»Hört zu! Ein Bauer ging hinaus, um zu säen. 4Manche der
Samenkörner, die er auf dem Feld ausstreute, fielen auf den
Weg, und die Vögel kamen und fraßen sie. 5Andere fielen auf
eine dünne Erdschicht mit felsigem Untergrund. Die Pflan-
zen keimten, 6doch unter der heißen Sonne verdorrten sie
rasch und starben ab, weil die Wurzeln in der dünnen Erd-
kruste keine Nahrung fanden. 7Andere fielen unter die Dor-
nen, die rasch in die Höhe schossen und die zarten Halme
erstickten, sodass sie keine Ähren trugen. 8Wieder andere fie-
len auf fruchtbaren Boden und brachten eine Getreideernte
mit dem dreißig-, sechzig- ja hundertfachen Ertrag ein.«
9Und er schloss mit den Worten: »Wer hören will, der soll
zuhören und begreifen!«
10Als Jesus später mit den zwölf Jüngern und den anderen,
die sich um ihn versammelt hatten, allein war, fragten sie ihn:
»Was bedeuten deine Gleichnisse?«
11Er erwiderte: »Euch ist es von Gott gegeben, die Geheim-
nisse des Reiches Gottes zu verstehen. Allen anderen aber
werden sie in Gleichnissen verborgen erzählt, 12damit sich
das Schriftwort erfüllt:
›Sie sehen, was ich tue, aber sie begreifen nicht, was es be-
deutet. Sie hören meine Worte, aber sie verstehen sie nicht.

3,32 In einigen Handschriften fehlt die Wendung *und Schwestern.*

Deshalb werden sie sich nicht von ihren Sünden abkehren
und keine Vergebung empfangen.‹*
13Aber wenn auch ihr dieses Gleichnis nicht versteht, wie
wollt ihr dann die anderen Gleichnisse verstehen, die ich
noch erzählen werde? 14Der Bauer, von dem ich sprach, ist
derjenige, der anderen Menschen Gottes Botschaft bringt.
15Der Same, der auf den harten Weg fällt, meint die Menschen,
die die Botschaft hören; doch gleich kommt Satan und nimmt
ihnen alles weg. 16Die dünne Erdschicht mit dem felsigen Un-
tergrund ist ein Beispiel für die Menschen, die die Botschaft
hören und mit Freude aufnehmen. 17Aber wie bei jungen
Pflanzen in einem solchen Boden reichen ihre Wurzeln nicht
sehr tief; wenn sie wegen ihres Glaubens auf Schwierigkeiten
stoßen oder verfolgt werden, geben sie wieder auf. 18Der mit
Dornen bewachsene Boden verweist auf die Menschen, die
die gute Botschaft hören und annehmen, 19doch sie wird von
Alltagssorgen, den Verlockungen des Reichtums und dem
Verlangen nach schönen Dingen übertönt, sodass keine
Frucht daraus entstehen kann. 20Der gute Boden aber meint
schließlich die Menschen, die Gottes Botschaft hören und an-
nehmen und reiche Frucht bringen – dreißig-, sechzig-, ja
hundertmal so viel, wie gesät wurde.«

Das Gleichnis von der Lampe

21Dann fragte Jesus sie: »Würde etwa jemand eine Lampe an-
zünden und sie dann unter ein Gefäß oder ein Bett stellen, um
das Licht zu verbergen? Natürlich nicht! Eine Lampe wird
auf einen Ständer gestellt, wo ihr Licht leuchten kann.
22Alles, was jetzt noch verborgen ist, wird ans Licht kom-
men, und was jetzt noch geheim ist, wird aufgedeckt werden.
23Wer hören will, soll zuhören und begreifen! 24Und hört ge-
nau hin! Der Maßstab, mit dem ihr andere beurteilt, wird an
euch angelegt werden – und es wird euch noch mehr gege-
ben werden. 25Dem, der für meine Lehre offen ist, wird immer

4,12 Jesaja 6,9-10.

tiefere Erkenntnis geschenkt werden. Dem aber, der nicht zuhören will, wird selbst das genommen werden, was er hat.*«

Das Gleichnis von der heranwachsenden Saat
26Jesus fuhr fort: »Ich erzähle euch noch ein Gleichnis für das
Reich Gottes: Ein Bauer streute Saatgut auf einem Feld aus.
27Ob er nun schlief oder aufstand – die Tage vergingen, die
Saat keimte und wuchs ohne das Zutun des Bauern heran,
28denn die Erde bringt das Getreide ganz von selbst hervor.
Zuerst sprießt ein Halm, dann bilden sich die Ähren und zum
Schluss reift das Korn heran. 29Und sobald das Korn reif ist,
kommt der Bauer und erntet es mit der Sichel.«

Das Gleichnis vom Senfkorn
30Jesus fragte: »Wie kann ich das Reich Gottes noch beschreiben? Womit könnte ich es vergleichen? 31Es ist wie ein winziges Senfkorn. Obwohl das Senfkorn zu den kleinsten Samenkörnern gehört,
32wächst es doch zu einer der größten
Pflanzen heran, mit langen Zweigen, in denen die Vögel Zuflucht finden.«

33Jesus verwendete viele solcher Gleichnisse, um die Menschen so zu lehren, dass sie es begreifen konnten.
34In der
Öffentlichkeit lehrte er ausschließlich durch Gleichnisse.
Wenn er aber später mit seinen Jüngern allein war, erklärte
er ihnen ihre Bedeutung.

Jesus stillt den Sturm
35Als es Abend wurde, sagte Jesus zu seinen Jüngern: »Wir
wollen auf die andere Seite des Sees fahren.«
36Jesus war
schon im Boot. So entließen die Jünger die Menge, stiegen zu
ihm ins Boot und fuhren los. Einige andere Boote fuhren mit
ihnen.
37Doch bald darauf erhob sich ein heftiger Sturm, und
hohe Wellen schlugen ins Boot, bis es fast ganz voll Wasser
gelaufen war.

4,25 Griech. *Denn wer hat, dem wird gegeben werden; und wer nicht hat, dem wird auch das noch genommen werden.*

38Währenddessen schlief Jesus hinten im Boot mit dem Kopf
auf einem Kissen. In ihrer Verzweiflung weckten sie ihn
schließlich und riefen: »Lehrer, macht es dir denn gar nichts
aus, dass wir umkommen?«
39Jesus erwachte, bedrohte den Wind und befahl dem Was-
ser: »Schweig! Sei still!« Sogleich legte sich der Wind, und es
herrschte tiefe Stille. 40Und er fragte die Jünger: »Warum seid
ihr so ängstlich? Habt ihr immer noch keinen Glauben?« 41Voll
Furcht sagten sie zueinander: »Wer ist dieser Mann, dass ihm
sogar Wind und Wellen gehorchen?«

Jesus heilt einen Besessenen

5 1So gelangten sie an die andere Seite des Sees ins Gebiet
der Gerasener*. 2Jesus war kaum aus dem Boot gestiegen,
als ihm von den Grabhöhlen her ein Mann entgegenlief, der
von einem bösen Geist besessen war. 3Dieser Mann lebte in
den Höhlen und war selbst mit einer Kette von niemandem
mehr zu halten. 4Jedes Mal, wenn man ihn in Fesseln legte –
was oft geschah –, streifte er die Ketten von den Handgelen-
ken und zerriss die Fußfesseln. Niemand war stark genug,
ihn zu bändigen. 5Tag und Nacht war er in den Grabhöhlen
und wanderte durch die umliegenden Hügel, schrie und
schlug sich selbst mit Steinen.
6Der Mann entdeckte Jesus schon von Weitem. Er lief auf ihn
zu, warf sich vor ihm nieder, 7stieß einen schrecklichen Schrei
aus und rief: »Was willst du von mir, Jesus, Sohn des höchsten
Gottes? Ich beschwöre dich bei Gott: Quäle mich nicht!«
8Denn Jesus hatte schon dem Geist befohlen: »Verlass diesen
Mann, du böser Geist.«
9Dann fragte Jesus: »Wie heißt du?«
Der Geist erwiderte: »Legion, denn in diesem Mann sind
viele von uns.« 10Wieder und wieder flehte er ihn an, sie nicht
aus dieser Gegend fortzuschicken. 11In der Nähe weidete ge-
rade eine große Schweineherde an einem Abhang. 12»Lass
uns in diese Schweine fahren«, flehten die Geister. 13Jesus

5,1 In manchen Handschriften heißt es *Gadarener,* in anderen *Gergesener;* s. Matthäus 8,28 und Lukas 8,26.

erlaubte es ihnen. Da fuhren die bösen Geister aus dem Mann
in die Schweine, und die ganze Herde von zweitausend Tie-
ren stürzte sich den steilen Abhang hinunter in den See und
ertrank.
[14]Die Hirten flohen und erzählten in der Stadt und in der
ganzen Gegend, was geschehen war. Da kamen die Men-
schen von überall herbeigelaufen, um es mit eigenen Augen
zu sehen. [15]Schon bald hatte sich eine große Menge um Jesus
versammelt. Der Mann, der von Dämonen besessen gewesen
war, saß ordentlich gekleidet da und war bei klarem Ver-
stand. Als das die Leute sahen, bekamen sie Angst. [16]Diejeni-
gen, die miterlebt hatten, was mit dem Mann und den
Schweinen geschehen war, erzählten es den anderen. [17]Da
baten sie Jesus fortzugehen und sie in Ruhe zu lassen.
[18]Als Jesus wieder ins Boot stieg, bat ihn der Mann, der von
Dämonen besessen gewesen war, mit ihm gehen zu dürfen.
[19]Doch Jesus sagte zu ihm: »Nein. Geh nach Hause zu deiner
Familie und erzähle ihnen, was der Herr für dich getan hat
und wie gnädig er gewesen ist.« [20]Da wanderte der Mann
durch das Gebiet der Zehn Städte* und erzählte allen Men-
schen von dem, was Jesus für ihn getan hatte; und alle staun-
ten über das, was er ihnen berichtete.

Heilung durch Glauben

[21]Als Jesus auf die andere Seite des Sees zurückkehrte, ver-
sammelte sich eine große Menge am Ufer um ihn. [22]Einer der
Vorsteher der örtlichen Synagoge, ein Mann namens Jaïrus,
kam zu ihm, fiel vor ihm nieder [23]und bat ihn inständig, seine
kleine Tochter zu heilen. »Sie liegt im Sterben«, sagte er ver-
zweifelt. »Bitte, komm und lege ihr deine Hände auf; mach
sie gesund, damit sie am Leben bleibt.«
[24]Jesus ging mit ihm, gefolgt von einer dichten Menschen-
menge. [25]In der Menge war auch eine Frau, die seit zwölf Jah-
ren an Blutungen litt. [26]Sie hatte in dieser Zeit bei vielen Ärz-
ten Schlimmes durchgemacht. Ihr ganzes Vermögen hatte sie
eingebüßt, um sie zu bezahlen, ohne dass es ihr besser ging.

5,20 Griech. *Dekapolis*.

Es war sogar schlimmer geworden. [27]Diese Frau hatte von
Jesus gehört. Sie kämpfte sich durch die Menge in seine
Nähe und berührte den Saum seines Gewandes. [28]Denn sie
sagte sich: »Wenn ich nur seine Kleider berühre, werde ich
gesund.« [29]Und im selben Augenblick hörte die Blutung auf,
und sie spürte, dass sie geheilt war!

[30]Jesus merkte sofort, dass eine heilende Kraft von ihm aus-
gegangen war. Er wandte sich um und fragte: »Wer hat meine
Kleider berührt?«

[31]Seine Jünger sagten zu ihm: »Die Menschen umdrängen
dich von allen Seiten, wie kannst du da fragen: ›Wer hat
mich berührt?‹«

[32]Aber er schaute weiter umher, um festzustellen, wer es
gewesen war. [33]Zitternd vor Angst trat die Frau auf ihn zu,
denn sie wußte, was mit ihr geschehen war. Sie warf sich ihm
zu Füßen und sagte ihm, was sie getan hatte. [34]Und er sagte
zu ihr: »Tochter, dein Glaube hat dich gesund gemacht. Geh
in Frieden. Du bist geheilt.«

[35]Während Jesus noch mit ihr sprach, trafen Boten vom
Haus des Jaïrus ein mit der Nachricht: »Deine Tochter ist tot.
Du brauchst den Lehrer nicht mehr zu bemühen.«

[36]Doch Jesus ging über ihre Worte hinweg und sagte zu Ja-
ïrus: »Hab keine Angst. Glaube nur.« [37]Er wies die Menge an
zurückzubleiben und nahm nur Petrus, Jakobus und Johan-
nes, den Bruder des Jakobus, mit. [38]Als sie zum Haus des
Synagogenvorstehers kamen, sah Jesus die aufgeregte Menge
und die vielen weinenden und klagenden Menschen. [39]Er
ging hinein und sagte zu ihnen: »Warum sind alle so auf-
geregt und weinen? Das Kind ist nicht tot; es schläft nur.«

[40]Da lachten sie ihn aus, aber er schickte sie alle hinaus. Zu-
sammen mit dem Vater und der Mutter des Mädchens und
seinen drei Jüngern ging er in das Zimmer, in dem das Kind
lag. [41]Er nahm seine Hand und sagte zu ihm: »Mädchen, ich
befehle dir, steh auf!«* [42]Sofort stand das Mädchen auf und
ging umher; es war zwölf Jahre alt! Und alle waren sehr da-

5,41 Im griech. Text steht auf Aramäisch »*Talita kum*«, und dahinter die Überset-
zung »*Mädchen, steh auf.*«

rüber erstaunt. 43Jesus befahl ihnen, niemandem zu erzählen,
was geschehen war, und sagte, sie sollten ihr etwas zu essen
geben.

Jesus wird in Nazareth abgelehnt

6 1Jesus verließ diesen Teil des Landes und kehrte mit sei-
nen Jüngern in seine Heimatstadt Nazareth zurück. 2Am
folgenden Sabbat begann er in der Synagoge zu lehren. Viele
der Zuhörer waren sehr erstaunt. Sie fragten: »Wo hat er nur
diese Weisheit her und die Macht, solche Wunder zu tun? 3Er
ist doch nur ein Zimmermann, der Sohn Marias und der Bru-
der von Jakobus, Josef*, Judas und Simon. Auch seine
Schwestern leben hier unter uns.« Und sie ärgerten sich über
ihn.

4Da sagte Jesus zu ihnen: »Ein Prophet wird überall verehrt,
nur nicht in seiner eigenen Heimatstadt, von seinen Ver-
wandten und von seiner eigenen Familie.« 5Weil sie nicht an
ihn glaubten, konnte er keine Wunder bei ihnen tun und er
legte nur einigen Kranken die Hände auf und heilte sie. 6Und
er wunderte sich über ihren Unglauben.

Jesus sendet die zwölf Apostel aus

Danach zog Jesus von Dorf zu Dorf und lehrte die Menschen.
7Er rief seine zwölf Jünger zu sich, sandte sie jeweils zu zweit
aus und gab ihnen die Vollmacht, böse Geister auszutreiben.
8Er befahl ihnen, nichts mitzunehmen außer einem Wander-
stab – keine Nahrung, keine Tasche, kein Geld. 9Sie sollten
Sandalen anziehen, aber keinen zweiten Mantel bei sich tra-
gen. 10»Wenn ihr in ein Dorf kommt, seid immer nur in einem
Haus zu Gast«, sagte er. 11»Und wenn ihr in einem Dorf nicht
willkommen seid oder man nicht auf euch hören will, dann
schüttelt den Staub von euren Füßen, wenn ihr geht. Das ist
das Zeichen, dass ihr dieses Dorf sich selbst überlasst.«

12Dann zogen die Jünger los und forderten die Menschen
auf, sich von ihren Sünden abzukehren. 13Sie trieben viele

6,3 Griech. *Joses;* s. Matthäus 13,55.

Dämonen aus und salbten viele Kranke mit Öl und heilten
sie.

Der Tod von Johannes dem Täufer

14König Herodes Antipas erfuhr schon bald von Jesus, weil
die Leute überall von ihm sprachen. Manche sagten*: »Er
muss Johannes der Täufer sein, der wieder lebendig gewor-
den ist. Deshalb kann er solche Wunder tun.« 15Andere hiel-
ten Jesus für den Propheten Elia. Wieder andere glaubten, er
wäre ein Prophet wie die anderen großen Propheten der Ver-
gangenheit. 16Als Herodes von Jesus hörte, sagte er: »Johan-
nes, der Mann, den ich enthaupten ließ, ist von den Toten
auferstanden.« 17Denn Herodes hatte Soldaten ausgesandt
und Johannes verhaften und einsperren lassen, um Herodias
einen Gefallen zu tun. Sie war die Frau seines Bruders Philip-
pus gewesen, aber Herodes hatte sie geheiratet. 18Johannes
hatte Herodes immer wieder gemahnt: »Du hattest nicht das
Recht, die Frau deines Bruders zu heiraten.« 19Herodias hass-
te Johannes und hätte ihn am liebsten umgebracht, doch ohne
die Zustimmung des Herodes war sie machtlos. 20Herodes
dagegen achtete Johannes, den er als guten und heiligen
Mann kannte, und er sorgte für seinen Schutz. Auch wenn
ihn dessen Worte jedes Mal beunruhigten, hörte er ihm trotz-
dem gern zu.

21Endlich bot sich für Herodias eine günstige Gelegenheit.
Herodes gab an seinem Geburtstag ein großes Fest für seine
Beamten, Offiziere und die führenden Bürger Galiläas. 22Sei-
ne Tochter, die ebenfalls Herodias* hieß, kam herein und
führte einen Tanz auf, der allen sehr gefiel. »Bitte mich um
was immer du willst«, sagte der König zu dem Mädchen,
»ich werde es dir schenken.« 23Und er schwor: »Ich gebe dir
alles, was du willst, und wenn es die Hälfte meines König-
reichs wäre!«

24Sie ging hinaus und fragte ihre Mutter: »Was soll ich mir
wünschen?«

6,14 In einigen Handschriften heißt es *Er sagte.*
6,22 In manchen Handschriften heißt es *Tochter der Herodias selbst.*

Ihre Mutter sagte: »Bitte um den Kopf von Johannes dem Täufer!«

25 Das Mädchen lief zum König zurück und sagte zu ihm: »Ich will den Kopf von Johannes dem Täufer, jetzt gleich, serviert auf einer Schale!«

26 Da wurde der König sehr traurig, aber er wollte vor seinen
Gästen seinen Schwur nicht brechen. 27 Also schickte er einen
Henker ins Gefängnis, der Johannes den Kopf abschlagen
und ihm bringen sollte. Der Soldat enthauptete Johannes im
Gefängnis, 28 brachte seinen Kopf auf einer Schale herein und
überreichte ihn dem Mädchen, und sie gab ihn ihrer Mutter.
29 Als die Jünger des Johannes hörten, was geschehen war, kamen sie, holten seinen Leichnam und legten ihn in ein Grab.

Die Speisung der Fünftausend

30 Die Apostel kehrten zu Jesus zurück und berichteten, was
sie getan und gelehrt hatten. 31 Darauf sagte Jesus: »Kommt,
wir ziehen uns an einen einsamen Ort zurück, wo ihr euch
ausruhen könnt.« Denn ständig waren so viele Menschen
um sie, dass Jesus und seine Apostel nicht einmal Zeit fanden
zu essen. 32 So fuhren sie mit dem Boot an einen ruhigeren Ort.
33 Aber die Leute bemerkten ihre Abfahrt. Da liefen sie aus
den umliegenden Städten am Ufer entlang voraus und waren
bereits da, als sie anlegten. 34 Als Jesus aus dem Boot stieg,
erwartete ihn eine riesige Menschenmenge. Er hatte Mitleid
mit ihnen, denn sie waren wie Schafe ohne Hirten. Deshalb
nahm er sich Zeit, sie vieles zu lehren.

35 Spät am Nachmittag traten seine Jünger zu ihm und sagten: »Dies ist eine einsame Gegend und es wird langsam spät.
36 Schick die Leute fort, damit sie auf die umliegenden Gehöfte und in die Dörfer gehen können und sich etwas zu essen kaufen.«

37 Doch Jesus meinte: »Gebt ihr ihnen zu essen.«

Sie erwiderten: »Wie denn? Es würde ein kleines Vermögen* kosten, für so viele Menschen Essen zu kaufen!«

6,37 Griech. *200 Denare.* Ein Denar entsprach einem vollen Tagelohn.

[38]Er fragte: »Wie viele Brote habt ihr? Geht und stellt es
fest.«
Sie kamen zurück und berichteten: »Wir haben fünf Brote
und zwei Fische.« [39]Da forderte Jesus die Menge auf, sich in
Gruppen ins grüne Gras zu setzen. [40]Sie setzten sich zu je
fünfzig oder hundert zusammen.
[41]Jesus nahm die fünf Brote und zwei Fische, blickte zum
Himmel auf und bat um Gottes Segen für das Essen. Dann
brach er das Brot in Stücke und reichte den Jüngern Brot und
Fisch, damit diese alles an die Leute verteilten. [42]Alle aßen, so
viel sie wollten. [43]Danach sammelten sie ein, was von den
Broten und Fischen übrig geblieben war: es waren noch zwölf
Körbe voll. [44]Fünftausend Männer waren von diesen fünf
Broten satt geworden!

Jesus geht auf dem Wasser

[45]Gleich danach befahl Jesus seinen Jüngern, wieder ins Boot
zu steigen und über den See nach Betsaida zu fahren, wäh-
rend er inzwischen die Menschen nach Hause entließ. [46]Dann
ging er allein auf einen Berg, um zu beten.
[47]In der Nacht befanden sich die Jünger in ihrem Boot mit-
ten auf dem See, und Jesus war allein an Land. [48]Er sah, dass
sie in ernster Gefahr waren und mühsam gegen den Wind
und die Wellen ankämpften. Gegen drei Uhr morgens* ging
er über das Wasser zu ihnen. Er wollte an ihnen vorüberge-
hen. [49]Doch als sie ihn auf dem Wasser gehen sahen, schrien
sie vor Entsetzen, denn sie hielten ihn für ein Gespenst. [50]Sie
waren zu Tode erschrocken, als sie ihn sahen. Doch Jesus
sprach sie sofort an. »Erschreckt nicht«, sagte er. »Ich bin es.
Habt keine Angst.« [51]Dann stieg er ins Boot, und der Wind
legte sich. Sie staunten über das, was vor ihren Augen ge-
schah. [52]Sie hatten immer noch nicht begriffen, was das Wun-
der der Brotvermehrung bedeutete, denn ihre Herzen waren
verhärtet, und sie glaubten nicht.
[53]Als sie auf der anderen Seite des Sees in Genezareth anka-
men, machten sie das Boot fest [54]und stiegen aus. Sofort er-

6,48 Griech. *etwa um die vierte Nachtwache.*

kannten die Menschen Jesus. [55]Sie liefen und holten die Kran-
ken aus der ganzen Gegend und trugen sie auf Matten zu
ihm. [56]Überall, wo er hinkam – in Dörfern, Städten und drau-
ßen auf den Gehöften –, brachten sie die Kranken auf die
Marktplätze und baten ihn, sie nur den Saum seines Gewan-
des berühren zu lassen. Und alle, die ihn berührten, wurden
geheilt.

Jesus sagt, was den Menschen wirklich unrein macht

7 [1]Eines Tages kamen einige Pharisäer und Schriftgelehrte
aus Jerusalem zu Jesus. [2]Sie sahen, dass einige seiner Jün-
ger den jüdischen Brauch, sich vor dem Essen die Hände zu
waschen, nicht befolgten. [3]Die Juden, besonders die Pharisä-
er, essen nicht, bevor sie sich nicht Wasser über die Hände*
gegossen haben, wie ihre überlieferten Satzungen es vor-
schreiben. [4]Auch essen sie nichts von dem, was sie auf dem
Markt gekauft haben, bevor sie nicht ihre Hände in Wasser
getaucht haben. Das ist nur eine von zahlreichen Satzungen,
an denen sie festhalten – wie zum Beispiel an dem Brauch,
Becher, Krüge und Kupferkessel* auszuspülen. [5]Deshalb
fragten nun die Pharisäer und Schriftgelehrten Jesus: »Wa-
rum befolgen deine Jünger unsere überlieferten Vorschriften
nicht? Denn sie essen mit ungewaschenen Händen.«

[6]Jesus erwiderte: »Ihr Heuchler! Jesaja hat euch gemeint, als
er sagte:

›Diese Menschen ehren mich mit ihren Worten, aber nicht
mit ihrem Herzen. [7]Ihre Anbetung ist nutzlos, denn sie erset-
zen die Gebote Gottes durch ihre eigenen Lehren.‹*

[8]Ihr missachtet die Gebote Gottes und setzt an ihre Stelle
eure eigenen Vorschriften.«

[9]Und er fuhr fort: »Geschickt setzt ihr Gottes Gebote außer
Kraft, um an euren eigenen Vorschriften festzuhalten. [10]Mose
gab euch das Gebot von Gott: ›Ehre deinen Vater und deine
Mutter‹, und: ›Wer Vater oder Mutter verflucht, soll mit dem

7,3 Griech. *bevor sie sich nicht mit einer Handvoll Wasser die Hände gewaschen haben.*
7,4 In manchen griech. Handschriften heißt es zusätzlich *und Essbänke.*
7,6-7 Jesaja 29,13.

Tod bestraft werden.‹* 11Ihr dagegen behauptet, es sei durch-
aus richtig, wenn jemand zu seinen Eltern sagt: ›Es tut mir
leid, ich kann euch nicht helfen. Ich habe gelobt, Gott alles
zu geben, was ich euch hätte geben können.‹* 12Ihr lasst zu,
dass er seine eigenen Eltern, die Not leiden, vernachlässigt.
13Auf diese Weise brecht ihr das Gebot Gottes, um eure eige-
nen Vorschriften zu halten. Und das ist nur ein Beispiel von
vielen.«

14Dann rief Jesus die Menge zu sich. »Hört alle genau zu«,
sagte er, »und versucht es zu verstehen. 15Der Mensch wird
nicht durch das unrein, was er isst; er wird unrein durch das,
was er sagt und tut.*«

17Als Jesus sich von der Menge zurückzog und in ein Haus
ging, fragten ihn seine Jünger, was er denn mit dieser Aus-
sage gemeint habe. 18»Versteht ihr es denn auch nicht?«, frag-
te er. »Begreift ihr nicht, dass nichts, was der Mensch isst, ihn
verunreinigen kann? 19Die Nahrung kommt nicht mit seinem
Herzen in Berührung, sondern geht nur durch den Magen
und wird dann wieder ausgeschieden.« Damit erklärte Jesus
alle Speisen für erlaubt. 20Und er fuhr fort: »Es sind seine Ge-
danken, die den Menschen verunreinigen. 21Denn von innen,
aus dem Herzen eines Menschen, kommen böse Gedanken
wie Unzucht, Diebstahl, Mord, 22Ehebruch, Habgier, Bosheit,
Hinterlist, Vergnügungssucht, Neid, Verleumdung, Stolz
und Unvernunft. 23Alle diese üblen Dinge kommen von in-
nen heraus; sie sind es, die den Menschen unrein machen.«

Der Glaube einer griechischen Frau

24Danach verließ Jesus Galiläa und ging nach Norden in das
Gebiet von Tyrus*. Er versuchte zu verbergen, dass er sich
dort aufhielt, aber es gelang ihm nicht. Die Nachricht von
seiner Ankunft verbreitete sich schnell. 25Sofort kam eine

7,10 2. Mose 20,12; 21,17; 3. Mose 20,9; 5. Mose 5,16.

7,11 Griech. *Was ich euch hätte geben können, ist Korban* (Korban ist ein Opfergeschenk für den Tempel).

7,15 In manchen Handschriften folgt Vers 16 *Wer hören will, soll zuhören und begreifen.*

7,24 In manchen griech. Handschriften heißt es zusätzlich *und Sidon.*

Frau zu ihm, deren kleine Tochter von einem bösen Geist besessen war. Sie hatte von Jesus gehört, und nun kam sie, warf sich ihm zu Füßen [26]und bat ihn inständig, ihr Kind von dem Dämon zu befreien.

Da sie eine Griechin war, die aus Syrophönizien stammte, [27]sagte Jesus zu ihr: »Ich muss zuerst meiner eigenen Familie, den Juden, helfen.* Es ist nicht recht, den Kindern das Essen wegzunehmen und es den Hunden vorzuwerfen.«

[28]Sie erwiderte: »Das ist wahr, Herr, aber selbst den Hunden unter dem Tisch gibt man die Krümel von den Tellern der Kinder.«

[29]»Damit hast du recht!«, sagte er. »Nun geh nach Hause. Der böse Geist ist aus deiner Tochter ausgefahren.« [30]Und als die Frau nach Hause kam, lag ihre kleine Tochter ruhig im Bett, und der Dämon war fort.

Jesus heilt einen taubstummen Mann

[31]Jesus verließ Tyrus und ging nach Sidon; dann kehrte er zurück an den See von Galiläa und in das Gebiet der Zehn Städte.* [32]Ein Mann, der taub war und kaum sprechen konnte, wurde zu ihm gebracht. Die Leute baten Jesus, dem Mann die Hände aufzulegen und ihn zu heilen. [33]Jesus führte ihn an einen ruhigen Ort, fort von der Menge. Er legte seine Finger in die Ohren des Mannes. Dann benetzte er die Fingerspitzen mit seinem Speichel und berührte damit die Zunge des Mannes. [34]Schließlich blickte er zum Himmel auf, seufzte und befahl: »Öffne dich*.« [35]Und im selben Augenblick konnte der Mann hören und normal sprechen!

[36]Jesus ermahnte die Menge, niemandem davon zu erzählen. Doch je mehr er es ihnen verbot, desto rascher verbreiteten sie die Nachricht, [37]weil sie vor Staunen völlig außer sich waren. Wieder und wieder sagten sie: »Es ist alles wunderbar, was er tut. Er heilt sogar die Tauben und Stummen.«

7,27 Griech. *Lass die Kinder zuerst essen.*

7,31 Griech. *Dekapolis.*

7,34 Im griech. Text heißt es hier auf Aramäisch »*Hefata*« gefolgt von der Übersetzung »*Öffne dich*«.

Die Speisung der Viertausend

8 1 In diesen Tagen hatte sich erneut eine große Menschen-
menge versammelt. Da die Menschen nichts zu essen hat-
ten, rief Jesus seine Jünger zu sich und sagte zu ihnen: 2 »Die
Menschen tun mir leid. Sie waren drei Tage hier bei mir, und
nun haben sie nichts mehr zu essen. 3 Wenn ich sie ohne Essen
heimschicke, könnten sie unterwegs zusammenbrechen,
denn einige von ihnen sind von weit her gekommen.«
4 »Wie sollen wir denn hier in dieser einsamen Gegend ge-
nug zu essen für sie finden?«, fragten seine Jünger.
5 »Wie viele Brote habt ihr?«, fragte er sie.
»Sieben«, antworteten sie. 6 Da forderte Jesus die Menschen
auf, sich auf die Erde zu setzen. Dann nahm er die sieben
Brote, dankte Gott dafür, brach sie in Stücke und gab sie sei-
nen Jüngern, damit sie das Brot an die Menge austeilten. 7 Sie
hatten auch noch einige kleine Fische, und Jesus segnete sie
und ließ sie durch seine Jünger verteilen.
8 Alle aßen, bis sie satt waren, und als die Reste eingesam-
melt wurden, füllten sie sieben große Körbe voll! 9 An diesem
Tag waren viertausend Menschen beisammen. Nachdem sie
gegessen hatten, entließ er sie nach Hause. 10 Gleich darauf
stieg er mit seinen Jüngern in ein Boot und fuhr hinüber ins
Gebiet von Dalmanuta.

Die Pharisäer fordern ein Zeichen

11 Als die Pharisäer hörten, dass Jesus in der Gegend war, ka-
men sie, um ihn zur Rede zu stellen. Sie wollten prüfen, ob er
von Gott kam, und forderten: »Gib uns als Beweis ein Zeichen
vom Himmel.«
12 Als Jesus das hörte, seufzte er und sagte: »Warum verlangt
ihr unentwegt Zeichen? Ich versichere euch: Niemals wird
dieser Generation ein Zeichen gegeben werden.« 13 Und er
stieg wieder ins Boot, verließ sie und fuhr über den See zum
anderen Ufer.

Der Sauerteig der Pharisäer und der Sauerteig des Herodes

14 Die Jünger hatten vergessen, etwas zu essen mitzunehmen.
Ihr gesamter Proviant bestand nur aus einem einzigen Brot.

15 Während sie über den See fuhren, warnte Jesus sie: »Nehmt
euch in Acht vor dem Sauerteig der Pharisäer und dem Sau-
erteig des Herodes.«
16 Sie glaubten, er sage das, weil sie kein Brot mitgenommen
hatten. 17 Jesus wusste, was sie dachten; deshalb sagte er:
»Warum macht ihr euch Sorgen darüber, dass ihr nichts zu
essen habt? Werdet ihr denn nie lernen oder begreifen? Sind
eure Herzen zu verhärtet, um das zu verstehen? 18 ›Ihr habt
doch Augen – könnt ihr nicht sehen? Ihr habt doch Ohren –
könnt ihr nicht hören?‹* Erinnert ihr euch denn nicht? 19 Was
ist mit den fünftausend Männern, die ich mit fünf Broten satt
gemacht habe? Wie viele Körbe voller Reste habt ihr anschlie-
ßend gesammelt?«
»Zwölf«, sagten sie.
20 »Und als ich den Hunger der viertausend Menschen mit
sieben Broten gestillt habe, wie viele Körbe mit Resten habt
ihr da eingesammelt?«
Sie antworteten: »Sieben.«
21 Da fragte er sie: »Begreift ihr denn immer noch nicht?«

Jesus heilt einen Blinden

22 In Betsaida brachten einige Leute einen Blinden zu Jesus
und baten ihn, den Mann zu berühren und zu heilen. 23 Jesus
nahm den Blinden an der Hand und führte ihn aus dem Dorf
hinaus. Dann spuckte er dem Mann auf die Augen, legte ihm
die Hände auf und fragte: »Siehst du etwas?«
24 Der Mann sah sich um. »Ja«, sagte er. »Ich sehe Menschen,
aber nicht sehr deutlich. Sie sehen aus wie umhergehende
Bäume.«
25 Da legte Jesus seine Hände wieder auf die Augen des
Mannes. Und als sich der Mann erneut umschaute, war er
völlig geheilt und konnte alles deutlich erkennen. 26 Jesus
schickte ihn nach Hause und sagte: »Geh auf dem Weg
nach Hause nicht durch das Dorf.«

8,18 Jeremia 5,21.

Das Bekenntnis des Petrus
27Jesus und seine Jünger verließen Galiläa und zogen hinauf
in die Dörfer um Cäsarea Philippi. Unterwegs fragte er sie:
»Für wen halten mich die Leute?«
28»Einige halten dich für Johannes den Täufer«, erwiderten
sie, »andere für Elia, und wieder andere sagen, du bist einer
der anderen Propheten.«
29Da fragte Jesus: »Und für wen haltet ihr mich?«
Petrus antwortete: »Du bist der Christus.«
30Doch Jesus befahl ihnen, niemand von ihm zu erzählen.

Jesus kündigt seinen Tod an
31Dann sprach Jesus mit ihnen zum ersten Mal darüber, dass
der Menschensohn viel Schlimmes erleiden müsse und von
den führenden Männern des Volkes, den obersten Priestern
und den Schriftgelehrten verworfen werde; er werde getötet
werden und drei Tage später wieder auferstehen. 32Als er je-
doch so offen mit seinen Jüngern darüber sprach, nahm Pet-
rus ihn beiseite und bedrängte ihn, doch nicht so zu spre-
chen*.
33Jesus wandte sich um, sah seine Jünger an und wies Petrus
scharf zurecht: »Fort von mir, Satan! Du betrachtest alles nur
aus menschlicher Sicht und nicht aus der Sicht Gottes.«
34Dann rief er seine Jünger und die Menge zu sich. »Wenn
jemand mir nachfolgen will«, sagte er, »muss er sich selbst
verleugnen, sein Kreuz auf sich nehmen und mir nachfolgen.
35Denn wer versucht, sein Leben zu bewahren, wird es ver-
lieren. Wer aber sein Leben um meinetwillen und um der
guten Botschaft willen verliert, wird es retten. 36Was nützt
es einem Menschen, wenn er die ganze Welt gewinnt, dabei
aber seine Seele* verliert? 37Gibt es etwas Wertvolleres als
die Seele? 38Wenn sich ein Mensch in dieser treulosen* und
sündigen Zeit für mich oder meine Botschaft schämt, für den

8,32 O. *begann, ihn zu tadeln.*
8,36 O. *euer Leben;* so auch in 8,37.
8,38 Griech. *ehebrecherischen.*

wird sich auch der Menschensohn schämen, wenn er mit den
heiligen Engeln in der Herrlichkeit seines Vaters kommt.«

9 [1]Und er fuhr fort: »Ich versichere euch: Einige von euch,
die jetzt hier stehen, werden nicht sterben, ehe sie das
Reich Gottes in seiner Macht kommen sehen!«

Die Jünger sehen, wie Jesus verherrlicht wird

[2]Sechs Tage später nahm Jesus Petrus, Jakobus und Johannes
mit auf den Gipfel eines Berges. Außer ihnen war niemand
dort. Plötzlich veränderte sich vor ihren Augen das Aus-
sehen von Jesus. [3]Seine Kleider wurden strahlend weiß, wei-
ßer, als es auf Erden möglich war. [4]Dann erschienen Elia und
Mose und fingen an, mit Jesus zu sprechen.
[5]»Rabbi*, wie wundervoll ist es hier!«, rief Petrus aus. »Wir
wollen drei Hütten* bauen – eine für dich, eine für Mose und
eine für Elia.« [6]Aber er wusste nicht, was er redete, denn er
und die beiden anderen Jünger fürchteten sich sehr.
[7]Da fiel der Schatten einer Wolke auf sie, und aus der Wolke
sprach eine Stimme: »Dies ist mein geliebter Sohn. Auf ihn
sollt ihr hören.« [8]Als sie sich umschauten, waren Mose und
Elia verschwunden, und nur Jesus war noch bei ihnen. [9]Wäh-
rend sie den Berg hinabstiegen, wies er sie an, niemandem zu
erzählen, was sie gesehen hatten, bis der Menschensohn von
den Toten auferstanden sei. [10]Sie behielten es für sich, spra-
chen aber untereinander noch oft darüber, was er wohl mit
der Auferstehung von den Toten gemeint hatte.
[11]Schließlich fragten sie Jesus: »Warum behaupten die
Schriftgelehrten, dass Elia wiederkommen muss, bevor der
Messias kommt?«
[12]Jesus erwiderte: »Das stimmt, zuerst kommt Elia, um alles
vorzubereiten. Aber warum heißt es in der Schrift, dass der
Menschensohn viel Leid und Verachtung erdulden muss?
[13]Doch ich sage euch, Elia ist schon gekommen, und sie haben

---

9,5a Dies hebr. Wort bedeutet *Lehrer*.
9,5b Das griech. Wort steht im Neuen Testament auch für *das Zelt Gottes*.

mit ihm gemacht, was sie wollten, wie es in der Schrift pro-
phezeit ist.«

Jesus heilt einen besessenen Jungen
14 Am Fuße des Berges fanden sie eine große Menge vor, die
sich um die übrigen Jünger versammelt hatte, während einige
Schriftgelehrte ein Streitgespräch mit ihnen führten. 15 Die
Menschen waren in großer Aufregung, als Jesus auf sie zu-
kam. Dann liefen sie ihm entgegen, um ihn zu begrüßen.
16 »Worüber streitet ihr euch?«, fragte er.

17 Ein Mann aus der Menge ergriff das Wort und sagte: »Leh-
rer, ich habe meinen Sohn hergebracht, damit du ihn heilst. Er
kann nicht sprechen, weil er von einem bösen Geist besessen
ist, der ihn nicht reden lässt. 18 Immer wenn dieser böse Geist
ihn packt, wirft er ihn gewaltsam zu Boden; er hat Schaum
vor dem Mund, knirscht mit den Zähnen und wird ganz
starr*. Ich habe deine Jünger gebeten, den Dämon auszutrei-
ben, aber sie konnten es nicht.«

19 Jesus sagte zu ihnen: »Ihr Ungläubigen! Wie lange muss
ich noch bei euch sein, bis ihr endlich glaubt? Wie lange
muss ich euch noch ertragen? Bringt den Jungen zu mir.«
20 Sie brachten ihm das Kind. Als der böse Geist Jesus sah,
schüttelte er den Jungen in heftigen Krämpfen. Er fiel zu Bo-
den und krümmte und wälzte sich mit Schaum vor dem
Mund. 21 »Wie lange geht das schon so?«, fragte Jesus den Va-
ter des Jungen.

Er antwortete: »Seit er ganz klein ist. 22 Der böse Geist wirft
ihn oft ins Feuer oder ins Wasser, um ihn umzubringen. Hab
Erbarmen mit uns und hilf uns. Tu etwas, wenn du kannst.«

23 »Was soll das heißen, ›Wenn ich kann‹?«, fragte Jesus. »Al-
les ist möglich für den, der glaubt.«

24 Der Vater rief: »Ich glaube! Aber hilf mir, dass ich nicht
zweifle!«

25 Als Jesus sah, dass die Menge der Zuschauer ständig grö-
ßer wurde, bedrohte er den bösen Geist: »Du tauber und
stummer Geist, ich befehle dir, fahre aus diesem Kind aus

9,18 O. *schwach.*

und kehre nie wieder zurück!« [26]Da schrie der Geist auf,
packte den Jungen noch einmal, warf ihn hin und her und
verließ ihn. Der Junge lag reglos da, sodass die Menge dachte,
er sei tot. [27]Doch Jesus nahm die Hand des Jungen und half
ihm aufzustehen, und er stand auf.

[28]Als Jesus später mit seinen Jüngern allein im Haus war,
fragten sie ihn: »Warum konnten wir diesen bösen Geist nicht
austreiben?«

[29]Jesus antwortete: »Diese Art kann nur durch Gebet* ausgetrieben werden.«

Jesus kündigt erneut seinen Tod an

[30]Sie verließen diese Gegend und zogen durch Galiläa. Jesus
wollte nicht, dass die Leute davon erfuhren, [31]um mehr Zeit
mit seinen Jüngern verbringen und sie unterweisen zu können. Er sagte zu ihnen: »Der Menschensohn wird verraten werden. Man wird ihn töten, aber drei Tage später wird er
von den Toten auferstehen.« [32]Doch sie verstanden ihn nicht
und wagten ihn nicht zu fragen, was er damit meinte.

Der Größte im Reich Gottes

[33]In Kapernaum angekommen, gingen Jesus und seine Jünger
in das Haus, in dem sie wohnen wollten. Jesus fragte sie:
»Worüber habt ihr unterwegs gesprochen?« [34]Sie schwiegen,
denn sie hatten darüber geredet, wer von ihnen wohl der
Wichtigste sei. [35]Da setzte er sich hin, rief die zwölf Jünger
zu sich und sagte zu ihnen: »Wenn jemand der Erste sein will,
muss er den letzten Platz einnehmen und allen dienen.«

[36]Dann stellte er ein kleines Kind in ihre Mitte, nahm es in
die Arme und sagte zu ihnen: [37]»Wer solch ein kleines Kind
um meinetwillen aufnimmt, nimmt mich auf, und wer mich
aufnimmt, nimmt meinen Vater auf, der mich gesandt hat.«

Im Namen von Jesus Wunder tun

[38]Johannes sagte zu Jesus: »Lehrer, wir haben einen Mann
gesehen, der in deinem Namen Dämonen austrieb. Wir ha-

9,29 In manchen Handschriften heißt es zusätzlich *und Fasten.*

ben versucht, ihn davon abzubringen, weil er nicht zu uns
gehört.«
[39]»Hindert ihn nicht!«, sagte Jesus. »Wer in meinem Namen
Wunder tut, wird nicht bald darauf schlecht von mir reden.
[40]Wer nicht gegen uns ist, ist für uns. [41]Wenn jemand euch
auch nur einen Becher Wasser gibt, weil ihr zu Christus ge-
hört, wird er belohnt werden.
[42]Doch wer Schuld daran ist, dass diese Kleinen, die an mich
glauben, diesen Glauben verlieren, der wäre besser daran,
mit einem Mühlstein um den Hals ins Meer geworfen zu wer-
den. [43]Wenn deine Hand dich zum Bösen verführt, dann hack
sie ab. Es ist besser, mit nur einer Hand in den Himmel* ein-
zugehen, als mit zwei Händen ins ewige Feuer der Hölle zu
kommen.* [45]Wenn dein Fuß dich zum Bösen verführt, dann
hack ihn ab. Es ist besser, mit nur einem Fuß in den Himmel
einzugehen, als mit zwei Füßen in die Hölle geworfen zu wer-
den.* [47]Und wenn dein Auge dich zum Bösen verführt, reiß es
aus. Es ist besser, halb blind in das Reich Gottes einzugehen,
als zwei Augen zu haben und in die Hölle geworfen zu wer-
den, [48]›wo der Wurm nicht stirbt und das Feuer nicht er-
lischt‹.*
[49]Denn jeder wird mit Feuer gesalzen werden.* [50]Salz ist
gut, um zu würzen. Aber wenn es seinen Geschmack verliert,
wie soll man es wieder salzig machen? Ihr müsst die Eigen-
schaft des Salzes in euch tragen und in Frieden miteinander
leben.«

Über Ehe und Ehescheidung

10 [1]Dann verließ Jesus Kapernaum und ging nach Süden
in das Gebiet von Judäa und in die Gegend östlich des
Jordan. Wieder versammelten sich die Menschen um ihn, und
wie immer lehrte er sie.

9,43a Griech. *in das Leben.*
9,43b In manchen Handschriften folgt Vers 44 (identisch mit 9,48).
9,45 In manchen Handschriften folgt Vers 46 (identisch mit 9,48).
9,48 Jesaja 66,24.
9,49 Manche Handschriften fügen hinzu *und jedes Opfer wird mit Salz gesalzen.*

[2]Einige Pharisäer kamen und fragten, um ihn damit auf die
Probe zu stellen: »Darf ein Mann sich von seiner Frau schei-
den lassen?«

[3]»Was hat Mose über die Scheidung gesagt?«, fragte sie
Jesus.

[4]»Er hat sie erlaubt«, erwiderten sie. »Er hat gesagt, ein
Mann brauche seiner Frau nur einen offiziellen Scheidungs-
brief auszustellen und dürfe sie dann fortschicken.«*

[5]Da entgegnete Jesus: »Nur weil euer Herz so hart ist, gab
euch Mose diese Anweisung. [6]Doch der Wille Gottes wird
schon mit Beginn der Schöpfung deutlich, als er sie als Mann
und Frau schuf.* [7]›Deshalb wird ein Mann Vater und Mutter
verlassen und sich an seine Frau binden* [8]und die beiden
werden zu einer Einheit*.‹ Dann sind sie nicht mehr zwei,
sondern eins, [9]und niemand darf sie trennen, denn Gott hat
sie zusammengebracht.«

[10]Als er später mit seinen Jüngern allein im Haus war, frag-
ten sie ihn erneut danach. [11]Er sagte ihnen: »Wer sich von
seiner Frau scheiden lässt und eine andere heiratet, begeht
Ehebruch. [12]Und wenn eine Frau sich von ihrem Mann
scheiden lässt und wieder heiratet, begeht sie ebenfalls Ehe-
bruch.«

Jesus segnet die Kinder

[13]Eines Tages brachten einige Eltern ihre Kinder zu Jesus, da-
mit er sie berühren und segnen sollte. Doch die Jünger wiesen
sie ab. [14]Als Jesus das sah, war er sehr verärgert über seine
Jünger und sagte zu ihnen: »Lasst die Kinder zu mir kom-
men. Hindert sie nicht daran! Denn das Reich Gottes gehört
Menschen wie ihnen. [15]Ich versichere euch: Wer nicht solchen
Glauben hat wie sie, kommt nicht ins Reich Gottes.« [16]Dann
nahm er die Kinder in die Arme, legte ihnen die Hände auf
den Kopf und segnete sie.

10,4 5. Mose 24,1.
10,6 1. Mose 1,27; 5,2.
10,7 In manchen Handschriften fehlt die Wendung *sich an seine Frau binden*.
10,7-8 1. Mose 2,24.

Der reiche Mann
17 Als er weiterziehen wollte, lief ein Mann auf Jesus zu, kniete
vor ihm nieder und fragte: »Guter Lehrer, was soll ich tun, um
das ewige Leben zu bekommen?«
18 »Warum nennst du mich gut?«, fragte Jesus. »Nur Gott
allein ist gut. 19 Aber du kennst doch die Gebote. ›Du sollst
nicht töten. Du sollst nicht die Ehe brechen. Du sollst nicht
stehlen. Du sollst keine Falschaussage machen. Du sollst
nicht betrügen. Ehre deinen Vater und deine Mutter.‹*«
20 »Lehrer«, erwiderte der Mann, »alle diese Gebote habe ich
seit meiner Kindheit gehalten.«
21 Da sah Jesus den Mann voller Liebe an. »Eins fehlt dir
noch«, sagte er zu ihm. »Geh und verkaufe alles, was du hast,
und gib das Geld den Armen, dann wirst du einen Schatz im
Himmel haben. Danach komm und folge mir nach.« 22 Als er
das hörte, verdüsterte sich das Gesicht des Mannes, und er
ging traurig fort, denn er war sehr reich.
23 Jesus sah alle, die dabeistanden, an und sagte dann zu sei-
nen Jüngern: »Wie schwer ist es doch für Menschen, die reich
sind, ins Reich Gottes zu kommen!« 24 Darüber waren sie er-
staunt. Aber Jesus wiederholte: »Meine lieben Kinder, es ist
sehr schwer,* ins Reich Gottes zu kommen. 25 Eher geht ein
Kamel durch ein Nadelöhr, als dass ein Reicher ins Reich
Gottes kommt!«
26 Die Jünger waren bestürzt. »Wer kann dann überhaupt
gerettet werden?«, fragten sie.
27 Jesus sah sie aufmerksam an und sagte: »Menschlich gese-
hen ist es unmöglich, aber nicht für Gott. Bei Gott ist alles
möglich.«
28 Da erwiderte Petrus: »Wir haben alles aufgegeben, um dir
nachzufolgen.«
29 Jesus erwiderte: »Ich versichere euch: Jeder, der Haus oder
Brüder oder Schwestern oder Mutter oder Vater oder Kinder
oder Besitz um meinetwillen und um der guten Botschaft wil-

10,19 2. Mose 20,12-17; 5. Mose 5,16-20.
10,24 In manchen Handschriften heißt es weiter *für Menschen, die auf Reichtümer vertrauen.*

len aufgegeben hat, 30wird jetzt, in dieser Zeit, alles hundert-
fach zurückerhalten: Häuser, Brüder, Schwestern, Mütter,
Kinder und Besitz – wenn auch mitten unter Verfolgungen.
Und in der künftigen Welt wird er das ewige Leben haben.
31Doch viele, die jetzt wichtig zu sein scheinen, werden dann
die Geringsten sein, und die, die hier ganz unbedeutend sind,
werden dort die Wichtigsten sein.*«

Jesus kündigt zum dritten Mal seinen Tod an

32Sie waren auf dem Weg hinauf nach Jerusalem. Jesus ging
ihnen voraus. Angst erfasste die Jünger, und auch die ande-
ren Menschen, die ihm folgten, fürchteten sich. Wieder nahm
Jesus die zwölf beiseite und begann ihnen noch einmal zu
schildern, was ihn in Jerusalem erwartete. 33»Wenn wir nach
Jerusalem kommen«, sagte er, »wird der Menschensohn an
die obersten Priester und die Schriftgelehrten verraten wer-
den. Sie werden ihn zum Tod verurteilen und an die Römer
ausliefern. 34Die werden ihn verspotten, anspucken, auspeit-
schen und ihn schließlich töten, doch nach drei Tagen wird er
auferstehen.«

Jesus lehrt, anderen zu dienen

35Da kamen Jakobus und Johannes, die Söhne des Zebedäus,
auf ihn zu und sprachen ihn an. »Lehrer«, sagten sie, »wir
möchten dich um einen Gefallen bitten.«

36»Was soll ich für euch tun?«, fragte er.

37»Wir möchten in deinem herrlichen Reich neben dir auf
den Ehrenplätzen sitzen«, sagten sie, »einer zu deiner Rech-
ten und einer zu deiner Linken.«

38Doch Jesus antwortete ihnen: »Ihr wisst nicht, um was ihr
da bittet! Könnt ihr den bitteren Kelch des Leidens trinken,
den ich trinken werde? Könnt ihr mit der Taufe getauft wer-
den, mit der ich getauft werden muss?«

39»Ja«, sagten sie, »das können wir!«

10,31 Griech. *Doch viele, die die Ersten sind, werden die Letzten sein, und die Letzten die Ersten.*

Und Jesus sagte: »Ihr werdet tatsächlich aus meinem Kelch trinken und mit meiner Taufe getauft werden.
40 Doch ich kann nicht bestimmen, wer auf den Plätzen rechts und links neben mir sitzen wird. Gott hat diese Plätze denen vorbehalten, die er erwählt hat.«

41 Als die anderen zehn Jünger merkten, worum Jakobus und Johannes gebeten hatten, waren sie empört.
42 Da rief Jesus sie zusammen und sagte: »Ihr habt erfahren, dass in dieser Welt die Könige Tyrannen sind und die Herrschenden die Menschen oft ungerecht behandeln.
43 Bei euch sollte es anders sein. Wer euch anführen will, der soll euch dienen,
44 wer unter euch der Erste sein will, soll der Sklave aller sein.
45 Selbst der Menschensohn ist nicht gekommen, um sich dienen zu lassen, sondern um anderen zu dienen und sein Leben als Lösegeld für viele Menschen hinzugeben.«

Jesus heilt den blinden Bartimäus

46 So erreichten sie Jericho. Als Jesus und seine Jünger die Stadt wieder verließen, folgte ihnen eine große Menschenmenge. Ein blinder Bettler namens Bartimäus (der Sohn des Timäus) saß am Straßenrand, als Jesus vorüberging.
47 Als Bartimäus hörte, dass Jesus von Nazareth in der Nähe war, begann er zu schreien: »Jesus, Sohn Davids, hab Erbarmen mit mir!«

48 »Sei still!«, fuhren die Leute ihn an.

Aber er schrie nur noch lauter: »Sohn Davids, hab Erbarmen mit mir!«

49 Als Jesus ihn hörte, blieb er stehen und sagte: »Sagt ihm, er soll herkommen.«

Da riefen sie den blinden Mann. »Nur Mut«, sagten sie. »Komm, er ruft dich!«

50 Bartimäus warf seinen Mantel ab, sprang auf und kam zu Jesus.

51 »Was soll ich für dich tun?«, fragte Jesus.

»Rabbuni*«, sagte der blinde Mann, »ich möchte sehen!«

10,51 Eine ehrfurchtsvolle Anrede für Lehrer.

52Da sagte Jesus zu ihm: »Geh nur. Dein Glaube hat dich
geheilt.« Und im selben Augenblick konnte der Blinde sehen!
Dann folgte er Jesus auf seinem Weg.*

Der triumphale Einzug

11 1Kurz vor Jerusalem kamen Jesus und die Jünger zu
den Ortschaften Betfage und Betanien am Ölberg. Je-
sus schickte zwei der Jünger voraus. 2»Geht in das Dorf vor
euch«, wies er sie an. »Wenn ihr hinkommt, werdet ihr ein
Fohlen angebunden finden, auf dem noch niemand geritten
ist. Bindet es los und bringt es her. 3Wenn jemand fragt, was
ihr da tut, dann sagt einfach: ›Der Herr braucht es und wird
es bald wieder zurückgeben.‹«
4Die zwei Jünger machten sich auf den Weg und fanden das
Fohlen an der Straße. Es stand angebunden vor einem Haus.
5Als sie es losbanden, fragten einige, die dort standen: »Was
macht ihr da? Warum bindet ihr das Fohlen los?« 6Sie sagten,
was Jesus ihnen aufgetragen hatte, und man ließ sie gehen.
7Dann brachten sie das Fohlen zu Jesus, warfen ihre Mäntel
darüber, und er setzte sich darauf.
8Viele Menschen aus der Menge breiteten ihre Mäntel vor
Jesus auf dem Weg aus, andere schnitten auf den Feldern grü-
ne Zweige ab und legten sie auf den Weg. 9Vor und hinter
Jesus drängten sich die Menschen und riefen:
»Gelobt sei Gott!*
Gepriesen sei, der im Namen des Herrn kommt!
10Segen für das künftige Reich unseres Vaters David! Lobt
Gott im höchsten Himmel!«*
11So kam Jesus nach Jerusalem und ging in den Tempel. Als
er sich alles genau angesehen hatte, kehrte er, da es schon spät
geworden war, mit den zwölf Jüngern nach Betanien zurück.

10,52 O. *den Weg entlang.*
11,9 Griech. *Hosianna;* ein Lobruf, der wörtlich bedeutet *»Hilf doch«;* ebenso in 11,10.
11,9-10 Psalm 118,25-26; 148,1.

Der Feigenbaum

[12]Als sie am nächsten Morgen Betanien verließen, hatte Jesus
Hunger. [13]Von Weitem bemerkte er einen Feigenbaum mit
vielen Blättern. Er ging hin, um zu sehen, ob auch Feigen da-
ran waren. Aber der Baum trug nur Blätter, denn es war nicht
die Jahreszeit, in der es Feigen gab. [14]Da sagte Jesus zu dem
Baum: »Nie wieder soll jemand von deinen Früchten essen!«
Und die Jünger hörten seine Worte.

Jesus jagt die Händler aus dem Tempel

[15]Als sie wieder nach Jerusalem kamen, ging Jesus in den
Tempel und fing an, die Händler und die Leute, die bei ihnen
kauften, hinauszutreiben. Er stieß die Tische der Geldwechs-
ler und die Stände der Taubenverkäufer um [16]und ließ nicht
zu, dass weitere Waren durch den Tempelhof getragen wur-
den. [17]Er fuhr sie an: »In der Schrift heißt es: ›Mein Haus soll
ein Ort des Gebets für alle Völker sein‹, aber ihr habt eine
Räuberhöhle daraus gemacht.«*

[18]Als die obersten Priester und die Schriftgelehrten hörten,
was Jesus getan hatte, überlegten sie, wie sie Jesus umbringen
könnten. Sie hatten jedoch Angst vor ihm, weil die Menschen
von seiner Lehre so beeindruckt waren. [19]Am Abend verlie-
ßen Jesus und die Jünger* die Stadt.

[20]Als sie am nächsten Morgen an dem Feigenbaum vorüber-
kamen, den Jesus verflucht hatte, sahen die Jünger, dass er bis
zu den Wurzeln verdorrt war. [21]Petrus erinnerte sich an das,
was Jesus am Vortag zu dem Feigenbaum gesagt hatte, und
rief aus: »Sieh doch, Rabbi! Der Feigenbaum, den du ver-
flucht hast, ist vertrocknet.«

[22]Da sagte Jesus zu den Jüngern: »Habt den Glauben Gottes.
[23]Ich versichere euch: Wenn ihr zu diesem Berg sagt: ›Hebe
dich in die Höhe und wirf dich ins Meer‹, wird es geschehen.
Entscheidend ist, dass ihr glaubt und in euren Herzen nicht
daran zweifelt. [24]Hört auf meine Worte! Ihr könnt beten,
worum ihr wollt – wenn ihr glaubt, werdet ihr es erhalten.

11,17 Jesaja 56,7; Jeremia 7,11.
11,19 Griech. *sie;* in einigen Handschriften steht *er.*

[25]Doch wenn ihr betet, dann vergebt zuerst allen, gegen die
ihr einen Groll hegt, damit euer Vater im Himmel euch eure
Sünden auch vergeben kann.*«

Die Frage nach der Autorität von Jesus

[27]Inzwischen waren sie wieder in Jerusalem angelangt. Als
Jesus im Tempel umherging, traten die obersten Priester, die
Schriftgelehrten und die anderen führenden Männer des Vol-
kes auf ihn zu und fragten ihn: [28]»Wer gibt dir das Recht, die
Händler aus dem Tempel zu vertreiben? Wer hat dir dazu die
Vollmacht gegeben?«*

[29]»Ich sage euch, wer mir die Vollmacht dazu gegeben hat,
wenn ihr mir eine einzige Frage beantwortet«, erwiderte Je-
sus. [30]»Geschah die Taufe des Johannes im Auftrag Gottes
oder war es nur die Tat eines Menschen? Antwortet mir!«

[31]Sie besprachen sich miteinander. »Wenn wir sagen, sie ge-
schah im Auftrag Gottes, wird er fragen, warum wir ihm
nicht geglaubt haben. [32]Aber können wir es wagen zu sagen:
›Es war nur die Tat eines Menschen‹?« Denn sie hatten Angst
vor dem Volk, weil es Johannes für einen Propheten hielt. [33]So
antworteten sie schließlich: »Wir wissen es nicht.«

Da entgegnete Jesus: »Dann sage ich euch auch nicht, woher
ich die Vollmacht habe, so zu handeln.«

Die Geschichte von den betrügerischen Weinbauern

12 [1]Dann fing Jesus an, ihnen Gleichnisse zu erzählen:
»Ein Mann legte einen Weinberg an, baute eine Mauer
darum, hob eine Grube aus, um den Wein darin zu keltern,
und baute einen Wachturm. Dann verpachtete er den Wein-
berg an Bauern und zog in ein anderes Land. [2]Zur Zeit der
Weinlese schickte er einen seiner Knechte, um seinen Anteil
an der Ernte einzufordern. [3]Doch die Bauern packten den
Knecht, schlugen ihn halb tot und schickten ihn mit leeren
Händen zurück.

11,25 In manchen Handschriften folgt Vers 26: *Aber wenn ihr nicht vergebt, wird euer Vater, der im Himmel ist, eure Sünden auch nicht vergeben.*
11,28 O. *In wessen Vollmacht tust du diese Dinge?*

[4]Da sandte der Besitzer einen anderen Knecht, doch dem
schlugen sie mit Fäusten ins Gesicht und beschimpften ihn.
[5]Den nächsten Knecht, den er schickte, brachten sie sogar um.
Andere Boten, die kamen, wurden entweder halb tot geschla-
gen oder ermordet, [6]bis nur noch einer übrig blieb – sein
Sohn, den er über alles liebte. Den schickte der Besitzer
schließlich als Letzten, weil er dachte: ›Meinen Sohn werden
sie sicher nicht antasten.‹

[7]Doch die Weinbauern sagten sich: ›Da kommt der Erbe des
Gutes. Kommt, wir bringen ihn um und behalten das Land
für uns!‹ [8]Und sie fielen über ihn her, ermordeten ihn und
warfen ihn zum Weinberg hinaus.

[9]Was, glaubt ihr, wird der Besitzer des Weinbergs tun?«,
fragte Jesus. »Ich sage es euch – er wird kommen, sie alle tö-
ten und den Weinberg an andere verpachten. [10]Habt ihr das
nicht schon einmal in der Schrift gelesen?

›Der Stein, den die Bauleute verworfen haben, ist zum Eck-
stein geworden.

[11]Das ist das Werk des Herrn, und es ist wunderbar anzu-
sehen.‹*«

[12]Daraufhin wollten ihn die führenden Männer des jüdi-
schen Volkes verhaften, denn sie merkten, dass sie mit den
bösen Weinbauern in diesem Gleichnis gemeint waren. Doch
aus Angst vor dem Volk wagten sie es nicht, Hand an ihn zu
legen. So ließen sie ihn in Ruhe und gingen weg.

Steuern für den Kaiser

[13]Danach schickten sie einige Pharisäer und Anhänger des
Herodes zu Jesus. Sie hofften, Jesus mit seinen eigenen Wor-
ten in eine Falle locken zu können, damit sie ihn verhaften
konnten. [14]»Lehrer«, sagten sie, »wir wissen, wie ehrlich und
wahrhaftig du bist. Du lässt dich nicht beeinflussen und be-
vorzugst niemanden. Du lehrst die Wege Gottes und was du
sagst, ist wahr. Nun sage uns: Ist es richtig, an den Kaiser
Steuern zu zahlen? [15]Sollen wir sie bezahlen oder nicht?«

12,10-11 Psalm 118,22-23.

Jesus durchschaute ihre Scheinheiligkeit und sagte: »Wen
wollt ihr mit euren Fangfragen überlisten? Zeigt mir eine rö-
mische Münze*, und ich werde es euch sagen.« 16Als sie ihm
eine reichten, fragte er: »Wessen Bild und Titel ist hier einge-
prägt?«

»Bild und Titel des Kaisers«, antworteten sie.

17»Nun«, sagte Jesus, »dann gebt dem Kaiser, was dem Kai-
ser gehört, und gebt Gott, was Gott gehört.« Diese Antwort
verwunderte sie sehr.

Diskussion über die Auferstehung

18Dann kamen einige Sadduzäer zu Jesus. Diese jüdische
Gruppierung vertritt die Auffassung, dass es keine Auferste-
hung nach dem Tod gibt. Sie stellten ihm folgende Frage:
19»Lehrer, Mose hat uns ein Gesetz gegeben, das besagt:
Wenn ein Mann stirbt und eine Frau hinterlässt, aber keine
Kinder, dann soll sein Bruder die Witwe heiraten und ihm
auf diese Weise zu einem Erben verhelfen.* 20Nun waren da
sieben Brüder. Der älteste von ihnen heiratete und starb kin-
derlos. 21Daraufhin heiratete der zweite Bruder die Witwe,
doch auch er starb bald und hinterließ keine Kinder. Dann
heiratete sie der nächste Bruder und starb kinderlos. 22So
ging es weiter, bis alle Brüder sie geheiratet hatten und ge-
storben waren, und es waren immer noch keine Kinder da.
Schließlich starb auch die Frau. 23Nun sage uns: wessen Frau
wird sie nach der Auferstehung sein? Denn alle sieben waren
ja mit ihr verheiratet.«

24Jesus erwiderte: »Ihr irrt euch, weil ihr weder die Schrift
noch die Macht Gottes kennt. 25Denn wenn die Toten auf-
erstehen, werden sie nicht verheiratet sein. Sie werden sein
wie die Engel im Himmel. 26Doch nun zu der Frage, ob die
Toten auferweckt werden – habt ihr nie bei Mose die Ge-
schichte vom brennenden Dornbusch gelesen? Lange nach-
dem Abraham, Isaak und Jakob gestorben waren, sagte Gott

12,15 Griech. *einen Denar.*
12,19 5. Mose 25,5-6.

zu Mose:* ›Ich bin der Gott Abrahams, der Gott Isaaks und
der Gott Jakobs.‹* 27Er ist doch der Gott der Lebenden und
nicht der Toten. Ihr seid völlig im Irrtum.«

Das wichtigste Gebot

28Einer der Schriftgelehrten stand dabei und hörte dem Ge-
spräch zu. Er merkte, wie gut Jesus geantwortet hatte; des-
halb fragte er ihn: »Welches von allen Geboten ist das wich-
tigste?«
29Jesus antwortete: »Das wichtigste Gebot ist dies: ›Höre, o
Israel! Der Herr, unser Gott, ist der einzige Herr. 30Und du
sollst den Herrn, deinen Gott, von ganzem Herzen, von gan-
zer Seele, mit all deinen Gedanken und all deiner Kraft lie-
ben.‹* 31Das zweite ist ebenso wichtig: ›Liebe deinen Nächs-
ten wie dich selbst.‹* Kein anderes Gebot ist wichtiger als
diese beiden.«
32Der Schriftgelehrte erwiderte: »Das hast du sehr gut ge-
sagt, Lehrer. Du hast die Wahrheit gesprochen, als du sagtest,
dass es nur einen einzigen Gott gibt und keinen außer ihm.
33Und ich weiß auch, dass es wichtig ist, ihn von ganzem
Herzen, mit all meinen Gedanken und all meiner Kraft zu
lieben und meinen Nächsten zu lieben wie mich selbst. Das
ist weit wichtiger, als all die Brandopfer und Opfergaben dar-
zubringen, die vom Gesetz vorgeschrieben werden.«
34Als Jesus sah, welche Einsicht dieser Mann besaß, sagte er
zu ihm: »Du bist nicht weit vom Reich Gottes entfernt.« Da-
nach wagte niemand mehr, ihm weitere Fragen zu stellen.

Wessen Sohn ist der Christus?

35Als Jesus später die Menschen im Tempel lehrte, fragte er:
»Warum behaupten die Schriftgelehrten, dass der Christus
der Sohn Davids sei? 36David selbst hat doch, geleitet vom
Heiligen Geist, gesagt:

12,26a Griech. *in der Geschichte vom Busch sagte Gott zu ihm.*
12,26b 2. Mose 3,6.
12,29-30 5. Mose 6,4-5.
12,31 3. Mose 19,18.

›Der Herr sagte zu meinem Herrn: Setze dich auf den Ehrenplatz zu meiner Rechten, bis ich deine Feinde demütige und sie zum Schemel unter deinen Füßen mache.‹*

37Wenn selbst David ihn also Herr nannte, wie kann er da gleichzeitig sein Sohn sein?« Und die Menge hörte ihm gebannt zu.

38Und er lehrte sie noch Weiteres: »Hütet euch vor den Schriftgelehrten! Sie lieben es, sich in wehenden Gewändern zu präsentieren und zu sehen, wie sich alle tief vor ihnen verneigen, wenn sie über die Marktplätze flanieren.
39Und sie beanspruchen, in den Synagogen und bei Festen auf den Ehrenplätzen zu sitzen!
40Doch gleichzeitig betrügen sie Witwen schamlos um ihren Besitz. Und um zu verbergen, wie sie wirklich sind, sprechen sie in der Öffentlichkeit lange Gebete. Deshalb wird ihre Strafe umso härter sein.«

Die Spende der Witwe

41Jesus setzte sich in die Nähe des Opferkastens im Tempel und beobachtete, wie die Menschen Geld hineinwarfen. Viele reiche Leute legten große Beträge hinein.
42Dann kam eine arme Witwe und warf zwei kleine Münzen* hinein.
43Da rief er seine Jünger zu sich und sagte: »Ich versichere euch: Diese arme Witwe hat mehr gegeben als alle anderen.
44Denn sie alle haben nur einen winzigen Bruchteil von ihrem Überfluss abgegeben, während diese Frau, so arm sie ist, alles gegeben hat, was sie besaß.«

Jesus spricht über die Zukunft der Welt

13 1Als Jesus an jenem Tag den Tempel verließ, sagte einer seiner Jünger zu ihm: »Lehrer, sieh nur diese herrlichen Bauten! Welch gewaltige Steine sind in diesen Mauern!«

2Jesus antwortete: »Diese prachtvollen Bauten werden so vollständig zerstört werden, dass nicht ein Stein auf dem anderen bleibt.«

12,36 Psalm 110,1.
12,42 Griech. *zwei Lepta, das ist ein Quadrans.*

[3]Später ließ Jesus sich an den Hängen des Ölbergs nieder,
die gegenüber dem Tempel lagen. Da kamen Petrus, Jakobus,
Johannes und Andreas zu ihm und fragten: [4]»Wann wird das
alles geschehen? Wird es vorher ein Zeichen dafür geben,
wann sich das alles erfüllen wird?«

[5]Jesus erwiderte: »Lasst euch von niemandem irremachen.
[6]Viele Leute werden in meinem Namen auftreten und be-
haupten, der Christus zu sein.* Sie werden viele Menschen
in die Irre führen. [7]Ihr werdet von Kriegen und Kriegsgerüch-
ten hören, aber habt keine Angst. Dies alles muss geschehen,
aber das Ende ist noch nicht da. [8]Völker und Königreiche
werden einander den Krieg erklären, und in vielen Teilen
der Welt wird es Erdbeben und Hungersnöte geben. Doch
das alles wird nur der Anfang der künftigen Schrecken sein.
[9]Seid jedoch wachsam, wenn dies alles geschieht! Man wird
euch vor Gericht zerren und in den Synagogen auspeitschen.
Um meinetwillen werdet ihr euch vor Machthabern und Kö-
nigen verantworten müssen. Das wird euch Gelegenheit ge-
ben, ihnen von mir zu erzählen.* [10]Die gute Botschaft muss
zuerst allen Völkern verkündet werden. [11]Doch wenn ihr ver-
haftet werdet und vor Gericht steht, macht euch keine Sor-
gen, was ihr zu eurer Verteidigung vorbringen sollt. Sagt ein-
fach, was Gott euch in den Mund legt. Nicht ihr seid es, die
dann reden, sondern der Heilige Geist.

[12]Ein Bruder wird den anderen verraten und dem Tod aus-
liefern, Väter werden ihre Kinder verraten und Kinder wer-
den sich gegen ihre Eltern auflehnen und Schuld an ihrem
Tod sein. [13]Und alle werden euch um meines Namens willen
hassen. Doch diejenigen, die bis zum Ende durchhalten, wer-
den gerettet werden.

[14]Es wird die Zeit kommen, da werdet ihr das abscheuliche
Götzenbild, das den heiligen Ort entweiht*, an dem Platz ste-
hen sehen, an dem es nicht stehen darf. – Wer dies liest, der
horche auf! – Dann müssen alle, die in Judäa leben, in die

13,6 Griech. *in meinem Namen kommen und sagen: »Ich bin es.«.*
13,9 O. *Das wird euer Zeugnis gegen sie sein.*
13,14 Griech. *den Gräuel der Verwüstung.* S. Daniel 9,27; 11,31; 12,11.

Berge fliehen. 15 Wer draußen vor dem Haus* ist, darf nicht ins
Haus zurückgehen, um etwas mitzunehmen. 16 Wer auf dem
Feld ist, darf nicht mehr heimgehen, und sei es nur, um einen
Mantel zu holen. 17 Am schlimmsten wird es für die schwan-
geren Frauen und stillenden Mütter sein. 18 Und betet, dass
eure Flucht nicht im Winter geschieht. 19 Denn das werden
schrecklichere Tage sein, als es je gab, seit Gott die Welt er-
schuf, und wie es sie danach auch nicht mehr geben wird.
20 Hätte der Herr diese grauenvolle Zeit nicht verkürzt, dann
würde die gesamte Menschheit zugrunde gehen. Doch um
seiner Auserwählten willen hat er sie verkürzt.

21 Und wenn jemand zu euch sagt: ›Schaut her, da ist der
Christus‹ oder: ›Dort ist er‹, dann achtet nicht auf ihn. 22 Denn
mancher falsche Christus und falsche Prophet wird auftreten
und Zeichen und Wunder vollbringen, um, wenn möglich,
sogar die Auserwählten Gottes in die Irre zu führen. 23 Seht
euch vor! Ich habe euch gewarnt!

24 Wenn diese schrecklichen Tage endlich vorüber sind, wird
sich die Sonne verfinstern, der Mond wird nicht mehr leuch-
ten, 25 die Sterne werden vom Himmel stürzen und die Kräfte
des Himmels werden aus dem Gleichgewicht geraten.*

26 Dann werden alle den Menschensohn mit großer Macht
und Herrlichkeit in den Wolken kommen sehen.* 27 Und er
wird seine Engel aussenden, um seine Auserwählten aus der
ganzen Welt zu sammeln – von den äußersten Enden der
Erde und des Himmels.

28 Lernt nun etwas vom Feigenbaum: Wenn seine Knospen
weich werden und seine Blätter zu sprießen beginnen, wisst
ihr, dass der Sommer vor der Tür steht, auch ohne dass man
es euch sagt. 29 Genauso ist es, wenn ihr seht, dass diese Ereig-
nisse geschehen. Dann könnt ihr sicher sein, dass seine Wie-
derkunft vor der Tür steht. 30 Ich versichere euch: Diese Gene-
ration* wird nicht untergehen, bevor all das eingetreten ist.

13,15 Griech. *auf dem Dach.*
13,24-25 S. Jesaja 13,10; 34,4; Joel 2,10.
13,26 S. Daniel 7,13.
13,30 O. *dieses Zeitalter* oder *diese Nation.*

[31]Himmel und Erde werden vergehen, aber meine Worte werden ewig bleiben.

[32]Niemand kennt jedoch den Tag oder die Stunde, zu der all diese Dinge geschehen werden, nicht einmal die Engel im Himmel oder der Sohn selbst. Nur der Vater weiß es. [33]Und weil ihr nicht wisst, wann dies alles geschieht, bleibt wachsam und seht euch vor.*

[34]Das Kommen des Menschensohnes lässt sich mit der Rückkehr eines Mannes vergleichen, der sein Haus verließ, um auf Reisen zu gehen. Er gab allen seinen Bediensteten Anweisungen, was sie arbeiten sollten, und wies den Türhüter an, in der Zwischenzeit nach ihm Ausschau zu halten. [35]Genauso sollt auch ihr wachsam sein! Denn ihr wisst nicht, wann der Herr des Hauses wiederkommt – ob am Abend, mitten in der Nacht, in der frühen Morgendämmerung oder bei Tagesanbruch. [36]Sorgt dafür, dass er euch nicht schlafend findet, wenn er ohne Vorwarnung kommt. [37]Was ich euch hier sage, das sage ich allen: Seid bis zu seiner Rückkehr wachsam!«

Jesus wird in Betanien gesalbt

14 [1]Es waren nun noch zwei Tage bis zum Passahfest und dem Fest der ungesäuerten Brote. Die obersten Priester und Schriftgelehrten suchten noch immer nach einer Gelegenheit, Jesus heimlich zu ergreifen und zu töten. [2]»Auf keinen Fall während des Passahfestes«, hatten sie beschlossen, »sonst gibt es einen Aufruhr.«

[3]Jesus hielt sich inzwischen in Betanien im Haus Simons auf, eines Mannes, der an Aussatz erkrankt war. Als sie beim Essen saßen, kam eine Frau mit einem wunderschönen Gefäß voll kostbaren Öls*. Sie zerbrach das Gefäß und goss Jesus das Öl über den Kopf. [4]Einige am Tisch waren darüber entrüstet: »Warum wurde dieses kostbare Öl so verschwendet?«, fragten sie. [5]»Sie hätte es für ein kleines Vermögen*

13,33 In manchen Handschriften heißt es zusätzlich *und betet.*
14,3 Griech. *einem Alabastergefäß mit teurer Salbe, reiner Narde.*
14,5 Griech. *für 300 Denare.* Ein Denar entsprach einem vollen Tagelohn.

verkaufen und das Geld den Armen geben können!« Und sie
wiesen sie scharf zurecht.
6Doch Jesus hielt ihnen entgegen: »Lasst sie in Ruhe. Warum
bringt ihr sie in Verlegenheit? Sie hat mir doch etwas Gutes
getan. 7Die Armen werdet ihr immer bei euch haben. Ihr
könnt ihnen helfen, wann immer ihr wollt. Aber ich werde
nicht mehr lange bei euch sein. 8Sie hat getan, was in ihrer
Macht stand, und meinen Körper im Voraus zum Begräbnis
gesalbt. 9Ich versichere euch: Überall in der Welt, wo die gute
Botschaft gepredigt wird, wird man sich auch an die Tat die-
ser Frau erinnern.«

Judas erklärt sich bereit, Jesus zu verraten

10Danach ging Judas Iskariot, einer der zwölf Jünger, zu den
obersten Priestern, um Jesus an sie zu verraten. 11Die Priester
waren hocherfreut, als sie hörten, warum er gekommen war,
und versprachen ihm eine Belohnung. Von da an suchte er
nach einer günstigen Gelegenheit, um Jesus zu verraten.

Das letzte Abendmahl

12Am ersten Tag des Festes der ungesäuerten Brote, dem Tag,
an dem die Passahlämmer geopfert wurden, fragten die Jün-
ger Jesus: »Wo sollen wir hingehen und das Passahmahl vor-
bereiten?«
13Jesus schickte zwei von ihnen nach Jerusalem, um die nö-
tigen Vorbereitungen zu treffen. »Wenn ihr in die Stadt
kommt«, sagte er zu ihnen, »wird euch ein Mann begegnen,
der einen Krug Wasser trägt. Folgt ihm. 14Geht in das Haus,
das er betritt, und sagt zu dem Besitzer des Hauses: ›Unser
Lehrer lässt fragen: Wo ist der Raum, in dem ich mit meinen
Jüngern das Passahmahl feiern kann?‹ 15Er wird euch nach
oben in einen großen Raum führen, der für das Festmahl
schon hergerichtet ist. Das ist der Ort. Dahin geht und bereitet
unser Mahl vor.« 16Die beiden Jünger machten sich auf den
Weg in die Stadt und fanden alles genauso, wie Jesus es ge-
sagt hatte; und sie bereiteten dort das Passahmahl vor.
17Am Abend kam Jesus mit den zwölf Jüngern. 18Als sie um
den Tisch saßen und aßen, sagte Jesus: »Ich sage euch aber:

Einer von euch wird mich verraten, einer, der hier mit mir
isst.« 19Erschrocken fragte ihn einer nach dem anderen: »Das
bin doch nicht ich, oder?«
20Er erwiderte: »Es ist einer von euch zwölf, einer, der jetzt
mit mir isst.* 21Denn der Menschensohn muss sterben, wie es
in der Schrift schon seit langer Zeit vorausgesagt ist. Für sei-
nen Verräter aber wird es furchtbar sein. Für ihn wäre es bes-
ser, wenn er nie geboren worden wäre!«
22Während sie aßen, nahm Jesus einen Laib Brot und bat
Gott um seinen Segen. Dann brach er es in Stücke und gab es
den Jüngern mit den Worten: »Nehmt, denn das ist mein
Leib.«
23Dann nahm er einen Becher mit Wein und dankte Gott. Er
reichte ihn den Jüngern, und sie tranken alle daraus. 24Und er
sagte zu ihnen: »Das ist mein Blut, das für viele vergossen
wird und den Bund* zwischen Gott und den Menschen besie-
gelt. 25Ich sage euch: Von jetzt an werde ich keinen Wein mehr
trinken bis zu dem Tag, an dem ich ihn wieder neu im Reich
Gottes trinken werde.« 26Nachdem sie ein Loblied gesungen
hatten, gingen sie hinaus zum Ölberg.

Jesus sagt die Verleugnung durch Petrus voraus

27»Ihr werdet mich alle verlassen«, sagte Jesus zu ihnen.
»Denn in der Schrift heißt es:
›Gott* wird den Hirten schlagen, und die Schafe werden
zerstreut werden.‹*
28Doch wenn ich von den Toten auferstanden bin, werde ich
euch nach Galiläa vorausgehen und dort auf euch warten.«
29Da sagte Petrus zu ihm: »Auch wenn alle anderen sich von
dir abwenden, ich werde es nicht tun.«
30»Petrus«, entgegnete Jesus, »ich sage dir: Noch heute
Nacht, bevor der Hahn zwei Mal kräht, wirst du mich drei
Mal verleugnen.«

14,20 O. *einer, der jetzt mit mir das Brot in die Schüssel taucht.*
14,24 In manchen Handschriften heißt es *den neuen Bund.*
14,27a Griech. *ich.*
14,27b Sacharja 13,7.

31»Nein!«, beharrte Petrus. »Und wenn ich mit dir sterben
müsste! Niemals werde ich dich verleugnen!« Und auch die
anderen Jünger beteuerten dies.

Jesus betet in Gethsemane

32Sie kamen zu einem Olivenhain, der Gethsemane heißt,
und Jesus sagte: »Setzt euch hierher, bis ich gebetet habe.«
33Petrus, Jakobus und Johannes aber nahm er mit. Schreck-
liche Furcht und Angst ergriff ihn und 34er sagte zu ihnen:
»Meine Seele ist zu Tode betrübt. Bleibt hier und wacht mit
mir.«

35Er ging ein Stück weiter und warf sich zu Boden. Dann
betete er darum, dass das Schreckliche, das ihn erwartete,
wenn es möglich wäre, an ihm vorübergehe. 36»Abba*, Va-
ter«, sagte er, »dir ist alles möglich. Lass diesen Leidenskelch
an mir vorübergehen. Doch dein Wille geschehe, nicht mei-
ner.«

37Als er zurückging, fand er die Jünger schlafend. »Simon!«,
sagte er zu Petrus. »Schläfst du etwa? Konntest du nicht eine
einzige Stunde mit mir wachen? 38Seid wachsam und betet,
sonst wird euch die Versuchung überwältigen. Denn der
Geist ist zwar willig, aber der Körper ist schwach.«

39Danach ging er wieder weg und betete noch einmal und
wiederholte seine Bitte. 40Als er wieder zu ihnen zurückkehr-
te, waren die Jünger wieder eingeschlafen, denn sie konnten
ihre Augen nicht mehr offen halten. Und sie wussten nicht,
was sie ihm antworten sollten.

41Als er das dritte Mal zu ihnen zurückkam, sagte er:
»Schlaft ihr noch immer? Ruht ihr euch immer noch aus?*
Genug damit! Es ist so weit. Der Menschensohn wird in die
Hände der Sünder ausgeliefert. 42Kommt, lasst uns gehen.
Der Verräter ist da!«

14,36 *Abba* ist ein aramäisches Wort für »Vater«.
14,41 O. *Schlaft weiter, ruht euch aus.*

Jesus wird verraten und verhaftet
[43]Kaum hatte er das gesagt, da kam Judas, einer von den
zwölf Jüngern, mit vielen Männern, die mit Schwertern und
Knüppeln bewaffnet waren. Sie waren von den obersten
Priestern, den Schriftgelehrten und führenden Männern des
Volkes geschickt worden. [44]Judas hatte mit ihnen ein Zeichen
vereinbart: »Ihr werdet wissen, wer es ist, wenn ich auf ihn
zugehe und ihn mit einem Kuss begrüße. Den könnt ihr fest-
nehmen und abführen.«
[45]Sobald sie angekommen waren, ging Judas auf Jesus zu.
»Rabbi!«, rief er und küsste ihn. [46]Da packten die anderen
Jesus und verhafteten ihn. [47]Aber einer von den Männern,
die bei Jesus waren, zog ein Schwert und schlug dem Knecht
des Hohen Priesters ein Ohr ab.
[48]Jesus fragte sie: »Bin ich ein Schwerverbrecher, dass ihr
mit Schwertern und Knüppeln bewaffnet kommt, um mich
zu verhaften? [49]Warum habt ihr mich nicht im Tempel fest-
genommen? Ich war doch jeden Tag dort und habe gelehrt.
Aber dies alles geschieht, damit erfüllt wird, was die Schrift
über mich sagt.«
[50]Da ließen ihn alle seine Jünger im Stich und flohen. [51]Ein
junger Mann, nur mit einem Leinenhemd bekleidet, schlich
hinterher. Als die Männer auch ihn zu fassen versuchten,
[52]rissen sie ihm das Hemd vom Leib, doch er entkam ihnen
und lief nackt davon.

Jesus vor dem Hohen Rat
[53]Jesus wurde zum Haus des Hohen Priesters gebracht, wo
die obersten Priester, die anderen führenden Männer des Vol-
kes und die Schriftgelehrten sich versammelt hatten. [54]Petrus
folgte ihnen in weitem Abstand und schlich sich durch das
Tor in den Hof des hohenpriesterlichen Palastes. Eine Weile
saß er bei den Wachen und wärmte sich am Feuer.
[55]Währenddessen versuchten die obersten Priester und der
gesamte Hohe Rat* Zeugen zu finden, die gegen Jesus aus-

14,55 Griech. *der Sanhedrin.*

sagten, damit sie ihn zum Tod verurteilen konnten. Doch alle
ihre Bemühungen waren vergebens. [56]Zwar sagten viele fal-
sche Zeugen gegen ihn aus, aber sie widersprachen einan-
der. [57]Schließlich standen ein paar Männer auf und behaup-
teten: [58]»Wir haben gehört, wie er sagte: ›Ich werde diesen
Tempel, der von Menschen errichtet wurde, zerstören und in
drei Tagen einen neuen bauen, der nicht von Menschen er-
baut ist.‹« [59]Doch auch ihre Aussagen stimmten nicht über-
ein.

[60]Da stellte sich der Hohe Priester vor die anderen hin und
fragte Jesus: »Willst du denn überhaupt nicht reden? Was
hast du zu diesen Anklagen zu sagen?« [61]Jesus gab keine Ant-
wort. Der Hohe Priester fragte ihn: »Bist du der Christus, der
Sohn Gottes, des Hochgelobten?«

[62]Jesus antwortete: »Ich bin es. Ihr werdet den Menschen-
sohn zur Rechten Gottes, des Allmächtigen, sitzen und auf
den Wolken des Himmels wiederkommen sehen.«*

[63]Da zerriss der Hohe Priester sein Gewand und sagte: »Wo-
zu brauchen wir noch weitere Zeugen? [64]Ihr habt alle seine
Gotteslästerung gehört. Wie lautet euer Urteil?« Und sie ver-
urteilten ihn zum Tod.

[65]Einige begannen, Jesus anzuspucken; sie verbanden ihm
die Augen und schlugen ihm mit den Fäusten ins Gesicht.
»Du Prophet, sag uns, wer hat dich gerade geschlagen?«,
höhnten sie. Und selbst die Wachen prügelten auf ihn ein,
als sie ihn abführten.

Petrus verleugnet Jesus

[66]In der Zwischenzeit hielt sich Petrus unten im Hof auf. Eine
von den Dienerinnen des Hohen Priesters [67]bemerkte ihn, als
er sich am Feuer wärmte. Sie sah ihn näher an und sagte
dann: »Du warst doch auch einer von denen, die mit Jesus
von Nazareth zusammen waren.«

14,62 S. Psalm 110,1; Daniel 7,13-14.

68Petrus stritt es ab. »Ich weiß nicht, wovon du redest«, sagte
er und ging hinaus in den Vorhof. In diesem Augenblick
krähte ein Hahn.*
69Die Dienerin sah ihn dort stehen und sagte zu den ande-
ren: »Dieser Mann da ist auch einer von ihnen!« 70Und wieder
bestritt es Petrus.

Kurz darauf sagten auch die Umstehenden zu Petrus: »Du musst auch einer von ihnen sein, du kommst doch auch aus Galiläa.«

71Und Petrus erwiderte: »Ich schwöre bei Gott, ich kenne
den Mann nicht, von dem ihr redet.« 72In diesem Augenblick
krähte der Hahn zum zweiten Mal. Da erinnerte sich Petrus
daran, was Jesus zu ihm gesagt hatte: »Bevor der Hahn zwei
Mal kräht, wirst du mich drei Mal verleugnen.« Und er brach
zusammen und weinte.

Jesus wird vor Pilatus verhört

15 1Früh am nächsten Morgen traten die obersten Pries-
ter, führende Männer des Volkes und Schriftgelehrte –
der gesamte Hohe Rat* – zusammen, um über das weitere
Vorgehen zu beraten. Sie fesselten Jesus und brachten ihn zu
Pilatus, dem römischen Statthalter.
2Pilatus fragte Jesus: »Bist du der König der Juden?«

Jesus erwiderte: »Ja, es ist, wie du sagst.«

3Daraufhin legten die obersten Priester Jesus zahlreiche Ver-
brechen zur Last. 4Pilatus fragte ihn: »Hast du nichts dazu zu
sagen? Siehst du nicht, was sie alles gegen dich vorbringen?«
5Doch zum großen Erstaunen von Pilatus schwieg Jesus.
6Nun war es Brauch, dass der Statthalter jedes Jahr zum
Passahfest einen Gefangenen freiließ, den das Volk selbst be-
stimmen durfte. 7Einer der Gefangenen zu dieser Zeit war
Barabbas, der bei einem Aufstand zusammen mit anderen
des Mordes überführt worden war. 8Eine große Menschen-
menge bedrängte nun Pilatus und bat ihn, wie üblich einen

14,68 In manchen Handschriften fehlt die Wendung *In diesem Augenblick krähte ein Hahn.*

15,1 Griech. *der Sanhedrin;* ebenso in 15,43.

Gefangenen freizulassen. 9»Soll ich euch den König der Juden
geben?«, fragte Pilatus. 10Denn Pilatus erkannte, dass die
obersten Priester Jesus nur aus Neid verhaftet hatten. 11Doch
nun hetzten die obersten Priester das Volk dazu auf, die Frei-
lassung von Barabbas statt von Jesus zu fordern. 12»Wenn ich
Barabbas freilasse«, fragte Pilatus sie, »was soll ich dann mit
diesem Mann tun, den ihr den König der Juden nennt?«

13Sie schrien: »Kreuzige ihn!«

14»Warum?«, fragte Pilatus. »Was hat er denn verbrochen?«
Aber die Menge schrie nur noch lauter: »Kreuzige ihn!«

15Da ließ Pilatus, weil er dem Volk gefallen wollte, Barabbas
frei. Er ließ Jesus auspeitschen und übergab ihn dann den
römischen Soldaten zur Kreuzigung.

Die Soldaten verspotten Jesus

16Die Soldaten brachten Jesus in das Prätorium, den Palast*
des römischen Statthalters, und riefen alle anderen Soldaten
zusammen. 17Sie zogen ihm ein purpurfarbenes Gewand an
und setzten ihm eine geflochtene Dornenkrone auf den Kopf.
18Dann salutierten sie und riefen: »Sei gegrüßt, König der Ju-
den!« 19Und sie schlugen ihn mit einem Stock auf den Kopf,
spuckten ihn an und knieten nieder und huldigten ihm. 20Als
sie genug davon hatten, ihn zu verspotten, zogen sie ihm das
Purpurgewand wieder aus und zogen ihm seine eigenen
Kleider an. Dann führten sie ihn ab, um ihn zu kreuzigen.

Die Kreuzigung

21Ein Mann – er hieß Simon und stammte aus Kyrene* –, kam
gerade von den Feldern zurück. Ihn zwangen sie, für Jesus
das Kreuz zu tragen. (Simon ist der Vater von Alexander
und Rufus.) 22Sie brachten Jesus an einen Ort, der Golgatha
heißt, das bedeutet »Schädelstätte«. 23Dort wollten sie ihm
Wein geben, der mit Myrrhe vermischt war*, aber er nahm
ihn nicht. 24Dann nagelten sie ihn ans Kreuz. Sie verlosten

15,16 Griech. *in den Hof, das ist das Prätorium.*
15,21 Kyrene war eine Stadt in Nordafrika.
15,23 Wein mit Myrrhe war ein leichtes Betäubungsmittel.

seine Kleider, indem sie darum würfelten*, was jeder bekom-
men sollte.
[25]Es war neun Uhr morgens, als sie ihn kreuzigten. [26]Über
seinem Kopf wurde ein Schild am Kreuz befestigt, auf dem
stand, wofür er angeklagt worden war. Die Aufschrift lautete:
»König der Juden«. [27]Zusammen mit ihm wurden zwei Ver-
brecher gekreuzigt; ihre Kreuze standen rechts und links von
ihm.* [29]Die Leute, die vorbeigingen, schüttelten den Kopf
und verspotteten ihn: »Ha! Du kannst doch den Tempel zer-
stören und in drei Tagen wieder aufbauen, oder? [30]Nun, dann
rette dich doch selbst und steig vom Kreuz herab!«
[31]Auch die obersten Priester und Schriftgelehrten machten
sich über Jesus lustig. »Andere hat er gerettet«, lästerten sie,
»aber sich selbst kann er nicht helfen! [32]Dieser Christus, dieser
König Israels, soll er doch vom Kreuz heruntersteigen, sodass
wir es sehen und ihm glauben können!« Selbst die beiden
Verbrecher, die mit Jesus zusammen gekreuzigt wurden, ver-
höhnten ihn.

Jesus stirbt

[33]Gegen Mittag legte sich eine Finsternis über das ganze
Land, die drei Stunden anhielt. [34]Dann, um drei Uhr, rief Je-
sus mit lauter Stimme: »Eli, Eli, lama asabtani?«, das bedeu-
tet: »Mein Gott, mein Gott, warum hast du mich verlassen?«*
[35]Einige von den Leuten, die dabeistanden, verstanden ihn
falsch und dachten, er rufe den Propheten Elia. [36]Einer von
ihnen aber lief, tränkte einen Schwamm mit Weinessig, steck-
te ihn auf einen Stab und hielt ihn Jesus hin, damit er davon
trinken konnte. »Wartet. Wir wollen sehen, ob Elia wirklich
kommt und ihn herunterholt!«, sagte er.
[37]Da schrie Jesus laut auf und starb*. [38]In diesem Augen-
blick riss der Vorhang im Tempel von oben nach unten ent-
zwei. [39]Der römische Hauptmann, der dem Kreuz gegen-

15,24 Griech. *Lose warfen.*
15,27 In manchen Handschriften folgt Vers 28: *So wurde das Wort der Schrift erfüllt: »Er wurde den Aufrührern gleichgerechnet«;* s. Jesaja 53,12.
15,34 Psalm 22,2.
15,37 Griech. *hauchte er seinen Geist aus.*

überstand und mit angesehen hatte, wie Jesus gestorben war,
rief aus: »Ja, dieser Mann war wirklich Gottes Sohn!«
40Es waren auch einige Frauen da, die aus einiger Entfer-
nung zusahen, unter ihnen waren Maria von Magdala, Maria
(die Mutter von Jakobus dem Jüngeren und von Josef*) und
Salome. 41Sie waren schon in Galiläa bei Jesus gewesen und
hatten für ihn gesorgt. Danach waren sie und viele andere
Frauen zusammen mit ihm nach Jerusalem gegangen.

Jesus wird begraben

42Dies ereignete sich alles an einem Freitag, dem Rüsttag*, das
ist der Tag vor dem Sabbat. Als es Abend wurde, 43fasste Josef
von Arimathäa, ein angesehenes Mitglied des Hohen Rates,
Mut und ging zu Pilatus, um ihn um den Leichnam von Jesus
zu bitten. Josef war einer von denen, die auf das Kommen des
Reiches Gottes warteten. 44Pilatus konnte nicht glauben, dass
Jesus schon tot war, deshalb ließ er den verantwortlichen rö-
mischen Hauptmann rufen und fragte ihn. 45Der Hauptmann
bestätigte den Tod, und Pilatus überließ Josef den Leichnam.
46Josef kaufte ein langes Leinentuch, nahm den Leichnam
vom Kreuz, wickelte ihn in das Tuch und legte ihn in ein
Grab, das aus dem Felsen gehauen war. Dann wälzte er einen
Stein vor den Eingang. 47Maria von Magdala und Maria, die
Mutter von Josef, beobachteten, wohin der Leichnam von Je-
sus gelegt wurde.

Die Auferstehung

16 1Am nächsten Abend, als der Sabbat vorüber war,
kauften Maria von Magdala, Salome und Maria, die
Mutter von Jakobus, wohlriechende Öle, um den Leichnam
einzubalsamieren. 2Früh am Sonntagmorgen*, gerade als die
Sonne aufging, machten sie sich auf den Weg zum Grab. 3Un-
terwegs überlegten sie, wer ihnen den Stein vom Eingang des
Grabes wegwälzen könnte. 4Als sie jedoch hinkamen, sahen

15,40 Griech. *Joses;* ebenso in 15,47; s. Matthäus 27,56.
15,42 Griech. *am Tag der Vorbereitung.*
16,2 Griech. *am ersten Tag der Woche;* so auch in 16,9.

sie, dass der Stein – ein massiver Felsblock – bereits zur Seite
gewälzt war. 5Sie betraten die Grabhöhle und bemerkten dort
auf der rechten Seite einen jungen Mann in einem strahlend
weißen Gewand. Die Frauen erschraken sehr, 6aber der Engel
sagte: »Habt keine Angst. Ihr sucht Jesus von Nazareth, der
gekreuzigt wurde. Er ist nicht hier! Er ist von den Toten auf-
erstanden! Seht, das ist die Stelle, an der sie ihn hingelegt ha-
ben. 7Geht jetzt zu seinen Jüngern und sagt ihnen, auch Pet-
rus: Jesus geht euch nach Galiläa voraus. Dort werdet ihr ihn
sehen, wie er es euch gesagt hat, bevor er starb!« 8Zitternd vor
Angst und Bestürzung flohen die Frauen aus dem Grab. Sie
redeten mit niemandem darüber, so sehr fürchteten sie sich.

9Jesus war am frühen Sonntagmorgen von den Toten auf-
erstanden und erschien zuerst Maria von Magdala, die er
von sieben Dämonen befreit hatte. 10Sie ging zu den Jüngern,
die um ihn trauerten und weinten, 11und berichtete ihnen,
dass Jesus lebe und dass sie ihn gesehen habe. Doch sie glaub-
ten ihr nicht.

12Danach erschien er in veränderter Gestalt zwei Jüngern,
die von Jerusalem unterwegs aufs Land gingen. 13Sie liefen
zurück, um es den anderen zu erzählen, aber keiner glaubte
ihnen.

14Später erschien er den elf Jüngern, während sie gemein-
sam aßen. Er rügte ihren Unglauben, ihre hartnäckige Weige-
rung, denen zu glauben, die ihn nach seiner Auferstehung
gesehen hatten.

15Und er sagte zu ihnen: »Geht in die ganze Welt und ver-
kündet allen Menschen die gute Botschaft. 16Wer glaubt und
getauft wird, wird gerettet werden. Wer aber nicht glaubt,
wird verurteilt werden. 17Und diese Zeichen werden die be-
gleiten, die glauben: Sie werden in meinem Namen Dämonen
austreiben und sie werden neue Sprachen* sprechen. 18Sie
werden Schlangen anfassen oder etwas Tödliches trinken
können, und es wird ihnen nicht schaden. Sie werden Kran-
ken die Hände auflegen und sie heilen.«

16,17 O. *neue Zungen;* in einigen Handschriften fehlt *neue*.

19Nachdem Jesus, der Herr, zu ihnen gesprochen hatte, wurde er in den Himmel hinaufgehoben und setzte sich auf den Ehrenplatz an die rechte Seite Gottes.
20Die Jünger aber gingen überall hin und predigten die gute Botschaft. Der Herr wirkte durch sie und bestätigte alles, was sie sagten, durch viele wunderbare Zeichen.*

16,20 Die Verse 9–20 sind im 2. Jahrhundert an Vers 8 angefügt worden. In einigen Handschriften findet sich jedoch auch ein kürzerer Schluss des Markusevangeliums. Er lautet wie folgt: »Schließlich berichteten sie Petrus und den anderen Jüngern von den Anweisungen, die sie erhalten hatten. Später beauftragte Jesus seine Jünger, überall in der Welt die gute Botschaft von der Erlösung weiterzusagen. Amen.«

Das Evangelium von Lukas

Einleitung

1 [1]Verehrter Theophilus, viele haben schon über die Ereig-
nisse geschrieben, die bei uns geschehen sind*. [2]Dabei ha-
ben sie die Berichte der ersten Jünger zugrunde gelegt, die
mit eigenen Augen gesehen haben, wie Gott seine Verheißun-
gen erfüllt hat. [3]Ich habe alle diese Berichte von Anfang an
sorgfältig studiert und beschlossen, alles in geordneter Folge
für dich aufzuzeichnen. [4]Auf diese Weise kannst du dich von
der Zuverlässigkeit der Lehre überzeugen, in der du unter-
richtet wurdest.

Die Geburt von Johannes dem Täufer wird vorausgesagt

[5]Zu der Zeit, als Herodes König von Judäa war, lebte ein jü-
discher Priester namens Zacharias. Er war Priester von der
Ordnung des Abija, und auch seine Frau Elisabeth stammte
aus dem Priestergeschlecht Aarons. [6]Zacharias und seine
Frau führten ein gottesfürchtiges Leben und befolgten alle
Gebote und Vorschriften des Herrn. [7]Sie hatten keine Kinder,
weil Elisabeth unfruchtbar war, und jetzt waren sie beide
schon sehr alt.

[8]Eines Tages, als Zacharias seinen Dienst im Tempel verrich-
tete, weil in dieser Woche seine Ordnung an der Reihe war,
[9]wurde er nach priesterlichem Brauch durch das Los dazu
ausgewählt, das Heiligtum zu betreten, um das Rauchopfer
darzubringen. [10]Währenddessen stand draußen eine große
Menschenmenge und betete.

[11]Als Zacharias im Heiligtum war, erschien ihm ein Engel
des Herrn. Dieser stand rechts neben dem Altar für das
Rauchopfer. [12]Zacharias erschrak bis ins Herz, [13]doch der En-
gel sagte: »Hab keine Angst, Zacharias! Gott hat dein Gebet
erhört. Deine Frau Elisabeth wird dir einen Sohn schenken,
und du sollst ihn Johannes nennen. [14]Du wirst überglücklich
sein bei seiner Geburt, und viele Menschen werden sich mit

1,1 O. *sich erfüllt haben.*

dir freuen, [15]denn er wird in den Augen des Herrn groß sein.
Er wird keinen Wein oder andere berauschenden Getränke
anrühren und schon vor seiner Geburt* mit dem Heiligen
Geist erfüllt werden. [16]Und er wird viele Israeliten dazu brin-
gen, sich wieder dem Herrn, ihrem Gott, zuzuwenden. [17]Er
wird ein Mann mit dem Geist und der Kraft des Propheten
Elia sein, der dem Herrn vorausgeht und das Volk auf seine
Ankunft vorbereitet. Er wird die Herzen der Väter ihren Kin-
dern zuwenden und die Ungehorsamen dazu bewegen, sich
der göttlichen Weisheit zu öffnen.*«

[18]Zacharias fragte den Engel: »Wie kann ich sicher sein, dass
das wirklich geschehen wird? Ich bin jetzt ein alter Mann,
und auch meine Frau ist schon in fortgeschrittenem Alter.«

[19]Da sagte der Engel: »Ich bin Gabriel. Ich habe meinen
Platz in der Gegenwart Gottes. Er hat mich mit dieser frohen
Botschaft zu dir gesandt! [20]Weil du meinen Worten nicht ge-
glaubt hast, wirst du nicht mehr sprechen können, bis das
Kind geboren ist. Denn meine Worte werden sich erfüllen,
wenn die Zeit gekommen ist.«

[21]Mittlerweile warteten die Menschen draußen auf Zachari-
as und wunderten sich, wo er so lang blieb. [22]Als er endlich
heraustrat, konnte er nicht zu ihnen sprechen. An seinen Ges-
ten erkannten sie jedoch, dass er im Heiligtum des Tempels
eine Vision gehabt hatte.

[23]Er blieb im Tempel, bis die Zeit seines Dienstes vorüber
war, und ging dann nach Hause. [24]Kurze Zeit später wurde
seine Frau Elisabeth schwanger. Sie zog sich fünf Monate lang
zurück. [25]»Wie gütig doch der Herr ist!«, rief sie. »Er hat mich
von der Schande der Kinderlosigkeit befreit!«

Die Geburt von Jesus wird vorausgesagt

[26]Als Elisabeth im sechsten Monat schwanger war, sandte
Gott den Engel Gabriel nach Nazareth, in eine Stadt in Gali-
läa, [27]zu einem Mädchen, das noch Jungfrau war. Sie hieß
Maria und war mit einem Mann namens Josef verlobt, einem

1,15 O. *schon von Geburt an.*
1,17 S. Maleachi 3,23-24.

Nachfahren von David. [28]Gabriel erschien ihr und sagte: »Sei
gegrüßt! Du bist beschenkt mit großer Gnade! Der Herr ist
mit dir!*«

[29]Erschrocken überlegte Maria, was der Engel damit wohl
meinte. [30]Da erklärte er ihr: »Hab keine Angst, Maria, denn
du hast Gnade bei Gott gefunden. [31]Du wirst schwanger wer-
den und einen Sohn zur Welt bringen, den du Jesus nennen
sollst. [32]Er wird groß sein und Sohn des Allerhöchsten ge-
nannt werden. Gott, der Herr, wird ihn auf den Thron seines
Vaters David setzen. [33]Er wird für immer über Israel* herr-
schen, und sein Reich wird niemals untergehen!«

[34]Maria fragte den Engel: »Aber wie kann ich ein Kind be-
kommen? Ich bin noch Jungfrau.«

[35]Der Engel antwortete: »Der Heilige Geist wird über dich
kommen, und die Macht des Allerhöchsten wird dich über-
schatten. Deshalb wird das Kind, das du gebären wirst, heilig
und Sohn Gottes genannt werden. [36]Sieh doch: Deine Ver-
wandte Elisabeth ist in ihrem hohen Alter noch schwanger
geworden! Die Leute haben immer gesagt, sie sei unfrucht-
bar, und nun ist sie bereits im sechsten Monat. [37]Denn bei
Gott ist nichts unmöglich.«

[38]Maria antwortete: »Ich bin die Dienerin des Herrn und
beuge mich seinem Willen. Möge alles, was du gesagt hast,
wahr werden und mir geschehen.« Darauf verließ der Engel
sie.

Maria besucht Elisabeth

[39]Einige Tage später beeilte sich Maria, ins Bergland von Ju-
däa zu kommen, in die Stadt, [40]in der Zacharias lebte. Als sie
das Haus betrat und Elisabeth begrüßte, [41]hüpfte Elisabeths
Kind im Bauch seiner Mutter, und Elisabeth wurde vom Hei-
ligen Geist erfüllt.

[42]Sie rief Maria laut entgegen: »Du bist von Gott gesegnet
vor allen anderen Frauen, und gesegnet ist auch dein Kind.
[43]Welche Ehre, dass die Mutter meines Herrn mich besucht!

1,28 Einige Handschriften fügen hinzu *Gesegnet bist du unter den Frauen.*
1,33 Griech. *über das Haus Jakobs.*

44Als du das Haus betreten und mich begrüßt hast, hüpfte
mein Kind beim Klang deiner Stimme vor Freude! 45Gesegnet
bist du, weil du geglaubt hast, dass der Herr tun wird, was er
gesagt hat.«

Marias Loblied

46Maria erwiderte: »Gelobt sei der Herr!
47Wie freue ich mich an Gott, meinem Retter!
48Er hat seiner unbedeutenden Magd Beachtung geschenkt,
darum werden mich die Menschen in alle Ewigkeit glücklich
preisen.
49Denn er, der Mächtige, ist heilig, und er hat Großes für
mich getan.
50Seine Barmherzigkeit gilt von Generation zu Generation
allen, die ihn ehren.
51Sein mächtiger Arm vollbringt Wunder! Wie er die Stolzen
und Hochmütigen zerstreut!
52Er hat Fürsten vom Thron gestürzt und niedrig Stehende
erhöht.
53Die Hungrigen hat er mit Gutem gesättigt und die Reichen
mit leeren Händen fortgeschickt.
54Und nun hat er seinem Diener Israel geholfen! Er hat seine
Verheißung nicht vergessen, barmherzig zu sein,
55wie er es unseren Vorfahren – Abraham und seinen
Kindern – immer verheißen hat.«
56Etwa drei Monate blieb Maria bei Elisabeth und kehrte
dann nach Hause zurück.

Johannes der Täufer wird geboren

57Als für Elisabeth die Zeit der Geburt kam, brachte sie einen
Jungen zur Welt. 58Schon bald hörten die Nachbarn und
Freunde von der großen Barmherzigkeit, die der Herr ihr er-
wiesen hatte, und alle freuten sich von Herzen mit ihr.
59Als das Kind acht Tage alt war, kamen die Verwandten
und Freunde zur Beschneidungszeremonie. Sie wollten den
Jungen nach seinem Vater Zacharias nennen. 60Aber Elisa-
beth sagte: »Nein! Sein Name lautet Johannes!«

[61]»Was?«, riefen sie aus. »In deiner ganzen Familie gibt es
niemand, der diesen Namen trägt.« [62]Und sie wandten sich
an den Vater des Kindes und befragten ihn mit Gesten. [63]Er
ließ sich eine Schreibtafel bringen und schrieb zur Überra-
schung aller: »Sein Name ist Johannes!« [64]Im gleichen Augen-
blick konnte Zacharias wieder sprechen, und er fing an, Gott
zu loben.

[65]Ehrfürchtiges Staunen erfasste die Menschen in der gan-
zen Gegend. Die Nachricht von diesen Ereignissen verbreite-
te sich überall im Bergland von Judäa. [66]Alle, die davon er-
fuhren, dachten darüber nach und fragten sich: »Was wohl
aus diesem Kind werden wird?« Denn es war offensichtlich,
dass die Hand des Herrn mit ihm war.

Die Prophezeiung des Zacharias

[67]Sein Vater Zacharias wurde mit dem Heiligen Geist erfüllt
und weissagte:

[68]»Gelobt sei der Herr, der Gott Israels, denn er ist zu seinem
Volk gekommen und hat es erlöst.

[69]Einen mächtigen Retter aus dem königlichen Geschlecht
seines Knechtes David hat er uns gesandt,

[70]wie er es vor langer Zeit durch seine heiligen Propheten
versprochen hat.

[71]Nun werden wir vor unseren Feinden und vor allen, die
uns hassen, gerettet werden.

[72]Er hat unseren Vorfahren Barmherzigkeit erwiesen, indem
er seinen heiligen Bund mit ihnen nicht vergisst,

[73]den Bund, den er mit unserem Stammvater Abraham
schloss.

[74]Wir wurden vor unseren Feinden gerettet, [75]damit wir
Gott an jedem einzelnen Tag unseres Lebens ohne Furcht die-
nen können in Heiligkeit und Gerechtigkeit.

[76]Und du, mein Kind, wirst Prophet des Allerhöchsten ge-
nannt werden, weil du dem Herrn den Weg ebnen wirst.

[77]Du wirst seinem Volk verkünden, wie es Rettung finden
kann durch die Vergebung seiner Sünden.

[78]Durch die Güte und Barmherzigkeit Gottes wird nun das
Licht des Himmels uns besuchen,

[79]um die zu erleuchten, die in der Dunkelheit und im Schat-
ten des Todes sitzen, und um uns auf den Weg des Friedens
zu leiten.«
[80]Johannes wuchs heran und wurde stark im Geist. Später
lebte er draußen in der Wildnis, bis die Zeit seines öffentli-
chen Wirkens in Israel begann.

Jesus wird geboren

2 [1]Zu jener Zeit ordnete der römische Kaiser Augustus an,
dass alle Bewohner des Römischen Reiches behördlich
erfasst werden sollten. [2]Diese Erhebung geschah zum ersten
Mal, und zwar, als Quirinius Statthalter von Syrien war. [3]Alle
Menschen kehrten in ihre betreffende Stadt zurück, um sich
für die Zählung eintragen zu lassen. [4]Weil Josef ein Nach-
komme Davids war, musste er nach Bethlehem in Judäa, in
die Stadt Davids, reisen. Von Nazareth in Galiläa aus machte
er sich auf den Weg [5]und nahm seine Verlobte Maria mit, die
schwanger war.
[6]Als sie in Bethlehem waren, kam die Zeit der Geburt heran.
[7]Maria gebar ihr erstes Kind, einen Sohn. Sie wickelte ihn in
Windeln und legte ihn in eine Futterkrippe, weil es im Zim-
mer keinen Platz für sie gab.

Die Hirten und Engel

[8]In jener Nacht hatten ein paar Hirten auf den Feldern vor
dem Dorf ihr Lager aufgeschlagen, um ihre Schafe zu hüten.
[9]Plötzlich erschien ein Engel des Herrn in ihrer Mitte. Der
Glanz des Herrn umstrahlte sie. Die Hirten erschraken,
[10]aber der Engel beruhigte sie. »Habt keine Angst!«, sagte er.
»Ich bringe eine gute Botschaft für alle Menschen! [11]Der
Retter – ja, Christus*, der Herr – ist heute Nacht in Bethlehem,
der Stadt Davids, geboren worden! [12]Und daran könnt ihr ihn
erkennen: Ihr werdet ein Kind finden, das in Windeln gewi-
ckelt in einer Futterkrippe liegt!«
[13]Auf einmal war der Engel von den himmlischen Heerscha-
ren umgeben, und sie alle priesen Gott mit den Worten:

2,11 Übersetzung von Hebr. *Messias,* d. h. *der Gesalbte.*

14»Ehre sei Gott im höchsten Himmel und Frieden auf Erden
für alle Menschen, an denen Gott Gefallen hat*.«
15Als die Engel in den Himmel zurückgekehrt waren, sagten
die Hirten zueinander: »Kommt, gehen wir nach Bethlehem!
Wir wollen das Wunder, von dem der Herr uns erzählen ließ,
mit eigenen Augen sehen.«
16Sie liefen, so schnell sie konnten, ins Dorf und fanden Ma-
ria und Josef und das Kind in der Futterkrippe. 17Da erzählten
die Hirten allen, was geschehen war und was der Engel ihnen
über dieses Kind gesagt hatte. 18Alle Leute, die den Bericht
der Hirten hörten, waren voller Staunen. 19Maria aber be-
wahrte alle diese Dinge in ihrem Herzen und dachte oft darü-
ber nach. 20Die Hirten kehrten zu ihren Herden auf den Fel-
dern zurück; sie priesen und lobten Gott für das, was der
Engel ihnen gesagt hatte und was sie gesehen hatten. Alles
war so, wie es ihnen angekündigt worden war.

Jesus wird im Tempel geweiht

21Als das Kind acht Tage später beschnitten wurde, gab man
ihm den Namen Jesus – so wie der Engel ihn schon genannt
hatte, bevor Maria schwanger wurde.
22Dann kam die Zeit des Reinigungsopfers, das im Gesetz
Moses nach der Geburt eines Kindes vorgeschrieben ist. Ma-
ria und Josef gingen mit ihm nach Jerusalem, um ihn dem
Herrn zu weihen. 23Denn im Gesetz des Herrn steht: »Alle
erstgeborenen Söhne müssen dem Herrn geweiht werden.«*
24Sie brachten das Reinigungsopfer dar, wie es das Gesetz
vorschrieb: »Ein Paar Turteltauben oder zwei junge Tau-
ben.«*

Die Prophezeiung Simeons

25In Jerusalem lebte ein Mann namens Simeon. Er war gerecht
und gottesfürchtig. Simeon war vom Heiligen Geist erfüllt
und wartete sehnsüchtig auf die Ankunft des Christus, der

2,14 O. *Und Friede auf Erden für alle Menschen, die Gott gefallen.* In manchen Handschriften heißt es: *... Friede auf Erden und Freundlichkeit unter den Menschen.*
2,23 2. Mose 13,2.
2,24 3. Mose 12,8.

Israel Trost und Rettung bringen sollte. 26Der Heilige Geist
hatte ihm offenbart, dass er nicht sterben würde, bevor er
den vom Herrn gesandten Christus gesehen hätte. 27An die-
sem Tag führte der Heilige Geist ihn in den Tempel. Als Maria
und Josef kamen, um das Kind dem Herrn zu weihen, wie es
im Gesetz vorgeschrieben ist, 28war Simeon dort. Er nahm das
Kind auf seine Arme und lobte Gott und sagte:

29»Herr, nun kann ich in Frieden sterben! Wie du es mir ver-
sprochen hast, 30habe ich den Retter gesehen, 31den du allen
Menschen geschenkt hast.

32Er ist ein Licht, das den Völkern Gott offenbaren wird, und
er ist die Herrlichkeit deines Volkes Israel!«

33Josef und Maria staunten, als sie hörten, was Simeon über
Jesus sagte. 34Simeon aber segnete sie und sagte zu Maria:
»Dieses Kind wird von vielen in Israel abgelehnt werden,
und das wird ihren Untergang bedeuten. Für viele andere
Menschen aber wird er die höchste Freude sein. 35Auf diese
Weise wird an den Tag kommen, was viele im Innersten
bewegt. Doch auch durch deine Seele wird ein Schwert
dringen.«

Die Prophezeiung Hannas

36Im Tempel befand sich auch Hanna, eine Prophetin. Sie war
eine Tochter Phanuëls aus dem Stamm Asser und schon sehr
alt. Hanna war Witwe. Ihr Mann war nach nur sieben Jahren
Ehe gestorben. 37Jetzt war sie vierundachtzig Jahre alt und
verließ den Tempel nie mehr, sondern diente Gott dort Tag
und Nacht mit Fasten und Beten. 38Als Simeon mit Maria
und Josef sprach, ging sie vorbei und begann, Gott zu loben.
Allen, die auf die verheißene Erlösung Israels warteten, er-
zählte sie von Jesus.

39Als Maria und Josef alles erfüllt hatten, was nach dem Ge-
setz des Herrn vorgeschrieben ist, kehrten sie nach Nazareth
in Galiläa zurück. 40Dort wuchs Jesus heran und wurde groß
und kräftig. Er war mit Weisheit erfüllt, und Gottes besonde-
re Gnade ruhte auf ihm.

Jesus spricht mit den Gelehrten

[41]Jedes Jahr zum Passahfest zogen seine Eltern nach Jerusa-
lem hinauf. [42]Als Jesus zwölf Jahre alt war, nahmen sie auch
wieder am Fest teil. [43]Nach den Feierlichkeiten machten sie
sich auf den Heimweg nach Nazareth, doch Jesus blieb in
Jerusalem zurück. Zuerst vermissten seine Eltern ihn nicht,
[44]weil sie annahmen, dass er sich bei Freunden unter den an-
deren Reisenden befand. Doch als er am Abend immer noch
nicht erschien, begannen sie, bei ihren Verwandten und
Freunden nach ihm zu fragen. [45]Da sie ihn nirgends finden
konnten, kehrten sie nach Jerusalem zurück, um dort nach
ihm zu suchen. [46]Nach drei Tagen endlich entdeckten sie ihn.
Er saß im Tempel inmitten der Lehrer, hörte ihnen zu und
stellte Fragen. [47]Alle, die ihn hörten, staunten über sein Ver-
ständnis und seine klugen Antworten.
[48]Seine Eltern wussten nicht, was sie davon halten sollten.
»Kind!«, sagte seine Mutter zu ihm. »Wie konntest du uns das
antun? Dein Vater und ich waren in schrecklicher Sorge. Wir
haben dich überall gesucht.«
[49]»Warum habt ihr mich gesucht?«, fragte er. »Ihr hättet
doch wissen müssen, dass ich im Haus meines Vaters bin.«*
[50]Doch sie verstanden nicht, was er damit meinte.
[51]Daraufhin kehrte er mit ihnen nach Nazareth zurück und
war ihnen ein gehorsamer Sohn. Seine Mutter bewahrte all
diese Dinge in ihrem Herzen. [52]So wuchs Jesus heran und
gewann an Weisheit. Gott liebte ihn, und alle, die ihn kann-
ten, schätzten ihn sehr.

Johannes der Täufer

3 [1]Es war im fünfzehnten Regierungsjahr des römischen
Kaisers Tiberius. Pilatus war Statthalter in Judäa; Hero-
des Antipas herrschte* über Galiläa, sein Bruder Philippus
regierte* in Ituräa und Trachonitis, und Lysanias war Herr-

2,49 O. *»Habt ihr denn nicht gewusst, dass ich mich mit den Dingen meines Vaters beschäftigen muss?«.*

3,1a Griech. *Herodes war Vierfürst.* Herodes Antipas war ein Sohn von König Herodes.

3,1b Griech. *Vierfürst;* so auch in 3,19.

scher in Abilene. [2]Hannas und Kaiphas waren Hohe Priester.
In dieser Zeit erhielt Johannes, der Sohn des Zacharias, drau-
ßen in der Wildnis eine Botschaft von Gott. [3]Daraufhin zog
Johannes in der Gegend des Jordan von Ort zu Ort und pre-
digte den Menschen: Sie sollten sich taufen lassen als Zeichen
dafür, dass sie sich von ihren Sünden abgekehrt und Gott
zugewandt hatten, um Vergebung zu erhalten.* [4]So erfüllte
sich, was im Propheten Jesaja steht: »Er ist eine Stimme, die
in der Wüste ruft:

›Schafft Raum für das Kommen des Herrn! Ebnet ihm den
Weg! [5]Die Täler sollen aufgeschüttet, die Berge und Hügel
eingeebnet werden! Das Krumme soll gerade und das Raue
glatt werden! [6]Dann werden alle Menschen Gottes Heil se-
hen.‹«*

[7]Und so sprach Johannes zu den Menschen, die zahlreich zu
ihm kamen, um sich taufen zu lassen: »Ihr Schlangenbrut!
Wer hat euch eingeredet, ihr könntet dem bevorstehenden
Gericht Gottes entgehen? [8]Beweist durch euren Lebenswan-
del, dass ihr euch wirklich von euren Sünden abgekehrt und
Gott zugewandt habt. Es genügt nicht zu sagen: ›Wir sind die
Nachkommen Abrahams. Uns kann nichts geschehen.‹ Das
beweist gar nichts. Wenn Gott wollte, könnte er aus diesen
Steinen Kinder Abrahams machen. [9]Die Axt wird schon
durch die Luft geschwungen, bereit, eure Wurzeln abzuha-
cken; denn jeder Baum, der keine guten Früchte bringt, wird
umgehauen und ins Feuer geworfen.«

[10]Die Menge fragte: »Und was sollen wir tun?«

[11]Johannes erwiderte: »Wenn ihr zwei Mäntel habt, gebt ei-
nen den Armen. Wenn ihr zu essen habt, teilt es mit denen,
die hungrig sind.«

[12]Auch Steuereinnehmer kamen zu ihm, um sich taufen zu
lassen. Und auch sie fragten: »Meister, was sollen wir tun?«

[13]»Beweist, dass ihr ehrlich seid«, erwiderte er, »treibt nicht
mehr Steuern ein, als die römische Regierung euch vor-
schreibt.«

3,3 Griech. *predigte die Taufe der Buße zur Vergebung der Sünden.*
3,4-6 Jesaja 40,3-5.

14»Und was sollen wir tun?«, fragten einige Soldaten.
Johannes antwortete: »Seid keine Räuber und Erpresser.
Gebt euch mit eurem Sold zufrieden.«

15Alle warteten sehr auf das Kommen des Christus und
wollten unbedingt wissen, ob Johannes der Christus sei.
16Auf diese Frage antwortete Johannes: »Ich taufe mit* Was-
ser, aber bald kommt einer, der stärker ist als ich – so viel
gewaltiger, dass ich nicht einmal wert bin, sein Diener zu
sein*. Er wird euch mit dem Heiligen Geist und mit Feuer*
taufen. 17Er wird mit seiner Schaufel die Spreu vom Weizen
trennen, den Dreschplatz aufräumen und den Weizen in die
Scheune bringen; die Spreu aber wird er im ewigen Feuer
verbrennen.« 18Und noch viele solche Warnungen sprach Jo-
hannes aus, als er dem Volk die Botschaft Gottes verkündete.

19Selbst den Fürsten Herodes Antipas wies Johannes offen
zurecht, weil er Herodias, die Frau seines Bruders, geheiratet
und noch viel anderes Unrecht begangen hatte. 20Und die
Schuld des Herodes wurde noch größer, als er Johannes ins
Gefängnis werfen ließ.

Jesus lässt sich taufen

21Als Johannes wieder einmal viele Menschen taufte, ließ sich
auch Jesus taufen. Als er betete, öffnete sich der Himmel,
22und der Heilige Geist kam in Gestalt einer Taube auf ihn
herab. Und eine Stimme vom Himmel sprach: »Du bist mein
geliebter Sohn, an dir habe ich große Freude.*«

Die Ahnentafel von Jesus

23Jesus war etwa dreißig Jahre alt, als er öffentlich zu wirken
begann.

Jesus war bekannt
als der Sohn Josefs.
Josef war der Sohn von Eli.
24Eli war der Sohn von Mattat.

3,16a O. *in.*
3,16b Griech. *ihm die Sandalen aufzubinden.*
3,16c O. *im Heiligen Geist und in Feuer.*
3,22 In manchen Handschriften heißt es *und heute bin ich dein Vater geworden.*

Mattat war der Sohn von Levi.
Levi war der Sohn von Melchi.
Melchi war der Sohn von Jannai.
Jannai war der Sohn von Josef.
25Josef war der Sohn von Mattitja.
Mattitja war der Sohn von Amos.
Amos war der Sohn von Nahum.
Nahum war der Sohn von Hesli.
Hesli war der Sohn von Naggai.
26Naggai war der Sohn von Mahat.
Mahat war der Sohn von Mattitja.
Mattitja war der Sohn von Schimi.
Schimi war der Sohn von Josech.
Josech war der Sohn von Joda.
27Joda war der Sohn von Johanan.
Johanan war der Sohn von Resa.
Resa war der Sohn von Serubbabel.
Serubbabel war der Sohn von Schealtiël.
Schealtiël war der Sohn von Neri.
28Neri war der Sohn von Melchi.
Melchi war der Sohn von Addi.
Addi war ein Sohn von Kosam.
Kosam war der Sohn von Elmadam.
Elmadam war der Sohn von Er.
29Er war der Sohn von Joschua.
Joschua war der Sohn von Eliëser.
Eliëser war der Sohn von Jorim.
Jorim war der Sohn von Mattat.
Mattat war der Sohn von Levi.
30Levi war der Sohn von Simeon.
Simeon war der Sohn von Juda.
Juda war der Sohn von Josef.
Josef war der Sohn von Jonam.
Jonam war der Sohn von Eljakim.
31Eljakim war der Sohn von Melea.
Melea war der Sohn von Menna.
Menna war der Sohn von Mattata.

Mattata war der Sohn von Nathan.
Nathan war der Sohn von David.
32David war der Sohn von Isai.
Isai war der Sohn von Obed.
Obed war der Sohn von Boas.
Boas war der Sohn von Salmon*.
Salmon war der Sohn von Nachschon.
33Nachschon war der Sohn von Amminadab.
Amminadab war der Sohn von Admin.
Admin war der Sohn von Arni*.
Arni war der Sohn von Hezron.
Hezron war der Sohn von Perez.
Perez war der Sohn von Juda.
34Juda war der Sohn von Jakob.
Jakob war der Sohn von Isaak.
Isaak war der Sohn von Abraham.
Abraham war der Sohn von Terach.
Terach war der Sohn von Nahor.
35Nahor war der Sohn von Serug.
Serug war der Sohn von Regu.
Regu war der Sohn von Peleg.
Peleg war der Sohn von Eber.
Eber war der Sohn von Schelach.
36Schelach war der Sohn von Kenan.
Kenan war der Sohn von Arpachschad.
Arpachschad war der Sohn von Sem.
Sem war der Sohn von Noah.
Noah war der Sohn von Lamech.
37Lamech war der Sohn von Metuschelach.

3,32 Griech. *Sala;* s. Rut 4,21.
3,33 *Arni* ist mit *Ram* identisch; s. 1 Chronik 2,9-10.

Metuschelach war der Sohn von
Henoch.
Henoch war der Sohn von Jered.
Jered war der Sohn von Mahalalel.
Mahalalel war der Sohn von Kenan.
38Kenan war der Sohn von Enosch.
Enosch war der Sohn von Set.
Set war der Sohn von Adam.
Adam war der Sohn Gottes.

Die Versuchung

4 1Vom Heiligen Geist erfüllt, verließ Jesus den Jordan. Der
Geist brachte ihn in die Wüste, 2wo der Teufel ihn vierzig
Tage lang in Versuchung führte. Während dieser ganzen Zeit
aß er nichts, sodass er schließlich sehr hungrig war.
3Da sagte der Teufel zu ihm: »Wenn du der Sohn Gottes bist,
verwandle doch diesen Stein in Brot.«
4Aber Jesus erwiderte: »Nein! In der Schrift steht: ›Der
Mensch braucht mehr als nur Brot zum Leben.‹*«
5Da führte der Teufel ihn auf die Höhe und zeigte ihm alle
Königreiche der Welt in einem Augenblick. 6Und er sagte zu
ihm: »Ich will dir Macht über diese Länder und all ihre Reich-
tümer geben, denn ich verfüge über sie und kann sie geben,
wem ich will. 7Das alles werde ich dir schenken, wenn du
niederkniest und mich anbetest.«
8Jesus erwiderte: »In der Schrift steht:
›Du sollst den Herrn, deinen Gott, anbeten und nur ihm
allein dienen.‹*«
9Da versetzte der Teufel ihn nach Jerusalem auf den höchs-
ten Punkt des Tempels und sagte: »Wenn du der Sohn Gottes
bist, spring hier hinunter! 10Denn in der Schrift steht:
›Er befiehlt seinen Engeln, dich zu beschützen und zu be-
wahren. 11Sie werden dich auf ihren Händen tragen, damit
deine Füße niemals stolpern.‹*«

4,4 5. Mose 8,3. Griech. heißt es *der Mensch wird nicht von Brot allein leben.*
4,8 5. Mose 6,13.
4,10-11 Psalm 91,11-12.

[12]Jesus erwiderte: »In der Schrift steht auch: ›Fordere den
Herrn, deinen Gott, nicht heraus.‹*«
[13]Als der Teufel aufgehört hatte, Jesus zu versuchen, verließ
er ihn für einige Zeit*.

Jesus wird in Nazareth abgelehnt

[14]Danach kehrte Jesus, von der Kraft des Heiligen Geistes erfüllt, nach Galiläa zurück. Schnell wurde er in der ganzen
Gegend bekannt. [15]Er lehrte in ihren Synagogen und wurde
von allen verehrt.

[16]Als er nach Nazareth kam, wo er seine Kindheit verbracht
hatte, ging er wie gewohnt am Sabbat in die Synagoge und
stand auf, um aus der Schrift vorzulesen. [17]Man reichte ihm
die Schriftrolle des Propheten Jesaja, und als er sie aufrollte,
fand er die Stelle, an der steht:

[18]»Der Geist des Herrn ruht auf mir, denn er hat mich gesalbt, um den Armen die gute Botschaft zu verkünden.

Er hat mich gesandt, Gefangenen zu verkünden, dass sie freigelassen werden, Blinden, dass sie sehen werden, Unterdrückten, dass sie befreit werden

[19]und dass die Zeit der Gnade des Herrn gekommen ist.*«

[20]Er rollte die Schriftrolle zusammen, gab sie dem Synagogendiener zurück und setzte sich. Alle in der Synagoge sahen
ihn an. [21]Und er sagte: »Heute ist dieses Wort vor euren Augen und Ohren Wirklichkeit geworden!«

[22]Alle Anwesenden äußerten sich anerkennend über ihn und wunderten sich zugleich über seine Botschaft von der Gnade. »Wie kann das sein?«, fragten sie. »Ist das nicht Josefs Sohn?«

[23]Da sagte er: »Bestimmt werdet ihr mir das Sprichwort vorhalten: ›Arzt, hilf dir selbst‹ – und damit meinen: ›Warum tust du hier in deiner Heimatstadt keine Wunder wie in Kapernaum?‹
[24]Wahrhaftig, kein Prophet gilt etwas in seiner
Heimatstadt.

4,12 5. Mose 6,16.
4,13 Griech. *Und nachdem er vollendet hatte jede Versuchung, entfernte sich der Teufel von ihm zu gelegener Zeit.*
4,18-19 O. *das angenehme Jahr des Herrn auszurufen;* Jesaja 61,1-2.

[25]Zur Zeit Elias gab es in Israel bestimmt viele hilfsbedürfti-
ge Witwen, als es dreieinhalb Jahre lang nicht regnete und
Hunger im Land herrschte. [26]Dennoch wurde Elia zu keiner
von ihnen geschickt, sondern nur zu einer Witwe aus
Sarepta – einer Fremden im Gebiet von Sidon. [27]Oder denkt
an den Propheten Elisa, der den Syrer Naaman heilte und
nicht die vielen Aussätzigen in Israel.«

[28]Als die Leute in der Synagoge das hörten, wurden sie zor-
nig. [29]Sie sprangen auf und trieben ihn hinaus an einen steilen
Abhang des Berges, auf dem die Stadt erbaut war. Sie wollten
ihn hinunterstürzen, [30]doch er schritt mitten durch sie hin-
durch und ging fort.

Jesus treibt einen Dämon aus

[31]Danach zog Jesus nach Kapernaum in Galiläa und lehrte
dort jeden Sabbat in der Synagoge. [32]Auch hier waren die
Leute von seiner Lehre überwältigt, denn er sprach mit Voll-
macht.

[33]Einmal, als er in der Synagoge war, fing ein Mann, der von
einem Dämon besessen war, an zu schreien: [34]»Was willst du
von uns, Jesus von Nazareth? Bist du gekommen, um uns zu
vernichten? Ich weiß, wer du bist – der Heilige Gottes, den er
gesandt hat.«

[35]»Sei still!«, gebot Jesus dem Dämon. »Fahre aus dem
Mann aus!« Der Dämon warf den Mann vor den Augen der
Menge zu Boden; dann fuhr er aus ihm aus, ohne ihn weiter
zu verletzen.

[36]Voll Staunen riefen die Leute: »Welche Vollmacht und
Kraft in den Worten dieses Mannes liegen! Selbst böse Geister
gehorchen ihm und weichen, wenn er es befiehlt!« [37]Diese
Geschichte von Jesus sprach sich in kürzester Zeit in der gan-
zen Gegend herum.

Jesus heilt viele Menschen

[38]Nachdem Jesus die Synagoge an jenem Tag verlassen hatte,
ging er zum Haus Simons und fand dort Simons Schwieger-
mutter mit hohem Fieber vor. »Bitte, mach sie gesund«, baten
alle. [39]Er stellte sich neben ihr Bett, befahl dem Fieber zu wei-

chen, und augenblicklich fiel das Fieber. Sofort stand sie auf und machte ihnen etwas zu essen.

[40]Als die Sonne an diesem Abend unterging, brachten die Dorfbewohner ihre kranken Angehörigen zu Jesus. Welche Krankheiten sie auch hatten: Er legte ihnen die Hände auf
und heilte sie alle. [41]Einige waren auch von Dämonen besessen; auf seinen Befehl fuhren die Dämonen aus ihnen aus und schrien dabei: »Du bist der Sohn Gottes.« Doch weil sie wussten, dass er der Christus war, verbot er ihnen zu reden.

Jesus predigt weiter

[42]Früh am nächsten Morgen ging Jesus an einen einsamen Ort. Die Menschen suchten ihn überall. Als sie ihn schließlich
fanden, baten sie ihn, sie nicht zu verlassen. [43]Doch er erwiderte: »Ich muss die Botschaft vom Reich Gottes auch an anderen Orten verkünden, denn dazu bin ich gesandt worden.«
[44]Und so zog er weiter umher und predigte überall in Judäa in den Synagogen.*

Die ersten Jünger

5 [1]Als Jesus eines Tages am See Genezareth predigte, drängten sich viele Menschen um ihn, die alle das Wort
Gottes hören wollten. [2]Er bemerkte zwei leere Boote am Ufer. Die Fischer hatten sie liegen lassen und reinigten gerade ihre
Netze. [3]Jesus stieg in eines der Boote und bat den Besitzer des Boots, Simon*, vom Ufer abzustoßen. Dann lehrte er die Menge vom Boot aus.

[4]Als er mit seiner Predigt fertig war, sagte er zu Simon: »Nun fahr weiter hinaus und wirf dort deine Netze aus, dann wirst du viele Fische fangen.«

[5]»Meister«, entgegnete Simon, »wir haben die ganze letzte Nacht hart gearbeitet und gar nichts gefangen. Aber wenn du
es sagst, werde ich es noch einmal versuchen.« [6]Diesmal wa-
ren ihre Netze so voll, dass sie zu reißen begannen! [7]Sie riefen
nach ihren Gefährten in dem anderen Boot, und bald darauf

4,44 In einigen Handschriften steht *in Galiläa.*
5,3 Simon wird ab 6,14 *Petrus* genannt.

waren beide Boote so voller Fische, dass sie unterzugehen
drohten.
8Als Simon Petrus begriff, was da geschehen war, fiel er vor
Jesus auf die Knie und sagte: »Herr, kümmere dich nicht wei-
ter um mich – ich bin ein zu großer Sünder, um bei dir zu
sein.« 9Denn beim Anblick des überreichen Fangs hatte ihn
Ehrfurcht erfasst, und den anderen ging es genauso. 10Auch
Jakobus und Johannes, die Söhne des Zebedäus, waren voller
Staunen.

Jesus sagte zu Simon: »Hab keine Angst! Von jetzt an wirst
du Menschen fischen!« 11Und sobald sie am Ufer angelegt
hatten, ließen sie alles zurück und folgten Jesus nach.

Jesus heilt einen Leprakranken

12In einem der Dörfer begegnete Jesus einem Aussätzigen,
dessen Krankheit schon weit fortgeschritten war. Als der
Mann Jesus sah, warf er sich mit dem Gesicht vor ihm in den
Staub und flehte ihn an, ihn zu heilen. »Herr«, sagte er, »wenn
du willst, kannst du mich gesund machen.«
13Da streckte Jesus die Hand aus und berührte den Mann.
»Ich will es tun«, sagte er, »sei gesund!« Und im gleichen Au-
genblick verschwand der Aussatz. 14Jesus wies ihn an, nie-
mandem zu erzählen, was geschehen war. Er sagte: »Geh
zum Priester und lass dich von ihm untersuchen. Nimm das
Opfer mit, das im Gesetz Moses für diejenigen vorgeschrie-
ben wird, die von Aussatz geheilt sind. Das wird für alle ein
Beweis deiner Heilung sein.« 15Doch trotzdem verbreitete
sich das, was er tat, noch schneller, und die Menschen ström-
ten herbei, um ihn predigen zu hören und von ihren Krank-
heiten geheilt zu werden. 16Jesus zog sich jedoch immer wie-
der zum Gebet in die Wüste zurück.

Jesus heilt einen Gelähmten

17Eines Tages saßen einige Pharisäer und Schriftgelehrte da-
bei, als Jesus lehrte. Die Männer waren aus den Dörfern von
ganz Galiläa und Judäa und sogar aus Jerusalem hergekom-
men. Und die heilende Kraft des Herrn ging von Jesus aus.
18Da trugen ein paar Männer auf einer Matte einen Gelähm-

ten herbei. Sie versuchten, durch die Menge zu Jesus vor-
zudringen, 19doch es gelang ihnen nicht. Schließlich stiegen
sie auf das Dach, nahmen ein paar Ziegel weg und ließen
den Kranken auf der Matte mitten unter die Zuhörer hinab,
Jesus direkt vor die Füße. 20Als Jesus ihren Glauben sah, sagte
er zu dem Mann: »Sohn, deine Sünden sind dir vergeben.«
21»Für wen hält dieser Mann sich?«, sagten die Pharisäer
und die Schriftgelehrten zueinander. »Das ist doch Gottesläs-
terung! Wer außer Gott kann Sünden vergeben?«
22Jesus wusste, was sie dachten, und fragte sie: »Was macht
ihr euch für Gedanken in euren Herzen? 23Ist es leichter zu
sagen: ›Deine Sünden sind dir vergeben‹ oder: ›Steh auf und
geh‹? 24Ich werde euch beweisen, dass der Menschensohn auf
Erden die Vollmacht hat, Sünden zu vergeben.« Und er
wandte sich an den Gelähmten und sagte: »Steh auf, nimm
deine Matte und geh nach Hause!«
25Da sprang der Mann vor den Augen aller Anwesenden auf
die Füße, hob seine Matte auf und ging nach Hause und lobte
Gott aus vollem Herzen. 25Ehrfürchtiges Staunen erfasste die
Zuschauer. Sie priesen Gott und sagten immer wieder: »Heu-
te haben wir wirklich Unglaubliches gesehen.«

Jesus beruft Levi (Matthäus)

27Später, als Jesus die Stadt verließ, sah er einen Steuereintrei-
ber namens Levi vor seinem Zollhäuschen sitzen. »Komm,
folge mir nach!«, sagte Jesus zu ihm. 28Da stand Levi auf, ließ
alles liegen und folgte ihm nach.
29Kurz darauf lud Levi Jesus als Ehrengast zu einem Fest-
essen in sein Haus ein. Viele mit Levi befreundete Steuerein-
nehmer und andere Gäste waren anwesend. 30Da machten
die Pharisäer und Schriftgelehrten den Jüngern von Jesus
heftige Vorhaltungen: »Wie könnt ihr nur mit diesem Ab-
schaum* essen und trinken?«
31Jesus antwortete ihnen: »Nicht die Gesunden brauchen
den Arzt, sondern die Kranken. 32Ich bin gekommen, um
Sünder zur Umkehr von ihren Sünden zu rufen, und nicht,

5,30 Griech. *mit Steuereintreibern und Sündern.*

um meine Zeit mit denen zu verbringen, die sich schon für
gut genug halten.«

Über das Fasten

33Die führenden Männer des Judentums kritisierten Jesus,
weil seine Jünger aßen und tranken statt zu fasten. »Die Jün-
ger von Johannes dem Täufer fasten und beten häufig«, er-
klärten sie, »und die Jünger der Pharisäer genauso. Wie
kommt es, dass deine Jünger nicht fasten, sondern essen und
trinken?«

34Jesus fragte zurück: »Fasten etwa die Hochzeitsgäste,
während sie mit dem Bräutigam feiern? 35Eines Tages wird
er ihnen weggenommen werden, und dann werden sie
fasten.«

36Und er gab ihnen folgendes Beispiel: »Niemand reißt ein
Stück Stoff aus einem neuen Kleid, um damit ein altes zu fli-
cken. Denn das neue Kleid wäre zerrissen und der Flicken
würde nicht zu dem alten passen. 37Und niemand füllt neuen
Wein in alte Weinschläuche. Der neue Wein würde die alten
Weinschläuche platzen lassen, der Wein würde verschüttet
und die Schläuche wären verdorben. 38Neuer Wein gehört in
neue Weinschläuche. 39Aber keiner, der alten Wein trinkt,
scheint neuen Wein zu wollen, denn er sagt: ›Der alte ist
besser.‹«

Über den Sabbat

6 1Als Jesus an einem Sabbat durch die Kornfelder ging,
rissen seine Jünger ein paar Ähren aus, zerrieben sie mit
den Händen und aßen die Körner. 2Da sagten ein paar Phari-
säer zu ihnen: »Das dürft ihr nicht! Es verstößt gegen das Ge-
setz, am Sabbat zu arbeiten, indem man Getreide erntet.«

3Jesus erwiderte ihnen: »Habt ihr nie in der Schrift gelesen,
was David tat, als er und seine Begleiter hungrig waren? 4Er
ging in das Haus Gottes, aß von den Broten, die den Priestern
vorbehalten sind, und gab auch seinen Freunden davon zu
essen. Auch das verstieß gegen das Gesetz.« 5Und Jesus fügte
hinzu: »Der Menschensohn ist auch Herr über den Sabbat.«

Jesus heilt am Sabbat

6An einem anderen Sabbat befand sich ein Mann mit einer
verkrüppelten Hand in der Synagoge, während Jesus lehrte.
7Die Schriftgelehrten und Pharisäer passten genau auf, ob Je-
sus den Mann am Sabbat heilen würde, denn sie suchten nach
einem Vorwand, Anklage gegen ihn zu erheben. 8Doch Jesus
wusste sehr wohl, was sie dachten. Er sagte zu dem Mann mit
der verkrüppelten Hand: »Komm her und stell dich hier in
die Mitte.« Da stand der Mann auf. 9Dann sagte Jesus zu ih-
nen: »Ich habe eine Frage an euch. Entspricht es dem Gesetz,
am Sabbat Gutes zu tun, oder ist der Sabbat ein Tag, um Scha-
den zuzufügen? Ist er ein Tag, um Leben zu retten oder zu
vernichten?« 10Er sah einen nach dem anderen an und sagte
dann zu dem Mann: »Streck deine Hand aus.« Der Mann
streckte seine Hand aus, und sie wurde wieder gesund! 11Da-
rüber gerieten die Gegner von Jesus außer sich vor Zorn und
sie begannen, Pläne zu schmieden, was sie gegen ihn unter-
nehmen könnten.

Jesus wählt die zwölf Apostel

12Nicht lange danach stieg Jesus auf einen Berg, um zu beten.
Er betete die ganze Nacht hindurch zu Gott. 13Bei Tages-
anbruch rief er alle seine Jünger zusammen und wählte zwölf
von ihnen aus, die er Apostel nannte. Dies sind ihre Namen:
14Simon (den er auch Petrus nannte), Andreas (der Bruder
von Petrus), Jakobus, Johannes, Philippus, Bartholomäus,
15Matthäus, Thomas, Jakobus (der Sohn des Alphäus), Simon
(der Zelot), 16Judas (der Sohn des Jakobus) und Judas Iskariot
(der ihn später verriet).

Viele Menschen folgen Jesus

17Als Jesus und die Jünger wieder von dem Berg herunter-
kamen, befanden sie sich in einer weiten Ebene, umringt von
den Anhängern von Jesus und vielen anderen Menschen. Es
waren Leute aus ganz Judäa und Jerusalem und von weit her
aus den nördlichen Küstengebieten von Tyrus und Sidon.
18Sie waren gekommen, um ihn predigen zu hören und ge-
heilt zu werden, und Jesus trieb viele böse Geister aus. 19Alle

wollten ihn berühren, weil eine heilende Kraft von ihm ausging, und alle wurden geheilt.

Die Seligpreisungen

20Dann wandte Jesus sich an seine Jünger und sagte: »Gott segnet euch, die ihr arm seid, denn euch wird das Reich Gottes geschenkt.

21Gott segnet euch, die ihr jetzt hungert, denn ihr werdet satt werden. Gott segnet euch, die ihr jetzt weint, denn die Zeit wird kommen, in der ihr vor Freude lachen werdet.

22Gott segnet euch, die ihr gehasst und ausgeschlossen und verspottet und verflucht werdet, weil ihr zum Menschensohn gehört.

23Wenn das geschieht, dann freut euch, springt vor Freude! Denn im Himmel erwartet euch eine große Belohnung. Und denkt daran, dass die Propheten früher von euren Vorfahren genauso behandelt wurden.

Ankündigung künftigen Leids

24Euch wird es schlimm ergehen, die ihr reich seid, denn ihr habt euren Trost jetzt schon erhalten.

25Euch wird es schlimm ergehen, die ihr jetzt satt seid, denn ein nagender Hunger steht euch bevor.

Euch wird es schlimm ergehen, die ihr unbekümmert lacht, denn euer Lachen wird sich in Traurigkeit und Weinen verwandeln.

26Euch wird es schlimm ergehen, die ihr von der Menge gerühmt werdet, denn ihre Vorfahren haben auch den falschen Propheten zugejubelt.

Über die Feindesliebe

27Doch wenn ihr bereit seid, wirklich zu hören, dann sage ich euch: Liebt eure Feinde. Tut denen Gutes, die euch hassen.
28Betet für das Glück derer, die euch verfluchen. Betet für die, die euch verletzen. 29Wenn jemand dich auf die eine Wange schlägt, dann halte ihm auch die andere hin. Wenn jemand deinen Mantel will, biete ihm auch dein Hemd an. 30Wer dich bittet, dem gib, was du hast; und wenn dir etwas weggenom-

men wird, versuche nicht, es wiederzubekommen. 31Behand-
le andere so, wie du von ihnen behandelt werden möchtest.
32Glaubt ihr, ihr hättet dafür Anerkennung verdient, dass
ihr die liebt, die euch auch lieben? Das tun sogar die Sünder!
33Und wenn ihr nur denen Gutes erweist, die euch Gutes tun,
was ist daran so anerkennenswert? Selbst Sünder verhalten
sich so! 34Oder wenn ihr nur denen Geld leiht, die es euch
zurückzahlen können, was ist daran außergewöhnlich?
Selbst Sünder leihen ihresgleichen Geld in der Hoffnung,
die volle Summe zurückzuerhalten.
35Liebt eure Feinde! Erweist ihnen Gutes! Leiht ihnen Geld!
Und macht euch keine Sorgen, weil sie es euch vielleicht nicht
wiedergeben werden. Dann wird euer Lohn im Himmel groß
sein und ihr handelt wirklich wie Kinder des Allerhöchsten,
denn er erweist auch den Undankbaren und den Bösen Gu-
tes. 36Ihr sollt gütig sein, wie euer Vater gütig ist.

Andere nicht verurteilen

37Hört auf, andere zu verurteilen, und ihr werdet auch nicht
verurteilt werden. Hört auf, andere zu tadeln, oder es wird
euch ebenso ergehen. Wenn ihr anderen vergebt, wird euch
auch vergeben werden. 38Wenn ihr gebt, werdet ihr erhalten.
Was ihr verschenkt, wird zusammengepresst und gerüttelt,
in einem vollen, ja überreichlichen Maß zu euch zurückflie-
ßen. Nach dem Maß, mit dem ihr gebt, werdet ihr zurück-
bekommen.«
39Und er nannte ihnen folgendes Beispiel: »Was nützt es,
wenn ein Blinder den anderen führt? Er wird in eine Grube
fallen und den anderen mitreißen. 40Ein Schüler ist nicht bes-
ser als sein Lehrer. Aber der Schüler, der hart arbeitet, kann
werden wie sein Lehrer.
41Was hältst du dich mit dem Splitter im Auge deines Freun-
des* auf, wenn du einen Balken im eigenen Auge hast? 42Wie
kommst du auf den Gedanken zu sagen: ›Freund, lass mich
dir helfen, diesen Splitter aus deinem Auge zu ziehen‹, wenn
du nicht über den Balken in deinem eigenen Auge hinaus-

6,41 Griech. *deines Bruders.*

schauen kannst? Du Heuchler! Entferne zuerst einmal den
Balken aus deinem eigenen Auge; dann wirst du vielleicht
gut genug sehen, um den Splitter aus dem Auge deines
Freundes zu ziehen.

Der Baum und seine Früchte

43Ein guter Baum kann keine schlechten Früchte tragen und
ein schlechter Baum keine guten. 44Man erkennt einen Baum
an seiner Frucht. Feigen wachsen nicht an Dornensträuchern
und Weintrauben nicht an Brombeerbüschen. 45Ein guter
Mensch bringt aus einem guten Herzen gute Taten hervor,
und ein böser Mensch bringt aus einem bösen Herzen böse
Taten hervor. Was immer in deinem Herzen ist, das bestimmt
auch dein Reden.

Auf ein festes Fundament bauen

46Warum nennt ihr mich also ›Herr‹, wenn ihr nicht tut, was
ich sage? 47Ich sage euch, wie es ist, wenn jemand zu mir
kommt, auf meine Worte hört und danach handelt. 48Das ist
wie bei einem Menschen, der ein Haus mit festem Fundament
auf einen Felsen baut. Wenn es dann zu einer Überschwem-
mung kommt und die Wellen gegen das Haus schlagen, steht
das Haus fest, weil es solide gebaut wurde. 49Wer aber hört
und nicht danach handelt, gleicht einem Menschen, der ein
Haus ohne Fundament baut. Wenn dann die Flut kommt,
stürzt das Haus ein, und es bleibt nichts als ein Trümmer-
haufen.«

Der Glaube des römischen Hauptmanns

7 1Nachdem Jesus das alles gesagt hatte, ging er wieder
nach Kapernaum. 2Dort lebte ein römischer Hauptmann,
der einen Diener hatte, den er sehr schätzte. Nun war dieser
Diener schwer erkrankt und lag im Sterben. 3Als der Haupt-
mann von Jesus hörte, schickte er einige angesehene Männer
aus dem jüdischen Volk zu ihm und bat ihn, zu kommen und
seinen Sklaven zu heilen. 4Diese baten Jesus inständig, mit-
zukommen und dem Hauptmann zu helfen. »Wenn jemand

deine Hilfe verdient, dann er«, sagten sie, 5»denn er liebt die
Juden und hat uns sogar die Synagoge gebaut.«
6Da ging Jesus mit ihnen. Doch kurz bevor sie das Haus
erreichten, schickte der Hauptmann ihm ein paar Freunde
entgegen und ließ ihm ausrichten: »Herr, mach dir nicht die
Mühe, in mein Haus zu kommen, denn eine solche Ehre ver-
diene ich nicht. 7Ich bin nicht einmal würdig genug, selbst zu
dir zu kommen. Sprich einfach ein Wort, und mein Diener
wird gesund werden. 8Ich weiß das, weil ich dem Befehl von
Vorgesetzten unterstehe und auch selbst Soldaten befehlige.
Ich brauche nur zu einem von ihnen zu sagen: ›Geh‹, dann
geht er, oder: ›Komm‹, dann kommt er. Und wenn ich zu
meinem Diener sage: ›Tu dies‹, dann tut er es.«
9Als Jesus das hörte, staunte er. Er wandte sich zu der Men-
ge und sagte: »Ich sage euch, einen solchen Glauben habe ich
in ganz Israel nicht erlebt!« 10Und als die Freunde des Haupt-
manns in sein Haus zurückkehrten, fanden sie den Diener
gesund.

Auferweckung eines jungen Mannes

11Bald darauf zog Jesus mit seinen Jüngern weiter zur Stadt
Nain. Eine große Menschenmenge folgte ihnen. 12Als er sich
der Stadt näherte, kam ihm ein Trauerzug entgegen. Der Tote
war der einzige Sohn einer Witwe gewesen, und viele trauer-
ten mit ihr. 13Als der Herr sie sah, empfand er großes Mitleid
mit ihr. »Weine nicht!«, sagte er. 14Und er ging hinüber zur
Bahre und berührte sie. Die Träger blieben stehen. »Ich sage
dir«, sprach Jesus, »steh auf!« 15Da setzte sich der Verstorbene
auf und fing an zu sprechen! So gab Jesus ihn seiner Mutter
zurück.
16Angst und Ehrfurcht erfassten die ganze Menge. Sie lob-
ten Gott und sagten: »Ein mächtiger Prophet ist zu uns ge-
kommen. Heute hat Gott sein Volk besucht.« 17Berichte über
diese Tat verbreiteten sich in ganz Judäa und bis über die
Grenzen des Landes hinaus.

Jesus und Johannes der Täufer

[18]Johannes der Täufer erfuhr von seinen Jüngern alles, was
Jesus tat. Er rief zwei seiner Jünger zu sich [19]und schickte sie
zum Herrn, um ihn zu fragen: »Bist du wirklich der, der kom-
men soll, oder sollen wir auf einen anderen warten?«

[20]Die beiden Jünger von Johannes fanden Jesus und sagten
zu ihm: »Johannes der Täufer schickt uns, um zu fragen: ›Bist
du wirklich der, der kommen soll, oder sollen wir auf einen
anderen warten?‹«

[21]Während sie bei ihm waren, heilte er viele Menschen von
ihren Krankheiten, trieb böse Geister aus und gab Blinden ihr
Augenlicht zurück. [22]Er gab den Jüngern des Johannes zur
Antwort: »Kehrt zu Johannes zurück und berichtet ihm, was
ihr gesehen und gehört habt: Blinde sehen, Gelähmte gehen,
Aussätzige werden geheilt, Taube hören, Tote werden auf-
erweckt und den Armen wird die gute Botschaft verkündet.
[23]Und sagt ihm auch: ›Gott segnet die, die keinen Anstoß an
mir nehmen*.‹«

[24]Als sie gegangen waren, wandte Jesus sich an die Menge
und sagte über Johannes: »Wer ist dieser Mann in der Wüste,
den ihr unbedingt sehen wolltet? Kam er euch schwach vor
wie ein Schilfrohr, das im Windhauch hin- und herschwankt?
[25]Oder habt ihr einen Mann erwartet, der in kostbare Gewän-
der gehüllt ist? Nein, Leute mit kostbaren Kleidern und ver-
schwenderischer Lebensart wohnen in Palästen, nicht in der
Wüste. [26]Oder habt ihr in ihm einen Propheten vermutet? Ja,
das ist er, und er ist sogar noch mehr als das. [27]Johannes ist
der Mann, von dem die Schrift sagt:

›Ich sende meinen Boten vor dir her, er wird deine Ankunft
vorbereiten.‹*

[28]Ich sage euch: Von allen Menschen, die jemals gelebt ha-
ben, war keiner größer als Johannes. Und doch ist noch der
Geringste im Reich Gottes größer als er!

7,23 O. *die sich nicht meinetwegen vom Glauben abwenden.*
7,27 Maleachi 3,1.

29Und alle, die ihn gehört haben* – selbst die Steuereinneh-
mer – gaben Gott recht, als sie sich von Johannes taufen lie-
ßen. 30Die Pharisäer und die Schriftgelehrten dagegen lehn-
ten den Plan, den Gott für sie hatte, ab, denn sie ließen sich
nicht von Johannes taufen.
31Wie soll ich die Menschen dieser Generation beschrei-
ben?«, fragte Jesus. »Womit soll ich sie vergleichen? 32Sie
sind wie Kinder, die auf der Straße spielen und sich bei ihren
Freunden beklagen: ›Wir haben lustige Lieder gespielt, und
ihr wart nicht fröhlich; dann haben wir Klagelieder gespielt,
aber ihr wart nicht traurig.‹ 33Denn Johannes der Täufer trank
keinen Wein und fastete oft, und von ihm sagt ihr: ›Er ist von
einem Dämon besessen.‹ 34Der Menschensohn feiert und
trinkt, und von ihm sagt ihr: ›Er ist ein Schlemmer und Säufer,
und die schlimmsten Leute sind seine Freunde!‹ 35Doch die
Weisheit erweist sich als richtig im Leben derer, die sie be-
folgen.*«

Jesus wird von einer Sünderin gesalbt

36Einer der Pharisäer lud Jesus zum Essen in sein Haus ein.
Jesus nahm die Einladung an und setzte sich zu Tisch. 37Eine
Frau aus dem Ort, die für ihren unmoralischen Lebenswan-
del bekannt war, erfuhr, dass er da war, und brachte ein Ge-
fäß* mit kostbarem Salböl. 38Sie kniete vor Jesus nieder und
weinte. Ihre Tränen fielen auf seine Füße, und sie trocknete sie
mit ihren Haaren. Dann küsste sie ihm wieder und wieder die
Füße und salbte sie mit dem Öl.
39Als der Gastgeber sah, was da vorging und wer die Frau
war, sagte er sich: »Das beweist, dass Jesus kein Prophet ist.
Wäre er wirklich von Gott gesandt, dann wüsste er, was für
eine Frau ihn da berührt. Eine Sünderin!«
40Jesus wusste, was er dachte, und sagte zu dem Pharisäer:
»Simon, ich habe dir etwas zu sagen.«
Simon nickte: »Ja, Meister, sprich nur.«

7,29 O. *Und alle, die das hörten*
7,35 O. *Doch Weisheit wird durch alle ihre Kinder bestätigt.*
7,37 Griech. *ein Alabastergefäß.*

41 Darauf erzählte Jesus: »Ein Mann lieh zwei Leuten Geld –
dem einen fünfhundert Denare* und dem anderen fünfzig.
42 Als keiner der beiden ihm das Geld zurückzahlen konnte,
erließ er ihnen ihre Schulden. Wer von den beiden liebte ihn
danach wohl mehr?«
43 Simon antwortete: »Ich nehme an, derjenige, dem er die
größere Schuld erließ.«
Jesus sagte ihm: »Das stimmt.« 44 Dann wandte er sich der
Frau zu und sagte zu Simon: »Schau dir die Frau an, die da
kniet. Als ich dein Haus betrat, hast du mir kein Wasser an-
geboten, um mir den Staub von den Füßen zu waschen; sie
hat meine Füße mit ihren Tränen gewaschen und mit ihrem
Haar getrocknet. 45 Du hast mir keinen Begrüßungskuss gege-
ben; sie hat mir unaufhörlich die Füße geküsst, seit ich herein-
gekommen bin. 46 Du hast es versäumt, mir Gastfreundschaft
zu erweisen und mir den Kopf mit Olivenöl zu salben; sie hat
meine Füße mit kostbarem Salböl gesalbt. 47 Ich sage dir, ihre
Sünden – und es sind viele – sind ihr vergeben; deshalb hat sie
mir viel Liebe erwiesen. Ein Mensch jedoch, dem nur wenig
vergeben wurde, zeigt nur wenig Liebe.« 48 Dann sagte Jesus
zu der Frau: »Deine Sünden sind dir vergeben.«
49 Die anderen Männer am Tisch sagten zueinander: »Für
wen hält sich dieser Mann, dass er Sünden vergibt?«
50 Und Jesus sagte zu der Frau: »Dein Glaube hat dich geret-
tet; geh in Frieden.«

Frauen, die Jesus nachfolgten

8 1 Nicht lange danach zog Jesus durch die nahe gelegenen
Orte und Dörfer, um die Botschaft vom Reich Gottes zu
verkünden. Er nahm seine zwölf Jünger mit, 2 und einige
Frauen, die er geheilt und von bösen Geistern befreit hatte.
Dazu gehörten Maria Magdalena, aus der er sieben Dämonen
ausgetrieben hatte, 3 Johanna, die Frau von Chuza, dem Ver-
walter von Herodes, Susanna und viele andere, die Jesus und
seine Jünger durch das, was sie hatten, unterstützten.

7,41 Ein Denar entsprach einem vollen Tagelohn.

Das Gleichnis vom Bauern, der die Saat ausbringt
4Eines Tages kam eine große Menschenmenge aus vielen
Städten zusammen, um Jesus zu hören. Er erzählte ihnen fol-
gendes Gleichnis: 5»Ein Bauer ging aufs Feld, um zu säen. Als
er die Saat auf seinem Feld ausstreute, fielen einige Samen-
körner auf einen Weg, wo sie zertreten wurden, und die Vö-
gel kamen und pickten sie auf. 6Andere Körner fielen auf eine
dünne Erdkruste mit felsigem Untergrund. Diese Saat ging
zwar auf, verdorrte aber, weil Feuchtigkeit fehlte. 7Andere
Samenkörner fielen in die Dornen, die schnell wuchsen und
die zarten Halme erstickten. 8Wieder andere fielen auf frucht-
baren Boden. Diese Samenkörner wuchsen heran und brach-
ten eine hundertfache Ernte.« Nach diesen Worten rief er:
»Wer hören will, der soll zuhören und begreifen!«
9Seine Jünger fragten ihn, was das Gleichnis zu bedeuten
habe. 10Er entgegnete: »Euch ist es erlaubt, die Geheimnisse
des Reiches Gottes zu wissen. Allen anderen aber werden sie
in Gleichnissen verborgen erzählt, damit sich erfüllt, was in
der Schrift steht:

›Sie sehen, was ich tue, aber sie nehmen es nicht wirklich wahr; sie hören, was ich sage, aber sie verstehen es nicht.‹*

11Das Gleichnis hat folgende Bedeutung: Die Samenkörner
sind Gottes Botschaft. 12Der Same, der auf den festgetretenen
Weg fiel, steht für Menschen, die die Botschaft zwar hören,
aber dann kommt der Teufel, raubt sie ihnen wieder und ver-
hindert, dass sie glauben und gerettet werden. 13Mit dem fel-
sigen Boden sind jene gemeint, die die Botschaft freudig auf-
nehmen. Aber wie bei jungen Pflanzen in einem solchen
Boden reichen ihre Wurzeln nicht sehr tief. Eine Weile glau-
ben sie zwar, aber wenn Schwierigkeiten kommen, wenden
sie sich ab. 14Der von Dornen bewachsene Boden meint Men-
schen, die Gottes Wort zwar hören und annehmen, sich aber
durch die Verpflichtungen, den Reichtum und die Zerstreu-
ungen des Lebens schon bald wieder davon ablenken lassen.
Auf diese Weise gelangt nichts zur Reife. 15Der gute Boden
dagegen steht für verlässliche, aufrichtige Menschen, die

8,10 Jesaja 6,9.

Gottes Botschaft hören, an ihr festhalten und durch ihre Beständigkeit viel Frucht hervorbringen.

Das Gleichnis von der Lampe

16Niemand würde eine Lampe anzünden und dann etwas da-
rüberstülpen oder sie unters Bett stellen. Nein, Lampen wer-
den da aufgestellt, wo jeder, der hereinkommt, sie sehen
kann. 17Denn alles, was verborgen oder geheim ist, wird ir-
gendwann ans Licht gebracht werden, sodass alle es sehen
können. 18Deshalb achtet auf das, was ihr hört. Dem Men-
schen, der für meine Worte offen ist, wird eine noch tiefere
Einsicht geschenkt werden.* Doch dem, der nicht zuhört,
wird auch das genommen werden, was er zu haben glaubt.«

Die wahre Familie von Jesus

19Einmal wollten die Mutter von Jesus und seine Brüder ihn
besuchen, doch sie konnten wegen der vielen Menschen nicht
zu ihm durchdringen. 20Jemand sagte zu Jesus: »Deine Mut-
ter und deine Brüder sind draußen und möchten dich sehen.«
21Jesus erwiderte: »Alle, die die Botschaft Gottes hören und
sich nach ihr richten, sind meine Mutter und meine Brüder.«

Jesus stillt den Sturm

22Eines Tages sagte Jesus zu seinen Jüngern: »Lasst uns auf
die andere Seite des Sees fahren.« Sie stiegen also in ein Boot
und stießen vom Ufer ab. 23Unterwegs legte Jesus sich schla-
fen, doch während er schlief, kam Wind auf. Der Wind stei-
gerte sich zum Sturm, sodass ihr Boot voll Wasser zu laufen
drohte und sie ernsthaft in Gefahr gerieten.
24Schließlich weckten die Jünger Jesus und riefen: »Meister,
Meister, wir kommen um!«
Jesus stand auf und drohte dem Wind und den stürmischen
Wellen. Plötzlich legte sich der Sturm, und alles war still!
25Und er fragte sie: »Wo ist euer Glaube?«
Voll Furcht und Staunen sagten sie zueinander: »Wer ist
dieser Mann, dass ihm sogar Wind und Wellen gehorchen?«

8,18 Griech. *Wer hat, dem wird gegeben werden.*

Jesus heilt einen von Dämonen besessenen Mann
[26]So kamen sie ins Gebiet der Gerasener* auf der anderen Sei-
te vom See Genezareth. [27]Als Jesus aus dem Boot stieg, lief
ihm ein Mann entgegen, der von Dämonen besessen war.
Nackt und ohne Obdach fristete er sein Dasein schon seit lan-
ger Zeit in den Grabhöhlen. [28]Als er Jesus sah, warf er sich mit
einem schrillen Schrei vor ihm auf den Boden und rief laut:
»Warum bedrängst du mich, Jesus, Sohn des höchsten Got-
tes? Ich flehe dich an, quäle mich nicht!« [29]Denn Jesus hatte
dem bösen Geist schon geboten, aus dem Mann auszufahren.
Schon seit langem hatte der Dämon den Mann völlig in seiner
Gewalt. Auch wenn man ihn in Ketten legte, riss er sich los
und wurde von dem bösen Geist in die Wildnis gehetzt.
[30]»Wie heißt du?«, fragte Jesus.
»Legion«, antwortete er – denn der Mann war von zahlrei-
chen Dämonen besessen. [31]Diese flehten Jesus an, sie nicht in
den Abgrund zu schicken. [32]Auf den umliegenden Hügeln
weidete eine riesige Schweineherde. Die Dämonen baten
Jesus, sie in die Schweine fahren zu lassen. Jesus gestattete
es ihnen. [33]Da fuhren die Dämonen aus dem Mann in die
Schweine, und die ganze Herde stürzte den Abhang hinunter
in den See und ertrank.
[34]Als die Hirten das sahen, flohen sie in den nahe gelegenen
Ort und in das Hügelland der Umgebung und verbreiteten
die Neuigkeit überall. [35]Bald war Jesus von Menschen um-
ringt, die selbst sehen wollten, was geschehen war. Als sie
den Mann, der von Dämonen besessen gewesen war, beklei-
det und völlig bei Verstand friedlich zu Füßen von Jesus sit-
zen sahen, überkam sie Furcht. [36]Diejenigen, die alles mit
eigenen Augen gesehen hatten, erzählten ihnen, wie der Be-
sessene geheilt worden war. [37]Da drängten sie Jesus, zu gehen
und sie in Ruhe zu lassen, so groß war ihre Angst.
Jesus stieg daraufhin wieder in das Boot und fuhr zurück
auf die andere Seite des Sees. [38]Der Mann, der von Dämonen
besessen gewesen war, wollte unbedingt mit ihm gehen, doch

8,26 In manchen Handschriften heißt es *Gadarener* oder *Gergesener;* s. Matthäus u. Markus 5,1.

Jesus sagte zu ihm: 39»Nein, geh zu deiner Familie zurück und erzähle ihnen von dem Wunderbaren, das Gott für dich getan hat.« Da ging er durch die ganze Stadt und erzählte, was Jesus für ihn getan hatte.

Jesus heilt aufgrund Glaubens

40Am anderen Ufer hatten die Menschen schon auf Jesus gewartet und empfingen ihn begeistert. 41Ein Mann namens Jaïrus, einer der Vorsteher der örtlichen Synagoge, kam zu Jesus, warf sich ihm zu Füßen und bat ihn, mit in sein Haus zu kommen. 42Sein einziges Kind, ein zwölfjähriges Mädchen, lag im Sterben.

Jesus machte sich mit ihm auf den Weg, umringt von einer großen Menschenmenge. 43Inmitten der dicht gedrängten Menge befand sich auch eine Frau, die seit zwölf Jahren an Blutungen litt. Sie hatte ihr ganzes Vermögen für Ärzte ausgegeben* und war dennoch nicht geheilt worden. 44Nun näherte sie sich Jesus von hinten und berührte den Saum seines Gewandes. Augenblicklich hörte die Blutung auf.

45»Wer hat mich berührt?«, fragte Jesus.

Alle stritten ab, ihn berührt zu haben, und Petrus meinte: »Meister, hier sind doch so viele Menschen!«

46Doch Jesus sagte: »Nein, jemand hat mich absichtlich berührt. Ich habe gespürt, dass eine heilende Kraft von mir ausging.« 47Als die Frau sah, dass Jesus etwas gemerkt hatte, warf sie sich zitternd vor Angst vor ihm auf die Knie. Alle hörten zu, als sie erklärte, warum sie ihn berührt hatte und dass sie augenblicklich gesund geworden war. 48»Tochter«, sagte Jesus zu ihr, »dein Glaube hat dich gesund gemacht*. Geh in Frieden.«

49Noch während er mit ihr sprach, kam ein Bote aus dem Haus des Jaïrus mit der Nachricht: »Deine Tochter ist gestorben. Du brauchst den Meister nicht mehr zu bemühen.«

8,43 In einigen Handschriften fehlt die Wendung *Sie hatte ihr ganzes Vermögen für Ärzte ausgegeben.*
8,48 Griech. *gerettet.*

50Doch als Jesus das hörte, sagte er zu Jaïrus: »Hab keine
Angst. Vertrau mir, und sie wird gerettet werden.«
51Als sie zum Haus des Vorstehers kamen, nahm Jesus nur
Petrus, Jakobus, Johannes, den Vater und die Mutter des
Mädchens mit hinein. 52Das ganze Haus war voller Leute,
die weinten und klagten, aber er sagte: »Hört auf zu weinen!
Sie ist nicht tot; sie schläft nur.«
53Doch die Menge lachte ihn aus, denn alle wussten, dass sie
gestorben war. 54Da nahm Jesus das Mädchen bei der Hand
und sagte mit lauter Stimme: »Steh auf, mein Kind!« 55Im
gleichen Augenblick kehrte das Leben in sie zurück, und sie
stand auf! Jesus wies die anderen an, ihr etwas zu essen zu
geben. 56Ihre Eltern waren außer sich vor Freude, doch Jesus
gebot ihnen, niemandem zu erzählen, was geschehen war.

Die Aussendung der zwölf Apostel

9 1Eines Tages rief Jesus seine zwölf Apostel zu sich und
gab ihnen Vollmacht, Dämonen auszutreiben und Krank-
heiten zu heilen. 2Dann sandte er sie mit dem Auftrag aus,
allen Menschen vom Kommen des Reiches Gottes zu erzäh-
len und die Kranken gesund zu machen. 3»Nehmt keinen
Wanderstab mit«, wies er sie an, »und auch kein Gepäck, kei-
ne Verpflegung und kein Geld, ja nicht einmal ein zweites
Hemd. 4Wenn ihr in eine Ortschaft kommt, seid nur in einem
einzigen Haus zu Gast. 5Wenn die Einwohner eure Botschaft
nicht hören wollen, dann schüttelt beim Fortgehen den Staub
von euren Füßen als Zeichen, dass ihr diesen Ort dem Gericht
überlasst.«
6So begannen sie durch die Dörfer in der Umgebung zu zie-
hen, verkündeten die gute Botschaft und heilten die Kranken.

Herodes fragt nach Jesus

7Als Herodes Antipas* von den Wundern hörte, die Jesus
vollbrachte, war er beunruhigt und verunsichert zugleich,

9,7 Griech. *der Tetrarch Herodes.* Er war ein Sohn von König Herodes und herrschte über einen der vier Regierungsbezirke in Palästina.

denn manche Leute meinten: »Er ist Johannes der Täufer, der
von den Toten auferstanden ist.« 8Andere sagten: »Es ist Elia
oder ein anderer Prophet, der von den Toten auferstanden
ist.«
9»Ich selbst habe Johannes enthaupten lassen«, sagte Hero-
des. »Wer ist dann dieser Mann, von dem ich all diese selt-
samen Geschichten höre?« Und er wollte ihn gern kennen-
lernen.

Die Speisung der Fünftausend

10Als die Apostel zurückkehrten, berichteten sie Jesus über
alles, was sie getan hatten. Danach zog er sich mit ihnen in
die Nähe der Stadt Betsaida zurück. 11Doch die Leute fanden
heraus, wohin er gegangen war, und folgten ihm. Da wandte
er sich ihnen zu, erzählte ihnen vom Reich Gottes und heilte
die Kranken unter ihnen. 12Am späten Nachmittag kamen die
zwölf Jünger zu ihm und sagten: »Schick die Leute fort in die
nahe gelegenen Dörfer und Höfe, dann können sie etwas zu
essen und eine Unterkunft für die Nacht finden. Denn hier, in
dieser verlassenen Gegend, gibt es nichts zu essen.«
13Doch Jesus sagte: »Gebt ihr ihnen zu essen.«
Sie protestierten: »Unmöglich! Wir haben nur fünf Brote
und zwei Fische. Oder erwartest du von uns, dass wir gehen
und für diese vielen Menschen Essen kaufen?« 14Es waren
etwa fünftausend Männer.
»Sie sollen sich in Gruppen zu je fünfzig niederlassen«, er-
widerte Jesus. 15Da setzten sie sich alle hin. 16Jesus nahm die
fünf Brote und die beiden Fische, blickte zum Himmel auf
und erbat Gottes Segen für das Essen. Dann brach er die Brote
in Stücke und reichte sie den Jüngern, damit sie alles an die
Leute austeilten. 17Alle aßen, so viel sie wollten, und am
Schluss sammelten sie noch zwölf Körbe mit Resten ein!

Das Bekenntnis des Petrus

18Als Jesus eines Tages allein war, fragte er sie: »Für wen hal-
ten die Leute mich?«
19»Nun«, erwiderten sie, »manche sagen, du seist Johannes
der Täufer, andere halten dich für Elia und wieder andere

behaupten, du seist einer der alten Propheten, der von den
Toten auferstanden ist.«
20Da fragte er sie: »Und für wen haltet ihr mich?«
Petrus erwiderte: »Du bist der von Gott gesandte Christus!«

Jesus kündigt seinen Tod an

21Jesus schärfte ihnen ein, es niemandem zu sagen. 22»Denn
der Menschensohn muss viel Schlimmes erleiden«, sagte er.
»Er wird von den führenden Männern des jüdischen Volkes,
den obersten Priestern und den Schriftgelehrten verurteilt
werden. Sie werden ihn töten, doch drei Tage später wird er
von den Toten auferstehen.«
23Dann sagte er zu der Menge: »Wenn einer von euch mit
mir gehen will, muss er sich selbst verleugnen, jeden Tag
aufs Neue sein Kreuz auf sich nehmen und mir nachfolgen.
24Wer versucht, sein Leben zu retten, wird es verlieren. Aber
wer sein Leben für mich aufgibt, wird es retten. 25Was nützt
es, die ganze Welt zu gewinnen, aber dabei an der eigenen
Seele Schaden zu nehmen oder sie zu verlieren*? 26Wer sich
meiner oder meiner Botschaft schämt, dessen wird sich der
Menschensohn auch schämen, wenn er in seiner Herrlichkeit
und in der Herrlichkeit seines Vaters und der heiligen Engel
wiederkommt. 27Und ich sage euch: Einige von denen, die
jetzt hier stehen, werden nicht sterben, ehe sie das Reich Gottes gesehen haben.«

Die Verklärung

28Etwa acht Tage später nahm Jesus Petrus, Jakobus und Johannes mit auf einen Berg, um zu beten. 29Während er betete,
veränderte sich das Aussehen seines Gesichts, und seine Kleider wurden strahlend weiß. 30Dann erschienen zwei Männer,
Mose und Elia, und begannen mit Jesus zu sprechen. 31Auch
sie waren von herrlichem Glanz umgeben. Sie sprachen darüber, wie er bald in Jerusalem sterben würde, um damit seinen
Auftrag zu erfüllen.

9,25 Wörtlich *... aber dabei sich selbst verliert oder schweren Schaden erleidet?*

32 Petrus und die anderen Jünger waren sehr müde gewesen
und eingeschlafen. Nun wachten sie auf und sahen den strah-
lenden Anblick von Jesus und den beiden Männern, die ne-
ben ihm standen. 33 Als Mose und Elia sie verlassen wollten,
rief Petrus schnell – und ohne zu wissen, was er sagte: »Meis-
ter, wie wunderbar ist das! Lass uns drei Hütten* bauen – eine
für dich, eine für Mose und eine für Elia.« 34 Doch er hatte
kaum ausgeredet, da zog eine Wolke auf; und als die Wolke
sie einhüllte, hatten sie große Angst.

35 Aus der Wolke drang eine Stimme: »Dies ist mein Sohn,
mein Auserwählter.* Hört auf ihn.« 36 Als die Stimme verhallt
war, stand Jesus wieder allein da. Lange Zeit erzählten sie
niemandem, was sie gesehen hatten.

Jesus heilt einen besessenen Jungen

37 Am nächsten Tag, als sie wieder vom Berg herabgestiegen
waren, strömten die Menschen zu Jesus. 38 Ein Mann in der
Menge rief ihm zu: »Meister, sieh meinen Sohn an, mein ein-
ziges Kind. 39 Ein böser Geist ergreift immer wieder von ihm
Besitz. Dann schreit er, stürzt zu Boden, windet sich und hat
Schaum vor dem Mund. Ständig schlägt und verletzt er ihn
und lässt ihm keine Ruhe. 40 Ich habe deine Jünger gebeten,
den Geist auszutreiben, aber sie konnten es nicht.«

41 »Ihr uneinsichtigen, ungläubigen Menschen«, sagte Jesus,
»wie lange muss ich denn noch bei euch sein und euch ertra-
gen? Bringt ihn her.« 42 Als der Junge nach vorn kam, warf der
Dämon ihn zu Boden, sodass er sich heftig wand und
krümmte. Aber Jesus bedrohte den bösen Geist und heilte
den Jungen. Dann schickte er ihn zu seinem Vater zurück.
43 Die Leute wurden von Angst und Ehrfurcht ergriffen, als
sie dieses sichtbare Wirken der Macht Gottes sahen.

Jesus kündigt erneut seinen Tod an

Während die Menschen noch über die Wunder staunten, die
er tat, sagte Jesus zu seinen Jüngern: 44 »Hört mir zu und

9,33 Griech. *Tabernakel.*

9,35 In manchen Handschriften heißt es *Dies ist mein geliebter Sohn.*

denkt an das, was ich euch jetzt sage. Der Menschensohn
wird in die Hände der Menschen gegeben und verraten wer-
den.« 45Doch sie begriffen nicht, was er damit meinte. Die
Bedeutung seiner Worte blieb ihnen verborgen, sodass sie
sie nicht verstehen konnten, und sie wagten nicht, ihn danach
zu fragen.

Der Größte im Reich Gottes

46Einmal kam es unter den Jüngern zu einem Streit darüber,
wer von ihnen der Größte sei. 47Jesus wusste, was sie dachten.
Er stellte ein kleines Kind neben sich 48und sagte zu ihnen:
»Jeder, der ein solches Kind um meinetwillen aufnimmt, der
nimmt mich auf, und wer mich aufnimmt, nimmt meinen Va-
ter auf, der mich gesandt hat. Wer der Geringste unter euch
ist, der ist der Größte.«

Im Namen von Jesus Wunder tun

49Johannes sagte zu Jesus: »Meister, wir haben gesehen, wie
einer in deinem Namen Dämonen austrieb, und haben ver-
sucht, ihn daran zu hindern, weil er nicht zu uns gehört.«
50Doch Jesus entgegnete ihm: »Hindert ihn nicht! Wer nicht
gegen euch ist, ist für euch.«

Widerstand von den Samaritern

51Als die Zeit seiner Rückkehr in den Himmel näher kam,
machte Jesus sich auf den Weg nach Jerusalem. 52Er schickte
Boten voraus in ein Dorf in Samarien, um seine Ankunft vor-
zubereiten. 53Doch sie wurden abgewiesen. Weil Jesus auf
dem Weg nach Jerusalem war, wollten sie ihn nicht aufneh-
men. 54Als Jakobus und Johannes das hörten, sagten sie zu
Jesus: »Herr, sollen wir Feuer vom Himmel regnen lassen
und sie verbrennen*?« 55Doch Jesus drehte sich um und wies
sie zurecht.* 56Dann zogen sie weiter in ein anderes Dorf.

9,54 Einige Handschriften fügen hinzu *wie Elia es tat.*

9,55 Einige Handschriften fügen hinzu *Und er sagte: »Ihr merkt gar nicht, was für Herzen ihr habt. 56Denn der Menschensohn ist nicht gekommen, um das Leben der Menschen zu vernichten, sondern um sie zu retten.«*

Der Preis der Nachfolge

57Unterwegs sagte einer der Jünger zu Jesus: »Ich will mit dir
gehen, wohin du auch gehst.«
58Aber Jesus hielt ihm entgegen: »Füchse haben ihren Bau
und Vögel haben Nester, doch der Menschensohn hat keinen
Ort, an dem er sich ausruhen kann.«
59Zu einem anderen sagte er: »Komm, folge mir nach.«
Dieser jedoch antwortete: »Herr, lass mich zuerst noch nach
Hause gehen und meinen Vater begraben.«
60Jesus erwiderte: »Lass die Menschen, die nicht nach Gott
fragen, für ihre Toten sorgen.* Deine Aufgabe ist es hinzuge-
hen und das Kommen des Reiches Gottes zu verkündigen.«
61Ein anderer sagte: »Ja, Herr, ich will mit dir gehen, aber
lass mich zuerst noch von meiner Familie Abschied nehmen.«
62Doch Jesus sagte: »Wer eine Hand an den Pflug legt und
dann zurückschaut, ist nicht geeignet für das Reich Gottes.«

Jesus sendet seine Jünger aus

10 1Daraufhin wählte der Herr zweiundsiebzig* andere
Jünger aus und schickte sie zu zweit voraus in alle
Städte und Dörfer, die er aufsuchen wollte. 2Er gab ihnen fol-
gende Anweisungen: »Die Ernte ist groß, doch die Zahl der
Arbeiter ist klein. Betet zum Herrn, der für die Ernte zustän-
dig ist, und bittet ihn, mehr Arbeiter auf seine Felder zu schi-
cken. 3Nun geht und denkt daran, dass ich euch wie Lämmer
unter die Wölfe schicke. 4Nehmt kein Geld mit, auch kein
Gepäck, ja nicht einmal ein zweites Paar Sandalen. Und haltet
euch unterwegs nicht auf, um jemanden zu grüßen.
5Wann immer ihr ein Haus betretet, segnet es. 6Wenn seine
Bewohner des Segens würdig sind, wird er bei ihnen bleiben;
wenn sie es nicht sind, wird der Segen zu euch zurückkehren.
7Wenn ihr in eine Stadt kommt, zieht nicht von Haus zu Haus.
Bleibt an einem Ort und esst und trinkt, was man euch anbie-
tet. Zögert nicht, Gastfreundschaft anzunehmen, denn wer
arbeitet, hat auch Lohn verdient.

9,60 Griech. *Lass die Toten ihre eigenen Toten begraben.*
10,1 In einigen Handschriften steht *siebzig;* so auch in 10,17.

8Wenn eine Stadt euch willkommen heißt, dann esst, was
euch vorgesetzt wird, 9heilt die Kranken und sagt dabei:
›Das Reich Gottes ist nahe bei euch.‹ 10Doch wenn eine Stadt
euch nicht willkommen heißen will, dann geht hinaus auf die
Straße und sagt: 11›Wir schütteln als Zeichen eures Verder-
bens den Staub eurer Stadt von unseren Füßen. Vergesst
nicht, dass das Reich Gottes nahe ist!‹ 12Ich sage euch, selbst
der Stadt Sodom wird es am Tag des Gerichts noch besser
ergehen als einer solchen Stadt.

13Welche Schrecken erwarten euch, Chorazin und Betsaida!
Denn wenn die Wunder, die ich bei euch getan habe, in Tyrus
und Sidon geschehen wären, hätten ihre Einwohner schon
längst ihre Schuld bekannt und sich zum Zeichen ihrer Reue
in Säcke gehüllt und Asche auf ihre Häupter gestreut. 14Ja,
Tyrus und Sidon werden am Tag des Gerichts immer noch
besser dastehen als ihr. 15Und ihr Bewohner von Kapernaum,
ob ihr wohl an diesem Tag in den Himmel gehoben werdet?
Ganz sicher nicht. Ihr werdet vielmehr hinunter ins Reich der
Toten* geworfen.«

16Dann sagte er zu den Jüngern: »Wer eure Botschaft an-
nimmt, nimmt auch mich an. Wer euch jedoch ablehnt, lehnt
auch mich ab. Und wer mich ablehnt, lehnt Gott ab, der mich
gesandt hat.«

17Als die zweiundsiebzig Jünger zurückkehrten, berichteten
sie ihm voller Freude: »Herr, sogar die Dämonen gehorchen
uns, wenn wir sie in deinem Namen austreiben!«

18»Ja«, erklärte er ihnen, »ich sah Satan wie einen Blitz vom
Himmel fallen! 19Ich habe euch Vollmacht über den Feind ge-
geben; ihr könnt unter Schlangen und Skorpionen umher-
gehen und sie zertreten. Nichts und niemand wird euch et-
was anhaben können. 20Aber freut euch nicht darüber, dass
böse Geister euch gehorchen, sondern freut euch, dass eure
Namen im Himmel aufgeschrieben sind.«

10,15 Griech. *in den Hades.*

Jesus spricht ein Dankgebet

21Dann wurde Jesus von der Freude des Heiligen Geistes er-
füllt und sagte: »Vater, Herr des Himmels und der Erde, ich
danke dir, dass du die Wahrheit vor denen verbirgst, die sich
selbst für so klug und weise halten. Ich danke dir, dass du sie
stattdessen denen enthüllst, die ein kindliches Gemüt haben.
Ja, Vater, so wolltest du es.
22Mein Vater hat mir Vollmacht über alles gegeben. Nie-
mand außer dem Vater kennt den Sohn wirklich, und nie-
mand kennt den Vater außer dem Sohn und jenen, denen
der Sohn den Vater offenbaren will.«
23Als sie allein waren, wandte er sich an die Jünger und sag-
te: »Glücklich zu schätzen sind die, deren Augen sehen, was
ihr seht. 24Ich sage euch: Propheten und Könige haben sich
danach gesehnt, zu sehen und zu hören, was ihr gesehen
und gehört habt, aber sie konnten es nicht.«

Das wichtigste Gebot

25Ein Mann, der sich im Gesetz Moses besonders gut aus-
kannte, stand eines Tages auf, um Jesus mit folgender Frage
auf die Probe zu stellen: »Meister, was muss ich tun, um das
ewige Leben zu bekommen?«
26Jesus erwiderte: »Was steht darüber im Gesetz Moses?
Was liest du dort?«
27Der Mann antwortete: »›Du sollst den Herrn, deinen Gott,
von ganzem Herzen, von ganzer Seele, mit deiner ganzen
Kraft und all deinen Gedanken lieben.‹ Und: ›Liebe deinen
Nächsten wie dich selbst.‹«*
28»Richtig!«, bestätigte Jesus. »Tu das, und du wirst leben!«
29Der Mann wollte sich rechtfertigen; deshalb fragte er Je-
sus: »Und wer ist mein Nächster?«

Das Gleichnis vom barmherzigen Samariter

30Jesus antwortete: »Ein Mann befand sich auf der Straße von
Jerusalem nach Jericho, als er von Räubern überfallen wurde.

10,27 5. Mose 6,5; 3. Mose 19,18.

Sie raubten ihm seine Kleider und sein Geld, verprügelten ihn
und ließen ihn halb tot am Straßenrand liegen.
31Zufällig kam ein jüdischer Priester vorbei. Doch als er den
Mann dort liegen sah, wechselte er auf die andere Straßensei-
te und ging vorüber. 32Dann kam ein Tempeldiener* und sah
ihn ebenfalls dort liegen; doch auch er ging auf der anderen
Straßenseite vorüber.
33Schließlich näherte sich ein Samariter. Als er den Mann
sah, empfand er tiefes Mitleid mit ihm. 34Er kniete sich neben
ihn, behandelte seine Wunden mit Öl und Wein und verband
sie. Dann hob er den Mann auf seinen eigenen Esel und
brachte ihn zu einem Gasthaus, wo er ihn versorgte. 35Am
nächsten Tag gab er dem Wirt zwei Denare* und bat ihn, gut
für den Mann zu sorgen. ›Sollte das Geld nicht ausreichen‹,
sagte er, ›dann werde ich dir den Rest bezahlen, wenn ich das
nächste Mal herkomme.‹
36Wer von den dreien war nun deiner Meinung nach der
Nächste für den Mann, der von Räubern überfallen wurde?«,
fragte Jesus.
37Der Mann erwiderte: »Der, der Mitleid hatte und ihm
half.«

Jesus antwortete: »Ja. Nun geh und mach es genauso.«

Jesus besucht Marta und Maria

38Auf ihrem Weg nach Jerusalem kamen Jesus und die Jünger
auch in ein Dorf, in dem eine Frau mit Namen Marta sie in ihr
Haus einlud. 39Ihre Schwester Maria saß Jesus zu Füßen und
hörte ihm aufmerksam zu. 40Marta dagegen mühte sich mit
der Bewirtung der Gäste. Sie kam zu Jesus und sagte: »Herr,
ist es nicht ungerecht, dass meine Schwester hier sitzt, wäh-
rend ich die ganze Arbeit tue? Sag ihr, sie soll kommen und
mir helfen.«
41Doch der Herr sagte zu ihr: »Meine liebe Marta, du sorgst
dich um so viele Kleinigkeiten! 42Im Grunde ist doch nur ei-

10,32 Griech. *ein Levit.*
10,35 Ein Denar entsprach etwa einem vollen Tagelohn.

nes wirklich wichtig. Maria hat erkannt, was das ist – und ich
werde es ihr nicht nehmen.«

Jesus lehrt beten

11 1Einmal hatte Jesus Halt gemacht, um zu beten. Als er
aufgehört hatte zu beten, kam einer seiner Jünger zu
ihm und bat: »Herr, lehre uns beten, so wie Johannes es seine
Jünger gelehrt hat.«
2Jesus antwortete: »Wenn ihr betet, dann sprecht: ›Vater,
dein Name werde geehrt. Dein Reich komme bald.
3Gib uns jeden Tag die Nahrung, die wir brauchen.
4Und vergib uns unsere Schuld – so wie auch wir denen
vergeben, die an uns schuldig geworden sind.
Und lass nicht zu, dass wir der Versuchung nachgeben.*‹«
5Er sagte ihnen noch mehr über das Beten und erzählte ih-
nen folgendes Beispiel: »Angenommen, ihr geht um Mitter-
nacht zum Haus eines Freundes, um ihn um drei Brote zu
bitten. Ihr erklärt ihm: 6›Ein Freund von mir ist unerwartet
zu Besuch gekommen, und ich habe nichts zu essen im Haus.‹
7Doch er ruft euch aus dem Schlafzimmer zu: ›Lass mich in
Ruhe. Die Tür ist schon für die Nacht verriegelt, und wir lie-
gen alle im Bett. Um diese Zeit kann ich dir nicht mehr hel-
fen.‹ 8Ich sage euch eins: Wenn er euch auch nicht aus Freund-
schaft helfen will, wird er doch am Ende aufstehen und euch
geben, was ihr braucht, um seinem guten Ruf nicht zu
schaden* – wenn ihr nur beharrlich genug klopft.
9Deshalb sage ich euch: Bittet, und ihr werdet erhalten.
Sucht, und ihr werdet finden. Klopft an, und die Tür wird
euch geöffnet werden. 10Denn wer bittet, wird erhalten. Wer
sucht, wird finden. Und die Tür wird jedem geöffnet, der an-
klopft.
11Gibt es einen Vater, der seinem Kind eine Schlange hinhält,
wenn es um einen Fisch bittet? 12Oder wenn es um ein Ei
bittet, reicht er ihm dann einen Skorpion? Natürlich nicht!

11,2-4 In manchen Handschriften finden sich weitere Teile des Vaterunsers; vgl. Matthäus 6,9-13.

11,8 Griech. *um der Schande zu entgehen* oder *wegen [eurer] Beharrlichkeit.*

13Wenn aber selbst ihr sündigen Menschen wisst, wie ihr eu-
ren Kindern Gutes tun könnt, wie viel eher wird euer Vater im
Himmel denen, die ihn bitten, den Heiligen Geist schenken.«

Jesus und der Oberste der Dämonen

14Eines Tages trieb Jesus einen Dämon aus einem Mann aus,
der stumm war, und der Mann konnte daraufhin wieder
sprechen. Die Menschen staunten, 15doch ein paar von ihnen
sagten: »Kein Wunder, dass er Dämonen austreiben kann. Er
hat seine Macht von Satan*, dem Obersten der Dämonen!«
16Andere wollten Jesus auf die Probe stellen, indem sie ein
Zeichen vom Himmel verlangten, um zu sehen, ob er wirk-
lich von Gott kam.

17Er wusste jedoch genau, was sie dachten, und sagte des-
halb: »Ein Königreich, das gegen sich selbst kämpft, ist dem
Untergang geweiht. Auch ein Haus, in dem Streit herrscht,
hat keinen Bestand. 18Ihr behauptet, ich hätte meine Macht
vom Obersten der Dämonen. Doch wenn Satan gegen sich
selbst kämpft, indem er mir die Vollmacht verleiht, seine Dä-
monen auszutreiben, wie kann seine Herrschaft dann von
Dauer sein? 19Und wenn ich meine Macht vom Herrscher
der Dämonen habe, was ist dann mit euren eigenen Leuten?
Auch sie treiben Dämonen aus – sie werden euch nach euren
eigenen Worten richten. 20Wenn ich aber Dämonen austreibe
durch die Macht Gottes, dann ist das Reich Gottes zu euch
gekommen. 21Denn solange ein starker Mann bewaffnet sei-
nen Palast bewacht, ist sein Besitz sicher – 22bis ein Stärkerer
angreift und ihn besiegt. Und der Stärkere nimmt ihm seine
Waffen, auf die er vertraute, und verteilt seinen Besitz.

23Wer nicht für mich ist, ist gegen mich, und wer nicht Hand
in Hand mit mir arbeitet, arbeitet gegen mich*.

24Wenn ein böser Geist einen Menschen verlässt, geht er in
die Wüste und sucht Ruhe. Wenn er sie jedoch nicht findet,
sagt er sich: ›Ich will zu dem Menschen zurückkehren, aus

11,15 Griech. *Beelzebul;* so auch in 11,18.19.
11,23 Griech. *und wer nicht mit mir sammelt, der zerstreut.*

dem ich ausgefahren bin.‹* 25Und so kommt der Geist zurück
und stellt fest, dass seine frühere Wohnung sorgfältig gefegt
und gesäubert wurde. 26Dann holt er sieben andere Geister,
die noch schlimmer sind als er selbst, und sie alle ziehen dort
ein. Dann ergeht es diesem Menschen noch schlimmer als zuvor.«

27Während er noch sprach, rief eine Frau in der Menge:
»Gott segne deine Mutter, die dich zur Welt brachte und an
ihren Brüsten nährte!«

28Er aber erwiderte: »Ja, aber gesegnet sind alle, die das
Wort Gottes hören und danach leben.«

Das Zeichen Jonas

29Die Menge drängte sich um Jesus, und er sagte: »Es sind
böse Zeiten, und diese verdorbene Generation verlangt ständig Wunder von mir. Doch das einzige Zeichen, das ihnen
gegeben wird, ist das Zeichen des Propheten Jona. 30Was mit
ihm geschah, war für die Einwohner Ninives ein Zeichen.
Was mit dem Menschensohn geschehen wird, wird das Zeichen für diese Generation sein.

31Die Königin von Saba* wird sich am Tag des Gerichts gegen euch erheben und euch verurteilen, denn sie kam aus
einem fremden Land, um die Weisheiten König Salomos zu
hören. Und nun ist einer bei euch, der weit größer ist als
Salomo – doch ihr weigert euch, auf ihn zu hören.* 32Und
auch die Einwohner Ninives werden sich am Tag des Gerichts
gegen euch erheben und euch verurteilen, denn sie haben auf
Jonas Predigt hin Reue gezeigt.* Und nun ist einer bei euch,
der weit größer ist als Jona – doch ihr weigert euch zu bereuen.

11,24 Griech. *Ich will wieder in mein Haus zurückkehren, das ich verlassen habe.*
11,31a Griech. *die Königin des Südens;* vgl. 1. Könige 10,1-10.
11,31b Im Griech. fehlt die Wendung *doch ihr weigert euch, auf ihn zu hören;* so auch in 11,32 *doch ihr weigert euch zu bereuen.*
11,32 Vgl. Jona 3,5.

Das Licht annehmen
[33]Niemand zündet eine Lampe an und versteckt sie dann in
einem verborgenen Winkel oder stellt sie unter ein umge-
stülptes Gefäß. Sie wird vielmehr auf einen Ständer gestellt,
damit sie allen Licht gibt, die das Zimmer betreten. [34]Dein
Auge ist das Fenster deines Körpers. Ein klares Auge lässt
das Licht bis in deine Seele dringen, doch ein schlechtes
Auge sperrt das Licht aus und stürzt dich in Dunkelheit.
[35]Achte darauf, dass das Licht, das du hast, nicht Dunkelheit
ist. [36]Wenn du vom Licht erfüllt bist und keine Bereiche mehr
dunkel in dir sind, dann wird dein ganzes Leben leuchten, als
würde ein strahlendes Licht auf dich scheinen.«

Jesus kritisiert die jüdischen Religionsführer
[37]Während Jesus noch sprach, lud einer der Pharisäer ihn zu
sich zum Essen ein. Er ging mit ihm und ließ sich zum Essen
nieder. [38]Sein Gastgeber wunderte sich, dass er Platz nahm,
ohne zuvor die vorgeschriebene Waschung zu vollziehen.
[39]Daraufhin sagte Jesus zu ihm: »Ihr Pharisäer achtet peinlich
genau darauf, Becher und Teller äußerlich zu säubern, doch
innerlich seid ihr alles andere als rein, sondern voller Habgier
und Bosheit! [40]Wie dumm von euch! Hat Gott nicht das
Äußere und das Innere geschaffen? [41]Deshalb gebt den Be-
dürftigen, was ihr in eurer Habgier zusammenrafft, und ihr
werdet in allem rein sein.

[42]Doch es wird euch Pharisäern schlimm ergehen! Denn ihr
gebt zwar den vorgeschriebenen zehnten Teil noch vom
kleinsten Anteil eurer Einkünfte*, doch die Gerechtigkeit
und die Liebe Gottes vergesst ihr. Ihr sollt den zehnten Teil
geben, das ist richtig, aber ihr dürft die wichtigeren Dinge
dabei nicht außer Acht lassen.

[43]Schlimm wird es euch Pharisäern ergehen! Denn ihr liebt
die Ehrenplätze in den Synagogen und die Ehrerbietung der
Menschen, wenn ihr über den Markt spaziert! [44]Ja, es wird
euch schlimm ergehen. Denn ihr seid wie verborgene Gräber

11,42 Griech. *den Zehnten von Minze, Raute und Gemüse.*

auf einem Feld. Die Menschen gehen darüber und ahnen nicht, welche Verwesung unter ihren Füßen begraben liegt.«

45»Meister«, sagte ein Mann, der sich besonders gut im Gesetz Moses auskannte, »damit beleidigst du auch uns.«

46»Ja«, sagte Jesus, »auch euch, die ihr das Gesetz so gut kennt, wird es schlimm ergehen! Denn ihr ladet den Menschen unerfüllbare religiöse Forderungen auf, tut aber nicht
das Geringste, um ihnen diese Last zu erleichtern. 47Schlimm
wird es euch ergehen! Ihr errichtet Grabmäler für die Propheten, die eure Vorfahren vor langer Zeit umgebracht haben.
48Ihr Mörder! Ihr bestätigt und erklärt für richtig, was eure Vorfahren getan haben, ja ihr hättet genauso gehandelt.
49Über euch hat Gott in seiner Weisheit gesagt*: ›Ich werde ihnen Propheten und Apostel schicken, und sie werden einige töten und die anderen verfolgen.‹

50Ihr, die Angehörigen dieser Generation, werdet für die Ermordung aller Propheten Gottes seit der Erschaffung der Welt zur Rechenschaft gezogen werden –
51angefangen von der Ermordung Abels bis zur Ermordung Secharjas, der zwischen dem Altar und dem Heiligtum getötet wurde. Ja, das alles wird euch zur Last gelegt werden.

52Wie schlimm wird es euch, die ihr das Gesetz kennt, ergehen! Denn ihr versteckt den Schlüssel der Erkenntnis vor den Menschen. Ihr kommt selbst nicht ins Reich Gottes und hindert andere daran, hineinzukommen.«

53Danach verließ Jesus das Haus. Aber von da an setzten ihm die Pharisäer und Schriftgelehrten mit vielen Fragen zu
54und versuchten, ihn zu einer Äußerung zu verleiten, die sie gegen ihn verwenden konnten.

Warnung vor Heuchelei

12 1Inzwischen drängten und schoben sich die Menschen zu Tausenden. Jesus wandte sich an seine Jünger und warnte sie: »Hütet euch vor dem Sauerteig der Pharisäer – hütet euch vor ihrer Heuchelei.
2Es kommt die Zeit, da wird alles offenbar werden; alles, was jetzt noch geheim ist, wird

---

11,49 Griech. *Deshalb sagte die Weisheit Gottes.*

dann öffentlich bekannt gemacht werden. [3]Alles, was ihr im
Dunkeln gesagt habt, wird im Hellen zu hören sein, und was
ihr hinter verschlossenen Türen geflüstert habt, wird man
von den Dächern rufen, sodass alle es hören!

[4]Meine Freunde, habt keine Angst vor denen, die euch töten
wollen. Sie können nur den Körper töten; mehr können sie
euch nicht antun. [5]Aber ich sage euch, wen ihr wirklich fürch-
ten sollt: Fürchtet Gott, der die Macht hat, Menschen zu töten
und sie danach in die Hölle zu werfen.

[6]Was kosten fünf Spatzen? Vielleicht ein paar Cent? Und
doch vergisst Gott nicht einen Einzigen von ihnen. [7]Und
auch die Haare auf eurem Kopf sind alle gezählt. Habt des-
halb keine Angst, denn ihr seid ihm wertvoller als ein ganzer
Schwarm Spatzen.

[8]Und ich versichere euch: Wer sich hier auf der Erde zu mir
bekennt, zu dem wird sich der Menschensohn auch in der
Gegenwart der Engel Gottes bekennen. [9]Aber wer mich hier
auf der Erde verleugnet, der wird auch vor den Engeln Gottes
verleugnet werden. [10]Dennoch kann dem, der schlecht über
den Menschensohn spricht, vergeben werden; aber dem, der
gegen den Heiligen Geist lästert, wird niemals vergeben
werden.

[11]Und wenn man euch in den Synagogen und vor Herr-
schern und Beamten den Prozess machen wird, dann macht
euch keine Sorgen darüber, was ihr zu eurer Verteidigung
vorbringen sollt. [12]Denn in diesem Moment wird der Heilige
Geist euch lehren, was ihr sagen sollt.«

Das Gleichnis vom reichen Bauern

[13]Da rief einer aus der Menge: »Meister, sag doch meinem
Bruder, dass er das väterliche Erbe mit mir teilen soll.«

[14]Jesus erwiderte: »Wer hat mich zum Richter über euch ge-
macht, um in solchen Dingen zu entscheiden?« [15]Und er fuhr
fort: »Nehmt euch in Acht! Begehrt nicht das, was ihr nicht
habt. Das wahre Leben wird nicht daran gemessen, wie viel
wir besitzen.«

[16]Und er gab ihnen folgendes Gleichnis: »Ein wohlhabender
Mann besaß einen großen Hof mit Äckern, die reiche Ernten

brachten, [17]so viel, dass seine Scheunen die Erträge nicht fas-
sen konnten. [18]Da sagte er sich: ›Ich weiß, was ich mache! Ich
werde meine Scheunen abreißen und größere bauen. Auf die-
se Weise habe ich genug Platz, um alles zu lagern. [19]Und dann
werde ich mich zurücklehnen und mir sagen: Mein Freund,
du hast für Jahre genug eingelagert. Genieße das Leben. Iss,
trink und sei fröhlich!‹

[20]Aber Gott sagte zu ihm: ›Wie dumm von dir! Du wirst
noch heute Nacht sterben. Und wer wird dann das alles be-
kommen?‹

[21]Ihr seht, wie dumm es ist, auf der Erde Reichtümer anzu-
häufen und dabei nicht nach Reichtum bei Gott zu fragen.«

Lehre über Geld und Besitz

[22]Darauf wandte Jesus sich wieder an seine Jünger: »Deshalb
sage ich euch: Sorgt euch nicht um Alltägliches – ob ihr genug
zu essen oder anzuziehen habt, [23]denn das Leben besteht aus
weit mehr als Nahrung und Kleidung. [24]Seht die Raben an.
Sie brauchen nicht zu säen, zu ernten oder Vorratsscheunen
zu bauen, denn Gott ernährt sie. Und ihr seid ihm doch weit
wichtiger als irgendwelche Vögel! [25]Können all eure Sorgen
euer Leben auch nur um einen einzigen Augenblick verlän-
gern? Natürlich nicht! [26]Und wenn euer Sorgen schon in so
geringen Dingen nichts bewirkt, was nützt es da, sich um
größere Dinge zu sorgen?

[27]Seht doch die Lilien, wie sie wachsen. Sie arbeiten nicht
und nähen sich keine Kleider, und doch war Salomo in all
seiner Pracht nicht so schön gekleidet wie eine von ihnen.
[28]Wenn Gott schon für die Blumen so wunderbar sorgt, die
heute blühen und morgen bereits verwelkt sind, wie viel
mehr wird er da für euch sorgen? Euer Glaube ist so klein!
[29]Macht euch keine Gedanken über eure Nahrung – was ihr
essen oder trinken sollt. Macht euch keine Gedanken darü-
ber, ob Gott euch damit versorgen wird. [30]Diese Dinge be-
herrschen das Denken der meisten Menschen, doch euer
Vater weiß, was ihr braucht. [31]Er wird euch jeden Tag alles
Nötige geben, wenn das Reich Gottes für euch das Wich-
tigste ist.

32Hab also keine Angst, kleine Herde. Denn es macht eurem
Vater große Freude, euch das Reich Gottes zu schenken.
33Verkauft, was ihr habt, und gebt es den Bedürftigen. Auf
diese Weise sammelt ihr euch Schätze im Himmel! Und die
Geldbörsen des Himmels haben keine Löcher. Dort ist euer
Schatz sicher – kein Dieb kann ihn stehlen und keine Motte
ihn zerfressen. 34Wo immer euer Reichtum ist, da wird auch
euer Herz sein.

Seid bereit für das Kommen des Herrn

35Haltet euch bereit und seid wach 36wie jemand, der auf die
Rückkehr seines Herrn vom Hochzeitsfest wartet. Dann werdet ihr die Tür öffnen und ihn sofort hereinlassen können,
wenn er kommt und anklopft. 37Gesegnet sind diejenigen,
die vorbereitet sind und seine Rückkehr erwarten. Ich verspreche euch, er wird sie Platz nehmen lassen, sich eine
Schürze umbinden und sie bedienen, während sie sitzen
und essen! 38Vielleicht kommt er mitten in der Nacht oder
kurz vor der Morgendämmerung*. Doch wann er auch
kommt: Gesegnet sind all diejenigen von seinen Dienern, die
dann bereit sind!
39Eines solltet ihr wissen: Wenn ein Hausbesitzer wüsste,
wann der Einbrecher kommt, würde er nicht zulassen, dass
er einbricht. 40Deshalb müsst ihr jederzeit bereit sein, denn
der Menschensohn wird dann kommen, wenn ihr es am wenigsten erwartet.«
41Petrus fragte: »Herr, meinst du damit nur uns oder alle
Menschen?«
42Da erwiderte der Herr: »Ich spreche von jedem treuen,
umsichtigen Diener, dem der Herr die Verantwortung überträgt, sein Haus zu verwalten und seine Familie zu versorgen.
43Wenn der Herr zurückkommt und feststellt, dass der Diener
seine Sache gut gemacht hat, wird es eine Belohnung geben.
44Ich versichere euch: Der Herr wird diesem Diener die Verantwortung über seinen gesamten Besitz übertragen. 45Wenn

12,38 Griech. *in der zweiten oder dritten Nachtwache.*

der Diener jedoch denkt: ›Mein Herr wird noch lange nicht
zurückkommen‹ und anfängt, die anderen Diener herum-
zukommandieren, Feste zu feiern und sich zu betrinken –
46nun, dann wird der Herr eines Tages unangekündigt und
zu unerwarteter Stunde zurückkehren. Dann wird er den
Diener davonjagen und ihn zu den Ungläubigen verbannen.
47Der Diener wird hart bestraft werden, denn er hat seine
Pflichten nicht erfüllt, obwohl er den Willen seines Herrn
kannte.

48Menschen, die diesen Willen nicht kennen und Unrecht
tun, werden nur leicht bestraft werden. Von den Menschen
jedoch, denen viel anvertraut wurde, wird viel verlangt, und
von denjenigen, denen noch mehr anvertraut wurde, wird
auch noch viel mehr verlangt werden.

Jesus spaltet die Menschen in zwei Lager

49Ich bin gekommen, um Feuer auf der Erde zu entzünden,
und ich wünschte, meine Aufgabe wäre schon erfüllt! 50Eine
schreckliche Taufe steht mir bevor, und der Gedanke daran
lastet schwer auf mir, bis sie vollzogen ist. 51Glaubt ihr, ich bin
gekommen, um der Welt Frieden zu bringen? Nein, ich bin
gekommen, um Zwietracht zu säen! 52Von nun an werden
ganze Familien auseinanderbrechen, weil drei für mich und
zwei gegen mich sind – oder umgekehrt. 53Es wird zu Streit
zwischen Vater und Sohn, Mutter und Tochter, Schwieger-
mutter und Schwiegertochter kommen.«

54Daraufhin wandte Jesus sich an die Menge und sagte:
»Wenn ihr seht, wie sich im Westen Wolken bilden, sagt ihr:
›Es wird Regen geben.‹ Und ihr habt recht. 55Wenn ein Süd-
wind weht, sagt ihr: ›Heute wird es heiß werden.‹ Und genau
so ist es. 56Ihr Heuchler! Die Erscheinungen der Erde und des
Himmels versteht ihr zu deuten, aber die Zeichen dieser Zeit
könnt ihr nicht deuten.

57Warum könnt ihr nicht selbst entscheiden, was richtig ist?
58Wenn du auf dem Weg zum Gericht bist und deinen Anklä-
ger triffst, versuche doch, die Angelegenheit zu bereinigen,
bevor sie vor den Richter kommt, sonst wirst du womöglich
verurteilt, dem Gerichtsdiener übergeben und ins Gefängnis

geworfen. 59Und wenn das geschieht, wirst du nicht eher frei-
kommen, bis du auch den letzten Cent bezahlt hast.«

Ein Aufruf zur Umkehr

13 1Zu dieser Zeit erfuhr Jesus, dass Pilatus einige Leute
aus Galiläa hatte ermorden lassen, während sie in Je-
rusalem im Tempel Opfer darbrachten. 2»Meint ihr, diese Ga-
liläer seien größere Sünder gewesen als andere Menschen in
Galiläa?«, fragte er. »Glaubt ihr, dass sie deshalb leiden muss-
ten? 3Ganz und gar nicht! Ihr werdet genauso umkommen,
wenn ihr euch nicht von euren bösen Wegen abkehrt und
euch Gott zuwendet. 4Und was ist mit den achtzehn Män-
nern, die starben, als der Turm von Siloah auf sie herabstürz-
te? Waren sie etwa die größten Sünder in Jerusalem? 5Nein.
Ich sage euch noch einmal: Wenn ihr nicht Reue zeigt und auf
eurem Weg umkehrt, werdet ihr genauso umkommen.«

Gleichnis vom Feigenbaum

6Dann erzählte Jesus folgendes Gleichnis: »Ein Mann pflanzte
in seinem Garten einen Feigenbaum und kam von Zeit zu
Zeit nachsehen, ob er schon Früchte trug, aber er wurde jedes
Mal enttäuscht. 7Schließlich sagte er zu seinem Gärtner: ›Ich
habe jetzt drei Jahre gewartet und noch keine einzige Feige
gesehen! Fälle den Baum. Er beansprucht nur noch unnötig
den Boden.‹

8Der Gärtner erwiderte: ›Gib ihm noch ein Jahr Zeit. Ich
werde ihn besonders pflegen und kräftig düngen. 9Wenn wir
dann im nächsten Jahr Feigen ernten, gut. Wenn nicht, kannst
du ihn fällen.‹«

Jesus heilt am Sabbat

10Als Jesus einmal an einem Sabbat in der Synagoge lehrte,
11sah er eine Frau, die durch einen bösen Geist verkrüppelt
war. Seit achtzehn Jahren war sie verkrümmt und konnte
nicht gerade stehen. 12Als Jesus sie sah, rief er sie zu sich und
sagte: »Frau, du bist von deiner Krankheit erlöst!« 13Dann
berührte er sie, und sofort konnte sie sich aufrichten. Da lobte
sie Gott und dankte ihm!

[14]Der Synagogenvorsteher war jedoch empört darüber, dass
Jesus die Frau an einem Sabbat geheilt hatte. »Die Woche hat
sechs Tage, an denen man arbeiten kann«, sagte er zu den
Versammelten: »Kommt an diesen Tagen, um euch heilen zu
lassen, aber nicht am Sabbat.«
[15]Doch der Herr sagte: »Ihr Heuchler! Arbeitet ihr nicht
auch am Sabbat, wenn ihr euren Ochsen oder Esel im Stall
losbindet und zur Tränke hinausführt? [16]War es denn nicht
genauso dringend, dass ich diese gute Frau* – auch wenn
gerade Sabbat ist – von der Fessel befreite, in der der Satan
sie seit achtzehn Jahren gefangen hielt?« [17]Damit beschämte
er seine Feinde. Und alle anderen freuten sich über die wunderbaren Dinge, die er tat.

Das Gleichnis vom Senfkorn

[18]Dann sagte Jesus: »Wie ist das Reich Gottes? Wie kann ich es
beschreiben? [19]Es gleicht einem winzigen Senfkorn, das in einem Garten gepflanzt wird. Es wächst zu einem Baum heran,
und die Vögel kommen und finden Schutz in seinen Zweigen.«

Das Gleichnis vom Sauerteig

[20]Er fragte weiter: »Wie kann ich das Reich Gottes noch beschreiben? [21]Es ist wie Sauerteig, den eine Frau zum Brotbacken verwendet. Auch wenn sie eine große Menge* Mehl
benutzt, durchdringt der Sauerteig den ganzen Teig.«

Die enge Tür

[22]Jesus zog auf dem Weg nach Jerusalem durch die Städte
und Dörfer und lehrte. [23]Jemand fragte ihn: »Herr, werden
nur wenige errettet werden?«
Er erwiderte: [24]»Die Tür zum Himmel ist eng. Bemüht euch
hineinzukommen, denn viele werden es versuchen, [25]doch
wenn der Hausherr die Tür verschlossen hat, wird es zu spät
sein. Dann werdet ihr draußen stehen, klopfen und bitten:

13,16 Griech. *diese Frau, eine Tochter Abrahams.*
13,21 Griech. *drei Maß.*

›Herr, öffne uns!‹ Doch er wird entgegnen: ›Ich kenne euch
nicht.‹ [26]Ihr werdet sagen: ›Aber wir haben doch mit dir ge-
gessen und getrunken, und du hast in unseren Straßen
gelehrt.‹ [27]Da wird er entgegnen: ›Ich sage euch: Ich kenne
euch nicht. Fort mit euch, die ihr böse und ungerechte Dinge
tut.‹

[28]Dann wird lautes Weinen und Zähneknirschen ertönen,
denn ihr werdet Abraham, Isaak, Jakob und die Propheten
im Reich Gottes sehen, ihr aber werdet hinausgeworfen.
[29]Dann werden Menschen aus der ganzen Welt kommen
und ihre Plätze im Reich Gottes einnehmen. [30]Und macht
euch eines klar: Manche, die jetzt gering geachtet sind, wer-
den dann geehrt sein; und andere, die jetzt geehrt werden,
werden dann gering geachtet sein.*«

Jesus trauert über Jerusalem

[31]Etwas später sagten ein paar Pharisäer zu ihm: »Geh lieber
fort von hier, wenn du am Leben bleiben willst. Herodes An-
tipas will dich umbringen!«

[32]Jesus erwiderte: »Geht und sagt diesem Fuchs, dass ich
heute und morgen weiter Dämonen austreiben und Men-
schen gesund machen werde; und am dritten Tag wird mein
Werk vollendet. [33]Ja, heute, morgen und auch am Tag darauf
muss ich meinen Weg gehen. Denn es ist nicht möglich, dass
ein Prophet Gottes woanders als in Jerusalem getötet wird!

[34]Jerusalem, Jerusalem, du Stadt, die Propheten tötet und
die Boten Gottes steinigt! Wie oft wollte ich deine Kinder
sammeln, wie eine Henne ihre Küken unter ihren Flügeln
birgt, aber du wolltest es nicht zulassen. [35]Und nun sieh doch:
Dein Haus wird verödet. Und du wirst mich nicht wieder
sehen, bis du selbst rufst: ›Gepriesen sei, der da kommt im
Namen des Herrn!‹*«

13,30 Griech. *Einige sind Letzte, die Erste sein werden, und einige sind Erste, die Letzte sein werden.*

13,35 Psalm 118,26.

Jesus heilt am Sabbat

14 1An einem Sabbat war Jesus im Haus eines hochrangi-
gen Pharisäers. Die Leute beobachteten ihn genau. 2Es
befand sich dort ein Mann, dessen Gliedmaßen geschwollen
waren*. 3Jesus fragte die Pharisäer und Gesetzeskenner: »Ist
es nun nach dem Gesetz erlaubt, Menschen am Sabbat zu
heilen, oder nicht?« 4Als sie nicht antworten wollten, berühr-
te Jesus den kranken Mann, heilte ihn und schickte ihn fort.
5Dann wandte er sich an sie und fragte: »Wer von euch würde
am Sabbat nicht arbeiten, wenn es nötig ist? Wenn euer Sohn*
oder euer Ochse in einen Graben fällt, geht ihr dann nicht
sofort hin und zieht ihn heraus?« 6Und wieder wussten sie
keine Antwort.

Von der Demut

7Als Jesus sah, dass alle, die zum Essen gekommen waren,
sich einen Platz am oberen Ende des Tischs aussuchten, sagte
er zu ihnen: 8»Wenn du zu einem Hochzeitsfest eingeladen
bist, strebe nicht nach dem besten Platz. Denn was ist, wenn
jemand eingeladen wurde, der angesehener ist als du? 9Der
Gastgeber wird sagen: ›Lass diesen Mann hier Platz nehmen.‹
Und dann musst du beschämt aufstehen und zum letzten
Platz gehen, der übrig geblieben ist!

10Setz dich stattdessen zunächst ans untere Tischende.
Wenn dein Gastgeber dich dann sieht, wird er kommen und
sagen: ›Freund, wir haben aber einen besseren Platz für dich!‹
So wirst du vor allen anderen Gästen geehrt werden.

11Denn die Stolzen werden gedemütigt, die Demütigen aber
geehrt werden.«

12Dann wandte er sich an seinen Gastgeber: »Wenn du mit-
tags oder abends Gäste zum Essen einlädst, dann lade nicht
deine Freunde, Brüder, Verwandten oder reichen Nachbarn
ein. Denn sie werden es dir vergelten, indem sie dich eben-
falls einladen. 13Lade vielmehr die Armen, die Krüppel, die
Gelähmten und die Blinden ein. 14Bei der Auferstehung der

14,2 Normalerweise übersetzt mit *der wassersüchtig war.*
14,5 In manchen Handschriften heißt es *euer Esel.*

Gottesfürchtigen wird Gott dich belohnen, weil du Menschen
eingeladen hast, die es dir nicht vergelten konnten.«

Das Gleichnis vom großen Fest

15 Als ein Mann, der mit Jesus am Tisch saß, das hörte, rief er
aus: »Gesegnet sind die, die am Festessen im Reich Gottes
teilnehmen!«
16 Jesus antwortete ihm mit folgendem Gleichnis: »Ein Mann
bereitete ein großes Fest vor und verschickte viele Einladun-
gen. 17 Als alles vorbereitet war, sandte er seinen Diener aus,
der den Gästen sagen sollte, dass es Zeit war, zum Fest zu
kommen. 18 Aber sie fingen alle an, Entschuldigungen vor-
zubringen. Einer sagte, er habe gerade ein Feld gekauft und
wolle es nun begutachten; er bat, ihn deshalb zu entschuldi-
gen. 19 Ein anderer erklärte, dass er gerade fünf Paar Ochsen
gekauft habe und sie prüfen wolle. 20 Wieder ein anderer hatte
gerade geheiratet und meinte, er könne deshalb nicht kom-
men.
21 Der Diener kam zurück und berichtete seinem Herrn, was
sie gesagt hatten. Da wurde der Herr zornig und sagte: ›Geh
hinaus auf die Straßen und Wege der Stadt und lade die Ar-
men, die Krüppel, die Lahmen und die Blinden ein.‹ 22 Der
Diener tat, was ihm aufgetragen worden war, und berichtete
dann: ›Wir haben noch Platz für weitere Gäste.‹ 23 Da sagte
sein Herr: ›Geh hinaus auf die Landstraßen und hinter die
Hecken und bitte jeden, den du findest, zu kommen, damit
das Haus voll wird. 24 Denn keiner von denen, die ich zuerst
eingeladen habe, soll auch nur das Geringste von dem be-
kommen, was ich für sie vorbereitet hatte.‹«

Der Preis der Nachfolge

25 Eine große Menschenmenge begleitete Jesus. Er wandte sich
um und sagte zu ihnen: 26 »Wer mir nachfolgen will, muss
mich mehr lieben als* Vater und Mutter, Frau und Kinder,
Brüder und Schwestern – ja, mehr als sein Leben. Sonst kann
er nicht mein Jünger sein. 27 Und ihr könnt auch nicht meine

14,26 Griech. *muss seinen eigenen Vater … hassen.*

Jünger sein, wenn ihr nicht euer Kreuz auf euch nehmt und
mir nachfolgt.
28Aber kommt nicht, ehe ihr nicht die Kosten berechnet
habt. Denn wer würde mit dem Bau eines Hauses beginnen,
ohne zuvor die Kosten zu überschlagen und zu prüfen, ob
das Geld reicht, um alle Rechnungen zu bezahlen? 29Sonst
stellt er vielleicht das Fundament fertig, und dann geht ihm
das Geld aus. Wie würden ihn da alle auslachen! 30Sie wür-
den sagen: ›Das ist der, der mit dem Bau eines Hauses an-
gefangen hat und dann nicht genug Geld hatte, es fertig zu
stellen!‹
31Oder welcher König käme je auf den Gedanken, in den
Krieg zu ziehen, ohne sich zuvor mit seinen Beratern zusam-
menzusetzen und zu erörtern, ob seine Armee von zehntau-
send Soldaten stark genug ist, die zwanzigtausend Soldaten
zu besiegen, die gegen ihn aufmarschieren? 32Wenn er dazu
nicht in der Lage ist, wird er dem Feind, wenn dieser noch
weit weg ist, Unterhändler entgegenschicken und versuchen,
einen Frieden auszuhandeln. 33Genauso kann auch niemand
mein Jünger sein, ohne alles für mich aufzugeben.
34Salz ist gut zum Würzen. Aber wie macht man es wieder
salzig, wenn es seine Würzkraft verliert? 35Geschmackloses
Salz eignet sich weder für den Boden noch als Dünger. Es
wird weggeworfen. Wer bereit ist zu hören, soll zuhören
und begreifen!«

Das Gleichnis vom verlorenen Schaf

15 1Oft kamen Steuereintreiber und andere, die als Sün-
der galten, um Jesus lehren zu hören. 2Die Pharisäer
und Schriftgelehrten nahmen Anstoß daran, dass er sich mit
so verrufenen Leuten abgab und sogar mit ihnen aß!
3Deshalb erzählte Jesus ihnen folgendes Gleichnis: 4»Wenn
jemand hundert Schafe hätte, und eines würde weglaufen
und sich in der Wüste verirren, würde er dann nicht die neun-
undneunzig Schafe zurücklassen, um das verlorene zu su-
chen, bis er es wiedergefunden hätte? 5Und dann würde er
es voller Freude auf seinen Schultern nach Hause tragen.
6Wieder daheim, würde er alle Freunde und Nachbarn zu-

sammenrufen, damit sie sich mit ihm darüber freuen, dass er
sein verlorenes Schaf wiedergefunden hat. [7]Genauso ist im
Himmel die Freude über einen verlorenen Sünder, der zu
Gott zurückkehrt, größer als über neunundneunzig andere,
die gerecht sind und gar nicht erst vom Weg abirrten!

Das Gleichnis von der verlorenen Münze

[8]Oder nehmt einmal an, eine Frau hätte zehn Drachmen* und
würde eine verlieren. Würde sie nicht eine Lampe anzünden
und das ganze Haus auf den Kopf stellen, bis sie sie gefunden
hätte? [9]Und wenn sie sie gefunden hätte, würde sie nicht ihre
Freundinnen und Nachbarinnen rufen, damit sie sich mit ihr
freuen, dass sie ihre verlorene Münze wiedergefunden hat?
[10]Genauso herrscht Freude bei den Engeln Gottes, wenn auch
nur ein einziger Sünder bereut und auf seinem Weg umkehrt.«

Das Gleichnis vom verlorenen Sohn

[11]Und Jesus erzählte ihnen auch folgendes Gleichnis: »Ein
Mann hatte zwei Söhne. [12]Der jüngere Sohn sagte zu seinem
Vater: ›Ich möchte mein Erbteil von deinem Besitz schon jetzt
haben.‹ Da erklärte der Vater sich bereit, seinen Besitz zwischen seinen Söhnen aufzuteilen.

[13]Einige Tage später packte der jüngere Sohn seine Sachen
und ging auf Reisen in ein fernes Land, wo er sein ganzes
Geld verprasste. [14]Etwa um die Zeit, als ihm das Geld ausging, brach in jenem Land eine große Hungersnot aus, und
er hatte nicht genug zu essen. [15]Da überredete er einen Bauern, ihm Arbeit zu geben, und er durfte seine Schweine hüten.
[16]Der junge Mann war so hungrig, dass er die Schoten, die er
an die Schweine verfütterte, am liebsten selbst gegessen hätte. Aber niemand gab ihm etwas.

[17]Schließlich überlegte er und sagte sich: ›Daheim haben die
Tagelöhner mehr als genug zu essen, und ich sterbe hier vor
Hunger! [18]Ich will zu meinem Vater nach Hause gehen und
sagen: Vater, ich habe gesündigt, gegen den Himmel und

15,8 Eine Drachme entsprach etwa einem vollen Tagelohn.

auch gegen dich, 19und ich bin es nicht mehr wert, dein Sohn
zu heißen. Bitte stell mich als einen deiner Tagelöhner ein.‹
20So kehrte er zu seinem Vater nach Hause zurück. Er war
noch weit entfernt, als sein Vater ihn kommen sah. Voller Lie-
be und Mitleid lief er seinem Sohn entgegen, schloss ihn in die
Arme und küsste ihn. 21Sein Sohn sagte zu ihm: ›Vater, ich
habe gesündigt, gegen den Himmel und auch gegen dich,
und bin es nicht mehr wert, dein Sohn zu heißen.*‹
22Aber sein Vater sagte zu den Dienern: ›Schnell! Bringt die
besten Kleider im Haus und zieht sie ihm an. Holt einen Ring
für seinen Finger und Sandalen für seine Füße. 23Und schlach-
tet das Kalb, das wir im Stall gemästet haben, 24denn mein
Sohn hier war tot und ist ins Leben zurückgekehrt. Er war
verloren, aber nun ist er wiedergefunden.‹ Und ein Freuden-
fest begann.
25Währenddessen war der ältere Sohn draußen auf den Fel-
dern und arbeitete. Als er heimkam, hörte er Musik und Tanz
im Haus 26und fragte einen der Diener, was da los sei. 27›Dein
Bruder ist wieder da‹, erfuhr er, ›und dein Vater hat das Kalb
geschlachtet, das wir gemästet hatten, und gibt nun ein gro-
ßes Fest. Wir feiern, dass er wohlbehalten zurückgekehrt ist.‹
28Da wurde der ältere Bruder zornig und wollte nicht ins
Haus gehen. Sein Vater kam heraus und redete ihm zu, 29aber
er sagte: ›All die Jahre habe ich schwer für dich gearbeitet und
dir nicht ein einziges Mal widersprochen, wenn du mir etwas
aufgetragen hast. Und in dieser ganzen Zeit hast du mir nicht
einmal eine junge Ziege gegeben, um mit meinen Freunden
ein Fest zu feiern. 30Doch jetzt, wenn dein Sohn daherkommt,
nachdem er dein Geld mit Huren durchgebracht hat, feierst
du und schlachtest unser bestes Kalb.‹
31Sein Vater sagte zu ihm: ›Sieh, mein lieber Sohn, du und
ich, wir stehen uns sehr nahe, und alles, was ich habe, gehört
dir. 32Wir mussten diesen Freudentag feiern, denn dein Bru-
der war tot und ist ins Leben zurückgekehrt! Er war verloren,
aber jetzt ist er wiedergefunden!‹«

15,21 Manche Handschriften fügen hinzu *Bitte stell mich als einen deiner Tagelöhner ein.*

Das Gleichnis vom unehrlichen Verwalter

16 1Jesus erzählte seinen Jüngern folgendes Gleichnis:
»Ein reicher Mann stellte einen Verwalter ein, der ihm
die Geschäfte führen sollte, aber schon bald kam ihm zu Oh-
ren, dass der Verwalter ein Betrüger war. 2Da rief er ihn zu
sich und sagte zu ihm: ›Was höre ich da? Du hast mich be-
stohlen? Mach deinen Bericht fertig, denn ich werde dich ent-
lassen.‹
3Der Verwalter dachte sich: ›Was soll ich nun tun? Hier kann
ich nicht mehr arbeiten. Um Gräben zu schaufeln fehlt mir die
Kraft. Und zum Betteln bin ich zu stolz. 4Ich weiß, was ich tun
muss, damit ich viele Freunde haben werde, die sich um mich
kümmern, wenn ich hier fort muss!‹
5Und er rief alle zu sich, die seinem Herrn Geld schuldeten,
um ihre Lage mit ihm zu besprechen. Den Ersten fragte er:
›Wie viel schuldest du ihm?‹ 6Der Mann antwortete: ›Ich
schulde ihm hundert Fässer Olivenöl.‹ Da sagte der Verwal-
ter: ›Zerreiß den Schuldschein und schreibe einen neuen über
fünfzig Fässer.*‹
7›Und wie viel schuldest du meinem Herrn?‹, fragte er den
Nächsten. ›Hundert Sack Weizen‹, lautete die Antwort.
›Hier‹, sagte der Verwalter, ›nimm deine Rechnung und er-
setze sie durch eine andere über achtzig Sack.*‹
8Der reiche Mann konnte den unehrlichen Verwalter für sei-
ne Klugheit nur bewundern; denn die Menschen dieser Welt
sind tatsächlich klüger als die Gottesfürchtigen. 9Ich sage
euch: Nutzt euren weltlichen Besitz* zum Wohl anderer und
macht euch damit Freunde. Auf diese Weise sammelt ihr
euch mit eurer Großzügigkeit Lohn im Himmel an.*
10Wer in kleinen Dingen treu ist, wird auch in großen treu
sein. Und wer schon in geringen Angelegenheiten betrügt,
wird auch bei größerer Verantwortung nicht ehrlich sein.
11Wenn ihr bei weltlichem Besitz nicht vertrauenswürdig

16,6 Griech. *100 bat ... 50 [bat];* ein Bat umfasste etwa 36 Liter.

16,7 Griech.: *100 kor ... 80 kor;* ein Kor umfasste zehn Bat, also etwa 360 Liter.

16,9a Wörtlich *den ungerechten Mammon.*

16,9b O. *Wenn er euch dann am Ende dieses Lebens ausgeht, werden eure Freunde euch in den ewigen Wohnstätten willkommen heißen.*

seid, wer wird euch die wahren Reichtümer des Himmels
verwalten lassen? 12Und wenn ihr mit dem Geld anderer Leu-
te nicht treu seid, warum sollte man euch eigenes Geld anver-
trauen?
13Niemand kann zwei Herren dienen. Denn man wird im-
mer den einen hassen und den anderen lieben oder dem einen
gehorchen, den anderen aber verachten. Ihr könnt nicht Gott
und dem Geld zugleich dienen.«
14Die Pharisäer, die sehr an ihrem Geld hingen, spotteten
über Jesus, als sie das hörten. 15Da sagte er zu ihnen: »In der
Öffentlichkeit wollt ihr gut dastehen, aber Gott kennt eure
bösen Herzen. Was in dieser Welt hoch angesehen wird, ist
in Gottes Augen ein Gräuel.
16Bis Johannes der Täufer zu predigen begann, hörtet ihr auf
das Gesetz Moses und die Propheten. Nun wird die Botschaft
vom Reich Gottes verkündet, und die Menschen drängen sich
mit Gewalt hinein. 17Doch das bedeutet nicht, dass das Gesetz
seine Gültigkeit auch nur im geringsten verloren hätte. Es ist
stärker und dauerhafter als Himmel und Erde.*
18Wer sich von seiner Frau scheiden lässt und eine andere
heiratet, begeht Ehebruch, und wer eine geschiedene Frau
heiratet, begeht ebenfalls Ehebruch.«

Der reiche Mann und Lazarus

19Jesus sagte: »Es war einmal ein reicher Mann, der prachtvoll
gekleidet war und jeden Tag im Luxus lebte. 20Vor seiner Tür
lag ein kranker Bettler namens Lazarus, 21der sich nach den
Abfällen vom Tisch des Reichen sehnte. Um ihn herum stri-
chen die Hunde und leckten seine Geschwüre. 22Schließlich
starb der Bettler und wurde von den Engeln zu Abraham*
getragen. Auch der reiche Mann starb und wurde begraben,
23und seine Seele kam ins Totenreich*. Während er dort Qua-
len litt, sah er in großer Entfernung Lazarus bei Abraham.

16,17 Griech. *Eher werden Himmel und Erde vergehen, als dass auch nur der kleinste Strich des Gesetzes vergeht.*
16,22 Griech. *in Abrahams Schoß.*
16,23 Griech. *in den Hades.*

24Der reiche Mann rief: ›Vater Abraham, hab Mitleid mit
mir! Schicke mir Lazarus, damit er seine Fingerspitze in Was-
ser taucht und mir die Zunge kühlt, denn ich leide entsetzli-
che Qualen in diesen Flammen.‹
25Doch Abraham sagte zu ihm: ›Sohn, erinnere dich, dass du
in deinem Leben alles hattest, was du wolltest, während La-
zarus nichts hatte. So wird er jetzt hier getröstet, und du lei-
dest. 26Außerdem trennt uns eine tiefe Kluft voneinander.
Wer von hier zu euch gelangen will, wird durch diesen Ab-
grund daran gehindert, und ebenso kann von euch niemand
hier herüberkommen.‹
27Daraufhin sagte der reiche Mann: ›Bitte, Vater Abraham,
schicke Lazarus zum Haus meines Vaters. 28Denn ich habe
fünf Brüder und möchte sie vor diesem Ort der Qual warnen,
damit sie nicht hierher kommen müssen, wenn sie sterben.‹
29Doch Abraham sagte: ›Mose und die Propheten haben sie
gewarnt. Deine Brüder können jederzeit auf sie hören, wenn
sie es wollen.‹
30Der reiche Mann erwiderte: ›Nein, Vater Abraham! Wenn
aber einer von den Toten zu ihnen geschickt wird, dann wer-
den sie umkehren und sich von ihren Sünden abwenden.‹
31Doch Abraham sagte: ›Wenn sie nicht auf Mose und die
Propheten hören, dann werden sie sich auch nicht überzeu-
gen lassen, wenn einer von den Toten aufersteht.‹«

Lehren über Vergebung und Glauben

17 1Eines Tages sagte Jesus zu seinen Jüngern: »Es wird
immer Versuchungen geben, die zum Bösen verfüh-
ren, doch wie schlimm wird es erst dem Menschen ergehen,
der andere zur Sünde verleitet. 2Es wäre besser, mit einem
großen Mühlstein um den Hals ins Meer geworfen zu wer-
den, als die Strafe dafür erleiden zu müssen, dass man einem
dieser Kleinen Schaden zugefügt hat. 3Ich warne euch! Wenn
dein Bruder sündigt, dann ermahne ihn, und wenn er Reue
zeigt und von seinem Weg umkehrt, vergib ihm. 4Und wenn
er dir sieben Mal am Tag Unrecht tut und jedes Mal umkehrt
und um Vergebung bittet, vergib ihm.«

[5]Eines Tages sagten die Apostel zum Herrn: »Stärke unseren
Glauben.«
[6]»Wenn euer Glaube nur so klein wäre wie ein Senfkorn«,
antwortete der Herr, »könntet ihr zu diesem Maulbeerfeigen-
baum sagen: ›Du sollst dich entwurzeln und ins Meer wer-
fen‹, und er würde euch gehorchen!
[7]Wenn ein Knecht vom Pflügen oder Schafehüten zurück-
kommt, setzt er sich nicht einfach hin und isst. [8]Zuerst muss
er seinem Herrn das Abendessen zubereiten und ihn bedie-
nen, bevor er sein eigenes Abendbrot verzehrt. [9]Und der
Knecht hat dafür noch nicht einmal Dank zu erwarten, denn
er tut nur seine Pflicht. [10]Wenn ihr mir gehorcht, sollt auch ihr
sagen: ›Wir haben keine besondere Anerkennung verdient.
Wir sind Diener und haben nur unsere Pflicht getan.‹«

Zehn Leprakranke werden geheilt

[11]Auf seinem Weg nach Jerusalem gelangte Jesus an die Gren-
ze zwischen Galiläa und Samaria. [12]Als er dort in ein Dorf
kam, standen in einiger Entfernung zehn Aussätzige [13]und
riefen: »Jesus, Meister, hab Mitleid mit uns!«
[14]Er sah sie an und sagte: »Geht und zeigt euch den Pries-
tern.« Und während sie gingen, verschwand ihr Aussatz.
[15]Einer von ihnen kam, als er es merkte, zu Jesus zurück und
rief: »Dank sei Gott, ich bin geheilt!« [16]Und er fiel vor Jesus
nieder und dankte ihm. Dieser Mann war ein Samariter.
[17]Jesus fragte: »Sind nicht zehn Menschen geheilt worden?
Wo sind die anderen neun? [18]Kehrt nur dieser Fremde zu-
rück, um Gott die Ehre zu geben?« [19]Und er sagte zu dem
Mann: »Steh auf und geh. Dein Glaube hat dich gerettet.«

Das Kommen des Reiches Gottes

[20]Eines Tages fragten die Pharisäer Jesus: »Wann wird das
Reich Gottes kommen?«
Jesus erwiderte: »Das Reich Gottes wird nicht durch sicht-
bare Zeichen angekündigt*. [21]Ihr werdet nicht sagen können:

17,20 O. *durch eure Spekulationen* oder *so, dass man es beobachten könnte.*

›Hier ist es!‹, oder: ›Es ist dort drüben!‹ Denn das Reich Gottes
ist mitten unter euch*.«
22Später sprach er mit seinen Jüngern noch einmal darüber.
»Es kommt die Zeit, da werdet ihr euch danach sehnen, den
Menschensohn auch nur einen Tag bei euch zu haben, aber es
wird euch nicht möglich sein. 23Man wird euch berichten, der
Menschensohn sei zurückgekehrt und halte sich hier oder
dort auf. Glaubt solchen Berichten nicht und sucht auch nicht
nach ihm. 24Denn wenn der Menschensohn wiederkommt,
wird es so offensichtlich sein wie ein Blitz, der den Himmel
von einem Ende bis zum anderen erhellt. 25Doch zuerst muss
der Menschensohn vieles erleiden und von dieser Generation
abgelehnt werden.
26Wenn der Menschensohn wiederkommt, wird es in der
Welt zugehen wie zur Zeit Noahs. 27In jener Zeit vor der Flut
feierten die Menschen Feste und Hochzeiten bis zu dem Au-
genblick, als Noah in sein Schiff stieg und die Flut kam und
sie alle verschlang.
28Und es wird in der Welt zugehen wie zur Zeit Lots. Die
Menschen gingen alltäglichen Dingen nach – sie aßen und
tranken, kauften und verkauften, pflanzten und bauten –,
29bis zu dem Morgen, an dem Lot Sodom verließ. Da regnete
es Feuer und Schwefel vom Himmel, und alle in der Stadt
kamen um. 30Genauso wird es sein an dem Tag, an dem der
Menschensohn wiederkommt*. 31Wer sich an diesem Tag au-
ßerhalb des Hauses* befindet, darf nicht mehr ins Haus ge-
hen, um zu packen. Wer auf dem Feld ist, darf nicht in die
Stadt zurückkehren. 32Denkt daran, was mit Lots Frau ge-
schah! 33Wer sich an dieses Leben klammert, wird es verlie-
ren, und wer dieses Leben verliert, wird sein Leben retten.
34In jener Nacht werden zwei Menschen in einem Bett schla-
fen; der eine wird weggenommen, der andere wird zurück-
bleiben. 35Zwei Frauen werden in der Mühle zusammen

17,21 O. *in euch.*
17,30 O. *bis zu dem Tag, an dem sich der Menschensohn offenbart.*
17,31 Griech. *auf dem Dach.*

mahlen; die eine wird weggenommen, die andere wird zu-
rückbleiben.*«
[37]»Herr, wo wird das geschehen?«, fragten die Jünger.
Jesus erwiderte: »Wenn die Geier sich sammeln, weiß man,
dass ein verendetes Tier in der Nähe liegt. So deuten auch
diese Zeichen an, dass das Ende nahe ist.*«

Das Gleichnis von der hartnäckigen Witwe

18 [1]Eines Tages zeigte Jesus seinen Jüngern durch ein
Gleichnis, wie wichtig es ist, beständig zu beten und
nicht aufzugeben. [2]»In einer Stadt lebte ein Richter«, sagte er.
»Es war ein harter, gottloser Mann, der den Menschen mit
Verachtung begegnete. [3]Eine Witwe aus der Stadt sprach im-
mer wieder bei ihm vor und forderte ihr Recht gegenüber
jemandem, der ihr Unrecht getan hatte. [4]Der Richter ging
eine Weile über ihre Klagen hinweg, doch irgendwann wurde
er ihrer müde. ›Ich fürchte weder Gott noch Menschen‹, dach-
te er, [5]›aber diese Frau raubt mir den Verstand. Ich will zuse-
hen, dass sie ihr Recht bekommt, damit sie mich mit ihren
ständigen Anträgen verschont.*‹«
[6]Und der Herr sagte: »Aus dem Handeln dieses ungerech-
ten Richters sollt ihr etwas lernen: [7]Wenn selbst er schließlich
ein gerechtes Urteil fällte – wird Gott da nicht seinen Aus-
erwählten, die ihn Tag und Nacht anflehen, ihr Recht ver-
schaffen? Wird er sie vertrösten? [8]Ich sage euch, er wird ihnen
Recht verschaffen, und zwar schnell! Doch wenn der Men-
schensohn wiederkommt, wie viele wird er dann vorfinden,
die solch einen Glauben haben?«

Das Gleichnis vom Pharisäer und dem Steuereintreiber

[9]Dann erzählte Jesus ein paar Leuten, die sehr selbstgerecht
waren und alle anderen mit Geringschätzung behandelten,
folgendes Gleichnis: [10]»Zwei Männer gingen in den Tempel,
um zu beten. Der eine war ein Pharisäer, der andere ein Steu-

---

17,35 In manchen Handschriften folgt Vers 36: *Zwei Männer werden auf dem Feld arbeiten; der eine wird weggenommen, der andere dagegen zurückgelassen werden.*
17,37 Griech. *Wo Aas liegt, da sammeln sich die Geier.*
18,5 Griech. *sonst kommt sie am Ende noch und schlägt mir ins Gesicht.*

ereintreiber. [11]Der stolze Pharisäer stand da und betete: ›Ich
danke dir, Gott, dass ich kein Sünder bin wie die anderen
Menschen, wie die Räuber und die Ungerechten, die Ehebre-
cher oder besonders wie dieser Steuereintreiber da! Denn ich
betrüge niemanden, ich begehe keinen Ehebruch, [12]ich faste
zwei Mal in der Woche und gebe dir regelmäßig den zehnten
Teil von meinem Einkommen.‹

[13]Der Steuereintreiber dagegen blieb in einigem Abstand
stehen und wagte nicht einmal den Blick zu heben, während
er betete: ›O Gott, sei mir gnädig, denn ich bin ein Sünder.‹
[14]Ich sage euch, dieser Sünder – und nicht der Pharisäer –
kehrte heim als ein vor Gott Gerechtfertigter. Denn die Stol-
zen werden gedemütigt, die Demütigen aber werden geehrt
werden.*«

Jesus segnet die Kinder

[15]Eines Tages brachten Eltern ihre kleinen Kinder zu Jesus. Er
sollte ihnen die Hand auflegen und für sie beten. Doch die
Jünger fuhren die Leute an, ihn nicht zu belästigen. [16]Da rief
Jesus die Kinder zu sich und sagte zu den Jüngern: »Lasst die
Kinder doch zu mir kommen. Hindert sie nicht daran! Denn
solchen gehört das Reich Gottes. [17]Ich versichere euch: Wer
nicht wie ein Kind glaubt, wird nicht ins Reich Gottes
kommen.«

Der reiche Mann

[18]Ein führender Mann des jüdischen Volkes stellte Jesus ein-
mal folgende Frage: »Guter Meister, was muss ich tun, um
das ewige Leben zu bekommen?«

[19]»Warum nennst du mich gut?«, fragte Jesus ihn. »Nur Gott
ist wirklich gut. [20]Doch du kennst die Gebote: ›Du sollst nicht
die Ehe brechen. Du sollst nicht töten. Du sollst nicht stehlen.
Du sollst keine Falschaussage machen. Ehre deinen Vater und
deine Mutter.‹*«

18,14 Griech. *Denn wer sich selbst erhöht, wird erniedrigt werden; aber wer sich selbst erniedrigt, wird erhöht werden.*

18,20 2. Mose 20,12-16; 5. Mose 5,16-20.

21Der Mann erwiderte: »Seit meiner Kindheit habe ich diese
Gebote alle befolgt.«
22»Es gibt noch eines, das dir fehlt«, sagte daraufhin Jesus.
»Verkaufe alles, was du hast, und gib das Geld den Armen,
und du wirst einen Schatz im Himmel haben. Dann komm
und folge mir nach.« 23Als der Mann das hörte, wurde er trau-
rig, denn er war sehr reich.
24Jesus sah ihm nach, als er wegging, und sagte dann zu
seinen Jüngern: »Wie schwer ist es doch für die Reichen, ins
Reich Gottes zu kommen! 25Eher geht ein Kamel durch ein
Nadelöhr, als dass ein Reicher ins Reich Gottes kommt!«
26Als die Umstehenden das hörten, sagten sie: »Wer kann
denn dann überhaupt gerettet werden?«
27Er antwortete: »Was menschlich gesehen unmöglich ist, ist
bei Gott möglich.«
28Da sagte Petrus: »Wir haben unser Zuhause verlassen und
sind dir nachgefolgt.«
29»Ja«, erwiderte Jesus, »und ich versichere euch: Wer Haus
oder Frau oder Geschwister oder Eltern oder Kinder für das
Reich Gottes aufgegeben hat, 30wird es in diesem Leben viel-
fältig zurückbekommen und in der zukünftigen Welt das
ewige Leben erhalten.«

Jesus kündigt erneut seinen Tod an

31Jesus versammelte die zwölf Jünger um sich und erklärte
ihnen: »Wie ihr wisst, werden wir nach Jerusalem gehen.
Dort wird sich erfüllen, was die Propheten über den Men-
schensohn gesagt haben. 32Man wird ihn an die Römer aus-
liefern, und er wird verspottet, gedemütigt und angespuckt
werden. 33Sie werden ihn auspeitschen und töten, doch am
dritten Tag wird er wieder auferstehen.«
34Doch sie verstanden kein Wort. Die Bedeutung blieb ihnen
verborgen, und sie begriffen nicht, wovon er sprach.

Jesus heilt einen blinden Bettler

35Kurz vor Jericho saß ein blinder Bettler am Wegrand. 36Er
hörte die große Menschenmenge vorüberziehen und fragte,
was da los sei. 37Man sagte ihm, dass Jesus von Nazareth vo-

rübergehe. 38Da fing er an zu rufen: »Jesus, Sohn Davids, hab
Mitleid mit mir!« 39Die Leute, die vor Jesus gingen, versuch-
ten den Mann zum Schweigen zu bringen, aber er schrie nur
noch lauter: »Sohn Davids, hab Mitleid mit mir!«
40Als Jesus ihn hörte, blieb er stehen und befahl, den Mann
zu ihm zu bringen. Als er sich ihm näherte, 41fragte er ihn:
»Was soll ich für dich tun?«
Er bat: »Herr, ich möchte sehen können!«
42Da sagte Jesus: »Du sollst wieder sehen können. Dein
Glaube hat dich gerettet.« 43Und augenblicklich konnte der
Mann sehen. Er folgte Jesus und lobte Gott. Und auch alle
anderen, die es miterlebt hatten, rühmten Gott.

Jesus und Zachäus

19 1Jesus kam nach Jericho und ging durch die Stadt.
2Dort lebte ein Mann namens Zachäus. Als einer der
mächtigsten Steuereintreiber war er sehr reich. 3Zachäus hat-
te versucht, einen Blick auf Jesus zu werfen, aber er war zu
klein, um über die Menge hinwegschauen zu können. 4Des-
halb lief er voraus und kletterte auf einen Maulbeerfeigen-
baum am Wegrand, um Jesus von dort aus vorübergehen zu
sehen.
5Als Jesus kam, blickte er zu Zachäus hinauf und rief ihn
beim Namen: »Zachäus!«, sagte er, »komm schnell herunter!
Denn ich muss heute Gast in deinem Haus sein.«
6Zachäus kletterte, so schnell er konnte, hinunter und gelei-
tete Jesus voller Aufregung und Freude in sein Haus. 7Doch
den Leuten in der Menge gefiel das nicht. »Bei einem berüch-
tigten Sünder kehrt er als Gast ein«, murrten sie.
8Währenddessen stellte Zachäus sich vor den Herrn hin und
sagte: »Herr, ich werde die Hälfte meines Reichtums den Ar-
men geben, und wenn ich die Leute bei der Steuer betrogen
habe, werde ich es ihnen vierfach erstatten!«
9Jesus erwiderte: »Heute hat dieses Haus Rettung erfahren,
denn dieser Mann hat sich als Sohn Abrahams erwiesen.
10Der Menschensohn ist gekommen, um Verlorene zu suchen
und zu retten.«

Das Gleichnis von den zehn Dienern
11Die Menge hörte Jesus zu. Und er erzählte ihnen ein Gleich-
nis; denn da er nahe bei Jerusalem war, glaubten sie, dass das
Reich Gottes nun anbrechen würde. 12Er sagte: »Ein vorneh-
mer Mann wurde in ein fernes Land gerufen, um dort zum
König gekrönt zu werden. Danach wollte er wieder zurück-
kehren. 13Vor seiner Abreise rief er zehn Diener zu sich und
gab ihnen zehn Pfund Silber*, mit denen sie in seiner Abwe-
senheit handeln sollten. 14Aber sein Volk hasste ihn und sand-
te ihm eine Abordnung nach, um ihm sagen zu lassen, dass
sie ihn nicht zum König haben wollten.

15Als er zurückkam, ließ der König die Diener kommen, de-
nen er das Geld gegeben hatte. Er wollte erfahren, was sie mit
dem Geld angefangen und welche Erträge sie erzielt hatten.
16Der erste Diener berichtete: ›Herr, ich habe die ursprüng-
liche Summe verzehnfacht!‹ 17›Gut gemacht‹, rief der König.
›Du bist ein vertrauenswürdiger Diener. Du warst mit dem
wenigen treu, das ich dir anvertraut habe; deshalb werde ich
dich zur Belohnung als Statthalter über zehn Städte setzen.‹

18Der nächste Diener meldete: ›Herr, ich habe das Fünffache
des ursprünglichen Betrags erwirtschaftet.‹ 19›Gut gemacht‹,
sagte der König. ›Du kannst Statthalter über fünf Städte sein.‹

20Der dritte Diener aber übergab ihm nur die ursprüngliche
Summe und erklärte: ›Ich habe es versteckt und sicher auf-
bewahrt. 21Ich hatte Angst, weil du ein so strenger Mann bist;
du nimmst, was dir nicht gehört, und erntest, was du nicht
gesät hast.‹

22›Du schlechter Diener!‹, fuhr der König ihn an. ›Streng soll
ich sein? Wenn du mich so gut kanntest und wusstest, wie
streng ich bin, 23warum hast du das Geld dann nicht auf eine
Bank gebracht, damit ich wenigstens Zinsen erhalten hätte?‹
24Darauf wandte der König sich an die Umstehenden und
befahl: ›Nehmt diesem Diener das Geld ab und gebt es dem,
der seinen Anteil verzehnfacht hat.‹

25›Aber, Herr‹, wandten sie ein, ›dieser Diener hat doch
schon genug!‹

19,13 Griech. *zehn Minen;* eine Mine entsprach etwa drei Monatslöhnen.

26›Ja‹, entgegnete der König, ›aber denen, die ihren Anteil
gut nutzen, wird noch mehr gegeben werden. Denen jedoch,
die nicht treu damit umgehen, wird auch das wenige, das sie
haben, noch genommen werden.* 27Und nun zu meinen Wi-
dersachern, die mich nicht zum König haben wollten – führt
sie herein und tötet sie vor meinen Augen.‹«

Der triumphale Einzug

28Nachdem er dieses Gleichnis erzählt hatte, setzte Jesus sei-
nen Weg nach Jerusalem fort. Er ging vor seinen Jüngern her.
29Als sie die Orte Betfage und Betanien erreichten, die in der
Nähe des Ölbergs liegen, schickte er zwei Jünger voraus.
30»Geht in den Ort vor euch«, sagte er. »Wenn ihr hinein-
kommt, werdet ihr ein Eselsfohlen angebunden sehen, das
noch nie geritten wurde. Bindet es los und bringt es mir.
31Wenn euch jemand fragt, was ihr da tut, dann sagt einfach:
›Der Herr braucht es.‹«

32Sie gingen und fanden das Eselsfohlen genau so, wie Jesus
es gesagt hatte. 33Und als sie es losbanden, fragten die Besit-
zer tatsächlich: »Warum bindet ihr unser Eselsfohlen los?«

34Die Jünger antworteten: »Der Herr braucht es.« 35So brach-
ten sie Jesus das Fohlen und warfen ihre Mäntel darüber, da-
mit er darauf reiten konnte.

36Die Menschen breiteten ihre Mäntel vor Jesus auf der Stra-
ße aus. 37Als sie die Stelle erreichten, an der der Weg den Öl-
berg hinabführte, fingen alle seine Anhänger an, Gott mit lau-
tem Jubel für die großen Wunder zu loben, die sie gesehen
hatten.

38»Gepriesen sei der König, der im Namen des Herrn
kommt!
Friede in der Höhe und Ehre im höchsten Himmel!«*

39Einige der Pharisäer in der Menge forderten ihn auf:
»Meister, rufe deine Jünger zur Vernunft!«

19,26 Griech. *Wer hat, dem wird gegeben werden, wer aber nicht hat, dem wird auch das genommen werden, was er hat.*

19,38 Psalm 118,26; 148,1.

[40]Doch er entgegnete ihnen: »Würden sie schweigen, dann
würden die Steine schreien!«

Jesus weint über Jerusalem

[41]Als sie sich jedoch Jerusalem näherten und Jesus die Stadt
vor sich liegen sah, begann er zu weinen. [42]»Wie sehr
wünschte ich, du würdest noch heute den Weg des Friedens
finden. Doch nun ist es zu spät, und der Friede bleibt dir
fremd. [43]Nicht mehr lange, und deine Feinde werden einen
Wall rings um dich aufschütten, dich einkreisen und gegen
dich vorrücken. [44]Sie werden dich und deine Kinder dem
Erdboden gleichmachen und keinen Stein auf dem anderen
lassen, weil du die Gelegenheit, die Gott dir geboten hat,
nicht ergriffen hast.«

Die Tempelreinigung

[45]Dann ging Jesus in den Tempel und fing an, die Händler
von ihren Ständen zu vertreiben. [46]Er sagte zu ihnen: »In der
Schrift steht: ›Mein Haus soll ein Ort des Gebets sein‹, aber ihr
habt eine Räuberhöhle daraus gemacht.«*

[47]Danach lehrte er täglich im Tempel, doch die obersten
Priester, die Schriftgelehrten und die anderen führenden
Männer des Volkes fingen an, nach einem Vorwand zu su-
chen, ihn umzubringen. [48]Aber ihnen fiel nichts ein, weil das
Volk an seinen Lippen hing und auf ihn hörte.

Die Frage nach der Vollmacht von Jesus

20 [1]Eines Tages, als Jesus gerade im Tempel die Botschaft
Gottes verkündete, traten die obersten Priester, die
Schriftgelehrten und die übrigen führenden Männer des Vol-
kes auf ihn zu [2]und fragten: »In wessen Vollmacht hast du die
Händler aus dem Tempel vertrieben?* Wer hat dir diese Voll-
macht erteilt?«

19,46 Jesaja 56,7; Jeremia 7,11.
20,2 O. *In wessen Vollmacht tust du diese Dinge?*

3»Lasst mich euch erst eine Frage stellen«, entgegnete er.
4»War die Taufe des Johannes eine Handlung im Auftrag Got-
tes oder war es nur die Tat eines Menschen?«
5Sie besprachen eine Weile, was sie antworten sollten.
»Wenn wir sagen, dass es eine Handlung im Auftrag Gottes
war, wird er fragen, warum wir ihm dann nicht geglaubt ha-
ben. 6Sagen wir jedoch, dass sie nur die Tat eines Menschen
war, wird das Volk uns steinigen, denn die Leute sind über-
zeugt, dass er ein Prophet war.« 7Schließlich antworteten sie:
»Wir wissen es nicht.«
8Da entgegnete Jesus: »Dann beantworte ich eure Frage
auch nicht.«

Das Gleichnis von den bösen Bauern

9Danach erzählte Jesus dem Volk folgendes Gleichnis: »Ein
Mann pflanzte einen Weinberg, verpachtete ihn an einige
Bauern und zog für mehrere Jahre in ein anderes Land. 10Zur
Zeit der Weinlese schickte er einen seiner Diener, um seinen
Anteil an der Ernte einzufordern. Doch die Bauern überfielen
den Diener, verprügelten ihn und schickten ihn mit leeren
Händen zurück. 11Darauf sandte der Besitzer einen anderen
Diener, doch dem erging es genauso: Er wurde geschlagen,
verspottet und musste mit leeren Händen wieder umkehren.
12Ein dritter Mann wurde geschickt und wieder geschah das
Gleiche; auch er wurde verwundet und fortgejagt.
13›Was mache ich jetzt?‹, überlegte der Besitzer. ›Ich weiß!
Ich werde meinen geliebten Sohn schicken. Vor ihm werden
sie Respekt haben.‹
14Doch als die Bauern seinen Sohn sahen, sagten sie sich:
›Da kommt der Erbe dieses Weinguts. Lasst uns ihn umbrin-
gen; dann gehört alles uns!‹ 15Und sie warfen ihn aus dem
Weinberg hinaus und töteten ihn.
Was, glaubt ihr, wird der Besitzer des Weinbergs mit diesen
Bauern machen?«, fragte Jesus. 16»Ich sage euch: Er wird
kommen, sie alle töten und den Weinberg an andere ver-
pachten.«
Seine Zuhörer erwiderten entsetzt: »Das soll niemals ge-
schehen!«

[17]Jesus sah sie an und sagte: »Was hat dann die Schriftstelle zu bedeuten:

›Der Stein, den die Bauleute verworfen haben, ist zum Eckstein geworden.‹*?

[18]Wer über diesen Stein stolpert, wird daran zerbrechen, und auf wen er fällt, den wird er zerschmettern.«

[19]Als die Schriftgelehrten und obersten Priester dies hörten, hätten sie Jesus am liebsten sofort verhaftet. Sie merkten, dass mit den Bauern in dieser Geschichte sie gemeint waren. Doch sie fürchteten sich vor der Reaktion des Volkes, wenn sie ihn gefangen nehmen ließen.

Steuern für den Kaiser

[20]Deshalb suchten sie nach einer günstigen Gelegenheit und beauftragten Männer, die sich als ehrliche Zuhörer ausgaben, um Jesus auszuhorchen. Sie brauchten einen Vorwand, unter dem sie Jesus durch den römischen Statthalter verhaften lassen konnten. [21]Sie sprachen zu Jesus: »Meister, wir wissen, dass das, was du sagst und lehrst, richtig ist, und du dich nicht von der Meinung anderer beeinflussen lässt. Du lehrst die Wege Gottes, und was du sagst, ist wahr. [22]Sage uns nun: Ist es richtig, dem Kaiser Steuern zu zahlen, oder nicht?«

[23]Jesus durchschaute aber ihre List und sagte: [24]»Zeigt mir eine römische Münze*. Wessen Bild und Titel ist darauf eingeprägt?«

Sie antworteten: »Bild und Titel des Kaisers.«

[25]Da sagte er: »Dann gebt dem Kaiser, was dem Kaiser gehört. Und gebt Gott, was Gott gehört.« [26]So gelang es ihnen nicht, Jesus vor dem Volk eine Falle zu stellen. Stattdessen waren sie erstaunt über seine Antwort und schwiegen.

Gespräch über die Auferstehung

[27]Nun traten einige Sadduzäer vor – eine jüdische Gruppierung, die nicht an die Auferstehung nach dem Tod glaubt. [28]Sie stellten ihm eine Frage: »Meister, Mose hat uns folgen-

20,17 Psalm 118,22.
20,24 Griech. *einen Denar.*

des Gesetz gegeben: Wenn ein Mann stirbt und zwar eine
Frau, aber keine Kinder hinterlässt, soll sein Bruder die Wit-
we heiraten und ihm auf diese Weise zu einem Erben verhel-
fen.* [29]Nun waren einmal sieben Brüder. Der älteste heiratete
und starb kinderlos. [30]Sein Bruder nahm die Witwe zur Frau,
aber auch er starb. [31]Das Gleiche wiederholte sich mit den
anderen Brüdern, bis alle sieben sie geheiratet hatten, gestor-
ben waren und keine Kinder hinterlassen hatten. [32]Schließlich
starb auch die Frau. [33]Sage uns nun: Wessen Frau wird sie bei
der Auferstehung sein? Denn alle sieben waren mit ihr ver-
heiratet!«

[34]Jesus erwiderte: »Hier auf der Erde heiraten die Menschen
und werden geheiratet, [35]doch in der zukünftigen Welt wird
es anders sein. Die Menschen, die der Auferstehung für wür-
dig befunden werden, werden nicht mehr verheiratet sein,
[36]und sie werden auch nicht mehr sterben. In dieser Hinsicht
werden sie den Engeln gleichen. Sie werden Kinder Gottes
sein, die zu neuem Leben auferweckt wurden. [37]Die Auferste-
hung der Toten hat Mose schon am brennenden Dornbusch
angedeutet, als er vom Herrn als ›dem Gott Abrahams, dem
Gott Isaaks und dem Gott Jakobs‹* sprach, obwohl Abraham,
Isaak und Jakob längst gestorben waren. [38]So ist Gott also der
Gott der Lebenden und nicht der Toten. Denn für ihn sind sie
alle am Leben.«

[39]»Du hast gut geantwortet, Meister!«, bemerkten einige
Schriftgelehrte, die dabeistanden. [40]Und keiner wagte mehr,
ihn noch etwas zu fragen.

Wessen Sohn ist der Christus?

[41]Dann stellte Jesus ihnen eine Frage. »Warum wird der
Christus als Sohn Davids bezeichnet?«, fragte er. [42]»David
selbst schrieb doch in den Psalmen:

›Der Herr sprach zu meinem Herrn:

20,28 5. Mose 25,5-6.
20,37 2. Mose 3,6.

Setz dich auf den Ehrenplatz zu meiner Rechten, 43bis ich
deine Feinde demütige und sie zum Schemel unter deinen
Füßen mache.‹*
44Wenn David ihn Herr nannte, wie kann er dann gleichzei-
tig sein Sohn sein?«
45Und er wandte sich seinen Jüngern zu und sagte vor den
Ohren der Menge zu ihnen: 46»Nehmt euch in Acht vor den
Schriftgelehrten! Sie lieben es, in wehenden Gewändern über
die Marktplätze zu flanieren und die Ehrenbezeugungen der
Leute entgegenzunehmen. Und sie beanspruchen, in den Sy-
nagogen und bei Festen auf den Ehrenplätzen zu sitzen!
47Doch gleichzeitig betrügen sie Witwen schamlos um ihren
Besitz, und um zu verbergen, wie sie wirklich sind, sprechen
sie in der Öffentlichkeit lange Gebete. Deshalb wird ihre Stra-
fe umso härter ausfallen.«

Das Opfer der Witwe

21 1Während Jesus im Tempel war, sah er zu, wie die rei-
chen Leute ihre Spenden in den Opferkasten legten.
2Da kam eine arme Witwe und warf zwei kleine Münzen*
ein. 3»Ich versichere euch«, sagte er, »diese arme Witwe hat
mehr gegeben als alle anderen. 4Denn jene gaben nur einen
Bruchteil von ihrem Überfluss, sie aber, arm wie sie ist, gab
alles, was sie besaß.«

Jesus spricht über die Zukunft

5Einige seiner Jünger lobten die schönen Steine und die mit
Weihgeschenken geschmückten Mauern des Tempels. Doch
Jesus sagte: 6»Es kommt die Zeit, da wird all dies so vollstän-
dig zerstört werden, dass nicht ein Stein auf dem anderen
bleibt.«
7»Meister«, fragten sie, »wann wird das geschehen? Und
wird es vorher irgendein Zeichen geben?«

20,42-43 Psalm 110,1.
21,2 Griech. *zwei Lepta;* ein Lepton war die kleinste griech. Münze.

[8]Er erwiderte: »Lasst euch nicht täuschen. Viele werden in
meinem Namen auftreten, sich als Christus* ausgeben und
sagen: ›Die Zeit ist gekommen!‹ Glaubt ihnen nicht! [9]Und
wenn ihr von Kriegen und Unruhen hört, geratet nicht in Pa-
nik. All diese Dinge müssen kommen, doch das ist noch nicht
das Ende.« [10]Und er fügte hinzu: »Völker und Königreiche
werden einander den Krieg erklären. [11]Es wird Erdbeben ge-
ben, in vielen Ländern werden Hungersnöte und Seuchen
auftreten, und am Himmel werden schreckliche Dinge und
gewaltige Zeichen erscheinen.

[12]Doch noch bevor all das geschieht, wird eine Zeit schlim-
mer Verfolgungen kommen. Um meines Namens willen wird
man euch in Synagogen und Gefängnisse schleppen und vor
Königen und Regierungen anklagen. [13]Das wird euch Gele-
genheit geben, ihnen von mir zu erzählen. [14]Macht euch keine
Sorgen, wie ihr euch verteidigen sollt. [15]Ich werde euch die
richtigen Worte eingeben und die nötige Weisheit verleihen,
sodass keiner eurer Gegner euch wird widerlegen können!
[16]Selbst die Menschen, die euch am nächsten stehen – eure
Eltern, Geschwister, Verwandten und Freunde –, werden
euch verraten. Einige von euch werden sogar umgebracht
werden. [17]Und um meines Namens willen werden euch alle
hassen. [18]Aber nicht ein einziges Haar auf eurem Kopf soll
verloren gehen! [19]Wenn ihr standhaft bleibt, werdet ihr eure
Seelen retten.

[20]Wenn ihr Jerusalem von Feinden umringt seht, dann wisst
ihr, dass der Zeitpunkt seiner Zerstörung gekommen ist.
[21]Dann müssen die, die in Judäa sind, in die Berge fliehen.
Wer in Jerusalem ist, soll flüchten, und wer sich außerhalb
der Stadt befindet, soll nicht in ihr Schutz suchen. [22]Denn
das werden die Tage der Vergeltung Gottes sein, und die
Weissagungen der Schrift werden sich erfüllen. [23]Schwange-
ren und Stillenden wird es schlimm ergehen! Denn im Land
wird große Not herrschen, und Unheil wird über dieses Volk
kommen. [24]Die Menschen werden mit dem Schwert getötet
oder als Gefangene in die ganze Welt verschleppt werden.

21,8 Griech. *sagen: ›Ich bin es‹.*

Und Jerusalem wird erobert und dem Erdboden gleichge-
macht werden von den fremden Völkern, bis ihre Zeit zu
Ende ist.

25An Sonne, Mond und Sternen werden Zeichen erscheinen.
Und auf der Erde werden die Völker in Aufruhr und Entset-
zen sein, den wilden Wellen der Meere hilflos ausgeliefert.
26Viele Menschen werden den Mut verlieren, wenn sie diese
Schrecken über die Erde hereinbrechen sehen, denn selbst die
Kräfte des Himmels werden aus dem Gleichgewicht geraten.
27Und dann werden alle den Menschensohn mit Macht und
großer Herrlichkeit in den Wolken des Himmels kommen se-
hen.* 28Wenn all das anfängt, dann richtet euch auf und hebt
den Blick, denn eure Erlösung ist ganz nahe!«

29Und er gab ihnen folgenden Vergleich: »Seht euch einen
Feigenbaum oder einen anderen Baum an. 30Wenn die Blätter
sprießen, wisst ihr, dass der Sommer kommt. 31Genauso
könnt ihr, wenn ihr all dies geschehen seht, sicher sein, dass
das Reich Gottes nahe ist. 32Ich versichere euch: Diese Gene-
ration* wird nicht von der Erde verschwinden, bis alle diese
Ereignisse eingetreten sind. 33Himmel und Erde werden ver-
gehen, aber meine Worte werden für immer bleiben.

34Seid wachsam! Lasst euch nicht von zu viel Essen und
Trinken und den Sorgen des Alltags gefangen nehmen, damit
euch dieser Tag nicht unvorbereitet trifft, 35so wie man unver-
hofft in eine Falle stolpert. Denn dieser Tag wird über alle
hereinbrechen, die auf der Erde leben. 36Seid wachsam! Und
betet darum, dass ihr, wenn es möglich ist, diesen Schrecken
entkommen und vor dem Menschensohn stehen könnt.«

37Jeden Tag ging Jesus in den Tempel, um zu lehren, und
abends kehrte er zurück, um die Nacht auf dem Ölberg zu
verbringen. 38Jeden Morgen strömten die Menschen scharen-
weise herbei, um ihn zu hören.

21,27 S. Daniel 7,13.
21,32 O. *dieses Zeitalter* oder *diese Nation*.

Der Verrat des Judas

22 1Das Fest der ungesäuerten Brote, das Passahfest,
rückte näher. 2Die obersten Priester und Schriftgelehr-
ten planten, Jesus umzubringen. Sie fürchteten sich allerdings
vor der Reaktion des Volkes.
3Da fuhr Satan in Judas Iskariot, der einer der zwölf Jünger
war. 4Er ging zu den obersten Priestern und den Befehls-
habern der Tempelwache, um mit ihnen zu beraten, wie er
Jesus am besten an sie verraten könnte. 5Sie freuten sich,
dass er bereit war, ihnen zu helfen, und versprachen ihm
eine Belohnung. 6Von da an begann er nach einer passenden
Gelegenheit Ausschau zu halten, bei der sie Jesus ohne Auf-
sehen verhaften konnten, wenn das Volk nicht in der Nähe
war.

Das letzte Abendmahl

7Das Fest der ungesäuerten Brote rückte heran, an dem die
Passahlämmer geschlachtet wurden. 8Jesus schickte Petrus
und Johannes voraus und sagte: »Geht und bereitet das Pas-
sahmahl vor, damit wir es gemeinsam essen können.«
9»Wo sollen wir denn hingehen?«, fragten sie ihn.
10Er erwiderte: »Wenn ihr nach Jerusalem kommt, wird
euch ein Mann begegnen, der einen Wasserkrug trägt. Folgt
ihm bis zu dem Haus, in das er eintritt, 11und sagt zu dem
Besitzer: ›Der Meister fragt dich: Wo ist der Raum für Gäste,
in dem ich mit meinen Jüngern das Passahmahl feiern kann?‹
12Er wird euch die Treppe hinauf zu einem Saal führen, in
dem schon alles vorbereitet ist. Geht voraus und richtet dort
alles her.« 13Sie machten sich auf den Weg in die Stadt und
fanden alles genau so vor, wie Jesus gesagt hatte, und berei-
teten dort das Passahmahl vor.
14Als es so weit war, nahmen Jesus und die Jünger miteinan-
der am Tisch Platz. 15Jesus sagte: »Ich habe mich sehr danach
gesehnt, dieses Passahmahl mit euch zu feiern, bevor mein
Leiden beginnt. 16Denn ich sage euch jetzt, ich werde es nicht
wieder essen, bis es sich im Reich Gottes erfüllt.«
17Dann nahm er einen Becher mit Wein, und nachdem er
Gott dafür gedankt hatte, sagte er: »Nehmt ihn und teilt ihn

unter euch. [18]Denn ich werde keinen Wein mehr trinken, bis das Reich Gottes gekommen ist.«

[19]Dann nahm er ein Brot, und nachdem er Gott dafür gedankt hatte, brach er es in Stücke und reichte es den Jüngern mit den Worten: »Dies ist mein Leib, der für euch gegeben wird. Tut das zur Erinnerung an mich.« [20]Nach dem Essen nahm er einen weiteren Becher mit Wein und sagte: »Dieser Wein ist das Zeichen des neuen Bundes – ein Bund, der mit dem Blut besiegelt wird, das ich für euch vergießen werde.*

[21]Doch hier an diesem Tisch sitzt schon der Mann, der mich verraten wird. Er sitzt unter uns wie ein Freund. [22]Der Menschensohn muss zwar sterben, weil es Gott so bestimmt hat. Doch wie schlimm wird es erst für den sein, der ihn verraten wird!« [23]Da begannen die Jünger einander zu fragen, wer von ihnen denn so etwas je tun würde.

[24]Und sie fingen an zu streiten, wer von ihnen im kommenden Reich Gottes der Größte sein würde. [25]Jesus sagte zu ihnen: »In dieser Welt beherrschen die Könige und Großen ihre Untertanen und werden doch als ›Wohltäter‹ bezeichnet. [26]Unter euch aber soll der Größte den niedrigsten Platz einnehmen und der Leiter soll wie ein Diener sein. [27]Normalerweise sitzt der Meister am Tisch und wird von seinen Dienern bedient. Hier ist es anders! Denn ich bin euer Diener. [28]Ihr seid mir in der Zeit meiner Versuchung treu geblieben. [29]Und so wie mein Vater mir ein Königreich gegeben hat, gebe ich euch das Recht, [30]in diesem Reich an meinem Tisch zu essen und zu trinken. Ihr werdet auf Thronen sitzen und die zwölf Stämme Israels richten.

Jesus sagt voraus, dass Petrus ihn verleugnen wird

[31]Simon, Simon, Satan hat euch alle haben wollen. Er wollte euch durchsieben wie Weizen. [32]Doch ich habe für dich gebetet, dass dein Glaube nicht aufhöre. Wenn du also später umgekehrt und zu mir zurückgekommen bist, dann stärke deine Brüder.«

22,19-20 In manchen Handschriften fehlt 22,19b-20: *für euch gegeben ... vergießen werde.*

33Petrus sagte: »Herr, ich bin bereit, mit dir ins Gefängnis zu gehen und sogar mit dir zu sterben.«

34Doch Jesus entgegnete: »Petrus, lass mich dir etwas sagen. Noch bevor morgen früh der Hahn kräht, wirst du drei Mal geleugnet haben, mich überhaupt zu kennen.«

35Dann fragte Jesus sie alle: »Als ich euch ausschickte, die gute Botschaft zu verkünden, und ihr hattet weder Geld noch Tasche noch Kleidung zum Wechseln, hat es euch da an irgendetwas gefehlt?«

Sie gaben zur Antwort: »Nein.«

36»Aber jetzt«, sagte er, »nehmt euer Geld und eure Tasche.
Und wenn ihr kein Schwert habt, verkauft eure Kleidung, um
eines zu kaufen! 37Denn die Zeit ist gekommen, in der sich
erfüllt, was in der Schrift über mich steht: ›Er wurde zu den
Aufrührern gerechnet.‹* Ja, alles, was die Propheten über
mich geschrieben haben, wird sich erfüllen.«

38»Herr«, erwiderten sie, »wir haben zwei Schwerter.«

Er aber sagte: »Das genügt.«

Jesus betet auf dem Ölberg

39Dann verließ Jesus zusammen mit seinen Jüngern den
Raum und sie gingen wie gewohnt zum Ölberg. 40Dort for-
derte er sie auf: »Betet, damit ihr der Versuchung nicht er-
liegt.«

41Er entfernte sich etwa einen Steinwurf weit, kniete nieder
und betete: 42»Vater, wenn du willst, dann lass diesen Kelch
des Leides an mir vorübergehen. Doch ich will deinen Willen
tun, nicht meinen.« 43Da erschien ein Engel vom Himmel und
stärkte ihn. 44Aber er war von Angst erfüllt und betete noch
heftiger und kämpfte so sehr, dass sein Schweiß wie Blut auf
die Erde tropfte.* 45Schließlich stand er auf und ging zu den
Jüngern zurück, die, erschöpft vor Kummer, eingeschlafen
waren. 46»Warum schlaft ihr?«, fragte er. »Steht auf und betet.
Sonst wird die Versuchung euch überwältigen.«

22,37 Jesaja 53,12.
22,43-44 Diese Verse sind in vielen frühen Handschriften nicht enthalten.

Jesus wird verraten und verhaftet

47Er hatte noch nicht ausgeredet, da näherte sich eine Men-
schenmenge, angeführt von Judas, einem der zwölf Jünger.
Judas ging auf Jesus zu und begrüßte ihn mit einem Kuss.
48Aber Jesus sagte: »Judas, wie kannst du den Menschensohn
mit einem Kuss verraten?«
49Als die anderen Jünger begriffen, was die Menge vorhatte,
riefen sie: »Herr, sollen wir kämpfen? Wir haben die Schwer-
ter mitgebracht!« 50Und einer von ihnen griff den Diener des
Hohen Priesters an und schlug ihm das rechte Ohr ab.
51Doch Jesus sagte: »Leistet keinen Widerstand mehr.« Und
er berührte das Ohr des Mannes und heilte ihn. 52Dann wand-
te er sich an die obersten Priester, die Befehlshaber der Tem-
pelwache und die Anführer der Gruppe. »Bin ich ein Schwer-
verbrecher«, fragte er, »dass ihr mit Schwertern und
Knüppeln bewaffnet anrückt, um mich zu verhaften? 53Wa-
rum habt ihr mich nicht im Tempel verhaftet? Ich war doch
jeden Tag dort. Aber dies ist eure Stunde, die Zeit, in der die
Macht der Finsternis die Oberhand hat.«

Petrus verleugnet Jesus

54Da verhafteten sie ihn und brachten ihn zum Haus des Ho-
hen Priesters. Petrus folgte in großem Abstand. 55Als die
Wächter im Hof ein Feuer machten und sich ringsherum la-
gerten, setzte sich Petrus zu ihnen. 56Eine Dienerin bemerkte
ihn im Schein des Feuers und beobachtete ihn. Schließlich
sagte sie: »Dieser Mann war auch bei Jesus!«
57Petrus leugnete es. »Frau«, sagte er, »ich kenne den Mann
überhaupt nicht!«
58Nach einer Weile schaute ein anderer ihn an und meinte:
»Du musst auch einer von ihnen sein!«
Petrus erwiderte: »Nein, Mann, das bin ich nicht!«
59Etwa eine Stunde später bekräftigte ein anderer: »Das
muss einer der Jünger von Jesus sein, er ist auch Galiläer.«
60Aber Petrus entgegnete: »Ich weiß nicht, wovon du re-
dest.« Und sobald er das gesagt hatte, krähte ein Hahn. 61In
diesem Augenblick drehte der Herr sich um und sah Petrus
an. Da erinnerte dieser sich an die Worte des Herrn: »Bevor

morgen früh der Hahn kräht, wirst du mich drei Mal verleug-
nen.« [62]Und Petrus ging hinaus und weinte bitterlich.
[63]Dann fingen die Wächter, die Jesus gefangen hielten, an,
ihn zu verspotten und zu schlagen. [64]Sie verbanden ihm die
Augen, dann schlugen sie ihn und fragten: »Nun, du Prophet,
wer hat dich wohl gerade geschlagen?« [65]Und sie beschimpf-
ten ihn.

Jesus vor dem Hohen Rat

[66]Gegen Tagesanbruch versammelten sich die führenden
Männer des Volkes sowie die obersten Priester und Schriftge-
lehrten. Jesus wurde diesem Hohen Rat* vorgeführt, [67]und sie
fragten ihn: »Sage uns, ob du der Christus* bist.«
Doch er erwiderte: »Wenn ich es euch sagte, würdet ihr mir
doch nicht glauben. [68]Und wenn ich euch eine Frage stellte,
würdet ihr mir nicht antworten. [69]Aber bald kommt die Zeit,
in der der Menschensohn zur Rechten des allmächtigen Got-
tes sitzen wird.*«
[70]Da riefen alle: »Dann behauptest du also, Gottes Sohn zu
sein?«
Und er erwiderte: »Ihr sagt es selbst; ich bin es.«
[71]»Wozu brauchen wir da noch Zeugen?«, schrien sie. »Wir
haben es ihn selbst sagen hören.«

Das Verhör vor Pilatus

23 [1]Daraufhin führte der gesamte Hohe Rat Jesus zu Pila-
tus, dem römischen Statthalter, [2]und sie trugen ihm
die Anklage vor: »Dieser Mann verführt unser Volk. Er for-
dert es auf, dem Kaiser keine Steuern zu zahlen, und er be-
hauptet, der Christus, ein König zu sein.«
[3]Pilatus fragte ihn: »Bist du der König der Juden?«
Jesus erwiderte: »Ja, du sagst es selbst.«
[4]Pilatus wandte sich an die obersten Priester und an die
Menge und sagte: »Ich finde keine Schuld an diesem Mann!«

22,66 Griech. *dem Sanhedrin.*
22,67 Griech. *der Gesalbte.*
22,69 S. Psalm 110,1.

5 Doch sie bestanden darauf: »Wo er auch hinkommt, ver-
ursacht er Unruhe im Volk – in ganz Judäa, von Galiläa bis
nach Jerusalem!«

6 »Der Mann ist also ein Galiläer?«, fragte Pilatus. 7 Als sie
das bestätigten, ließ Pilatus Jesus zu Herodes Antipas brin-
gen, denn Galiläa unterstand seiner Rechtsprechung und He-
rodes hielt sich gerade in Jerusalem auf.

8 Herodes freute sich sehr, Jesus kennenzulernen. Er hatte
schon viel von ihm gehört und immer gehofft, einmal Zeuge
eines seiner Wunder zu werden. 9 Er stellte Jesus eine Frage
nach der anderen, aber Jesus gab keine Antwort. 10 Während-
dessen standen die obersten Priester und Schriftgelehrten da-
bei und brachten mit lauter Stimme ihre Anklagen vor. 11 Da
begannen Herodes und seine Soldaten Jesus zu verhöhnen
und zu verspotten. Sie legten ihm ein prächtiges Gewand an
und schickten ihn zu Pilatus zurück. 12 An diesem Tag wur-
den Herodes und Pilatus, die bis dahin verfeindet gewesen
waren, Freunde.

13 Pilatus berief die obersten Priester und Schriftgelehrten
und das Volk ein 14 und gab sein Urteil bekannt. »Ihr habt
mir diesen Mann vorgeführt und ihn beschuldigt, das Volk
aufzuhetzen. Ich habe ihn in eurer Anwesenheit gründlich
befragt und habe keine Schuld an ihm gefunden. 15 Herodes
ist zum gleichen Schluss gelangt und hat ihn zu uns zurück-
bringen lassen. Dieser Mann hat nichts getan, wofür er den
Tod verdient. 16 Ich werde ihn auspeitschen lassen und da-
nach lasse ich ihn frei.«*

18 Da ging ein Aufschrei durch die Menge, und die Leute
riefen wie aus einem Mund: »Töte ihn und gib Barabbas frei!«
19 Barabbas war verhaftet worden, weil er einen Mord began-
gen hatte und an einem Volksaufstand in Jerusalem beteiligt
gewesen war. 20 Pilatus redete ihnen zu, denn er wollte lieber
Jesus freilassen. 21 Aber sie schrien nur: »Kreuzige ihn! Kreu-
zige ihn!«

23,16 In manchen Handschriften folgt Vers 17: *Denn er musste ihnen aus Anlass des Festes einen [Gefangenen] freilassen.*

22Zum dritten Mal wandte er ein: »Warum? Welches Verbre-
chen hat er begangen? Ich habe keinen Grund gefunden, ihn
zum Tod zu verurteilen. Ich werde ihn auspeitschen lassen
und dann freigeben.«
23Aber die Menge schrie noch lauter und verlangte seine
Kreuzigung. Sie übertönten Pilatus mit ihrem Geschrei. 24Da
verurteilte Pilatus Jesus zum Tod, wie sie es verlangten. 25Auf
ihren Wunsch ließ er Barabbas frei, den Mann, der wegen
Aufruhr und Mord im Gefängnis saß. Jesus dagegen lieferte
er ihnen aus, wie sie es gefordert hatten.

Die Kreuzigung

26Als sie Jesus abführten, kam Simon aus Kyrene* gerade vom
Feld zurück. Sie zwangen ihn, hinter Jesus herzugehen und
ihm sein Kreuz zu tragen. 27Ihnen schloss sich eine große
Menschenmenge an, darunter viele trauernde, wehklagende
Frauen. 28Doch Jesus wandte sich um und sagte zu ihnen:
»Töchter Jerusalems, weint nicht um mich, sondern klagt
über euch selbst und eure Kinder. 29Denn es kommt die Zeit,
da werden sie sagen: ›Glücklich sind die Frauen, die kinder-
los geblieben sind, deren Körper nie ein Kind geboren und
deren Brüste keinen Säugling gestillt haben.‹ 30Die Menschen
werden die Berge anflehen, auf sie zu fallen, und die Hügel,
sie unter sich zu begraben. 31Denn wenn dies schon mit dem
grünen Holz geschieht, wie wird es dann erst dem toten Holz
ergehen?*«
32Auch zwei andere Männer, beides Verbrecher, wurden ab-
geführt, um mit ihm hingerichtet zu werden. 33Schließlich ka-
men sie an einen Ort, der Schädelstätte* heißt. Dort wurden
alle drei gekreuzigt – Jesus in der Mitte und die zwei Verbre-
cher rechts und links von ihm.

23,26 Kyrene war eine Stadt in Nordafrika.

23,31 O. *Wenn diese Dinge dem lebendigen Baum widerfahren, wie wird es dann erst dem verdorrten Baum ergehen?*

23,33 Manchmal übersetzt mit *Kalvarienberg*, nach dem lateinischen Wort *calvaria*, d.h. »Schädel«.

34Jesus sagte: »Vater, vergib diesen Menschen, denn sie wis-
sen nicht, was sie tun.«* Und die Soldaten würfelten* um sei-
ne Kleider.
35Das Volk schaute zu, während die führenden Männer
lachten und spotteten. »Er hat andere gerettet«, sagten sie.
»Soll er sich jetzt doch selbst retten, wenn er wirklich Gottes
Auserwählter, der Christus, ist.« 36Auch die Soldaten ver-
höhnten ihn. Sie gaben ihm Weinessig zu trinken und 37riefen
ihm zu: »Wenn du der König der Juden bist, rette dich doch
selbst!« 38Über ihm am Kreuz wurde eine Inschrift mit den
Worten angebracht: »Dies ist der König der Juden.«
39Einer der Verbrecher, die neben ihm hingen, spottete: »Du
bist also der Christus? Beweise es, indem du dich rettest – und
uns mit!«
40Doch der andere mahnte: »Hast du nicht einmal jetzt Ehr-
furcht vor Gott, da du den Tod vor Augen hast? 41Wir haben
für unsere Vergehen den Tod verdient, aber dieser Mann hat
nichts Unrechtes getan.« 42Dann sagte er: »Jesus, denk an
mich, wenn du in dein Reich kommst.«
43Da antwortete Jesus: »Ich versichere dir: Heute noch wirst
du mit mir im Paradies sein.«

Jesus stirbt

44Inzwischen war es Mittag geworden, und Dunkelheit legte
sich über das ganze Land bis um drei Uhr nachmittags. 45Die
Sonne hatte sich verfinstert. Plötzlich zerriss der Vorhang im
Tempel. 46Jesus rief: »Vater, ich lege meinen Geist in deine
Hände!«* Und mit diesen Worten starb er.*
47Der Hauptmann der römischen Soldaten, der die Hinrich-
tung überwachte, sah, was geschehen war, lobte Gott und
sagte: »Dieser Mann war wirklich unschuldig*.« 48Und die
vielen Zuschauer, die zur Kreuzigung gekommen waren

23,34a Dieser Satz ist in vielen frühen Handschriften nicht enthalten.
23,34b Griech. *warfen Lose;* s. Psalm 22,19.
23,46a Psalm 31,6.
23,46b Griech. *hauchte er den Geist aus.*
23,47 O. *gerecht.*

und alles miterlebt hatten, was geschehen war, gingen voll
Reue* wieder nach Hause. 49Aber die Freunde von Jesus, un-
ter ihnen die Frauen, die ihm aus Galiläa gefolgt waren,
schauten aus einiger Entfernung zu.

Das Begräbnis

50Nun lebte dort ein gütiger und gerechter Mann mit Namen
Josef. Er war ein Mitglied des Hohen Rats, 51doch er war mit
der Entscheidung und dem Vorgehen der anderen Ratsmit-
glieder nicht einverstanden gewesen. Er stammte aus der
Stadt Arimathäa in Judäa und wartete auf das Kommen des
Reiches Gottes. 52Dieser Josef ging zu Pilatus und bat um den
Leichnam von Jesus. 53Dann nahm er ihn vom Kreuz, hüllte
ihn in ein langes Leinentuch und legte ihn in ein neues Grab,
das in einen Felsen gehauen war. 54Dies geschah am späten
Freitagnachmittag, dem Rüsttag* für den Sabbat.

55Als sein Leichnam fortgebracht wurde, folgten die Frauen
aus Galiläa und sahen das Grab, in das sie ihn legten. 56Dann
gingen sie nach Hause und bereiteten Kräuter und Öle vor,
um ihn damit einzubalsamieren. Doch als sie mit den Vor-
bereitungen fertig waren, war der Sabbat angebrochen, und
sie ruhten den ganzen Tag, wie es im Gesetz vorgeschrieben
ist.

Die Auferstehung

24 1Früh am Sonntagmorgen* gingen die Frauen zum
Grab und brachten die Öle mit, die sie vorbereitet hat-
ten. 2Sie sahen, dass der Stein, der den Eingang verschlossen
hatte, weggerollt war. 3So gingen sie in die Grabhöhle hinein,
konnten aber den Leichnam von Jesus, dem Herrn, nicht fin-
den. 4Sie waren ratlos und überlegten, was geschehen sein
konnte. Plötzlich standen zwei Männer in strahlenden Ge-
wändern neben ihnen. 5Die Frauen erschraken und verneig-
ten sich vor ihnen. Da fragten die Männer: »Warum sucht ihr

23,48 Griech. *schlugen sich an die Brust und gingen ...*
23,54 Griech. *am Tag der Vorbereitung.*
24,1 Griech. *Doch am ersten Tag der Woche, ganz früh am Morgen.*

den Lebenden bei den Toten? [6]Er ist nicht hier! Er ist auf-
erstanden! Erinnert ihr euch nicht, wie er euch in Galiläa sag-
te, [7]dass der Menschensohn in die Hände sündiger Menschen
übergeben und gekreuzigt werden muss und dass er am drit-
ten Tag wieder auferstehen wird?«

[8]Da erinnerten sie sich, dass er das gesagt hatte. [9]Sie liefen
schnell zurück, um den elf Jüngern – und allen anderen – zu
berichten, was geschehen war. [10]Die Frauen, die zum Grab
gegangen waren, waren Maria Magdalena, Johanna und Ma-
ria, die Mutter von Jakobus und mehrere andere. Sie erzähl-
ten den Aposteln, was geschehen war, [11]doch für diese klang
die Geschichte völlig unsinnig, deshalb glaubten sie ihnen
nicht. [12]Nur Petrus lief trotzdem zum Grab, um nachzusehen.
Dort angekommen, beugte er sich vor, um einen Blick hinein-
zuwerfen, und sah die losen Leinentücher; dann ging er weg
und fragte sich verwundert, was geschehen war.*

Auf dem Weg nach Emmaus

[13]Am gleichen Tag waren zwei Jünger von Jesus unterwegs
nach Emmaus, einem Dorf, das etwa elf Kilometer* von Jeru-
salem entfernt lag. [14]Auf dem Weg sprachen sie über alles,
was geschehen war. [15]Plötzlich kam Jesus selbst, schloss sich
ihnen an und ging mit ihnen. [16]Aber sie wussten nicht, wer er
war, weil Gott verhinderte, dass sie ihn erkannten.

[17]»Worüber redet ihr?«, fragte Jesus. »Was beschäftigt euch
denn so?«

Da blieben sie voller Traurigkeit stehen. [18]Einer von ihnen,
Kleopas, sagte: »Du bist wohl der einzige Mensch in Jerusa-
lem, der nicht gehört hat, was sich dort in den letzten Tagen
ereignet hat.«

[19]»Was waren das für Ereignisse?«, fragte Jesus.

»Das, was mit Jesus von Nazareth geschehen ist«, sagten sie.
»Er war ein Prophet, der vor Gott und dem ganzen Volk er-
staunliche Wunder tat und mit großer Vollmacht lehrte.
[20]Doch unsere obersten Priester und die anderen Ältesten ha-

24,12 In manchen Handschriften fehlt dieser Vers.
24,13 Griech. *60 Stadien;* das sind 11,1 km.

ben ihn verhaftet, den Römern ausgeliefert und zum Tod ver-
urteilen lassen, und er wurde gekreuzigt. 21Wir hatten ge-
hofft, er sei der Christus, der Israel retten und erlösen wird.
Das alles geschah vor drei Tagen. 22Aber heute Morgen waren
einige Frauen aus unserer Gemeinschaft schon früh an sei-
nem Grab und kamen mit einem erstaunlichen Bericht zu-
rück. 23Sie sagten, sein Leichnam sei nicht mehr da und sie
hätten Engel gesehen, die ihnen sagten, dass Jesus lebt! 24Ei-
nige von uns liefen hin, um nachzuschauen, und tatsächlich
war der Leichnam von Jesus verschwunden, wie die Frauen
gesagt hatten.«

25Darauf sagte Jesus zu ihnen: »Was seid ihr doch für unver-
ständige Leute! Es fällt euch so schwer zu glauben, was die
Propheten in der Schrift gesagt haben. 26Haben sie nicht an-
gekündigt, dass der Christus alle diese Dinge erleiden muss,
bevor er verherrlicht wird?« 27Und er begann bei Mose und
den Propheten und erklärte ihnen alles, was in der Schrift
über ihn geschrieben stand.

28Mittlerweile näherten sie sich ihrem Ziel, dem Dorf Em-
maus. Es schien so, als ob Jesus weitergehen wollte, 29doch
sie baten ihn inständig, über Nacht bei ihnen zu bleiben, da
es schon dunkel wurde. Da trat er mit ihnen ins Haus. 30Als
sie sich hinsetzten, um zu essen, nahm er das Brot, segnete es,
brach es und gab es ihnen. 31Da gingen ihnen die Augen auf
und sie erkannten ihn. Doch im selben Augenblick ver-
schwand er!

32Sie sagten zueinander: »War es uns nicht seltsam warm
ums Herz*, als er unterwegs mit uns sprach und uns die
Schrift auslegte?« 33Und sofort brachen sie auf und gingen
nach Jerusalem zurück, wo die elf Jünger und die, die bei
ihnen waren, sich versammelt hatten. Als sie ankamen, wur-
den sie mit der Nachricht empfangen: 34»Der Herr ist tatsäch-
lich auferstanden! Er ist Petrus* erschienen!«

24,32 Griech. *Brannte nicht unser Herz in uns.*
24,34 Griech. *Simon.*

Jesus erscheint den Jüngern

35Da erzählten auch die beiden Jünger aus Emmaus ihre Ge-
schichte, wie Jesus unterwegs mit ihnen gesprochen hatte
und wie sie ihn erkannt hatten, als er das Brot brach. 36Und
während sie noch sprachen, stand Jesus plötzlich selbst mit-
ten unter ihnen und sagte: »Friede sei mit euch!«* 37Doch sie
hatten alle schreckliche Angst, weil sie dachten, sie sähen ei-
nen Geist! 38»Warum fürchtet ihr euch so?«, fragte er. »Wa-
rum zweifelt ihr, wer ich bin? 39Seht euch meine Hände an.
Seht euch meine Füße an. Ihr könnt doch sehen, dass ich es
wirklich bin. Berührt mich und vergewissert euch, dass ich
kein Geist bin; denn ein Geist hat keinen Körper, und ich
habe einen, wie ihr seht!« 40Bei diesen Worten hielt er ihnen
seine Hände hin und zeigte ihnen seine Füße.*

41Noch immer standen sie voller Zweifel und Freude da. Er
fragte sie: »Habt ihr etwas zu essen da?« 42Sie reichten ihm ein
Stück gebratenen Fisch, 43und er aß ihn vor ihren Augen.

44Dann sagte er: »Als ich bei euch war, habe ich euch erklärt,
dass alles, was bei Mose, bei den Propheten und in den Psal-
men über mich geschrieben steht, in Erfüllung gehen muss.«
45Nun öffnete er ihnen den Blick für das Verständnis dieser
Schriften. 46Er sagte: »Es wurde vor langer Zeit aufgeschrie-
ben, dass der Christus leiden und sterben und am dritten Tag
auferstehen muss. 47Geht in seinem Namen zu allen Völkern,
angefangen in Jerusalem, ruft sie zur Umkehr auf, damit sie
Vergebung der Sünden erhalten. 48Für all dies seid ihr meine
Zeugen.

49Und nun werde ich euch den Heiligen Geist senden, wie
mein Vater es versprochen hat. Ihr aber bleibt hier in der
Stadt, bis der Heilige Geist kommen und euch mit Kraft aus
dem Himmel erfüllen wird.«

Die Himmelfahrt

50Dann führte Jesus sie nach Betanien. Dort hob er die Hände
zum Himmel und segnete sie. 51Noch während er sie segnete,

24,36 In manchen Handschriften fehlt der Satz *Er sagte: »Friede sei mit euch.«*
24,40 In manchen Handschriften fehlt dieser Vers.

verließ er sie und wurde in den Himmel hinaufgehoben.*
52Sie beteten ihn an und* kehrten danach voll großer Freude
nach Jerusalem zurück. 53Und sie hielten sich die ganze Zeit
über im Tempel auf und priesen Gott.

24,51 In manchen Handschriften fehlt die Wendung *und wurde in den Himmel hinaufgehoben.*
24,52 In manchen Handschriften fehlt die Wendung *beteten ihn an und.*

Das Evangelium von Johannes

Christus, das ewige Wort

1 1Am Anfang war das Wort. Das Wort war bei Gott und
das Wort war Gott. 2Er* war am Anfang bei Gott. 3Durch
ihn wurde alles geschaffen, was ist. Es gibt nichts, was er, das
Wort, nicht geschaffen hat. 4Das Leben selbst war in ihm, und
dieses Leben schenkt allen Menschen Licht. 5Das Licht
scheint in der Dunkelheit, und die Dunkelheit konnte es nicht
auslöschen.

6Gott sandte Johannes den Täufer, 7um allen Menschen von
dem Licht zu erzählen, damit durch ihn alle daran glauben.
8Johannes selbst war nicht das Licht; er war nur ein Zeuge für
das Licht. 9Der, der das wahre Licht ist, das alle Menschen
erleuchtet, sollte erst noch in die Welt kommen.

10Doch obwohl die Welt durch ihn geschaffen wurde, er-
kannte die Welt ihn nicht, als er kam. 11Er kam in die Welt,
die ihm gehört, und sein eigenes Volk nahm ihn nicht auf.
12All denen aber, die ihn aufnahmen und an seinen Namen
glaubten, gab er das Recht, Gottes Kinder zu werden. 13Sie
wurden dies weder durch ihre Abstammung noch durch
menschliches Bemühen oder Absicht, sondern dieses neue
Leben kommt von Gott.

14Er, der das Wort ist, wurde Mensch und lebte unter uns. Er
war voll Gnade und Wahrheit und wir wurden Zeugen seiner
Herrlichkeit, der Herrlichkeit, die der Vater ihm, seinem einzigen Sohn, gegeben hat.

15Auf ihn wies Johannes die Menschen hin. Er rief ihnen zu:
»Das ist der, von dem ich gesagt habe: ›Es kommt einer nach
mir, der ist größer als ich, denn er war da, lange bevor es mich
gab.‹«

16Immer und immer wieder haben wir den Reichtum seines
Segens* empfangen. 17Denn das Gesetz wurde durch Mose
gegeben; Gottes Gnade und Wahrheit kamen durch Jesus

1,2 Damit ist Christus gemeint, das Wort Gottes – s. auch 1,14.
1,16 Griech. *Gnade über Gnade.*

Christus. [18]Niemand hat Gott je gesehen. Doch sein einziger
Sohn, der selbst Gott ist*, ist dem Herzen des Vaters ganz
nahe; er hat uns von ihm erzählt.

Das Zeugnis Johannes des Täufers

[19]Die führenden Männer des jüdischen Volkes schickten
Priester und Leviten aus Jerusalem zu Johannes, um ihn zu
fragen: »Wer bist du eigentlich?« [20]Johannes schwieg nicht,
sondern bekannte klar und deutlich: »Ich bin nicht der
Christus*.«

[21]»Wer bist du dann?«, fragten sie. »Bist du Elia?«

»Nein«, erwiderte er.

»Bist du der Prophet?«*

»Nein.«

[22]»Wer bist du dann? Sag es uns, damit wir die Antwort
denen überbringen können, die uns geschickt haben. Was
sagst du selbst, wer du bist?«

[23]Johannes antwortete mit den Worten des Propheten Jesaja:
»Ich bin eine Stimme, die in der Wüste ruft: ›Ebnet den Weg
für das Kommen des Herrn!‹«*

[24]Darauf fragten ihn die Abgesandten der Pharisäer:
[25]»Wenn du weder der Christus noch Elia oder der Prophet
bist, mit welchem Recht taufst du dann?«

[26]Johannes antwortete ihnen: »Ich taufe nur mit* Wasser,
doch hier mitten unter euch steht einer, den ihr noch nicht
kennt. [27]Er wird aber schon bald nach mir kommen. Ich bin
nicht einmal wert, sein Diener zu sein*.« [28]Diese Begebenheit
ereignete sich in Betanien, einem Dorf am Ostufer des Jordan,
wo Johannes taufte.

1,18 In manchen Handschriften heißt es *sein einer, einziger Sohn.*
1,20 S. Fußnote zu Matthäus 1,16.
1,21 S. 5. Mose 18,15.18 und Maleachi 3,23-24.
1,23 Jesaja 40,3.
1,26 O. *in;* so auch in 1,31.33.
1,27 Griech. *ihm die Sandalen zu lösen.*

Jesus, das Lamm Gottes

29Am nächsten Tag, als Johannes Jesus auf sich zukommen
sah, sagte er: »Seht her! Da ist das Lamm Gottes, das die Sün-
de der Welt wegnimmt! 30Er ist es, von dem ich sagte: ›Bald
nach mir kommt ein Mann, der größer ist als ich, denn er war
da, lange bevor es mich gab.‹ 31Ich kannte ihn nicht. Aber um
Israel die Augen für ihn zu öffnen, bin ich gekommen und
habe mit Wasser getauft.«

32Und er fuhr fort: »Ich sah den Heiligen Geist wie eine Tau-
be vom Himmel herabkommen und sich auf ihm niederlas-
sen. 33Ich kannte ihn nicht, doch Gott, der mir den Auftrag
gegeben hat, mit Wasser zu taufen, sagte zu mir: ›Der, auf
den du den Heiligen Geist herabkommen und sich niederlas-
sen siehst, ist der, den du suchst. Er ist es, der mit dem Heili-
gen Geist tauft.‹ 34Das habe ich nun gesehen und deshalb be-
zeuge ich, dass dieser Mann der Sohn Gottes ist.*«

Die ersten Jünger

35Am nächsten Tag stand Johannes an der gleichen Stelle und
zwei seiner Jünger waren bei ihm. 36Als Jesus vorüberging,
blickte Johannes ihn an und rief aus: »Seht hin! Dieser ist das
Lamm Gottes!« 37Da wandten sich seine beiden Jünger um
und folgten Jesus.

38Jesus schaute sich um und sah, dass sie ihm folgten. »Was
wollt ihr?«, fragte er sie.

Sie antworteten: »Rabbi« (das bedeutet: Meister), »wo
wohnst du?«

39»Kommt mit, dann werdet ihr es sehen«, sagte er. Es war
etwa vier Uhr nachmittags, als sie mit ihm dorthin gingen,
und sie blieben für den Rest des Tages dort.

40Andreas, der Bruder von Simon Petrus, war einer der bei-
den Männer, die Jesus gefolgt waren, weil sie gehört hatten,
was Johannes über ihn sagte. 41Sofort suchte er seinen Bruder
Simon auf und erzählte ihm: »Wir haben den Messias gefun-
den« (das bedeutet: den Christus*).

1,34 In einigen Handschriften heißt es *der Erwählte Gottes.*
1,41 Griech. für *Gesalbter.*

42 Dann nahm Andreas Simon mit zu Jesus. Jesus sah ihn
aufmerksam an und sagte: »Du bist Simon, der Sohn des
Johannes – doch du wirst Kephas genannt werden« (das be-
deutet: Petrus*).
43 Als Jesus am nächsten Tag beschloss, nach Galiläa zu ge-
hen, begegnete er Philippus und sagte zu ihm: »Komm mit
und folge mir nach.« 44 Philippus stammte aus Betsaida, der
Heimatstadt von Andreas und Petrus.
45 Philippus machte sich auf die Suche nach Nathanael und
erzählte ihm: »Wir haben den gefunden, von dem Mose und
die Propheten geschrieben haben! Es ist Jesus, der Sohn von
Josef aus Nazareth.«
46 »Aus Nazareth!«, rief Nathanael aus. »Kann denn aus Na-
zareth etwas Gutes kommen?«
Philippus antwortete: »Komm mit und überzeuge dich
selbst.«
47 Als Jesus Nathanael auf sich zukommen sah, sagte er: »Da
kommt ein aufrechter Mann – ein wahrer Sohn Israels.«
48 Nathanael fragte: »Woher kennst du mich?«
Jesus antwortete: »Ich sah dich unter dem Feigenbaum,
noch bevor Philippus dich rief.«
49 Da antwortete Nathanael: »Rabbi, du bist der Sohn
Gottes – du bist der König Israels!«
50 Jesus entgegnete: »Glaubst du das jetzt nur, weil ich dir
gesagt habe, dass ich dich unter dem Feigenbaum sah? Du
wirst viel Größeres sehen.« 51 Und er fuhr fort: »Ich versichere
euch: Ihr werdet sehen, dass der Himmel offen steht und die
Engel Gottes über dem Menschensohn hinauf- und herab-
steigen.«*

Die Hochzeit in Kana

2 1 Am übernächsten Tag* war die Mutter von Jesus bei ei-
ner Hochzeitsfeier in Kana, einem Dorf in Galiläa. 2 Auch
Jesus und seine Jünger waren zu der Feier eingeladen. 3 Wäh-

1,42 Die Namen *Kephas* und *Petrus* bedeuten beide »Fels«.
1,51 S. den Bericht über die Jakobsleiter in 1. Mose 28,10-17.
2,1 Griech. *am dritten Tag;* s. 1,35.43.

rend des Festes ging der Wein aus, und die Mutter von Jesus
machte ihn darauf aufmerksam. »Sie haben keinen Wein
mehr«, sagte sie zu ihm.
4»Was hat das mit mir und dir zu tun?«, fragte Jesus. »Meine
Zeit ist noch nicht gekommen.«
5Doch seine Mutter wies die Diener an: »Tut, was immer er
euch befiehlt.«
6Im Haus gab es sechs steinerne Wasserbehälter, die für die
vorgeschriebenen Reinigungshandlungen der Juden verwen-
det wurden und jeweils rund hundert Liter* fassten. 7Jesus
sprach zu den Dienern: »Füllt die Krüge mit Wasser.« Als sie
die Krüge bis zum Rand gefüllt hatten, 8sagte er: »Schöpft
daraus und bringt es dem Zeremonienmeister.« Sie folgten
seiner Anweisung.
9Der Zeremonienmeister kostete von dem Wasser, das nun
Wein war. Da er nicht wusste, woher der Wein kam – denn
nur die Diener, die ihn geschöpft hatten, wussten es –, ließ er
den Bräutigam holen. 10»Eigentlich schenkt ein Gastgeber
den besseren Wein zuerst aus«, sagte er. »Später, wenn alle
betrunken sind und es ihnen nichts mehr ausmacht, holt er
den weniger guten. Du dagegen hast den besten Wein bis
jetzt zurückbehalten!«
11Durch dieses Wunder in Kana in Galiläa zeigte Jesus zum
ersten Mal seine Herrlichkeit. Und seine Jünger glaubten an
ihn.
12Nach der Hochzeit ging er nach Kapernaum, wo er einige
Tage mit seiner Mutter, seinen Brüdern und seinen Jüngern
verbrachte.

Jesus reinigt den Tempel

13Das alljährliche Passahfest stand bevor, und Jesus ging nach
Jerusalem. 14Im Hof des Tempels sah er Händler, die Rinder,
Schafe und Tauben als Opfertiere zum Verkauf anboten; und
er sah Geldwechsler hinter ihren Tischen sitzen. 15Da machte
Jesus aus Stricken eine Peitsche und jagte sie alle aus dem
Tempel. Er trieb die Schafe und Rinder hinaus, warf die Mün-

2,6 Griech. *zwei oder drei metretas* (das sind etwa 75 bis 115 l).

zen der Geldwechsler auf den Boden und stieß ihre Tische
um. [16]Dann ging er zu den Taubenverkäufern und befahl ih-
nen: »Schafft das alles fort. Macht aus dem Haus meines Va-
ters keinen Marktplatz!«
[17]Da erinnerten sich die Jünger an die Prophezeiung aus der
Schrift: »Die Leidenschaft für dein Haus brennt in mir.«*
[18]»Woher nimmst du das Recht, so etwas zu tun?«, fragten
die Juden. »Wenn du diese Vollmacht von Gott hast, dann
beweise es uns durch ein Wunder.«
[19]»Nun gut«, erwiderte Jesus. »Zerstört diesen Tempel, und
in drei Tagen werde ich ihn wieder aufbauen.«
[20]»Was?«, riefen sie aus. »Es hat sechsundvierzig Jahre ge-
dauert, diesen Tempel zu bauen, und du willst ihn in drei
Tagen wieder aufbauen?« [21]Doch Jesus hatte mit »diesem
Tempel« seinen eigenen Körper gemeint. [22]Später, als er von
den Toten auferstanden war, erinnerten sich die Jünger an
das, was Jesus gesagt hatte. Und sie glaubten der Schrift und
den Worten von Jesus.
[23]Durch die Wunder*, die er während des Passahfestes in
Jerusalem tat, glaubten viele Menschen an seinen Namen.
[24]Aber Jesus vertraute sich ihnen nicht an, denn er kannte sie
und wusste, wie es in den Menschen wirklich aussieht. [25]Ihm
brauchte über die menschliche Natur niemand etwas zu
sagen.

Jesus und Nikodemus

3 [1]Eines Nachts kam ein Pharisäer mit Namen Nikodemus
[2]zu Jesus, der zu den führenden Juden zählte. »Meister«,
sagte er, »wir alle wissen, dass Gott dich gesandt hat, um uns
zu lehren. Die Wunder, die du tust, beweisen, dass Gott mit
dir ist.«
[3]Jesus erwiderte: »Ich versichere dir: Wenn jemand nicht
von Neuem geboren wird, kann er das Reich Gottes nicht
sehen.«

2,17 O. *Die Sorge um das Haus Gottes verzehrt mich;* Psalm 69,10.
2,23 Griech. *Zeichen,* so auch in 2,18.

4»Was meinst du damit?«, rief Nikodemus aus. »Wie kann
denn ein alter Mensch wieder in den Leib seiner Mutter zu-
rückkehren und zum zweiten Mal geboren werden?«
5Jesus erwiderte: »Ich sage dir: Niemand kommt in das
Reich Gottes, der nicht aus Wasser und Geist* geboren wird.
6Menschen können nur menschliches Leben hervorbringen,
der Heilige Geist jedoch schenkt neues Leben von Gott her.
7Darum wundere dich nicht, wenn ich sage, dass ihr von
Neuem geboren werden müsst. 8Der Wind weht, wo er will.
Du hörst ihn zwar, aber du kannst nicht sagen, woher er
kommt oder wohin er geht. So kannst du auch nicht erklären,
wie die Menschen aus dem Geist geboren werden.«
9»Aber wie geschieht so etwas?«, fragte Nikodemus.
10Jesus antwortete: »Du bist ein angesehener Lehrer Israels,
und trotzdem weißt du das nicht? 11Ich versichere dir: Wir
reden nur von dem, was wir wissen und gesehen haben, und
erzählen es weiter. Doch ihr wollt unseren Worten nicht glau-
ben. 12Aber wenn ihr mir nicht einmal glaubt, wenn ich euch
von Dingen erzähle, die hier auf Erden geschehen, wie wer-
det ihr mir dann glauben können, wenn ich euch sage, was im
Himmel geschieht? 13Es ist noch nie jemand in den Himmel
hinaufgestiegen, bis auf den Menschensohn,* der vom Him-
mel herab auf die Erde gekommen ist. 14Und wie Mose in der
Wüste die Bronzeschlange auf einem Pfahl aufgerichtet hat,
so muss auch der Menschensohn an einem Pfahl* aufgerich-
tet werden, 15damit jeder, der glaubt, das ewige Leben hat.
16Denn Gott hat die Welt so sehr geliebt, dass er seinen ein-
zigen Sohn hingab, damit jeder, der an ihn glaubt, nicht ver-
loren geht, sondern das ewige Leben hat. 17Gott sandte seinen
Sohn nicht in die Welt, um sie zu verurteilen, sondern um sie
durch seinen Sohn zu retten.
18Wer an ihn glaubt, wird nicht verurteilt. Wer aber nicht an
ihn glaubt, ist schon verurteilt, weil er nicht an den Namen
des einzigen Sohnes Gottes geglaubt hat. 19Und so vollzieht

3,5 Das griech. Wort für »Geist« bedeutet auch »Wind«; s. 3,8.
3,13 Einige Handschriften fügen hinzu *der im Himmel ist.*
3,14 Im Griech. fehlt die Wendung *an einem Pfahl;* so auch im ersten Teil des Verses.

sich das Gericht: Das Licht ist vom Himmel in die Welt ge-
kommen, aber sie liebten die Dunkelheit mehr als das Licht,
weil ihre Taten böse waren. 20 Sie hassen das Licht, weil sie im
Dunkeln Böses tun. Sie bleiben dem Licht fern, weil sie Angst
haben, dass ihre Taten aufgedeckt werden. 21 Wer sich aber
nach der Wahrheit ausrichtet, tritt ans Licht und jeder kann
sehen, dass er in Verantwortung vor Gott handelt.«

Johannes der Täufer bezeugt Jesus

22 Danach verließen Jesus und seine Jünger Jerusalem. Sie blie-
ben aber noch eine Zeit lang in Judäa und tauften dort.

23 Zu dieser Zeit taufte Johannes der Täufer in Änon, in der
Nähe von Salim, weil es dort reichlich Wasser gab. Und viele
Leute kamen zu ihm, um sich taufen zu lassen. 24 Das war,
bevor Johannes ins Gefängnis geworfen wurde. 25 Eines Tages
fingen die Jünger des Johannes ein Streitgespräch mit einem
Juden über die Reinigungsvorschriften an. 26 Daraufhin ka-
men sie zu Johannes und sagten: »Meister, der Mann, dem
du auf der anderen Seite des Jordan begegnet bist und auf
den du hingewiesen hast – der tauft auch Menschen. Und
anstatt zu uns kommen nun alle zu ihm.«

27 Johannes erwiderte: »Ein Mensch kann sich nichts neh-
men, wenn es ihm nicht vom Himmel her gegeben wird. 28 Ihr
wisst selbst, dass ich euch ganz offen gesagt habe: ›Ich bin
nicht der Christus. Ich bin von Gott beauftragt, ihm den Weg
zu bereiten – mehr nicht.‹ 29 Wo die Braut hingeht, da ist der
Bräutigam. Und der Freund des Bräutigams, der dasteht und
ihm zuhört, freut sich an der Stimme des Bräutigams. Da-
rüber freue auch ich mich – und meine Freude ist nun voll-
kommen. 30 Er muss immer größer werden und ich immer
geringer.

31 Er ist von oben gekommen und ist größer als jeder andere.
Ich bin von der Erde, und mein Verständnis beschränkt sich
auf die irdischen Dinge. Davon kann ich sprechen. Er aber ist
vom Himmel gekommen.* 32 Er sagt, was er gesehen und ge-

3,31 In manchen Handschriften fehlt die Wendung *Er aber ist vom Himmel gekommen.*

hört hat, doch niemand glaubt, was er ihnen sagt! 33Wer ihm
glaubt, bestätigt damit, dass Gott wahrhaftig ist. 34Denn er ist
von Gott gesandt. Und er spricht Gottes Worte, denn Gott
gibt ihm seinen Geist ohne jede Einschränkung. 35Der Vater
liebt seinen Sohn und hat ihm Macht über alles gegeben.
36Und alle, die an den Sohn Gottes glauben, haben das ewige
Leben. Doch die, die dem Sohn nicht gehorchen, werden das
ewige Leben nie erfahren, sondern der Zorn Gottes liegt wei-
terhin auf ihnen.«

Jesus und die Samariterin

4 1Jesus* hörte, was den Pharisäern berichtet wurde: »Jesus
macht mehr Menschen zu Jüngern und tauft mehr als Jo-
hannes.« 2Allerdings taufte Jesus nicht selbst, sondern seine
Jünger. 3Da verließ er Judäa und ging wieder zurück nach
Galiläa.

4Sein Weg führte ihn durch Samarien. 5Er kam zu der sama-
ritischen Stadt Sychar, in der Nähe des Feldes, das Jakob sei-
nem Sohn Josef gegeben hatte. 6Dort befand sich der Jakobs-
brunnen. Erschöpft von der langen Wanderung setzte Jesus
sich um die Mittagszeit an den Brunnen. 7Kurz darauf kam
eine Samariterin, um Wasser zu schöpfen. Jesus sagte zu ihr:
»Bitte, gib mir zu trinken.« 8Er war zu diesem Zeitpunkt al-
lein, denn seine Jünger waren ins Dorf gegangen, um etwas
zu essen zu kaufen.

9Die Frau war überrascht, denn sonst wollen die Juden
nichts mit den Samaritern zu tun haben. Sie erwiderte: »Du
bist ein Jude und ich bin eine Samariterin. Warum bittest du
mich, dir zu trinken zu geben?«

10Jesus antwortete: »Wenn du wüsstest, welche Gabe Gott
für dich bereithält und wer der ist, der zu dir sagt: ›Gib mir
zu trinken‹, dann wärst du diejenige, die ihn bittet, und er
würde dir lebendiges Wasser geben.«

11»Aber, Herr, du hast weder ein Seil noch einen Eimer«,
entgegnete sie, »und dieser Brunnen ist sehr tief. Woher willst
du denn dieses lebendige Wasser nehmen? 12Bist du etwa

4,1 In einigen Handschriften heißt es *Der Herr.*

größer als unser Vater Jakob, der uns diesen Brunnen hinter-
ließ? Wie kannst du besseres Wasser versprechen, als er und
seine Söhne und sein Vieh hatten?«
13Jesus erwiderte: »Wenn die Menschen dieses Wasser ge-
trunken haben, werden sie schon nach kurzer Zeit wieder
durstig. 14Wer aber von dem Wasser trinkt, das ich ihm geben
werde, der wird niemals mehr Durst haben. Das Wasser, das
ich ihm gebe, wird in ihm zu einer nie versiegenden Quelle,
die unaufhörlich bis ins ewige Leben fließt.«
15»Bitte, Herr«, sagte die Frau, »gib mir von diesem Wasser!
Dann werde ich nie wieder durstig und brauche nicht mehr
herzukommen, um Wasser zu schöpfen.«
16»Geh, rufe deinen Mann und komm mit ihm hierher«, sag-
te Jesus zu ihr.
17»Ich habe keinen Mann«, entgegnete die Frau.
Jesus sagte: »Das stimmt! Du hast keinen Mann. 18Du hat-
test fünf Ehemänner, und mit dem Mann, mit dem du jetzt
zusammenlebst, bist du nicht verheiratet. Das hast du richtig
gesagt.«
19»Herr«, sagte die Frau, »ich sehe, dass du ein Prophet bist.
20Sage mir doch, warum ihr Juden darauf besteht, dass Jeru-
salem der einzige Ort ist, um Gott anzubeten. Wir Samariter
dagegen behaupten, dass es dieser Berg hier ist, wo unsere
Vorfahren gebetet haben.«
21Jesus erwiderte: »Glaube mir, es kommt die Zeit, in der es
keine Rolle mehr spielt, ob ihr den Vater hier oder in Jerusa-
lem anbetet. 22Ihr Samariter wisst wenig über den, den ihr
anbetet – wir Juden dagegen kennen ihn, denn die Erlösung
kommt durch die Juden. 23Aber die Zeit kommt, ja sie ist
schon da, in der die wahren Anbeter den Vater im Geist und
in der Wahrheit anbeten. Der Vater sucht Menschen, die ihn
so anbeten. 24Denn Gott ist Geist; deshalb müssen die, die ihn
anbeten wollen, ihn im Geist und in der Wahrheit anbeten.«
25Die Frau sagte: »Ich weiß, dass der Messias kommen
wird – der, den man den Christus nennt. Wenn er kommt,
wird er uns alle diese Dinge erklären.«
26Da sagte Jesus zu ihr: »Ich bin es, der mit dir spricht!«

27In diesem Augenblick kehrten seine Jünger zurück. Sie
waren erstaunt, ihn im Gespräch mit einer Frau zu sehen,
aber keiner fragte ihn, warum er das tat oder worüber sie
gesprochen hatten. 28Die Frau ließ ihren Krug neben dem
Brunnen stehen, lief ins Dorf zurück und erzählte allen:
29»Kommt mit und lernt einen Mann kennen, der mir alles
ins Gesicht gesagt hat, was ich jemals getan habe! Könnte
das vielleicht der Christus sein?« 30Da strömten die Leute
aus dem Dorf herbei, um ihn zu sehen.

31Inzwischen drängten die Jünger Jesus, etwas zu essen.
32»Nein«, sagte er, »ich lebe von einer Nahrung, von der ihr
nichts wisst.«

33»Wer sie ihm wohl gebracht hat?«, fragten die Jünger einander.

34Da erklärte Jesus: »Meine Nahrung ist, dass ich den Willen
Gottes tue, der mich gesandt hat, und sein Werk vollende.
35Meint ihr etwa, dass erst in vier Monaten zum Ende des
Sommers die Zeit der Ernte beginnen wird? Schaut euch
doch um! Überall reifen die Felder heran und sind schon jetzt
bereit zur Ernte. 36Der Erntearbeiter erhält guten Lohn, und
die Früchte, die er einsammelt, sind Menschen, die zum ewigen Leben geführt werden. Welche Freude erwartet beide zugleich: den, der pflanzt, und den, der erntet! 37Ihr kennt den
Spruch: ›Der eine pflanzt und ein anderer erntet.‹ Das ist
wahr. 38Ich habe euch ausgesandt zu ernten, was ihr vorher
nicht selbst erarbeitet habt; andere hatten diese Arbeit schon
getan, und ihr werdet nun die Ernte einbringen.«

Viele Samariter glauben

39Viele Samariter aus dem Dorf glaubten nun an Jesus, weil
die Frau ihnen erzählt hatte: »Er hat mir alles ins Gesicht gesagt, was ich jemals getan habe!« 40Als sie dann mit Jesus zusammentrafen, baten sie ihn, bei ihnen zu bleiben. Deshalb
blieb er noch zwei Tage 41und noch viel mehr Menschen hörten seine Botschaft und glaubten an ihn. 42Zu der Frau sagten
sie: »Nun glauben wir, weil wir ihn selbst gehört haben, und
nicht nur aufgrund deiner Worte. Jetzt wissen wir, dass er
wirklich der Retter der Welt ist.«

Jesus heilt den Sohn eines Beamten

43Nach diesen zwei Tagen setzte Jesus seine Reise nach Gali-
läa fort. 44Jesus hatte selbst einmal gesagt: »Ein Prophet wird
überall geehrt, nur nicht in seiner eigenen Heimat.« 45Doch
als er dort ankam, nahmen ihn die Galiläer herzlich auf.
Denn sie waren beim Passahfest in Jerusalem gewesen und
hatten gesehen, was er dort getan hatte.

46Seine Reise durch Galiläa führte ihn auch wieder in die
Stadt Kana, wo er das Wasser in Wein verwandelt hatte. In
Kapernaum lebte ein königlicher Beamter, dessen Sohn krank
war. 47Als er hörte, dass Jesus aus Judäa gekommen war und
durch Galiläa reiste, brach er nach Kana auf. Er suchte Jesus
und bat ihn, mit ihm nach Kapernaum herabzukommen und
seinen Sohn zu heilen, der im Sterben lag.

48Jesus sagte: »Wenn ihr nicht Zeichen und Wunder seht,
glaubt ihr nicht an mich.«

49Doch der Beamte sagte zu ihm: »Herr, bitte komm zu mir
herab nach Kapernaum, ehe mein kleiner Junge stirbt.«

50Da sagte Jesus zu ihm: »Geh zurück nach Hause! Dein
Sohn lebt.« Der Mann glaubte dem Wort, das Jesus zu ihm
gesagt hatte, und machte sich auf den Heimweg.

51Unterwegs kamen ihm einige seiner Knechte mit der
Nachricht entgegen, dass sein Sohn lebte und gesund war.
52Er fragte sie, seit wann genau es dem Jungen wieder besser
gehe, und sie erwiderten: »Gestern Mittag um ein Uhr ver-
schwand das Fieber!« 53Da erkannte der Vater, dass es genau
der Zeitpunkt gewesen war, an dem Jesus ihm gesagt hatte:
»Dein Sohn lebt.« Und der Beamte und sein ganzes Haus
glaubten an Jesus. 54Das war das zweite Wunder von Jesus
in Galiläa, nachdem er aus Judäa gekommen war.

Jesus heilt einen Gelähmten

5 1Danach ging Jesus zu einem der jüdischen Feste nach
Jerusalem hinauf. 2Innerhalb der Stadtmauern, in der
Nähe des Schaftores, befindet sich ein Teich mit fünf Säulen-
hallen, der auf Hebräisch Bethesda* genannt wird. 3Scharen

5,2 In einigen Handschriften heißt es *Bet-Satha;* in anderen *Betsaida.*

von kranken Menschen – Blinde, Gelähmte oder Verkrüppel-
te – lagen in den Hallen.* 5Einer der Männer, die dort lagen,
war seit achtunddreißig Jahren krank. 6Als Jesus ihn sah und
erfuhr, wie lange er schon krank war, fragte er ihn: »Willst du
gesund werden?«

7»Herr, ich kann nicht«, sagte der Kranke, »denn ich habe
niemanden, der mich in den Teich trägt, wenn sich das Was-
ser bewegt. Während ich noch versuche hinzugelangen,
steigt immer schon ein anderer vor mir hinein.«

8Jesus sagt zu ihm: »Steh auf, nimm deine Matte und geh!«

9Im selben Augenblick war der Mann geheilt! Er rollte die
Matte zusammen und begann umherzugehen. Doch dies ge-
schah an einem Sabbat, 10und das wollten die führenden
Männer des jüdischen Volkes nicht dulden. Sie sagten zu
dem Mann, der geheilt worden war: »Du darfst am Sabbat
nicht arbeiten! Es ist gegen das Gesetz, diese Matte herum-
zutragen!«

11Er entgegnete: »Der Mann, der mich geheilt hat, sagte zu
mir: ›Nimm deine Matte und geh!‹«

12»Wer ist dieser Mann, der das zu dir gesagt hat?«, frag-
ten sie.

13Der geheilte Mann wusste es aber nicht, denn Jesus war in
der Menge verschwunden. 14Später traf Jesus den Mann im
Tempel wieder und sagte zu ihm: »Du bist jetzt gesund. Nun
höre auf zu sündigen, damit dir nicht noch etwas Schlimme-
res widerfährt.« 15Danach suchte der Mann die führenden Ju-
den wieder auf und berichtete ihnen, dass es Jesus war, der
ihn geheilt hatte.

Jesus sagt, dass er Gottes Sohn ist

16Von da an verfolgten die führenden Juden Jesus, weil er dies
an einem Sabbat getan hatte. 17Doch Jesus entgegnete ihnen:
»Mein Vater hat bis heute nicht aufgehört zu wirken und des-
halb wirke ich auch.« 18Danach versuchten sie erst recht, ihn

---

5,3 Einige Handschriften fügen hinzu *und warteten auf eine bestimmte Bewegung des Wassers, 4denn von Zeit zu Zeit kam ein Engel des Herrn und bewegte das Wasser. Und wer danach als Erster ins Wasser stieg, wurde geheilt.*

zu töten, hatte er doch nicht nur den Sabbat aufgehoben, son-
dern auch Gott als seinen Vater bezeichnet und sich damit
Gott gleichgestellt.
[19]Daraufhin erwiderte Jesus: »Ich versichere euch: Der Sohn
kann nichts aus sich heraus tun. Er tut nur, was er den Vater
tun sieht. Was immer der Vater tut, das tut auch der Sohn.
[20]Denn der Vater liebt den Sohn und zeigt ihm alles, was er
selbst tut; und der Sohn wird noch weit Größeres tun. Ihr
werdet staunen über das, was er tun wird. [21]Er wird von den
Toten auferwecken und lebendig machen, wen er will, genau
wie der Vater. [22]Und der Vater richtet niemanden, sondern
das Gericht hat er ganz in die Hände seines Sohnes gegeben,
[23]damit alle den Sohn ebenso ehren, wie sie den Vater ehren.
Doch wer den Sohn nicht ehrt, ehrt auch den Vater nicht, der
ihn gesandt hat.
[24]Ich versichere euch: Wer meine Botschaft hört und an Gott
glaubt, der mich gesandt hat, der hat das ewige Leben. Er
wird nicht für seine Sünden verurteilt werden, sondern ist
bereits den Schritt vom Tod ins Leben gegangen.
[25]Und ich versichere euch: Die Zeit kommt, ja sie ist bereits
da, in der die Toten die Stimme des Sohnes Gottes hören wer-
den. Und wer sie hört, wird leben. [26]Der Vater hat Leben aus
sich selbst heraus, und er hat auch seinem Sohn die Vollmacht
gegeben, aus sich selbst heraus Leben zu haben. [27]Und er ver-
lieh ihm die Vollmacht, die ganze Menschheit zu richten, weil
er der Menschensohn ist. [28]Wundert euch nicht! Die Zeit wird
kommen, in der die Toten in ihren Gräbern die Stimme des
Sohnes Gottes hören [29]und auferstehen werden. Diejenigen,
die Gutes getan haben, werden zum ewigen Leben auferste-
hen, und diejenigen, die Schlechtes getan haben, werden zum
Gericht auferstehen. [30]Doch ich tue nichts, ohne den Vater zu
fragen, sondern richte, wie er mir rät. Und mein Urteil ist voll-
kommen gerecht, weil es nicht meinem, sondern dem Willen
des Vaters entspricht, der mich gesandt hat; ich richte nicht
aus mir selbst heraus.

Zeugen für Jesus
31Wenn ich als Zeuge für mich selbst auftreten würde, wäre
mein Zeugnis nicht glaubwürdig. 32Doch es gibt noch einen
anderen Zeugen für mich, und ich weiß, dass alles, was er
über mich sagt, wahr ist. 33Ihr habt Boten zu Johannes dem
Täufer geschickt, um ihn zu hören, und er hat die Wahrheit
gesagt. 34Das beste Zeugnis für mich stammt jedoch nicht von
einem Menschen; ich habe euch nur an das Zeugnis von Jo-
hannes erinnert, damit ihr gerettet werdet. 35Johannes leuch-
tete eine Weile als helles Licht und ihr habt euch eine Zeit lang
an seinem Licht erfreut. 36Doch ich habe ein größeres Zeugnis
als das von Johannes: meine Taten. Sie sind mir vom Vater
gegeben, damit ich sie ausführe und vollende, und sie bezeu-
gen, dass der Vater mich gesandt hat. 37Aber auch der Vater
selbst hat für mich Zeugnis abgelegt. Ihr habt seine Stimme
nie gehört, ihr habt ihn nie von Angesicht zu Angesicht gese-
hen, 38und ihr tragt seine Botschaft nicht in euren Herzen,
weil ihr mir – dem, den er gesandt hat – nicht glaubt.

39Ihr forscht in der Schrift, weil ihr glaubt, dass sie euch das
ewige Leben geben kann. Und gerade sie verweist auf mich!
40Dennoch weigert ihr euch, zu mir zu kommen, damit ich
euch das ewige Leben schenken kann.

41Eure Zustimmung oder Ablehnung kümmert mich nicht,
42weil ich weiß, dass ihr Gottes Liebe nicht in euch habt. 43Ich
bin im Namen meines Vaters gekommen, aber ihr wollt mich
nicht akzeptieren, obwohl ihr andere, die nur in ihrem eige-
nen Namen auftreten, bereitwillig akzeptieren werdet. 44Kein
Wunder, dass ihr nicht glauben könnt! Denn ihr seid stets
bereit, euch gegenseitig zu ehren, die Ehre aber, die nur von
Gott kommen kann, bedeutet euch nichts.

45Meint nicht, dass ich es bin, der euch beim Vater anklagen
wird. Mose wird euch anklagen! Ja, Mose, auf den ihr eure
Hoffnungen gesetzt habt. 46Wenn ihr Mose geglaubt hättet,
dann hättet ihr mir geglaubt, denn er hat über mich geschrie-
ben. 47Und wenn ihr schon nicht glaubt, was er aufgeschrie-
ben hat, wie werdet ihr da glauben, was ich sage?«

Jesus speist fünftausend Menschen

6 [1]Danach ging Jesus auf die andere Seite des galiläischen
Meeres, das auch als See von Tiberias bekannt ist. [2]Eine
große Menschenmenge folgte ihm, weil sie seine Wunder sa-
hen, mit denen er die Kranken heilte. [3]Jesus stieg in die Berge
hinauf und lagerte dort mit seinen Jüngern. [4]Es war kurz vor
dem jährlichen Passahfest, das die Juden feiern. [5]Als Jesus
seinen Blick hob, sah er eine große Menschenmenge auf der
Suche nach ihm die Berge heraufkommen. Er wandte sich an
Philippus und fragte: »Philippus, wo können wir so viel Brot
kaufen, dass all diese Menschen zu essen bekommen?« [6]Er
stellte Philippus jedoch nur auf die Probe, denn er wusste
schon, was er tun würde.

[7]Philippus antwortete: »Es würde ein kleines Vermögen*
kosten, sie mit Nahrung zu versorgen!«

[8]Ein anderer Jünger, Andreas, der Bruder von Simon Petrus,
meldete sich zu Wort: [9]»Hier ist ein kleiner Junge mit fünf
Gerstenbroten und zwei Fischen. Doch was nützt uns das
bei so vielen Menschen?«

[10]»Sagt den Leuten, sie sollen sich hinsetzen«, befahl Jesus.
Da ließen sich alle – allein die Männer zählten schon fünf-
tausend – auf den grasbewachsenen Hängen nieder. [11]Dann
nahm Jesus die Brote, dankte Gott und reichte sie den Men-
schen, wie viel sie auch wollten. Ebenso machte er es mit den
Fischen. [12]Und alle aßen, bis sie satt waren. »Sammelt die Res-
te wieder ein«, wies Jesus seine Jünger an, »damit nichts um-
kommt.« [13]Am Anfang waren es nur fünf Gerstenbrote ge-
wesen, doch nach dem Essen wurden zwölf Körbe mit den
Brotresten gefüllt, die übrig geblieben waren!

[14]Als die Leute dieses Wunder sahen, riefen sie aus: »Dieser
ist wirklich der Prophet, den wir erwartet haben. Er ist es, der
in die Welt kommen soll.« [15]Jesus merkte, dass sie im Begriff
waren, ihn mit Gewalt aufzuhalten und zum König zu ma-
chen. Da zog er sich wieder auf den Berg zurück und blieb
dort für sich allein.

6,7 Griech. *200 Denarii;* ein Denar entsprach einem vollen Tagelohn.

Jesus geht auf dem Wasser

[16]Am Abend gingen seine Jünger zum Ufer hinunter, um dort
auf ihn zu warten. [17]Doch als es dunkel wurde und Jesus noch
immer nicht kam, stiegen sie ins Boot, um über den See nach
Kapernaum zu fahren. [18]Da überraschte sie auf dem See ein
Sturm, der das Wasser aufpeitschte. [19]Sie waren etwa fünf
Kilometer* weit gekommen, als sie plötzlich Jesus übers Was-
ser auf ihr Boot zukommen sahen. Sie erschraken fürchter-
lich, [20]doch er rief ihnen zu: »Ich bin es! Habt keine Angst.«
[21]Sie beeilten sich, ihn ins Boot zu holen, und schon war das
Boot am Ufer angekommen!

Jesus, das Brot des Lebens

[22]Am nächsten Tag versammelten sich die Menschen wieder
auf der anderen Seite des Sees und warteten auf Jesus. Sie
wussten, dass er mit seinen Jüngern zusammen herüberge-
kommen war, die Jünger dann jedoch allein im Boot fort-
gefahren waren und ihn zurückgelassen hatten. [23]Mehrere
Boote aus Tiberias legten in der Nähe der Stelle an, wo sie
nach einem Dankgebet des Herrn das Brot gegessen hatten.
[24]Als die Menge sah, dass weder Jesus noch die Jünger da
waren, stiegen sie in die Boote und fuhren nach Kapernaum
hinüber, um ihn zu suchen. [25]Als sie dort ankamen und ihn
fanden, fragten sie: »Rabbi, wie bist du hierher gekommen?«

[26]Jesus erwiderte: »Ich sage euch: Ihr wollt bei mir sein, weil
ich euch satt gemacht habe, und nicht weil ihr das Wunder
gesehen habt. [27]Ihr solltet euch um vergängliche Dinge wie
Nahrung nicht solche Sorgen machen. Sucht stattdessen,
was euch in das ewige Leben führt, das der Menschensohn
euch schenken kann. Denn dazu hat Gott, der Vater, ihn ge-
sandt.«

[28]Sie erwiderten: »Was sollen wir denn nach dem Willen
Gottes tun?«

[29]Jesus erklärte: »Dies ist der Wille Gottes, dass ihr an den
glaubt, den er gesandt hat.«

6,19 Griech. *25 oder 30 Stadien,* das sind 4,6 bzw. 5,5 km.

[30]Sie entgegneten: »Wenn du willst, dass wir an dich glau-
ben, dann zeige uns ein Wunder. Was wirst du für uns tun?
[31]Immerhin haben unsere Vorfahren auf ihrer Wüstenwan-
derung Manna gegessen! In der Schrift heißt es: ›Mose gab
ihnen Brot vom Himmel zu essen.‹*«

[32]Jesus sagte: »Ich versichere euch: Nicht Mose hat euch das
Brot vom Himmel gegeben, sondern mein Vater gibt euch das
wahre Brot vom Himmel. [33]Das Brot, das Gott gibt, ist der,
der vom Himmel herabkommt und der Welt das Leben gibt.«

[34]»Herr«, sagten sie, »gib uns dieses Brot an jedem Tag un-
seres Lebens.«

[35]Jesus erwiderte: »Ich bin das Brot des Lebens. Wer zu mir
kommt, wird nie wieder hungern. Wer an mich glaubt, wird
nie wieder Durst haben. [36]Doch ihr habt nicht an mich ge-
glaubt, obwohl ihr mich gesehen habt. [37]Alle aber, die der
Vater mir gegeben hat, werden zu mir kommen, und ich wer-
de sie nicht zurückweisen oder hinausstoßen. [38]Denn ich bin
vom Himmel herabgekommen, um den Willen Gottes zu tun,
der mich gesandt hat, und nicht, um zu tun, was ich selbst
will. [39]Und es ist der Wille Gottes, dass ich von allen, die er
mir gegeben hat, auch nicht einen verliere, sondern sie am
letzten Tag zum ewigen Leben auferwecke. [40]Denn mein Va-
ter will, dass alle, die seinen Sohn sehen und an ihn glauben,
das ewige Leben haben – und dass ich sie am letzten Tag auf-
erwecke.«

[41]Da fingen die Leute* an aufzubegehren, weil er gesagt hat-
te: »Ich bin das Brot, das vom Himmel herabgekommen ist.«
[42]Sie sagten: »Das ist doch Jesus, der Sohn Josefs. Wir kennen
seinen Vater und seine Mutter. Wie kann er jetzt sagen: ›Ich
bin vom Himmel herabgekommen‹?«

[43]Aber Jesus erwiderte: »Empört euch nicht über das, was
ich gesagt habe. [44]Niemand kann zu mir kommen, wenn der
Vater, der mich gesandt hat, ihn nicht zu mir zieht; und am
letzten Tag werde ich ihn von den Toten auferwecken. [45]In
den Propheten steht geschrieben: ›Sie werden alle von Gott

6,31 2. Mose 16,4; Psalm 78,24.
6,41 Griech. *die Juden;* so auch in 6,52.

unterwiesen sein.‹* Wer aber den Vater hört und von ihm
lernt, der kommt zu mir. 46Nicht, dass irgendjemand den Va-
ter je gesehen hat. Nur der eine, der von Gott kommt, hat den
Vater gesehen.

47Ich versichere euch: Wer an mich glaubt, hat schon das
ewige Leben. 48Ja, ich bin das Brot des Lebens! 49Eure Vorfah-
ren aßen Manna in der Wüste, doch sie sind alle gestorben.
50Dieses aber ist das Brot, das vom Himmel herabkommt.
Wer davon isst, wird nicht sterben. 51Ich bin das lebendige
Brot, das vom Himmel herabgekommen ist. Wer dieses Brot
isst, wird ewig leben; dieses Brot ist mein Fleisch, ich gebe es,
damit die Welt leben kann.«

52Da fingen die Leute an zu streiten. »Wie kann dieser Mann
uns sein Fleisch zu essen geben?«, fragten sie.

53Deshalb sagte Jesus noch einmal: »Ich sage euch: Wenn ihr
das Fleisch des Menschensohnes nicht esst und sein Blut nicht
trinkt, könnt ihr das ewige Leben nicht in euch haben. 54Wer
aber mein Fleisch isst und mein Blut trinkt, hat das ewige
Leben, und ich werde ihn am letzten Tag auferwecken.
55Denn mein Fleisch ist die wahre Nahrung und mein Blut
der wahre Trank. 56Wer mein Fleisch isst und mein Blut trinkt,
bleibt in mir und ich in ihm. 57Ich lebe durch die Macht des
lebendigen Vaters, der mich gesandt hat, und ebenso werden
alle, die an mir teilhaben, durch mich leben*. 58Dies ist das
Brot, das vom Himmel herabkommt. Wer dieses Brot isst,
wird ewig leben und nicht sterben wie eure Vorfahren, die
das Manna aßen.«

59Dies alles sagte er, als er in der Synagoge von Kapernaum
lehrte.

Viele Jünger verlassen Jesus

60Daraufhin sagten selbst einige seiner Jünger: »Das ist unge-
heuerlich. Wie kann man das glauben?«

61Jesus wusste, dass seine Jünger sich über seine Worte auf-
regten; deshalb sagte er zu ihnen: »Nehmt ihr daran Anstoß?

6,45 Jesaja 54,13.
6,57 Griech. *so wird auch der mich Essende durch mich leben.*

62Was werdet ihr dann erst denken, wenn ihr den Menschen-
sohn wieder in den Himmel zurückkehren seht? 63Es ist der
Geist, der lebendig macht. Das Fleisch hat keine Macht. Die
Worte aber, die ich euch gesagt habe, sind Geist und Leben.
64Doch einige von euch glauben mir nicht.« Denn Jesus wuss-
te von Anfang an, wer die waren, die nicht glaubten, und er
wusste auch, wer ihn verraten würde. 65Er fuhr fort: »Deshalb
habe ich gesagt: Niemand kann zu mir kommen, wenn der
Vater ihn nicht zu mir zieht.«

66Von da an wandten sich viele seiner Jünger von ihm ab
und folgten ihm nicht mehr nach. 67Da fragte Jesus die Zwölf:
»Werdet ihr auch weggehen?«

68Simon Petrus antwortete: »Herr, zu wem sollten wir ge-
hen? Nur du hast Worte, die ewiges Leben schenken. 69Wir
glauben und haben erkannt, dass du der Heilige Gottes bist.«

70Da sagte Jesus: »Ich habe euch zwölf auserwählt, aber ei-
ner von euch ist ein Teufel.« 71Er sprach von Judas, dem Sohn
des Simon Iskariot, einem der zwölf, der ihn später verriet.

Jesus und seine Brüder

7 1Jesus blieb noch eine Weile in Galiläa und zog von Dorf
zu Dorf. Er mied Judäa, denn dort schmiedeten die füh-
renden Männer des jüdischen Volkes Mordpläne gegen ihn.
2Doch die Zeit des Laubhüttenfestes rückte näher, 3und seine
Brüder drängten ihn, zum Fest nach Judäa mitzugehen. »Geh
doch nach Judäa, damit deine Jünger deine Wunder sehen
können, die du tust!«, spotteten sie. 4»Wenn du dich so ver-
steckst, wirst du nie bekannt werden! Falls du wirklich so
wunderbare Dinge tun kannst, dann beweise es vor aller
Welt!« 5Denn selbst seine Brüder glaubten nicht an ihn.

6Jesus erwiderte: »Für mich ist der richtige Zeitpunkt noch
nicht da; aber ihr könnt jederzeit gehen. 7Euch kann die Welt
nicht hassen. Mich dagegen hasst sie, weil ich sage, dass ihre
Taten böse sind. 8Geht ihr nur hinauf zum Fest. Ich bin noch*
nicht so weit, zu diesem Fest zu gehen, weil meine Zeit noch
nicht gekommen ist.« 9Und Jesus blieb in Galiläa.

7,8 In einigen Handschriften fehlt *noch*.

Jesus lehrt öffentlich im Tempel
10Doch nachdem seine Brüder zum Fest aufgebrochen waren,
folgte ihnen Jesus, allerdings heimlich und ohne öffentliches
Aufsehen zu erregen. 11Die führenden Männer des jüdischen
Volkes ließen ihn suchen und fragten überall nach ihm. 12Die
Menschen sprachen untereinander heimlich über ihn. Ein
paar sagten: »Er ist ein guter Mensch«, andere meinten: »Er
ist nichts als ein Betrüger, der die Leute verführt.« 13Aber kei-
ner hatte den Mut, in aller Öffentlichkeit für ihn einzutreten,
weil sie den Konflikt mit den führenden Juden scheuten.

14Als das Fest zur Hälfte vorüber war, ging Jesus zum Tem-
pel hinauf und begann zu lehren. 15Die Juden waren zutiefst
erstaunt, als sie ihn hörten. »Woher weiß er das alles, er hat
doch die Schrift nicht studiert wie wir?«, fragten sie.

16Da sagte Jesus zu ihnen: »Ich lehre nicht meine eigenen
Gedanken, sondern die Gedanken Gottes, der mich gesandt
hat. 17Wer den Willen Gottes tun will, wird erkennen, ob mei-
ne Lehre von Gott kommt oder ob ich aus mir selbst heraus
rede. 18Wer nur seine eigenen Anschauungen vertritt, sucht
Anerkennung für sich selbst. Wer aber den ehren will, der
ihn gesandt hat, der ist glaubwürdig und ohne falsche Ab-
sichten. 19Keiner von euch gehorcht dem Gesetz, das Mose
euch gab, ja ihr versucht sogar, mich zu töten! Mit welchem
Recht?«

20Die Menge erwiderte: »Du bist ja von einem Dämon beses-
sen! Wer will dich töten?«

21Jesus erwiderte: »Eine einzige Tat habe ich am Sabbat ge-
tan, an der ihr Anstoß nehmt.* 22Aber auch ihr arbeitet am
Sabbat, wenn ihr einen Menschen an diesem Tag beschneidet,
weil Mose euch das Gesetz der Beschneidung gab. Dabei ist
der Brauch der Beschneidung älter als das mosaische Gesetz;
er geht auf die Stammväter zurück. 23Denn wenn der vor-
geschriebene Zeitpunkt für die Beschneidung eurer Söhne
auf einen Sabbat fällt, dann vollzieht ihr die Beschneidung,
um das mosaische Gesetz nicht zu brechen. Warum also em-
pört ihr euch und verurteilt mich? Weil ich einen Menschen

7,21 Gemeint ist die Heilung des Gelähmten; s. 5,9.

am Sabbat geheilt habe? 24Denkt darüber nach und richtet
nicht nach dem äußeren Schein, sondern richtet gerecht!«

Ist Jesus der Messias?

25Einige Leute aus Jerusalem sagten zueinander: »Ist das
nicht der Mann, den sie umbringen wollen? 26Da lehrt er hier
in aller Öffentlichkeit, und sie schweigen dazu. Haben sie
etwa erkannt, dass er wirklich der Christus ist? 27Aber wie
könnte das sein? Wir wissen doch, woher dieser Mann
stammt. Wenn der Christus kommt, wird er einfach da sein,
ohne dass jemand weiß, woher er kommt.«

28Während Jesus im Tempel lehrte, rief er: »Ja, ihr denkt, ihr
kennt mich und wisst, woher ich komme. Doch ich komme
nicht in meinem eigenen Auftrag, sondern im Namen dessen,
der mich gesandt hat. Doch den kennt ihr nicht. 29Ich aber
kenne ihn, denn ich komme von ihm, und er hat mich ge-
sandt.« 30Da wollten sie ihn verhaften lassen, aber niemand
legte Hand an ihn, denn seine Zeit war noch nicht gekom-
men.

31Viele von den Menschen im Tempel glaubten an ihn.
»Denn«, so sagten sie, »würde man von Christus mehr Wun-
der erwarten, als dieser Mann sie getan hat?«

32Als die Pharisäer diese und ähnliche Äußerungen der Leu-
te hörten, schickten sie und die obersten Priester Männer der
Tempelwache aus, um Jesus verhaften zu lassen. 33Doch Jesus
sagte zu ihnen: »Ich werde nur noch kurze Zeit hier sein.
Dann werde ich zu dem zurückkehren, der mich gesandt
hat. 34Ihr werdet nach mir suchen, doch ihr werdet mich nicht
finden. Und ihr werdet nicht dorthin kommen können, wo
ich dann bin.«

35Diese Aussage irritierte die Juden. »Wo will er hingehen,
sodass wir ihn nicht finden können?«, fragten sie. »Will er
etwa das Land verlassen und zu den Juden in anderen Län-
dern gehen, ja vielleicht sogar zu den Heiden? 36Was meint er
mit den Worten: ›Ihr werdet nach mir suchen, doch ihr wer-
det mich nicht finden‹, oder ›Ihr werdet nicht dorthin kom-
men können, wo ich dann bin‹?«

Jesus verspricht lebendiges Wasser

[37]Am letzten Tag, dem Höhepunkt des Festes, stellte Jesus sich hin und rief der Menge zu: »Wenn jemand Durst hat,
soll er zu mir kommen und trinken! [38]Wer an mich glaubt,
aus dessen Innerem werden Ströme lebendigen Wassers fließen, wie es in der Schrift heißt.«* [39]Mit dem »lebendigen Wasser« meinte er den Geist, der jedem zuteilwerden sollte, der an ihn glaubte. Aber der Geist war noch nicht gekommen, weil Jesus noch nicht verherrlicht worden war.

Spaltung und Unglauben

[40]Als die Menge das hörte, meinten einige: »Bestimmt ist die-
ser Mann der Prophet.«* [41]Andere sagten: »Er ist der Chris-
tus.« Wieder andere wandten dagegen ein: »Das kann nicht
sein! Oder kommt der Christus etwa aus Galiläa? [42]In der
Schrift steht, dass der Messias aus dem königlichen Geschlecht Davids geboren wird, und zwar in Bethlehem, dem
Dorf, in dem David geboren wurde.«* [43]So war die Menge
unterschiedlicher Meinung über ihn. [44]Und einige wollten
ihn verhaften lassen, aber niemand legte Hand an ihn.

[45]Die Männer der Tempelwache, die ausgeschickt worden waren, um ihn zu verhaften, kehrten unverrichteter Dinge zu den obersten Priestern und Pharisäern zurück. »Warum habt ihr ihn nicht hergebracht?«, wollten diese wissen.

[46]»Noch nie haben wir einen Menschen so sprechen hören!«, antworteten die Männer.

[47]»Habt ihr euch etwa auch von ihm in die Irre führen las-
sen?«, spotteten die Pharisäer. [48]»Glaubt auch nur ein Ein-
ziger der oberen Priester oder Pharisäer an ihn? [49]Aber nur
dieses Volk, diese Menschen, die das Gesetz nicht kennen, diese Menschen, die verflucht sind!«

[50]Da sagte Nikodemus, der selbst Pharisäer war und Jesus
einmal aufgesucht hatte: [51]»Entspricht es etwa unserem Ge-

7,37-38 O. *Wer durstig ist, der komme zu mir und trinke. [38]Denn die Schrift sagt, dass Ströme lebendigen Wassers aus den Herzen derer fließen werden, die an mich glauben.*
7,40 S. 5. Mose 18,15.18.
7,42 S. Micha 5,1.

setz, einen Mann zu verurteilen, ehe man ihn angehört und
erkannt hat, ob er schuldig ist?«
52Sie erwiderten: »Stammst du etwa auch aus Galiläa? For-
sche doch in der Schrift nach, dann wirst du es selbst sehen:
Aus Galiläa kommt kein Prophet!«
53Da* trennten sie sich und jeder ging nach Hause.

Eine Frau wird beim Ehebruch ertappt

8 1Jesus ging zum Ölberg zurück, 2doch schon früh am
Morgen war er wieder im Tempel. Bald hatte sich eine
Menschenmenge um ihn versammelt, und er setzte sich und
unterwies sie. 3Während er sprach, brachten die Gesetzesleh-
rer und Pharisäer eine Frau herein, die sie beim Ehebruch
ertappt hatten. Sie stellten sie in die Mitte.
4»Meister«, sagten sie zu Jesus, »diese Frau ist auf frischer
Tat beim Ehebruch ertappt worden. 5Nach dem Gesetz Moses
muss sie gesteinigt werden. Was sagst du dazu?«
6Damit wollten sie ihn zu einer Aussage verleiten, die sie
gegen ihn verwenden konnten. Doch Jesus bückte sich und
schrieb mit dem Finger in den Staub. 7Aber sie ließen nicht
locker und verlangten eine Antwort. Schließlich richtete er
sich auf und sagte: »Wer von euch ohne Sünde ist, der soll
den ersten Stein auf sie werfen!« 8Damit bückte er sich wieder
und schrieb weiter in den Staub.
9Als die Ankläger das hörten, machten sie sich einer nach
dem anderen davon, die Ältesten zuerst. Schließlich war Je-
sus allein mit der Frau, die noch immer an der gleichen Stelle
in der Mitte stand. 10Da richtete Jesus sich wieder auf und
sagte zu ihr: »Wo sind sie? Hat dich keiner von ihnen ver-
urteilt?«
11»Niemand, Herr«, antwortete sie.
»Dann verurteile ich dich auch nicht«, erklärte Jesus. »Geh
und sündige nicht mehr.«

7,53–8,11 In den meisten frühen griech. Handschriften ist der Abschnitt 7,53 bis 8,11 nicht enthalten.

Jesus, das Licht der Welt

[12]Jesus sagte zu den Leuten: »Ich bin das Licht der Welt. Wer mir nachfolgt, braucht nicht im Dunkeln umherzuirren, denn er wird das Licht haben, das zum Leben führt.«

[13]Die Pharisäer erwiderten: »Du bist dein eigener Zeuge. Deine Worte sind nicht glaubwürdig!«

[14]Jesus antwortete: »Was ich über mich gesagt habe, ist wahr, auch wenn ich damit für mich selbst spreche. Denn ich weiß, wo ich herkomme und wo ich hingehe, während ihr das
nicht von mir wisst. [15]Ihr verurteilt mich nach menschlichen
Maßstäben, ich dagegen verurteile niemanden. [16]Wenn ich
euch aber verurteilen würde, wäre mein Urteil wahr, denn ich handle nicht allein – der Vater, der mich gesandt hat, ist
mit mir. [17]Euer eigenes Gesetz sagt: Wenn zwei Personen etwas übereinstimmend bezeugen, gilt ihre Aussage als Tatsa-
che.* [18]Ich bin der eine Zeuge, und mein Vater, der mich gesandt hat, ist der andere.«

[19]»Wo ist denn dein Vater?«, fragten sie. Jesus antwortete: »Da ihr nicht wisst, wer ich bin, wisst ihr auch nicht, wer mein Vater ist. Würdet ihr mich kennen, dann würdet ihr
auch meinen Vater kennen.« [20]Dies sagte er, als er in dem Bereich des Tempels lehrte, der als Schatzkammer bezeichnet wird. Aber er wurde nicht verhaftet, weil seine Zeit noch nicht gekommen war.

Warnung an die Ungläubigen

[21]Jesus sagte noch einmal: »Ich werde fortgehen. Ihr werdet mich suchen und in eurer Sünde sterben. Ihr könnt nicht dorthin kommen, wo ich hingehe.«

[22]Da fragten sich die Juden: »Will er etwa Selbstmord begehen? Was meint er mit den Worten: ›Ihr könnt nicht dorthin kommen, wo ich hingehe‹?«

[23]Er antwortete ihnen: »Ihr seid von unten; ich bin von oben.
Ihr seid von dieser Welt; ich bin nicht von dieser Welt. [24]Des-
halb habe ich gesagt, dass ihr in eurer Sünde sterben werdet:

8,17 S. 5. Mose 19,15.

Weil ihr nicht an mich als den glaubt, der ich bin, werdet ihr in
eurer Sünde sterben.«
25»Wer bist du denn? «, fragten sie.
Jesus erwiderte: »Ich bin der, als der ich mich immer be-
zeichnet habe.* 26Ich hätte noch vieles über euch zu sagen
und vieles zu verurteilen. Aber ich sage der Welt nur das,
was ich von dem gehört habe, der mich gesandt hat, und er
sagt die Wahrheit.« 27Doch sie begriffen noch immer nicht,
dass er mit ihnen über seinen Vater sprach.
28Also sagte Jesus: »Wenn ihr den Menschensohn am Kreuz
erhöht habt, werdet ihr erkennen, dass ich es bin und dass ich
nichts von mir selbst aus tue, sondern das sage, was der Vater
mich gelehrt hat. 29Der, der mich gesandt hat, ist mit mir – er
hat mich nicht verlassen. Denn ich tue immer, was ihm ge-
fällt.« 30Als er das alles gesagt hatte, glaubten viele an ihn.

Jesus und Abraham

31Jesus sagte zu den Menschen*, die nun an ihn glaubten:
»Wenn ihr euch nach meinen Worten richtet, seid ihr wirklich
meine Jünger. 32Ihr werdet die Wahrheit erkennen, und die
Wahrheit wird euch frei machen.«
33»Aber wir sind doch Nachkommen Abrahams«, sagten
sie. »Wir sind nie Sklaven von irgendjemand gewesen. Wa-
rum redest du dann von ›frei machen‹? Was meinst du da-
mit?«
34Jesus erwiderte: »Ich versichere euch: Jeder, der sündigt,
ist ein Sklave der Sünde. 35Ein Sklave ist kein Familienmit-
glied; ein Sohn dagegen gehört für immer zur Familie. 36Nur
dann, wenn der Sohn euch frei macht, seid ihr wirklich frei.
37Ich weiß, dass ihr Nachkommen Abrahams seid. Und trotz-
dem wollt ihr mich töten, weil meine Botschaft in euren Her-
zen keinen Platz hat. 38Ich erzähle euch von dem, was ich bei
meinem Vater gesehen habe. So folgt auch ihr dem Rat eures
Vaters und tut, was ihr gehört habt.«
39»Unser Vater ist Abraham«, erklärten sie.

8,25 O. *Warum spreche ich überhaupt noch mit euch?*
8,31 Griech. *zu den Juden;* so auch in 8,48.52.57.

»Nein«, erwiderte Jesus, »denn wenn ihr Kinder Abrahams wärt, würdet ihr nach seinem Vorbild handeln.* 40Ich habe euch die Wahrheit gesagt, die ich von Gott gehört habe, aber ihr versucht, mich zu töten. So etwas hätte Abraham nie getan. 41Nein, wenn ihr so handelt, gehorcht ihr eurem wirklichen Vater.« Sie entgegneten: »Wir jedenfalls sind nicht unehelich geboren! Unser einziger Vater ist Gott.«

42Jesus sagte zu ihnen: »Wenn Gott euer Vater wäre, würdet ihr mich lieben, weil ich von Gott zu euch gekommen bin. Ich bin nicht hier, weil ich es selbst so wollte, sondern er hat mich gesandt. 43Warum versteht ihr nicht, was ich sage? Weil ihr gar nicht fähig seid, mein Wort zu hören. 44Ihr habt den Teufel zum Vater: Ihr tut mit Vorliebe die bösen Dinge, die er tut. Er war von Anbeginn an ein Mörder und hat die Wahrheit immer gehasst. In ihm ist keine Wahrheit. Wenn er lügt, entspricht das seinem Wesen, denn er ist ein Lügner und der Vater der Lüge. 45Wenn ich euch also die Wahrheit sage, ist es nur natürlich, dass ihr mir nicht glaubt! 46Wer von euch kann mir zu Recht eine Sünde vorwerfen? Und wenn ich euch aber die Wahrheit sage, warum glaubt ihr mir dann nicht? 47Wer Gott zum Vater hat, der hört Gottes Worte. Dass ihr nicht darauf hört, zeigt, dass ihr nicht Gottes Kinder seid.«

48Die Leute entgegneten: »Du samaritischer Teufel! Haben wir nicht immer gesagt, dass du von einem Dämon besessen bist?«

49»Nein«, sagte Jesus, »ich habe keinen Dämon in mir. Ich gebe meinem Vater die Ehre – ihr aber beleidigt mich. 50Ich will mir nicht selbst die Ehre geben, mein Vater will das tun. Er wird der Richter sein. 51Ich versichere euch: Wenn jemand meinem Wort gehorcht, wird er niemals sterben!«

52Die Leute sagten: »Jetzt wissen wir, dass du von einem Dämon besessen bist. Sogar Abraham und die Propheten sind gestorben, und da behauptest du, wer deinem Wort gehorcht, werde niemals sterben! 53Bist du vielleicht größer als unser Vater Abraham, der doch gestorben ist? Bist du etwa

8,39 In einigen Handschriften steht *Wenn ihr Kinder Abrahams seid, folgt seinem Vorbild.*

größer als die Propheten, die gestorben sind? Für wen hältst
du dich?«
54Jesus antwortete: »Wenn ich mich nur selbst rühme, ist das
ohne Bedeutung. Doch es ist mein Vater, der mich ehrt. Ihr
behauptet: ›Er ist unser Gott‹, 55aber ihr kennt ihn ja nicht
einmal. Ich dagegen kenne ihn. Wenn ich etwas anderes be-
haupten würde, dann wäre ich ein ebensolcher Lügner wie
ihr! Aber es ist wahr – ich kenne ihn und gehorche ihm. 56Eu-
er Vater Abraham freute sich auf mein Kommen. Er sah es
voraus und war froh.«
57Die Leute erwiderten: »Du bist nicht einmal fünfzig Jahre
alt. Wie kannst du behaupten, du hättest Abraham gese-
hen?«*
58Jesus antwortete: »Ich versichere euch: Ich war schon da,
bevor Abraham auch nur geboren wurde!«* 59Da hoben sie
Steine auf, um ihn zu töten. Aber Jesus floh vor ihnen und
verließ den Tempel.

Jesus heilt einen Blindgeborenen

9 1Unterwegs sah Jesus einen Mann, der von Geburt an
blind war. 2»Meister«, fragten die Jünger ihn, »warum
wurde dieser Mann blind geboren? Ist es wegen seiner eige-
nen Sünden oder wegen der Sünden seiner Eltern?«
3»Es lag nicht an seinen Sünden oder den Sünden seiner El-
tern«, antwortete Jesus. »Er wurde blind geboren, damit die
Kraft Gottes an ihm sichtbar werde. 4Wir alle müssen die Auf-
gaben dessen, der mich gesandt hat, rasch erfüllen. Denn
nicht mehr lange und die Nacht bricht herein, in der niemand
mehr etwas tun kann. 5Doch solange ich noch in der Welt bin,
bin ich das Licht der Welt.«
6Dann spuckte er auf die Erde, vermischte den Lehm mit
seinem Speichel zu einem Brei und strich ihn dem Blinden
auf die Augen. 7Daraufhin sagte er zu ihm: »Geh und wasch

8,57 In manchen Handschriften heißt es *Wie kannst du sagen, Abraham hätte dich gesehen?*

8,58 O. *Wahrlich, wahrlich, ehe Abraham war, bin ich.*

dich im Teich Siloah.« Siloah bedeutet: Gesandter. Da ging
der Mann und wusch sich und kam sehend zurück!
[8]Seine Nachbarn und andere, die ihn als blinden Bettler
kannten, fragten einander: »Ist das derselbe Mann – der Bett-
ler?« [9]Einige meinten, er sei es; andere sagten: »Nein, aber er
sieht aus wie jener!«

Der Bettler aber sagte immer nur: »Ich bin derselbe Mann!«
[10]Da fragten sie ihn: »Was ist geschehen? Wie wurden deine
Augen geöffnet?«

[11]Und er erzählte: »Der Mann, den sie Jesus nennen, machte
aus Lehm und Speichel einen Brei, den er mir auf die Augen
strich, und dann sagte er: ›Geh zum Teich Siloah und wasche
dich.‹ Ich ging und wusch mich, und nun kann ich sehen!«

[12]»Wo ist er jetzt?«, fragten sie.

»Das weiß ich nicht«, erwiderte er.

[13]Daraufhin brachten sie den Mann, der blind gewesen war,
zu den Pharisäern. [14]Nun hatte Jesus den Mann an einem Sab-
bat geheilt. [15]Die Pharisäer ließen sich von dem Mann alles
erzählen. Er berichtete: »Er strich mir einen Brei auf die Au-
gen, und als ich ihn abgewaschen hatte, konnte ich sehen!«

[16]Einige der Pharisäer meinten: »Dieser Mensch, Jesus,
kommt nicht von Gott, denn er bricht das Gesetz und arbeitet
am Sabbat.« Andere dagegen sagten: »Aber wie könnte ein
gewöhnlicher Sünder solche Wunder* tun?« So gingen ihre
Meinungen über ihn weit auseinander.

[17]Da befragten die Pharisäer den Mann, der blind gewesen
war, noch einmal und wollten wissen: »Dieser Mann, der dir
die Augen geöffnet hat – was meinst du, wer er ist?«

Der Mann erwiderte: »Er muss ein Prophet sein.«

[18]Die führenden Juden wollten nicht glauben, dass der
Mann blind gewesen war. Deshalb ließen sie seine Eltern ho-
len [19]und fragten: »Ist das euer Sohn? Behauptet ihr, dass er
von Geburt an blind gewesen ist? Wenn das stimmt, wie
kommt es, dass er jetzt sehen kann?«

[20]Seine Eltern antworteten: »Wir wissen, dass dies unser
Sohn ist und dass er blind geboren wurde, [21]aber wir wissen

---

9,16 Griech. *Zeichen.*

nicht, warum er jetzt sehen kann oder wer ihn geheilt hat. Er
ist alt genug, um für sich selbst zu sprechen. Fragt ihn doch
selbst.« 22Das sagten sie aus Angst vor den führenden Juden,
weil diese angekündigt hatten, jeden aus der Synagoge aus-
zuschließen, der Jesus als Christus bezeichnete. 23Deshalb
sagten die Eltern: »Er ist alt genug, um für sich selbst zu spre-
chen. Fragt ihn doch selbst.«

24Da riefen sie den Mann, der blind geboren worden war,
zum zweiten Mal herein und ermahnten ihn: »Gib Gott die
Ehre und sage die Wahrheit,* denn wir wissen, dass dieser
Mann ein Sünder ist.«

25»Ich weiß nicht, ob er ein Sünder ist«, erwiderte der Mann.
»Aber eins weiß ich: Ich war blind, und jetzt kann ich sehen!«

26»Aber was hat er mit dir gemacht?«, fragten sie. »Wie hat
er dich von deiner Blindheit geheilt?«

27»Das habe ich euch doch bereits erzählt!«, rief der Mann
aus. »Habt ihr denn nicht zugehört? Warum wollt ihr es noch
einmal hören? Wollt ihr auch seine Jünger werden?«

28Da beschimpften sie ihn und sagten: »Du bist sein Jünger,
wir aber sind Jünger Moses. 29Wir wissen, dass Gott zu Mose
gesprochen hat, doch von diesem Mann wissen wir nicht ein-
mal, woher er ist.«

30»Seltsam!«, entgegnete der Mann. »Er hat meine Augen
geheilt und ihr wisst nicht, woher er ist! 31Wir wissen, dass
Gott Sünder nicht erhört, aber er erhört die, die ihn anbeten
und seinen Willen tun. 32Solange die Welt besteht, hat noch
niemand die Augen eines Blindgeborenen öffnen können.
33Wenn dieser Mann nicht von Gott käme, könnte er so etwas
nicht tun.«

34Da hielten sie ihm vor: »Du bist ganz in Sünden gebo-
ren und willst uns belehren?« Und sie warfen ihn aus der
Synagoge.

9,24 O. *Gib Gott die Ehre und nicht Jesus.* Im Griech. heißt es nur *Gib Gott die Ehre.*

Glaubensblindheit

35 Als Jesus hörte, was geschehen war, suchte er den Mann auf
und sagte: »Glaubst du an den Menschensohn*?«

36 Der Mann erwiderte: »Sag mir, wer es ist, Herr, denn ich
würde gern an ihn glauben.«

37 »Du hast ihn gesehen«, sagte Jesus, »und jetzt spricht er
mit dir!«

38 »Ja, Herr!«, antwortete der Mann. »Ich glaube!« Und er fiel
vor Jesus nieder und betete ihn an.

39 Da sagte Jesus zu ihm: »Zum Gericht bin ich in die Welt
gekommen. Ich bin gekommen, die Blinden sehend zu machen, und denen, die sich für sehend halten, zeige ich, dass
sie blind sind.«

40 Die Pharisäer, die in der Nähe standen, hörten ihn und
fragten: »Willst du damit sagen, dass etwa auch wir blind
sind?«

41 »Wenn ihr blind wärt, wärt ihr unschuldig«, erwiderte Jesus. »So aber bleibt ihr schuldig, weil ihr behauptet, sehen zu
können.

Der gute Hirte und seine Schafe

10 1 Ich versichere euch: Wer sich über die Mauer in den
Schafpferch schleicht, statt durchs Tor hineinzugehen,
ist ein Dieb und ein Räuber! 2 Denn ein Hirte tritt durch das
Tor ein. 3 Der Torhüter öffnet ihm, und die Schafe hören seine
Stimme und kommen zu ihm. Er ruft seine Schafe, die ihm
gehören, beim Namen und führt sie hinaus. 4 Wenn er seine
Herde versammelt hat, geht er vor ihnen her, und die Schafe
folgen ihm, weil sie seine Stimme kennen. 5 Einem Fremden
aber folgen sie nicht, sondern laufen vor ihm weg, weil sie
seine Stimme nicht kennen.«

6 Die Zuhörer wussten nicht, was Jesus mit diesem Bild
meinte, 7 deshalb erklärte er es ihnen. »Ich versichere euch:
Ich bin das Tor zu den Schafen«, sagte er. 8 »Alle, die vor mir
kamen, waren Diebe und Räuber. Doch die Schafe hörten
nicht auf sie. 9 Ja, ich bin das Tor. Wer durch mich hineingeht,

---

9,35 In einigen Handschriften heißt es *an den Sohn Gottes.*

wird gerettet werden. Wo er auch hinkommt, wird er grüne
Weiden finden. [10]Ein Dieb will rauben, morden und zerstö-
ren. Ich aber bin gekommen, um ihnen das Leben in ganzer
Fülle zu schenken.
[11]Ich bin der gute Hirte. Der gute Hirte opfert sein Leben für
die Schafe. [12]Ein Schäfer, der nur für Lohn arbeitet, läuft da-
von, wenn er einen Wolf kommen sieht. Er wird die Schafe im
Stich lassen, weil sie ihm nicht gehören und er nicht ihr Hirte
ist. Und so greift der Wolf sie an und zerstreut die Herde.
[13]Der bezahlte Arbeiter läuft davon, weil er nur angeworben
wurde und die Schafe ihm nicht wirklich am Herzen liegen.
[14]Ich bin der gute Hirte; ich kenne meine Schafe und sie
kennen mich, [15]so wie mein Vater mich kennt und ich den
Vater. Ich gebe mein Leben für die Schafe. [16]Ich habe auch
noch andere Schafe, die nicht in diesem Pferch sind. Auch
sie muss ich herführen, und sie werden auf meine Stimme
hören; und alle werden eine Herde mit einem Hirten sein.
[17]Der Vater liebt mich, weil ich mein Leben hingebe, um es
wiederzuerlangen. [18]Niemand kann es mir nehmen. Ich gebe
es freiwillig hin. Ich habe die Macht, es hinzugeben, und ich
habe die Macht, es wieder zu nehmen. Denn mein Vater hat
mir diesen Auftrag gegeben.«
[19]Wegen dieser Worte waren die Menschen* wieder geteilter
Meinung über ihn. [20]Manche meinten: »Er hat einen Dämon
und ist verrückt. Warum hört ihr auf einen solchen Mann?«
[21]Andere dagegen sagten: »Das klingt nicht nach einem
Mann, der von einem Dämon besessen ist! Oder kann ein Dä-
mon etwa den Blinden die Augen öffnen?«

Jesus erhebt den Anspruch, Gottes Sohn zu sein

[22]Inzwischen war es Winter. Jesus war zum Fest der Tempel-
weihe* nach Jerusalem gereist. [23]Nun hielt er sich im Tempel
auf, in dem Bereich der Säulenhalle Salomos. [24]Da umringten

10,19 Griech. *die Juden.*
10,22 Auch *Hanukkah* genannt; das Fest wurde zur Erinnerung an die Tempelweihe gefeiert.

ihn die Juden und fragten: »Wie lange willst du uns noch hin-
halten?* Wenn du der Christus bist, dann sag es uns offen.«
25Jesus erwiderte: »Ich habe es euch bereits gesagt, aber ihr
glaubt mir nicht. Alles, was ich im Namen meines Vaters tue,
beweist, wer ich bin. 26Aber ihr glaubt mir nicht, weil ihr nicht
zu meiner Herde gehört. 27Meine Schafe hören auf meine
Stimme; ich kenne sie, und sie folgen mir. 28Ich schenke ihnen
das ewige Leben, und sie werden niemals umkommen. Nie-
mand wird sie mir entreißen, 29denn mein Vater hat sie mir
gegeben, und er ist mächtiger als alles andere. Und niemand
kann sie aus der Hand des Vaters reißen. 30Der Vater und ich
sind eins.«
31Da hoben die Juden wieder Steine auf, um ihn zu töten.
32Doch Jesus sagte: »Ich habe euch durch die Kraft meines
Vaters viele gute Taten gezeigt. Für welche dieser Taten wollt
ihr mich steinigen?«
33Sie erwiderten: »Nicht wegen einer guten Tat wollen wir
dich steinigen, sondern wegen Gotteslästerung, weil du, ob-
wohl nur Mensch, dich zu Gott gemacht hast.«
34Jesus erwiderte: »In eurem eigenen Gesetz steht geschrie-
ben: ›Ich habe gesagt: Ihr seid Götter!‹* 35Ihr wisst, dass die
Schrift nicht geändert werden darf. Wenn also diese Men-
schen, die Gottes Botschaft empfingen, von ihm selber ›Göt-
ter‹ genannt wurden, 36warum nennt ihr es dann Gotteslärste-
rung, wenn der, der vom Vater geheiligt und in die Welt
gesandt wurde, von sich sagt: ›Ich bin Gottes Sohn‹? 37Wenn
ich nicht die Werke meines Vaters tue, braucht ihr mir nicht
zu glauben! 38Wenn ich aber sein Werk tue, dann glaubt we-
nigstens an das, was ich getan habe, wenn ihr schon nicht an
mich glaubt. Dann werdet ihr begreifen und erkennen, dass
der Vater in mir ist und ich im Vater bin.«
39Wieder wollten sie ihn verhaften, doch er entkam ihnen.
40Er ging über den Jordan nahe der Stelle, an der Johannes
getauft hatte, und blieb dort. 41Viele Menschen kamen zu
ihm. »Johannes hat zwar keine Wunder getan«, sagten sie

10,24 Griech. *Bis wann hältst du unsere Seele noch hin?*
10,34 Psalm 82,6.

zueinander, »aber seine Voraussagen über diesen Mann ha-
ben sich als wahr erwiesen.« [42]Und viele kamen dort zum
Glauben an ihn.

Der Tod des Lazarus

11 [1]Ein Mann namens Lazarus war krank. Er wohnte mit
seinen Schwestern Maria und Marta in Betanien. [2]Das
ist dieselbe Maria, die dem Herrn das kostbare Duftöl über
die Füße goss und sie mit ihrem Haar trocknete.* Weil ihr
Bruder Lazarus krank geworden war, [3]schickten die beiden
Schwestern Jesus eine Nachricht und ließen ihm ausrichten:
»Herr, der, den du lieb hast, ist sehr krank.«
[4]Als Jesus jedoch davon hörte, sagte er: »Lazarus' Krankheit
wird nicht zum Tode führen; sie dient vielmehr der Verherr-
lichung Gottes. Der Sohn Gottes wird durch sie verherrlicht
werden.« [5]Jesus hatte Marta, Maria und Lazarus lieb. [6]Als er
von seiner Krankheit erfahren hatte, blieb er noch zwei Tage,
wo er war. [7]Erst dann sagte er zu seinen Jüngern: »Lasst uns
wieder nach Judäa gehen.«
[8]Doch seine Jünger wandten ein: »Meister, erst vor wenigen
Tagen haben die Juden dort versucht, dich zu steinigen. Und
nun willst du dorthin zurückkehren?«
[9]Jesus erwiderte: »Es ist doch zwölf Stunden jeden Tag hell.
Solange es hell ist, können die Menschen sicher einen Fuß vor
den anderen setzen. Sie können sehen, weil sie das Licht die-
ser Welt haben. [10]Nur in der Nacht laufen sie Gefahr zu stol-
pern, weil das Licht nicht bei ihnen ist.« [11]Und er fuhr fort:
»Unser Freund Lazarus ist eingeschlafen, doch nun gehe ich
hin und wecke ihn auf.«
[12]Die Jünger meinten: »Herr, wenn er schläft, wird er bald
wieder gesund!« [13]Sie dachten, Jesus rede von einem heil-
samen Schlaf; Jesus sprach aber davon, dass Lazarus gestor-
ben war.
[14]Da sagte er ihnen offen: »Lazarus ist tot. [15]Euretwegen bin
ich froh, dass ich nicht dort war, weil ihr so einen weiteren

11,2 Diese Begebenheit wird in Kapitel 12 erzählt.

Grund haben werdet, an mich zu glauben. Kommt, wir wol-
len zu ihm gehen.«
16Thomas, auch »Zwilling«* genannt, sagte zu den anderen
Jüngern: »Wir wollen mitgehen – und mit ihm sterben.«
17In Betanien berichtete man Jesus, dass Lazarus schon vier
Tage im Grab lag. 18Betanien war nur wenige Kilometer* von
Jerusalem entfernt, 19und viele Leute* waren gekommen, um
Marta und Maria ihr Beileid auszusprechen und sie über den
Verlust ihres Bruders zu trösten. 20Als Marta erfuhr, dass Je-
sus auf dem Weg zu ihnen war, eilte sie ihm entgegen. Maria
aber blieb im Haus. 21Marta sagte zu Jesus: »Herr, wärst du
hier gewesen, wäre mein Bruder nicht gestorben. 22Aber auch
so weiß ich, Gott wird dir alles geben, was auch immer du ihn
bittest.«
23Jesus sagte zu ihr: »Dein Bruder wird auferstehen.«
24»Ja«, erwiderte Marta, »am Tag der Auferstehung, wenn
alle Menschen auferstehen.«
25Jesus sagte zu ihr: »Ich bin die Auferstehung und das Le-
ben. Wer an mich glaubt, wird leben, auch wenn er stirbt. 26Er
wird ewig leben, weil er an mich geglaubt hat, und niemals
sterben. Glaubst du das, Marta?«
27»Ja, Herr«, antwortete sie. »Ich habe immer geglaubt, dass
du der Christus bist, der Sohn Gottes, der in die Welt kom-
men soll.« 28Damit verließ sie ihn und kehrte zu Maria zu-
rück. Sie nahm Maria beiseite und sagte zu ihr: »Der Meister
ist hier und will dich sehen.« 29Als Maria dies gehört hatte,
ging sie sofort zu ihm.
30Jesus war außerhalb des Dorfes geblieben, dort, wo Marta
ihn getroffen hatte. 31Die Leute, die zum Haus gekommen
waren, um Maria zu trösten, sahen sie eilig weggehen. Da
folgten sie ihr, weil sie vermuteten, dass sie zu Lazarus' Grab
wollte, um zu weinen. 32Als Maria nun an die Stelle kam, wo
Jesus war, und ihn sah, warf sie sich ihm zu Füßen und sagte:

11,16 Griech. *der ›Didymus‹ genannt wurde.*
11,18 Griech. *etwa 15 Stadien* (das sind 2,8 km).
11,19 Griech. *Juden;* so auch in 11,31.33.36.45.54.

»Herr, wärst du hier gewesen, wäre mein Bruder nicht ge-
storben.«
[33]Als Jesus die weinende Maria und die Leute sah, die mit
ihr trauerten, erfüllten ihn Zorn und Schmerz. [34]»Wo habt ihr
ihn hingelegt?«, fragte er.
Sie antworteten: »Herr, komm mit und sieh.« [35]Da weinte
Jesus. [36]Die Leute, die in seiner Nähe standen, sagten: »Seht,
wie sehr er ihn geliebt hat.« [37]Einige meinten jedoch: »Dieser
Mann hat doch einen Blinden geheilt. Warum konnte er La-
zarus nicht vor dem Tod bewahren?«

Jesus erweckt Lazarus von den Toten auf

[38]Und wieder war Jesus innerlich erschüttert, während er
zum Grab ging. Es war eine Gruft, vor deren Eingang man
einen Stein gerollt hatte. [39]»Rollt den Stein fort«, befahl Jesus.
Doch Marta, die Schwester des Verstorbenen, wandte ein:
»Herr, inzwischen wird der Gestank schrecklich sein, denn
er ist schon seit vier Tagen tot.«
[40]Jesus erwiderte: »Habe ich dir nicht gesagt, dass du die
Herrlichkeit Gottes sehen wirst, wenn du glaubst?« [41]Da roll-
ten sie den Stein beiseite. Dann blickte Jesus zum Himmel auf
und sagte: »Vater, ich danke dir, dass du mich erhört hast.
[42]Ich weiß, dass du mich immer erhörst, doch ich sage es we-
gen der vielen Menschen, die hier stehen, damit sie glauben
können, dass du mich gesandt hast.« [43]Dann rief er mit lauter
Stimme: »Lazarus, komm heraus!« [44]Und Lazarus kam he-
raus. Er war in Grabtücher gewickelt und sein Kopf war mit
einem Tuch verhüllt. Jesus sagte: »Löst die Binden und lasst
ihn gehen!«

Das Mordkomplott gegen Jesus

[45]Viele von den Juden, die bei Maria gewesen und Zeugen
dieses Geschehens geworden waren, glaubten nun an Jesus.
[46]Ein paar jedoch liefen zu den Pharisäern und trugen ihnen
zu, was Jesus getan hatte. [47]Da ließen die obersten Priester
und Pharisäer den Hohen Rat* einberufen, um die Lage zu

11,47 Griech. *den Sanhedrin.*

erörtern. »Was sollen wir tun?«, fragten sie einander. »Dieser
Mann tut viele Wunder. [48]Wenn wir ihn gewähren lassen,
wird das ganze Volk ihm folgen, und dann wird die römische
Armee kommen und unseren Tempel und auch unser Volk
vernichten.«

[49]Einer von ihnen, Kaiphas, der in jenem Jahr Hoher Priester
war, sagte: »Begreift ihr denn nicht? [50]Versteht ihr nicht, dass
es besser ist, wenn nur ein Mann anstelle des Volkes stirbt
und so nicht das ganze Volk umkommt?« [51]Diese propheti-
sche Aussage, dass Jesus für das ganze Volk sterben sollte,
machte Kaiphas in seiner Eigenschaft als Hoher Priester. Er
hatte das nicht von sich aus gesagt, sondern Gott hatte es
ihm eingegeben. [52]Es war eine Weissagung: Jesus sollte nicht
nur für das Volk sterben, sondern durch seinen Tod die Kin-
der Gottes auf der ganzen Welt zusammenführen.

[53]Von diesem Tag an setzten die führenden Männer des jü-
dischen Volkes alles daran, Jesus zu töten. [54]Deshalb hörte
Jesus auf, sich öffentlich im Volk zu zeigen, und verließ Jeru-
salem. Er ging an einen Ort in der Nähe der Wüste, in das
Dorf Ephraim, und blieb dort mit seinen Jüngern.

[55]Es waren nur noch wenige Tage bis zum Passahfest. Schon
waren viele Leute vom Land in Jerusalem eingetroffen, um
noch vor dem Fest die vorgeschriebenen Reinigungshand-
lungen vollziehen zu können. [56]Sie wollten Jesus sehen, und
als sie im Tempel miteinander redeten, fragten sie sich gegen-
seitig: »Was meint ihr? Wird er zum Passahfest kommen?«
[57]Die obersten Priester und Pharisäer hatten mittlerweile öf-
fentlich verkündet, dass jeder, der Jesus sah, ihnen sofort Mel-
dung machen müsse, damit sie ihn verhaften könnten.

Jesus wird in Betanien gesalbt

12 [1]Sechs Tage vor Beginn der Passah-Feierlichkeiten
kam Jesus nach Betanien, in die Heimatstadt von
Lazarus – jenes Mannes, den er von den Toten auferweckt
hatte. [2]Dort wurde zu seinen Ehren ein Festessen gegeben.
Marta bediente die Gäste, und Lazarus saß mit ihm am Tisch.

[3]Da nahm Maria ein zwölf Unzen fassendes Fläschchen* mit
kostbarem Nardenöl, salbte Jesus mit dem Öl die Füße und
trocknete sie mit ihrem Haar. Der Duft des Öls erfüllte das
ganze Haus.
[4]Da sagte Judas Iskariot, einer seiner Jünger – der, der ihn
später verriet: [5]»Dieses Parfüm war ein kleines Vermögen*
wert. Man hätte es verkaufen und das Geld den Armen geben
sollen.« [6]Doch es ging ihm gar nicht um die Armen – er war
ein Dieb und führte die Kasse der Jünger und entwendete hin
und wieder etwas Geld für den eigenen Bedarf.
[7]Jesus erwiderte: »Lass sie. Sie hat es als Vorbereitung für
mein Begräbnis getan. [8]Die Armen habt ihr immer bei euch,
aber ich werde nicht mehr lange bei euch sein.«
[9]Als die Leute* erfuhren, dass Jesus dort war, kamen sie
scharenweise herbei, um nicht nur Jesus, sondern vor allem
Lazarus zu sehen, den Jesus von den Toten auferweckt hatte.
[10]Daraufhin beschlossen die obersten Priester, auch Lazarus
umzubringen, [11]denn seinetwegen waren viele Leute von ih-
nen abgefallen und glaubten nun an Jesus.

Der triumphale Einzug

[12]Am nächsten Tag verbreitete sich die Nachricht, dass Jesus
auf dem Weg nach Jerusalem sei, in der ganzen Stadt. Scharen
von Menschen, die zum Passahfest gekommen waren, [13]hiel-
ten Palmzweige in den Händen und zogen die Straße hinun-
ter, ihm entgegen. Dabei riefen sie:

»Gelobt sei Gott!* Gepriesen sei, der im Namen des Herrn kommt! Heil dem König Israels!«*

[14]Jesus fand einen jungen Esel und setzte sich darauf. Damit
erfüllte er die Prophezeiung der Heiligen Schrift:

12,3 Griech. *1 Litra,* das sind 327 g.
12,5 Griech. *300 Denarii.* Ein Denar entsprach einem vollen Tagelohn.
12,9 Griech. *die Juden;* so auch in 12,11.
12,13a Griech. *Hosanna,* ein Ausruf des Lobs, der wörtlich bedeutet: »Hilf doch!«.
12,13b Psalm 118,25-26; Zefanja 3,15.

15»Fürchte dich nicht, Volk Israel*. Sieh, dein König kommt;
er sitzt auf einem Eselsfohlen.«*
16Damals erkannten die Jünger noch nicht, dass sich damit
eine Weissagung erfüllte. Doch nachdem Jesus verherrlicht
worden war, erinnerten sie sich daran, wie diese Schriftstelle
sich vor ihren eigenen Augen erfüllt hatte.
17Die Leute in der Menge, die gesehen hatten, wie Jesus La-
zarus aus dem Grab ins Leben zurückgerufen hatte, erzählten
den anderen davon. 18Das war der Hauptgrund, warum so
viele ihm entgegenzogen – weil sie von diesem großen Wun-
der gehört hatten, dass er es getan hatte. 19Da sagten die Pha-
risäer zueinander: »So bewirken wir nichts. Seht doch, die
ganze Welt läuft ihm nach!«

Jesus sagt seinen Tod voraus

20Einige Griechen, die zum Passahfest nach Jerusalem ge-
kommen waren, um anzubeten, 21besuchten Philippus, der
aus Betsaida in Galiläa stammte. Sie sagten: »Herr, wir möch-
ten gern Jesus kennenlernen.« 22Philippus sagte es Andreas,
und beide gingen gemeinsam zu Jesus, um ihn zu fragen.
23Jesus erwiderte: »Für den Menschensohn ist die Zeit ge-
kommen, dass er verherrlicht wird. 24Ich versichere euch:
Ein Weizenkorn muss in die Erde ausgesät werden. Wenn es
dort nicht stirbt, wird es allein bleiben – ein einzelnes Samen-
korn. Sein Tod aber wird viele neue Samenkörner hervorbrin-
gen – eine reiche Ernte neuen Lebens. 25Wer sein Leben in
dieser Welt liebt, wird es verlieren. Wer sein Leben in dieser
Welt gering achtet, wird es zum ewigen Leben bewahren.
26Wer mein Jünger sein will, muss sich aufmachen und mir
nachfolgen, denn mein Diener wird da sein, wo ich bin. Wer
mir nachfolgt, den wird der Vater ehren. 27Meine Seele ist in
diesem Augenblick tief traurig. Soll ich beten: ›Vater, bewah-
re mich vor dem, was vor mir liegt‹? Doch eben deshalb bin
ich ja gekommen! 28Vater, verherrliche deinen Namen.«

12,15a Griech. *Tochter Zions.*
12,15b Sacharja 9,9.

Da sprach eine Stimme aus dem Himmel: »Ich habe ihn
schon verherrlicht und werde es wieder tun.« [29]Als die Men-
ge die Stimme hörte, hielten einige sie für Donner, während
andere erklärten, ein Engel habe zu ihm gesprochen.
[30]Da sagte Jesus zu ihnen: »Die Stimme erklang euretwegen,
nicht meinetwegen. [31]Für die Welt ist die Zeit des Gerichts
gekommen, in der der Herrscher dieser Welt* vertrieben
wird. [32]Und wenn ich am Kreuz aufgerichtet bin,* werde ich
alle zu mir ziehen.« [33]Mit diesen Worten deutete er an, wie er
sterben würde.
[34]Da erwiderte die Menge: »Wir haben in der Schrift gele-
sen, dass der Christus ewig leben wird. Warum sagst du, der
Menschensohn müsse am Kreuz aufgerichtet werden*? Wer
ist dieser Menschensohn, von dem du sprichst?«
[35]Jesus erwiderte: »Das Licht wird nur noch kurze Zeit für
euch leuchten. Lebt darin, solange ihr es noch könnt, damit
ihr nicht stolpert, wenn die Dunkelheit kommt. Wenn ihr im
Dunkel lebt, könnt ihr nicht sehen, wohin ihr geht. [36]Glaubt
an das Licht, solange noch Zeit dazu ist; dann werdet ihr Kin-
der des Lichts werden.« Nachdem er diese Dinge gesagt hat-
te, ging Jesus fort, und sie sahen ihn nicht mehr.

Der Unglaube des Volks

[37]Doch trotz der vielen Wunder, die er getan hatte, glaubten
die meisten Menschen nicht an ihn. [38]Genau das hatte der
Prophet Jesaja vorausgesagt:
»Herr, wer hat unserer Botschaft geglaubt? Wem wird der
Herr seine rettende Macht offenbaren?«*
[39]Die Menschen waren nicht fähig zu glauben, denn Jesaja
sagte auch:
[40]»Der Herr hat ihre Augen blind gemacht und ihre Herzen
verhärtet – damit ihre Augen nicht sehen und ihre Herzen

12,31 *Der Herrscher dieser Welt* ist eine Bezeichnung für Satan.
12,32 Griech. *von der Erde erhöht.*
12,34 Griech. *müsse erhöht werden.*
12,38 Jesaja 53,1. Hebr. *Wem ist der Arm des Herrn offenbart?*

nicht verstehen können und damit sie nicht zu mir umkehren,
um sich von mir heilen zu lassen.«*
41Diese Weissagung Jesajas bezog sich auf Jesus, denn Jesaja
hatte dessen Herrlichkeit gesehen. 42Viele Menschen, darun-
ter auch einige der führenden Männer, glaubten an Jesus,
scheuten sich aber, es zuzugeben. Sie fürchteten, dass die
Pharisäer sie deswegen aus der Synagoge ausschließen wür-
den. 43Die Anerkennung der Menschen war ihnen wichtiger
als die Anerkennung durch Gott.
44Jesus rief der Menge zu: »Wenn ihr mir glaubt, glaubt ihr
nicht nur an mich, sondern an Gott, der mich gesandt hat.
45Denn wenn ihr mich seht, seht ihr den, der mich gesandt
hat. 46Ich bin als Licht gekommen, um in dieser dunklen
Welt zu leuchten, damit alle, die an mich glauben, nicht im
Dunkel bleiben. 47Wenn jemand mich hört und mir nicht ge-
horcht, bin ich nicht sein Richter – denn ich bin gekommen,
um die Welt zu retten, und nicht, um sie zu richten. 48Doch
wer mich und meine Botschaft ablehnt, wird am Tag des Ge-
richts durch meine Worte, die ich gesprochen habe, gerichtet
werden. 49Ich spreche nicht aufgrund eigener Vollmacht. Der
Vater, der mich gesandt hat, hat mir aufgetragen, was ich sa-
gen soll. 50Und ich weiß, dass seine Weisungen zum ewigen
Leben führen; deshalb sage ich, was der Vater mir zu sagen
gebietet!«

Jesus wäscht seinen Jüngern die Füße

13 1Vor dem Passahfest wusste Jesus, dass für ihn die Zeit
gekommen war, diese Welt zu verlassen und zu sei-
nem Vater zurückzukehren. Nun bewies er seinen Jüngern
das ganze Ausmaß seiner Liebe.* 2Es war Zeit für das Abend-
essen, und der Teufel hatte Judas, den Sohn des Simon Iska-
riot, schon dazu verleitet, seinen Plan wahr zu machen und
Jesus zu verraten. 3Jesus aber wusste, dass der Vater ihm un-
eingeschränkte Macht über alles gegeben hatte und dass er
von Gott gekommen war und zu Gott zurückkehren würde.

12,40 Jesaja 6,9-10.
13,1 O. *Er liebte seine Jünger bis zum Schluss.*

4Er stand vom Tisch auf, zog sein Obergewand aus, band sich
ein Handtuch um die Hüften 5und goss Wasser in eine Schale.
Dann begann er, seinen Jüngern die Füße zu waschen und sie
mit dem Handtuch abzutrocknen, das er sich umgebunden
hatte.

6Als er zu Simon Petrus kam, sagte Petrus zu ihm: »Herr,
warum willst du mir die Füße waschen?«

7Jesus antwortete: »Du verstehst jetzt nicht, warum ich das
tue; eines Tages wirst du es verstehen.«

8»Nein«, protestierte Petrus. »Du sollst mir niemals die Füße
waschen!«

Jesus erwiderte: »Wenn ich dich nicht wasche, gehörst du
nicht zu mir.«

9Da rief Simon Petrus: »Dann wasche mir auch die Hände
und den Kopf, Herr, und nicht nur die Füße!«

10Jesus erwiderte: »Wer gebadet hat, braucht sich – aus-
genommen die Füße* – nicht zu waschen, um völlig rein zu
sein. Ihr seid rein, allerdings nicht jeder hier.« 11Denn Jesus
wusste, wer ihn verraten würde. Das meinte er mit dem Satz:
»Nicht jeder hier von euch ist rein.«

12Nachdem er ihnen die Füße gewaschen hatte, zog Jesus
sein Obergewand wieder an, setzte sich und fragte: »Versteht
ihr, was ich getan habe? 13Ihr nennt mich ›Meister‹ und ›Herr‹
und damit habt ihr recht, denn das bin ich. 14Und weil ich, der
Herr und Meister, euch die Füße gewaschen habe, sollt auch
ihr einander die Füße waschen. 15Ich habe euch ein Beispiel
gegeben, dem ihr folgen sollt. Tut, was ich für euch getan
habe. 16Es ist nur zu wahr: Ein Diener ist nicht größer als sein
Herr. Genauso sind die Boten nicht wichtiger als der, der sie
gesandt hat. 17Ihr wisst das alles – nun handelt auch danach.
Das ist der Weg des Segens!

Jesus sagt voraus, dass er verraten wird

18Ich sage diese Dinge nicht zu euch allen; denn ich kenne
jeden Einzelnen von euch, die ich erwählt habe, ganz genau.
In der Schrift steht: ›Der, der mein Brot mit mir geteilt hat, hat

13,10 In einigen Handschriften steht nicht *ausgenommen die Füße.*

sich gegen mich gewandt‹*, und das wird sich bald erfüllen.
19Ich sage euch das jetzt, damit ihr, wenn es eintrifft, erkennt,
dass ich der Christus bin. 20Ich versichere euch: Wer meinen
Boten willkommen heißt, der heißt mich willkommen, und
wer mich willkommen heißt, der heißt meinen Vater will-
kommen, der mich gesandt hat.«

21Nach diesen Worten sagte Jesus bis ins Tiefste erschüttert:
»Ich sage euch: Einer von euch wird mich verraten!«

22Die Jünger sahen einander an und fragten sich, wen er
wohl damit meinte. 23Einer seiner Jünger – der, den Jesus
liebte –, saß neben ihm am Tisch.* 24Simon Petrus bedeutete
ihm, er solle fragen, wer so etwas Schreckliches tun würde.
25Jener Jünger lehnte sich zu Jesus hinüber und fragte: »Herr,
wer ist es?«

26Jesus sagte: »Es ist der, dem ich das Stück Brot reiche,
nachdem ich es eingetaucht habe.« Und als er das Brot einge-
taucht hatte, gab er es Judas, dem Sohn des Simon Iskariot.
27Sobald Judas das Brot gegessen hatte, ergriff der Satan Be-
sitz von ihm. Da sagte Jesus zu ihm: »Beeile dich. Was du tun
willst, tue bald!« 28Keiner der anderen am Tisch wusste, was
Jesus damit meinte. 29Da Judas die Kasse verwaltete, dachten
einige, Jesus habe ihn aufgefordert, für das Fest einkaufen zu
gehen oder den Armen etwas Geld zu geben. 30Judas aber
stand sofort auf und ging in die Nacht hinaus.

Jesus sagt voraus, dass Petrus ihn verleugnen wird

31Sobald Judas den Raum verlassen hatte, sagte Jesus: »Nun
ist für den Menschensohn die Zeit gekommen, dass er ver-
herrlicht wird. Gott wird durch alles, was geschieht, verherr-
licht, 32und das wird sehr bald geschehen.* 33Liebe Kinder, es
ist nur noch kurze Zeit, bis ich fortgehen und euch verlassen
muss! Ihr werdet nach mir suchen, doch wie ich schon den
Juden gesagt habe: wohin ich gehe, da könnt ihr nicht hin-

13,18 Psalm 41,10. Hebr. *hat seine Ferse gegen mich erhoben.*

13,23 Griech. *lehnte an der Brust von Jesus.* Der »Jünger, den Jesus liebte«, war vermutlich Johannes.

13,32 In einigen Handschriften steht *Und wenn Gott in ihm [dem Menschensohn] verherrlicht ist, wird Gott ihn in seine Herrlichkeit holen.*

kommen. 34So gebe ich euch nun ein neues Gebot: Liebt ei-
nander. So wie ich euch geliebt habe, sollt auch ihr einander
lieben. 35Eure Liebe zueinander wird der Welt zeigen, dass ihr
meine Jünger seid.«
36Simon Petrus sagte: »Herr, wohin gehst du?«
Und Jesus erwiderte: »Wo ich hingehe, dahin kannst du jetzt
nicht mitkommen, aber später wirst du mir dorthin folgen.«
37»Warum kann ich jetzt nicht mitkommen, Herr?«, fragte
er. »Ich bin bereit, für dich zu sterben.«
38Jesus antwortete: »Für mich sterben? Nein. Ehe morgen
früh der Hahn kräht, wirst du drei Mal leugnen, mich auch
nur zu kennen.

Jesus, der Weg zum Vater

14 1Habt keine Angst Ihr vertraut auf Gott, nun vertraut
auch auf mich! 2Es gibt viele Wohnungen im Haus
meines Vaters, und ich gehe voraus, um euch einen Platz vor-
zubereiten. Wenn es nicht so wäre, hätte ich es euch dann so
gesagt? 3Wenn dann alles bereit ist, werde ich kommen und
euch holen, damit ihr immer bei mir seid, dort, wo ich bin.
4Ihr wisst ja, wohin ich gehe und wie ihr dorthin kommen
könnt.«
5»Nein, Herr, das wissen wir nicht«, sagte Thomas. »Wir
haben keine Ahnung, wo du hingehst; wie können wir da
den Weg kennen?«
6Jesus sagte zu ihm: »Ich bin der Weg, die Wahrheit und das
Leben. Niemand kommt zum Vater außer durch mich. 7Wenn
ihr erkannt habt, wer ich bin, dann habt ihr auch erkannt, wer
mein Vater ist.* Doch von nun an kennt ihr ihn und habt ihn
gesehen!«
8Philippus sagte: »Herr, zeig uns den Vater, dann sind wir
zufrieden.«
9Jesus erwiderte: »Philippus, weißt du denn nach all der
Zeit, die ich bei euch war, noch immer nicht, wer ich bin?
Wer mich gesehen hat, hat den Vater gesehen! Warum ver-

14,7 In einigen Handschriften steht: *Wenn ihr mich wirklich erkannt habt, werdet ihr wissen, wer mein Vater ist.*

langst du noch, ihn zu sehen? [10]Glaubst du nicht, dass ich im
Vater bin und der Vater in mir ist? Die Worte, die ich euch
sage, stammen ja nicht von mir, sondern der Vater, der in
mir lebt, wirkt durch mich. [11]Glaubt doch, dass ich im Vater
bin und der Vater in mir ist. Oder glaubt wenigstens auf-
grund von dem, was ich getan habe.

[12]Ich versichere euch: Wer an mich glaubt, wird dieselben
Dinge tun, die ich getan habe, ja noch größere, denn ich gehe,
um beim Vater zu sein. [13]Ihr dürft in meinem Namen um alles
bitten, und ich werde eure Bitten erfüllen, weil durch den
Sohn der Vater verherrlicht wird. [14]Bittet, um was ihr wollt,
in meinem Namen, und ich werde es tun!

Jesus verspricht den Jüngern den Heiligen Geist

[15]Wenn ihr mich liebt, werdet ihr meine Gebote halten. [16]Und
ich werde den Vater bitten, und er wird euch einen anderen
Ratgeber* geben, der euch nie verlassen wird. [17]Es ist der Hei-
lige Geist, der in alle Wahrheit führt. Die Welt kann ihn nicht
empfangen, denn sie sucht ihn nicht und erkennt ihn nicht.
Ihr aber kennt ihn, weil er bei euch bleibt und später in euch
sein wird. [18]Nein, ich werde euch nicht verwaist zurücklas-
sen – ich werde zu euch kommen. [19]Die Welt wird mich schon
bald nicht mehr sehen, doch ihr werdet es. Denn ich werde
leben, und ihr werdet auch leben. [20]Wenn ich wieder zum
Leben auferstanden bin, werdet ihr wissen, dass ich in mei-
nem Vater bin und ihr in mir seid und ich in euch. [21]Wer mei-
ne Gebote kennt und sie befolgt, der liebt mich. Und weil er
mich liebt, wird mein Vater ihn lieben und ich werde ihn lie-
ben. Und ich werde mich ihm persönlich zu erkennen geben.«

[22]Judas (nicht Judas Iskariot, sondern der andere Jünger
gleichen Namens) sagte zu ihm: »Herr, warum willst du
dich nur uns zu erkennen geben und nicht der ganzen Welt?«

[23]Jesus erwiderte: »Wer mich liebt, wird tun, was ich sage.
Mein Vater wird ihn lieben, und wir werden zu ihm kommen
und bei ihm wohnen. [24]Wer mich nicht liebt, wird nicht tun,

---

14,16 Griech. *Paraklet;* das Wort kann auch *Tröster, Ermutiger* oder *Anwalt* bedeuten; so auch in 14,26.

was ich sage. Vergesst nicht: Meine Worte kommen nicht aus
mir selbst, sondern vom Vater, der mich gesandt hat. [25]Ich
sage euch all diese Dinge jetzt, solange ich noch bei euch bin.
[26]Doch wenn der Vater den Ratgeber als meinen Stellvertreter
schickt – und damit meine ich den Heiligen Geist –, wird er
euch alles lehren und euch an alles erinnern, was ich euch
gesagt habe.

[27]Ich lasse euch ein Geschenk zurück – meinen Frieden. Und
der Friede, den ich schenke, ist nicht wie der Friede, den die
Welt gibt. Deshalb sorgt euch nicht und habt keine Angst.
[28]Denkt an das, was ich euch gesagt habe: Ich gehe fort, aber
ich werde wieder zu euch kommen. Wenn ihr mich wirklich
lieb habt, freut ihr euch für mich, weil ich jetzt zum Vater
gehen darf, der größer ist als ich. [29]Ich habe euch all diese
Dinge gesagt, ehe sie geschehen, damit ihr, wenn sie eintref-
fen, glaubt.

[30]Mir bleibt nicht mehr viel Zeit, mit euch zu sprechen, weil
der Herrscher dieser Welt schon ganz nah ist. Er hat keine
Macht über mich; [31]doch ich werde tun, was der Vater von
mir will, damit die Welt erkennt, dass ich den Vater liebe.
Kommt, lasst uns von hier weggehen.

Jesus, der wahre Weinstock

15 [1]Ich bin der wahre Weinstock und mein Vater ist der
Weingärtner. [2]Er schneidet jede Rebe ab, die keine
Frucht bringt, und beschneidet* auch die Reben, die bereits
Früchte tragen, damit sie noch mehr Frucht bringen. [3]Ihr seid
schon durch die Botschaft, die ich euch gegeben habe, be-
schnitten*. [4]Bleibt in mir, und ich werde in euch bleiben.
Denn eine Rebe kann keine Frucht tragen, wenn sie vom
Weinstock abgetrennt wird, und auch ihr könnt nicht, wenn
ihr von mir getrennt seid, Frucht hervorbringen.

[5]Ich bin der Weinstock; ihr seid die Reben. Wer in mir bleibt
und ich in ihm, wird viel Frucht bringen. Denn getrennt von
mir könnt ihr nichts tun. [6]Wer nicht in mir bleibt, wird fort-

---

15,2 Griech. *reinigt.*
15,3 Griech. *rein.*

geworfen wie eine nutzlose Rebe und verdorrt. Solche Reben
werden auf einen Haufen geworfen und verbrannt. [7]Doch
wenn ihr mit mir verbunden bleibt und meine Worte in euch
bleiben, könnt ihr bitten, um was ihr wollt, und es wird euch
gewährt werden! [8]Darin wird mein Vater verherrlicht, dass
ihr viel Frucht hervorbringt und meine Jünger werdet.

[9]Ich habe euch genauso geliebt, wie der Vater mich geliebt
hat. Bleibt in meiner Liebe. [10]Wenn ihr mir gehorcht, bleibt ihr
in meiner Liebe, genauso wie ich meinem Vater gehorche und
in seiner Liebe bleibe. [11]Ich sage euch das, damit meine Freu-
de euch erfüllt. Ja, eure Freude soll vollkommen sein! [12]Ich
gebiete euch, einander genauso zu lieben, wie ich euch liebe.
[13]Die größte Liebe beweist der, der sein Leben für die Freunde
hingibt. [14]Ihr seid meine Freunde, wenn ihr tut, was ich euch
auftrage. [15]Ich nenne euch nicht mehr Diener, weil ein Herr
seine Diener nicht ins Vertrauen zieht. Ihr seid jetzt meine
Freunde, denn ich habe euch alles gesagt, was ich von mei-
nem Vater gehört habe. [16]Nicht ihr habt mich erwählt, ich
habe euch erwählt. Ich habe euch dazu berufen, hinzugehen
und Frucht zu tragen, die Bestand hat, damit der Vater euch
gibt, um was immer ihr ihn in meinem Namen bittet. [17]Ich
gebe euch das Gebot, einander zu lieben.

Der Hass der Welt

[18]Wenn die Welt euch hasst, dann denkt daran, dass sie mich
schon gehasst hat, ehe sie euch gehasst hat. [19]Die Welt würde
euch lieben, wenn ihr zu ihr gehören würdet, aber das tut ihr
nicht. Ich habe euch erwählt, aus der Welt herauszutreten;
deshalb hasst sie euch. [20]Denkt an das Wort, das ich euch ge-
sagt habe: ›Ein Diener ist nicht größer als sein Herr.‹ Da sie
mich verfolgt haben, werden sie auch euch verfolgen. Und
wenn sie auf mein Wort gehört haben, werden sie auch auf
euch hören! [21]Die Menschen in der Welt werden gegen euch
sein, weil ihr zu mir gehört, denn sie kennen Gott nicht, der
mich gesandt hat. [22]Sie hätten sich nicht schuldig gemacht,
wenn ich nicht gekommen wäre und zu ihnen gesprochen
hätte. Doch so haben sie keine Entschuldigung mehr für ihre
Sünde. [23]Wer mich hasst, hasst auch meinen Vater. [24]Wenn ich

nicht solche Wunder unter ihnen getan hätte, die niemand
sonst hätte tun können, wären sie nicht schuldig. Doch sie
haben alles gesehen, was ich tat, und trotzdem sowohl mich
als auch meinen Vater gehasst. 25Dadurch hat sich erfüllt, was
im Gesetz vorausgesagt ist: ›Sie haben mich ohne Grund gehasst.‹*

26Doch ich werde euch den Ratgeber* schicken – den Geist
der Wahrheit. Er wird vom Vater zu euch kommen und wird
mein Zeuge sein. 27Und ihr werdet meine Zeugen sein, weil
ihr von Anfang an bei mir gewesen seid.

16 1Ich habe euch diese Dinge gesagt, damit ihr den Glauben nicht verliert. 2Denn ihr werdet aus den Synagogen ausgeschlossen werden, und es wird die Zeit kommen, in
der die, die euch töten, glauben, Gott damit einen Dienst zu
erweisen. 3Das tun sie, weil sie den Vater und mich nicht erkannt haben. 4Ja, ich sage euch diese Dinge jetzt, damit ihr
euch daran erinnert, wenn sie eintreffen. Ich habe nicht früher
davon gesprochen, weil ich noch bei euch war.

Das Wirken des Heiligen Geistes

5Nun aber gehe ich fort zu dem, der mich gesandt hat, doch
keiner von euch hat mich gefragt, wohin ich gehe. 6Stattdessen seid ihr traurig. 7Ich sage euch aber die Wahrheit: Es ist
das Beste für euch, dass ich fortgehe, denn wenn ich nicht
gehe, wird der Ratgeber nicht kommen. Wenn ich jedoch fortgehe, wird er kommen, denn ich werde ihn zu euch senden.
8Und wenn er kommt, wird er die Welt von ihrer Sünde und
von Gottes Gerechtigkeit und vom bevorstehenden Gericht
überzeugen. 9Die Sünde der Welt ist, dass sie nicht an mich
glaubt. 10Die Gerechtigkeit erweist sich darin, dass ich zum
Vater gehe und ihr mich nicht mehr sehen werdet. 11Das Gericht wird kommen, weil der Herrscher dieser Welt schon
gerichtet ist.

15,25 Psalm 35,19; 69,5.
15,26 S. 14,16.

12Ich hätte euch noch so vieles zu sagen, aber ihr könnt es
jetzt nicht ertragen. 13Doch wenn der Geist der Wahrheit
kommt, wird er euch in alle Wahrheit leiten. Er wird nicht
seine eigenen Anschauungen vertreten, sondern wird euch
sagen, was er gehört hat. Er wird euch von dem erzählen,
was kommt. 14Er wird mich verherrlichen, indem er euch al-
les offenbart, was er von mir empfängt. 15Alles, was der Vater
hat, gehört mir; das habe ich gemeint, als ich sagte, dass der
Geist euch alles offenbaren wird, was er von mir empfängt.

Traurigkeit wird sich in Freude verwandeln

16Schon sehr bald werdet ihr mich nicht mehr sehen. Dann,
nach einer weiteren kurzen Zeit, werdet ihr mich wieder
sehen.«

17Da fragten die Jünger einander: »Was meint er damit: ›Ihr
werdet mich nicht sehen und dann werdet ihr mich wieder
sehen‹? Was soll das bedeuten: ›Ich gehe zum Vater‹? 18Und
was heißt ›eine kurze Zeit‹? Das verstehen wir nicht.«

19Jesus merkte, dass sie ihn gern gefragt hätten. Deshalb
sagte er: »Ihr fragt euch, was ich gemeint habe? Ich sagte,
dass ich sehr bald fort sein werde und ihr mich nicht mehr
sehen werdet. Dann, nach einer weiteren kurzen Zeit, werdet
ihr mich wieder sehen. 20Ich versichere euch: Ihr werdet wei-
nen und trauern über das, was mit mir geschehen wird, aber
die Welt wird sich freuen. Ihr werdet trauern, doch eure Trau-
er wird sich von einem Augenblick zum anderen in große
Freude verwandeln, wenn ihr mich wieder seht. 21Es wird
sein wie bei einer Frau in den Wehen. Wenn ihr Kind erst
geboren ist, verblassen die Schmerzen angesichts der Freude,
dass ein neuer Mensch zur Welt gekommen ist. 22Jetzt seid ihr
traurig, aber ich werde euch wieder sehen, und dann werdet
ihr euch freuen, und niemand kann euch diese Freude neh-
men. 23Wenn es so weit ist, werdet ihr mich um nichts mehr
bitten müssen. Ich versichere euch: Dann könnt ihr selbst
zum Vater gehen und ihn bitten, und er wird eure Bitte erfül-
len, weil ihr in meinem Namen bittet. 24Bis jetzt habt ihr das
nicht getan. Bittet in meinem Namen, und ihr werdet emp-
fangen, dann wird eure Freude vollkommen sein.

[25]Bis jetzt habe ich über diese Dinge in Gleichnissen* geredet, aber es kommt die Zeit, in der das nicht mehr nötig sein wird; dann werde ich offen mit euch reden und euch alles über den Vater erzählen. [26]Und dann werdet ihr in meinem Namen bitten. Ich sage nicht, dass ich den Vater für euch bitten werde, [27]denn der Vater selbst hat euch lieb, weil ihr mich liebt und glaubt, dass ich von Gott ausgegangen bin. [28]Ich kam vom Vater in die Welt, und ich werde die Welt verlassen und zum Vater zurückkehren.«

[29]Da sagten seine Jünger: »Endlich sprichst du offen und nicht mehr in Gleichnissen. [30]Jetzt verstehen wir, dass du alles weißt und nicht darauf angewiesen bist, dass irgendjemand dir etwas sagt.* Deshalb glauben wir, dass du von Gott gekommen bist.«

[31]Jesus fragte: »Jetzt glaubt ihr? [32]Doch es kommt die Zeit – ja, sie ist schon angebrochen –, da werdet ihr zerstreut werden, und jeder wird seine eigenen Wege gehen und mich verlassen. Doch ich bin nicht allein, denn der Vater ist bei mir. [33]Ich habe euch das alles gesagt, damit ihr in mir Frieden habt. Hier auf der Erde werdet ihr viel Schweres erleben. Aber habt Mut, denn ich habe die Welt überwunden.«

Jesus betet für seine Jünger

17 [1]Nachdem Jesus all das gesagt hatte, blickte er zum Himmel auf und sagte: »Vater, die Zeit ist gekommen. Verherrliche deinen Sohn, damit er dich verherrlichen kann. [2]Denn du hast ihm Macht über alle Menschen auf der ganzen Welt gegeben. Er schenkt allen, die du ihm gegeben hast, das ewige Leben. [3]Und das ist der Weg zum ewigen Leben: dich zu erkennen, den einzig wahren Gott, und Jesus Christus, den du in die Welt gesandt hast. [4]Ich habe dich hier auf Erden verherrlicht, indem ich alles tat, was du mir aufgetragen hast. [5]Und nun, Vater, verherrliche mich mit der Herrlichkeit, die wir schon teilten, ehe die Welt erschaffen wurde.

16,25 Griech. *in Bildern;* s. auch 16,29.
16,30 O. *es nicht nötig hast, dass irgendjemand dich etwas fragt.*

[6]Ich habe deinen Namen diesen Menschen offenbart. Sie
waren in der Welt, doch dann hast du sie mir gegeben. Sie
haben dir schon immer gehört, und du hast sie mir gegeben,
und sie haben dein Wort bewahrt. [7]Jetzt wissen sie, dass alles,
was ich habe, von dir ist, [8]denn ich habe ihnen die Worte wei-
tergegeben, die du mir mitgegeben hast. Sie haben diese Wor-
te angenommen und wissen, dass ich von dir gekommen bin;
und sie glauben, dass du mich gesandt hast.

[9]Mein Gebet gilt nicht der Welt, sondern denen, die du mir
gegeben hast, weil sie dir gehören. [10]Weil sie die Meinen sind,
gehören sie auch dir; doch du hast sie mir gegeben, damit ich
durch sie verherrlicht werde! [11]Jetzt verlasse ich die Welt; ich
lasse sie* zurück in der Welt und komme zu dir. Heiliger Va-
ter, bewahre sie in deinem Namen, den du mir gegeben hast,
damit sie eins sind, so wie wir eins sind. [12]Während meiner
Zeit hier auf Erden habe ich sie bewahrt.* Ich habe über sie
gewacht, sodass nicht einer verloren ging außer dem, der den
Weg des Verderbens beschritt*, so wie es die Schrift voraus-
gesagt hat.

[13]Jetzt aber komme ich zu dir. Ich habe ihnen vieles gesagt,
während ich in der Welt war, damit sie von meiner Freude
vollkommen erfüllt sind. [14]Ich habe ihnen dein Wort gegeben.
Die Welt hasst sie, weil sie genau wie ich nicht zur Welt gehö-
ren. [15]Ich bitte dich nicht, dass du sie aus der Welt heraus-
nimmst, sondern dass du sie vor dem Bösen bewahrst. [16]Sie
gehören genauso wenig zu dieser Welt wie ich. [17]Reinige sie
und heilige sie, indem du sie deine Worte der Wahrheit
lehrst.* [18]Wie du mich in die Welt gesandt hast, so sende ich
sie in die Welt. [19]Und ich gebe mich ganz für sie hin, damit
auch sie durch die Wahrheit ganz dir gehören.

[20]Ich bete nicht nur für diese Jünger, sondern auch für alle,
die durch ihr Wort an mich glauben werden. [21]Ich bete für sie
alle, dass sie eins sind, so wie du und ich eins sind, Vater –

17,11 Plural; gemeint sind die Jünger, nicht die Welt.
17,12a Griech. *In deinem Namen habe ich die bewahrt, die du mir gegeben hast.*
17,12b Griech. *außer dem Sohn des Verderbens.*
17,17 Griech. *Heilige sie in der Wahrheit! Dein Wort ist die Wahrheit.*

damit sie in uns eins sind, so wie du in mir bist und ich in dir
bin, und die Welt glaubt, dass du mich gesandt hast.
[22]Ich habe ihnen die Herrlichkeit geschenkt, die du mir ge-
geben hast, damit sie eins sind, wie wir eins sind – [23]ich in
ihnen und du in mir, damit sie alle zur Einheit vollendet wer-
den. Dann wird die Welt wissen, dass du mich gesandt hast,
und wird begreifen, dass du sie liebst, wie du mich liebst.
[24]Vater, ich möchte, dass die, die du mir gegeben hast, bei
mir sind, damit sie meine Herrlichkeit sehen können. Du
hast mir die Herrlichkeit geschenkt, weil du mich schon vor
Erschaffung der Welt geliebt hast!
[25]Gerechter Vater, die Welt kennt dich nicht, aber ich kenne
dich, und diese Jünger wissen, dass du mich gesandt hast.
[26]Ich habe ihnen deinen Namen offenbart und werde ihn
auch weiterhin offenbaren. Das tue ich, damit deine Liebe zu
mir in ihnen bleibt und ich in ihnen.«

Jesus wird verraten und verhaftet

18 [1]Nachdem er ihnen all das gesagt hatte, überquerte Je-
sus mit seinen Jüngern den Bach Kidron und ging in
einen Olivenhain*. [2]Judas, der Verräter, kannte den Ort, weil
Jesus oft mit seinen Jüngern dort gewesen war. [3]Die obersten
Priester und Pharisäer hatten Judas einen Trupp römischer
Soldaten und Tempelwächter mitgegeben, die ihn begleiten
sollten. Nun marschierten sie mit lodernden Fackeln, Later-
nen und Waffen dorthin.
[4]Jesus wusste, was mit ihm geschehen würde. Er ging ihnen
entgegen und fragte: »Wen sucht ihr?«
[5]»Jesus von Nazareth«, erwiderten sie.
»Ich bin es«*, sagte Jesus. Judas stand bei ihnen, als Jesus
sich zu erkennen gab. [6]Und als er sagte: »Ich bin es«, wichen
sie alle zurück und fielen zu Boden. [7]Noch einmal fragte er
sie: »Wen sucht ihr?«
Und wieder antworteten sie: »Jesus von Nazareth.«

18,1 Griech. *einen Garten.*
18,5 Griech. *ich bin;* so auch in 18,6.8.

8»Ich habe euch doch gesagt, dass ich es bin«, sagte Jesus. »Und da ich derjenige bin, den ihr sucht, lasst die anderen gehen.«
9Damit erfüllte er seine eigene Aussage: »Ich habe auch nicht einen Einzigen von denen verloren, die du mir gegeben hast.«*

10Plötzlich zog Simon Petrus ein Schwert und schlug Malchus, dem Diener des Hohen Priesters, das rechte Ohr ab.
11Aber Jesus sagte zu Petrus: »Steck dein Schwert wieder in die Scheide. Soll ich etwa nicht aus dem Kelch trinken, den mir der Vater gegeben hat?«

Hannas verhört Jesus

12Die Soldaten, ihr Befehlshaber und die Männer der Tempelwache verhafteten Jesus und fesselten ihn.
13Zunächst brachten sie ihn zu Hannas, dem Schwiegervater von Kaiphas, dem amtierenden Hohen Priester.
14Kaiphas war es gewesen, der zu den Juden gesagt hatte: »Es ist besser, wenn einer für das ganze Volk stirbt.«

Petrus verleugnet Jesus zum ersten Mal

15Simon Petrus und ein anderer Jünger folgten ihnen. Dieser andere Jünger war mit dem Hohen Priester bekannt und durfte deshalb mit Jesus den Innenhof des hohepriesterlichen Palastes betreten.
16Petrus stand draußen vor dem Tor. Da sprach der andere Jünger mit der Türhüterin, und sie ließ auch Petrus herein.
17Die Frau fragte Petrus: »Bist du nicht auch einer von den Jüngern, die zu Jesus gehören?«

Er sagte: »Nein, das bin ich nicht.«

18Die Wachen und die Bediensteten standen um ein Kohlenfeuer, das sie angezündet hatten, weil es kalt war. Und Petrus stand bei ihnen und wärmte sich.

Der Hohe Priester verhört Jesus

19Inzwischen begann der Hohe Priester, Jesus über seine Anhänger und seine Lehre zu befragen.
20Jesus sagte: »Was ich lehre, ist überall bekannt, denn ich habe regelmäßig in den

18,9 S. Johannes 6,39 und 17,12.

Synagogen und im Tempel gesprochen. Überall haben die Menschen* mich gehört, und ich lehre nichts hinter verschlossenen Türen, was ich nicht in der Öffentlichkeit gesagt habe.
21Warum fragst du mich? Frag doch die, die mich gehört haben. Sie wissen, was ich gesagt habe.«

22Ein Mann der Tempelwache, der dabeistand, schlug Jesus ins Gesicht und meinte: »Ist das eine Art und Weise, dem Hohen Priester zu antworten?«

23Jesus erwiderte: »Wenn ich etwas Falsches gesagt habe, dann beweise es. Darfst du einen Menschen schlagen, weil er die Wahrheit sagt?«

24Da ließ Hannas Jesus fesseln und zum Hohen Priester Kaiphas führen.

Petrus verleugnet Jesus zum zweiten und dritten Mal

25In der Zwischenzeit stand Simon Petrus immer noch am Feuer und wärmte sich, als sie ihn erneut fragten: »Bist du nicht auch einer von seinen Jüngern?«

Er leugnete: »Das bin ich nicht.«
26Doch ein Diener des Hohen Priesters, ein Verwandter des Mannes, dem Petrus ein Ohr abgeschlagen hatte, fragte ihn: »Habe ich dich nicht dort im Olivenhain* bei Jesus gesehen?«
27Wieder leugnete Petrus, und in diesem Augenblick krähte ein Hahn.

Jesus wird vor Pilatus verhört

28Das Verhör vor Kaiphas endete in den frühen Morgenstunden. Danach wurde Jesus in das Prätorium, den Palast des römischen Statthalters, gebracht. Seine Ankläger gingen nicht mit ihm hinein, weil sie sich nicht verunreinigen wollten; sie hätten sonst nicht an den Passah-Feierlichkeiten teilnehmen dürfen.
29Deshalb kam Pilatus zu ihnen heraus und fragte: »Was habt ihr gegen diesen Mann vorzubringen?«

30»Wir würden ihn dir nicht vorführen, wenn er kein Verbrecher wäre!«, gaben sie zurück.

18,20 Griech. *die Juden;* so auch in 18,38.
18,26 Griech. *im Garten.*

31»Dann führt ihn ab und verurteilt ihn nach euren eigenen Gesetzen«, erklärte Pilatus.

»Unser Gesetz erlaubt es uns nicht, jemanden hinzurichten«, erwiderten die Juden. 32Damit erfüllte sich die Voraussage von Jesus über die Art, wie er sterben würde.*

33Pilatus ging wieder hinein in das Prätorium und ließ Jesus vorführen. »Bist du der König der Juden?«, fragte er ihn.

34Jesus erwiderte: »Bist du selbst auf diese Frage gekommen, oder haben andere dir von mir erzählt?«

35»Bin ich etwa ein Jude?«, entgegnete Pilatus. »Dein eigenes Volk und ihre obersten Priester haben dich hergebracht. Warum? Was hast du getan?«

36Darauf antwortete Jesus: »Mein Reich ist nicht von dieser Welt. Wenn es so wäre, hätten meine Diener für mich gekämpft, als ich verhaftet wurde. Aber mein Königreich ist nicht von dieser Welt.«

37Pilatus entgegnete: »Dann bist du also doch ein König?«

Jesus bestätigte: »Du sagst es: Ich bin ein König. Dazu bin ich geboren. Ich bin gekommen, um der Welt die Wahrheit zu bringen. Wer die Wahrheit liebt*, wird erkennen, dass meine Worte wahr sind.«

38Da fragte Pilatus: »Was ist Wahrheit?« Dann ging er wieder zu den Leuten hinaus und sagte zu ihnen: »Er ist keines Verbrechens schuldig. 39Ihr habt doch den Brauch, mich jedes Jahr zum Passahfest um die Freilassung eines Gefangenen zu bitten. Wollt ihr, dass ich euch den König der Juden freilasse?«

40Aber sie schrien: »Nein! Nicht diesen Mann, sondern Barabbas!« Barabbas war ein Verbrecher.

Jesus wird zum Tod verurteilt

19 1Daraufhin ließ Pilatus Jesus auspeitschen. 2Die Soldaten flochten eine Krone aus langen Dornenzweigen, setzten sie ihm auf den Kopf und legten ihm ein purpurfarbe-

---

18,32 S. Johannes 12,32-33.
18,37 Griech. *jeder, der aus der Wahrheit ist.*

nes Gewand um. 3Dann spotteten sie: »Sei gegrüßt, du König
der Juden!«, und sie schlugen ihn mit den Fäusten.
4Pilatus ging wieder hinaus und sagte zu den Leuten: »Ich
lasse ihn jetzt zu euch hinausbringen, damit ihr wisst, dass
ich keine Schuld an ihm finden kann.« 5Dann kam Jesus he-
raus. Er trug die Dornenkrone und das Purpurgewand. Und
Pilatus sagte: »Hier ist er, der Mensch!«
6Als sie ihn sahen, fingen die obersten Priester und die Män-
ner der Tempelwache an zu schreien: »Kreuzige ihn! Kreuzi-
ge ihn!«
Pilatus entgegnete: »Nehmt ihr ihn selbst und kreuzigt ihr
ihn. Ich kann keine Schuld an ihm finden.«
7Die Juden erwiderten: »Nach unserem Gesetz muss er ster-
ben, weil er sich selbst als Gottes Sohn bezeichnet hat.«
8Als Pilatus das hörte, fürchtete er sich noch mehr. 9Er ließ
Jesus wieder zurück ins Prätorium bringen und fragte ihn:
»Woher kommst du?« Aber Jesus gab keine Antwort.
10»Sprichst du nicht mit mir?«, fragte Pilatus. »Weißt du
denn nicht, dass ich die Macht habe, dich freizulassen oder
dich zu kreuzigen?«
11Da sagte Jesus: »Du hättest keine Macht über mich, wenn
sie dir nicht von oben gegeben wäre. Deshalb hat der, der
mich dir ausgeliefert hat, die schwerere Sünde begangen.«
12Darauf wollte Pilatus ihn erneut freilassen, die Juden aber
schrien: »Wenn du diesen Mann freilässt, bist du kein Freund
des Kaisers. Wer sich zum König erklärt, erhebt sich gegen
den Kaiser.«
13Auf diese Worte hin ließ Pilatus Jesus wieder hinausfüh-
ren. Dann setzte er sich auf den Richterstuhl, an einer Stelle,
die man »Steinpflaster« nannte (auf Hebräisch Gabbata).
14Das war um die Mittagszeit am Tag vor dem Passahfest.
Und Pilatus sagte zu den Leuten*: »Hier ist euer König!«
15Sie schrien: »Weg mit ihm! Weg mit ihm – kreuzige ihn!«
Pilatus fragte: »Was? Euren König soll ich kreuzigen las-
sen?«

19,14 Griech. *den Juden;* so auch in 19,20.

Die obersten Priester gaben zurück: »Wir haben keinen Kö-
nig außer dem Kaiser.«
16Da überließ Pilatus ihnen Jesus zur Kreuzigung.

Die Kreuzigung

Sie nahmen Jesus und führten ihn ab. 17Jesus trug das Kreuz
selbst zu dem Ort, der Schädelstätte genannt wird (auf He-
bräisch Golgatha). 18Dort kreuzigten sie ihn und mit ihm
noch zwei andere, einen auf jeder Seite von ihm, mit Jesus in
der Mitte. 19Pilatus ließ ein Schild über ihm anbringen, auf
dem stand: »Jesus von Nazareth, König der Juden.« 20Der
Ort, an dem Jesus gekreuzigt wurde, lag in unmittelbarer
Nähe der Stadt; und das Schild war in Hebräisch, Lateinisch
und Griechisch geschrieben, sodass viele Leute es lesen
konnten.
21Da sagten die obersten Priester zu Pilatus: »Schreib nicht
›König der Juden‹, sondern schreib: ›Er hat behauptet: Ich bin
der König der Juden.‹«
22Pilatus entgegnete: »Was ich geschrieben habe, habe ich
geschrieben.«
23Nachdem die Soldaten – es waren vier Mann – Jesus ge-
kreuzigt hatten, teilten sie seine Kleider unter sich auf. Sie
nahmen auch sein Untergewand an sich. Es war ohne Naht
aus einem einzigen Stück gewebt, 24deshalb sagten sie: »Wir
wollen es nicht zerreißen, sondern darum würfeln.« Damit
erfüllte sich die Schrift, in der es heißt: »Sie teilten meine Klei-
der unter sich auf und würfelten um mein Gewand.«* 25Und
so machten sie es.

In der Nähe des Kreuzes standen die Mutter von Jesus und
ihre Schwester sowie Maria, die Frau von Klopas, und Maria
Magdalena. 26Als Jesus seine Mutter dort neben dem Jünger
stehen sah, den er lieb hatte, sagte er zu ihr: »Frau, das ist jetzt
dein Sohn.« 27Und zu dem Jünger sagte er: »Das ist nun deine
Mutter.« Von da an nahm der Jünger sie zu sich in sein Haus.

19,24 Psalm 22,19.

Jesus stirbt

[28]Jesus wusste, dass nun alles vollbracht war, und um zu er-
füllen, was in der Schrift vorausgesagt war, sagte er: »Ich
habe Durst.«* [29]Sie tauchten einen Schwamm in ein Gefäß
mit Weinessig und steckten ihn auf einen Ysopzweig, den sie
an seine Lippen hielten. [30]Als Jesus davon genommen hatte,
sagte er: »Es ist vollbracht!« Dann neigte er den Kopf und
starb.

[31]Die führenden Männer des jüdischen Volkes wollten die
Gekreuzigten nicht bis zum nächsten Tag, einem Sabbat –
der wegen des Passahfestes noch dazu ein besonderer Sabbat
war –, am Kreuz hängen lassen. Um den Tod schneller herbei-
zuführen, baten sie Pilatus, dass man ihnen die Beine brach.
Dann konnten die Leichname vom Kreuz abgenommen wer-
den. [32]Da kamen die Soldaten und brachen den beiden Män-
nern, die mit Jesus gekreuzigt worden waren, die Beine.
[33]Doch als sie zu Jesus kamen, sahen sie, dass er schon tot
war, deshalb brachen sie ihm nicht die Beine. [34]Einer der Sol-
daten bohrte jedoch einen Speer in seine Seite, und Blut und
Wasser flossen heraus. [35]Dieser Bericht stammt von einem
Augenzeugen. Alles, was er sagt, ist zuverlässig und wahr;
er berichtet darüber, damit auch ihr zum Glauben findet.
[36]Diese Dinge sind geschehen, damit sich erfüllt, was in der
Schrift vorausgesagt ist: »Nicht einer seiner Knochen wird
zerbrochen werden«*, [37]und: »Sie werden auf den schauen,
den sie durchbohrt haben«*.

Die Grablegung

[38]Danach bat Josef von Arimathäa Pilatus um die Erlaubnis,
den Leichnam vom Kreuz abnehmen zu dürfen. Er war ins-
geheim ein Jünger von Jesus, denn er fürchtete sich vor den
führenden Juden. Als Pilatus es ihm gestattete, ging er und
holte den Leichnam. [39]Auch Nikodemus, der Jesus einmal in
der Nacht aufgesucht hatte, kam und brachte zum Einbal-

19,28 S. Psalm 22,16; 69,22.
19,36 2. Mose 12,46; 4. Mose 9,12; Psalm 34,21.
19,37 Sacharja 12,10.

samieren etwa dreißig Kilogramm* Myrrhe und Aloe mit.
[40]Gemeinsam wickelten sie den Leichnam mit den Kräutern
in lange Leinentücher, wie es bei den Juden vor dem Begräb-
nis Brauch ist. [41]Der Ort der Kreuzigung befand sich in der
Nähe eines Gartens; dort lag ein neues Grab, das noch nie
benutzt worden war. [42]Und weil es der Tag der Vorbereitung
für das Passahfest war und das Grab sich in der Nähe befand,
bestatteten sie Jesus dort.

Die Auferstehung

20 [1]Früh am ersten Tag der Woche, als es noch dunkel
war, kam Maria Magdalena zum Grab und fand den
Stein vom Eingang weggerollt. [2]Sie lief zu Simon Petrus und
dem anderen Jünger, den Jesus lieb hatte, und sagte: »Sie ha-
ben den Herrn aus dem Grab weggenommen, und ich weiß
nicht, wo sie ihn hingebracht haben!«
[3]Petrus und der andere Jünger liefen zum Grab, um nach-
zusehen. [4]Der andere Jünger lief schneller als Petrus und kam
als Erster an. [5]Er beugte sich vor, um hineinzuschauen, und
sah die Leinentücher daliegen, aber er ging nicht hinein.
[6]Dann kam Simon Petrus und ging in die Grabhöhle hinein.
Auch er sah die Leinentücher dort liegen; [7]das Tuch, das den
Kopf von Jesus bedeckt hatte, lag zusammengefaltet auf der
Seite. [8]Da ging auch der andere Jünger hinein, der zuerst bei
dem Grab angekommen war, und er sah und glaubte – [9]denn
bis dahin hatten sie die Aussage der Schrift nicht verstanden,
dass Jesus von den Toten auferstehen würde. [10]Dann gingen
sie nach Hause zurück.

Jesus erscheint Maria Magdalena

[11]Maria stand weinend draußen vor dem Grab, und während
sie weinte, beugte sie sich vor und schaute hinein. [12]Da sah sie
zwei weiß gekleidete Engel sitzen, einen am Kopf- und einen
am Fußende der Stelle, an der der Leichnam von Jesus gele-
gen hatte. [13]»Warum weinst du?«, fragten die Engel sie.

19,39 Griech. *100 Litrai,* das sind 32,7 kg.

»Weil sie meinen Herrn weggenommen haben«, erwiderte sie, »und ich nicht weiß, wo sie ihn hingelegt haben.«

14Sie blickte über ihre Schulter zurück und sah jemanden hinter sich stehen. Es war Jesus, aber sie erkannte ihn nicht. 15»Warum weinst du?«, fragte Jesus sie. »Wen suchst du?«

Sie dachte, er sei der Gärtner. »Herr«, sagte sie, »wenn du ihn weggenommen hast, sag mir, wo du ihn hingebracht hast; dann gehe ich ihn holen.«

16»Maria!«, sagte Jesus.

Sie drehte sich um zu ihm und rief aus: »Meister!«*

17»Berühre mich nicht«, sagte Jesus, »denn ich bin noch nicht zum Vater aufgefahren. Aber geh zu meinen Brüdern und sage ihnen, dass ich zu meinem Vater und zu eurem Vater, zu meinem Gott und zu eurem Gott auffahre.«

18Maria Magdalena fand die Jünger und erzählte ihnen: »Ich habe den Herrn gesehen!« Dann berichtete sie, was er ihr aufgetragen hatte.

Jesus erscheint seinen Jüngern

19Am Abend dieses ersten Tages der Woche trafen die Jünger sich hinter verschlossenen Türen, weil sie Angst vor den Juden hatten. Plötzlich stand Jesus mitten unter ihnen! »Friede sei mit euch«, sagte er. 20Und nach diesen Worten zeigte er ihnen seine Hände und seine Seite. Freude erfüllte die Jünger, als sie ihren Herrn sahen. 21Wieder sprach er zu ihnen und sagte: »Friede sei mit euch Wie der Vater mich gesandt hat, so sende ich euch.« 22Dann hauchte er sie an und sprach: »Empfangt den Heiligen Geist. 23Wem ihr die Sünden vergebt, dem sind sie vergeben. Wem ihr sie nicht vergebt, dem sind sie nicht vergeben.«

Zweifel und Glaube des Thomas

24Einer der Jünger, Thomas, der auch »Zwilling« genannt wurde, war nicht dabei gewesen, als Jesus kam. 25Sie erzählten ihm: »Wir haben den Herrn gesehen!« Doch er erwiderte: »Das glaube ich nicht, es sei denn, ich sehe die Wunden von

---

20,16 Griech. *und sagte auf Hebräisch: »Rabbuni«, das bedeutet »Lehrer« oder »Meister«.*

den Nägeln in seinen Händen, berühre sie mit meinen Fin-
gern und lege meine Hand in die Wunde an seiner Seite.«
26Acht Tage später waren die Jünger wieder beisammen,
und diesmal war auch Thomas bei ihnen. Die Türen waren
verschlossen; doch plötzlich stand Jesus, genau wie zuvor, in
ihrer Mitte. Er sprach: »Friede sei mit euch!« 27Dann sagte er
zu Thomas: »Lege deine Finger auf diese Stelle hier und sieh
dir meine Hände an. Lege deine Hand in die Wunde an mei-
ner Seite. Sei nicht mehr ungläubig, sondern glaube!«
28»Mein Herr und mein Gott!«, rief Thomas aus.
29Da sagte Jesus zu ihm: »Du glaubst, weil du mich gesehen
hast. Gesegnet sind die, die mich nicht sehen und dennoch
glauben.«

Der Zweck dieses Buches

30Die Jünger sahen, wie Jesus noch viele andere Wunder tat,
die nicht in diesem Buch aufgezeichnet sind. 31Diese aber
wurden aufgeschrieben, damit ihr glaubt*, dass Jesus der
Christus ist, der Sohn Gottes, und damit ihr durch den Glau-
ben an ihn in seinem Namen das ewige Leben habt.

Jesus erscheint sieben Jüngern

21 1Später zeigte sich Jesus den Jüngern noch einmal am
See von Tiberias. Das geschah folgendermaßen: 2Si-
mon Petrus, Thomas, der auch »Zwilling« genannt wurde,
Nathanael aus Kana in Galiläa, die Söhne des Zebedäus und
zwei andere Jünger waren dort zusammen.
3Simon Petrus sagte: »Ich gehe fischen.«
Die anderen meinten: »Wir kommen mit.« Also fuhren sie
im Boot hinaus, doch sie fingen die ganze Nacht über nichts.
4Bei Morgengrauen sahen die Jünger Jesus am Ufer stehen,
doch sie konnten nicht sehen, wer es war. 5Er rief ihnen zu:
»Freunde, habt ihr etwas gefangen?«
Sie antworteten: »Nein.«
6Da sagte er: »Werft euer Netz auf der rechten Seite des Boo-
tes aus, dann werdet ihr etwas fangen!« Sie taten es, und bald

20,31 In einigen Handschriften steht *damit ihr weiterhin glaubt*.

konnten sie das Netz nicht mehr einholen, weil so viele Fische
darin waren.
[7]Da sagte der Jünger, den Jesus liebte, zu Petrus: »Es ist der
Herr!« Als Simon Petrus hörte, dass es der Herr war, legte er
sein Obergewand an – denn er hatte es zur Arbeit ausgezo-
gen –, sprang ins Wasser und schwamm ans Ufer. [8]Die ande-
ren blieben beim Boot und zogen das gefüllte Netz hinter sich
her. Sie waren etwa hundert Meter* vom Ufer entfernt. [9]Als
sie ausstiegen und an Land gingen, sahen sie ein Kohlenfeuer
brennen, auf dem Fisch gebraten wurde; dazu gab es Brot.
[10]»Holt ein paar von den Fischen, die ihr gerade gefangen
habt«, sagte Jesus. [11]Da stieg Simon Petrus ins Boot und holte
das Netz an Land. Obwohl es mit hundertdreiundfünfzig
großen Fischen gefüllt war, zerriss das Netz nicht.
[12]»Kommt her und frühstückt!«, sagte Jesus. Doch keiner
wagte ihn zu fragen, ob er wirklich der Herr sei. Sie wussten,
dass er es war. [13]Jesus kam auf sie zu, nahm das Brot und gab
es ihnen, ebenso den Fisch. [14]Das war das dritte Mal, dass
Jesus seinen Jüngern erschien, seit er von den Toten auf-
erstanden war.

Jesus fragt nach der Liebe

[15]Nach dem Frühstück sagte Jesus zu Simon Petrus: »Simon,
Sohn des Johannes, liebst du mich mehr als die anderen?«
Petrus erwiderte: »Ja, Herr, du weißt, dass ich dich lieb
habe.«
Jesus sagte: »Dann weide meine Lämmer.«
[16]Jesus wiederholte die Frage: »Simon, Sohn des Johannes,
liebst du mich?«
Petrus antwortete: »Ja, Herr, du weißt, dass ich dich lieb
habe.«
Jesus sagte: »Dann hüte meine Schafe.«
[17]Noch einmal fragte er ihn: »Simon, Sohn des Johannes,
hast du mich lieb?«

21,8 Griech. *200 Ellen.*

Petrus wurde traurig, weil Jesus die Frage zum dritten Mal
stellte, und sagte: »Herr, du weißt alles. Du weißt, dass ich
dich lieb habe.«
Jesus sagte: »Dann weide meine Schafe. 18Ich versichere dir:
Als du jung warst, konntest du tun, was du wolltest, und hin-
gehen, wo es dir gefiel. Doch wenn du alt bist, wirst du deine
Hände ausstrecken, und ein anderer wird dich führen und
hinbringen, wo du nicht hingehen willst.« 19So deutete Jesus
an, auf welche Weise Petrus sterben würde, um Gott damit zu
verherrlichen. Dann forderte Jesus ihn auf: »Folge mir nach.«
20Petrus drehte sich um und sah, dass der Jünger hinter ih-
nen ging, den Jesus liebte – jener Jünger, der sich beim Abend-
mahl zu Jesus hinübergelehnt und gefragt hatte: »Herr, wer
von uns wird dich verraten?« 21Petrus fragte Jesus: »Was ist
mit ihm, Herr?«
22Jesus erwiderte: »Wenn ich will, dass er am Leben* bleibt,
bis ich wiederkomme, was geht das dich an? Folge du mir
nach.« 23Deshalb verbreitete sich in der Gemeinde der Gläu-
bigen* das Gerücht, dass dieser Jünger nicht sterben würde.
Doch das hatte Jesus nicht gesagt. Er hatte nur gesagt: »Wenn
ich will, dass er am Leben bleibt, bis ich wiederkomme, was
geht das dich an?«

Schlusswort

24Dies ist der Jünger, der diese Ereignisse miterlebt hat und sie
hier aufzeichnete. Und wir alle wissen, dass sein Bericht über
diese Dinge wahr ist. 25Es gibt noch vieles andere, was Jesus
getan hat. Wenn man dies alles aufschreiben würde, glaube
ich, könnte die ganze Welt die Bücher nicht fassen, die man
dann schreiben müsste.

21,22 Im Griech. steht nicht *am Leben;* so auch in 21,23.
21,23 Griech. *unter den Brüdern.*

Apostelgeschichte

Die Ankündigung des Heiligen Geistes

1 1Lieber Theophilus, in meinem ersten Buch* habe ich dir
von allem erzählt, was Jesus von Anfang an tat und lehrte,
2bis zu dem Tag, an dem er in den Himmel auffuhr, nachdem
er seinen erwählten Aposteln durch den Heiligen Geist wei-
tere Anweisungen erteilt hatte. 3In den vierzig Tagen nach
seiner Kreuzigung erschien er den Aposteln immer wieder
und bewies ihnen auf vielfältige Weise, dass er wirklich lebt.
Und er sprach mit ihnen über das Reich Gottes.

4Bei einer dieser Begegnungen, als sie gerade aßen, sagte er:
»Bleibt hier in Jerusalem, bis der Vater euch sendet, was er
versprochen hat. Erinnert euch: Ich habe schon mit euch da-
rüber geredet. 5Johannes hat mit* Wasser getauft, doch schon
in wenigen Tagen werdet ihr mit dem Heiligen Geist getauft
werden.«

Jesus fährt zum Himmel auf

6Wenn die Apostel mit Jesus zusammen waren, fragten sie
ihn immer wieder: »Herr, wirst du Israel jetzt befreien und
unser Königreich wiederherstellen?«

7»Die Zeit dafür bestimmt allein der Vater«, erwiderte er,
»es steht euch nicht zu, sie zu kennen. 8Aber wenn der Heilige
Geist über euch gekommen ist, werdet ihr seine Kraft emp-
fangen. Dann werdet ihr den Menschen auf der ganzen Welt
von mir erzählen – in Jerusalem, in ganz Judäa, in Samarien,
ja bis an die Enden der Erde.«

9Nicht lange nachdem er das gesagt hatte, wurde er vor ih-
ren Augen in den Himmel aufgehoben und verschwand in
einer Wolke. 10Während sie ihm nachschauten, standen plötz-
lich zwei weiß gekleidete Männer bei ihnen. 11Sie sagten:
»Männer aus Galiläa, warum steht ihr hier und starrt zum
Himmel? Jesus ist von euch fort in den Himmel geholt wor-

1,1 Dieser Hinweis bezieht sich auf das Lukasevangelium.
1,5 O. *in;* so auch in 1,5b.

den. Eines Tages wird er genauso wiederkommen, wie ihr ihn
habt fortgehen sehen!«

Matthias tritt an die Stelle von Judas

[12]Als das geschah, befanden sich die Apostel auf dem Ölberg,
etwa einen Kilometer* von Jerusalem entfernt. Nun kehrten
sie zurück und [13]gingen in den im oberen Stock gelegenen
Raum, in dem sie sich auch sonst aufhielten. Dort waren Petrus, Johannes, Jakobus, Andreas, Philippus, Thomas, Bartholomäus, Matthäus, Jakobus (der Sohn des Alphäus), Simon (der Zelot) und Judas (der Sohn des Jakobus).

[14]Sie alle kamen regelmäßig zum Gebet zusammen, gemeinsam mit Maria, der Mutter von Jesus, einigen anderen Frauen und den Brüdern von Jesus.

[15]In diesen Tagen stand Petrus auf, als etwa hundertzwanzig Menschen anwesend waren, und sagte:

[16]»Brüder, es musste sich erfüllen, was die Schrift über Judas
gesagt hat, der die Tempelwache zu Jesus führte, damit er
verhaftet werden konnte. Schon vor langer Zeit wurde dies
durch den Heiligen Geist vorausgesagt, der durch David
sprach. [17]Judas war einer von uns, auserwählt für dieselbe
Aufgabe wie wir.

[18]Judas kaufte sich von dem Geld, das er für seinen Verrat
erhalten hatte, einen Acker, und als er dort stürzte, platzte
sein Körper auf, und seine Eingeweide quollen heraus. [19]Die
Nachricht von seinem Tod verbreitete sich rasch unter den
Einwohnern Jerusalems, und sie gaben dem Ort den aramäischen Namen Hakeldamach, das heißt ›Blutacker‹.«

[20]Petrus fuhr fort: »Genau das wurde im Buch der Psalmen vorausgesagt. Dort steht: ›Sein Haus soll leer werden, sodass niemand mehr darin lebt‹, und: ›Sein Amt gib einem andern‹.*

[21]Dieser andere muss jemand sein, der die ganze Zeit dabei
war, als wir mit Jesus, dem Herrn, zusammen waren – [22]und
zwar von dem Tag an, als er von Johannes getauft wurde, bis

1,12 Griech. *einen Sabbatweg*, d.h. die Strecke, die ein Jude am Sabbat gehen durfte.
1,20 Psalm 69,26; 109,8.

zu dem Tag, als er von uns fort in den Himmel geholt wurde.
Derjenige, der gewählt wird, soll mit uns ein Zeuge der Auf-
erstehung von Jesus sein.«
23Daraufhin stellten sie zwei Männer zur Wahl auf: Josef,
genannt Barsabbas (auch unter dem Namen Justus bekannt),
und Matthias. 24Dann beteten alle darum, dass der richtige
Mann gewählt würde. »Herr«, baten sie, »du kennst die Her-
zen der Menschen. Zeig uns, welchen dieser beiden Männer
du dazu erwählt hast, 25als Apostel die Stelle von Judas ein-
zunehmen und sein Amt anzutreten, denn der hat uns verlas-
sen und ist dahin gegangen, wo er hingehört.« 26Dann zogen
sie Lose, und auf diese Weise wurde Matthias gewählt und
den elf anderen als Apostel an die Seite gestellt.

Das Kommen des Heiligen Geistes

2 1Am Pfingsttag* waren alle versammelt. 2Plötzlich ertön-
te vom Himmel ein Brausen wie das Rauschen eines
mächtigen Sturms und erfüllte das Haus, in dem sie versam-
melt waren. 3Dann erschien etwas, das aussah wie Flammen,
die sich zerteilten, wie Feuerzungen, die sich auf jeden Ein-
zelnen von ihnen niederließen. 4Und alle Anwesenden wur-
den vom Heiligen Geist erfüllt und fingen an, in anderen
Sprachen* zu sprechen, wie der Heilige Geist es ihnen eingab.
5Damals lebten in Jerusalem gottesfürchtige Juden aus vie-
len verschiedenen Ländern. 6Als sie das Brausen hörten, lie-
fen sie herbei. Bestürzt hörte jeder von ihnen die Versammel-
ten in seiner eigenen Sprache reden.
7Außer sich vor Staunen riefen sie: »Wie kann das sein? Die-
se Leute stammen alle aus Galiläa, 8und doch hören wir sie in
den Sprachen der Länder sprechen, in denen wir geboren
wurden! 9Da stehen wir – Parther, Meder, Elamiter, Leute
aus Mesopotamien, Judäa, Kappadozien, Pontus, der Pro-
vinz Asien, 10Phrygien, Pamphylien, Ägypten und den Ge-

2,1 Griech. *Als der Pfingsttag kam.* Dieses jährliche Fest fand fünfzig Tage nach dem Passahfest statt; s. 3. Mose 23,16.

2,4 O. *in anderen Zungen.* Die Wendung *in (anderen) Sprachen* kann immer auch mit *in Zungen* übersetzt werden; wir haben uns durchgängig für die Übersetzung *in (anderen) Sprachen* entschieden.

bieten von Libyen aus der Gegend von Kyrene, Besucher aus
Rom, Juden sowie zum Judentum Übergetretene, 11Kreter
und Araber – und wir alle hören diese Leute in unseren eige-
nen Sprachen über die Taten Gottes reden.« 12Erstaunt und
verwirrt standen sie da. »Was mag das bedeuten?«, fragten
sie einander. 13Doch manche spotteten auch: »Die sind nur
betrunken, das ist alles.«

Petrus predigt zu der Menge

14Da trat Petrus mit den elf anderen Aposteln vor und rief der
Menge zu: »Hört zu, ihr jüdischen Männer und ihr Einwoh-
ner Jerusalems! Ich will euch etwas sagen. 15Manche von euch
meinen, diese Leute seien betrunken. Das ist nicht wahr! Um
neun Uhr morgens betrinkt man sich nicht. 16Nein, was ihr
heute Morgen seht, ist vor vielen hundert Jahren von dem
Propheten Joel vorausgesagt worden:

17›In den letzten Tagen, spricht Gott, werde ich meinen Geist
über alle Menschen ausgießen. Eure Söhne und Töchter wer-
den weissagen, eure jungen Männer werden Visionen haben
und eure alten Männer prophetische Träume. 18In diesen
Tagen werde ich meinen Geist sogar über alle meine Diener,
ob Mann oder Frau, ausgießen, und sie werden weissagen.
19Und ich werde Wunder oben am Himmel tun und Zeichen
unten auf der Erde – Blut und Feuer und Rauchwolken.

20Die Sonne wird finster werden und der Mond blutrot, ehe
der große und herrliche Tag des Herrn anbricht. 21Und jeder,
der den Namen des Herrn anruft, wird gerettet werden.‹*

22Hört zu, ihr Menschen aus Israel! Ihr alle wisst, dass Gott
durch Jesus von Nazareth große Taten, Wunder und Zeichen
wirkte und ihn dadurch vor euch allen bestätigte. 23Ihr aber
habt ihn mit der Hilfe von Menschen, die das Gesetz Gottes
nicht kennen, ans Kreuz nageln und ermorden lassen. Damit
erfüllte sich, was bei Gott lang zuvor beschlossen war. 24Doch
Gott hat ihn aus den Schrecken des Todes befreit und wieder
zum Leben auferweckt, denn der Tod konnte ihn nicht fest-
halten. 25David hat über ihn gesagt:

2,17-21 Joel 3,1-5.

›Ich weiß, dass der Herr immer bei mir ist. Ich werde nicht mutlos, denn er ist an meiner Seite.

26Deshalb ist mein Herz voller Freude und mein Mund voller Lob! Mein Körper ruht in Hoffnung.

27Denn du wirst meine Seele nicht bei den Toten* lassen, du wirst nicht zulassen, dass dein Heiliger im Grab verwest.

28Du hast mir den Weg des Lebens gezeigt und wirst mir Freude schenken in deiner Gegenwart.‹*

29Liebe Brüder, denkt einmal darüber nach! David starb ja
und wurde begraben und sein Grab befindet sich noch heute
hier. 30Aber er war ein Prophet und wusste, was Gott ihm
geschworen hatte: Einer der Nachkommen Davids würde
auf dem Thron Davids sitzen. 31David sah also in die Zukunft
und sagte die Auferstehung des Christus voraus: Dieser würde nicht bei den Toten bleiben und sein Leib nicht im Grab verwesen.

32Diese Weissagung bezog sich auf Jesus, den Gott von den
Toten auferweckt hat, was wir alle bezeugen können. 33Jetzt
sitzt er auf dem höchsten Ehrenplatz zur Rechten Gottes im Himmel. Und der Vater hat ihm, wie er es versprochen hat, den Heiligen Geist gegeben, damit dieser über uns ausgegossen wird. So habt ihr es heute selbst gesehen und gehört.
34Denn David ist nie in den Himmel aufgefahren, und doch hat er gesagt:

›Der Herr sprach zu meinem Herrn: Setze dich auf den Eh-
renplatz zu meiner Rechten, 35bis ich deine Feinde demütige
und sie zum Schemel unter deinen Füßen mache.‹*

36So soll nun jedermann in Israel sicher wissen, dass Gott diesen Jesus, den ihr gekreuzigt habt, zum Herrn und Christus gemacht hat!«

37Was sie von Petrus hörten, traf sie ins Herz, und sie fragten ihn und die anderen Apostel: »Brüder, was sollen wir tun?«

38Petrus antwortete ihnen: »Kehrt euch ab von euren Sünden und wendet euch Gott zu. Lasst euch alle taufen im* Na-

---

2,27 Griech. *im Hades;* so auch in 2,31.
2,25-28 Psalm 16,8-11.
2,34-35 Psalm 110,1.
2,38 O. *auf den Namen Jesus Christus.*

men von Jesus Christus zur Vergebung eurer Sünden. Dann
werdet ihr die Gabe des Heiligen Geistes empfangen. 39Diese
Zusage Gottes gilt euch und euren Kindern und auch denen,
die fern von Gott sind – allen, die vom Herrn, unserem Gott,
berufen werden.« 40Und Petrus predigte noch lange weiter
und forderte seine Zuhörer immer wieder auf: »Rettet euch
vor dieser Generation, die auf einem verkehrten Weg ist!«

41Diejenigen, die glaubten, was Petrus gesagt hatte, wurden
getauft und gehörten von da an zur Gemeinde – insgesamt
etwa dreitausend Menschen. 42Sie schlossen sich den anderen
Gläubigen an, unterstellten sich der Lehre der Apostel und
der Gemeinschaft und nahmen teil am Abendmahl und am
Gebet.

Die Gläubigen kommen zusammen

43Eine tiefe Ehrfurcht erfasste alle, und die Apostel vollbrach-
ten viele Zeichen und Wunder. 44Alle Gläubigen kamen regel-
mäßig zusammen und teilten alles miteinander, was sie besa-
ßen. 45Sie verkauften ihren Besitz und teilten den Erlös mit
allen, die bedürftig waren. 46Gemeinsam beteten sie täglich
im Tempel zu Gott, trafen sich zum Abendmahl in den Häu-
sern und nahmen gemeinsam die Mahlzeiten ein, bei denen
es fröhlich zuging und großzügig geteilt wurde. 47Sie hörten
nicht auf, Gott zu loben, und waren bei den Leuten angese-
hen. Und jeden Tag fügte der Herr neue Menschen hinzu, die
gerettet wurden.

Petrus heilt einen gelähmten Bettler

3 1Eines Nachmittags gegen drei Uhr gingen Petrus und Jo-
hannes in den Tempel, um am Gebet teilzunehmen. 2Als
sie hinkamen, wurde gerade ein Mann herbeigetragen, der
von Geburt an gelähmt war. Wie an jedem Tag wurde er an
den Eingang des Tempels gebracht, der allgemein die »Schö-
ne Pforte« hieß, damit er dort bei den Leuten betteln konnte,
die zum Tempelbezirk kamen. 3Als er Petrus und Johannes
sah, die gerade den Tempel betreten wollten, bat er auch sie
um etwas Geld.

4 Petrus und Johannes blickten ihn aufmerksam an, und Pet-
rus sagte: »Sieh uns an!« 5 Der gelähmte Mann blickte erwar-
tungsvoll auf, weil er glaubte, dass er etwas bekäme. 6 Doch
Petrus sagte: »Ich habe kein Geld für dich. Aber was ich habe,
gebe ich dir. Im Namen von Jesus Christus von Nazareth:
Steh auf und geh!«
7 Dann nahm er den Gelähmten an der rechten Hand und
half ihm auf. Als er das tat, wurden die Füße und Knöchel
des Mannes geheilt und erhielten ihre Kraft zurück. 8 Er
sprang auf, konnte auf seinen Füßen stehen und fing an um-
herzugehen! Dann trat er – gehend, hüpfend und Gott
lobend – mit ihnen in den Tempel.
9 Die Leute sahen ihn gehen und hörten, wie er Gott lobte.
10 Als sie erkannten, dass es der gelähmte Bettler war, den sie
so oft an der »Schönen Pforte« gesehen hatten, waren sie starr
vor Staunen! 11 Sie liefen hinaus zur Säulenhalle Salomos, wo
der Geheilte sich dicht bei Petrus und Johannes hielt, und alle
staunten über das Wunderbare, das dort geschehen war.

Petrus predigt im Tempel

12 Petrus sah dies und wandte sich an die Menge. »Ihr Men-
schen aus Israel«, sagte er, »was ist daran so erstaunlich? Wa-
rum starrt ihr uns an, als hätten wir diesen Mann aus eigener
Kraft und Frömmigkeit geheilt? 13 Es ist der Gott Abrahams,
der Gott Isaaks und der Gott Jakobs, der Gott aller unserer
Vorfahren, der seinen Knecht Jesus durch diese Tat verherr-
licht hat – den Jesus, den ihr den Römern ausgeliefert und vor
Pilatus verleugnet habt, obwohl Pilatus ihn freilassen wollte.
14 Ihr habt diesen Heiligen und Gerechten verleugnet und
stattdessen die Freilassung eines Mörders verlangt. 15 Ihr
habt den Urheber des Lebens getötet, doch Gott hat ihn wie-
der zum Leben erweckt. Und wir alle sind Zeugen davon!
16 Der Name von Jesus hat diesen Mann geheilt – und ihr
wisst alle, wie krank er war. Vor euren eigenen Augen hat
der Glaube an den Namen von Jesus diese Heilung bewirkt.

17Freunde*, ich bin mir bewusst, dass ihr Jesus aus Unwis-
senheit so behandelt habt, und dasselbe gilt für die führenden
Männer unter euch. 18Doch Gott hat erfüllt, was die Prophe-
ten über den Christus vorausgesagt hatten: dass er dies alles
erleiden müsse. 19Nun kehrt euch ab von euren Sünden und
wendet euch Gott zu, damit ihr von euren Sünden gereinigt
werden könnt. 20Dann brechen herrliche Zeiten an, und ihr
werdet durch den Herrn gestärkt werden und er wird euch
sogar Jesus, den Christus, wieder senden. 21Doch bis Gott al-
les erneuert, wird Jesus im Himmel bleiben, wie Gott es vor
langer Zeit durch seine Propheten angekündigt hat. 22Mose
sagte: ›Der Herr, euer Gott, wird einen Propheten wie mich
aus eurem Volk erwählen. Hört genau auf alles, was er euch
sagt.* 23Wer nicht auf diesen Propheten hört, wird aus dem
Volk Gottes ausgeschlossen und wird umkommen.‹*

24Alle Propheten, angefangen mit Samuel, haben von dem,
was heute geschieht, gesprochen. 25Ihr seid die Nachkommen
jener Propheten, und ihr gehört dem Bund an, den Gott euren
Vorfahren verheißen hat. Denn Gott hat zu Abraham gesagt:
›Durch deine Nachkommen sollen alle Völker der Erde ge-
segnet sein.‹* 26Als Gott seinen Knecht erweckte, sandte er
ihn zuerst zu euch, damit er euch segnet und euch von euren
bösen Wegen abbringt.«

Petrus und Johannes vor dem Hohen Rat

4 1Während Petrus und Johannes noch zu der Menge spra-
chen, kamen die obersten Priester, der Hauptmann der
Tempelwache und ein paar Sadduzäer zu ihnen herüber.
2Als sie hörten, wie Petrus und Johannes lehrten, dass es eine
Auferstehung der Toten gebe, und zum Beweis dafür auf Je-
sus verwiesen, waren sie höchst beunruhigt. 3Sie ließen die
beiden festnehmen, und da es schon Abend war, sperrten sie
sie bis zum Morgen ein. 4Doch viele der Menschen, die ihre
Botschaft gehört hatten, glaubten daran, sodass die Zahl der

3,17 Griech. *Brüder.*
3,22 5. Mose 18,15.
3,23 3. Mose 23,29.
3,25 1. Mose 22,18.

Gläubigen auf etwa fünftausend Männer anstieg, Frauen und
Kinder nicht mitgerechnet.*
5Am nächsten Tag trat in Jerusalem der Hohe Rat zusam-
men, bestehend aus den führenden Männer des jüdischen
Volkes sowie den Ältesten und Schriftgelehrten. 6Der Hohe
Priester Hannas sowie Kaiphas, Johannes, Alexander und
weitere Verwandte des Hohen Priesters waren ebenfalls an-
wesend. 7Die beiden Jünger wurden hereingeführt und ge-
fragt: »Mit welcher Kraft oder in wessen Namen habt ihr das
getan?«
8Da wurde Petrus vom Heiligen Geist erfüllt und sprach zu
ihnen: »Ihr führenden Männer und ihr Ältesten unseres Vol-
kes, 9werden wir verhört, weil wir einem Gelähmten Gutes
getan haben? Wollt ihr wissen, wie er geheilt wurde? 10Ich
erkläre vor euch und dem ganzen Volk Israel, dass er im Na-
men des Jesus Christus von Nazareth geheilt wurde, des
Mannes, den ihr gekreuzigt habt, den Gott aber von den To-
ten auferweckt hat. 11Denn Jesus ist ›der Stein, den ihr Bau-
leute verworfen habt, der nun zum Eckstein geworden ist.‹*
12In ihm allein gibt es Erlösung! Im ganzen Himmel gibt es
keinen anderen Namen, den die Menschen anrufen können,
um errettet zu werden.«
13Die Mitglieder des Hohen Rats waren erstaunt, wie furcht-
los und sicher Petrus und Johannes sprachen, denn sie konn-
ten sehen, dass sie ganz einfache Männer ohne besondere Bil-
dung waren. Außerdem wussten sie, dass diese Männer dem
engsten Kreis um Jesus angehört hatten. 14Doch da der Ge-
lähmte geheilt vor ihnen stand, konnten sie nichts dagegen
sagen. 15Also schickten sie Petrus und Johannes hinaus und
berieten sich.
16»Was sollen wir mit diesen Männern machen?«, fragten sie
einander. »Wir können nicht bestreiten, dass sie ein Wunder
vollbracht haben; alle in Jerusalem wissen davon. 17Aber viel-
leicht können wir verhindern, dass sie ihre Botschaft noch
weiter verbreiten. Wir werden ihnen verbieten, weiterhin im

4,4 Griech. *fünftausend erwachsene Männer.*
4,11 Psalm 118,22.

Namen von Jesus zu den Menschen zu sprechen.« 18Also rie-
fen sie die Apostel wieder herein und untersagten ihnen, je
wieder im Namen von Jesus zu sprechen oder zu lehren.
19Doch Petrus und Johannes erwiderten: »Was meint ihr,
will Gott, dass wir euch mehr gehorchen als ihm? 20Wir kön-
nen nicht aufhören, von dem zu erzählen, was wir gesehen
und gehört haben.«
21Der Hohe Rat drohte ihnen erneut, doch schließlich ließ
man sie gehen, weil sie nicht wussten, wie man sie bestrafen
sollte, ohne einen Aufruhr im Volk heraufzubeschwören.
Denn alle Menschen lobten Gott für das, was geschehen
war – 22die Heilung eines Mannes, der über vierzig Jahre
gelähmt gewesen war.

Die Gläubigen beten um Mut

23Sobald sie wieder frei waren, suchten Petrus und Johannes
die anderen Gläubigen und erzählten ihnen, was die obersten
Priester und Ältesten gesagt hatten. 24Als sie es hörten, erho-
ben alle gemeinsam ihre Stimme und beteten: »Allmächtiger
Herr, Schöpfer des Himmels, der Erde und des Meeres und
von allem, was darin lebt – 25vor langer Zeit hast du durch
den Heiligen Geist und durch den Mund unseres Vorfahren
David, deines Dieners, gesagt:
›Warum tobten die Völker vor Zorn? Warum schmiedeten sie
vergebliche Pläne?
26Die Könige der Erde lehnten sich auf; die Herrscher der
Welt verschworen sich gegen den Herrn und seinen Gesalb-
ten.‹*
27Genau das ist hier in dieser Stadt geschehen! Denn Hero-
des Antipas, der Statthalter Pontius Pilatus und das Volk Is-
rael haben sich gegen Jesus, deinen heiligen Knecht, den du
gesalbt hast, verschworen. 28Alles, was sie taten, geschah
nach deinem ewigen Willen und Plan. 29Und nun höre ihre
Drohung, Herr, und gib deinen Dienern Mut, wenn sie wei-
terhin die gute Botschaft verkünden. 30Sende deine heilende

4,25-26 Psalm 2,1-2.

Kraft, damit im Namen deines heiligen Knechtes Jesus Zeichen und Wunder geschehen.«
31Nach diesem Gebet bebte das Gebäude, in dem sie sich
versammelt hatten, und sie wurden alle vom Heiligen Geist
erfüllt. Und sie predigten mutig und unerschrocken die Botschaft Gottes.

Die Gläubigen teilen ihren Besitz

32Die Gläubigen waren ein Herz und eine Seele; sie betrachteten ihren Besitz nicht als ihr persönliches Eigentum und teil-
ten alles, was sie hatten, miteinander. 33Die Apostel bezeug-
ten eindrucksvoll die Auferstehung von Jesus Christus, und
mit ihnen war die große Gnade Gottes. 34Armut gab es bei
ihnen nicht, weil die Leute, die Land oder Häuser besaßen,
etwas von ihrem Besitz verkauften 35und das Geld den Apos-
teln brachten, damit sie es an alle, je nach Bedarf, verteilen konnten.
36Ein Beispiel dafür war Josef, den die Apostel Barnabas
nannten (das bedeutet »Sohn des Trostes«). Er gehörte zum
Stamm Levi und kam ursprünglich von der Insel Zypern.
37Josef verkaufte einen Acker, den er besaß, und brachte den
Aposteln das Geld als Hilfe für die Bedürftigen.

Hananias und Saphira

5 1Auch ein Mann mit Namen Hananias verkaufte mit sei-
ner Frau Saphira etwas von seinem Besitz. 2Er brachte mit
Wissen seiner Frau den Aposteln einen Teil des Geldes, be-
hauptete aber, es sei der gesamte Erlös. 3Da sagte Petrus: »Hananias, warum hat Satan Besitz von deinem Herzen ergriffen? Du hast den Heiligen Geist belogen und einen Teil des
Geldes für dich behalten. 4Es war dein Besitz, den du nach
Belieben verkaufen oder behalten konntest. Und auch nachdem du ihn verkauft hattest, durftest du mit dem Geld machen, was du wolltest. Warum hast du das getan? Du hast nicht uns belogen, sondern Gott.«
5Als Hananias diese Worte hörte, fiel er um und war tot.
Jeder, der von der Geschichte erfuhr, war entsetzt. 6Schließ-

lich kamen einige junge Männer, wickelten Hananias in ein
Tuch, trugen ihn hinaus und begruben ihn.
7Etwa drei Stunden später kam seine Frau. Sie wusste noch
nicht, was geschehen war. 8Petrus fragte sie: »War das der
Preis, den dein Mann und du bei dem Verkauf erzielt habt?«
Sie erwiderte: »Ja, das war der Preis.«
9Da sagte Petrus: »Wie konntet ihr beide nur auf einen sol-
chen Gedanken kommen, den Geist des Herrn auf die Probe
zu stellen? Gleich vor der Tür stehen die jungen Männer, die
gerade deinen Mann begraben haben; sie werden auch dich
hinaustragen.«
10Augenblicklich stürzte auch sie zu Boden und starb. Als
die jungen Männer hereinkamen und sahen, dass sie tot war,
trugen sie sie hinaus und begruben sie neben ihrem Mann.
11Furcht überkam die gesamte Gemeinde und auch alle ande-
ren, die davon erfuhren.

Die Apostel heilen viele Menschen

12Währenddessen vollbrachten die Apostel viele Zeichen und
Wunder im Volk. Die Gläubigen trafen sich im Tempel in der
Säulenhalle Salomos. 13Doch niemand sonst wagte, sich ih-
nen anzuschließen, obwohl sie bei allen hoch geachtet waren.
14Immer mehr Menschen fanden zum Glauben an den
Herrn – Männer wie Frauen. 15Das Wirken der Apostel hatte
zur Folge, dass man die Kranken auf Betten und Bahren auf
die Straße trug, nur damit der Schatten von Petrus auf sie fiel,
wenn er vorüberging. 16Scharenweise strömten die Leute aus
den umliegenden Dörfern nach Jerusalem und brachten ihre
Kranken und die von bösen Geistern Besessenen, und alle
wurden geheilt.

Die Apostel stoßen auf Widerstand

17Der Hohe Priester und seine Begleiter, die Sadduzäer, wur-
den von Neid erfüllt. 18Sie ließen die Apostel verhaften und
ins Gefängnis werfen. 19Doch in der Nacht kam ein Engel des
Herrn, öffnete die Gefängnistore und führte sie hinaus. Dann
sagte er zu ihnen: 20»Geht in den Tempel und verkündet den
Menschen die Botschaft des Lebens!« 21Daraufhin gingen die

Apostel bei Tagesanbruch in den Tempel und begannen zu lehren.

Als der Hohe Priester mit seinem Gefolge eintraf, riefen sie den Hohen Rat* und die Ältesten Israels zusammen. Dann wollten sie die Apostel zum Verhör vorführen lassen. 22Doch als die Männer der Tempelwache zum Gefängnis kamen, waren die Männer fort. Sie kehrten zum Hohen Rat zurück und erstatteten Bericht: 23»Das Gefängnis war verriegelt und die Wachen standen draußen vor der Zelle, doch als wir die Türen öffneten, war niemand da!«

24Als der Hauptmann der Tempelwache und die obersten Priester das hörten, waren sie ratlos und fragten sich beunruhigt, was wohl geschehen war. 25In diesem Moment überbrachte ihnen jemand die Nachricht, dass die Männer, die sie hatten verhaften lassen, sich draußen im Tempelbezirk befanden und das Volk lehrten.

26Der Hauptmann und seine Tempelwächter gingen hin und führten sie erneut ab, allerdings ohne Gewalt anzuwenden. Sie hatten Angst, dass das Volk sie steinigen würde, falls sie den Aposteln etwas antaten. 27Sie brachten die Apostel vor den Rat. 28»Haben wir euch nicht befohlen, nie wieder im Namen dieses Mannes zu lehren?«, fragte der Hohe Priester. »Stattdessen habt ihr eure Lehre von Jesus in ganz Jerusalem verbreitet und wollt uns die Schuld an seinem Tod geben!«

29Doch Petrus und die Apostel entgegneten: »Man muss Gott mehr gehorchen als den Menschen. 30Der Gott unserer Vorfahren hat Jesus von den Toten auferweckt, den ihr getötet habt, indem ihr ihn kreuzigen ließt. 31Nun hat Gott ihm als Herrscher und Erlöser den Ehrenplatz zu seiner Rechten gegeben, damit Israel umkehren und sich Gott zuwenden kann und Vergebung seiner Sünden erhält. 32Wir sind Zeugen davon, ebenso wie der Heilige Geist, den Gott denen gibt, die ihm gehorchen.«

33Bei diesen Worten wurden die Mitglieder des Hohen Rats sehr wütend und sie beschlossen, die Apostel umzubringen.

5,21 Griech. *Sanhedrin;* so auch in 5,27.41.

34Im Rat gab es aber auch einen Pharisäer mit Namen Gama-
liel. Dieser war ein ausgezeichneter Kenner der Heiligen
Schrift und beim Volk sehr beliebt. Er erhob sich und befahl,
die Apostel für kurze Zeit hinauszuführen. 35Dann richtete er
das Wort an die Ratsmitglieder: »Männer Israels, überlegt
euch gut, wie ihr mit diesen Männern verfahren wollt! 36Vor
einiger Zeit trat ein gewisser Theudas auf und gab vor, ein
bedeutender Mann zu sein. Etwa vierhundert Leute schlos-
sen sich ihm an, doch er wurde getötet, seine Anhänger zer-
streuten sich wieder, und die Bewegung wurde zerschlagen.
37Nach ihm, zur Zeit der Volkszählung, erlebten wir das Glei-
che mit Judas von Galiläa. Auch er versammelte Anhänger
um sich, doch auch er wurde getötet und seine Nachfolger
zerstreut.

38Deshalb rate ich euch, diese Männer in Ruhe zu lassen.
Wenn es ihre eigenen Lehren und Taten sind, wird das Ganze
bald scheitern. 39Wenn es jedoch von Gott ist, werdet ihr sie
nicht aufhalten können, und am Ende stellt ihr womöglich
fest, dass ihr gegen Gott selbst kämpft.«

Der Hohe Rat hörte auf Gamaliel. 40Man ließ die Apostel
vorführen und auspeitschen. Bevor sie wieder freigelassen
wurden, befahl man ihnen nochmals, nie wieder im Namen
von Jesus zu sprechen. 41Die Apostel verließen den Hohen
Rat voller Freude darüber, dass Gott sie für würdig gehalten
hatte, für den Namen von Jesus zu leiden. 42Und sie fuhren
fort, täglich im Tempel und in den Häusern* die Botschaft zu
verkünden, dass Jesus der Christus sei.

Die Wahl der sieben Helfer

6 1Doch als die Zahl der Gläubigen* immer größer wurde,
kam es auch zu Auseinandersetzungen. Diejenigen aus
den griechischsprachigen Gebieten beschwerten sich bei den
Hebräern, weil sie glaubten, dass ihre Witwen bei der täg-
lichen Versorgung benachteiligt würden. 2Deshalb beriefen
die zwölf eine Versammlung aller Gläubigen ein.

5,42 Griech. *von Haus zu Haus.*
6,1 Griech. *Jünger;* so auch in 6,2.7.

»Wir Apostel sollten unsere Zeit dazu nutzen, das Wort
Gottes zu predigen und zu lehren, und uns nicht mit der Or-
ganisation der Mahlzeiten oder Ähnlichem beschäftigen«,
sagten sie. 3»Deshalb, Freunde*, wählt unter euch sieben
Männer mit gutem Ruf aus, die vom Heiligen Geist erfüllt
sind und Weisheit besitzen. Ihnen wollen wir die Verantwor-
tung für diese Aufgabe übertragen. 4Auf diese Weise haben
wir Zeit für das Gebet und die Verkündigung von Gottes
Wort.«
5Dieser Vorschlag gefiel allen, und sie wählten folgende
Männer: Stephanus – ein Mann voller Glauben und erfüllt
vom Heiligen Geist, Philippus, Prochorus, Nikanor, Timon,
Parmenas und Nikolaus aus Antiochien, der zum jüdischen
Glauben übergetreten und jetzt Christ geworden war. 6Diese
sieben wurden den Aposteln vorgestellt, und sie legten ihnen
die Hände auf und beteten für sie.
7Gottes Botschaft breitete sich immer weiter aus. Die Zahl
der Gläubigen in Jerusalem nahm weiter zu und auch viele
jüdische Priester schlossen sich dem neuen Glauben an.*

Stephanus wird verhaftet

8Stephanus, ein Mann, bei dem die Gnade und Kraft Gottes in
ganz besonderer Weise spürbar war, wirkte erstaunliche
Wunder und Zeichen unter den Menschen. 9Doch eines Tages
fingen einige Männer aus der Synagoge der Freigelassenen*
Streit mit ihm an. Es waren Juden aus Kyrene, Alexandrien,
Zilizien und der Provinz Asien. 10Aber keiner von ihnen hatte
der Weisheit und dem Geist des Stephanus etwas entgegen-
zusetzen.
11Deshalb überredeten sie einige Männer, Lügen über Ste-
phanus zu verbreiten: »Wir haben gehört, wie er gegen
Mose und sogar gegen Gott gelästert hat.« 12Damit versetzten
sie das Volk, die Ältesten und die Schriftgelehrten in Aufruhr.
Stephanus wurde verhaftet und dem Hohen Rat vorgeführt.

6,3 Griech. *Brüder.*
6,7 Griech. *gehorchten dem Glauben.*
6,9 Ehemalige jüdische Sklaven.

13Die falschen Zeugen logen: »Dieser Mann redet ständig ab-
fällig über den Tempel und über das Gesetz Moses. 14Wir ha-
ben gehört, dass er gesagt hat, dieser Jesus von Nazareth wer-
de den Tempel zerstören und die Ordnungen ändern, die
Mose uns überliefert hat.« 15Und alle im Hohen Rat Versam-
melten richteten die Augen auf Stephanus, weil sein Gesicht
plötzlich so strahlend wurde wie das eines Engels.

Die Rede des Stephanus

7 1Der Hohe Priester fragte Stephanus: »Stimmen diese An-
schuldigungen?«

2Stephanus antwortete: »Brüder und ehrwürdige Väter,
hört mich an. Unser herrlicher Gott erschien unserem Vorfah-
ren Abraham in Mesopotamien, ehe er nach Haran* zog.
3Gott gebot ihm: ›Verlass deine Heimat und deine Verwand-
ten und geh in das Land, das ich dir zeigen werde.‹* 4Da ver-
ließ Abraham das Land der Chaldäer und lebte in Haran, bis
sein Vater starb. Dann führte Gott ihn hierher in das Land, in
dem ihr heute lebt. 5Aber Gott wies ihm dort kein Erbe zu,
nicht einen einzigen Fußbreit Land. Doch er versprach ihm,
dass das ganze Land einmal ihm und seinen Nachkommen
gehören sollte – obwohl Abraham bis zu diesem Zeitpunkt
noch keine Kinder hatte. 6Gott sagte ihm aber auch, dass seine
Nachkommen in einem fremden Land leben würden, wo
man sie vierhundert Jahre lang als Sklaven ausbeuten würde.
7›Aber ich werde das Volk bestrafen, das sie versklavt‹,
sprach Gott, ›und am Ende werden sie kommen und mich
hier an diesem Ort anbeten.‹* 8Damals gab Gott Abraham
auch den Bund der Beschneidung. So wurde Isaak, der Sohn
Abrahams, beschnitten, als er acht Tage alt war. Isaak wurde
der Vater Jakobs, und Jakob war der Vater der zwölf Patriar-
chen des jüdischen Volks.

9Die Söhne Jakobs waren eifersüchtig auf ihren Bruder Josef
und verkauften ihn als Sklaven nach Ägypten. Doch Gott ließ

7,2 Mesopotamien war das Gebiet des heutigen Irak. Haran war eine Stadt im heutigen Syrien.

7,3 1. Mose 12,1.

7,5-7 1. Mose 12,7; 15,13-14; 2. Mose 3,12.

ihn nicht allein [10]und rettete ihn aus seiner Not. Er schenkte
ihm das Wohlwollen des Pharaos, des ägyptischen Königs,
und verlieh ihm große Weisheit, sodass Pharao ihn zum Statt-
halter über ganz Ägypten ernannte und ihm die Verantwor-
tung über alle Angelegenheiten des Palastes übertrug.
[11]Dann kam eine Hungersnot über Ägypten und Kanaan.
Unsere Vorfahren gerieten in große Not, als sie nichts mehr
zu essen hatten. [12]Jakob hörte, dass es in Ägypten noch Ge-
treide gab, und schickte seine Söhne*, um etwas davon zu
kaufen. [13]Als sie zum zweiten Mal nach Ägypten kamen,
gab Josef sich seinen Brüdern zu erkennen, und auch der Pha-
rao erfuhr davon. [14]Josef ließ seinen Vater Jakob und alle seine
Angehörigen nach Ägypten holen, insgesamt fünfundsiebzig
Personen. [15]Daraufhin zog Jakob nach Ägypten und starb
dort, wie auch alle seine Söhne. [16]Sie wurden nach Sichem
gebracht und dort in dem Grab beigesetzt, das Abraham
von den Söhnen Hamors in Sichem gekauft hatte.
[17]Als sich das Versprechen, das Gott Abraham gegeben hat-
te, erfüllen sollte, war unser Volk in Ägypten sehr groß ge-
worden. [18]Ein anderer Pharao bestieg den Thron Ägyptens,
der nichts von Josef wusste. [19]Er plante Böses gegen unser
Volk. Er zwang unsere Väter, ihre neugeborenen Kinder aus-
zusetzen, sodass sie starben.
[20]In dieser Zeit wurde Mose geboren – ein schönes Kind in
Gottes Augen. Drei Monate sorgten seine Eltern zu Hause für
ihn. [21]Als sie ihn schließlich aussetzen mussten, fand ihn die
Tochter des Pharaos und zog ihn auf wie ihren eigenen Sohn.
[22]Mose wurde in allem Wissen der Ägypter unterrichtet und
wuchs zu einem wortgewandten, tatkräftigen Mann heran.
[23]Als er vierzig Jahre alt war, beschloss er eines Tages, seine
Brüder und Schwestern aus dem Volk Israel aufzusuchen.
[24]Unterwegs sah er, wie ein Ägypter einen Israeliten misshan-
delte. Mose kam ihm zu Hilfe, rächte ihn und erschlug den
Ägypter. [25]Er nahm an, seine Landsleute würden nun erken-
nen, dass Gott ihn beauftragt hatte, sie zu retten, aber das
taten sie nicht.

7,12 Griech. *unsere Väter;* so auch in 7,15.

26Am nächsten Tag besuchte er sie wieder und sah zwei Is-
raeliten miteinander kämpfen. Er versuchte, Frieden zwi-
schen ihnen zu stiften. ›Männer‹, sagte er, ›ihr seid doch Brü-
der. Warum schadet ihr einander?‹ 27Doch der Mann, der im
Unrecht war, stieß Mose beiseite: ›Wer hat dich zum Herr-
scher und Richter über uns gemacht?‹, fragte er. 28›Willst du
mich vielleicht auch umbringen, so wie den Ägypter ges-
tern?‹ 29Als Mose das hörte, floh er aus Ägypten und lebte
als Fremder im Land Midian, wo auch seine beiden Söhne
geboren wurden.

30Vierzig Jahre später erschien Mose in der Wüste am Berg
Sinai ein Engel in den Flammen eines brennenden Busches.
31Mose sah es und fragte sich, was das wohl sein mochte. Als
er näher kam, um es sich anzusehen, hörte er die Stimme des
Herrn: 32›Ich bin der Gott deiner Väter – der Gott Abrahams,
Isaaks und Jakobs.‹ Da zitterte Mose vor Angst und Schre-
cken und wagte nicht hinzuschauen.

33Der Herr sagte zu ihm: ›Zieh deine Sandalen aus, denn du
stehst auf heiligem Boden. 34Ich versichere dir, dass mir das
Leid meines Volkes in Ägypten nicht verborgen geblieben ist.
Ich habe ihr Schreien gehört und bin gekommen, um sie zu
retten. Nun geh, denn ich sende dich nach Ägypten.‹* 35Und
so sandte Gott den Mann zurück, den sein Volk abgewiesen
hatte, als sie fragten: ›Wer hat dich zum Herrscher und Rich-
ter über uns gemacht?‹ Durch den Engel, der ihm in dem
brennenden Busch erschienen war, wurde Mose als ihr An-
führer und Befreier eingesetzt. 36Und tatsächlich führte er das
Volk unter vielen Zeichen und Wundern aus Ägypten heraus,
durch das Rote Meer und vierzig Jahre lang durch die Wüste.

37Mose selbst erklärte dem Volk Israel: ›Gott wird einen Pro-
pheten wie mich aus eurem Volk erwählen.‹* 38Mose war in
der Wüste der Vermittler zwischen dem Volk Israel und dem
Engel, der ihm auf dem Berg Sinai Worte des Lebens für uns
mitgab.

7,31-34 2. Mose 3,5-10.
7,37 5. Mose 18,15.

39Doch unsere Vorfahren wollten Mose nicht folgen. Sie
lehnten ihn ab und wollten nach Ägypten zurückkehren.
40Sie sagten zu Aaron: ›Mach uns Götter, die vor uns her-
gehen können, denn wir wissen nicht, was aus diesem Mose
geworden ist, der uns aus Ägypten herausgeführt hat.‹ 41Und
so machten sie sich ein Kalb als Götzen, dem sie Opfer dar-
brachten, und freuten sich über das Werk ihrer Hände. 42Da
wandte Gott sich von ihnen ab und überließ sie der Anbetung
von Sonne, Mond und Sternen! Im Buch der Propheten steht
geschrieben:
›Habt ihr eure Opfer während dieser vierzig Jahre in der
Wüste etwa mir gebracht, Israel? 43Nein, euer eigentliches In-
teresse galt dem Zelt des Moloch, dem Sternbild eures Gottes
Räfan und den Götzenfiguren, die ihr euch gemacht habt, um
sie anzubeten. Deshalb schicke ich euch weit fort in die Ge-
fangenschaft, noch weiter als Babylon.‹*
44Unsere Vorfahren trugen das Bundeszelt* mit sich durch
die Wüste. Es war genau nach dem Plan angefertigt worden,
den Gott Mose gegeben hatte. 45Und es wurde an unsere Vä-
ter weitergegeben und sie nahmen es unter der Führung Jo-
suas mit in das Gebiet, aus welchem Gott die fremden Völker
vor ihnen her vertrieben hatte. Und dort blieb das Bundeszelt
bis zur Zeit Davids.
46David fand Gnade vor Gott und bat darum, dem Gott Ja-
kobs* einen Tempel bauen zu dürfen. 47Doch es war Salomo,
der das Haus schließlich erbaute. 48Aber der Höchste wohnt
nicht in Häusern, die von Menschenhand errichtet wurden.
Der Prophet sagt:
49›Der Himmel ist mein Thron und die Erde der Schemel für
meine Füße. Könnt ihr mir ein Haus bauen, das diesem
gleichkommt?‹, fragt der Herr. ›Könnt ihr mir eine Wohnung
bauen? 50Habe ich nicht alles im Himmel und auf der Erde
erschaffen?‹*

7,42-43 Amos 5,25-27.
7,44 Griech. *das Zelt des Zeugnisses.*
7,46 In einigen Handschriften heißt es *Haus Jakobs.*
7,49-50 Jesaja 66,1-2.

51 Starrköpfig seid ihr! Im Herzen seid ihr wie die Menschen,
die Gott nicht kennen, und taub für die Wahrheit. Könnt ihr
nicht endlich aufhören, euch dem Heiligen Geist zu widerset-
zen? Eure Vorfahren taten es, und ihr macht es genauso!
52 Nennt mir nur einen einzigen Propheten, den eure Vorfah-
ren nicht verfolgt haben! Sie gingen sogar so weit, diejenigen
umzubringen, die das Kommen des Gerechten prophezeiten,
den ihr nun verraten und ermordet habt. 53 Ihr habt Gottes
Gesetz mit Absicht missachtet, obwohl ihr es durch die
Hand von Engeln empfangen habt.*«

54 Die Anschuldigungen, die Stephanus gegen sie erhob, ver-
setzten die führenden Männer des jüdischen Volkes in maß-
lose Wut.* 55 Doch Stephanus, vom Heiligen Geist erfüllt,
blickte unverwandt zum Himmel hinauf, wo er die Herrlich-
keit Gottes sah, und er sah Jesus auf dem Ehrenplatz zur
Rechten Gottes stehen. 56 Er sagte zu ihnen: »Schaut doch, ich
sehe den Himmel offen und den Menschensohn auf dem Eh-
renplatz zur Rechten Gottes stehen!«

57 Da hielten sie sich die Ohren zu, schrien mit lauter Stimme
und stürzten sich auf ihn. 58 Sie schleppten ihn hinaus vor die
Stadt und steinigten ihn. Die amtlichen Zeugen der Hinrich-
tung zogen ihre Mäntel aus und legten sie zu Füßen eines
jungen Mannes mit Namen Saulus* nieder.

59 Während sie ihn steinigten, betete Stephanus: »Herr Jesus,
nimm meinen Geist auf.« 60 Und kniend rief er: »Herr, rechne
ihnen diese Sünde nicht an!« Mit diesen Worten starb er.

8 1 Saulus aber hatte Gefallen an seinem Tod.

Die Gläubigen werden verfolgt und zerstreut

Mit diesem Tag setzte eine große Welle der Verfolgung ein,
von der die ganze Gemeinde in Jerusalem erfasst wurde,
und außer den Aposteln flohen alle Gläubigen nach Judäa

7,53 Griech. *ihr habt das Gesetz empfangen, wie es durch Engel angeordnet wurde.*
7,54 Griech. *sie ergrimmten in ihren Herzen und knirschten mit den Zähnen gegen ihn.*
7,58 *Saulus* wird später *Paulus* genannt.

und Samarien. [2]Einige gottesfürchtige Leute kamen und be-
statteten Stephanus unter lautem Klagen. [3]Saulus zog durch
die ganze Stadt und versuchte, die Gemeinde mit allen Mit-
teln zu vernichten. Er ging von Haus zu Haus und zerrte
Männer und Frauen heraus und ließ sie ins Gefängnis werfen.

Die Predigt des Philippus in Samaria

[4]Doch die Gläubigen, die aus Jerusalem geflohen waren, zo-
gen umher und verkündeten die Botschaft von Jesus. [5]Philip-
pus ging in die Stadt Samaria und erzählte den Bewohnern
von Christus. [6]Die Menge hörte ihm bereitwillig zu, und sie
sahen auch die Wunder, die er tat. [7]Viele böse Geister wurden
ausgetrieben und fuhren mit lautem Geschrei aus. Außerdem
wurden viele Menschen geheilt, die gelähmt oder verkrüp-
pelt gewesen waren. [8]Darüber herrschte große Freude in der
Stadt.

[9]Schon seit vielen Jahren lebte in dieser Stadt Simon, ein
Magier, der sich für etwas Besonderes hielt. Mit seiner Zau-
berei zog er die Leute in seinen Bann. [10]In Samaria nannte ihn
jeder, den man fragte, nur »den Großen – die Kraft Gottes«.
[11]Durch die Zauberkünste besaß er großen Einfluss, denn er
hatte viele Anhänger. [12]Doch nun glaubten die Menschen an
die Botschaft vom Reich Gottes und vom Namen Jesus Chris-
tus, die Philippus predigte. Viele Männer und Frauen ließen
sich taufen. [13]Auch Simon wurde gläubig und empfing die
Taufe. Er begann, Philippus auf Schritt und Tritt zu folgen,
und staunte über die großartigen Wunder und Zeichen, die
dieser vollbrachte. [14]Als die Apostel in Jerusalem hörten, dass
das Volk in Samaria die Botschaft Gottes angenommen hatte,
schickten sie Petrus und Johannes. [15]In Samaria angekom-
men, beteten die beiden für die neuen Gläubigen, damit sie
den Heiligen Geist empfingen. [16]Bis dahin war der Heilige
Geist noch auf keinen von ihnen herabgekommen; sie waren
nur auf den Namen von Jesus, dem Herrn, getauft worden.
[17]Petrus und Johannes legten den Gläubigen nun die Hände
auf, und sie empfingen den Heiligen Geist.

[18]Als Simon sah, dass der Heilige Geist gegeben wurde,
wenn die Apostel den Leuten die Hände auflegten, bot er ih-

nen Geld und sagte: 19»Gebt auch mir diese Macht, damit die
Menschen den Heiligen Geist auch empfangen, wenn ich ihnen die Hände auflege!«

20Doch Petrus erwiderte: »Dein Geld soll zusammen mit dir
verderben, weil du glaubst, du könntest Gottes Geschenk
kaufen! 21Du hast kein Recht darauf, weil dein Herz vor Gott
nicht aufrichtig ist. 22Kehre dich ab von deiner Verdorbenheit
und bete zum Herrn. Vielleicht vergibt er dir deine bösen Gedanken,
23denn ich sehe, dass du voll Bitterkeit bist und gefangen in der Ungerechtigkeit.«

24»Betet für mich zum Herrn«, rief Simon, »dass mir nichts von dem Schrecklichen zustoße, wovon ihr gesprochen habt!«

25Nachdem Petrus und Johannes in Samaria das Wort des Herrn bezeugt und gelehrt hatten, kehrten sie nach Jerusalem zurück. Unterwegs machten sie in vielen Städten Samariens Halt, um auch dort die Botschaft zu verkünden.

Philippus und der äthiopische Schatzmeister

26Zu Philippus aber sagte ein Engel des Herrn: »Geh nach
Süden* auf der einsamen Straße, die von Jerusalem nach
Gaza führt.« 27Philippus ging und begegnete auf dem Weg
dem Schatzmeister Äthiopiens, einem Eunuchen der äthiopischen Königin*, der großen Einfluss hatte. Er war nach Jerusalem gekommen, um dort anzubeten,
28und befand sich nun auf dem Heimweg. Er saß in seinem Wagen und las im Buch des Propheten Jesaja.

29Der Heilige Geist sagte zu Philippus: »Lauf hinüber und geh neben dem Wagen her.«

30Da lief Philippus hin und hörte, wie der Mann aus dem Propheten Jesaja las. Er fragte ihn: »Verstehst du auch, was du da liest?«

31Der Mann erwiderte: »Wie soll ich es verstehen, wenn es mir niemand erklärt?« Und er bat Philippus, einzusteigen

---

8,26 O. *gegen Mittag.*
8,27 Griech. *unter Kandake, der Königin Äthiopiens.*

und sich neben ihn zu setzen. 32Er hatte gerade folgende
Schriftstelle gelesen:
»Er wurde wie ein Schaf zum Schlachten geführt. Und wie
ein Lamm vor dem Scherer verstummt, so machte er den
Mund nicht auf. 33Er wurde gedemütigt und erfuhr kein ge-
rechtes Urteil. Wer kann von seinen Nachkommen sprechen?
Denn sein Leben wurde von der Erde fortgenommen.«*
34Der Hofbeamte fragte Philippus: »Von wem spricht der
Prophet? Von sich selbst oder von jemand anderem?« 35Da
begann Philippus bei dieser Schriftstelle und erklärte ihm
die gute Botschaft von Jesus.
36Unterwegs kamen sie an einem Gewässer vorbei, und der
Hofbeamte meinte: »Sieh, da ist Wasser! Kann ich mich nicht
hier taufen lassen?«* 38Er ließ den Wagen anhalten. Sie stiegen
in das Wasser, und Philippus taufte ihn.
39Als sie wieder aus dem Wasser herauskamen, nahm der
Geist Gottes Philippus fort und der Hofbeamte sah ihn nicht
mehr. Aber er setzte seine Reise voller Freude fort. 40Philip-
pus fand sich in der Stadt Aschdod wieder. Er verkündete die
Botschaft Gottes dort und in jeder Stadt auf dem Weg, bis er
nach Cäsarea kam.

Die Bekehrung des Saulus

9 1Währenddessen wütete Saulus gegen die Anhänger* des
Herrn und setzte alles daran, sie zu vernichten. Er wandte
sich an den Hohen Priester 2und bat ihn um Empfehlungs-
schreiben für die Synagogen in Damaskus. Damit wollte er
alle, die dieser neuen Richtung angehörten, aufspüren, um
sie zu verhaften und – gleichgültig, ob Mann oder Frau – in
Ketten nach Jerusalem zurückzubringen.
3Während er nach Damaskus unterwegs war, umstrahlte
ihn plötzlich vom Himmel her ein blendend helles Licht! 4Er

8,32-33 Jesaja 53,7-8.
8,36 In manchen Handschriften folgt hier Vers 37: *»Das kannst du«, antwortete Philippus, »wenn du von ganzem Herzen glaubst.« Und der Hofbeamte erwiderte: »Ich glaube, dass Jesus Christus der Sohn Gottes ist.«*
9,1 Griech. *Jünger.*

fiel zu Boden und hörte eine Stimme: »Saul, Saul! Warum verfolgst du mich?«
5»Wer bist du, Herr?«, fragte er.
Die Stimme antwortete: »Ich bin Jesus, den du verfolgst!
6Steh auf und geh in die Stadt; dort wirst du erfahren, was du tun sollst.«
7Die Männer, die Saulus begleiteten, standen stumm vor Verwunderung da, denn sie hatten zwar die Stimme gehört,
aber niemanden gesehen! 8Als Saulus sich vom Boden erhob und seine Augen öffnete, konnte er nichts mehr sehen. So führten ihn seine Begleiter an der Hand nach Damaskus.
9Drei Tage lang war er blind, und während der ganzen Zeit aß und trank er nichts.
10In Damaskus lebte ein gläubiger Mann* mit Namen Hananias. Den rief der Herr in einer Vision: »Hananias!«
Er antwortete: »Ja, Herr!«
11Der Herr sagte: »Geh in die Straße, die ›Gerade‹ genannt wird, zum Haus von Judas. Dort frage nach Saulus von Tarsus. Er betet zu mir,
12und er hat in einer Vision gesehen, dass ein Mann mit Namen Hananias kommt und ihm die Hände auflegt, sodass er wieder sehen kann.«
13»Aber, Herr«, rief Hananias aus, »ich habe gehört, wie viel Schlimmes dieser Mann den Gläubigen* in Jerusalem angetan hat!
14Und er hat von den obersten Priestern die Vollmacht erhalten, alle hier zu verhaften, die deinen Namen anrufen.«
15Doch der Herr erwiderte: »Geh und tu, was ich sage. Saulus ist mein auserwähltes Werkzeug. Er soll meine Botschaft den Völkern und Königen bringen und auch dem Volk Israel.
16Ich werde ihm zeigen, wie sehr er für meinen Namen leiden muss.«
17Da machte Hananias sich auf den Weg und fand Saulus. Er legte ihm die Hände auf und sagte: »Saul, Bruder, der Herr, der dir auf dem Weg erschienen ist, Jesus, der hat mich zu dir gesandt, damit du wieder sehen kannst und mit dem Heili-

9,10 Griech. *Jünger;* so auch in 9,19.25.26.30.31.36.
9,13 Griech. *deinen Heiligen.*

gen Geist erfüllt wirst.« [18]Im gleichen Augenblick fiel es Sau-
lus wie Schuppen von den Augen, und er konnte wieder se-
hen. Da stand er auf und ließ sich taufen. [19]Danach aß er und
kam wieder zu Kräften.

Saulus in Damaskus und Jerusalem

Saulus blieb zunächst bei den Gläubigen in Damaskus. [20]Er
begann sofort damit, in den Synagogen von Jesus zu predi-
gen und zu verkünden, dass er der Sohn Gottes sei.
[21]Alle, die ihn hörten, wunderten sich. »Ist das nicht dersel-
be Mann, der die Anhänger von Jesus* in Jerusalem so hart
verfolgt hat?«, fragten sie. »War er nicht gekommen, um sie
auch hier in Fesseln zu legen und vor die obersten Priester zu
führen?«
[22]Doch Saulus predigte immer überzeugender. Er verwirrte
damit die in Damaskus lebenden Juden, weil er bewies, dass
Jesus der Christus ist. [23]Nachdem einige Zeit vergangen war,
beschlossen die führenden Männer des jüdischen Volkes, ihn
zu töten. [24]Saulus erfuhr davon und wusste, dass man ihm
Tag und Nacht am Stadttor auflauerte, um ihn umzubringen.
[25]Deshalb ließen einige der Gläubigen ihn nachts in einem
großen Korb durch eine Öffnung in der Stadtmauer hinab.
[26]Als Saulus wieder in Jerusalem eintraf, versuchte er, sich
mit den Gläubigen dort in Verbindung zu setzen, aber alle
hatten Angst vor ihm, denn sie glaubten nicht, dass er wirk-
lich zu Jesus gehörte. [27]Doch schließlich führte Barnabas ihn
zu den Aposteln und erzählte ihnen, wie Saulus auf dem Weg
nach Damaskus den Herrn gesehen hatte. Er berichtete ihnen,
was der Herr zu ihm gesagt hatte und wie mutig Saulus in
Damaskus im Namen von Jesus gesprochen hatte. [28]Darauf-
hin nahmen die Apostel Saulus in die Gemeinde auf. Er blieb
bei ihnen in Jerusalem und fuhr fort, unerschrocken im Na-
men des Herrn zu predigen. [29]Dabei wandte er sich auch an
die Griechisch sprechenden Juden, doch diese schmiedeten
Pläne, ihn zu töten. [30]Als die Gläubigen davon erfuhren,

9,21 Griech. *diejenigen, die diesen Namen anrufen.*

brachten sie ihn nach Cäsarea in Sicherheit und schickten ihn
von dort weiter in seine Heimatstadt Tarsus.
31 In der nun folgenden Zeit lebte die Gemeinde in ganz Judäa, Galiläa und Samarien in Frieden. Die Gläubigen wurden gestärkt durch die Hingabe zu Gott und die Gemeinde vergrößerte sich durch das Wirken des Heiligen Geistes.

Petrus heilt Äneas und erweckt Tabita vom Tod auf

32 Petrus zog von Ort zu Ort und kam schließlich zu den Gläu-
bigen* in Lydda. 33 Dort fand er einen Mann mit Namen Äne-
as, der seit acht Jahren gelähmt im Bett lag. 34 Petrus sagte zu
ihm: »Äneas, Jesus Christus heilt dich! Steh auf und mache
dir selbst dein Bett!« Sofort stand Äneas auf. 35 Als die Ein-
wohner von Lydda und Scharon sahen, dass Äneas wieder gehen konnte, bekehrten sie sich zum Herrn.
36 In Joppe lebte eine gläubige Frau mit Namen Tabita*, die
viel Gutes tat und den Armen half, wo sie konnte. 37 Etwa um
die Zeit, als Petrus in Lydda war, wurde sie krank und starb. Ihre Freunde bereiteten sie für das Begräbnis vor und bahrten
sie in einem Zimmer oben im Haus auf. 38 Sie hatten jedoch
gehört, dass Petrus sich im nahe gelegenen Lydda aufhielt, und schickten zwei Männer hin, die ihn baten: »Komm so schnell wie möglich zu uns!«
39 Petrus machte sich sofort mit ihnen auf den Weg. In Joppe angekommen, wurde er unverzüglich in den oberen Raum geführt. Viele Witwen waren gekommen, die weinten und ihm die Gewänder und Kleider zeigten, die Tabita für sie ge-
näht hatte, als sie noch bei ihnen war. 40 Petrus schickte sie alle
hinaus. Dann kniete er nieder und betete. Schließlich drehte er sich zu dem Leichnam um und sagte: »Tabita, steh auf.« Da öffnete sie die Augen! Als sie Petrus sah, setzte sie sich im Bett
auf. 41 Er reichte ihr die Hand und half ihr aufzustehen. Dann
rief er die Witwen und die anderen Gläubigen herein und zeigte ihnen, dass sie lebte.

9,32 Griech. *Heiligen;* so auch 9,41.

9,36 *Tabita* ist Aramäisch und heißt auf Griech. *Dorkas;* beide Namen bedeuten »Gazelle«.

42Die Nachricht verbreitete sich schnell im ganzen Ort und es kamen viele Menschen zum Glauben an den Herrn. 43Petrus blieb noch eine Weile in Joppe; er wohnte im Haus des Gerbers Simon.

Kornelius lässt Petrus holen

10 1In Cäsarea lebte ein römischer Hauptmann mit Namen Kornelius, der Befehlshaber der »Italischen Einheit«. 2Er war ein gottesfürchtiger Mann, der mit allen in seinem Haus den Gott Israels achtete. Kornelius unterstützte die Bedürftigen und betete regelmäßig zu Gott. 3Eines Tages – es war gegen drei Uhr – hatte er eine Vision: Ein Engel Gottes kam auf ihn zu und sagte: »Kornelius!«

4Kornelius sah ihn an und erschrak. »Was ist, Herr?«

Der Engel sprach zu ihm: »Deine Gebete und Geschenke für die Armen sind Gott nicht verborgen geblieben! 5Schick ein paar Männer nach Joppe, zu einem Mann mit Namen Simon Petrus. Bitte ihn, zu dir zu kommen. 6Er wohnt als Gast bei dem Gerber Simon, der ein Haus am Meer hat.« 7Sobald der Engel fort war, rief Kornelius zwei seiner Diener und einen gottesfürchtigen Soldaten aus seiner Leibgarde zu sich. 8Er sagte ihnen, was geschehen war, und schickte sie nach Joppe.

Petrus besucht Kornelius

9Am nächsten Tag – die Boten des Kornelius waren bereits vor der Stadt – stieg Petrus auf das Dach des Hauses, um zu beten. Es war kurz vor Mittag, 10und er hatte großen Hunger. Doch während das Essen zubereitet wurde, hatte er eine Vision. 11Er sah den Himmel offen stehen, und etwas wie ein großes Tuch wurde an den vier Zipfeln zur Erde heruntergelassen. 12In diesem Tuch befanden sich verschiedene vierfüßige Tiere sowie Schlangen und Vögel. 13Er hörte eine Stimme, die sprach zu ihm: »Petrus, steh auf. Schlachte sie und iss davon.«

[14]»Niemals, Herr«, erklärte Petrus. »In meinem ganzen Le-
ben habe ich noch nie etwas gegessen, das uns nach unserem
jüdischen Gesetz verboten ist*.«
[15]Da sprach die Stimme zum zweiten Mal: »Wenn Gott sagt,
dass etwas rein ist, dann sag du nicht, dass es unrein ist.«
[16]Diese Vision wiederholte sich drei Mal, und sofort danach
wurde das Tuch wieder in den Himmel hinaufgezogen.
[17]Petrus war ratlos, was dies zu bedeuten hatte. In diesem
Augenblick fanden die Männer, die Kornelius geschickt hat-
te, das Haus des Simon. Sie standen draußen vor dem Tor
[18]und erkundigten sich, ob dies das Haus sei, in dem Simon
Petrus als Gast wohne. [19]Gleichzeitig sprach der Heilige Geist
zu Petrus, während dieser noch über die Vision nachdachte:
»Drei Männer sind gekommen, die dich suchen. [20]Steig hi-
nunter und geh ohne Bedenken mit ihnen, denn ich habe sie
gesandt.«
[21]Da stieg Petrus hinunter und sagte: »Ich bin der Mann, den
ihr sucht. Warum seid ihr gekommen?«
[22]Sie antworteten: »Kornelius, ein römischer Hauptmann,
hat uns geschickt. Er ist ein gottesfürchtiger Mann, der den
Gott Israels achtet und bei den Juden hoch angesehen ist. Ein
heiliger Engel gab ihm Anweisung, dich holen zu lassen, da-
mit du in sein Haus kommst und er hören kann, was du zu
sagen hast.« [23]Petrus lud die Männer ein, bei ihm zu über-
nachten. Am nächsten Morgen machte er sich mit ihnen auf
den Weg, begleitet von einigen Gläubigen* aus Joppe.
[24]Am folgenden Tag trafen sie in Cäsarea ein. Kornelius er-
wartete sie schon. Er hatte seine Verwandten und engsten
Freunde eingeladen, damit sie Petrus kennenlernen konnten.
[25]Als Petrus sein Haus betrat, fiel Kornelius ehrfürchtig vor
ihm auf die Knie. [26]Aber Petrus richtete ihn auf und sagte:
»Steh auf! Ich bin ein Mensch wie du!« [27]Und sie sprachen
miteinander, während sie hineingingen. Drinnen fand Petrus
eine große Menge versammelt.

10,14 Griech. *etwas Gemeines oder Unreines.*
10,23 Griech. *Brüder.*

28Er erklärte ihnen: »Ihr wisst, dass es mir nach jüdischem
Gesetz verboten ist, mit einem Angehörigen eines fremden
Volkes zusammenzukommen oder ein nichtjüdisches Haus
wie dieses zu betreten. Aber Gott hat mir gezeigt, dass ich
niemanden für unrein halten darf. 29Deshalb bin ich sofort,
als ihr mich holen ließt, mitgekommen. Nun sagt mir aber,
warum ihr nach mir geschickt habt.«
30Kornelius antwortete: »Vor vier Tagen betete ich zur glei-
chen Zeit wie jetzt, gegen drei Uhr nachmittags, in meinem
Haus. Plötzlich stand ein Mann in einem strahlend weißen
Gewand vor mir. 31Er sagte: ›Kornelius, deine Gebete sind
erhört worden, und deine Geschenke an die Armen sind
Gott nicht verborgen geblieben! 32Schick ein paar Männer
nach Joppe und bitte Simon Petrus zu kommen. Er wohnt als
Gast bei Simon, dem Gerber, in einem Haus am Meer.‹ 33Da
schickte ich sofort nach dir, und es ist gut, dass du gekommen
bist. Jetzt sind wir hier und warten in Gottes Gegenwart, um
die Botschaft zu hören, die der Herr dir gegeben hat.«

Kornelius hört die Botschaft Gottes
34Da erwiderte Petrus: »Jetzt weiß ich, dass es wahr ist: Gott
macht keine Unterschiede zwischen den Menschen. 35In je-
dem Volk nimmt er jene an, die ihn achten und tun, was ge-
recht ist. 36Ihr habt Gottes Botschaft für das Volk Israel gehört:
von dem Frieden durch Jesus Christus, der Herr über alle ist.
37Ihr wisst, was überall in Judäa geschah, angefangen in Gali-
läa, nachdem Johannes der Täufer zu predigen begann.
38Und ihr wisst auch, dass Gott Jesus von Nazareth mit dem
Heiligen Geist und mit Kraft gesalbt hat. Er zog umher, tat
Gutes und heilte alle, die vom Teufel bedrängt waren, denn
Gott war mit ihm.
39Wir Apostel können bezeugen, was er in ganz Israel und
in Jerusalem getan hat. Sie haben ihn umgebracht, indem sie
ihn kreuzigten, 40aber Gott hat ihn drei Tage später wieder
auferweckt. Danach ließ er ihn 41nicht vor dem Volk, sondern
nur vor uns erscheinen, die Gott zuvor als seine Zeugen er-
wählt hatte. Wir waren es, die mit ihm aßen und tranken,
nachdem er von den Toten auferstanden war. 42Und er befahl

uns, überall zu predigen und zu bezeugen, dass Jesus von
Gott zum Richter über alle Menschen – Lebende und Tote –
bestimmt ist. 43Er ist es, den die Propheten vorausgesagt ha-
ben und von dem sie sagten, dass allen, die an ihn glauben,
durch seinen Namen die Sünden vergeben werden.«

Die Nichtjuden empfangen den Heiligen Geist

44Noch während Petrus sprach, kam der Heilige Geist über
alle, die seine Botschaft hörten. 45Die jüdischen Gläubigen,
die mit Petrus gekommen waren, staunten, dass Gott auch
Nichtjuden den Heiligen Geist schenkte, 46denn sie hörten
sie in anderen Sprachen reden und Gott loben.

Da fragte Petrus: 47»Wer könnte jetzt noch etwas dagegen
einwenden, dass sie getauft werden, nun, da sie den Heiligen
Geist empfangen haben, genau wie wir!« 48Und er gab An-
weisung, sie im Namen von Jesus Christus zu taufen. An-
schließend baten sie Petrus, noch einige Tage bei ihnen zu
bleiben.

Petrus erklärt den Gläubigen in Jerusalem sein Handeln

11 1Es dauerte nicht lange, bis die Apostel und anderen
Gläubigen* in Judäa hörten, dass Nichtjuden das Wort
Gottes angenommen hatten. 2Als Petrus wieder in Jerusalem
eintraf, kritisierten ihn daher einige der jüdischen Gläubi-
gen.* 3»Du hast das Haus von Nichtjuden* betreten und mit
ihnen gegessen!«, warfen sie ihm vor.

4Da berichtete Petrus ihnen genau, was geschehen war.
5»Eines Tages in Joppe«, begann er, »hatte ich beim Beten
eine Vision. Etwas wie ein großes Tuch wurde an den vier
Zipfeln vom Himmel herabgelassen und kam direkt zu mir
herunter. 6Als ich hineinschaute, sah ich alle Arten von vier-
füßigen und wilden Tieren, Schlangen und Vögeln. 7Und ich
hörte eine Stimme sagen: ›Petrus, steh auf; schlachte sie und
iss davon.‹

11,1 Griech. *Brüder;* so auch in 11,29.
11,2 Griech. *die aus der Beschneidung.*
11,3 Griech. *unbeschnittener Männer.*

8›Niemals, Herr‹, antwortete ich. ›In meinem ganzen Leben
habe ich noch nie etwas gegessen, das unser jüdisches Gesetz
uns verbietet*.‹
9Doch die Stimme vom Himmel wiederholte: ›Wenn Gott
sagt, dass etwas rein ist, dann sag du nicht, dass es unrein ist.‹
10Das wiederholte sich drei Mal, dann wurde das Tuch mit
dem, was darin war, wieder in den Himmel hinaufgeholt. 11In
diesem Augenblick kamen drei Männer, die aus Cäsarea ge-
schickt worden waren, an das Haus, in dem ich wohnte. 12Der
Heilige Geist sagte mir, ich solle mit ihnen gehen und keine
Bedenken haben. Diese sechs Brüder hier begleiteten mich,
und bald kamen wir in das Haus des Mannes, der nach uns
geschickt hatte. 13Er berichtete uns, wie ein Engel ihm in sei-
nem Haus erschienen war und gesagt hatte: ›Sende Boten
nach Joppe, um Simon Petrus zu holen. 14Er wird euch sagen,
wie du und alle in deinem Haus gerettet werden können*!‹
15Als ich begann, zu ihnen zu reden, kam der Heilige Geist
genauso auf sie, wie er am Anfang auf uns gekommen ist.
16Da dachte ich daran, wie der Herr gesagt hatte: ›Johannes
taufte mit* Wasser, ihr aber werdet mit dem Heiligen Geist
getauft werden.‹ 17Und wenn Gott diesen dieselbe Gabe ge-
schenkt hat wie uns, als wir zum Glauben an den Herrn Jesus
Christus gekommen waren: Wer war ich, dass ich Gott daran
hätte hindern können?«
18Als die anderen das hörten, beruhigten sie sich und fingen
an, Gott zu loben. Sie sagten: »Also schenkt Gott allen Men-
schen die Möglichkeit zur Umkehr, damit sie leben können.«

Die Gemeinde im syrischen Antiochia

19Inzwischen waren die Gläubigen, die wegen der Verfol-
gung nach dem Tod des Stephanus aus Jerusalem geflohen
waren, bis nach Phönizien, Zypern und Antiochia in Syrien
gelangt. Jedoch verkündeten sie die gute Botschaft nur den
Juden. 20Aber einige der Gläubigen, die aus Zypern und Ky-

11,8 Griech. *Gemeines oder Unreines.*
11,14 Griech. *Er wird Worte zu dir reden, durch die du gerettet werden wirst mit deinem ganzen Haus.*
11,16 O. *in;* so auch in 11,16b.

rene nach Antiochia gekommen waren, fingen an, auch den
Nichtjuden* die Botschaft von Jesus, dem Herrn, zu erzählen.
21Die Kraft des Herrn war mit ihnen, und viele Nichtjuden
glaubten und bekehrten sich zum Herrn.
22Als die Gemeinde in Jerusalem erfuhr, was geschehen war,
schickten sie Barnabas nach Antiochia. 23Dort freute er sich
sehr über die vielen sichtbaren Beweise von Gottes Handeln.
Barnabas ermutigte die Gläubigen, dem Herrn treu zu blei-
ben. 24Er war ein guter Mann, tief erfüllt vom Heiligen Geist
und im Glauben verwurzelt. Viele Menschen wurden in die-
ser Zeit gläubig.
25Dann reiste Barnabas nach Tarsus, um Saulus aufzusu-
chen. 26Als er ihn gefunden hatte, brachte er ihn nach Antio-
chia. Dort blieben sie ein ganzes Jahr bei der Gemeinde und
lehrten eine große Anzahl Menschen. In Antiochia nannte
man die Gläubigen* zum ersten Mal Christen.
27In jener Zeit kamen auch einige Propheten aus Jerusalem
nach Antiochia. 28Einer von ihnen, ein Mann mit Namen Aga-
bus, stand in einer der Versammlungen auf und weissagte,
getrieben vom Heiligen Geist, dass eine große Hungersnot
über das ganze Römische Reich hereinbrechen würde. Diese
Prophezeiung erfüllte sich in der Regierungszeit des Claudi-
us. 29In Antiochia beschlossen sie deshalb, die Gläubigen in
Judäa zu unterstützen; jeder sollte geben, so viel er konnte.
30Das taten sie dann auch und vertrauten das gesammelte
Geld Barnabas und Saulus an, die es den Ältesten der Jerusa-
lemer Gemeinde überbringen sollten.

Jakobus wird getötet und Petrus verhaftet

12 1Etwa um diese Zeit begann König Herodes Agrippa*,
einige Gläubige in der Gemeinde zu verfolgen. 2Er ließ
den Apostel Jakobus, den Bruder von Johannes, mit dem
Schwert hinrichten. 3Als Herodes sah, dass diese Entschei-
dung den führenden Männern des jüdischen Volkes gefiel,

11,20 Griech. *den Griechen;* in anderen Handschriften heißt es *den Hellenisten.*
11,26 Griech. *Jünger;* so auch in 11,29.
12,1 Griech. *Herodes, der König.* Er war der Neffe von Herodes Antipas und ein Enkel Herodes des Großen.

ließ er Petrus während der Passah-Feierlichkeiten* verhaften
4und ins Gefängnis werfen. Vier Einheiten zu je vier Soldaten
waren beauftragt, ihn zu bewachen. Herodes plante, Petrus
nach dem Passahfest in einer öffentlichen Verhandlung vor
das Volk zu stellen. 5Doch während Petrus im Gefängnis
saß, betete die Gemeinde inständig für ihn zu Gott.

Petrus kann auf wunderbare Weise fliehen

6In der Nacht vor der Verhandlung schlief Petrus angekettet
zwischen zwei Soldaten. Vor dem Gefängnistor hielten wei-
tere Soldaten Wache. 7Plötzlich erschien ein strahlendes Licht
in der Zelle, und ein Engel des Herrn stand vor Petrus. Der
Engel stieß ihm in die Seite, um ihn zu wecken, und sagte:
»Schnell! Steh auf!« Und die Ketten fielen von seinen Hand-
gelenken. 8Dann sagte der Engel zu ihm: »Zieh dich an und
schnüre deine Sandalen.« Das tat Petrus. »Und nun nimm
deinen Mantel und folge mir«, befahl der Engel.

9Petrus verließ die Zelle und folgte dem Engel in dem Glau-
ben, er habe eine Vision. Ihm war nicht bewusst, dass das
Ganze tatsächlich geschah. 10Sie passierten die erste und die
zweite Wache und erreichten das Eisentor zur Straße, das sich
wie von selbst vor ihnen öffnete. Sie traten hindurch und gin-
gen eine Gasse hinunter, als der Engel ihn plötzlich verließ.

11Da begriff Petrus, was geschehen war. »Es ist wirklich
wahr!«, sagte er. »Der Herr hat seinen Engel gesandt, mich
vor Herodes gerettet und vor dem, was die Juden mit mir
vorhatten!«

12Er überlegte und ging dann zum Haus von Maria, der
Mutter des Johannes Markus. Dort waren viele Menschen zu-
sammengekommen, um zu beten. 13Er klopfte an die Tür im
Hofeingang, und eine Dienerin mit Namen Rhode kam, um
zu öffnen. 14Als sie seine Stimme erkannte, war sie so durch-
einander vor Freude, dass sie ohne die Tür zu öffnen wieder
zu den anderen zurücklief. »Petrus steht vor der Tür!«, rief
sie.

12,3 Griech. *Tage des ungesäuerten Brotes.*

15»Du bist von Sinnen«, meinten die anderen. Und als sie
darauf beharrte, kamen sie zu dem Schluss: »Es muss wohl
sein Engel sein.«

16Petrus hatte weiter geklopft. Als sie schließlich die Tür öff-
neten und ihn sahen, waren sie außer sich vor Staunen. 17Mit
einer Handbewegung bedeutete er ihnen, ruhig zu sein, und
erzählte ihnen dann, was geschehen war und wie der Herr
ihn aus dem Gefängnis herausgeführt hatte. »Berichtet Jako-
bus und den anderen Brüdern, was passiert ist«, sagte er.
Dann ging er hinaus und zog weiter an einen anderen Ort.

18Beim Morgengrauen herrschte große Bestürzung unter
den Soldaten, die sich fragten, was mit Petrus geschehen
war. 19Herodes Agrippa erteilte Befehl, alles gründlich nach
ihm zu durchsuchen. Als er nicht aufzufinden war, verhörte
Herodes die Wachen und ließ sie abführen und hinrichten.
Danach verließ Herodes Judäa und blieb für längere Zeit in
Cäsarea.

Herodes Agrippa stirbt

20Nun war Herodes sehr zornig über die Einwohner von Ty-
rus und Sidon. Gemeinsam schickten sie deshalb Gesandte,
die um Frieden bitten sollten, denn die Versorgung ihrer
Städte hing von seinem Land ab. Es gelang ihnen, Blastus,
den Kämmerer des Königs, für sich zu gewinnen. 21Als dann
der Tag der Aussöhnung gekommen war, legte Herodes seine
königlichen Gewänder an, bestieg seinen Thron und hielt
eine öffentliche Rede. 22Das Volk applaudierte begeistert
und rief: »Das ist die Stimme eines Gottes, nicht die eines
Menschen.«

23In diesem Augenblick schlug ein Engel des Herrn Herodes
mit einer Krankheit, weil er zugelassen hatte, dass das Volk
ihn anbetete, statt Gott die Ehre zu geben. Und von Würmern
zerfressen starb er.

24Doch Gottes Botschaft verbreitete sich weiter, und immer
mehr Menschen fanden zum Glauben.

25Als Barnabas und Saulus ihren Auftrag in Jerusalem er-
füllt hatten, kehrten sie nach Antiochia zurück und nahmen
Johannes Markus mit.

Barnabas und Saulus werden ausgesandt

13 1Zu den Propheten und Lehrern der Gemeinde im syrischen Antiochia gehörten Barnabas, Simeon (genannt »der Schwarze«*), Luzius (aus Kyrene), Manaën (der seine Kindheit mit König Herodes Antipas* verbracht hatte) und Saulus. 2Eines Tages, während diese Männer einen Gottesdienst hielten und fasteten, sprach der Heilige Geist: »Ihr sollt Barnabas und Saulus für die besondere Aufgabe freistellen, für die ich sie ausersehen habe.« 3Da fasteten und beteten sie, legten ihnen die Hände auf und sandten sie aus.

Die erste Missionsreise

4Saulus und Barnabas wurden vom Heiligen Geist ausgesandt. Sie gingen hinunter zum Seehafen Seleuzia und segelten von dort zur Insel Zypern. 5Auf Zypern suchten sie in der Stadt Salamis die jüdischen Synagogen auf und verkündeten Gottes Wort. Johannes Markus ging als ihr Gehilfe mit.

6Sie zogen von Ort zu Ort über die ganze Insel und predigten. Schließlich erreichten sie Paphos. Dort begegneten sie einem jüdischen Zauberer, einem falschen Propheten mit Namen Barjesus. 7Dieser hatte sich dem Statthalter Sergius Paulus angeschlossen, einem sehr vernünftigen und klugen Mann. Der Statthalter lud Barnabas und Saulus ein, ihn zu besuchen, denn er wollte das Wort Gottes hören. 8Doch der Zauberer Elymas (so lautet der griechische Name von Barjesus) stellte sich gegen sie und versuchte den Statthalter vom Glauben an Jesus Christus abzuhalten. 9Saulus, der damals bereits unter dem Namen Paulus bekannt war, sah dem Zauberer fest in die Augen, und erfüllt vom Heiligen Geist sagte er: 10»Du Sohn des Teufels! Du steckst voller List und Bosheit und bist der Feind aller Gerechtigkeit. Wirst du denn nie aufhören, die geraden Wege des Herrn zu verdrehen? 11Jetzt wird der Herr dich strafen und dich für eine Weile mit Blindheit schlagen.« Im gleichen Augenblick kam eine tiefe Finsternis über den Zauberer, und er begann umherzustolpern

---

13,1a Griech. *der Niger genannt wurde.*
13,1b Griech. *Herodes, der Tetrarch.*

und jemanden zu suchen, der ihn an die Hand nahm und führte. [12]Als der Statthalter sah, was geschehen war, glaubte er und staunte über die Lehre des Herrn.

Paulus predigt in Antiochia in Pisidien

[13]Paulus und seine Begleiter verließen Paphos. Sie fuhren mit dem Schiff nach Pamphylien und legten in der Hafenstadt Perge an. Dort trennte sich Johannes Markus von ihnen und kehrte nach Jerusalem zurück. [14]Barnabas und Paulus wanderten landeinwärts nach Antiochia in Pisidien*.

Am Sabbat gingen sie zur Versammlung in die Synagoge. [15]Nach den üblichen Lesungen aus den Büchern des Gesetzes und der Propheten ließen die Vorsteher der Synagoge ihnen sagen: »Brüder, wenn ihr ein Wort der Ermutigung für uns habt, dann steht auf und sagt es uns!«

[16]Da erhob sich Paulus, bat mit einer Geste um Ruhe und begann: »Ihr Männer Israels«, sagte er, »und ihr anderen, die ihr den Gott Israels verehrt, hört mir zu.

[17]Der Gott dieses Volkes Israel hat unsere Vorfahren erwählt. Er ließ unser Volk in Ägypten wachsen und ließ es ihm gut gehen. Dann hat er es mit Macht aus Ägypten herausgeführt. [18]Vierzig Jahre lang hat er es in der Wüste ertragen.* [19]Dann hat er sieben Völker im Lande Kanaan vernichtet und den Israeliten das Land zum Erbe gegeben. [20]Das alles dauerte etwa vierhundertfünfzig Jahre. Danach regierten Richter bis zur Zeit des Propheten Samuel. [21]Dann wollte das Volk einen König haben, und Gott gab ihnen Saul, den Sohn des Kisch, einen Mann aus dem Stamm Benjamin, der vierzig Jahre lang regierte. [22]Doch Gott nahm ihm das Königtum wieder und setzte David an seine Stelle, einen Mann, von dem Gott sagte: ›David, der Sohn Isais, ist ein Mann nach meinem Herzen. Er wird alles tun, was ich von ihm will.‹*

[23]Einer der Nachkommen Davids – Jesus – ist der von Gott verheißene Retter Israels! [24]Doch bevor er kam, predigte

---

13,13-14 Pamphylien und Pisidien waren Provinzen im Gebiet der heutigen Türkei.
13,18 In anderen Handschriften steht: *er hat für es gesorgt;* s. 5. Mose 1,31.
13,22 1. Samuel 13,14.

Johannes der Täufer, jeder im Volk Israel sollte sich von der
Sünde abkehren und Gott zuwenden und sich taufen lassen.
25Gegen Ende seines Wirkens fragte Johannes: ›Wer denkt ihr,
dass ich bin? Ich bin nicht der, für den ihr mich haltet! Doch
dieser wird nach mir kommen, und ich bin nicht einmal wür-
dig, sein Sklave zu sein*.‹

26Brüder – ihr Söhne Abrahams und auch ihr, die ihr den
Gott Israels verehrt –, diese Erlösung gilt uns! 27Die Einwoh-
ner Jerusalems und die führenden Männer des jüdischen Vol-
kes haben eine uralte Prophezeiung erfüllt, als sie Jesus zum
Tod verurteilten. Sie erkannten nicht, dass er derjenige ist,
über den die Propheten schrieben – obwohl ihnen an jedem
Sabbat die Worte der Propheten vorgelesen werden. 28Sie fan-
den keinen rechtmäßigen Grund, ihn hinzurichten, und for-
derten Pilatus trotzdem auf, ihn töten zu lassen.

29Als sie alle Prophezeiungen über seinen Tod erfüllt hatten,
nahmen sie ihn vom Kreuz und legten ihn in ein Grab. 30Aber
Gott hat ihn von den Toten auferweckt, 31und viele Tage lang
erschien er denen, die ihn von Galiläa nach Jerusalem beglei-
tet hatten – sie sind heute seine Zeugen vor dem Volk Israel.

32Und nun sind Barnabas und ich hier, um euch diese gute
Botschaft zu verkünden. Gottes Verheißung an unsere Vor-
fahren 33hat sich an uns, den Kindern, erfüllt, als Gott Jesus
auferweckt hat. Davon ist im zweiten Psalm die Rede, wenn
über Jesus gesagt wird:

›Du bist mein Sohn. Heute habe ich dich gezeugt.‹*

34Denn Gott hatte in der Schrift zugesagt, dass Jesus von den
Toten auferweckt und nie mehr sterben würde: ›Ich werde dir
Segen zuteilwerden lassen, den ich David versprochen ha-
be.‹* 35In einem anderen Psalm wird es noch genauer erklärt:
›Du wirst deinen Heiligen nicht im Grab verwesen lassen.‹*
36Diese Worte beziehen sich nicht etwa auf David. Denn nach-
dem David seiner Generation nach dem Willen Gottes ge-
dient hatte, starb er und wurde begraben, und sein Leichnam

13,25 Griech. *seine Sandalen zu lösen.*
13,33 Psalm 2,7.
13,34 Jesaja 55,3.
13,35 Psalm 16,10.

verweste. 37Aber der, den Gott auferweckt hat, dessen Körper
verweste nicht.
38Brüder, hört mir zu! In diesem Mann, Jesus, findet ihr Ver-
gebung für eure Sünden. 39Wer an ihn glaubt, wird von aller
Schuld frei und vor Gott gerecht gesprochen – wie es das jü-
dische Gesetz nie vermochte. 40Seht euch vor, dass die Worte
der Propheten nicht auf euch zutreffen. Denn sie sagten:
41›Schaut her, ihr Spötter, wundert euch und sterbt! Denn
ich tue etwas in eurer Zeit, das ihr auch dann nicht glauben
würdet, wenn es euch jemand erzählte.‹*«
42Als Paulus und Barnabas die Synagoge an diesem Tag ver-
ließen, baten die Leute sie, in der folgenden Woche wieder-
zukommen und weiter darüber zu sprechen. 43Viele Juden
und gottesfürchtige Menschen, die in dieser Synagoge Gott
anbeteten, folgten Paulus und Barnabas, und die beiden Män-
ner ermahnten sie: »Haltet an Gottes Gnade fest.«

Paulus wendet sich den anderen Völkern zu

44In der folgenden Woche erschien fast die ganze Stadt, um
das Wort des Herrn zu hören. 45Als die führenden Männer
der jüdischen Gemeinde das sahen, wurden sie neidisch; des-
halb verleumdeten sie Paulus und versuchten, alles, was er
sagte, zu widerlegen.
46Da erklärten Paulus und Barnabas: »Es war nötig, diese
Botschaft von Gott zuerst euch Juden zu verkünden. Doch
da ihr sie ablehnt und euch damit selbst des ewigen Lebens
für unwürdig erklärt, werden wir sie den anderen Völkern
bringen. 47Denn so lautete der Auftrag des Herrn:
›Ich habe dich zum Licht für die Völker gemacht, um der
ganzen Welt die Erlösung zu verkünden.‹*«
48Als die Nichtjuden das hörten, waren sie sehr froh und
dankten dem Herrn für diese Botschaft; und alle, die zum
ewigen Leben bestimmt waren, begannen zu glauben. 49Auf
diese Weise verbreitete sich die Botschaft des Herrn in der
gesamten Region.

13,41 Habakuk 1,5.
13,47 Jesaja 49,6.

[50]Da wiegelten die Anführer des jüdischen Volkes die einflussreichen gottesfürchtigen Frauen, die in die Synagoge kamen, und die angesehenen Männer der Stadt auf, hetzten das Volk gegen Paulus und Barnabas und vertrieben sie aus der Stadt. [51]Doch diese schüttelten vor ihren Augen den Staub von ihren Füßen und wanderten weiter in die Stadt Ikonion. [52]Und die Gläubigen* wurden von Freude und vom Heiligen Geist erfüllt.

Paulus und Barnabas in Ikonion

14 [1]In Ikonion* gingen Paulus und Barnabas gemeinsam in die Synagoge und predigten mit solcher Vollmacht, dass viele – Juden wie Nichtjuden – zum Glauben kamen. [2]Die Juden, die Gottes Botschaft ablehnten, schürten jedoch unter den Nichtjuden Misstrauen gegen Paulus und Barnabas. [3]Die Apostel blieben lange Zeit in der Stadt und verkündeten mutig und im Vertrauen auf Gott die Gnade des Herrn. Der Herr bestätigte ihre Botschaft durch Zeichen und Wunder, die sie mit seiner Hilfe vollbrachten. [4]Doch die Einwohner der Stadt waren geteilter Meinung über sie. Einige stellten sich auf die Seite der Juden, andere auf die der Apostel.

[5]Eine Gruppe von Nichtjuden und Juden beschloss gemeinsam mit ihren jeweiligen Anführern, die beiden Männer zu ergreifen und zu steinigen. [6]Als die Apostel davon erfuhren, flohen sie. Sie zogen weiter in die Gegend von Lykaonien, in die Städte Lystra und Derbe und ihre Umgebung, [7]wo sie die Botschaft Gottes predigten.

Paulus und Barnabas in Lystra und Derbe

[8]In Lystra begegneten Paulus und Barnabas einem Mann mit verkrüppelten Füßen. Der Mann war von Geburt an gelähmt und hatte noch nie gehen können. [9]Er hörte zu, als Paulus predigte. Paulus bemerkte ihn und erkannte, dass er fest daran glaubte, dass er geheilt* werden konnte. [10]Da rief Paulus

13,52 Griech. *die Jünger.*
14,1 *Ikonion* war ebenso wie *Lystra* und *Derbe* (14,6) eine Stadt im Gebiet der heutigen Türkei.
14,9 O. *gerettet.*

ihm mit lauter Stimme zu: »Steh auf!« Und der Mann sprang
auf die Füße und fing an umherzugehen.
11Als die vielen Zuhörer sahen, was Paulus getan hatte, rie-
fen sie auf Lykaonisch: »Diese Männer sind Götter in Men-
schengestalt!« 12Sie hielten Barnabas für den griechischen
Gott Zeus und Paulus, weil er das Wort führte, für Hermes.
13Der Zeustempel befand sich am Stadtrand. Die Priester des
Tempels und die Menge brachten Ochsen und Blumenkränze
herbei und trafen Vorbereitungen, den Aposteln an den
Stadttoren Opfer darzubringen.
14Als Barnabas und Paulus merkten, was da vor sich ging,
zerrissen sie bestürzt ihre Kleider, liefen hinaus unter die
Menge und schrien: 15»Freunde*, warum tut ihr das? Wir
sind nur Menschen wie ihr! Wir sind gekommen, um euch
die Botschaft zu bringen, dass ihr euch von solch wertlosen
Göttern zu dem lebendigen Gott bekehren sollt, der Himmel
und Erde, das Meer und alles, was darin lebt, erschaffen hat.
16Früher ließ er die Völker ihre eigenen Wege gehen, 17doch
nie hat es eine Zeit gegeben, in der keine Zeugen für ihn leb-
ten. Immer gab es etwas, das an ihn erinnern sollte; so schenk-
te er euch Regen und gute Ernten, Nahrung und fröhliche
Herzen.« 18Trotz alledem konnten Paulus und Barnabas die
Leute kaum davon abhalten, ihnen zu opfern.
19Da kamen einige Juden aus Antiochia und Ikonion und
hetzten die Menge so sehr auf, dass sie Paulus steinigten und
ihn vor die Stadt schleppten. Dort ließen sie ihn liegen, denn
sie dachten, er sei tot. 20Doch als die Gläubigen* ihn umring-
ten, stand er auf und kehrte in die Stadt zurück. Am nächsten
Tag zog er mit Barnabas weiter nach Derbe.

Rückkehr nach Antiochia in Syrien

21Nachdem sie die Botschaft in Derbe verkündet und viele
Menschen zu Jüngern gemacht hatten, kehrten Paulus und
Barnabas wieder nach Lystra, Ikonion und Antiochia in Pisi-
dien zurück. 22Sie stärkten und ermutigten die Gläubigen, am

14,15 Griech. *Männer.*
14,20 Griech. *Jünger;* so auch in 14,22.28.

Glauben festzuhalten, und erklärten ihnen noch einmal, dass
wir alle durch viele Bedrängnisse in das Reich Gottes kom-
men müssen. 23In jeder Gemeinde beriefen sie Älteste. Sie fas-
teten und beteten und befahlen sie der Fürsorge des Herrn, an
den sie nun gläubig geworden waren. 24Danach reisten sie
durch Pisidien wieder nach Pamphylien. 25Sie predigten wie-
der in Perge und zogen von dort weiter nach Attalia.
26Schließlich fuhren sie mit dem Schiff nach Antiochia in
Syrien zurück, wo ihre Reise begonnen hatte. Dort waren sie
der Gnade Gottes anvertraut worden, um den Auftrag aus-
zuführen, den sie nun erfüllt hatten. 27Als sie in Antiochia
eintrafen, riefen sie die Gemeinde zusammen und berichteten
von ihrer Reise. In allen Einzelheiten erzählten sie, was Gott
getan hatte und wie er auch den Nichtjuden die Tür des Glau-
bens geöffnet hatte. 28Danach blieben sie noch längere Zeit bei
den Gläubigen in Antiochia.

Das Jerusalemer Konzil

15 1Währenddessen kamen einige Männer aus Judäa in
die Stadt und begannen die Gläubigen* zu lehren:
»Wenn ihr den jüdischen Brauch der Beschneidung nach der
Lehre des Mose nicht einhaltet, könnt ihr nicht gerettet wer-
den.« 2Paulus und Barnabas widersprachen dieser Auffas-
sung nachdrücklich, und es kam zu einem heftigen Streit-
gespräch. Schließlich wurden Paulus und Barnabas in Beglei-
tung einiger Männer aus Antiochia nach Jerusalem geschickt,
wo sie mit den Aposteln und Ältesten über diese Frage spre-
chen sollten. 3Unterwegs machten sie in Phönizien und Sama-
ria Halt, um die dort lebenden Gläubigen zu besuchen. Sie
erzählten ihnen – zur großen Freude aller –, dass sich nun
auch die Nichtjuden bekehrten.
4Als sie in Jerusalem ankamen, wurden Paulus und Barna-
bas von der ganzen Gemeinde sowie von den Aposteln und
den Ältesten willkommen geheißen. Sie berichteten, was Gott
in der Zwischenzeit durch sie bewirkt hatte. 5Doch dann er-
hoben sich einige der Männer, die vor ihrer Bekehrung Phari-

15,1 Griech. *Brüder;* so auch in 15,3.23.30.36.40.

säer gewesen waren, und erklärten, die Nichtjuden müssten
beschnitten werden und sich an das mosaische Gesetz halten.
[6]Daraufhin setzten sich die Apostel und Gemeindeältesten
zusammen, um über diese Frage zu entscheiden. [7]Nach lan-
gen Beratungen erhob sich schließlich Petrus und wandte sich
an die Versammlung: »Brüder, ihr alle wisst, dass Gott mich
vor einiger Zeit erwählt hat, auch den anderen Völkern die
gute Botschaft zu verkünden, damit sie gläubig werden.
[8]Gott, der die Herzen der Menschen kennt, hat bewiesen,
dass er auch sie annimmt, indem er ihnen genauso wie uns
den Heiligen Geist schenkte. [9]Er machte keinen Unterschied
zwischen uns und ihnen, denn er reinigte auch ihre Herzen
durch den Glauben. [10]Warum zweifelt ihr nun an Gottes Weg,
indem ihr ihnen eine Last aufbürdet, die weder wir noch un-
sere Vorfahren tragen konnten? [11]Wir glauben, dass wir alle
auf demselben Weg wie jene gerettet werden, nämlich durch
die Gnade des Herrn Jesus.«
[12]Danach verstummten alle. Sie hörten aufmerksam zu, wie
Barnabas und Paulus von den Zeichen und Wundern berich-
teten, die Gott durch sie unter den Nichtjuden gewirkt hatte.
[13]Als sie geendet hatten, stand Jakobus auf und sagte: »Brü-
der, hört mich an. [14]Petrus* hat euch erzählt, wie Gott zum
ersten Mal die Nichtjuden aufsuchte, um sich aus ihnen ein
Volk zu wählen, das seinen Namen trägt. [15]Diese Bekehrung
der Nichtjuden stimmt mit den Voraussagen der Propheten
überein. So steht geschrieben:
[16]›Danach werde ich zurückkommen und das gefallene Kö-
nigreich Davids wiederherstellen. Aus den Trümmern werde
ich es wieder aufbauen, und ich werde es wiederherstellen,
[17]damit die Übriggebliebenen den Herrn suchen, die Nicht-
juden eingeschlossen – alle, die ich zu mir gerufen habe. So
spricht der Herr, [18]der dies alles schon vor langer Zeit be-
kannt gemacht hat.‹*
[19]Deshalb bin ich der Überzeugung, dass wir den Nicht-
juden, die sich zu Gott bekehren, das Leben nicht unnötig

15,14 Griech. *Simon*.
15,16-18 Amos 9,11-12; Jesaja 45,21.

erschweren sollten. 20 Allerdings sollten wir ihnen schreiben
und ihnen auftragen, kein Fleisch zu essen, das den Götzen
geopfert wurde, alle Unzucht zu meiden und weder Blut
noch das Fleisch nicht ausgebluteter Tiere zu essen. 21 Denn
seit vielen Generationen wurden diese Vorschriften aus dem
Gesetz des Mose Sabbat für Sabbat überall in den jüdischen
Synagogen gepredigt.«

Der Brief an die nichtjüdischen Gläubigen

22 Daraufhin bestimmten die Apostel und Ältesten und die
ganze Gemeinde in Jerusalem einige Männer, die sie mit Pau-
lus und Barnabas nach Antiochia in Syrien schickten, um
über diese Entscheidung zu berichten. Die Männer, die ge-
wählt wurden, waren zwei der Leiter der Gemeinde – Judas
(auch Barsabbas genannt) und Silas. 23 Der Inhalt des Briefes,
den sie mitnahmen, lautete:

»Diesen Brief schreiben die Apostel und Ältesten, eure Brü-
der in Jerusalem, an die nichtjüdischen Gläubigen im syri-
schen Antiochia und in Zilizien. Wir grüßen euch!

24 Wir haben erfahren, dass einige Männer aus unserem
Kreis euch beunruhigt und mit ihren Aussagen verunsichert
haben, doch sie waren nicht von uns beauftragt. 25 Nachdem
wir einstimmig zu einer Entscheidung gekommen waren,
hielten wir es für das Beste, euch diese Männer zu schicken
mit unseren beiden lieben Brüdern Barnabas und Paulus,
26 die für Jesus Christus, unseren Herrn, ihr Leben aufs Spiel
gesetzt haben. 27 Wir schicken euch Judas und Silas, die euch
mitteilen sollen, was wir zu eurer Frage beschlossen haben.

28 Denn durch den Heiligen Geist haben wir beschlossen,
euch keine größeren Lasten aufzuladen als diese: 29 Esst kein
Fleisch, das Götzen geopfert wurde, und weder das Blut noch
das Fleisch nicht ausgebluteter Tiere, und meidet alle Un-
zucht. Wenn ihr euch daran haltet, handelt ihr richtig. Lebt
wohl.«

30 Die vier Boten brachen sofort nach Antiochia auf, wo sie
eine Versammlung aller Gläubigen einberiefen und den Brief
überreichten. 31 Als sie diese ermutigende Nachricht gelesen
hatten, freuten sich die Anwesenden.

[32]Danach sprachen Judas und Silas, die beide die Gabe der Prophetie besaßen, noch lange zu ihnen, um sie im Glauben zu ermutigen und zu stärken. [33]Die beiden blieben noch eine Zeit lang dort und wurden dann mit reichen Segenswünschen der Gemeinde von Antiochia an die, die sie gesandt hatten, nach Jerusalem zurückgeschickt.* [35]Paulus und Barnabas blieben in Antiochia, um viele andere zu unterstützen, die dort das Wort des Herrn verkündeten und lehrten.

Paulus und Barnabas trennen sich

[36]Nach einiger Zeit sagte Paulus zu Barnabas: »Lass uns in die Städte zurückkehren, in denen wir vor einiger Zeit das Wort des Herrn verkündet haben, und sehen, wie die neuen Gläubigen zurechtkommen.« [37]Barnabas willigte ein und wollte Johannes Markus mitnehmen. [38]Paulus widersprach jedoch, weil Johannes Markus sie in Pamphylien im Stich gelassen und nicht mit ihnen weitergearbeitet hatte. [39]Ihre Uneinigkeit in dieser Frage führte dazu, dass sie sich trennten. Barnabas segelte mit Johannes Markus nach Zypern. [40]Paulus wählte Silas als Begleiter. Die Gläubigen sandten ihn aus und vertrauten ihn der Gnade des Herrn an. [41]So zog er durch Syrien und Zilizien, um die Gemeinden zu stärken.

Die zweite Missionsreise

16 [1]Paulus ging zuerst nach Derbe und von da aus weiter nach Lystra. Dort traf er Timotheus, einen Jünger, dessen Mutter eine jüdische Gläubige, dessen Vater aber ein Grieche war. [2]Timotheus war bei den Gläubigen* in Lystra und Ikonion hoch angesehen, [3]deshalb wollte Paulus, dass er ihn auf seiner Reise begleitete. Mit Rücksicht auf die Juden in dieser Region ließ Paulus Timotheus vor ihrer Abreise beschneiden, denn alle wussten, dass sein Vater ein Grieche war. [4]Dann zogen sie von Ort zu Ort und erklärten den Menschen, was die Apostel und Ältesten in Jerusalem im Blick auf

---

15,33 Einige Handschriften fügen Vers 34 ein: *Silas beschloss aber, dort zu bleiben.*
16,2 Griech. *Brüdern;* so auch in 16,40.

die Gebote für die Nichtjuden beschlossen hatten. [5]So wur-
den die Gemeinden im Glauben gestärkt, und die Zahl der
Gläubigen wurde von Tag zu Tag größer.

Ein Ruf aus Mazedonien

[6]Danach reisten Paulus und Silas durch das Gebiet von Phry-
gien und Galatien, weil der Heilige Geist ihnen untersagt hat-
te, in die Provinz Asien zu gehen. [7]Als sie dann ins Grenz-
gebiet von Mysien gelangten, wollten sie weiter in die Pro-
vinz Bithynien*, doch auch das ließ der Heilige Geist nicht
zu. [8]Also zogen sie durch Mysien in die Stadt Troas.
[9]In der folgenden Nacht hatte Paulus eine Vision. Er sah
einen Mann aus Mazedonien im Norden Griechenlands, der
ihn bat: »Komm herüber und hilf uns.« [10]Da beschlossen wir*,
sofort nach Mazedonien abzureisen. Wir waren sicher, dass
Gott uns rief, auch dort seine Botschaft zu verkünden.

Lydia aus Philippi glaubt an Jesus

[11]Wir gingen in Troas an Bord eines Schiffs, segelten zur Insel
Samothrake und von dort nach Neapolis, wo wir am nächs-
ten Tag anlegten. [12]Von dort aus erreichten wir Philippi, eine
größere Stadt in der Provinz Mazedonien und römische Ko-
lonie; dort blieben wir mehrere Tage.
[13]Am Sabbat gingen wir ans Ufer eines Flusses etwas außer-
halb der Stadt, weil wir annahmen, dass die Einwohner sich
hier zum Gebet trafen, und wir setzten uns hin, um mit eini-
gen Frauen zu sprechen, die dort zusammengekommen wa-
ren. [14]Eine dieser Frauen war Lydia aus Thyatira, die mit kost-
baren Purpurstoffen Handel trieb. Sie war keine Jüdin, hielt
sich aber zur jüdischen Versammlung. Während sie uns zu-
hörte, öffnete der Herr ihr das Herz für die Botschaft, die Pau-
lus verkündete. [15]Sie ließ sich zusammen mit allen, die zu
ihrem Haus gehörten, taufen und bat uns, ihre Gäste zu sein.

16,6-7 *Phrygien, Galatien, Asien, Mysien* und *Bithynien* waren Provinzen im Gebiet der heutigen Türkei.

16,10 Zu diesem Zeitpunkt schloss sich Lukas, der Verfasser dieses Buchs, Paulus an und begleitete ihn auf seiner Reise.

»Wenn ihr wirklich der Meinung seid, dass ich dem Herrn
treu bin«, sagte sie, »dann kommt und bleibt in meinem
Haus.« Und sie drängte uns so lange, bis wir nachgaben.

Paulus und Silas im Gefängnis

16Eines Tages, als wir gerade auf dem Weg zur Gebetsver-
sammlung waren, begegneten wir einer Sklavin, die von Dä-
monen besessen war. Sie betrieb Wahrsagerei und brachte ih-
ren Herren damit viel Geld ein. 17Sie lief nun hinter uns her
und schrie: »Diese Männer sind Diener des höchsten Gottes
und sind gekommen, um euch zu sagen, wie ihr gerettet wer-
den könnt.«

18Das wiederholte sich Tag für Tag. Paulus war schließlich
so aufgebracht, dass er sich umdrehte und zu dem Dämon in
ihr sagte: »Ich befehle dir im Namen von Jesus Christus, aus
ihr auszufahren.« Und augenblicklich verließ er sie.

19Als ihre Besitzer ihre Hoffnung auf sichere Einkünfte zer-
schlagen sahen, packten sie Paulus und Silas und schleppten
sie auf den Marktplatz vor die oberste Stadtbehörde. 20Sie
brachten sie vor die obersten Beamten der Stadt. »Wegen die-
ser Juden ist die ganze Stadt in Aufruhr!«, riefen sie. 21»Sie
reden den Leuten Dinge ein, die im Widerspruch zu den rö-
mischen Bräuchen stehen.«

22Schnell hatte sich eine große Volksmenge gegen Paulus
und Silas zusammengetan, und die Beamten erteilten Befehl,
ihnen die Kleider zu zerreißen und sie mit Knüppeln zu
schlagen. 23Sie wurden geschlagen und anschließend ins Ge-
fängnis geworfen. Der Gefängnisvorsteher erhielt Anwei-
sung, streng darauf zu achten, dass sie nicht entfliehen konn-
ten. 24Aus diesem Grund ließ er sie in die sicherste Zelle
bringen und ihre Füße in den Block schließen.

25Gegen Mitternacht beteten Paulus und Silas und lobten
Gott mit Liedern. Die übrigen Gefangenen hörten ihnen zu.
26Plötzlich gab es ein heftiges Erdbeben, und das Gefängnis
wurde bis in die Grundmauern erschüttert. Alle Tore spran-
gen auf und die Ketten sämtlicher Häftlinge fielen ab! 27Der
Gefängnisvorsteher wachte auf und sah die Zellen weit offen
stehen. Er nahm an, die Gefangenen seien geflohen; deshalb

zog er sein Schwert und wollte sich umbringen. 28Doch Pau-
lus rief ihm zu: »Tu dir nichts an! Wir sind alle hier!«
29Da verlangte der Gefängnisvorsteher Licht, lief in das In-
nere des Gefängnisses und fiel zitternd vor Angst vor Paulus
und Silas auf die Knie. 30Dann führte er sie hinaus und fragte:
»Ihr Herren, was muss ich tun, um gerettet zu werden?«
31Sie erwiderten: »Glaube an Jesus, den Herrn, dann wirst
du gerettet, zusammen mit allen in deinem Haus.« 32Dann
verkündeten sie ihm und allen, die in seinem Haus lebten,
das Wort des Herrn. 33Noch in derselben Stunde wusch der
Gefängnisvorsteher ihnen die Wunden aus, und er und al-
le Mitglieder seines Hauses wurden getauft. 34Schließlich
brachte er sie zu sich und gab ihnen zu essen. Er und alle in
seinem Haus freuten sich, nachdem sie nun zum Glauben an
Gott gefunden hatten. 35Am nächsten Morgen schickten die
obersten Beamten der Stadt Amtsdiener, um dem Gefängnis-
vorsteher ausrichten zu lassen: »Lass die Männer frei!« 36Der
Gefängnisvorsteher berichtete Paulus und sagte: »Die Amts-
diener sind gekommen, um mir zu sagen, dass ihr frei seid.
Geht in Frieden.«
37Aber Paulus entgegnete: »Sie haben uns ohne Prozess öf-
fentlich auspeitschen und ins Gefängnis werfen lassen, ob-
wohl wir römische Bürger sind, und jetzt erwarten sie, dass
wir uns heimlich fortschleichen? Niemals! Sie sollen selbst
kommen und uns freilassen.«
38Die Amtsdiener überbrachten den Beamten diese Ant-
wort, und diese fürchteten sich, als sie erfuhren, dass Paulus
und Silas die römische Bürgerschaft besaßen. 39Sie kamen ins
Gefängnis und entschuldigten sich bei ihnen. Dann führten
sie sie hinaus und baten sie inständig, die Stadt zu verlassen.
40Daraufhin kehrten Paulus und Silas in Lydias Haus zurück,
wo sie mit den Gläubigen zusammenkamen und sie noch ein-
mal ermutigten, bevor sie die Stadt verließen.

Paulus predigt in Thessalonich

17 1Nun zogen Paulus und Silas durch die Städte in Am-
phipolis und Apollonia und kamen nach Thessalo-
nich, wo es eine jüdische Synagoge gab. 2Wie gewohnt ging

Paulus zur Synagogenversammlung und legte den Leuten dort an drei Sabbaten die Schrift aus. 3Ausführlich erläuterte er die Prophezeiungen über das Leiden des Christus und über seine Auferstehung von den Toten und sagte: »Dieser Jesus, von dem ich euch erzähle, ist der Christus.« 4Einige Zuhörer ließen sich überzeugen und bekehrten sich, darunter zahlreiche gottesfürchtige Griechen sowie viele angesehene Frauen der Stadt.*

5Doch die einflussreichen Juden wurden neidisch. Sie gebrauchten einige üble Männer von der Straße dafür, dass sie das Volk aufhetzten und einen Aufruhr anzettelten. Sie zogen vor das Haus von Jason, um Paulus und Silas zu fassen und in die aufgebrachte Menge* hinauszuzerren. 6Da sie die beiden nicht fanden, packten sie Jason und einige andere Gläubige* und schleppten sie vor die Obersten der Stadt. »Paulus und Silas haben die ganze Welt aufgewiegelt, und jetzt bringen sie auch unsere Stadt in Aufruhr«, riefen sie. 7»Und Jason hat sie in sein Haus aufgenommen. Sie alle haben den Kaiser verraten, denn sie fordern die Menschen auf, einem anderen König, diesem Jesus, die Treue zu halten.«

8Als die Einwohner der Stadt und ihre Obersten das hörten, brach ein Tumult los. 9Doch nachdem Jason und die anderen Gläubigen eine Bürgschaft hinterlegt hatten, ließen die Beamten sie frei.

Paulus und Silas in Beröa

10Noch in derselben Nacht schickten die Gläubigen Paulus und Silas nach Beröa. Als sie dort ankamen, gingen sie in die Synagoge. 11Die Einwohner Beröas waren offener als die Leute in Thessalonich und hörten die Botschaft Gottes mit Interesse an. Tag für Tag forschten sie in den Schriften nach, um zu prüfen, ob Paulus und Silas tatsächlich die Wahrheit lehrten. 12Die Folge war, dass viele Juden und viele vornehme griechische Frauen und Männer zum Glauben fanden.

17,4 In einigen Handschriften steht *viele Frauen der führenden Männer.*
17,5 O. *vor den Stadtrat.*
17,6 Griech. *Brüder;* so auch in 17,10.14.

13Als jedoch einige von den Juden aus Thessalonich erfuh-
ren, dass Paulus nun in Beröa das Wort Gottes verkündete,
kamen sie und hetzten die Leute auf. 14Die Gläubigen schick-
ten Paulus daraufhin rasch an die Küste. Silas und Timotheus
blieben zurück. 15Die Begleiter des Paulus reisten mit ihm bis
nach Athen; dann kehrten sie nach Beröa zurück und über-
brachten Silas und Timotheus die Nachricht, ihm schnell
nachzukommen.

Paulus predigt in Athen

16Während Paulus in Athen auf sie wartete, war er erschüttert
über die vielen Götzen, die er überall in der Stadt sah. 17Er
ging in die Synagoge, um mit den Juden und den gottesfürch-
tigen Nichtjuden zu reden, und sprach außerdem täglich auf
dem Marktplatz zu allen, die sich gerade dort aufhielten.
18Auch mit einigen Philosophen – Epikureern und
Stoikern – kam er ins Gespräch. Als er ihnen von Jesus und
von der Auferstehung erzählte, meinten einige von ihnen:
»Was für seltsame Ideen hat dieser Schwätzer.« Andere sag-
ten: »Er verbreitet irgendeine fremde Religion.«
19Dann führten sie ihn vor den Rat der Philosophen*.
»Komm und erzähle uns mehr von dieser neuen Religion«,
sagten sie. 20»Du sprichst von vielem, wovon wir noch nie
gehört haben, und wir wollen wissen, was es damit auf sich
hat.« 21Die Athener und auch die Fremden, die sich in Athen
aufhielten, verbrachten ihre Zeit vor allem damit, die neues-
ten Ideen zu hören und darüber zu reden. 22Als Paulus nun
vor dem Rat stand, rief er: »Männer von Athen, ich habe be-
merkt, dass ihr den Göttern besonders zugewandt seid,
23denn als ich umherging, sah ich eure vielen Altäre. Einer
davon trug die Inschrift: ›Dem unbekannten Gott‹. Ihr habt
ihn angebetet, ohne zu wissen, wer er ist, und nun möchte ich
euch von ihm erzählen.
24Er ist der Gott, der die Welt und alles, was darin ist, er-
schuf. Weil er der Herr über Himmel und Erde ist, wohnt er
nicht in Tempeln, die Menschen erbaut haben. 25Er braucht

17,19 Griech. *Areopag.*

keine Hilfe von Menschen. Er selbst gibt allem, was ist, Leben
und Atem, und er stillt jedes Bedürfnis, das ein Mensch haben
kann. 26Aus einem einzigen Menschen hat er alle Völker der
ganzen Welt hervorgebracht. Er hat im Voraus festgelegt,
welche aufsteigen und welche stürzen sollten, und er hat
ihre Grenzen festgelegt.

27Von Anfang an war es sein Plan, dass die Völker Gott su-
chen und auf ihn aufmerksam werden sollten und ihn finden
würden – denn er ist keinem von uns fern. 28In ihm leben,
handeln und sind wir. Wie einer eurer eigenen Dichter gesagt
hat: ›Wir sind seine Nachkommen.‹ 29Deshalb sollten wir uns
Gott nicht als Götzenbild vorstellen, das Kunsthandwerker
aus Silber, Gold oder Stein anfertigen. 30Bis jetzt hat Gott
über die Unwissenheit der Menschen hinweggesehen, doch
nun gebietet er den Menschen auf der ganzen Welt, sich von
den Götzen abzukehren und sich ihm zuzuwenden.* 31Denn
er hat einen Tag festgesetzt, an dem er die Welt gerecht rich-
ten wird, und zwar durch den Mann, den er dazu bestimmt
hat. Und er hat allen bewiesen, wer dieser Mann ist, indem er
ihn von den Toten auferweckte.«

32Als sie Paulus von der Auferstehung eines Menschen re-
den hörten, der tot gewesen war, lachten die einen, doch an-
dere sagten: »Wir würden gern später mehr darüber hören.«
33Damit verließ Paulus die Versammlung, 34doch einige
schlossen sich ihm an und fanden zum Glauben. Unter ihnen
waren Dionysius, ein Ratsmitglied, eine Frau mit Namen Da-
maris und andere mehr.

Paulus begegnet Priszilla und Aquila in Korinth

18 1Danach verließ Paulus Athen und ging nach Korinth.*
2Dort lernte er einen Juden mit Namen Aquila kennen,
der aus Pontus stammte und vor kurzem mit seiner Frau Pris-
zilla aus Italien gekommen war. Man hatte sie aus Italien ver-
trieben, nachdem Kaiser Klaudius allen Juden befohlen hatte,

17,30 Griech. *überall Buße zu tun.*

18,1 *Athen* und *Korinth* waren bedeutende Städte in Achaia, der Region im Süden der griech. Halbinsel.

Rom zu verlassen. 3Paulus wohnte und arbeitete bei ihnen,
denn sie waren, wie er, von Beruf Zeltmacher*.
4Jeden Sabbat ging Paulus in die Synagoge, wo er Juden wie
Griechen für seine Botschaft gewann. 5Nachdem Silas und
Timotheus aus Mazedonien eingetroffen waren, widmete
Paulus seine ganze Zeit der Aufgabe, den Juden zu predigen
und zu bezeugen: »Der Messias*, auf den ihr wartet, ist Je-
sus.« 6Doch da die Juden sich ihm gegenüber ablehnend ver-
hielten und ihn sogar beschimpften, schüttelte Paulus den
Staub von seinem Mantel und sagte: »Euer Blut komme über
euch – ich bin unschuldig. Von jetzt an werde ich zu den
Nichtjuden gehen.«
7Danach wohnte er bei Titius Justus, einem gottesfürchtigen
Nichtjuden, dessen Haus direkt neben der Synagoge stand.
8Der Synagogenvorsteher Krispus und alle in seinem Haus
glaubten an den Herrn. Auch viele andere in Korinth kamen
zum Glauben und ließen sich taufen.
9Eines Nachts sprach der Herr in einer Vision zu Paulus und
sagte: »Hab keine Angst. Rede weiter und schweige nicht!
10Denn ich bin mit dir. Niemand wird dir schaden, denn ich
habe viele Menschen hier in dieser Stadt.« 11So blieb Paulus
eineinhalb Jahre dort und lehrte Gottes Wort.
12Als jedoch Gallio Statthalter von Achaja wurde, verbünde-
ten sich einige Juden gegen Paulus und brachten ihn vor das
Gericht des Statthalters. 13Sie warfen ihm vor, er habe die Leu-
te überredet, Gott in einer Weise zu verehren, die im Wider-
spruch zum Gesetz stehe. 14Doch in dem Augenblick, in dem
Paulus zu seiner Verteidigungsrede ansetzen wollte, wandte
Gallio sich an die Ankläger und sagte: »Hört, ihr Juden, wenn
dieser Fall mit einem Vergehen oder einem ernsten Verbre-
chen zu tun hätte, dann wäre ich verpflichtet, euch anzuhö-
ren. 15Da es aber nur um Spitzfindigkeiten über Worte und
Personen und eure jüdischen Gesetze geht, könnt ihr euch
selbst darum kümmern. Ich weigere mich, über solche Ange-
legenheiten zu Gericht zu sitzen.« 16Und damit trieb er sie aus

18,3 O. *Leder-Handwerker.*
18,5 *Messias* ist das hebr. Wort für griech. *Christus;* so auch in 18,28.

dem Gerichtssaal. [17]Da ergriffen die Männer aus dem Volk
den Synagogenvorsteher Sosthenes und verprügelten ihn im
Gerichtssaal. Doch Gallio kümmerte sich nicht darum.

Paulus kehrt nach Antiochia in Syrien zurück

[18]Paulus blieb nach diesem Vorfall noch einige Zeit in Ko-
rinth, doch schließlich nahm er Abschied von den Gläubigen*
und fuhr mit dem Schiff an die syrische Küste. Priszilla und
Aquila nahm er mit. Zuvor hatte Paulus in Kenchreä nach
jüdischer Sitte seinen Kopf geschoren, weil er ein Gelübde
abgelegt hatte. [19]Als sie im Hafen von Ephesus ankamen,
ließ Paulus die anderen zurück. Während seines Aufenthalts
in der Stadt ging er in die Synagoge, um mit den Juden zu
reden. [20]Sie baten ihn eindringlich, noch länger zu bleiben,
aber er lehnte ab. [21]Beim Abschied sagte er: »Wenn Gott es
will, werde ich später zurückkommen.«* Dann segelte er
von Ephesus ab. [22]Die nächste Anlegestelle war der Hafen
von Cäsarea. Von dort aus reiste er hinauf zur Gemeinde in
Jerusalem* und kehrte dann nach Antiochia zurück.

Die dritte Missionsreise

[23]Nachdem er einige Zeit in Antiochia verbracht hatte, ging
Paulus wieder nach Galatien und Phrygien. Er besuchte die
Gläubigen* dort, ermutigte sie und half ihnen, im Glauben zu
wachsen.

Apollos wird in Ephesus unterwiesen

[24]Inzwischen war ein Jude mit Namen Apollos aus dem ägyp-
tischen Alexandrien in Ephesus aufgetaucht, ein äußerst re-
degewandter Mann, der sich gut in der Schrift auskannte.
[25]Er war im christlichen Glauben unterwiesen worden und
erzählte den Menschen mit großer Begeisterung von Jesus.
Allerdings kannte er nur die Taufe des Johannes. [26]Als Pris-

---

18,18 Griech. *Brüder.*
18,21 In einigen Handschriften steht *»Ich muss unbedingt zum bevorstehenden Fest in Jerusalem sein, aber ich werde später wiederkommen.«*
18,22 Griech. *zur Gemeinde.*
18,23 Griech. *Jünger.*

zilla und Aquila ihn so furchtlos in der Synagoge predigen
hörten, nahmen sie ihn beiseite und erklärten ihm den Weg
Gottes genauer.
27 Apollos hatte vorgehabt, nach Achaja zu gehen. Die Chris-
ten in Ephesus bestärkten ihn in diesem Plan. Sie schrieben
einen Brief an die Gläubigen in Achaja und baten sie, ihn
freundlich aufzunehmen. Dort angekommen, bewährte er
sich und erwies sich als überaus hilfreich für alle, die durch
Gottes Gnade zum Glauben gefunden hatten. 28 Er widerlegte
die Juden in öffentlichen Auseinandersetzungen mit über-
zeugenden Argumenten. Anhand der Schrift wies er ihnen
nach: »Der Messias, auf den ihr wartet, ist Jesus.«

Paulus in Ephesus

19 1 Während Apollos sich in Korinth aufhielt, reiste Pau-
lus durch die Provinzen im Landesinneren. Schließlich
kam er nach Ephesus, wo er eine Gruppe von Gläubigen*
vorfand. 2 »Habt ihr den Heiligen Geist empfangen, als ihr
gläubig wurdet?«, fragte er sie.
»Nein«, antworteten sie, »wir wissen gar nicht, was du da-
mit meinst. Wir haben noch nicht einmal gehört, dass es einen
Heiligen Geist gibt.«
3 »Worauf seid ihr denn getauft worden?«, erkundigte er
sich. Und sie erwiderten: »Auf die Taufe des Johannes.«
4 Paulus sagte: »Die Taufe des Johannes war eine Taufe der
Umkehr zu Gott. Doch Johannes selbst hat die Menschen auf-
gefordert, an Jesus zu glauben, der, wie er sagte, nach ihm
kommen würde.«
5 Sobald sie das hörten, ließen sie sich auf den Namen von
Jesus, dem Herrn, taufen. 6 Als Paulus ihnen danach die Hän-
de auflegte, kam der Heilige Geist über sie, und sie redeten in
anderen Sprachen und weissagten. 7 Es waren insgesamt
zwölf Männer.
8 Dann ging Paulus in die Synagoge. Drei Monate lang
sprach er frei und offen mit Überzeugungskraft vom Reich
Gottes. 9 Da einige seine Botschaft aber dennoch ablehnten

19,1 Griech. *Jünger;* so auch in 19,9.30.

und sich in aller Öffentlichkeit dagegen aussprachen, verließ
Paulus die Synagoge und nahm die Gläubigen mit. Er begann
öffentlich in der Schule des Tyrannus zu predigen. [10]Dort
lehrte er zwei Jahre, sodass die Menschen überall in der Pro-
vinz Asien – Juden wie Griechen – die Botschaft des Herrn
hören konnten.

[11]Gott verlieh Paulus die Kraft, ungewöhnliche Wunder zu
bewirken. [12]Wenn man zum Beispiel Tücher oder Kleidungs-
stücke, die seine Haut berührt hatten, Kranken auflegte, wur-
den sie gesund, und wenn sie von bösen Geistern besessen
waren, fuhren diese aus ihnen aus.

[13]Einige Juden, die von Ort zu Ort zogen und böse Geister
austrieben, versuchten ebenfalls, den Namen von Jesus, dem
Herrn, für sich einzusetzen. Sie gebrauchten dabei die For-
mel: »Ich gebiete dir durch Jesus, den Paulus predigt: Fahre
aus!« [14]Sieben Söhne des Hohen Priesters Skevas gingen so
vor. [15]Doch als sie es bei einem Mann versuchten, der auch
von einem bösen Geist besessen war, erwiderte der Geist:
»Ich kenne Jesus und ich kenne Paulus. Aber wer seid ihr?«
[16]Und der Besessene stürzte sich auf sie und attackierte sie
mit solcher Heftigkeit, dass sie nackt und verletzt aus dem
Haus flohen.

[17]Diese Geschichte verbreitete sich schnell in Ephesus unter
Juden und Griechen. Ehrfurcht erfasste die Stadt, und der
Name von Jesus, dem Herrn, wurde sehr geehrt. [18]Viele Men-
schen fanden zum Glauben und bekannten ihre Sünden. [19]Ei-
ne ganze Reihe unter ihnen, die Zauberei getrieben hatten,
brachten ihre Bücher mit Zaubersprüchen und verbrannten
sie. Der Wert der Bücher belief sich auf fünfzigtausend Silber-
stücke.* [20]So fand die Botschaft des Herrn weite Verbreitung
und zeigte eindrucksvolle Auswirkungen.

Der Aufruhr in Ephesus

[21]Nach einiger Zeit fühlte Paulus sich vom Heiligen Geist ge-
drängt*, nach Mazedonien und Achaja zu gehen, bevor er

19,19 Ein Silberstück entsprach etwa einem Tagelohn.
19,21 O. *nahm sich in seinem Geist vor.*

nach Jerusalem zurückkehrte. »Und danach«, sagte er, »muss
ich Rom sehen!« 22Er schickte seine Gehilfen Timotheus und
Erastus voraus nach Mazedonien, während er selbst noch
eine Weile in der Provinz Asien blieb.

23Doch etwa um diese Zeit kam es in Ephesus zu heftigen
Ausschreitungen über den neuen Glauben. 24Den Anstoß gab
der Silberschmied Demetrius, der eine große Werkstatt für
Silberstatuen der griechischen Göttin Artemis* besaß und
viele Kunsthandwerker beschäftigte. 25Er rief die Handwer-
ker und einige andere, die diesem Gewerbe angehörten, zu-
sammen und erklärte:

»Männer, ihr wisst alle, dass unser Wohlstand auf diesem
Geschäft beruht. 26Wie ihr gesehen und gehört habt, hat die-
ser Paulus vielen Leuten eingeredet, dass handgefertigte Göt-
ter gar keine Götter sind. Und das geschah nicht nur hier in
Ephesus, sondern überall in der ganzen Provinz! 27Natürlich
spreche ich hier nicht nur von dem Verlust an Ansehen für
unser Geschäft. Ich befürchte auch, dass der Tempel der gro-
ßen Göttin Artemis an Einfluss verlieren könnte und dass Ar-
temis selbst – die herrliche Göttin, die überall in der Provinz
Asien und in der ganzen Welt verehrt wird –, ihr Ansehen
einbüßen könnte!«

28Bei diesen Worten gerieten die Leute in Zorn und fingen
an zu schreien: »Groß ist die Artemis der Epheser!« 29Es kam
zu einem Menschenauflauf, und bald war die ganze Stadt in
Aufruhr. Sie rannten zum Amphitheater und ergriffen Gajus
und Aristarch, die Reisebegleiter von Paulus aus Mazedo-
nien. 30Paulus wollte auch hingehen, doch die Gläubigen lie-
ßen es nicht zu. 31Einige Provinzbeamte, die mit Paulus be-
freundet waren, schickten ihm eine Nachricht und baten ihn,
nicht im Amphitheater zu erscheinen.

32Dort schrien alle durcheinander, der eine dies, der andere
das. Es herrschte große Verwirrung. Ja, die meisten wussten
nicht einmal, warum sie eigentlich dort waren. 33Einige Juden
stießen Alexander nach vorn und forderten ihn auf, die Lage
zu erklären. Er bat mit Gesten um Ruhe und setzte zu einer

19,24 *Artemis* ist auch unter dem Namen »Diana« bekannt.

Verteidigungsrede an. [34]Doch als die Menge merkte, dass er
Jude war, brach das Geschrei erneut los, und diesmal dauerte
es zwei Stunden: »Groß ist die Artemis der Epheser! Groß ist
die Artemis der Epheser!«

[35]Schließlich gelang es dem Stadtschreiber, die Menge so
weit zu beschwichtigen, dass er zu ihnen sprechen konnte.
»Bürger von Ephesus«, sagte er. »Jeder weiß, dass Ephesus
die offizielle Hüterin des Tempels der großen Artemis ist, de-
ren Bildnis vom Himmel zu uns herabfiel. [36]Da diese Tatsache
unbestreitbar feststeht, braucht ihr euch nicht zu beunruhi-
gen. Tut nichts Unbedachtes. [37]Ihr habt diese Männer her-
gebracht, doch sie haben nichts aus dem Tempel gestohlen
und nichts gegen unsere Göttin gesagt. [38]Wenn Demetrius
und die Handwerker ihnen etwas vorzuwerfen haben, dann
wird der Gerichtshof tagen, und die Richter können den Fall
entscheiden. Sie sollen den gerichtlichen Weg beschreiten.
[39]Und wenn andere Beschwerden vorliegen, lassen sie sich
in einer ordentlichen Versammlung klären. [40]Denn wir laufen
Gefahr, von der römischen Regierung eines Aufstands be-
schuldigt zu werden, da es keinen Grund für dieses Durch-
einander gibt. Und wenn eine Erklärung von uns verlangt
wird, wissen wir nicht, was wir sagen sollen.« Damit entließ
er sie, und sie zerstreuten sich.

Paulus geht nach Mazedonien und Griechenland

20 [1]Als alles vorüber war, rief Paulus die Gläubigen* zu-
sammen und sprach ihnen Mut zu. Dann nahm er Ab-
schied und brach nach Mazedonien auf. [2]Unterwegs stärkte
er die Gläubigen in allen Orten, die auf seinem Weg lagen.
Dann reiste er weiter nach Griechenland, [3]wo er drei Monate
blieb. Er war eben im Begriff, nach Syrien abzusegeln, als er
erfuhr, dass die Juden planten, ihn umzubringen. Daraufhin
beschloss er, über Mazedonien zurückzukehren.

[4]Mehrere Männer begleiteten ihn: Sopater, der Sohn des
Pyrrhus, aus Beröa, von den Thessalonichern Aristarch und
Sekundus, Gajus aus Derbe, Timotheus sowie Tychikus und

20,1 Griech. *Jünger.*

Trophimus, die aus der Provinz Asien stammten. [5]Sie reisten
voraus und warteten in Troas auf uns. [6]Sobald die Passahzeit*
vorüber war, gingen wir in Philippi an Bord eines Schiffs nach
Troas. Dort trafen wir fünf Tage später ein und blieben eine
Woche.

Der letzte Besuch von Paulus in Troas

[7]Am ersten Tag der Woche versammelten wir uns, um das
Abendmahl zu feiern*. Paulus predigte. Da er am nächsten
Tag abreisen wollte, sprach er bis Mitternacht. [8]Der Raum im
oberen Stockwerk, in dem wir uns versammelt hatten, war
von vielen Lampen erleuchtet. [9]Paulus sprach sehr lang. Ein
junger Mann mit Namen Eutychus, der auf der Fensterbank
saß, wurde immer müder. Schließlich schlief er fest ein, verlor
das Gleichgewicht und stürzte drei Stockwerke tief. Als man
ihn aufhob, war er tot. [10]Paulus lief hinunter, beugte sich über
ihn und nahm ihn in die Arme. »Habt keine Angst«, sagte er,
»er lebt!« [11]Dann gingen sie alle wieder hinauf und nahmen
gemeinsam das Abendmahl*. Paulus sprach weiter bis zur
Morgendämmerung; dann brach er auf. [12]Inzwischen war
der junge Mann nach Hause gebracht worden. Er lebte, und
alle waren darüber sehr getröstet.

Paulus trifft die Ältesten aus Ephesus

[13]Paulus wanderte auf dem Landweg nach Assos, wo er wie-
der zu uns stoßen wollte, und wir fuhren mit dem Schiff vo-
raus. [14]In Assos schloss er sich uns wieder an, und wir segel-
ten zusammen nach Mitylene. [15]Am nächsten Tag kamen wir
an der Insel Chios vorbei. Am folgenden Tag steuerten wir
auf die Insel Samos zu und erreichten einen Tag später Milet.
[16]Paulus hatte sich entschieden, diesmal nicht in Ephesus
Halt zu machen, weil er nicht noch mehr Zeit in der Provinz
Asien verbringen wollte. Er hatte es eilig, denn er wollte Jeru-
salem möglichst noch rechtzeitig zum Pfingstfest erreichen.

20,6 Griech. *die Tage des ungesäuerten Brotes.*
20,7 Griech. *das Brot zu brechen.*
20,11 Griech. *brachen das Brot.*

[17]Als wir in Milet anlegten, schickte er jedoch einen Boten zu den Ältesten der Gemeinde in Ephesus und bat sie, zu ihm zu kommen.

[18]Als sie da waren, sagte er: »Ihr wisst, dass ich seit dem Tag, als ich die Provinz Asien betrat, bis heute [19]in aller Bescheidenheit und sogar mit Tränen den Auftrag des Herrn erfüllt habe. Ich habe die Belastungen ertragen, die mir die Anschläge der Juden zugefügt haben. [20]Trotzdem habe ich euch immer die Wahrheit gelehrt, sei es in der Öffentlichkeit oder bei euch zu Hause. [21]Ich habe immer nur eine einzige Botschaft für Juden wie für Griechen gehabt: dass die Menschen sich unbedingt von der Sünde abwenden und zu Gott umkehren müssen und dass sie glauben an Jesus Christus, unseren Herrn.

[22]Nun gehe ich nach Jerusalem, unwiderstehlich gezogen vom Heiligen Geist*, ohne genau zu wissen, was mich dort erwartet, [23]obwohl der Heilige Geist mir in jeder Stadt gesagt hat, dass mich Gefangenschaft und Leid erwarten. [24]Doch mein Leben ist nichts wert, wenn ich es nicht nutze, um das zu tun, was der Herr Jesus mir aufgetragen hat – das Werk, anderen die Botschaft von Gottes Gnade zu bringen.

[25]Ich weiß, dass keiner von euch, denen ich das Reich Gottes verkündet habe, mich je wieder sehen wird. [26]Ich kann euch offen sagen, dass ich meine Aufgabe treu erfüllt habe. Niemand kann es mir zur Last legen, wenn er verloren geht*, [27]denn ich habe mich nicht gescheut, euch den Plan, den Gott mit euch verfolgt, zu erklären.

[28]Und nun seht euch vor! Achtet darauf, die Herde Gottes – seine Gemeinde, die er durch das Blut seines eigenen Sohnes erkauft hat –, zu hüten und zu betreuen, über die der Heilige Geist euch als Älteste* eingesetzt hat. [29]Ich weiß genau, dass sich nach meinem Weggang falsche Lehrer wie böse Wölfe unter euch mischen und die Herde nicht verschonen werden. [30]Ja, selbst einige von euch werden die Wahrheit verdrehen,

---

20,22 O. *durch meinen Geist;* oder *durch ein inneres Drängen;* im Griech. heißt es *durch den Geist.*
20,26 Griech. *Ich bin unschuldig am Blut aller.*
20,28 Griech. *Aufseher.*

um eine eigene Anhängerschaft an sich zu binden. [31]Seid
wachsam! Denkt an die drei Jahre, die ich bei euch gewesen
bin – wie ich Tag und Nacht über euch gewacht und mich
unter Tränen um euch gesorgt habe.
[32]Und nun vertraue ich euch Gott und dem Wort seiner
Gnade an – seiner Botschaft, die euch ermutigen und euch
ein Erbe geben kann gemeinsam mit allen, die er für sich aus-
gesondert hat.
[33]Nie habe ich von jemandem Geld oder Kleider verlangt.
[34]Ihr wisst, dass ich mit meinen eigenen Händen gearbeitet
habe, um mir meinen Lebensunterhalt zu verdienen und
auch meine Begleiter zu versorgen. [35]Stets war ich euch ein
Vorbild, wie ihr durch harte Arbeit den Armen helfen könnt.
Behaltet die Worte von Jesus, dem Herrn, in Erinnerung: ›Es
liegt mehr Glück im Geben als im Nehmen.‹«
[36]Als er zu Ende geredet hatte, kniete er nieder und betete
mit ihnen. [37]Sie weinten laut, als sie ihn zum Abschied
umarmten und küssten; [38]am meisten aber waren sie darüber
traurig, dass er gesagt hatte, sie würden ihn nicht wieder se-
hen. Dann begleiteten sie ihn zum Schiff hinunter.

Paulus reist nach Jerusalem

21 [1]Nachdem wir uns von den Ältesten aus Ephesus ver-
abschiedet hatten, segelten wir direkt zur Insel Kos.
Am nächsten Tag erreichten wir Rhodos und fuhren weiter
nach Patara. [2]Dort gingen wir an Bord eines Schiffs, das zur
syrischen Provinz Phönizien segelte. [3]Wir sichteten die Insel
Zypern, die wir links liegen ließen, und legten im Hafen von
Tyrus in Syrien an, wo das Schiff entladen werden sollte. [4]Wir
suchten die Gläubigen* in der Stadt auf und blieben eine Wo-
che bei ihnen. Diese warnten Paulus durch den Heiligen
Geist, nicht nach Jerusalem zu gehen. [5]Als wir am Ende der
Woche zum Schiff zurückkehrten, begleitete uns die ganze
Gemeinde einschließlich der Frauen und Kinder zum Strand.
Dort knieten wir nieder, beteten [6]und verabschiedeten uns.

21,4 Griech. *Jünger;* so auch in 21,16.

Dann gingen wir an Bord, und sie kehrten nach Hause zu-
rück.
7Der nächste Halt nach Tyrus war Ptolemaïs. Wir begrüßten
die dortigen Gläubigen*, blieben aber nur einen Tag. 8Dann
reisten wir weiter nach Cäsarea und wohnten im Haus des
Evangelisten Philippus, einer der sieben Männer, die gewählt
worden waren, die Essensausgabe zu überwachen. 9Philip-
pus hatte vier unverheiratete Töchter, die alle die Gabe der
Prophetie besaßen.
10Während unseres mehrtägigen Aufenthalts traf ein Pro-
phet mit Namen Agabus aus Judäa ein. 11Als er uns besuchte,
nahm er den Gürtel des Paulus und fesselte sich damit an
Händen und Füßen. Dann sagte er: »Der Heilige Geist erklärt:
›So wird der Besitzer dieses Gürtels von den führenden Män-
nern der jüdischen Gemeinde in Jerusalem gefesselt und den
fremden Völkern ausgeliefert werden.‹« 12Als wir, die wir mit
ihm reisten, und die Gläubigen am Ort das hörten, baten wir
Paulus inständig, nicht nach Jerusalem zu gehen.
13Doch er sagte: »Was soll das Weinen? Ihr zerreißt mir das
Herz! Ich bin nicht nur bereit, mich in Jerusalem verhaften zu
lassen, sondern auch für Jesus, den Herrn, zu sterben.«
14Als uns klar war, dass wir ihn nicht überreden konnten,
gaben wir nach und sagten: »Der Wille des Herrn geschehe.«

Paulus in Jerusalem

15Kurz danach machten wir uns zur Weiterreise bereit und
brachen nach Jerusalem auf. 16Einige Gläubige aus Cäsarea
begleiteten uns und brachten uns zum Haus von Mnason,
einem Mann, der aus Zypern stammte und einer der ersten
Gläubigen war. 17Die Gemeinde in Jerusalem begrüßte uns
herzlich.
18Am nächsten Tag kam Paulus mit uns zu Jakobus, und alle
Ältesten der Jerusalemer Gemeinde wurden herbeigeholt.
19Nachdem Paulus sie begrüßt hatte, erstattete er einen aus-
führlichen Bericht über alles, was Gott durch sein Wirken un-
ter den Nichtjuden vollbracht hatte.

21,7 Griech. *Brüder;* so auch in 21,17.

20 Als sie das gehört hatten, lobten sie Gott. Dann aber sagten
sie: »Du weißt, lieber Bruder, wie viele tausend der Juden
gläubig geworden sind, und sie alle nehmen das Gesetz Mo-
ses sehr ernst. 21 Unseren jüdischen Christen hier in Jerusalem
hat man erzählt, ihr würdet die Juden, die außerhalb Israels
leben, lehren, sich von den Gesetzen Moses abzuwenden. Sie
behaupten, dass die Leute aufgrund eurer Lehre ihre Kinder
nicht mehr beschneiden und auch andere jüdische Bräuche
nicht mehr halten. 22 Was ist da zu tun? Denn sie werden
ganz sicher erfahren, dass du gekommen bist.

23 Deshalb ist dies unser Vorschlag: Wir haben hier vier Män-
ner, die ein Gelübde abgelegt haben und sich den Kopf sche-
ren lassen werden. 24 Geh mit ihnen zum Tempel, schließe
dich ihrer Reinigungszeremonie an und bezahle, was nötig
ist, damit sie sich scheren lassen können. Dann werden alle
wissen, dass sämtliche Gerüchte falsch sind und du selbst die
jüdischen Gesetze hältst.

25 Was die nichtjüdischen Gläubigen betrifft, so verlangen
wir von ihnen nur, was wir ihnen bereits in einem Brief mit-
geteilt haben: Sie sollen nichts essen, was Götzen geopfert
wurde, sollen weder Blut noch Fleisch von nicht ausgeblute-
ten Tieren verzehren und sich von aller Unzucht fern halten.«

Paulus wird verhaftet

26 Paulus war mit ihrer Bitte einverstanden, unterzog sich am
folgenden Tag mit den vier Männern der Reinigungszeremo-
nie und ging zum Tempel. Dann gab er öffentlich das Datum
bekannt, wann ihre Gelübde enden und für jeden von ihnen
Opfer dargebracht werden würden.

27 Die sieben Tage waren fast vorüber, als einige Juden aus
der Provinz Asien Paulus im Tempel sahen und einen Auf-
ruhr gegen ihn anzettelten. Sie packten ihn 28 und schrien:
»Männer Israels! Helft uns! Das ist der Mann, der sich in sei-
ner Lehre gegen unser Volk wendet und es dazu verführt, die
jüdischen Gesetze zu missachten. Er ist nach seinen eigenen
Aussagen gegen den Tempel – ja er entweiht ihn sogar, indem

er Nichtjuden hereinbringt!« [29]Früher an jenem Tag hatten sie ihn nämlich mit dem Griechen Trophimus aus Ephesus* in der Stadt gesehen und angenommen, Paulus habe ihn in den Tempel mitgebracht.

[30]Durch diese Anschuldigungen geriet die gesamte Bevölkerung der Stadt in Aufruhr, und es kam zu einem Tumult. Sie zerrten Paulus aus dem Tempel und schlossen hinter ihm sofort die Tore. [31]Während sie versuchten, ihn zu töten, erfuhr der Oberste der römischen Garnison, dass ganz Jerusalem in Aufregung war. [32]Sofort ließ er seine Soldaten und Offiziere antreten und ging rasch hinaus, mitten unter die Menge. Als das Volk den Befehlshaber und die Soldaten kommen sah, hörten sie auf, Paulus zu prügeln. [33]Der Befehlshaber verhaftete ihn und ließ ihn mit zwei Ketten fesseln. Dann fragte er die Menge, wer dieser Mann sei und was er getan habe. [34]Die einen riefen dies, die anderen jenes. In dem Geschrei und Durcheinander konnte er die Wahrheit nicht herausfinden, also befahl er, Paulus in die Festung zu bringen. [35]Als sie die Treppe erreichten, wurde die Menge so gewalttätig, dass die Soldaten Paulus auf ihre Schultern heben mussten, um ihn zu schützen. [36]Die Menge drängte hinterher und schrie: »Weg mit ihm, weg mit ihm!«

Paulus spricht zu der Menge

[37]Als sie Paulus hineinführen wollten, fragte er den Befehlshaber: »Ist es mir erlaubt, mit dir zu sprechen?«

Der Kommandant wunderte sich: »Du verstehst Griechisch? [38]Bist du denn nicht der Ägypter, der vor einiger Zeit einen Aufstand anzettelte und viertausend Mitglieder jener fanatischen Partei in die Wüste führte?«

[39]Paulus erwiderte: »Nein, ich bin ein Jude aus der bedeutenden Stadt Tarsus in Zilizien. Bitte, lass mich zu diesen Leuten sprechen.« [40]Der Befehlshaber stimmte zu, und so stellte sich Paulus auf die Treppe und bat mit Gesten um Ruhe. Bald herrschte tiefes Schweigen in der Menge. Dann sprach er die Menschen in ihrer Muttersprache Hebräisch an.

21,29 Griech. *Trophimus, den Epheser.*

22 [1]»Brüder und verehrte Väter«, sagte Paulus, »hört, was ich zu meiner Verteidigung zu sagen habe.« [2]Als sie ihn in ihrer eigenen Sprache* reden hörten, wurde es noch stiller. Er fuhr fort: [3]»Ich bin ein Jude. Ich wurde in der Stadt Tarsus in Zilizien geboren und wuchs hier in Jerusalem auf. Ich bin bei Gamaliel in die Schule gegangen. Zu seinen Füßen lernte ich, unsere jüdischen Gesetze und Bräuche genau zu befolgen. Ich entwickelte großen Eifer darin, Gott zu ehren, genauso wie ihr alle es heute tut. [4]Und ich verfolgte die Anhänger des neuen Glaubens bis in den Tod. Männer und Frauen verhaftete ich und brachte sie ins Gefängnis. [5]Der Hohe Priester und der gesamte Hohe Rat können dies bezeugen. Denn sie gaben mir Briefe an unsere jüdischen Brüder in Damaskus, die mir die Vollmacht verliehen, die dortigen Gläubigen in Ketten nach Jerusalem abzuführen, damit sie bestraft würden.

[6]Auf dem Weg dorthin – ich war bereits in der Nähe von Damaskus – umstrahlte mich um die Mittagszeit plötzlich vom Himmel ein blendend helles Licht. [7]Ich stürzte zu Boden und hörte eine Stimme zu mir sprechen: ›Saul, Saul, warum verfolgst du mich?‹

[8]›Herr, wer bist du?‹, fragte ich. Und er antwortete: ›Ich bin Jesus von Nazareth, den du verfolgst.‹ [9]Meine Begleiter sahen das Licht auch, aber sie hörten die Stimme nicht.

[10]Ich sagte: ›Was soll ich tun, Herr?‹ Und der Herr erwiderte: ›Steh auf und geh nach Damaskus; dort wird dir gesagt werden, was du tun sollst.‹

[11]Durch das helle Licht war ich erblindet, sodass meine Begleiter mich an der Hand nach Damaskus hineinführen mussten. [12]Dort lebte ein Mann mit Namen Hananias, ein frommer Jude, der sich an das Gesetz hielt und unter seinen Glaubensbrüdern in Damaskus hohes Ansehen genoss. [13]Er kam zu mir, stellte sich neben mich und sagte: ›Bruder Saul, du sollst wieder sehen können!‹ Und noch in derselben Stunde konnte ich ihn sehen!

22,2 Griech. *in Hebräisch.*

14Dann sagte er zu mir: ›Der Gott unserer Vorfahren hat dich
erwählt, seinen Willen zu erfahren und den Gerechten zu se-
hen und ihn sprechen zu hören. 15Du sollst seine Botschaft in
die ganze Welt tragen und allen Menschen sagen, was du ge-
sehen und gehört hast. 16Was zögerst du noch? Steh auf und
lass dich taufen. Rufe den Namen des Herrn an und lass deine
Sünden abwaschen.‹

17Eines Tages, nachdem ich nach Jerusalem zurückgekehrt
war, betete ich gerade im Tempel, als ich in Verzückung fiel.
18In einer Vision sah ich Jesus, der zu mir sagte: ›Schnell! Ver-
lasse Jerusalem, denn die Menschen hier werden dir nicht
glauben, was du von mir sagst.‹

19›Aber Herr‹, wandte ich ein, ›sie wissen ganz bestimmt,
dass ich alle, die an dich glaubten, in den Synagogen verhaf-
ten und auspeitschen ließ. 20Und als dein Zeuge Stephanus
getötet wurde, stand ich daneben und gab meine Zustim-
mung. Ich verwahrte die Mäntel, die sie ablegten, als sie ihn
steinigten.‹

21Doch der Herr sagte zu mir: ›Verlasse Jerusalem, denn ich
werde dich weit fort zu den anderen Völkern senden!‹«

22Bis dahin hatte die Menge zugehört, doch jetzt riefen sie
wie aus einem Mund: »Fort mit einem solchen Mann! Bringt
ihn um! Er verdient es nicht, weiterzuleben!« 23Sie schrien,
zogen ihre Mäntel aus und warfen Staub in die Luft.

Paulus offenbart sein römisches Bürgerrecht

24Der Befehlshaber führte Paulus hinein und befahl, ihn aus-
zupeitschen, um ihn zu einem Geständnis seines Verbrechens
zu zwingen. Er wollte herausfinden, was die Menge so in Wut
versetzt hatte. 25Als sie Paulus festbanden, um ihn auszupeit-
schen, sagte dieser zu dem Offizier, der neben ihm stand: »Ist
es etwa rechtens, einen römischen Bürger auszupeitschen,
und das ohne Gerichtsverhandlung?«

26Da ging der Offizier zum Befehlshaber und fragte: »Was
tust du da? Dieser Mann ist ein römischer Bürger!«

27Daraufhin ging der Kommandant hinüber und fragte Pau-
lus: »Sag mir, bist du ein römischer Bürger?«

Der erwiderte: »Ja, das bin ich.«

28»Ich habe viel Geld dafür bezahlt, das Bürgerrecht zu erwerben«, sagte der Kommandant. Und Paulus sprach: »Ich aber bin Bürger Roms durch Geburt!«

29Die Soldaten, die Paulus verhören wollten, zogen sich schnell zurück, als sie hörten, dass er das römische Bürgerrecht besaß, und der Befehlshaber bekam es mit der Angst zu tun, weil er ihn hatte fesseln lassen.

Paulus vor dem Hohen Rat

30Am nächsten Tag ließ der Kommandant Paulus die Ketten abnehmen und ordnete eine Versammlung der obersten Priester und des jüdischen Hohen Rats an. Er ließ ihnen Paulus vorführen, um herauszufinden, wie der ganze Aufruhr entstanden war.

23 1Paulus sah den Hohen Rat mit festem Blick an und begann zu sprechen: »Brüder, ich habe immer mit gutem Gewissen vor Gott gelebt!«

2Sofort befahl der Hohe Priester Hananias denen, die neben
Paulus standen, ihn auf den Mund zu schlagen. 3Doch Paulus
erwiderte: »Gott wird dich schlagen, du getünchte Wand! Was für ein Richter bist du denn, wenn du selbst das Gesetz brichst, indem du mich schlagen lässt?«

4Die, die neben Paulus standen, sagten zu ihm: »Ist das die Art, wie man mit einem Hohen Priester spricht?«

5»Es tut mir leid, Brüder. Ich wusste nicht, dass er der Hohe Priester ist«, entgegnete Paulus, »denn in der Schrift heißt es: ›Eine führende Persönlichkeit deines Volkes sollst du nicht beschimpfen.‹*«

6Paulus wusste, dass einige Mitglieder des Hohen Rats Sadduzäer und andere Pharisäer waren, deshalb rief er: »Brüder, ich bin ein Pharisäer, wie schon alle meine Vorfahren es waren! Und ich stehe unter Anklage, weil ich auf die Auferstehung der Toten hoffe!«

7Daraufhin entstand im Rat Streit zwischen Pharisäern und
Sadduzäern. 8Denn die Sadduzäer behaupten, dass es weder

23,5 2. Mose 22,27

eine Auferstehung noch Engel oder Geister gibt, während die
Pharisäer an all das glauben. 9Und so kam es zu einem lauten
Wortgefecht. Einige Schriftgelehrte, die Pharisäer waren,
sprangen auf und verkündeten, dass Paulus recht habe.
»Wir können nichts Unrechtes an ihm finden«, riefen sie.
»Vielleicht hat ja ein Geist oder ein Engel zu ihm gespro-
chen.« 10Das Geschrei wurde immer lauter, und die Männer
packten Paulus von beiden Seiten und zerrten ihn hin und
her. Als der römische Befehlshaber schließlich befürchtete,
sie könnten Paulus in Stücke reißen, befahl er seinen Sol-
daten, ihn herauszuholen und in die Festung zurückzu-
bringen.

11In dieser Nacht erschien der Herr Paulus und sagte zu
ihm: »Sei zuversichtlich, Paulus. Genauso, wie du den Men-
schen hier in Jerusalem von mir erzählt hast, musst du meine
Botschaft auch in Rom predigen.«

Der Mordplan gegen Paulus

12Am nächsten Morgen traf sich eine Gruppe Juden. Sie ver-
pflichteten sich mit einem Eid, weder zu essen noch zu trin-
ken, bis sie Paulus getötet hätten. 13Es waren über vierzig
Männer, die das beschlossen hatten. 14Sie gingen zu den
obersten Priestern und den anderen führenden Männer des
jüdischen Volkes und sagten: »Wir haben uns unter Eid ver-
pflichtet, weder zu essen noch zu trinken, bis wir Paulus ge-
tötet haben. 15Ihr und der Hohe Rat solltet den römischen
Kommandanten bitten, Paulus noch einmal dem Rat vor-
zuführen«, schlugen sie vor. »Tut so, als wolltet ihr den Fall
noch genauer untersuchen. Unterwegs werden wir ihn dann
töten.«

16Doch der Neffe von Paulus erfuhr von ihrem Plan. Er ging
zur Festung und unterrichtete Paulus darüber. 17Paulus rief
einen der Offiziere zu sich und sagte: »Führt diesen jungen
Mann zum Befehlshaber. Er hat ihm etwas Wichtiges zu
melden.«

18Das tat der Offizier und erklärte: »Der Gefangene Paulus
rief mich und bat mich, diesen jungen Mann zu dir zu brin-
gen, weil er dir etwas zu berichten hat.«

19Der Befehlshaber nahm ihn am Arm, führte ihn zur Seite
und fragte: »Was hast du mir also zu sagen?«
20Er erklärte ihm: »Einige Juden werden dich bitten, Paulus
morgen noch einmal dem jüdischen Hohen Rat vorzuführen,
und zwar unter dem Vorwand, genauere Aussagen von ihm
erhalten zu wollen. 21Doch das darfst du auf keinen Fall zu-
lassen! Mehr als vierzig Männer werden ihm auflauern, um
ihn zu töten. Sie haben geschworen, nichts zu essen oder zu
trinken, bis sie ihn getötet haben. Sie stehen bereit und rech-
nen damit, dass du ihnen ihre Bitte gewährst.«
22»Lass niemanden wissen, dass du mir das gesagt hast«,
warnte der Befehlshaber den jungen Mann und entließ ihn.

Paulus wird nach Cäsarea gebracht

23Dann rief er zwei seiner Offiziere und ordnete an: »Haltet
zweihundert Soldaten bereit, heute Abend um neun Uhr
nach Cäsarea aufzubrechen. Außerdem sollt ihr zweihundert
Speerwerfer und siebzig Reiter mitnehmen. 24Stellt Reitpfer-
de für Paulus zur Verfügung und bringt ihn sicher zum Statt-
halter Felix.« 25Dann schrieb er folgenden Brief an den Statt-
halter:
26»Von Klaudius Lysias an Seine Exzellenz, den Statthalter
Felix. Sei gegrüßt! 27Dieser Mann fiel einigen Juden in die
Hände, und sie waren im Begriff, ihn zu töten, als ich mit
den Truppen hinzukam. Als ich erfuhr, dass er ein römischer
Bürger ist, brachte ich ihn in Sicherheit. 28Dann führte ich ihn
dem jüdischen Hohen Rat vor, um herauszufinden, was er
getan hatte. 29Ich erfuhr, dass es um irgendeine Frage ihres
religiösen Gesetzes ging – nichts, was die Todesstrafe oder
auch nur eine Verhaftung gerechtfertigt hätte. 30Als ich nun
von einem geplanten Mordanschlag gegen ihn erfuhr, schick-
te ich ihn sofort zu dir und habe auch seinen Anklägern ge-
sagt, sie sollen mit ihren Anschuldigungen zu dir kommen.«
31Noch in derselben Nacht brachten die Soldaten, wie es ih-
nen befohlen worden war, Paulus bis Antipatris. 32Am nächs-
ten Morgen kehrten sie in die Festung zurück, während die
Reiter ihn nach Cäsarea brachten. 33Als sie dort ankamen,
führten sie Paulus dem Statthalter Felix vor und übergaben

diesem den Brief. [34]Er las ihn und fragte Paulus dann, aus
welcher Provinz er stamme. »Aus Zilizien«, antwortete Pau-
lus.
[35]»Ich werde mir deinen Fall selbst vornehmen, wenn deine
Ankläger eintreffen«, teilte der Statthalter ihm mit. Dann be-
fahl er, Paulus bis dahin im Gefängnis in Gewahrsam zu neh-
men, das sich im ehemaligen Palast des Herodes befand.

Paulus wird Felix vorgeführt

24 [1]Fünf Tage später traf der Hohe Priester Hananias mit
einigen führenden Männern der Juden und dem An-
walt* Tertullus ein, um gegen Paulus Anklage zu erheben.
[2]Als Paulus hereingerufen wurde, erhob Tertullus in folgen-
der Rede vor dem Statthalter Anklage gegen ihn:
»Sehr verehrter Felix, du hast uns Juden Frieden verschafft
und für uns Reformen durchgeführt. [3]Für all das sind wir dir
sehr dankbar. [4]Doch um dich nicht zu langweilen, bitte ich
nur einen Augenblick um deine freundliche Aufmerksam-
keit, um dir kurz unser Anliegen gegen diesen Mann darzule-
gen. [5]Denn wir haben festgestellt, dass er ein Unruhestifter
ist, der überall in der Welt die Juden zu Aufständen und zur
Rebellion gegen die römische Regierung aufhetzt. Er ist einer
der Anführer der Sekte der Nazarener. [6]Als wir ihn verhafte-
ten, war er soeben im Begriff, den Tempel zu entweihen.* [8]Die
Wahrheit unserer Anklagen kannst du überprüfen, indem du
ihn selbst verhörst.« [9]An dieser Stelle pflichteten die anderen
Juden ihm bei und erklärten, alles, was Tertullus behauptet
hatte, sei wahr.
[10]Der Statthalter bedeutete Paulus, aufzustehen und zu
sprechen. Paulus sagte: »Ich weiß, Herr, dass du schon seit
Jahren Richter für jüdische Angelegenheiten bist, und das
gibt mir Sicherheit, wenn ich nun meine Verteidigung vor-
bringe. [11]Du kannst ohne weiteres feststellen, dass es höchs-
tens zwölf Tage her ist, seit ich nach Jerusalem gekommen

24,1 Griech. *einigen Ältesten und einem Redner.*

24,6 Einige Handschriften ergänzen *Wir hätten ihn nach unserem Gesetz verurteilt, [7]doch Lysias, der Befehlshaber des Regiments, kam und nahm ihn uns mit Gewalt weg; er befahl seinen Anklägern, vor dir zu erscheinen.*

bin, um im Tempel zu Gott zu beten. [12]Ich stritt mit nieman-
dem im Tempel, noch habe ich in irgendeiner Synagoge oder
auf den Straßen der Stadt einen Aufruhr angezettelt. [13]Diese
Männer können mit Sicherheit nicht beweisen, was sie gegen
mich vorbringen.

[14]Ich gebe allerdings zu, dass ich dem neuen Glauben folge,
den sie als Sekte bezeichnen. Ich bete den Gott unserer Vor-
fahren an und glaube fest an das jüdische Gesetz und an alles,
was in den prophetischen Büchern steht. [15]Genau wie diese
Männer hoffe ich im Vertrauen auf Gott darauf, dass er so-
wohl die Gerechten als auch die Ungerechten auferwecken
wird. [16]Aus diesem Grund versuche ich immer, mir vor Gott
und den Menschen ein reines Gewissen zu bewahren.

[17]Nachdem ich mehrere Jahre fort war, kehrte ich nach Jeru-
salem zurück, um meinem Volk Geld zur Unterstützung zu
bringen und Gott zu opfern. [18]Meine Ankläger sahen mich im
Tempel, als ich gerade eine Reinigungszeremonie erfüllte. Ich
hatte keine Menschenmenge um mich versammelt, und es
kam auch nicht zu einem Aufstand. [19]Aber es waren einige
Juden aus der Provinz Asien dort – diese Leute sollten jetzt
eigentlich hier sein, um Anklage zu erheben, wenn sie mir
denn etwas vorzuwerfen haben! [20]Frag doch diese Männer
hier, welches Unrecht der jüdische Hohe Rat mir nachgewie-
sen hat, [21]abgesehen von meinem Ausruf: ›Ich stehe heute
hier vor Gericht, weil ich an die Auferstehung von den Toten
glaube!‹«

[22]Felix, der mit der neuen Glaubenslehre recht gut vertraut
war, vertagte die Anhörung und sagte: »Wartet, bis Lysias,
der Befehlshaber des Regiments, eintrifft. Dann werde ich
den Fall entscheiden.« [23]Er gab einem Offizier Anweisung,
Paulus zwar in Gewahrsam zu halten, ihm aber Freiheiten
einzuräumen. So durfte er Besuch von seinen Freunden ha-
ben, die für seine Bedürfnisse sorgten.

[24]Ein paar Tage später kam Felix mit seiner Frau Drusilla,
die Jüdin war. Sie ließen Paulus holen und hörten zu, wäh-
rend er ihnen vom Glauben an Christus Jesus erzählte.
[25]Doch als er mit ihnen über Gerechtigkeit und Enthaltsam-
keit und das kommende Gericht sprach, bekam Felix es mit

der Angst zu tun. »Für den Augenblick kannst du gehen«,
entgegnete er. »Zu einem passenderen Zeitpunkt werde ich
dich dann wieder holen lassen.« 26Außerdem hoffte er, dass
Paulus ihm ein Bestechungsgeld anbieten würde; deshalb
ließ er ihn öfter holen und unterhielt sich mit ihm.
27Auf diese Weise vergingen zwei Jahre; dann wurde Porzi-
us Festus Nachfolger von Felix. Und weil Felix sich bei den
Juden beliebt machen wollte, ließ er Paulus nicht frei, sondern
hielt ihn weiter im Gefängnis in Haft.

Paulus wird Festus vorgeführt

25 1Drei Tage, nachdem Festus in Cäsarea angekommen
war, um sein neues Amt anzutreten, reiste er nach Je-
rusalem. 2Dort trafen die obersten Priester und andere füh-
rende Männer des jüdischen Volkes mit ihm zusammen und
trugen ihre Anschuldigungen gegen Paulus vor. 3Sie baten
Festus um die Gefälligkeit, Paulus nach Jerusalem zu über-
stellen, denn sie planten, ihn unterwegs hinterrücks zu über-
fallen und umzubringen. 4Doch Festus entgegnete, dass Pau-
lus sich in Cäsarea befände und dass er selbst bald dorthin
zurückkehren werde. 5»Wer von euch dazu ermächtigt ist«,
sagte er, »der kann ja mit mir zurückkehren. Wenn Paulus
etwas Unrechtes getan hat, könnt ihr eure Anschuldigungen
dort vorbringen.«
6Acht oder zehn Tage später kehrte er nach Cäsarea zurück,
und am folgenden Tag begann der Prozess. 7Als Paulus vor
Gericht erschien, versammelten sich die führenden Juden aus
Jerusalem und erhoben viele schwerwiegende Anklagen, die
sie allerdings nicht beweisen konnten. 8Paulus wies die An-
schuldigungen zurück. »Ich bin nicht schuldig«, erklärte er.
»Ich habe keinen Verstoß gegen die jüdischen Gesetze oder
den Tempel oder die römische Regierung begangen.«
9Da Festus sich bei den Juden beliebt machen wollte, fragte
er ihn: »Bist du bereit, nach Jerusalem zu gehen und dich dort
einem Gerichtsverfahren unter meinem Vorsitz zu stellen?«
10»Nein!« erwiderte Paulus. »Ich stehe hier vor dem Richter-
stuhl des Kaisers, wo ich auch gerichtet werden muss. Ich
habe den Juden in keiner Weise unrecht getan. Und das weißt

du auch. 11Wenn ich etwas getan habe, was die Todesstrafe
verdient, dann weigere ich mich nicht zu sterben. Bin ich
aber unschuldig, hast weder du noch irgendjemand sonst
das Recht, mich diesen Männern auszuliefern. Ich berufe
mich auf den Kaiser!«

12Festus hielt Rücksprache mit seinen Beratern und erwider-
te dann: »Also gut! Du hast dich auf den Kaiser berufen, dann
sollst du auch zum Kaiser gehen!«

13Einige Tage später traf König Agrippa mit seiner Schwes-
ter Berenike* zu einem Antrittsbesuch bei Festus ein. 14Wäh-
rend ihres mehrtägigen Aufenthalts erörterte Festus die An-
gelegenheit mit dem König. »Es gibt hier einen Gefangenen«,
erklärte er, »dessen Fall Felix mir hinterlassen hat. 15Als ich in
Jerusalem war, brachten die obersten Priester und andere ein-
flussreiche Juden schwere Beschuldigungen gegen ihn vor
und verlangten von mir, ihn zu verurteilen. 16Ich habe ihnen
erklärt, dass nach römischem Gesetz niemand ohne Prozess
verurteilt wird. Jeder erhält die Gelegenheit, sich in Gegen-
wart seiner Ankläger zu verteidigen.

17Als sie zum Prozess erschienen, hielt ich gleich am näch-
sten Tag Gericht und ließ Paulus vorführen. 18Doch die An-
klagen, die gegen ihn erhoben wurden, waren völlig anders,
als ich erwartet hatte. 19Es hatte mit ihrer Religion zu tun und
mit einem gewissen Jesus, der gestorben ist, von dem Paulus
aber behauptet, dass er lebt. 20Das brachte mich in Verlegen-
heit, wie in einem solchen Fall zu verfahren ist, und ich fragte
ihn, ob er bereit wäre, sich wegen dieser Anklagen in Jerusa-
lem vor Gericht stellen zu lassen. 21Aber Paulus berief sich auf
den Kaiser. Deshalb befahl ich, ihn wieder ins Gefängnis zu
stecken, bis ich die nötigen Vorbereitungen getroffen hätte,
ihn zum Kaiser zu schicken.«

22»Ich würde mir diesen Mann gern selbst einmal anhören«,
meinte Agrippa.

Und Festus erwiderte: »Das sollst du – gleich morgen!«

25,13 Griech. *König Agrippa und Berenike.*

Paulus spricht vor Agrippa

23So erschienen Agrippa und Berenike am nächsten Tag mit
großem Prunk in Begleitung der hohen Offiziere und der ein-
flussreichsten Männer der Stadt im Auditorium. Festus be-
fahl, Paulus vorzuführen. 24Dann erklärte er: »König Agrippa
und alle Anwesenden, dies ist der Mann, dessen Tod sowohl
die Juden hier am Ort als auch die Juden in Jerusalem fordern.
25Meiner Meinung nach hat er jedoch nichts getan, was die
Todesstrafe verdient hätte. Er hat sich auf den Kaiser berufen,
und ich habe beschlossen, ihn dorthin zu schicken. 26Doch
was soll ich dem Kaiser schreiben? Denn es liegt keine wirk-
liche Klage gegen ihn vor. Deshalb lasse ich ihn euch allen,
und besonders dir, König Agrippa, vorführen, damit ich
nach unserer gemeinsamen Befragung irgendetwas schrei-
ben kann. 27Denn es erscheint mir unsinnig, einen Gefange-
nen zum Kaiser zu schicken, ohne genau zu erklären, welche
Anklage gegen ihn vorliegt!«

26 1Da sagte Agrippa zu Paulus: »Du kannst nun zu dei-
ner Verteidigung sprechen.«
Paulus hob die Hand und begann seine Verteidigung: 2»Ich
schätze mich glücklich, König Agrippa, dass ich gerade dir
meine Verteidigung gegen all diese Anschuldigungen durch
die führenden Männer des jüdischen Volkes vortragen kann,
3denn ich weiß, dass du dich mit jüdischen Bräuchen und
Streitfragen sehr gut auskennst. Nun sei so freundlich, mich
geduldig anzuhören!
4Wie die führenden Männer des jüdischen Volkes sehr wohl
wissen, wurde ich von frühester Kindheit an bei meinem ei-
genen Volk und in Jerusalem nach jüdischer Tradition erzo-
gen. 5Wenn sie es vielleicht auch nicht zugeben, so wissen sie
doch genau, dass ich ein Mitglied der Pharisäer war, der
strengsten Gruppierung unserer Religion. 6Nun stehe ich
vor Gericht, weil ich die Erfüllung der Verheißung erwarte,
die Gott unseren Vorfahren gegeben hat. 7Die zwölf Stämme
Israels beten wegen dieser Verheißung Tag und Nacht zu
Gott; sie haben dieselbe Hoffnung wie ich. Trotzdem behaup-
ten sie, König, es sei falsch von mir, diese Hoffnung zu hegen!

[8]Warum sollte es denn irgendjemand von euch für unglaub-
würdig halten, dass Gott die Toten auferwecken kann?

[9]Früher glaubte ich, alles, was in meinen Kräften steht, tun
zu müssen, um den Anhängern des Jesus von Nazareth Ein-
halt zu gebieten*. [10]Von den Anführern des jüdischen Volkes
dazu bevollmächtigt, ließ ich viele Gläubige in Jerusalem ver-
haften. Wenn sie zum Tode verurteilt wurden, stimmte ich
ebenso gegen sie. [11]Oft ließ ich sie in den Synagogen auspeit-
schen, weil ich sie dazu bringen wollte, Christus zu verflu-
chen. Ich bekämpfte sie mit solcher Erbitterung, dass ich sie
sogar bis in weit entfernte Städte im Ausland verfolgte.

[12]Aus diesem Grund reiste ich eines Tages mit der Ermäch-
tigung und im Auftrag der obersten Priester nach Damaskus.
[13]Etwa gegen Mittag, o König, fiel aus dem Himmel ein Licht,
strahlender als die Sonne, auf mich und meine Begleiter.
[14]Wir stürzten alle zu Boden, und ich hörte, wie eine Stimme
auf Hebräisch zu mir sagte: ›Saul, Saul, warum verfolgst du
mich? Es ist schwer für dich, gegen meinen Willen anzu-
kämpfen.*‹

[15]›Wer bist du, Herr?‹, fragte ich.

Und der Herr antwortete: ›Ich bin Jesus, den du verfolgst.
[16]Steh jetzt auf! Denn ich bin dir erschienen, um dich zu mei-
nem Diener und Zeugen zu machen. Du sollst der Welt von
dieser Erfahrung und von anderen Ereignissen erzählen, bei
denen ich dir erscheinen werde. [17]Und ich werde dich sowohl
vor deinem eigenen Volk als auch vor den anderen Völkern
beschützen, zu denen ich dich senden werde. [18]Ihnen sollen
die Augen geöffnet werden, damit sie sich vom Dunkel zum
Licht und aus der Macht Satans zu Gott bekehren. Dann wer-
den sie Vergebung für ihre Sünden und einen Platz im Volk
Gottes empfangen, alle, die durch den Glauben an mich aus-
gesondert sind.‹

[19]Deshalb, König Agrippa, habe ich dieser Vision aus dem
Himmel gehorcht. [20]Ich habe zuerst den Juden in Damaskus,
dann denen in Jerusalem und in ganz Judäa sowie auch den

26,9 Griech. *dem Namen des Jesus von Nazareth Widerstand zu leisten.*
26,14 Griech. *Es ist schwer für dich, gegen den Ochsen-Treibstock auszuschlagen.*

Nichtjuden gepredigt, dass sie sich von ihren Sünden abwen-
den und zu Gott bekehren müssen. Durch ihre guten Werke
sollen sie beweisen, dass sie ihr Leben geändert haben. [21]Weil
ich das gepredigt habe, verhafteten mich einige Juden im
Tempel und versuchten, mich umzubringen. [22]Doch Gott be-
schützte mich, sodass ich heute noch lebe, um allen, vom
Kleinsten bis zum Größten, diese Tatsachen zu berichten. Ich
lehre nur das, was schon die Propheten und Mose voraus-
gesagt haben – [23]nämlich dass der Christus leiden und als
Erster von den Toten auferstehen würde, als Licht für die Ju-
den wie für die Nichtjuden.«
[24]Plötzlich rief Festus: »Paulus, du bist verrückt. Das viele
Studieren hat dir wohl den Verstand geraubt!«
[25]Doch Paulus erwiderte: »Ich bin nicht verrückt, ehrwür-
digster Festus. Was ich sage, ist wahr und meine Worte sind
vernünftig. [26]König Agrippa weiß darüber Bescheid. Ich spre-
che ganz offen, denn ich bin sicher, dass diese Ereignisse ihm
alle wohl bekannt sind; schließlich haben sie sich nicht im
Verborgenen ereignet! [27]König Agrippa, glaubst du den Pro-
pheten? Ich weiß, dass du es tust.«
[28]Agrippa unterbrach ihn: »Meinst du wirklich, du kannst
so leicht einen Christen aus mir machen?*«
[29]Paulus entgegnete: »Ob leicht oder nicht, jedenfalls bete
ich zu Gott, dass sowohl du als auch jeder Einzelne der Zu-
hörer hier so werde wie ich – nur ohne diese Ketten.«
[30]Da standen der König, der Statthalter, Berenike und alle
anderen auf und gingen. [31]Als sie miteinander über die An-
gelegenheit sprachen, waren sie sich einig: »Dieser Mann hat
nichts getan, was eine Todes- oder Gefängnisstrafe verdient
hätte.« [32]Und Agrippa sagte zu Festus: »Er könnte eigentlich
freigelassen werden, wenn er sich nicht auf den Kaiser beru-
fen hätte!«

Paulus segelt nach Rom

27 [1]Als die Zeit gekommen war, nach Italien zu segeln,
wurden Paulus und mehrere andere Gefangene einem

26,28 O. *Es fehlt nicht viel und deine Argumente machen mich zum Christen.*

Offizier mit Namen Julius, einem Würdenträger der kaiserli-
chen Garde, übergeben. 2Aristarch, ein Mazedonier aus Thes-
salonich, begleitete uns ebenfalls. Wir segelten mit einem
Schiff, das aus dem Hafen von Adramyttion stammte und
unterwegs mehrere Häfen an der Küste der Provinz Asien
anlaufen sollte.

3Als wir am nächsten Tag in Sidon anlegten, gestattete Julius
Paulus freundlicherweise, an Land zu gehen und Freunde zu
besuchen, damit sie ihn mit dem Nötigen versorgen konnten.
4Nachdem wir von dort wieder in See gestochen waren, hat-
ten wir durch starke Gegenwinde Schwierigkeiten, den Kurs
zu halten; deshalb segelten wir nördlich von Zypern zwi-
schen der Insel und dem Festland hindurch. 5Wir fuhren die
Küste der Provinzen Zilizien und Pamphylien entlang und
legten in Myra in der Provinz Lyzien an. 6Dort fand der Of-
fizier ein ägyptisches Schiff aus Alexandrien, das nach Italien
unterwegs war, und brachte uns an Bord.

7Mehrere Tage lang kamen wir wegen der rauen See kaum
voran, und nach großen Schwierigkeiten gelangten wir end-
lich in die Nähe von Knidos. Doch der Wind stand uns ent-
gegen; deshalb segelten wir zur Südseite Kretas, vorbei am
Kap von Salmone. 8Mit großer Mühe kämpften wir uns an
der Küste entlang und erreichten schließlich einen Ort na-
mens Kaloi Limenes in der Nähe der Stadt Lasäa. 9Mittler-
weile hatten wir viel Zeit verloren. Das Wetter wurde allmäh-
lich zu gefährlich für längere Seereisen, da es schon spät im
Herbst war*, und Paulus sprach mit den Seeleuten darüber.
10»Männer, wir werden in Schwierigkeiten geraten, wenn
wir jetzt aufbrechen. Uns drohen nicht nur Schiffbruch und
Verlust der Fracht, sondern auch Gefahr für Leib und Leben.«
11Doch der Offizier, der für die Gefangenen verantwortlich
war, hörte mehr auf den Steuermann und den Schiffseigner
als auf Paulus. 12Und da der Hafen an einer ungeschützten
Stelle lag – ein wenig geeigneter Ort, um dort zu überwin-
tern – wollte die Mehrheit der Besatzung weiter an der Küste

27,9 Griech. *weil das Fasten nun schon vorbei war.* Dieses Fasten fand am Versöhnungstag statt, also Ende September/Anfang Oktober.

Kretas entlang nach Phönix segeln und den Winter dort ver-
bringen. Phönix war ein guter Hafen, der sich nur nach Süd-
west und Nordwest öffnete.

Der Sturm

13Als sich dann ein leichter Südwind erhob, dachten die See-
leute, sie könnten es schaffen. Also lichteten sie den Anker
und segelten in Küstennähe weiter, an Kreta entlang. 14Doch
plötzlich schlug das Wetter um, und ein Wind mit der Kraft
eines Wirbelsturms (den man »Nordost« nennt) kam auf.
15Als es ihnen nicht gelang, das Schiff in den Wind zu drehen,
gaben sie auf und ließen es treiben.

16Wir segelten südlich an einer kleinen Insel mit Namen
Kauda* vorbei, wo wir mit großer Mühe das Rettungsboot
an Bord zogen, das wir im Schlepptau mitführten. 17Dann
spannten wir Seile um den Schiffsrumpf, um ihn zu sichern.
Die Seeleute hatten Angst, zu den Sandbänken der Syrte vor
der afrikanischen Küste getrieben zu werden; deshalb warfen
sie den Anker aus und ließen sich vor dem Wind hertreiben.

18Am nächsten Tag, als stürmische Winde dem Schiff weiter
zu schaffen machten, fing die Besatzung in ihrer Not an,
Fracht über Bord zu werfen. 19Am folgenden Tag entledigten
sie sich sogar der Schiffsausrüstung. 20Der schreckliche Sturm
tobte tagelang, ohne nachzulassen, und verdunkelte Sonne
und Sterne, bis schließlich alle Hoffnungen auf Rettung ver-
flogen waren.

21Schon lange hatte niemand mehr etwas gegessen. Da rief
Paulus die Besatzung zusammen und sagte: »Männer, ihr
hättet von Anfang an auf mich hören sollen. Hättet ihr Kreta
nicht verlassen, dann wäre euch dieser Schaden und dieser
Verlust erspart geblieben. 22Aber lasst den Mut nicht sinken.
Keiner von euch wird sein Leben verlieren, obwohl unser
Schiff untergehen wird. 23Letzte Nacht stand ein Engel des
Gottes, dem ich gehöre und dem ich diene, neben mir 24und
sagte: ›Hab keine Angst, Paulus, denn du wirst auf jeden Fall
vor dem Kaiser vor Gericht stehen! Und Gott in seiner Güte

27,16 In einigen Handschriften heißt es *Klauda*.

hat jedem sicheres Geleit zugesagt, der mit dir segelt.*‹ [25]Seid
mutig! Denn ich glaube Gott und vertraue darauf, dass es
genauso kommen wird, wie er es mir gesagt hat. [26]Aber wir
werden vor einer Insel Schiffbruch erleiden.«

Der Schiffbruch

[27]Als wir in der vierzehnten Nacht dieses Sturms gegen Mit-
ternacht in die Adria* getrieben wurden, merkten die Seeleu-
te, dass Land in der Nähe war. [28]Sie warfen das Lot und stell-
ten fest, dass das Wasser nur siebenunddreißig Meter tief
war. Etwas weiter warfen sie das Lot noch einmal und maßen
kaum achtundzwanzig Meter*. [29]Und da sie fürchteten, dass
wir auf die Felsbänke vor der Küste auflaufen könnten, war-
fen sie deshalb am Heck vier Anker aus und hofften auf das
Tageslicht. [30]Dann versuchten die Seeleute, das Schiff zu ver-
lassen, indem sie das Rettungsboot hinabließen, aber so taten,
als wollten sie vom Bug aus Anker werfen. [31]Doch Paulus
sagte zum Offizier und den Soldaten: »Wenn die Seeleute
nicht an Bord bleiben, könnt ihr nicht gerettet werden.« [32]Da
kappten die Soldaten die Seile und ließen das Boot ins Meer
fallen.

[33]Als der Morgen dämmerte, bat Paulus alle, etwas zu essen.
»Seit zwei Wochen habt ihr keine Nahrung angerührt«, sagte
er. [34]»Esst etwas, denn es hilft euch zu überleben. Keinem von
euch wird ein Haar gekrümmt werden.« [35]Dann nahm er et-
was Brot, dankte Gott vor ihnen allen, brach ein Stück ab und
aß es. [36]Da fassten sie neuen Mut und begannen zu essen,
[37]alle zweihundertsechsundsiebzig Leute, die wir an Bord
waren. [38]Nachdem sie gegessen hatten, erleichterten die
Seeleute das Schiff, indem sie die Getreidefracht über Bord
warfen.

[39]Als der Morgen angebrochen war, erkannten sie die Küs-
tenlinie nicht, aber sie bemerkten eine Bucht mit einem Strand
und überlegten, ob sie wohl zwischen die Felsen gelangen

27,24 Griech. *Gott hat dir alle, die mit dir fahren, geschenkt.*
27,27 *Adria* bezeichnet hier ein Gebiet im Zentrum des Mittelmeers und ist nicht mit dem *Adriatischen Meer* zu verwechseln.
27,28 Griech. *20 Faden ... 15 Faden* (ein Faden sind 1,85 Meter).

und das Schiff sicher zum Strand treiben lassen konnten.
40Also kappten sie die Anker und ließen sie im Meer. Dann
tauchten sie die Ruder ins Wasser, hissten das Vordersegel
und steuerten auf die Küste zu. 41Doch das Schiff lief auf
eine Sandbank auf. Der Bug saß fest, während das Heck
durch die starken Wellen hin und her gerissen wurde, sodass
das Schiff auseinander zu brechen drohte.
42Die Soldaten wollten die Gefangenen töten, um zu verhin-
dern, dass sie ans Ufer schwammen und flohen. 43Aber der
Hauptmann wollte Paulus verschonen und hinderte sie da-
ran, diesen Plan in die Tat umzusetzen. Dann ließ er alle, die
schwimmen konnten, zuerst über Bord springen und sich an
Land in Sicherheit bringen, 44während er die anderen auffor-
derte, sich an den Planken und Bruchstücken des Schiffes
festzuhalten. So wurden alle gerettet und gelangten sicher
ans Ufer.

Paulus auf der Insel Malta

28 1Sobald wir sicher an Land waren, erfuhren wir, dass
wir uns auf der Insel Malta befanden. 2Die Insel-
bewohner begegneten uns sehr freundlich. Da es kalt und
regnerisch war, zündeten sie an der Küste ein Feuer an, um
uns zu begrüßen und damit wir uns aufwärmen konnten.
3Als Paulus gerade einen Arm voll Reisig, das er gesammelt
hatte, ins Feuer legte, biss sich eine Schlange, aufgescheucht
durch die Hitze, in seiner Hand fest. 4Die Inselbewohner sa-
hen die Schlange an seiner Hand hängen und sagten sich:
»Der ist bestimmt ein Mörder! Wenn er auch dem Meer ent-
kommen ist, so lässt die Rachegöttin* ihn doch nicht am Le-
ben.« 5Doch Paulus schüttelte die Schlange ins Feuer, und es
geschah ihm nichts. 6Die Leute erwarteten, dass sein Körper
jeden Augenblick anschwellen oder er plötzlich tot umfallen
würde. Doch als sie längere Zeit gewartet hatten und sahen,
dass ihm nichts geschah, änderten sie ihre Meinung und
dachten, dass er wohl ein Gott sein müsse.

28,4 Gemeint ist die griechische Göttin »Dike«.

7In der Nähe der Küste, an der wir gestrandet waren, befand
sich ein Anwesen, das Publius gehörte, dem angesehensten
Mann der Insel. Er hieß uns herzlich willkommen und ver-
sorgte uns drei Tage lang. 8Da erkrankte der Vater des Publius
auf einmal an Fieber und Ruhr. Paulus ging zu ihm hinein,
und als er für ihn betete und ihm die Hände auflegte, wurde
er gesund. 9Daraufhin kamen alle anderen Kranken der Insel
herbei und wurden ebenfalls geheilt. 10Da überhäuften sie
uns mit Ehrengeschenken, und als es Zeit war, weiterzuse-
geln, versorgten die Einwohner uns mit allem, was wir auf
der Reise vielleicht brauchen würden.

Paulus erreicht Rom

11Drei Monate waren seit dem Schiffbruch vergangen, bis wir
auf einem anderen Schiff, das auf der Insel überwintert hatte,
Segel setzten. Es war ein alexandrinisches Schiff mit den
Zwillingsgöttern* als Galionsfigur. 12Unser erster Zwischen-
halt war Syrakus*, wo wir drei Tage blieben. 13Von dort segel-
ten wir hinüber nach Rhegion*. Einen Tag später erhob sich
ein Südwind; deshalb segelten wir die Küste hinauf nach Pu-
teoli. 14Dort trafen wir einige Gläubige*, die uns einluden,
sieben Tage bei ihnen zu bleiben. Und so kamen wir nach
Rom.

15Die Gläubigen in Rom hatten schon gehört, dass wir ange-
kommen waren, und kamen uns beim Forum* an der Appi-
schen Straße entgegen. Andere schlossen sich uns bei den
Drei Tavernen* an. Als Paulus sie sah, dankte er Gott und
gewann wieder Zuversicht.

16In Rom eingetroffen, wurde Paulus eine eigene private
Unterkunft erlaubt, allerdings bewacht von einem Soldaten.

28,11 Die *Zwillingsgötter* waren die römischen Götter »Castor« und »Pollux«.
28,12 *Syrakus* lag auf der Insel Sizilien.
28,13 *Rhegion* lag an der südlichen Spitze Italiens.
28,14 Griech. *Brüder;* so auch in 28,15.
28,15a Das *Forum* befand sich etwa 70 km südlich von Rom.
28,15b Die *Drei Tavernen* befanden sich etwa 57 km südlich von Rom.

Paulus predigt in Rom unter Bewachung

17Drei Tage nach seiner Ankunft rief Paulus die örtlichen Lei-
ter der jüdischen Gemeinden zusammen und sagte zu ihnen:
»Brüder, ich wurde in Jerusalem verhaftet und der römischen
Regierung überstellt, obwohl ich unser Volk nicht beleidigt
und auch nicht gegen die Bräuche unserer Vorfahren versto-
ßen habe. 18Die Römer haben mich verhört und wollten mich
freilassen, denn sie fanden keinen Grund für ein Todesurteil.
19Als die jüdischen Leiter gegen diese Entscheidung protes-
tierten, hielt ich es für nötig, mich auf den Kaiser zu berufen.
Ich beabsichtigte dabei jedoch nicht, irgendwelche Anklagen
gegen mein eigenes Volk vorzubringen. 20Heute habe ich
euch hierher gebeten, damit ich euch das erzählen kann. Ich
bin mit dieser Kette gefesselt, weil ich an das glaube, worauf
ganz Israel hofft.«

21Sie erwiderten: »Uns ist nichts Nachteiliges über dich zu
Ohren gekommen. Wir haben auch keine Briefe aus Judäa
oder Berichte von Reisenden mit negativen Äußerungen
über dich unter denen, die hier eingetroffen sind. 22Aber wir
möchten gerne hören, was du glaubst, denn das Einzige, was
wir über die Anhänger dieser neuen Glaubenslehre* wissen,
ist, dass ihnen überall widersprochen wird.«

23Daraufhin vereinbarten sie eine Zusammenkunft. An dem
betreffenden Tag kamen sehr viele Menschen zu Paulus. Er
erzählte ihnen vom Reich Gottes und zeigte ihnen anhand
der Schriften – der fünf Bücher Moses und der prophetischen
Bücher –, wer Jesus war. Am Morgen fing er an und redete
und erklärte bis zum Abend. 24Manche der Zuhörer ließen
sich durch die gesagten Worte überzeugen und glaubten, an-
dere nicht. 25Doch nachdem sie lange diskutiert hatten und
nicht eins wurden darüber, brachen sie auf. Paulus gab ihnen
noch folgenden Satz auf den Weg mit: »Der Heilige Geist hat-
te recht, als er durch den Propheten Jesaja zu unseren Vorfah-
ren sagte:

26›Geht und sagt meinem Volk:

28,22 Griech. *dieser Sekte.*

Ihr werdet meine Worte hören, sie aber nicht verstehen; ihr
werdet sehen, was ich tue, aber die Bedeutung nicht erken-
nen. [27]Denn die Herzen dieser Menschen sind verhärtet. Ihre
Ohren können nicht hören, und sie haben ihre Augen ge-
schlossen. Ihre Augen sehen nicht, ihre Ohren hören nicht
und ihr Herz versteht nicht, und sie kehren nicht zu mir um,
damit ich sie heil mache.‹*

[28]Deshalb möchte ich euch wissen lassen, dass die Erlösung
durch Gott auch den Nichtjuden offen steht, und sie werden
sie annehmen.«*

[30]In den beiden folgenden Jahren wohnte Paulus in einer
eigenen Wohnung*. Er hieß jeden willkommen, der ihn be-
suchte, [31]verkündete in aller Offenheit das Reich Gottes und
predigte von Jesus Christus, dem Herrn. Und niemand ver-
suchte, ihn daran zu hindern.

28,26-27 Jesaja 6,9-10.
28,28 Einige Handschriften fügen hier Vers 29 hinzu: *Als er diese Worte gesagt hatte, gingen die Juden fort und stritten sehr miteinander.*
28,30 O. *auf eigene Kosten.*

Der Brief an die Römer

Grüße von Paulus

1 [1]Dieser Brief stammt von Paulus, einem Diener von Jesus Christus. Ich wurde von Gott zum Apostel berufen und beauftragt, seine gute Botschaft zu verkünden, [2]die er schon vor langer Zeit durch seine Propheten in den heiligen Schriften angekündigt hat. [3]Es ist die Botschaft von Jesus, seinem Sohn. Er ist als Mensch geboren worden und gehört der Herkunft nach in das Geschlecht Davids. [4]Jesus Christus, unser Herr, wurde als Sohn Gottes bestätigt, indem Gott ihn mit großer Macht durch den Heiligen Geist* von den Toten auferweckte. [5]Durch Christus hat Gott uns das Vorrecht* und das Amt gegeben, in seinem Namen den Völkern auf der ganzen Welt weiterzusagen, was Gott für sie getan hat, damit sie an ihn glauben und ihm gehorchen und so sein Name geehrt wird.

[6]Auch ihr, liebe Freunde in Rom, gehört zu denen, die von Jesus Christus berufen worden sind. [7]Gott liebt euch und hat euch dazu berufen, zu ihm zu gehören.

Euch allen wünsche ich Gnade und Friede von Gott, unserem Vater, und von Jesus Christus, unserem Herrn!

Gottes gute Botschaft

[8]Als Erstes danke ich Gott durch Jesus Christus für jeden Einzelnen von euch, denn die Nachricht von eurem Glauben verbreitet sich in der ganzen Welt. [9]Gott weiß, dass ich unablässig für euch bete. Ihm diene ich von ganzem Herzen*, indem ich die gute Botschaft von seinem Sohn weitersage.

[10]Um eines bitte ich im Gebet immer wieder: um die Gelegenheit, euch endlich besuchen zu können, wenn es Gottes Wille ist. [11]Denn ich sehne mich danach, euch zu besuchen und den Segen des Heiligen Geistes mit euch zu teilen, um

---

1,4 Griech. *durch den Geist der Heiligkeit.*
1,5 Griech. *Gnade.*
1,9 Griech. *in meinem Geist.*

euch in eurem Glauben zu stärken. [12]Ich möchte euch ermutigen, aber auch selbst durch euren Glauben ermutigt werden. Auf diese Weise werden wir uns gegenseitig im Glauben stärken.

[13]Ihr sollt wissen, liebe Freunde*, dass ich schon oft vorhatte, euch zu besuchen, aber bis jetzt immer daran gehindert wurde. Ich möchte erleben, dass meine Arbeit wie bei den anderen Völkern auch bei euch Früchte trägt. [14]Denn ich fühle mich sowohl den Menschen in unserer Kultur wie auch denen anderer Völker*, Gebildeten wie Ungebildeten, verpflichtet. [15]Deshalb wünsche ich mir, auch zu euch nach Rom zu kommen, um euch Gottes gute Botschaft zu verkünden.

[16]Denn ich schäme mich nicht für die gute Botschaft von Christus. Diese Botschaft ist die Kraft Gottes, die jeden rettet, der glaubt – die Juden zuerst, aber auch alle anderen Menschen. [17]Sie zeigt uns, wie Gott uns in seinen Augen gerecht spricht. Dies geschieht einzig und allein durch Glauben.* Denn es heißt schon in der Schrift: »Durch den Glauben hat ein Gerechter Leben.«*

Gottes Zorn über die Sünde

[18]Doch vom Himmel her wird Gottes Zorn sichtbar über alle Gottlosigkeit und Ungerechtigkeit der Menschen, die die Wahrheit ablehnen.* [19]Dabei wissen sie von Gott*; Gott selbst hat ihnen diese Erkenntnis gegeben. [20]Seit Erschaffung der Welt haben die Menschen die Erde und den Himmel und alles gesehen, was Gott erschaffen hat, und können daran ihn, den unsichtbaren Gott, in seiner ewigen Macht und seinem göttlichen Wesen klar erkennen. Deshalb haben sie keine Entschuldigung dafür, von Gott nichts gewusst zu haben.

1,13 Griech. *Brüder.*
1,14 Griech. *Griechen und Nichtgriechen.*
1,17a Griech. *Denn die Gerechtigkeit Gottes wird in ihr offenbart aus Glauben zum Glauben.*
1,17b Habakuk 2,4.
1,18 Griech. *die die Wahrheit durch Ungerechtigkeit aufhalten.*
1,19 Griech. *das Erkennbare ist unter ihnen offenbar.*

[21]Obwohl sie von Gott wussten, wollten sie ihn nicht als Gott verehren oder ihm danken. Stattdessen fingen sie an, sich unsinnige Vorstellungen von Gott zu machen, und ihr Verstand* verfinsterte sich und wurde verwirrt. [22]Sie behaupteten, weise zu sein, und wurden dabei zu Narren. [23]Statt den herrlichen, ewigen Gott anzubeten, beteten sie Götzenbilder an, die vergängliche Menschen darstellten, oder Vögel, Tiere und Schlangen.

[24]Deshalb hat Gott sie ihren schamlosen Begierden und unreinen Leidenschaften überlassen, sodass sie untereinander ihre eigenen Körper schändeten. [25]Sie tauschten die Wahrheit Gottes, die sie kannten, gegen die Lüge ein und verehrten das von Gott Geschaffene statt den Schöpfer selbst, dem Ehre gebührt in alle Ewigkeit. Amen.

[26]Deshalb überließ Gott sie ihren schändlichen Leidenschaften. Die Frauen wandten sich vom natürlichen Geschlechtsverkehr ab und suchten die sexuelle Beziehung zueinander*. [27]Und auch die Männer hatten keine sexuellen Beziehungen mehr zu Frauen, wie es der natürlichen Ordnung entspricht. Stattdessen entbrannte in ihnen die sexuelle Lust zueinander. Männer trieben Schändliches mit anderen Männern und erlitten an sich selbst die Strafe, die sie verdienten*.

[28]Da sie sich weigerten, Gott anzuerkennen, überließ er sie ihren verwerflichen Gedanken, sodass sie tun, was sie nie tun sollten. [29]Ihr Leben ist voller Unrecht, Schlechtigkeit, Habgier, Bosheit, Neid, Mord, Streit, Betrug und Hinterlist. Sie reden hinter dem Rücken über andere [30]und verleumden ihre Mitmenschen; sie hassen Gott und sind unverschämt, stolz und großspurig. Sie sind voller Ideen, wenn es darum geht, Böses zu tun, und ihren Eltern sind sie ungehorsam. [31]Sie sind uneinsichtig, halten ihre Versprechen nicht und sind lieblos und unbarmherzig. [32]Sie wissen genau, dass Menschen, die sich so verhalten, nach dem Gesetz Gottes den Tod verdient haben, aber sie lassen sich nicht davon ab-

---

1,21 Griech. *ihr Herz.*
1,26 Griech. *wider die Natur.*
1,27 Griech. *den Lohn für ihre Verirrung.*

bringen und freuen sich sogar noch darüber, wenn andere
genauso handeln wie sie.

Gottes Gericht über die Sünde

2 1Aber du bist ja genauso wie sie und hast dafür keine Ent-
schuldigung! Wenn du sagst, dass sie bestraft werden sol-
len, dann verurteilst du dich damit selbst, weil du genau das-
selbe tust, wenn du über sie richtest. 2Und wir wissen, dass
Gott jeden, der so handelt, gerecht richten wird*. 3Meinst du,
Gott wird andere richten und verurteilen, wenn sie so han-
deln, und dich, wenn du dasselbe tust, ungestraft lassen? 4Ist
es dir gleichgültig, wie freundlich, geduldig und nachsichtig
Gott mit dir ist? Siehst du nicht, wie Gottes Freundlichkeit
dich zur Umkehr bewegen will?

5Aber nein, du trägst selbst dazu bei, dass Gottes Zorn im-
mer größer wird, weil du dich hartnäckig weigerst, auf dei-
nem falschen Weg umzukehren. Denn am Tag des Gerichts
wird Gott, der gerechte Richter über die ganze Welt, 6alle
Menschen nach ihrem Tun richten. 7Er wird denen das ewige
Leben schenken, die beharrlich das tun, was gut ist, und sich
nach der Herrlichkeit, Ehre und Unvergänglichkeit sehnen,
die Gott gibt. 8Diejenigen aber, die nur für sich selbst gelebt
haben, die nicht der Wahrheit, sondern der Ungerechtigkeit
gehorchten, wird Gottes ganzer Zorn treffen. 9Not und Angst
wird über alle hereinbrechen, die nicht aufhören zu
sündigen – über die Juden zuerst genauso wie über alle ande-
ren Menschen. 10Denen aber, die Gutes tun, wird Gott Herr-
lichkeit, Ehre und Frieden schenken – den Juden zuerst, aber
auch allen anderen Menschen. 11Denn Gott bevorzugt nie-
manden.

12Wenn die, die das geschriebene Gesetz Gottes nicht kann-
ten, sündigen, wird Gott sie dennoch richten. Und wenn die,
die das Gesetz kennen, sündigen, wird Gott sie nach dem
Gesetz verurteilen. 13Es reicht also nicht aus, das Gesetz nur
zu kennen, um vor Gott anerkannt zu sein. Sondern nur wer
so handelt, wie es das Gesetz verlangt, wird in Gottes Augen

2,2 Griech. *das Gericht Gottes ist gemäß der Wahrheit.*

für gerecht erklärt. 14Wenn sogar Menschen, die Gottes ge-
schriebenes Gesetz nicht haben, unbewusst so handeln, wie
es das Gesetz vorschreibt, so beweist das, dass sie in ihren
Herzen Recht von Unrecht unterscheiden können. 15Durch
ihr Verhalten zeigen sie, dass Gottes Gesetz in ihr Herz ge-
schrieben ist, denn ihr eigenes Gewissen und ihre Gedanken
klagen sie entweder an oder bestätigen, dass sie das Richtige
tun. 16Und dies alles wird sichtbar an dem Tag, an dem Gott
durch Jesus Christus alles richten wird, auch das, was bei den
Menschen verborgen ist. Das ist meine Botschaft, die mir Gott
gegeben hat.

Die Juden und das Gesetz

17Wenn du ein Jude bist, verlässt du dich auf das Gesetz und
bist stolz auf deine besondere Beziehung zu Gott. 18Du kennst
seinen Willen; du kannst Recht von Unrecht unterscheiden,
weil du in seinem Gesetz unterrichtet worden bist. 19Du bist
überzeugt, ein Führer der Blinden zu sein und ein Licht für
die Menschen, die ohne Gott in der Finsternis leben. 20Du
meinst, du könntest die Unwissenden unterweisen und Kin-
dern die Wege Gottes lehren. Denn du hast ja das Gesetz Got-
tes, das die Erkenntnis und Wahrheit verkörpert.

21Nun, wenn du andere belehrst, warum dann nicht auch
dich selbst? Anderen predigst du, sie dürften nicht stehlen;
aber du stiehlst selbst? 22Anderen sagst du, sie dürften nicht
Ehebruch begehen; aber selbst tust du es? Du verurteilst den
Götzendienst, raubst aber die Tempel aus? 23Du bist stolz da-
rauf, das Gesetz zu kennen, aber du machst Gott Schande,
indem du dich nicht daran hältst. 24Das steht schon in der
Schrift: »Euretwegen verspottet die Welt den Namen Got-
tes.«*

25Der jüdische Brauch der Beschneidung nützt nur dann et-
was, wenn du Gottes Gesetz gehorchst. Doch wenn du das
nicht tust, bist du genauso wie jeder Unbeschnittene. 26Wenn
aber ein Unbeschnittener nach dem Gesetz Gottes lebt, gilt er
dann nicht vor Gott als Teil seines Volkes? 27Ja, Unbeschnitte-

2,24 Jesaja 52,5.

ne, die aber das Gesetz Gottes erfüllen, werden sogar Richter
über euch Juden sein, die ihr beschnitten seid und das Gesetz
Gottes kennt, es aber nicht befolgt.
[28]Denn nicht der ist ein wahrer Jude, der von jüdischen El-
tern geboren oder nach jüdischem Brauch beschnitten wurde.
[29]Nein, ein wahrer Jude ist der, dessen Herz vor Gott gerecht
ist. Und die wahre Beschneidung ist keine äußere Handlung,
sondern eine Veränderung des Herzens durch den Geist Got-
tes und geschieht nicht durch Einhaltung jedes einzelnen
Buchstabens des Gesetzes. Wer diese Veränderung erfahren
hat, bekommt die Anerkennung Gottes und nicht die der
Menschen.

Gott bleibt treu

3 [1]Welchen Vorteil hat es dann eigentlich, Jude zu sein?
Und was für einen Nutzen hat überhaupt noch die jüdi-
sche Beschneidung? [2]Nun, Jude zu sein hat viele Vorteile, vor
allem aber den, dass den Juden die Worte Gottes anvertraut
wurden.
[3]Aber was ist damit, dass einige von ihnen untreu waren?
Meint ihr, nur weil sie die Treue gebrochen haben, würde das
die Treue Gottes aufheben? [4]Natürlich nicht! Es ist vielmehr
so: Gott ist wahrhaftig und jeder Mensch ist ein Lügner! So
steht es schon in der Schrift: »Du wirst gerecht dastehen mit
dem, was du sagst, und du wirst siegen, wenn man dich vor
Gericht bringt.«*
[5]Aber ist es nicht so, dass unsere Ungerechtigkeit doch ei-
nem guten Zweck dient? Denn die Gerechtigkeit Gottes wird
erst dadurch offensichtlich, dass er uns, die wir Sünder sind,
für unschuldig erklärt. Ist es dann nicht ungerecht, wenn Gott
wegen unserer Sünde zornig ist? – Ich rede aus rein mensch-
licher Sicht. – [6]Natürlich nicht! Wenn Gott nicht gerecht wäre,
wie könnte er dann das Recht haben, die ganze Welt zu rich-
ten? [7]Aber wie kann Gott mich richten und als Sünder ver-
urteilen, wenn meine Lüge seine Wahrheit umso heller leuch-
ten lässt und der Ruhm Gottes noch größer wird? [8]Wer

3,4 Psalm 51,6.

solchen Gedanken nachhängt, könnte genauso gut sagen: »Je
mehr wir sündigen, desto besser!«* Wer so redet, wird zu
Recht verurteilt; und doch verleumden uns manche, indem
sie behaupten, dass wir dies lehren würden!

Alle Menschen sind Sünder

9Also, haben wir Juden denn nun den anderen Menschen ge-
genüber einen Vorteil?* Nein, überhaupt keinen. Wir haben ja
bereits gezeigt, dass alle Menschen – ob sie Juden sind oder
nicht – unter der Herrschaft der Sünde stehen. 10In der Schrift
heißt es:
»Keiner ist gerecht – nicht ein Einziger. 11Keiner ist klug;
keiner fragt nach Gott. 12Alle haben sich von Gott abgewandt;
alle sind für Gott unbrauchbar geworden. Keiner tut Gutes*,
auch nicht ein Einziger.«*
13»Ihre Rede ist faul wie der Gestank aus einem offenen
Grab. Sie ist durch und durch verlogen.«
»Ihr Reden ist tödlich wie Otterngift.«*
14»Ihr Mund ist voller Flüche und bitterer Worte.«*
15»Sie sind schnell bereit, einen Mord zu begehen. 16Wohin
sie auch gehen, folgen ihnen Verwüstung und Elend. 17Den
Weg des Friedens kennen sie nicht.«*
18»Sie haben keine Ehrfurcht vor Gott.«*
19Wir wissen, dass das, was im Gesetz steht, für die gilt,
denen es gegeben wurde. Deshalb können sich die Menschen
nicht mehr herausreden, und die ganze Welt ist dem Gericht
Gottes unterstellt. 20Denn niemand wird in Gottes Augen ge-
recht gesprochen, indem er versucht, das Gesetz zu halten.
Im Gegenteil, je besser wir Gottes Gesetz kennen, desto deut-
licher erkennen wir, dass wir schuldig sind.

3,8 Griech. *Lasst uns Böses tun, damit Gutes daraus entstehe.*
3,9 Griech. *Sind wir besser?*
3,12 Griech. *Redlichkeit* oder *was rechtschaffen ist.*
3,10-12 Psalm 14,1-3; 53,2-4.
3,13 Psalm 5,10; 140,4.
3,14 Psalm 10,7.
3,15-17 Jesaja 59,7-8.
3,18 Psalm 36,2.

Christus nahm unsere Strafe auf sich

21Doch nun hat Gott uns unabhängig vom Gesetz einen ande-
ren Weg gezeigt, wie wir in seinen Augen gerecht werden
können – einen Weg in Übereinstimmung mit dem Gesetz
und den Propheten. 22Wir werden von Gott gerecht gespro-
chen, indem wir an Jesus Christus glauben. Dadurch können
alle ohne Unterschied gerettet werden.

23Denn alle Menschen haben gesündigt und das Leben in
der Herrlichkeit Gottes verloren. 24Doch Gott erklärt uns aus
Gnade für gerecht. Es ist sein Geschenk an uns durch Jesus
Christus, der uns von unserer Schuld befreit* hat. 25Denn
Gott sandte Jesus, damit er die Strafe für unsere Sünden auf
sich nimmt und unsere Schuld gesühnt wird. Wir sind ge-
recht vor Gott, wenn wir glauben, dass Jesus sein Blut für
uns vergossen und sein Leben für uns geopfert hat. Gott be-
wies seine Gerechtigkeit, als er die Menschen nicht bestrafte,
26die in früheren Zeiten gesündigt haben. Er handelte so, weil
er Geduld mit ihnen hatte. Und er ist auch jetzt, in dieser Zeit,
vollkommen gerecht, indem er die für gerecht erklärt, die an
Jesus glauben.

27Können wir nun stolz darauf sein, dass wir irgendetwas
dazu getan haben, von Gott angenommen zu werden? Nein,
denn das geschah nicht aufgrund unserer guten Taten, son-
dern allein aufgrund unseres Glaubens.* 28Wir werden durch
den Glauben vor Gott gerechtfertigt und nicht durch das Be-
folgen des Gesetzes.

29Oder ist Gott nur der Gott der Juden? Ist er nicht auch der
Gott aller Menschen? Natürlich ist er das. 30Es gibt nur einen
Gott. Und es gibt nur einen Weg, von ihm angenommen zu
werden. Nur aufgrund des Glaubens spricht er die Menschen
vor sich selbst gerecht, ob sie nun Juden sind oder nicht.
31Wenn wir nun aber den Glauben so betonen, heben wir da-
mit das Gesetz auf? Natürlich nicht! Sondern durch den
Glauben bestätigen wir das Gesetz.

3,24 Griech. *erlöst.*

3,27 Griech. *Wo bleibt nun der Ruhm? Er ist ausgeschlossen. Durch was für ein Gesetz? Der Werke? Nein, sondern durch das Gesetz des Glaubens.*

Der Glaube Abrahams

4 [1]Abraham war seiner Herkunft nach der Stammvater un-
seres jüdischen Volkes. Durch was wurde er nun gerettet?
[2]Nahm Gott ihn etwa aufgrund seiner guten Taten an?* Wäre
es so, dann hätte er Grund, stolz zu sein. Doch aus der Sicht
Gottes hatte Abraham dazu keinen Anlass. [3]Denn was steht
in der Schrift? »Abraham glaubte Gott; und Gott erklärte ihn
wegen seines Glaubens für gerecht.«*

[4]Wenn Menschen arbeiten, erhalten sie ihren Lohn nicht als
Geschenk. Ein Arbeiter hat sich verdient, was er bekommt.
[5]Gerecht gesprochen aber wird ein Mensch aufgrund seines
Glaubens, nicht aufgrund seiner Taten.

[6]Das meinte auch David, als er die Freude eines Menschen
beschrieb, der unverdient gerecht gesprochen wird:

[7]»Glücklich ist der, dessen Ungehorsam* vergeben und des-
sen Schuld zugedeckt ist. [8]Glücklich ist der, dem der Herr die
Sünden nicht mehr anrechnet.«*

[9]Ist nun dieses Glück nur für die Juden da oder auch für alle
anderen? Wir haben gesagt, dass Abraham aufgrund seines
Glaubens von Gott für gerecht erklärt wurde. [10]Doch auf wel-
che Weise hat ihm sein Glaube geholfen? Wurde er erst ge-
recht gesprochen, nachdem er beschnitten worden war, oder
schon vor seiner Beschneidung? Die Antwort lautet: Gott hat
ihn angenommen, ehe er beschnitten wurde!

[11]Die Beschneidung war ein Zeichen dafür, dass Abraham
glaubte und Gott ihn angenommen und gerecht gesprochen
hatte, als er noch unbeschnitten war. Damit ist Abraham der
geistliche Vater all derer, die glauben, aber nicht beschnitten
worden sind. Sie werden von Gott wegen ihres Glaubens ge-
recht gesprochen. [12]Und er ist auch der geistliche Vater all
derer, die beschnitten worden sind und denselben Glauben
haben, wie ihn Abraham schon vor seiner Beschneidung
hatte.

4,2 Griech. *Ist denn Abraham aus Werken gerechtfertigt worden?*
4,3 1. Mose 15,6.
4,7 O. *Ungerechtigkeiten, Gesetzlosigkeiten.*
4,7-8 Psalm 32,1-2.

13Denn Gottes Zusage, Abraham und seinen Nachkommen
die ganze Erde zu geben, beruhte nicht auf dem Gehorsam
gegenüber dem Gesetz, sondern darauf, dass Abraham
durch den Glauben vor Gott gerecht wurde. 14Wer behauptet,
diese Zusage Gottes gelte nur denen, die das Gesetz befolgen,
der erklärt den Glauben für nutzlos, und die Zusage verliert
ihre Gültigkeit. 15Denn die Übertretung des Gesetzes bewirkt
Gottes Zorn; wo es aber kein Gesetz gibt, gibt es auch keine
Übertretung.

16Deshalb ist der Glaube entscheidend, damit die Zusage
Gottes ein Geschenk aus Gnade bleibt. Sie gilt allen: denen,
die nach dem Gesetz leben und denen, die durch den Glau-
ben leben, wie Abraham es tat. Denn er ist der Vater aller, die
glauben. 17So heißt es in der Schrift: »Ich habe dich zum Vater
vieler Völker gemacht.«* Dies geschah, weil Abraham an den
Gott glaubte, der die Toten zum Leben erweckt und ins Da-
sein ruft, was vorher nicht war.

18Als Gott Abraham versprach, dass er zum Vater vieler
Völker werden würde, glaubte Abraham ihm und hielt an
der Hoffnung fest, obwohl es hoffnungslos schien. Gott hatte
ihm versprochen: »Deine Nachkommen werden so zahlreich
sein wie die Sterne.«* 19Doch Abrahams Glaube blieb uner-
schüttert, obwohl er wusste, dass er mit fast hundert Jahren
viel zu alt war, um noch Vater zu werden, und seine Frau Sara
keine Kinder mehr bekommen konnte.

20Abraham zweifelte nicht und vertraute auf die Zusage
Gottes. Ja, sein Glaube wuchs sogar noch, und damit ehrte er
Gott. 21Er war vollkommen überzeugt davon, dass Gott das,
was er versprochen hat, auch tun kann. 22Und wegen dieses
Glaubens erklärte Gott ihn für gerecht.

23Doch diese wunderbare Zusage – dass Gott ihn für gerecht
erklärte – galt nicht nur für Abraham. 24Sie wurde auch für
uns in der Schrift festgehalten, denn Gott wird auch uns für
gerecht erklären, wenn wir an ihn glauben, der Jesus, unseren
Herrn, von den Toten auferweckt hat. 25Wegen unserer Sün-

4,17 1. Mose 17,5.
4,18 1. Mose 15,5.

den musste Jesus sterben, und er wurde auferweckt, um uns
vor Gott gerecht zu sprechen.

Der Glaube bewirkt Freude

5 [1]Da wir nun durch den Glauben von Gott für gerecht er-
klärt worden sind, haben wir Frieden mit Gott durch das,
was Jesus, unser Herr, für uns tat. [2]Christus hat uns durch den
Glauben ein Leben aus Gottes Gnade geschenkt, in der wir
uns befinden, und wir sehen voller Freude der Herrlichkeit
Gottes entgegen.
[3]Wir freuen uns auch dann, wenn uns Sorgen und Probleme
bedrängen, denn wir wissen, dass wir dadurch lernen, gedul-
dig zu werden. [4]Geduld aber macht uns innerlich stark, und
das wiederum macht uns zuversichtlich in der Hoffnung auf
die Erlösung. [5]Und in dieser Hoffnung werden wir nicht ent-
täuscht werden. Denn wir wissen, wie sehr Gott uns liebt,
weil er uns den Heiligen Geist geschenkt hat, der unsere Her-
zen mit seiner Liebe erfüllt.
[6]Christus kam ja zu einer Zeit, als wir der Sünde noch hilflos
ausgeliefert waren, und er starb für uns, die wir ohne Gott
lebten. [7]Selbst für einen guten Menschen* würde kaum je-
mand sterben – am ehesten noch für einen herausragenden
Menschen*. [8]Gott dagegen beweist uns seine große Liebe da-
durch, dass er Christus sandte, damit dieser für uns sterben
sollte, als wir noch Sünder waren. [9]Und da wir durch das Blut
von Christus in Gottes Augen gerecht gesprochen worden
sind, ist sicher, dass Christus uns vor dem Gericht* Gottes
bewahren wird. [10]Wir sind ja durch den Tod seines Sohnes
mit Gott versöhnt worden, als wir noch seine Feinde waren.
Dann werden wir erst recht jetzt, wo wir seine Freunde ge-
worden sind, durch das Leben von Christus gerettet werden.
[11]So freuen wir uns nun darüber, dass wir wieder eine Bezie-
hung zu Gott haben – weil Jesus Christus, unser Herr, uns mit
Gott versöhnt hat.

5,7a Griech. *für einen Gerechten.*
5,7b Griech. *für den Gütigen.*
5,9 Griech. *Zorn.*

Der Gegensatz zwischen Adam und Christus
[12]Die Sünde kam durch einen einzigen Menschen in die
Welt – Adam. Als Folge davon kam der Tod, und der Tod
ergriff alle, weil alle sündigten. [13]Ja, die Menschen sündigten
schon, bevor ihnen das Gesetz gegeben wurde. Aber solange
es kein Gesetz gibt, wird dies nicht als Schuld angerechnet.
[14]Und doch herrschte der Tod über alle Menschen von Adam
bis Mose – auch wenn sie kein ausdrückliches Verbot Gottes
missachteten, wie Adam es tat, der auf Christus hinweist, der
noch kommen sollte! [15]Und was für ein Unterschied zwischen
der Sünde und Gottes überwältigendem Geschenk der Ver-
gebung. Denn wenn der eine Mensch, Adam, durch seine
Sünde vielen den Tod brachte, um wie viel größer ist dann
das Geschenk Gottes, seine Vergebung, das der andere
Mensch, Jesus Christus, so vielen brachte. [16]Und dieses Ge-
schenk Gottes hat völlig andere Folgen als die Sünde jenes
einen: Denn während die Sünde des einen zur tödlichen Ver-
dammnis führte, werden viele trotz ihrer Sünden* von Gott
unverdient gerecht gesprochen. [17]Durch die Sünde des einen
Menschen gerieten wir unter die Herrschaft des Todes, doch
durch den anderen Menschen, Jesus Christus, werden alle,
die Gottes Gnade und das Geschenk der Gerechtigkeit an-
nehmen, über Sünde und Tod siegen und leben!

[18]Ja, die Sünde Adams brachte Verdammnis über alle Men-
schen, aber die Tat von Christus, sein erlösendes Handeln,
macht alle Menschen in Gottes Augen gerecht und schenkt
ihnen Leben. [19]Weil ein Mensch Gott ungehorsam war, wur-
den viele Menschen zu Sündern. Doch weil ein anderer
Mensch Gott gehorchte, werden viele Menschen in Gottes
Augen gerechtfertigt.

[20]Das Gesetz aber wurde gegeben, damit alle Menschen er-
kennen konnten, wie sündig sie waren. Doch als das Ausmaß
der Sünde unter den Menschen immer größer wurde, ist Got-
tes wunderbare Gnade noch grenzenloser geworden. [21]So
wie die Sünde also über alle Menschen herrschte und ihnen
den Tod brachte, so herrscht jetzt Gottes wunderbare Gnade.

5,16 Griech. *aus vielen Sünden.*

Durch sie werden wir vor Gott gerecht gesprochen und gewinnen durch Jesus Christus, unseren Herrn, das ewige Leben.

Die Macht der Sünde ist gebrochen

6 1Heißt das, dass wir weiter sündigen sollen, damit Gott
Gelegenheit hat, uns noch mehr Gnade zu schenken?
2Natürlich nicht! Wenn wir für die Sünde tot sind, wie können
wir da weiter in ihr leben? 3Oder wisst ihr nicht, dass wir mit
Jesus Christus gestorben sind, als wir auf seinen Namen ge-
tauft wurden?* 4Denn durch die Taufe sind wir mit Christus
gestorben und begraben. Und genauso wie Christus durch
die herrliche Macht des Vaters von den Toten auferstanden
ist, so können auch wir jetzt ein neues Leben führen.
5Da wir in seinem Tod mit ihm verbunden sind, werden wir
auch in der Auferstehung mit ihm verbunden sein. 6Unser
früheres Leben wurde mit Christus gekreuzigt, damit die
Sünde in unserem Leben ihre Macht verliert. Nun sind wir
keine Sklaven der Sünde mehr. 7Denn als wir mit Christus
starben, wurden wir von der Macht der Sünde befreit. 8Und
weil wir mit Christus gestorben sind, vertrauen wir darauf,
dass wir auch mit ihm leben werden. 9Wir wissen, dass Chris-
tus von den Toten auferstand und nie wieder sterben wird.
Der Tod hat keine Macht mehr über ihn. 10Er starb ein für
alle Mal, um die Sünde zu besiegen, und nun lebt er für Gott.
11Deshalb haltet daran fest: Ihr seid für die Sünde tot und lebt
nun durch Christus Jesus für Gott!
12Lasst nicht die Sünde euer Leben beherrschen;* gebt ihrem
Drängen nicht nach. 13Lasst keinen Teil eures Körpers zu ei-
nem Werkzeug für das Böse* werden, um mit ihm zu sündi-
gen. Stellt euch stattdessen ganz Gott zur Verfügung, denn es
ist euch ein neues Leben geschenkt worden. Euer Körper soll
ein Werkzeug zur Ehre Gottes sein, sodass ihr tut, was ge-
recht ist! 14Die Sünde hat die Macht über euch verloren,

6,3 Griech. *in seinen Tod getauft wurden.*
6,12 O. *Lasst die Sünde nicht in eurem Körper herrschen, der dem Tod unterworfen ist, und gehorcht nicht seinen Begierden.*
6,13 Griech. *der Ungerechtigkeit.*

denn ihr steht nicht mehr unter dem Gesetz, sondern seid
durch Gottes Gnade frei geworden.

Freiheit, um Gott zu gehorchen

15Bedeutet das, dass wir weiter sündigen dürfen, weil Gottes
Gnade uns vom Gesetz befreit hat? Natürlich nicht! 16Erkennt
ihr denn nicht, dass ihr immer der Sklave dessen seid, dem ihr
gehorcht? Ihr könnt die Sünde wählen, die in den Tod führt,
oder ihr könnt Gott gehorchen und seine Anerkennung be-
kommen*. 17Gott sei Dank! Denn früher wart ihr Sklaven der
Sünde, doch nun habt ihr euch von ganzem Herzen der neu-
en Lehre unterstellt, die Gott euch gegeben hat. 18Jetzt seid ihr
frei von der Sünde und dient stattdessen der Gerechtigkeit.
19Ich benutze diesen Vergleich mit den Sklaven, weil er
leicht zu verstehen ist. Früher habt ihr als Sklaven der Un-
reinheit und Gesetzlosigkeit gedient; jetzt sollt ihr euch dafür
entscheiden, für die Gerechtigkeit zu leben, damit ihr heilig
werdet.
20Damals wart ihr Sklaven der Sünde und kanntet keine Ge-
rechtigkeit. 21Und was waren die Folgen? Nichts Gutes, denn
heute schämt ihr euch für das, was ihr früher getan habt –
es führte zum Tod. 22Doch nun seid ihr aus der Macht der
Sünde befreit und seid Diener Gottes geworden. Jetzt tut ihr
das, was zu eurer Heiligung führt und euch das ewige Leben
bringt. 23Denn der Lohn der Sünde ist der Tod; das unver-
diente Geschenk Gottes dagegen ist das ewige Leben durch
Christus Jesus, unseren Herrn.

Nicht länger an das Gesetz gebunden

7 1Liebe Freunde*, die ihr mit dem Gesetz vertraut seid:
Wisst ihr nicht, dass das Gesetz für einen Menschen nur
gilt, solange er lebt? 2Lasst es mich an einem Beispiel deutlich
machen: Wenn eine Frau heiratet, ist sie durch das Gesetz an
ihren Mann gebunden, solange er lebt. Wenn er aber stirbt,
haben die Ehegesetze keine Gültigkeit mehr für sie. 3Hätte

6,16 Griech. *in seinen Augen Gerechtigkeit erlangen.*
7,1 Griech. *Brüder;* ebenso in 7,4.

sie einen anderen Mann gehabt, während ihr Ehemann noch
lebte, hätte sie Ehebruch begangen. Aber wenn ihr Ehemann
stirbt, ist sie von diesem Gesetz frei und begeht keinen Ehe-
bruch, wenn sie wieder heiratet.

4Genauso, liebe Freunde, hat auch das Gesetz keine Macht
mehr über euch, denn von dieser Macht seid ihr befreit wor-
den, als ihr mit Christus am Kreuz gestorben seid*. Jetzt ge-
hört ihr dem, der von den Toten auferstand, und könnt gute
Frucht bringen, das heißt gute Taten für Gott. 5Als wir von
unserer menschlichen Natur beherrscht wurden, waren wir
den sündigen Leidenschaften in uns ausgeliefert, ja, das Ge-
setz entfachte diese Leidenschaften sogar, die zur Sünde und
damit zum Tod führten*. 6Doch jetzt sind wir vom Gesetz
befreit, denn wir sind mit Christus gestorben und der Macht
des Gesetzes nicht länger unterstellt. Deshalb können wir
Gott von nun an in einer neuen Weise dienen – nicht wie frü-
her durch Einhaltung jedes einzelnen Buchstabens des Geset-
zes, sondern durch den Heiligen Geist.

Das Gesetz Gottes offenbart unsere Sünde

7Will ich damit etwa behaupten, dass Gottes Gesetz Sünde
ist? Natürlich nicht! Das Gesetz an sich ist nicht sündig; aber
durch das Gesetz erkannte ich erst meine Sünde. Ich hätte
nicht gewusst, dass es falsch ist zu begehren, wenn das Ge-
setz mir nicht gesagt hätte: »Du sollst nicht begehren.«*
8Doch die Sünde benutzte das Gebot und weckte in mir viele
schlechte Leidenschaften! Gäbe es kein Gesetz, dann hätte die
Sünde keine Macht.*

9Früher lebte ich ohne das Gesetz. Doch mit dem Gebot kam
auch die Sünde in mein Leben 10und verurteilte zum Tod. So
brachte mir das Gebot, das mir eigentlich den Weg zum Le-
ben zeigen sollte, stattdessen den Tod. 11Denn die Sünde be-
nutzte das Gebot, um mich zu täuschen und zu töten. 12Das

7,4 S. Römer 6.
7,5 Griech. *zur Sünde führten und damit dem Tod Frucht brachten.*
7,7 2. Mose 20,17; 5. Mose 5,21.
7,8 Griech. *denn ohne das Gesetz ist die Sünde tot.*

Gesetz selbst aber ist heilig, und das Gebot ist heilig, gerecht
und gut.
13 Aber wie kann das sein? Brachte etwa das Gesetz, das
doch gut ist, mir den Tod? Natürlich nicht! Sondern die Sün-
de benutzte das Gute, um mir den Tod zu bringen. Daran
erkennen wir, wie schrecklich die Sünde ist: Sie benutzt das
Gebot Gottes für ihre eigenen bösen Absichten.

Der Kampf gegen die Sünde

14 Das Gesetz ist also gut, weil es vom Geist Gottes kommt. Ich
aber bin als Mensch wie in die Sklaverei verkauft und werde
von der Sünde beherrscht. 15 Ich begreife mich selbst nicht,
denn ich möchte von ganzem Herzen tun, was gut ist, und
tue es doch nicht. Stattdessen tue ich das, was ich eigentlich
hasse. 16 Ich weiß, dass mein Handeln falsch ist, und gebe da-
mit zu, dass das Gesetz gut ist. 17 Aber ich kann mir selbst
nicht helfen, weil die Sünde in mir mich zum Bösen verleitet.
18 Ich weiß, dass ich durch und durch verdorben bin, soweit
es meine menschliche Natur betrifft. Denn immer wieder
nehme ich mir das Gute vor, aber es gelingt mir nicht, es zu
verwirklichen. 19 Wenn ich Gutes tun will, tue ich es nicht.
Und wenn ich versuche, das Böse zu vermeiden, tue ich es
doch. 20 Aber wenn ich tue, was ich nicht will, dann tue nicht
ich es, sondern die Sünde in mir.
21 Es ist anscheinend wie ein inneres Gesetz in meinem Le-
ben, dass ich, wenn ich das Gute will, unweigerlich das Böse
tue. 22 Ich liebe Gottes Gesetz von ganzem Herzen. 23 Doch in
mir wirkt ein anderes Gesetz, das gegen meine Vernunft
kämpft. Dieses Gesetz gewinnt die Oberhand und macht
mich zum Sklaven der Sünde, die immer noch in mir ist.
24 Was bin ich doch für ein elender Mensch! Wer wird mich
von diesem Leben befreien, das von der Sünde beherrscht
wird*? 25 Gott sei Dank: Jesus Christus, unser Herr!
Fest steht: Meiner Vernunft nach möchte ich dem Gesetz
Gottes gehorchen, aber meiner menschlichen Natur nach bin
ich ein Sklave der Sünde.

7,24 Griech. *von diesem Körper des Todes.*

Ein Leben durch Gottes Geist

8 [1]Also gibt es jetzt für die, die zu Christus Jesus gehören,
keine Verurteilung mehr. [2]Denn die Macht* des Geistes,
der Leben gibt, hat dich* durch Christus Jesus von der Macht
der Sünde befreit, die zum Tod führt. [3]Das Gesetz konnte uns
nicht retten, weil unsere menschliche Natur ihm widerstand.
Deshalb sandte Gott seinen Sohn zu uns. Er kam in menschlicher Gestalt wie wir, aber ohne Sünde. Gott zerstörte die
Herrschaft der Sünde über uns, indem er seinen Sohn stellvertretend für unsere Schuld verurteilte. [4]Das tat er, damit
die gerechten Forderungen des Gesetzes durch uns erfüllt
würden und wir uns nicht länger von unserer menschlichen
Natur, sondern vom Geist Gottes leiten lassen.

[5]Wer von seiner menschlichen Natur beherrscht wird, ist
von ihren selbstsüchtigen Wünschen bestimmt, doch wer
vom Heiligen Geist geleitet wird, richtet sich nach dem, was
der Geist will. [6]Wenn du dich von deiner menschlichen Natur
bestimmen lässt, führt das zum Tod. Doch wenn der Heilige
Geist dich bestimmt, bedeutet das Leben und Frieden. [7]Denn
die menschliche Natur steht Gott grundsätzlich feindlich gegenüber. Sie hat sich nicht dem Gesetz Gottes unterstellt und
wird es auch nicht können. [8]Deshalb können Menschen, die
noch von ihrer menschlichen Natur beherrscht werden, Gott
niemals gefallen.

[9]Ihr aber werdet nicht mehr von eurer sündigen Natur, sondern vom Geist Gottes beherrscht, wenn Gottes Geist in euch
lebt. Wer aber den Geist von Christus nicht hat, der gehört
nicht zu Christus. [10]Da Christus in euch lebt, wird zwar euer
Körper aufgrund der Sünde sterben, aber durch den Geist
empfangt ihr Leben, weil ihr von Gott gerecht gesprochen
wurdet. [11]Der Geist Gottes, der Jesus von den Toten auferweckt hat, lebt in euch. Und so wie er Christus von den
Toten auferweckte, wird er auch euren sterblichen Körper
durch denselben Geist lebendig machen, der in euch lebt.

8,2a Griech. *das Gesetz*; ebenso in 8,2b.
8,2b In einigen Handschriften steht *mich*.

[12]Liebe Brüder, ihr seid also nicht mehr dazu gezwungen,
euch von den Wünschen eurer menschlichen Natur beherr-
schen zu lassen. [13]Denn wenn ihr euch weiter von ihr bestim-
men lasst, werdet ihr sterben. Wenn ihr euch aber durch die
Kraft des Heiligen Geistes von eurem alten Wesen und den
bösen Taten abwendet*, werdet ihr leben. [14]Denn alle, die
vom Geist Gottes bestimmt werden, sind Kinder Gottes.

[15]Deshalb verhaltet euch nicht wie ängstliche Sklaven. Wir
sind doch Kinder Gottes geworden und dürfen ihn »Abba,
Vater«* rufen. [16]Denn der Geist Gottes selbst bestätigt uns
tief im Herzen, dass wir Gottes Kinder sind. [17]Und als seine
Kinder sind wir auch Miterben an seinem Reichtum – denn
alles, was Gott seinem Sohn Christus gibt, gehört auch uns.
Doch wenn wir an seiner Herrlichkeit teilhaben wollen, müs-
sen wir auch seine Leiden mit ihm teilen.

Die zukünftige Herrlichkeit

[18]Ich bin aber davon überzeugt, dass unsere jetzigen Leiden
bedeutungslos sind im Vergleich zu der Herrlichkeit, die er
uns später schenken wird*. [19]Denn die ganze Schöpfung war-
tet sehnsüchtig auf jenen Tag, an dem Gott offenbar machen
wird, wer wirklich zu seinen Kindern gehört. [20]Alles auf Er-
den wurde der Vergänglichkeit unterworfen. Dies geschah
gegen ihren Willen durch den, der sie unterworfen hat. Aber
die ganze Schöpfung hofft auf den Tag, [21]an dem sie von Tod
und Vergänglichkeit befreit wird zur herrlichen Freiheit der
Kinder Gottes. [22]Denn wir wissen, dass die ganze Schöpfung
bis zu diesem Augenblick mit uns seufzt, wie unter den
Schmerzen einer Geburt. [23]Und selbst wir, obwohl wir im
Heiligen Geist einen Vorgeschmack der kommenden Herr-
lichkeit erhalten haben, seufzen und erwarten sehnsüchtig
den Tag, an dem Gott uns in unsere vollen Rechte als seine
Kinder einsetzen und uns den neuen Körper geben wird, den
er uns versprochen hat. [24]Nachdem wir nun gerettet sind,

8,13 Griech. ... *sie tötet*.
8,15 »Abba« ist ein aramäisches Wort für »Vater«.
8,18 Griech. *die an uns geoffenbart werden soll*.

hoffen und warten wir darauf. Denn wenn man etwas schon
sieht, muss man nicht mehr darauf hoffen. Und was ist die
Hoffnung auf etwas, das man schon sieht? 25Aber wenn wir
auf etwas hoffen, das wir noch nicht sehen, müssen wir mit
Geduld und Zuversicht darauf warten.

26Der Heilige Geist hilft uns in unserer Schwäche. Denn wir
wissen ja nicht einmal, worum oder wie wir beten sollen.
Doch der Heilige Geist betet für uns mit einem Seufzen, das
sich nicht in Worte fassen lässt. 27Und der Vater, der alle Her-
zen kennt, weiß, was der Geist sagt, denn der Geist bittet für
die, die zu Gott gehören, wie es dem Willen Gottes entspricht.
28Und wir wissen, dass für die, die Gott lieben und nach sei-
nem Willen zu ihm gehören, alles zum Guten führt*. 29Denn
Gott hat sie schon vor Beginn der Zeit auserwählt und hat sie
vorbestimmt, seinem Sohn gleich zu werden, damit sein Sohn
der Erstgeborene unter vielen Geschwistern werde. 30Und da
er sie erwählt hat, hat er sie auch berufen, zu ihm zu kommen.
Er hat sie gerecht gesprochen und hat ihnen Anteil an seiner
Herrlichkeit gegeben.

Nichts kann uns von Gottes Liebe trennen

31Was kann man dazu noch sagen? Wenn Gott für uns ist, wer
kann da noch gegen uns sein? 32Gott hat nicht einmal seinen
eigenen Sohn verschont, sondern hat ihn für uns alle gegeben.
Und wenn Gott uns Christus gab, wird er uns mit ihm dann
nicht auch alles andere schenken?

33Wer wagt es, gegen die Anklage zu erheben, die von Gott
auserwählt wurden? Gott selbst ist ja der, der sie gerecht
spricht. 34Wer sollte uns verurteilen? Christus Jesus selbst ist
ja für uns gestorben. Mehr noch, er ist der Auferstandene. Er
sitzt auf dem Ehrenplatz zur rechten Seite Gottes und tritt für
uns ein.

35Kann uns noch irgendetwas von der Liebe Christi tren-
nen? Wenn wir vielleicht in Not oder Angst geraten, verfolgt
werden, hungern, frieren, in Gefahr sind oder sogar vom Tod

8,28 In einigen Handschriften steht *Und wir wissen, dass alles zum Guten zusammenwirkt.*

bedroht werden? [36]Schon in der Schrift heißt es: »Weil wir an
dir festhalten, werden wir jeden Tag getötet, wir werden ge-
schlachtet wie Schafe.«* [37]Aber trotz all dem tragen wir einen
überwältigenden Sieg davon durch Christus, der uns geliebt
hat.

[38]Ich bin überzeugt: Nichts kann uns von seiner Liebe tren-
nen. Weder Tod noch Leben, weder Engel noch Mächte, we-
der unsere Ängste in der Gegenwart noch unsere Sorgen um
die Zukunft*, ja nicht einmal die Mächte der Hölle können
uns von der Liebe Gottes trennen. [39]Und wären wir hoch
über dem Himmel oder befänden uns in den tiefsten Tiefen
des Ozeans*, nichts und niemand in der ganzen Schöpfung
kann uns von der Liebe Gottes trennen, die in Christus Jesus,
unserem Herrn, erschienen ist.

Die besondere Erwählung Israels durch Gott

9 [1]Was ich nun sage, sage ich in der Gegenwart von Chris-
tus. Es ist die Wahrheit – ich lüge nicht – und der Heilige
Geist bestätigt es mir durch mein Gewissen: [2]Mein Herz ist
erfüllt von tiefem Schmerz und großer Trauer [3]um mein Volk,
meine jüdischen Schwestern und Brüder.* Ich wäre sogar be-
reit, für immer verflucht zu sein und von Christus getrennt,
wenn ich sie dadurch retten könnte. [4]Sie sind das Volk Israel,
das Gott als seine besonderen Kinder erwählt hat.* Ihnen hat
Gott seine Herrlichkeit offenbart. Mit ihnen hat er Bündnisse
geschlossen, und ihnen hat er sein Gesetz gegeben. Sie erhiel-
ten das Vorrecht, ihn anzubeten*, und sie empfingen seine
Zusagen. [5]Ihre Vorfahren waren die Stammväter, und auch
Christus selbst stammt seiner menschlichen Herkunft nach
aus dem jüdischen Volk. Er ist Gott, der über alles regiert,
ihn loben wir in alle Ewigkeit! Amen.

8,36 Psalm 44,23.
8,38 Griech. *weder Gegenwärtiges, noch Zukünftiges.*
8,39 O. *Weder Hohes noch Tiefes.*
9,3 Griech. *meine Brüder.*
9,4a Griech. *erwählt zur Sohnschaft.*
9,4b O. *Gottesdienst zu feiern.*

[6]Es ist nun nicht so, dass das Versprechen, das Gott den Ju-
den gegeben hat, nicht mehr gilt. Aber nicht jeder, der in eine
jüdische Familie hineingeboren wird, ist wirklich ein Jude.
[7]Nicht alle Nachkommen Abrahams sind deshalb schon seine
wahren Kinder. Denn in der Schrift heißt es: »Nur die Nach-
kommen Isaaks sollen als deine Nachkommen bezeichnet
werden.«* [8]Das bedeutet, dass die leiblichen Nachkommen
Abrahams nicht zugleich Kinder Gottes sind. Sondern als
wahre Kinder Abrahams gelten nur die, die nach der Zusage
Gottes von ihm abstammen. [9]Denn Gott hatte Abraham ver-
sprochen: »Nächstes Jahr um diese Zeit werde ich zurückkeh-
ren. Dann wird Sara einen Sohn haben.«*

[10]Und so war es nicht nur bei Sara, sondern auch bei Rebek-
ka, die von unserem Stammvater Isaak mit Zwillingen
schwanger wurde. [11]Doch schon vor der Geburt, noch bevor
die Kinder irgendetwas Gutes oder Böses getan hatten,
sprach Gott zu Rebekka. Dies geschah nach dem feststehen-
den Willen Gottes und seiner freien Wahl, [12]die nicht abhängt
von Taten, sondern allein von seiner Entscheidung. So sprach
er zu Rebekka: »Der Ältere wird dem Jüngeren dienen.«* [13]In
der Schrift heißt es: »Jakob habe ich geliebt, aber Esau habe
ich gehasst.«*

[14]Was sollen wir dazu sagen? War Gott ungerecht? Natür-
lich nicht! [15]Denn Gott sagte zu Mose: »Ich schenke meine
Gnade und mein Erbarmen, wem ich will.«*

[16]Gottes Zusagen erhalten wir also nicht, indem wir sie uns
wünschen oder uns darum bemühen, sondern Gott erbarmt
sich über den, den er erwählt.

[17]Denn in der Schrift heißt es, dass Gott zu Pharao sagte:
»Ich habe dich berufen, um an dir meine Macht zu zeigen
und meinen Namen auf der ganzen Erde bekannt zu ma-

9,7 1. Mose 21,12.
9,9 1. Mose 18,10.14.
9,12 1. Mose 25,23.
9,13 Maleachi 1,2-3.
9,15 2. Mose 33,19 – Griech. *Ich werde mich erbarmen, wessen ich mich erbarme, und ich werde bemitleiden, wen ich bemitleide.*

chen.«* [18]Ihr seht also, dass Gott sich über den erbarmt, über den er will, und dass er das Herz eines anderen verschließt, sodass er nicht auf ihn hört.

[19]Nun wendet jemand vielleicht ein: »Warum wirft Gott den Menschen dann noch vor, dass sie nicht auf ihn hören? Kann sich denn jemand seinem Willen widersetzen?«

[20]Was denkst du, wer du bist? Du bist doch nur ein Mensch und willst dich mit Gott streiten? Sagt das Geschaffene etwa zu seinem Schöpfer: »Warum hast du mich so gemacht?«
[21]Wenn ein Töpfer Gefäße aus Ton formt, hat er da nicht das Recht, aus demselben Klumpen Ton ein Gefäß für besondere Anlässe und ein anderes für den gewöhnlichen Gebrauch herzustellen?* [22]Wenn Gott seinen Zorn zeigen und seine Macht ausüben will, kann er viel Geduld mit den Gefäßen seines Zorns haben, die zum Verderben bestimmt sind, [23]und dadurch den Reichtum seiner Herrlichkeit denen erweisen, die er als Gefäße seines Erbarmens dafür vorbereitet hat.*
[24]Das gilt auch für uns, die er aus dem jüdischen Volk und aus den anderen Völkern erwählt hat. [25]Was nun die anderen Völker betrifft, so sagt Gott in den prophetischen Worten Hoseas:

»Die nicht mein Volk waren, will ich jetzt mein Volk nennen. Und ich will lieben, die ich zuvor nicht geliebt habe.«*

[26]Und weiter steht bei Hosea:

»Früher wurde ihnen gesagt: ›Ihr seid nicht mein Volk. Doch jetzt sollen sie Kinder des lebendigen Gottes genannt werden.‹«*

[27]Und über Israel rief der Prophet Jesaja aus:

»Auch wenn das Volk Israel so zahlreich wäre wie der Sand am Meer, wird doch nur eine kleine Zahl* gerettet werden.

9,17 2. Mose 9,16.
9,21 Griech. *das eine Gefäß zur Ehre, das andere zur Unehre?*
9,23 Griech. *die er vorher bereitet hat zur Herrlichkeit.*
9,25 Hosea 2,25.
9,26 Hosea 2,1.
9,27 Griech. *ein Rest.*

[28]Denn der Herr wird sein Wort auf der Erde wahr machen,
und er wird es schnell und endgültig tun.«*
[29]Und an anderer Stelle sagte Jesaja:
»Hätte der allmächtige Herr nicht einige von uns verschont,
wären wir so vollständig ausgelöscht worden wie Sodom
und Gomorra.«*

Israels Unglaube

[30]Was sollen wir nun dazu sagen? Nur dies: Die Menschen
aus den anderen Völkern sind durch den Glauben von Gott
gerecht gesprochen worden, obwohl sie die Gerechtigkeit,
die vor Gott gilt, nicht gesucht haben. [31]Die Juden aber, die
durch das Halten des Gesetzes vor Gott gerecht werden woll-
ten, haben dieses Ziel nicht erreicht. [32]Warum nicht? Weil sie
versuchten, durch ihre eigenen guten Taten vor Gott gerecht
zu werden und dadurch das Gesetz zu erfüllen, statt auf den
Glauben zu vertrauen. So stolperten sie über den »Stein des
Anstoßes«,* [33]wie es schon in der Schrift steht:
»Ich lege in Jerusalem* einen Stein, über den die Menschen
stolpern werden, und einen Felsen, an dem viele zu Fall
kommen werden.* Doch wer an ihn glaubt, wird nicht um-
kommen*.«

10 [1]Liebe Freunde*, ich sehne mich von Herzen danach
und bete zu Gott, dass das jüdische Volk gerettet wird.
[2]Ich kann bezeugen, mit welcher Hingabe sie Gott dienen,
aber es fehlt ihnen die richtige Erkenntnis. [3]Denn sie haben
nicht erkannt, auf welche Weise Gott die Menschen gerecht
erklärt. Stattdessen gehen sie ihren eigenen Weg, indem sie
versuchen das Gesetz zu halten, um dadurch die Anerken-

9,27-28 Jesaja 10,22-23.
9,29 Jesaja 1,9.
9,32 Mit dem »Stein des Anstoßes« ist Christus gemeint. Vgl. dazu Psalm 118,22 und Matthäus 21, besonders Vers 42.
9,33a Griech. *in Zion*.
9,33b Jesaja 8,14.
9,33c O. *wird nicht beschämt werden*; Jesaja 28,16.
10,1 Griech. *Brüder*.

nung* Gottes zu gewinnen. Damit lehnen sie den Weg Got-
tes ab. 4Denn mit Christus ist die Absicht des Gesetzes voll-
kommen erfüllt. Wer an ihn glaubt, wird vor Gott gerecht
gesprochen.*

Die Erlösung steht für alle bereit

5Denn Mose schrieb, dass man alle Gebote des Gesetzes erfül-
len muss, um durch das Gesetz vor Gott gerecht zu werden.*
6Wer aber durch den Glauben vor Gott bestehen will, dem
sollt ihr sagen: »Du musst nicht in den Himmel hinaufstei-
gen« – um Christus zu finden und ihn herabzuholen. 7Und:
»Du musst nicht in die Tiefe hinabsteigen« – um Christus
wieder von den Toten heraufzuholen. 8Denn in der Schrift
heißt es: »Die Botschaft ist dir ganz nahe; sie ist auf deinen
Lippen und in deinem Herzen.«* Es ist die Botschaft von der
Erlösung durch den Glauben an Christus, die wir verkünden.
9Wenn du mit deinem Mund bekennst, dass Jesus der Herr
ist, und wenn du in deinem Herzen glaubst, dass Gott ihn von
den Toten auferweckt hat, wirst du gerettet werden. 10Denn
durch den Glauben in deinem Herzen wirst du vor Gott ge-
recht, und durch das Bekenntnis deines Mundes wirst du ge-
rettet. 11So heißt es in der Schrift: »Wer an ihn glaubt, wird
nicht umkommen*.« 12Das gilt ohne Unterschied für Juden
wie für alle anderen Menschen. Alle haben denselben Herrn,
der seine Reichtümer großzügig allen schenkt, die ihn darum
bitten. 13Denn »jeder, der den Namen des Herrn anruft, wird
gerettet werden«*.
14Doch wie können sie ihn anrufen, wenn sie nicht an ihn
glauben? Und wie können sie an ihn glauben, wenn sie nie
von ihm gehört haben? Und wie können sie von ihm hören,
wenn niemand ihnen die Botschaft verkündet? 15Und wie soll

10,3 O. *vor Gott gerecht dazustehen.*
10,4 Griech. *Denn das Ende des Gesetzes ist Christus zur Gerechtigkeit für jeden Glaubenden.*
10,5 O. *Leben zu haben*; 3. Mose 18,5.
10,6-8 5. Mose 30,11-14.
10,11 O. *wird nicht beschämt werden*; Jesaja 28,16.
10,13 Joel 3,5.

jemand hingehen und ihnen die Botschaft Gottes sagen, wenn er nicht dazu beauftragt wurde? Das ist gemeint, wenn es in der Schrift heißt: »Wie wunderbar ist es, die Boten kommen zu hören, die gute Nachrichten bringen!«*
16Doch nicht jeder nimmt die gute Botschaft an, wie auch der Prophet Jesaja sagte: »Herr, wer hat unserer Predigt ge-
glaubt?«* 17Und doch kommt der Glaube durch das Hören dieser Botschaft, die Botschaft aber kommt von Christus.*
18Aber was ist nun mit den Juden? Haben sie die Botschaft wirklich gehört? Ja, das haben sie:
»Die Botschaft breitete sich aus über die ganze Erde und ihre Worte über die ganze Welt.«*
19Aber hat das Volk Israel sie auch wirklich verstanden? Ja, das haben sie, denn schon bei Mose steht geschrieben:
»Ich will euch eifersüchtig machen auf ein Volk, das nicht mein Volk ist. Ich will euch zornig machen auf ein Volk, das nichts von mir weiß.«*
20Und Jesaja wagte zu sagen:
»Ich habe mich von Menschen finden lassen, die nicht nach mir suchten. Ich habe mich denen zu erkennen gegeben, die nicht nach mir fragten.«*
21Über Israel aber sprach Gott:
»Den ganzen Tag stand ich mit offenen Armen vor einem Volk, das mir nicht gehorcht und sich mir widersetzt.«*

Gottes Gnade für Israel

11 1Ich frage nun: Hat Gott sein Volk, die Juden, etwa verstoßen? Natürlich nicht! Vergesst nicht, dass ich selbst ein Jude bin, ein Nachkomme Abrahams vom Stamm Benjamin.

10,15 Jesaja 52,7.
10,16 Jesaja 53,1.
10,17 Griech. *durch das Wort Christi.*
10,18 Psalm 19,5.
10,19 5. Mose 32,21.
10,20 Jesaja 65,1.
10,21 Jesaja 65,2.

[2]Nein, Gott hat sein Volk nicht verstoßen, das er von Anfang
an erwählt hat. Erinnert ihr euch, was die Schrift über Elia
sagt? Dieser beklagte sich bei Gott über das Volk Israel und
sagte: [3]»Herr, sie haben deine Propheten getötet und deine
Altäre niedergerissen. Ich allein bin übrig geblieben, und
nun versuchen sie, auch mich umzubringen.«*

[4]Und was antwortete Gott? Er sprach: »Du bist nicht allein
übrig geblieben, sondern ich habe noch siebentausend andere
übrig gelassen, die nicht vor Baal niedergekniet sind!«*

[5]So ist es auch noch heute, denn einige* von ihnen, die Gott
aus Gnade dazu erwählt hat, werden gerettet. [6]Wenn der
Grund dafür aber die Gnade Gottes war, dann geschah es
nicht aufgrund guter Taten, denn sonst wäre die Gnade Got-
tes nicht mehr das, was sie ist: ein freies, unverdientes Ge-
schenk.

[7]Was bedeutet das nun? Die Juden* haben die Anerkennung
Gottes, um die sie sich so bemühen, nicht erlangt. Gelungen
ist es nur denen, die von Gott erwählt wurden. Doch die Her-
zen der Übrigen sind Gott gegenüber hart geworden. [8]In der
Schrift heißt es:

»Gott hat sie in einen tiefen Schlaf versetzt. Bis auf den heutigen Tag hält er ihre Augen verschlossen, sodass sie nicht sehen können, und ihre Ohren verstopft, sodass sie nicht hören können.«*

[9]Davon sprach auch David, als er sagte:

»Ihr reich gedeckter Tisch soll ihnen zur Falle werden und
wie eine Schlinge, die sich schließt. Er soll sie zu Fall bringen
und Anlass zur Vergeltung sein. [10]Ihre Augen sollen sich ver-
finstern, sodass sie nichts mehr sehen, und ihr Rücken soll
sich unter ihrer Last mehr und mehr beugen.«*

[11]Sind sie so tief gefallen, dass sie hoffnungslos verloren
sind? Nein, auf keinen Fall! Sondern ihr Ungehorsam führte

11,3 1. Könige 19,10.14.
11,4 S. 1. Könige 19,18.
11,5 Griech. *ein Überrest.*
11,7 Griech. *Israel.*
11,8 5. Mose 29,3; Jesaja 29,10.
11,9-10 Psalm 69,23-24.

dazu, dass auch die anderen Völker gerettet werden, um da-
mit zugleich auch die Eifersucht der Juden zu wecken.
[12]Wenn nun die anderen Völker so reich beschenkt wurden,
weil die Juden Gottes Angebot der Erlösung ablehnten, wie
viel größeren Segen wird es dann für die Welt bedeuten,
wenn die Juden es schließlich annehmen!

[13]Ich sage das alles zu euch, die ihr keine Juden seid, denn
Gott hat mich zu eurem Apostel berufen. Und ich hebe es so
stark hervor, [14]um dadurch die Eifersucht der Juden zu we-
cken und auf diese Weise einige von ihnen zu retten. [15]Denn
wenn die Verwerfung der Juden bedeutete, dass Gott der üb-
rigen Welt die Versöhnung anbot, wie herrlich wird es dann
erst sein, wenn Gott sein Volk wieder annimmt. Dann werden
Menschen, die tot waren, wieder lebendig! [16]Und da Abra-
ham und die anderen Stammväter heilig waren, werden
auch ihre Nachkommen heilig sein.* Denn wenn die Wurzel
des Ölbaums heilig ist, dann werden es auch die Zweige sein.

[17]Doch einige dieser Zweige – damit sind die Juden ge-
meint – wurden herausgebrochen, und du, der Zweig eines
wilden Ölbaums, wurdest eingepfropft. Nun erhältst du
ebenfalls Kraft aus der Wurzel des Ölbaums und nährst dich
von seinem Saft. [18]Doch sei nicht stolz darauf, dass du anstel-
le der herausgebrochenen Zweige eingepfropft wurdest! Ver-
giss nicht, dass du nur ein Zweig bist und nicht die Wurzel,
denn nicht du trägst die Wurzel, sondern die Wurzel trägt
dich.

[19]Vielleicht wendet ihr jetzt ein: »Diese Zweige wurden
doch herausgebrochen, um Platz für mich zu schaffen.«
[20]»Richtig. Aber denk daran, dass diese Zweige – die Juden –
herausgebrochen wurden, weil sie Gott nicht glaubten, und
du an ihrer Stelle eingepfropft bist, weil du glaubst. Sei al-
so nicht stolz, sondern fürchte dich davor, dass es dir eben-
so ergehen könnte!« [21]Denn wenn Gott die ursprünglichen
Zweige nicht verschonte, wird er auch euch nicht verscho-
nen.

11,16 Griech. *Wenn der erste Teil des Teigs, der als Opfer dargebracht wird, heilig ist, dann ist es auch der ganze Teig.*

[22]Erkenne doch, wie Gott zugleich gütig und streng ist. Mit
Strenge begegnet er den Ungehorsamen, während er dir seine
Güte erweist, wenn du weiterhin auf diese Güte vertraust.
Andernfalls wirst auch du abgehauen werden. [23]Und sobald
die Juden sich von ihrem Unglauben abwenden, wird Gott sie
wieder in den Baum einpfropfen. Er hat die Macht dazu.

[24]Wenn Gott bereit war, dich, der du ursprünglich Zweig
eines wilden Ölbaums warst, seinem guten Baum einzu-
pfropfen – was wider die Natur wäre –, wie viel lieber wird
er die Juden wieder in den Baum einpfropfen, zu dem sie
eigentlich gehören.

Gottes Gnade steht allen Menschen offen

[25]Ihr sollt dieses Geheimnis verstehen, liebe Freunde*, damit
ihr euch nichts auf eure Klugheit einbildet. Das Herz mancher
Juden ist verschlossen, doch das wird nur so lange anhalten,
bis die von Gott bestimmte Anzahl von Menschen aus den
anderen Völkern zu Christus gefunden hat. [26]Dann wird
ganz Israel gerettet werden, wie es schon bei den Propheten
geschrieben steht:

»Ein Retter wird aus Jerusalem* kommen, und er wird Isra-
el* von aller Gottlosigkeit befreien. [27]Dann werde ich einen
Bund mit ihnen schließen, wenn ich ihre Sünden wegnehmen
werde.«*

[28]Viele Juden sind jetzt zwar Feinde der guten Botschaft,
doch das geschah für euch. Aber aufgrund der Zusagen an
Abraham, Isaak und Jakob, sind sie nach wie vor Gottes er-
wähltes Volk.* [29]Denn die Gaben, die Gott gibt und die Beru-
fung, die er ausspricht, bereut er nicht und sie gelten für im-
mer. [30]Früher habt ihr Gott nicht gehorcht, doch wegen des
Ungehorsams der Juden war Gott stattdessen euch jetzt gnä-
dig. [31]So sind es jetzt die Juden, die Gott ungehorsam sind,
weil er euch gegenüber gnädig ist. Aber eines Tages werden

11,25 Griech. *Brüder.*
11,26a Griech. *aus Zion.*
11,26b Griech. *Jakob.*
11,26-27 Jesaja 59,20-21.
11,28 Griech. *Gottes Geliebte.*

auch sie* an Gottes Gnade teilhaben. 32Denn Gott hat alle
Menschen ihrem eigenen Ungehorsam ausgeliefert, um allen
seine Gnade zu schenken.
33Wie wunderbar ist doch Gott! Wie unermesslich sind seine
Reichtümer, wie tief seine Weisheit und seine Erkenntnis! Un-
möglich ist es uns, seine Entscheidungen und Wege zu be-
greifen!* 34Denn wer kann wissen, was der Herr denkt? Wer
kann sein Ratgeber sein?* 35Und wer hat Gott jemals so viel
gegeben, dass Gott ihm etwas zurückerstatten müsste?
36Denn alles kommt von ihm; alles besteht durch seine Macht
und ist zu seiner Herrlichkeit bestimmt. Ihm gehört die Ehre
in Ewigkeit! Amen.

Ein lebendiges Opfer für Gott

12 1Weil Gott so barmherzig ist, fordere ich euch nun auf,
liebe Brüder, euch mit eurem ganzen Leben für Gott
einzusetzen. Es soll ein lebendiges und heiliges Opfer sein –
ein Opfer, an dem Gott Freude hat. Das ist ein Gottesdienst,
wie er sein soll. 2Deshalb orientiert euch nicht am Verhalten
und an den Gewohnheiten dieser Welt, sondern lasst euch
von Gott durch Veränderung eurer Denkweise in neue Men-
schen verwandeln. Dann werdet ihr wissen, was Gott von
euch will: Es ist das, was gut ist und ihn freut und seinem
Willen vollkommen entspricht.
3Im Auftrag Gottes* warne ich jeden von euch: Seid ehrlich
in eurem Urteil über euch selbst und messt euch daran, wie
viel Glauben Gott euch geschenkt hat. 4So wie euer Körper
viele Teile und jeder Körperteil seine besondere Funktion
hat, 5so verhält es sich auch mit dem Leib Christi. Wir sind
alle Teile seines einen Leibes, und jeder von uns hat eine an-
dere Aufgabe zu erfüllen. Und da wir alle in Christus ein Leib
sind, gehören wir zueinander, und jeder Einzelne ist auf alle
anderen angewiesen.

11,31 In manchen Handschriften heißt es *Doch nun werden sie …*; in anderen Handschriften *Aber sie …*

11,33 Griech. *Wie unerforschlich seine Gerichte und unaufspürbar seine Wege!*

11,34 Jesaja 40,13.

12,3 Griech. *Ich sage euch aber durch die Gnade, die Gott mir gegeben hat.*

6Gott ist gnädig und hat uns unterschiedliche Gaben ge-
schenkt. Hat Gott dir zum Beispiel die Gabe der Prophetie
gegeben, dann wende sie an, wenn du überzeugt bist*, dass
Gott durch dich redet. 7Besteht deine Begabung darin, ande-
ren zu dienen, dann diene ihnen gut. Bist du zum Lehren
berufen, dann sei ein guter Lehrer. 8Wenn du die Gabe hast,
andere zu ermutigen*, dann mach es auch! Wer Geld hat, soll
es aus freien Stücken und ehrlich mit anderen teilen. Hat Gott
dir die Fähigkeit verliehen, andere zu leiten, dann nimm die-
se Verantwortung ernst. Und wenn du die Begabung hast,
dich um andere, die es nötig haben, zu kümmern, sollst du
es mit fröhlichem Herzen tun.
9Täuscht nicht nur vor, andere zu lieben, sondern liebt sie
wirklich. Hasst alles Böse und stellt euch auf die Seite des
Guten. 10Liebt einander mit aufrichtiger Zuneigung* und
habt Freude daran, euch gegenseitig Achtung zu erweisen.
11Werdet nicht nachlässig, sondern lasst euch ganz vom Geist
erfüllen* und setzt euch für den Herrn ein.
12Freut euch auf alles, was Gott für euch bereithält. Seid ge-
duldig, wenn ihr schwere Zeiten durchmacht, und hört nie-
mals auf zu beten. 13Wenn andere Gläubige in Not geraten,
steht ihnen zur Seite und helft ihnen. Seid gastfreundlich und
öffnet für Gäste euer Haus.
14Wenn ihr verfolgt werdet, weil ihr zu Christus gehört,
dann verflucht eure Verfolger nicht, sondern erbittet den Se-
gen Gottes für sie. 15Sind andere Menschen glücklich, dann
freut euch mit ihnen. Sind sie traurig, dann begleitet sie in
ihrem Kummer. 16Lebt in Frieden miteinander. Versucht
nicht, euch wichtig zu machen, sondern wendet euch denen
zu, die weniger angesehen sind. Und bildet euch nicht ein,
alles zu wissen!
17Vergeltet anderen Menschen nicht Böses mit Bösem, son-
dern bemüht euch allen gegenüber um das Gute. 18Tragt

12,6 Griech. *in Übereinstimmung mit dem Glauben.*
12,8 Griech. *ermahnen.*
12,10 Griech. *mit brüderlicher Liebe.*
12,11 Griech. *seid brennend im Geist.*

euren Teil dazu bei, mit anderen in Frieden zu leben, so weit
es möglich ist!
19Liebe Freunde, rächt euch niemals selbst, sondern überlasst die Rache dem Zorn Gottes. Denn es steht geschrieben:
»Ich allein will Rache nehmen; ich will das Unrecht vergelten«,* spricht der Herr.
20Handelt stattdessen so, wie es in der Schrift heißt:
»Wenn dein Feind hungrig ist, gib ihm zu essen. Wenn er durstig ist, gib ihm zu trinken, und er wird beschämt darüber sein, was er dir angetan hat.«*
21Lass dich nicht vom Bösen überwinden, sondern überwinde das Böse durch das Gute!

Achtung vor staatlicher Autorität

13 1Gehorche der Regierung, unter der du lebst, denn sie
ist von Gott eingesetzt. Alle Regierungen haben ihre
Vollmacht von Gott. 2Wer sich also den Gesetzen des Landes
widersetzt, der verweigert Gott selbst den Gehorsam und
wird bestraft werden. 3Wer vorbildlich und gut handelt,
braucht sich vor den Regierenden nicht zu fürchten, denn
nur die müssen sich fürchten, die Unrecht tun. Deshalb tu,
was richtig ist, und du wirst sogar noch dafür gelobt werden.
4Die Regierung ist von Gott dazu eingesetzt, dich zu unterstützen. Wenn du jedoch Unrecht tust, ist deine Angst begründet, denn du wirst bestraft werden. Sie ist von Gott dazu eingesetzt, diejenigen in seinem Auftrag zu bestrafen,
die Unrecht tun. 5Du sollst der Regierung also aus zwei Gründen gehorchen: damit du nicht bestraft wirst und damit du ein reines Gewissen behältst.
6Aus diesen Gründen bezahlt ihr ja auch eure Steuern. Denn die Beamten der Regierung müssen bezahlt werden, damit sie die Aufgabe erfüllen können, die Gott ihnen anvertraut
hat. 7Gebt jedem, was ihr ihm schuldig seid: Bezahlt eure Steuern genauso wie den Zoll und erweist allen Achtung und Ehre, denen dies zusteht.

12,19 5. Mose 32,35.
12,20 Griech. *und du wirst glühende Kohlen auf sein Haupt häufen;* Sprüche 25,21-22.

Die Liebe ist die Erfüllung des Gesetzes
[8]Bleibt niemandem etwas schuldig, abgesehen von der Liebe,
die ihr einander immer schuldig seid. Denn wer den anderen
liebt, hat damit das Gesetz Gottes erfüllt. [9]Die Gebote gegen
Ehebruch, Mord, Diebstahl und Begehren sind – wie auch alle
anderen Gebote – in diesem einen Gebot zusammengefasst:
»Liebe deinen Nächsten wie dich selbst.«* [10]Die Liebe fügt
niemandem Schaden zu; deshalb ist die Liebe die Erfüllung
von Gottes Gesetz.
[11]Führt euer Leben auf diese Weise, weil ihr wisst, dass die
Zeit begrenzt ist. Wacht auf, denn wir sind unserer Rettung
jetzt näher als zu Beginn unseres Glaubens. [12]Die Nacht ist
fast vorüber; der Tag der Erlösung kommt bald. Deshalb lebt
nicht in der Finsternis mit ihren bösen Taten, sondern greift
zu den Waffen des Lichts! [13]Unser Leben soll vorbildlich und
ehrlich sein, damit es vor den Augen anderer Anerkennung
findet. Wir wollen nicht an ausschweifenden Festen und
Trinkgelagen teilnehmen, keinen Ehebruch begehen, nicht in
sexueller Zügellosigkeit leben und uns auch nicht auf Streit
und Eifersucht einlassen. [14]Haltet euch an Jesus Christus, den
Herrn, und lasst euer Leben von ihm bestimmen*. Gebt euren
Wünschen nicht so weit nach, dass ihr von euren Leiden-
schaften beherrscht werdet

Urteilt nicht übereinander
14 [1]Nehmt den an, der im Glauben schwach ist, und strei-
tet nicht mit ihm über unterschiedliche Meinungen.
[2]Während der eine zum Beispiel glaubt, man dürfe alles es-
sen, verzichtet ein anderer auf Fleisch, weil sein Gewissen es
ihm verbietet. [3]Wer meint, er dürfe alles essen, soll nicht auf
den herabsehen, der nicht alles isst. Und wer bestimmte Spei-
sen meidet, soll den nicht verurteilen, der alles isst, denn Gott
hat ihn angenommen. [4]Wer bist du, dass du einen Diener Got-
tes verurteilst? Er ist dem Herrn verantwortlich, deshalb

13,9 3. Mose 19,18.
13,14 Griech. *zieht an den Herrn Jesus Christus.*

überlasst es Gott, sein Verhalten zu beurteilen. Der Herr hat
die Kraft ihm zu helfen, sodass er das Richtige tun wird.*
5Genauso ist es bei dem, der bestimmte Tage für heiliger
erachtet als andere, während für einen anderen dagegen alle
Tage gleich zählen. Entscheidend ist aber, dass jeder von dem
überzeugt ist, was er denkt! 6Wer einen besonderen Tag aus-
wählt, um den Herrn anzubeten, will ihn damit ehren. Und
wer ohne Ausnahme alles isst, tut das zur Ehre des Herrn,
denn er dankt Gott für das Essen. Und der, der nicht alles isst,
will ebenfalls dem Herrn damit Freude machen und ihm dan-
ken. 7Denn wir gehören nicht uns selbst, ganz gleich, ob wir
leben oder sterben. 8Wenn wir leben, leben wir, um dem
Herrn Freude zu machen, und wenn wir sterben, sterben
wir, um beim Herrn zu sein. Ob wir nun leben oder sterben:
Wir gehören dem Herrn. 9Denn Christus ist ja gestorben und
wieder lebendig geworden, um Herr über alle Menschen zu
sein: über die Toten und über die Lebenden.

10Warum verurteilst du einen anderen*? Warum siehst du
auf einen anderen Bruder herab? Wir alle werden einmal vor
dem Richterstuhl Gottes stehen. 11Denn in der Schrift heißt es:

»›So wahr ich lebe‹, sagt der Herr, ›jedes Knie wird sich vor
mir beugen und jeder Mund wird mich bekennen.‹«*

12Ja, jeder von uns wird sich persönlich vor Gott verantwor-
ten müssen. 13Deshalb urteilt nicht mehr übereinander, son-
dern lebt so, dass ihr niemanden behindert und keinen vom
Weg Gottes abbringt.

14Ich weiß und bin durch Jesus, den Herrn, davon über-
zeugt, dass nichts, was Gott geschaffen hat, unrein ist. Nur
wenn es jemand dafür hält, ist es unrein. 15Und wenn durch
das, was du isst, das Gewissen eines anderen belastet wird, so
handelst du nicht aus Liebe, wenn du es trotzdem tust. Lass
es nicht so weit kommen, dass ein anderer, für den Christus
gestorben ist, durch dein Verhalten zu Fall kommt. 16Was
euch von Gott gegeben wurde, ist gut und soll nicht schlecht

14,4 Griech. *Dem eigenen Herrn steht er oder fällt er; er wird aber stehen bleiben; denn der Herr ist mächtig, ihn fest hinzustellen.*

14,10 Griech. *deinen Bruder*; ebenso in 14,13.15.21

14,11 Jesaja 45,23.

gemacht werden. [17]Denn im Reich Gottes ist nicht entscheidend, was man isst oder trinkt, sondern dass man ein Leben führt in Gerechtigkeit und Frieden und in der Freude im Heiligen Geist. [18]Wenn du Christus so dienst, wirst du Gott Freude machen und die Anerkennung der Menschen gewinnen. [19]Bemühen wir uns also um Frieden miteinander und versuchen wir, einander im Glauben zu stärken.

[20]Zerstöre Gottes Werk nicht wegen dem, was du isst. Es stimmt zwar nach wie vor, dass es nichts Unreines gibt. Aber für den, der damit gegen sein Gewissen handelt, ist es falsch, alles zu essen. [21]Es ist deshalb gut, wenn du kein Fleisch isst und keinen Wein trinkst und alles meidest, was einen anderen in Gewissenskonflikte bringen könnte. [22]Du selbst handle so, dass du es allein vor Gott verantworten kannst, und übertrage deine Ansichten nicht auf andere Menschen. Glücklich ist der, der sich nicht selbst für etwas verurteilen muss, das er für sich gutheißt. [23]Aber wenn jemand unsicher ist, ob er etwas essen darf, und es trotzdem tut, der ist damit verurteilt. Es geschieht nicht im Glauben an Gott und was nicht im Glauben geschieht, ist Sünde.

Leben mit Rücksicht auf andere

15 [1]Selbst wenn wir einen starken Glauben haben, dürfen wir uns nicht nach uns selbst richten, sondern müssen die Zweifel und Ängste Schwächerer ernst nehmen. [2]Wir sollen uns so verhalten, dass es dem andern hilft* und er dadurch im Glauben ermutigt wird. [3]Denn auch Christus lebte nicht nur für sich selbst. In der Schrift heißt es: »Die Menschen, die dich beleidigen, beleidigen auch mich.«* [4]Dies wurde vor langer Zeit aufgeschrieben, damit wir daraus lernen. Es soll uns Hoffnung geben und ermutigen, sodass wir geduldig auf das warten, was Gott in der Schrift versprochen hat.

[5]Gott, der diese Geduld und Ermutigung schenkt, soll euch helfen, eins zu sein und in Frieden miteinander zu leben. Geht

---

15,2 Griech. *dass es dem Nächsten zum Guten dient.*
15,3 Psalm 69,10.

miteinander so um,* wie es Christus vorgelebt hat. 6Dann
könnt ihr gemeinsam mit einer Stimme Gott, den Vater unse-
res Herrn Jesus Christus, loben und ehren.

7Nehmt einander an, wie Christus euch angenommen hat,
denn dadurch wird Gott geehrt. 8Denkt daran, dass Christus
als ein Diener zu den Juden kam, um damit die Zusagen Got-
tes wahr zu machen. Das beweist, dass Gott treu zu den Ver-
sprechen steht, die er ihren Vorfahren gegeben hat. 9Und er
kam, damit auch die anderen Völker Gott für die Barmherzig-
keit ehren, die er ihnen erwiesen hat. Das meinte auch der
Psalmist, als er schrieb:

»Ich will dich preisen unter den Völkern; ich will deinem
Namen Loblieder singen.«*

10Und an anderer Stelle steht:

»Freut euch, ihr Völker, gemeinsam mit seinem Volk.«*

11Und es heißt:

»Lobt den Herrn, all ihr Völker; lobt ihn, alle Menschen auf
Erden.«*

12Und der Prophet Jesaja sagte:

»Der Erbe* aus der Wurzel Isais wird kommen, und er wird
über die Völker herrschen. Sie werden all ihre Hoffnung auf
ihn setzen.«*

13Deshalb bete ich, dass Gott, der euch Hoffnung gibt, euch
in eurem Glauben mit Freude und Frieden erfüllt, sodass eure
Hoffnung immer größer wird durch die Kraft des Heiligen
Geistes.

Der Grund für den Brief

14Ich bin davon überzeugt, liebe Freunde*, dass ihr genügend
Güte und Erkenntnis habt, um euch gegenseitig helfen und
ermutigen zu können. 15Dennoch habe ich mir die Freiheit

15,5 Griech. *Denkt dasselbe untereinander.*
15,9 Psalm 18,50.
15,10 5. Mose 32,43.
15,11 Psalm 117,1.
15,12a Griech. *Der Spross.*
15,12b Jesaja 11,10.
15,14 Griech. *Brüder;* so auch in 15,30.

genommen, einiges hervorzuheben, um euch noch einmal be-
sonders daran zu erinnern. Denn durch die Gnade Gottes bin
ich [16]ein Bote von Jesus Christus für die Völker. Ich verkünde
euch die gute Botschaft und – wie ein Priester – bringe ich
euch Gott als angenehmes Opfer dar, damit ihr durch den
Heiligen Geist rein seid und Gott sich über euch freut. [17]So
habe ich Grund, mich über alles zu freuen, was Christus Jesus
durch mich in meinem Dienst für Gott getan hat. [18]Ich würde
es nicht wagen, auf etwas anderes stolz zu sein als auf Chris-
tus, der die anderen Völker durch mein Reden und Tun zu
Gott geführt hat. [19]Ich habe sie gewonnen durch die Wunder,
die als Zeichen Gottes durch mich geschahen und durch die
Kraft des Heiligen Geistes. Auf diese Weise habe ich die Bot-
schaft von Christus überall verbreitet, von Jerusalem bis in
das Gebiet von Illyrien*.

[20]Mein Bestreben war immer, die Botschaft da zu verkün-
den, wo der Name von Jesus Christus noch nicht bekannt
war, und nicht auf dem Fundament aufzubauen, das schon
ein anderer gelegt hat. [21]Ich habe mich an das gehalten, was in
der Schrift steht:

»Die Menschen, denen er noch nie verkündet wurde, sollen es sehen,
und die, die noch nie von ihm gehört haben, sollen es verstehen.«*

[22]Das ist auch der Grund, warum mein Besuch bei euch sich
schon so lange verzögert hat.

Die Reisepläne des Paulus

[23]Doch inzwischen habe ich meine Aufgabe in diesen Gebie-
ten erfüllt und hoffe, nach all diesen Jahren, in denen ich mich
nach euch gesehnt habe, endlich zu euch zu kommen. [24]Ich
habe vor, nach Spanien zu reisen und auf dem Weg dorthin in
Rom Halt zu machen. Und wenn ich die Gemeinschaft mit
euch eine Weile genossen habe, könnt ihr mich wieder auf
die Reise schicken.

15,19 *Illyrien* war eine Region nordöstlich von Italien.
15,21 Jesaja 52,15.

25Vorher gehe ich allerdings noch nach Jerusalem, um den
Gläubigen* dort zu helfen. 26Denn die Gläubigen in Griechen-
land* haben beschlossen, mit einer Geldsammlung die Ar-
men in der Gemeinde in Jerusalem zu unterstützen. 27Sie ha-
ben dies sehr gern getan, weil sie ihnen etwas schuldig sind.
Die anderen Völker haben ja den geistlichen Segen der Bot-
schaft von Jesus durch jene empfangen, und so ist es nur an-
gemessen, wenn sie jetzt der Gemeinde in Jerusalem finan-
ziell helfen. 28Sobald ich dies ausgeführt und ihnen das Geld
überreicht habe, werde ich euch auf meinem Weg nach Spa-
nien besuchen kommen. 29Und ich bin sicher, dass ich mit
dem ganzen Reichtum des Segens von Christus zu euch kom-
men werde. 30Liebe Brüder, im Namen von Jesus Christus,
unserem Herrn, fordere ich euch auf, mich in meinem Kampf
zu unterstützen, indem ihr für mich zu Gott betet. Ja, betet für
mich aufgrund der Liebe zu mir, die der Heilige Geist euch
schenkt. 31Und betet dafür, dass ich vor denjenigen in Judäa
bewahrt werde, die sich weigern, Gott zu gehorchen. Betet
auch, dass die Gläubigen in Jerusalem das Geschenk, das ich
ihnen überbringe, annehmen. 32Dann werde ich, wenn es
Gottes Wille ist, voller Freude zu euch kommen können, und
wir werden uns gegenseitig ermutigen*.

33Ich wünsche euch, dass der Gott des Friedens mit euch
allen ist! Amen.

Grüße des Paulus

16 1Ich empfehle euch unsere Schwester Phöbe, eine Dia-
konin der Gemeinde von Kenchreä. 2Nehmt sie im Na-
men des Herrn auf wie es jemand, der zu Christus gehört,
verdient. Unterstützt sie in allem, denn auch sie ist vielen
eine Hilfe gewesen, mich eingeschlossen.

3Grüßt Priska und Aquila, die meine Mitarbeiter im Dienst
für Christus Jesus gewesen sind. 4Sie haben sogar ihr Leben
für mich aufs Spiel gesetzt. Und nicht nur ich bin ihnen dank-

---

15,25 Griech. *den Heiligen*; auch in 15,31.
15,26 Griech. *in Mazedonien und Achaia*; das sind die Regionen im Norden und Süden Griechenlands.
15,32 Griech. *und ich Ruhe finde mit euch.*

bar, sondern auch alle Gemeinden*. [5]Bitte grüßt auch die Ge-
meinde, die sich in ihrem Haus trifft.

Grüßt meinen lieben Freund Epänetus. Er war der Erste in
der Provinz Asien, der zum Glauben an Christus kam. [6]Grüßt
Maria, die sich so für euch eingesetzt hat. [7]Dann sind da noch
Andronikus und Junia*, meine Verwandten*, die mit mir im
Gefängnis waren. Die beiden genießen hohes Ansehen unter
den Aposteln und haben schon vor mir an Christus geglaubt.
Bitte richtet ihnen ebenso meine Grüße aus, [8]wie Ampliatus,
mit dem ich in der Liebe Gottes verbunden bin, [9]Urbanus,
unserem Mitarbeiter im Dienst für Christus, und dem gelieb-
ten Stachys.

[10]Grüßt auch Apelles, der sich im Glauben an Christus be-
währt hat, und alle aus dem Haus von Aristobul. [11]Grüßt
meinen Verwandten* Herodion und die Gläubigen im Haus
von Narzissus. [12]Grüßt Tryphäna und Tryphosa, die im
Dienst für den Herrn mitarbeiten, und die geliebte Persis, die
sich sehr für den Herrn eingesetzt hat. [13]Grüßt Rufus, den der
Herr sich erwählt hat, sowie seine Mutter, die auch mir eine
Mutter gewesen ist.

[14]Bitte grüßt auch Asynkritus, Phlegon, Hermes, Patrobas,
Hermas und die anderen Brüder, die bei ihnen sind. [15]Gebt
meine Grüße weiter an Philologus, Julia, Nereus und seine
Schwester sowie an Olympas und alle anderen Gläubigen,
die bei ihnen sind. [16]Grüßt einander in Liebe*. Alle Gemein-
den, die zu Christus gehören, senden euch ihre Grüße.

Abschließende Anweisungen

[17]Und nun möchte ich euch, liebe Brüder, noch einmal vor
solchen Leuten warnen, die die Gemeinde spalten und den
Glauben anderer erschüttern. Denn sie lehren euch etwas an-
deres als das, was ihr gelernt habt. Haltet euch von ihnen
fern! [18]Solche Leute dienen nicht Christus, unserem Herrn,

16,4 Griech. *alle Gemeinden der Heiden.*
16,7a O. *Junias;* in manchen Handschriften heißt es *Julia.*
16,7b O. *Landsleute;* so auch in 16,21.
16,11 O. *Landsmann.*
16,16 Griech. *mit einem heiligen Kuss*

sondern verfolgen nur ihre persönlichen Interessen. Mit beeindruckenden Reden und mitreißenden Worten betrügen sie
ahnungslose Menschen. 19Doch wie jeder weiß, gehorcht ihr
dem Herrn, und das macht mich sehr glücklich. Ich möchte,
dass ihr das Gute klar erkennt und euch von allem Bösen
fernhaltet. 20Der Gott des Friedens wird den Satan bald unter
eure Füße zwingen und zertreten. Ich wünsche euch, dass die
Gnade unseres Herrn Jesus Christus euch begleitet!

21Mein Mitarbeiter Timotheus sowie meine Verwandten Luzius, Jason und Sosipater senden euch ihre Grüße.

22Auch ich, Tertius, der ich diesen Brief für Paulus geschrieben habe, grüße euch in der Verbundenheit im Herrn.

23Gajus lässt euch grüßen, bei dem ich zu Gast bin und in dessen Haus sich die Gemeinde versammelt. Erastus, der Schatzmeister der Stadt, sendet euch seine Grüße, ebenso wie Quartus, ein Bruder im Glauben.*

25Gott hat die Macht, euch durch die gute Botschaft von Jesus Christus zu stärken. Diese Botschaft enthüllt den Willen
Gottes, der seit ewigen Zeiten verborgen war. 26Doch nun
wird diese Botschaft, wie sie die Schriften der Propheten voraussagten und wie der ewige Gott es befohlen hat, allen
Menschen auf der ganzen Welt verkündet, damit sie zum
Glauben an Christus kommen. 27Gott, der allein weise ist, gehört für immer die Ehre durch Jesus Christus! Amen.

16,23 In manchen Handschriften folgt Vers 24: *Möge die Gnade unseres Herrn Jesus Christus mit euch allen sein! Amen.*

Der erste Brief an die Korinther

Grüße von Paulus

1 1 Dieser Brief ist von Paulus, der durch den Willen Gottes
zum Apostel von Christus Jesus berufen wurde, und von
unserem Bruder Sosthenes.
2 Wir schreiben an die Gemeinde Gottes in Korinth, an euch,
die Gott berufen hat. In Christus Jesus hat er euch geheiligt, so
wie er die Gläubigen auf der ganzen Welt geheiligt hat – alle,
die den Namen von Jesus Christus, unserem Herrn, anrufen.
3 Wir wünschen euch Gnade und Friede von Gott, unserem
Vater, und Jesus Christus, dem Herrn.

Paulus dankt Gott

4 Ich kann gar nicht aufhören, Gott für die Gnade zu danken,
die euch durch Jesus Christus gegeben ist. 5 Durch ihn seid ihr
in allem reich beschenkt – in aller Lehre und in aller Erkennt-
nis. 6 Die Botschaft von Christus ist zur Kraft in eurem Leben
geworden, 7 sodass ihr mit allen geistlichen Gaben gesegnet
seid, während ihr sehnsüchtig auf die Rückkehr von Jesus
Christus, unserem Herrn, wartet. 8 Er wird euch Kraft geben
bis zum Ende. So werdet ihr an dem Tag, an dem Jesus Chris-
tus wiederkommt, ohne Schuld sein. 9 Gott ist treu. Er hat
euch berufen zur Gemeinschaft mit seinem Sohn Jesus Chris-
tus, unserem Herrn.

Spaltungen in der Gemeinde

10 Liebe Brüder, ich bitte euch im Namen von Jesus Christus,
dem Herrn, dass ihr darauf achtet, untereinander einig zu
sein, und aufhört, miteinander zu streiten, damit es nicht zu
Spaltungen in der Gemeinde kommt. Ich bitte euch: Steht fest
zueinander, sodass ihr einig seid in dem, was ihr denkt und
wollt. 11 Angehörige des Hauses von Chloë haben mir von
Streitigkeiten unter euch erzählt, liebe Freunde*. 12 So sagen
einige von euch: »Ich bin ein Anhänger von Paulus.« Andere

1,11 Griech. *meine Brüder.*

bekennen sich zu Apollos oder Petrus*, und manche sagen:
»Ich folge nur Christus.« 13Kann man Christus etwa auf diese
Weise aufteilen?
Wurde ich, Paulus, für euch gekreuzigt? Wurde irgendeiner
von euch auf den Namen von Paulus getauft? 14Ich danke
Gott, dass ich – abgesehen von Krispus und Gajus – keinen
von euch getauft habe, 15denn so kann jetzt keiner behaupten,
er wäre auf meinen Namen getauft worden. 16Auch die An-
gehörigen des Hauses von Stephanas habe ich noch getauft,
aber sonst erinnere ich mich an niemanden, den ich getauft
habe. 17Denn Christus sandte mich nicht, um zu taufen, son-
dern um Gottes Botschaft zu verkünden. Und dies nicht mit
geschliffenen Reden, welche die Zuhörer beeindrucken, da-
mit das, was am Kreuz durch Christus geschah, nichts von
seiner Kraft einbüßt.

Die Weisheit Gottes

18Ich weiß, wie unsinnig die Botschaft vom Kreuz in den Oh-
ren derer klingt, die verloren gehen. Wir aber, die wir gerettet
sind, erkennen in dieser Botschaft die Kraft Gottes. 19In der
Schrift heißt es:

»Ich will die Weisheit der Weisen vernichten und die Klugheit der Klugen verwerfen.«*

20Wo bleiben da die Weisen, die Schriftgelehrten, die glän-
zenden Redner? Gott hat sie zu Narren gemacht und ihre
Weisheit als nutzlosen Unsinn entlarvt. 21Obwohl die Welt
von der Weisheit Gottes durchdrungen ist, konnte sie ihn
durch ihre Weisheit nicht finden. Gott hat eine Botschaft, die
unsinnig erscheint, dazu benutzt, alle zu retten, die daran
glauben. 22So fordern die Juden Zeichen, und die Griechen
suchen nach Weisheit. 23Wenn wir also Christus als den Ge-
kreuzigten verkünden, sind die Juden entrüstet und die Grie-
chen erklären es für Unsinn. 24Für die aber, die von Gott zur
Erlösung berufen sind – Juden wie Nichtjuden* – ist Christus

1,12 Griech. *Kephas*.
1,19 Jesaja 29,14.
1,24 Griech. *Griechen*.

Gottes Kraft und Gottes Weisheit. [25]Der scheinbar absurde
Plan Gottes ist immer noch viel weiser als der weiseste Plan
der Menschen, und die Schwäche Gottes ist weitaus stärker
als die Menschen sind.

[26]Erinnert euch, liebe Brüder, dass nur wenige von euch in
den Augen der Welt weise oder mächtig oder angesehen wa-
ren, als Gott euch berief. [27]Gott hat das auserwählt, was in
den Augen der Welt gering ist, um so diejenigen zu beschä-
men, die sich selbst für weise halten. Er hat das Schwache
erwählt, um das Starke zu erniedrigen. [28]Er hat das erwählt,
was von der Welt verachtet und gering geschätzt wird, und es
eingesetzt, um das zunichtezumachen, was in der Welt wich-
tig ist, [29]damit kein Mensch sich je vor Gott rühmen kann.

[30]Gott allein hat es ermöglicht, dass ihr in Christus Jesus sein
dürft. Den hat er zu unserer Weisheit gemacht. Durch ihn
sind wir vor Gott gerecht gesprochen und unser Leben wird
durch ihn geheiligt. Durch ihn sind wir erlöst. [31]In der Schrift
heißt es:

»Wer stolz sein will, soll auf das stolz sein, was der Herr
getan hat.«*

Paulus predigt Weisheit

2 [1]Liebe Brüder, als ich das erste Mal zu euch kam, habe ich
euch die Botschaft* Gottes nicht mit hochtrabenden Wor-
ten und großartigen Gedanken verkündet, [2]sondern ich hatte
mir vorgenommen, mich allein auf Jesus Christus und seinen
Tod am Kreuz* zu konzentrieren. [3]Ich kam als schwacher
Mensch zu euch, war zurückhaltend und ängstlich. [4]Meine
Botschaft und meine Predigt waren schlicht, ich gebrauchte
keine klugen Worte und versuchte auch nicht, euch zu über-
reden, sondern die Kraft des Heiligen Geistes hat unter euch
gewirkt. [5]So verhielt ich mich, damit ihr auf die Kraft Gottes
vertraut und nicht auf menschliche Weisheit.

1,31 Jeremia 9,23.
2,1 Griech. *Geheimnis;* in anderen Handschriften heißt es *Zeugnis.*
2,2 Griech. *und zwar den Gekreuzigten.*

[6]Wenn ich es jedoch mit Menschen, die im Glauben gewach-
sen sind, zu tun habe, verwende ich Worte der Weisheit. Doch
ich meine nicht jene Weisheit, die in der Welt oder bei den
Mächtigen dieser Welt etwas gilt, welche ohnehin untergehen
werden. [7]Nein, die Weisheit, von der wir sprechen, ist die
Weisheit Gottes.* Sie war in früheren Zeiten verborgen, ob-
wohl Gott sie schon vor der Erschaffung der Welt zu unserem
Segen bestimmt hat*. [8]Doch die Mächtigen dieser Welt haben
sie nicht verstanden, denn hätten sie das getan, dann hätten
sie den Herrn der Herrlichkeit niemals gekreuzigt. [9]Aber es
ist passiert, wie es in der Schrift heißt:

»Kein Auge hat je gesehen, kein Ohr je gehört und kein Ver-
stand je erdacht, was Gott für diejenigen bereithält, die ihn
lieben.«*

[10]Wir dagegen wissen darum, weil Gott es uns durch seinen
Geist offenbart hat. Sein Geist weiß alles und schenkt uns ei-
nen Blick selbst in die tiefsten Geheimnisse Gottes. [11]Nie-
mand weiß, was ein Mensch wirklich denkt, außer der Geist
des Menschen selbst, der in ihm ist; und niemand kann Gottes
Gedanken erkennen, außer der Geist Gottes. [12]Und Gott hat
uns nicht den Geist dieser Welt gegeben, sondern seinen
Geist, damit wir das begreifen können, was Gott uns ge-
schenkt hat. [13]Um euch dies zu sagen, verkünden wir nicht
Worte menschlicher Weisheit, sondern Worte, die der Geist
uns gibt, und wir deuten geistliche Dinge für Menschen, die
sich vom Geist leiten lassen.* [14]Menschen, die Gott nicht ken-
nen, können den Geist Gottes jedoch nicht verstehen. In ihren
Ohren klingt alles unsinnig, denn nur die, die der Geist leitet,
verstehen, was der Geist meint. [15]Vom Geist geleitet, beurtei-
len wir alles, unterstehen aber nicht dem Urteil anderer.
[16]Denn es heißt:

2,7a Griech. *Wir sprechen von Gottes Weisheit als einem Geheimnis.*
2,7b Griech. *zu unserer Herrlichkeit vorherbestimmt hat.*
2,9 Jesaja 64,3.
2,13 O. *Wir vermitteln geistliche Wahrheiten in geistlicher Sprache* oder *Wir vermitteln geistlichen Menschen geistliche Wahrheiten.*

»Wer kann wissen, was der Herr denkt? Wer kann sein Ratgeber sein?«*

Wir aber denken im Sinne von Christus.

Paulus und Apollos sind Diener von Christus

3 [1]Liebe Brüder, als ich bei euch war, konnte ich nicht so mit
euch reden, wie ich es mit Menschen, die im Glauben ge-
wachsen sind, getan hätte. Ich musste mit euch reden, als
würdet ihr noch zu dieser Welt gehören oder als wärt ihr
kleine Kinder im Glauben*. [2]Ich musste euch mit Milch er-
nähren statt mit fester Nahrung, die ihr noch nicht vertragen
hättet. Und ihr könnt sie wohl auch jetzt noch nicht zu euch
nehmen, [3]denn ihr lasst euch noch von eurem alten Ich be-
herrschen. Ihr seid eifersüchtig und streitet miteinander. Be-
weist das nicht, dass ihr noch von euren eigensüchtigen Wün-
schen beherrscht werdet? Ihr benehmt euch wie Menschen,
die nicht dem Herrn angehören. [4]Wenn einer von euch er-
klärt: »Ich bin ein Anhänger von Paulus«, während der ande-
re sagt: »Ich gehöre zu Apollos«, handelt ihr da nicht wie
Menschen, die Christus gar nicht kennen?
[5]Wer ist denn Apollos und wer ist Paulus, dass ihr euch un-
seretwegen streitet? Wir sind doch nur Diener. Durch uns hat
Gott euch zum Glauben geführt; jeder von uns tat die Arbeit,
die der Herr ihm auftrug. [6]Meine Aufgabe bestand darin, den
Samen in eure Herzen zu pflanzen, und Apollos hat ihn be-
wässert; aber es war Gott – nicht wir –, der ihn wachsen ließ.
[7]Wichtig ist nicht der, der pflanzt oder bewässert, wichtig ist
Gott, denn er lässt den Samen wachsen. [8]Derjenige, der
pflanzt, und derjenige, der bewässert: Beide arbeiten zusam-
men auf dasselbe Ziel hin. Belohnt aber wird jeder für sich,
entsprechend seiner Arbeit. [9]Wir arbeiten Hand in Hand an
derselben Sache als Menschen, die zu Gott gehören. Ihr seid
Gottes Acker, sein Bauwerk – nicht unseres.
[10]Aufgrund der besonderen Gnade, die Gott mir schenkte,
habe ich als weiser Bauherr das Fundament gelegt. Nun bau-

2,16 Jesaja 40,13.
3,1 Griech. *in Christus*.

en andere darauf auf. Doch wer auf diesem Fundament auf-
baut, muss sorgsam vorgehen. 11Denn niemand kann ein an-
deres Fundament legen als das, das schon gelegt ist – Jesus
Christus. 12Wer nun auf dieses Fundament aufbaut, kann
dazu Gold, Silber, Edelsteine, Holz, Heu oder Stroh verwen-
den. 13Am Tag des Gerichts wird sich die Arbeit jedes Einzel-
nen im Feuer bewähren müssen. Das Feuer wird zeigen, von
welcher Qualität das Bauwerk ist. 14Wenn es dem Feuer
standhält, wird der, der es gebaut hat, Lohn empfangen.
15Doch wenn sein Werk verbrennt, wird er einen schmerzli-
chen Verlust erleiden. Er selbst wird zwar gerettet werden,
aber nur wie einer, der mit Mühe und Not einem Feuer ent-
kommt.*

16Erkennt ihr denn nicht, dass ihr der Tempel Gottes seid
und dass der Geist Gottes in* euch wohnt? 17Gott wird jeden
ins Verderben stürzen, der diesen Tempel verdirbt. Denn
Gottes Tempel ist heilig, und ihr seid dieser Tempel.

18Hört auf, euch selbst zu betrügen. Wer von euch sich in
dieser Welt für weise hält, der muss erst töricht werden, da-
mit er nach Gottes Maßstäben weise werden kann. 19Denn die
Weisheit dieser Welt ist in Gottes Augen Torheit. In der Schrift
heißt es:

»Gott fängt diejenigen, die sich für weise halten, mit ihrer eigenen Klugheit.«*

20Und an anderer Stelle heißt es: »Der Herr kennt die Ge-
danken der Weisen, er weiß, dass sie nichts wert sind.«*

21Deshalb bildet euch auf einen anderen Menschen nichts
ein. Denn alles gehört euch: 22Paulus und Apollos und Pet-
rus*; die ganze Welt und Leben und Tod; die Gegenwart wie
die Zukunft. Alles gehört euch, 23und ihr gehört Christus,
und Christus gehört Gott.

3,15 Griech. *Er selbst aber wird gerettet werden, doch so wie durch Feuer.*
3,16 O. *unter.*
3,19 Hiob 5,13.
3,20 Psalm 94,11.
3,22 Griech. *Kephas.*

Paulus und die Korinther

4 1Ihr sollt in uns Diener von Christus sehen, denen die
Aufgabe anvertraut wurde, Gottes Geheimnisse zu erklä-
ren. 2Nun erwartet man von einem Menschen, dem ein Amt
anvertraut wurde, dass er treu ist. 3Wie ist das nun bei mir?
Bin ich treu gewesen? In dieser Frage spielt es kaum eine Rol-
le, was ihr oder sonst irgendjemand denkt, ja ich vertraue in
diesem Punkt nicht einmal meinem eigenen Urteil. 4Mein Ge-
wissen ist zwar rein, doch das ist nicht entscheidend. Es ist
der Herr selbst, der mich prüft und darüber zu entscheiden
hat.

5Deshalb hütet euch, voreilige Urteile über den Glauben an-
derer zu fällen, bevor der Herr wiederkommt. Wenn der Herr
kommt, wird er unsere tiefsten Geheimnisse* ans Licht brin-
gen und unsere verborgensten Beweggründe offenbar ma-
chen. Und dann wird Gott jeden so loben, wie es ihm zusteht.

6Liebe Freunde*, ich wollte euch an Apollos und mir deut-
lich machen, worum es mir geht. Wenn ihr euch an das haltet,
was in der Schrift steht, werdet ihr keinen auf Kosten eines
anderen herausstellen.* 7Was hast du denn irgendeinem an-
deren voraus? Was hast du vorzuweisen, das du nicht von
Gott bekommen hast? Und wenn alles von Gott kommt, was
du vorzuweisen hast, warum gibst du dann damit an, so, als
ob es kein Geschenk wäre?

8Ihr meint, ihr hättet schon alles, was ihr braucht! Ihr seid
schon reich! Ihr seid Könige geworden, und zwar ohne uns!
Ich wünschte, ihr säßet tatsächlich schon auf eurem Thron,
denn dann würden wir mit euch herrschen! 9Aber manchmal
habe ich den Eindruck, dass Gott uns Apostel als die Gerings-
ten erscheinen lässt, wie zum Tode Verurteilte. Wir sind ein
Schauspiel geworden für die ganze Welt – für Menschen wie
für Engel.

10Wegen unserer Hingabe an Christus hält man uns für
Narren – ihr aber seid klug in Christus. Wir sind schwach –

4,5 Griech. *das Verborgene der Finsternis.*
4,6a Griech. *Brüder.*
4,6b O. *Ihr müsst lernen, nicht über das hinauszugehen, was geschrieben steht, damit sich nicht einer auf Kosten eines anderen wichtig macht.*

ihr aber seid stark. Ihr seid angesehen – wir werden aus-
gelacht. 11 Bis zu dieser Stunde leiden wir Hunger und Durst
und sind unbekleidet. Wir werden geschlagen und haben
kein eigenes Dach über dem Kopf. 12 Wir haben uns mühsam
mit unseren eigenen Händen unseren Lebensunterhalt ver-
dient. Wir segnen die, die uns beschimpfen. Wir haben Ge-
duld mit denen, die uns verfolgen. 13 Wir sind freundlich zu
denen, die Böses über uns sagen. Und doch werden wir be-
handelt, als wären wir die Sündenböcke der Welt, von allen
der Abschaum – und das bis zu diesem Augenblick.

14 Ich schreibe das nicht, um euch zu beschämen, sondern
um euch als meine geliebten Kinder zu warnen. 15 Selbst
wenn ihr zehntausend Erzieher hättet, die euch Christus
nahe bringen, so habt ihr doch nicht viele Väter. Denn ich
wurde euer Vater in Christus Jesus, als ich euch als Erster die
Botschaft Gottes verkündete. 16 Deshalb bitte ich euch jetzt,
meinem Beispiel zu folgen und es mir gleichzutun.

17 Und deshalb schicke ich euch auch Timotheus – damit er
euch dabei hilft. Denn er ist mein geliebter und zuverlässiger
Sohn im Herrn. Er wird euch an das erinnern, was ich in den
Gemeinden über Christus Jesus lehre.

18 Ich weiß, dass manche von euch große Reden führen und
glauben, dass ich euch nicht wieder besuchen komme. 19 Aber
ich werde kommen – und zwar schon bald –, wenn der Herr
es mir erlaubt, und dann werde ich erfahren, ob diese Leute
nur Schwätzer sind oder ob sie wirklich die Kraft Gottes ha-
ben. 20 Denn das Reich Gottes besteht nicht durch die Worte,
mit denen man davon erzählt, es lebt durch die Kraft Gottes.
21 Was ist euch lieber? Soll ich mit Tadel und Strafe kommen
oder in Liebe und Freundlichkeit?

Paulus verurteilt geistlichen Stolz

5 1 Ich kann kaum glauben, was mir über die Unzucht unter
euch berichtet wird; so schlimme Dinge, dass nicht ein-
mal die Menschen, die Gott nicht kennen, so etwas tun. Ich
habe gehört, dass ihr einen Mann in eurer Gemeinde habt, der
mit der Frau seines Vaters zusammenlebt. 2 Und ihr seid stolz
auf euch! Warum tragt ihr nicht Trauer vor Kummer und

Scham? Und warum habt ihr den Mann, der so lebt, nicht aus
eurer Gemeinschaft ausgeschlossen?
3Auch wenn ich nicht persönlich anwesend bin, so bin ich
doch im Geist bei euch und habe das Urteil über den Mann,
der das getan hat, bereits gefällt. 4Wenn ihr euch im Namen
von Jesus, dem Herrn, versammelt, so werde ich im Geist an-
wesend sein, und die Kraft des Herrn ist mitten unter euch.
5Dann sollt ihr den Mann aus der Gemeinde ausschließen
und dem Satan übergeben, damit seine sündige Natur ver-
nichtet* und er selbst* gerettet werden kann, wenn der Herr
wiederkommt.
6Es ist schlimm, dass ihr auf eure geistliche Reife stolz seid
und gleichzeitig so etwas zulasst. Erkennt ihr denn nicht,
dass nach kurzer Zeit alle in Mitleidenschaft gezogen wer-
den, wenn ihr auch nur einen von euch ungehindert sündigen
lasst? 7Entfernt diesen Mann aus eurer Mitte, damit ihr rein
bleibt.* Denn Christus, unser Passahlamm, ist für uns geop-
fert worden. 8Lasst uns das Fest feiern, aber nicht, indem wir
das alte Brot* des Bösen und Schlechten essen, sondern das
neue Brot* der Reinheit und Wahrheit.
9In einem früheren Brief schrieb ich euch, ihr solltet nichts
mit Menschen zu schaffen haben, die sich auf Unzucht einlas-
sen. 10Doch damit meinte ich nicht Ungläubige, die Unzucht
treiben, habgierig sind und stehlen oder Götzen anbeten.
Wenn ihr solche Leute meiden wolltet, müsstet ihr ja die
Welt verlassen. 11Was ich meinte, war, dass ihr keinen Kon-
takt zu jemandem haben sollt, der sich als gläubig* bezeich-
net und doch Unzucht treibt, habgierig ist, Götzen anbetet,
flucht, sich betrinkt oder andere beraubt. Mit solchen Leuten
sollt ihr auch nicht zusammen essen.

5,5a O. *damit er stirbt;* griech. *zum Verderben des Fleisches.*
5,5b Griech. *und der Geist.*
5,6-7 Griech. *Erkennt ihr nicht, dass ein wenig Sauerteig rasch den ganzen Teig durchsäuert? 7Beseitigt den alten Sauerteig völlig, damit ihr ein neuer Teig sein könnt, wie ihr ja schon ungesäuert seid.*
5,8a Griech. *nicht mit altem Sauerteig.*
5,8b Griech. *mit Ungesäuertem [Brot].*
5,11 Griech. *Bruder.*

12Es steht uns nicht zu, Außenstehende zu richten, aber es
liegt ganz gewiss in eurer Verantwortung, diejenigen Ge-
meindemitglieder unter euch zu richten, die derartige Sün-
den begehen. 13Die Außenstehenden wird Gott richten, doch
in der Schrift heißt es: »Ihr sollt das Böse aus eurer Mitte ent-
fernen.«*

Rechtsstreit unter Christen

6 1Wenn ihr etwas gegen einen anderen Gläubigen vor-
zubringen habt, warum erhebt ihr dann Anklage gegen
ihn und bringt die Sache vor ein weltliches Gericht, statt
euch an andere Gläubige zu wenden, damit sie entscheiden
können, wer recht hat? 2Wisst ihr denn nicht, dass wir eines
Tages die Welt richten werden? Und wenn ihr die Welt rich-
ten werdet, meint ihr da nicht, solche Kleinigkeiten unter
euch klären zu können? 3Ist euch nicht bewusst, dass wir En-
gel richten werden? Da solltet ihr doch in der Lage sein, ge-
wöhnliche Streitigkeiten hier auf der Erde beizulegen. 4Wa-
rum wendet ihr euch also in solchen Fällen an Richter, die in
der Gemeinde nichts gelten? 5Ich sage das, damit ihr euch
schämt. Gibt es denn in eurer ganzen Gemeinde niemanden,
der weise genug wäre, dass er zwischen euch entscheiden
könnte? 6Stattdessen verklagt einer* den anderen – und das
vor den Ohren der Ungläubigen!

7Schon dass ihr überhaupt solche Prozesse untereinander
führt, ist schlimm genug. Warum ertragt ihr das Unrecht
nicht einfach und belasst es dabei? Warum lasst ihr euch nicht
lieber übervorteilen? 8Stattdessen tut ihr selbst Unrecht und
betrügt eure eigenen Brüder.

Unzucht in der Gemeinde vermeiden

9Wisst ihr nicht, dass Menschen, die Unrecht tun, keinen An-
teil am Reich Gottes erhalten werden? Täuscht euch nicht.
Menschen, die sich auf Unzucht einlassen, Götzendiener,
Ehebrecher, Prostituierte, Homosexuelle, 10Diebe, Habgieri-

5,13 5. Mose 17,7 – Griech. *Schafft weg den Bösen aus euch selbst.*
6,6 Griech. *ein Bruder.*

ge, Trinker, Lästerer, Räuber – keiner von ihnen wird am Reich Gottes teilhaben. [11]Früher traf dies auf einige von euch zu, doch jetzt sind eure Sünden abgewaschen* und ihr seid für Gott ausgesondert worden. Ihr wurdet vor Gott gerecht gesprochen durch den Namen von Jesus Christus, dem Herrn, und durch den Geist Gottes.

[12]Mir ist alles erlaubt. Aber nicht alles ist gut. Es ist mir zwar alles erlaubt, doch ich will mich von nichts beherrschen lassen. [13]Ihr sagt: »Das Essen ist für den Bauch da und der Bauch für das Essen.« Richtig. Doch vor Gott ist beides vergänglich. Unser Körper wurde aber nicht zur Unzucht geschaffen. Er ist für den Herrn bestimmt, und der Herr sorgt für ihn. [14]Durch seine göttliche Kraft wird Gott uns von den Toten auferwecken, so wie er den Herrn von den Toten auferweckt hat. [15]Wisst ihr denn nicht, dass eure Körper zum Leib Christi gehören? Darf da ein Mann seinen Körper, der doch Christus gehört, mit dem einer Prostituierten vereinigen? Niemals! [16]Oder wisst ihr nicht, dass ein Mann, der mit einer Prostituierten verkehrt, mit ihr eins wird? Denn in der Schrift heißt es: »Die beiden werden zu einer Einheit.«* [17]Wer aber dem Herrn gehört, ist ein Geist mit ihm.

[18]Deshalb haltet euch fern von aller Unzucht! Keine andere Sünde hat so große Auswirkungen auf den Körper wie diese, denn* Unzucht ist eine Sünde gegen den eigenen Körper. [19]Oder wisst ihr nicht, dass euer Leib ein Tempel des Heiligen Geistes in euch ist, der in euch lebt und euch von Gott geschenkt wurde? Ihr gehört nicht euch selbst, [20]denn Gott hat einen hohen Preis für euch bezahlt. Deshalb ehrt Gott mit eurem Leib!

Über die Ehe

7 [1]Nun zu den Fragen, die ihr in eurem Brief stellt. Ja, es ist gut für einen Menschen, sexuell enthaltsam zu leben.

6,11 Griech. *seid ihr geheiligt worden.*
6,16 1. Mose 2,24.
6,18 Griech. *Jede Sünde, die man nur begehen kann, ist außerhalb des Körpers, aber.*

[2]Doch weil es so viel Unzucht gibt, sollte jeder Mann seine
Frau haben und jede Frau ihren Mann.
[3]Der Ehemann soll sich seiner Frau nicht entziehen; dassel-
be gilt für die Ehefrau ihrem Mann gegenüber. [4]Die Ehefrau
gibt ihrem Mann das Recht über ihren Körper, und ebenso
gibt der Ehemann seiner Frau das Recht über seinen Körper.
[5]Keiner soll sich dem anderen verweigern, es sei denn, beide
Ehepartner beschließen übereinstimmend, sich für eine be-
grenzte Zeit sexuell zu enthalten, um sich noch intensiver
dem Gebet widmen zu können. Danach kommt wieder zu-
sammen, damit euch der Satan nicht in Versuchung führt,
weil ihr euch nicht beherrschen könnt. [6]Das ist aber nur eine
Empfehlung von mir, kein Gebot. [7]Ich wünschte, jeder könnte
unverheiratet leben, wie ich es tue. Aber wir sind nicht alle
gleich. Gott schenkt manchen die Gabe der Ehe und anderen
die Gabe, unverheiratet zu leben.
[8]Den Unverheirateten und Verwitweten sage ich aber, dass
es besser ist, so wie ich unverheiratet zu bleiben. [9]Doch wenn
sie sich nicht enthalten können, sollen sie heiraten. Es ist bes-
ser zu heiraten, als von unerfülltem Verlangen beherrscht zu
werden.
[10]Für die Verheirateten habe ich ein Gebot, das nicht von mir
kommt, sondern vom Herrn.* Eine Frau soll sich nicht von
ihrem Ehemann scheiden lassen. [11]Wenn sie sich aber doch
von ihm trennt, soll sie allein bleiben oder zu ihm zurückkeh-
ren. Und ebenso soll ein Mann seine Frau nicht wegschicken.
[12]Nun spreche ich zu den Übrigen unter euch, obwohl ich in
dieser Sache kein Gebot vom Herrn habe. Wenn ein gläubiger
Mann* eine ungläubige Ehefrau hat und sie bereit ist, weiter
mit ihm zu leben, darf er sie nicht wegschicken. [13]Und wenn
eine gläubige Frau einen ungläubigen Ehemann hat und er
bereit ist, weiter mit ihr zu leben, darf sie ihn nicht wegschi-
cken. [14]Denn der ungläubige Mann ist durch die Frau gehei-
ligt, und die ungläubige Frau ist geheiligt durch den Mann*.

7,10 S. Matthäus 5,32; 19,9; Markus 10,11-12; Lukas 16,18.
7,12 Griech. *ein Bruder.*
7,14a Griech. *Bruder.*

Sonst stünden eure Kinder nicht unter Gottes Segen; doch so
gehören sie ihm*. 15Wenn aber der Ehepartner, der nicht an
Christus glaubt, auf einer Trennung besteht, dann lasst ihn
gehen. In diesem Fall ist der gläubige Partner nicht zum Zusammenbleiben verpflichtet, denn Gott will, dass seine Kinder in Frieden leben. 16Ihr Ehefrauen könnt nicht wissen, ob
eure Ehemänner vielleicht durch euch zum Glauben finden.
Und ihr Ehemänner wisst nicht, ob durch euch eure Ehefrauen vielleicht zum Glauben kommen.

17Nehmt das Leben an, in das der Herr euch gestellt hat, und
lebt so weiter, wie es war, als Gott euch berufen hat. So lauten
meine Anweisungen für alle Gemeinden. 18Wurde ein Mann
zum Beispiel beschnitten, bevor er gläubig wurde, soll er
nicht versuchen, diesen Schritt rückgängig zu machen. Und
wenn ein Mann unbeschnitten war, als er zu Christus fand,
soll er sich jetzt nicht beschneiden lassen. 19Denn es spielt keine Rolle, ob ein Mann beschnitten ist oder nicht. Entscheidend ist es, Gottes Gebote zu halten.

20Jeder bleibe in dem, was er war, als Gott ihn berief. 21Warst
du ein Sklave? Dann mache dir deswegen keine Sorgen.
Wenn du allerdings die Gelegenheit hast, freizukommen,
dann nutze sie. 22Und denke daran: Wenn du ein Sklave
warst, als der Herr dich berief, dann bist du jetzt ein Freigelassener vor Gott. Und wenn du frei warst, als der Herr dich
berief, dann bist du jetzt ein Sklave von Christus. 23Gott hat
einen hohen Preis für euch bezahlt, deshalb werdet nicht
Sklaven von Menschen. 24Und so sage ich euch, liebe Brüder:
Bleibt so vor Gott, wie ihr wart, als er euch berief. 25Nun zu
den jungen Frauen*, die noch nicht verheiratet sind. Für sie
habe ich kein Gebot des Herrn. Aber ich gebe euch einen Rat
als jemand, dem Gott Einsichten geschenkt hat, denen ihr vertrauen könnt. 26Wegen der schweren Zeiten, die uns bevorstehen, halte ich es für das Beste, wenn ein Mensch unverheiratet bleibt. 27Wenn du eine Frau hast, dann löse die Ehe nicht
auf. Wenn du keine Frau hast, dann heirate nicht. 28Solltest du

7,14b Griech. *denn sonst sind ja eure Kinder unrein, jetzt aber sind sie heilig.*
7,25 Griech. *Jungfrauen,* so auch in Vers 28.

aber doch heiraten, so ist das keine Sünde. Und auch wenn
eine junge Frau heiratet, ist das keine Sünde. Allerdings wür-
de ich euch gern die zusätzlichen Belastungen ersparen, die
mit einer Ehe verbunden sind.

29Eines ist sicher, liebe Brüder: Die Zeit, die noch bleibt, ist
kurz; deshalb sollen die Männer ihre Ehe nicht zu ihrem
wichtigsten Lebensinhalt machen. 30Weder Traurigkeit noch
Freude oder Wohlstand sollen jemanden davon abhalten,
Gott mit allen Kräften zu dienen. 31Wer häufig mit den Ange-
legenheiten dieser Welt in Berührung kommt, sollte sie nut-
zen, ohne sich an sie zu binden, denn die Welt und alles, was
zu ihr gehört, wird vergehen. 32Ich möchte, dass ihr in allem,
was ihr tut, von den Sorgen dieses Lebens frei seid. Ein unver-
heirateter Mann kann seine Zeit ganz für die Sache des Herrn
einsetzen und darüber nachdenken, wie er ihm Freude ma-
chen kann. 33Für einen verheirateten Mann ist das sehr viel
schwerer. Er muss seine irdischen Verpflichtungen erfüllen
und sich überlegen, wie er seiner Frau gefallen kann. 34Seine
Aufmerksamkeit ist geteilt. Genauso kann eine Frau, die
nicht mehr verheiratet ist oder nie verheiratet war, sich kör-
perlich und geistig sehr viel stärker für den Herrn einsetzen
als eine verheiratete Frau, die sich um ihre irdischen Ver-
pflichtungen kümmern und darüber nachdenken muss, wie
sie ihrem Mann gefallen kann.

35Ich sage das, um euch zu helfen, und nicht, um euch zu
bedrängen. Ich möchte, dass ihr anständig lebt und zuverläs-
sig dem Herrn dient, ohne euch ablenken zu lassen. 36Wenn
ein Mann nun der Meinung ist, er sollte seine Verlobte besser
heiraten, weil es ihm sonst schwer fällt, seine Leidenschaft zu
kontrollieren, und es kann nicht anders sein, so ist das gut
und keine Sünde. Sie sollen heiraten. 37Wenn er jedoch inner-
lich fest entschlossen ist, nicht zu heiraten, und es besteht kei-
ne Notwendigkeit und er beherrscht sein eigenes Verlangen,
dann ist es besser, nicht zu heiraten. 38Wer also heiratet, han-
delt gut, und wer nicht heiratet, handelt besser.

39Eine Frau ist mit ihrem Mann verheiratet, solange er lebt.
Wenn ihr Mann stirbt, ist sie frei zu heiraten, wen sie will,

aber es muss eine Ehe sein, die dem Herrn gefällt*. 40Meiner
Meinung nach wird sie aber glücklicher sein, wenn sie nicht
mehr heiratet, und ich denke, dass ich euch diesen Rat aus
Gottes Geist heraus gebe.

Aufeinander Rücksicht nehmen

8 1Nun zu der Frage, ob wir Fleisch essen, das den Götzen
geopfert wurde. Ihr meint, alle müssten sich eurer Er-
kenntnis anpassen. Wissen kann uns ein Gefühl von Wichtig-
keit verleihen, doch nur die Liebe baut die Gemeinde wirk-
lich auf. 2Wer behauptet, alle Antworten zu kennen, hat in
Wirklichkeit kaum begriffen, auf welche Erkenntnis es an-
kommt. 3Doch wer Gott liebt, der ist von Gott erkannt.

4Wie verhält es sich nun? Sollen wir Fleisch essen, das den
Götzen geopfert wurde? Wir wissen alle, dass ein Götze gar
kein Gott ist und dass es nur einen einzigen, wahren Gott
gibt. 5Denn es gibt viele sogenannte Götter, sowohl im Him-
mel als auch auf der Erde – wie es ja viele Mächte und viele
Herren gibt. 6Wir aber wissen, dass es nur einen Gott gibt,
den Vater, der alles erschaffen hat und für den wir leben.
Und es gibt nur einen Herrn, Jesus Christus, durch den Gott
alles erschaffen hat und durch den wir leben.

7Das ist allerdings nicht allen in der Gemeinde klar. Manche
haben sich daran gewöhnt, Götzen für etwas Wirkliches zu
halten. Wenn sie dann von dem geopferten Fleisch essen,
wird ihr schwaches Gewissen beunruhigt. 8Es stimmt, dass
wir Gottes Anerkennung nicht durch das gewinnen können,
was wir essen. Wir versäumen nichts, wenn wir etwas Be-
stimmtes nicht essen, und wir gewinnen nichts, wenn wir es
tun. 9Doch ihr müsst mit dieser Freiheit, die ihr habt, behut-
sam umgehen, damit ihr nicht einem Bruder oder einer
Schwester mit einem ängstlicheren Gewissen schadet.

10Leicht kann dann Folgendes geschehen: Schwächere Men-
schen, die es für falsch halten, solche Speisen zu essen, wer-
den dich in einem Götzentempel essen sehen. Du selbst
weißt, dass daran nichts Unrechtes ist, sie aber werden ver-

7,39 O. *aber nur mit Gottes Zustimmung;* griech. *aber nur in dem Herrn.*

leitet, gegen ihr Gewissen Fleisch zu essen, das einem Götzen
geopfert wurde. 11Auf diese Weise schadet deine Erkenntnis
einem schwachen Bruder, für den Christus doch ebenfalls ge-
storben ist. 12Wenn ihr gegen eure Brüder sündigt und ihr
schwaches Gewissen verletzt, sündigt ihr damit gegen Chris-
tus. 13Lieber will ich mein Leben lang kein Fleisch mehr essen,
als dass ich durch mein Tun einen anderen zur Sünde
veranlasse – denn ich möchte meinem Bruder nicht schaden.

Paulus verzichtet auf seine Rechte

9 1Habe ich nicht soviel Freiheit wie jeder andere auch?* Bin
ich nicht ein Apostel? Habe ich nicht Jesus, unseren
Herrn, mit eigenen Augen gesehen? Ist es nicht das Ergebnis
meiner Bemühungen, dass ihr jetzt zu Jesus gehört? 2Auch
wenn andere mich nicht für einen Apostel halten, so bin ich
es doch ganz gewiss für euch, denn ihr seid der lebendige
Beweis, dass ich ein Apostel des Herrn bin.
3Das ist meine Antwort an die, die meine Vollmacht als
Apostel in Frage stellen*: 4Haben wir nicht das Recht, in eu-
ren Häusern zu wohnen und mit euch zu essen? 5Haben wir
nicht das Recht, eine Ehefrau bei uns zu haben, wie die ande-
ren Jünger und die Brüder des Herrn und Petrus* es tun?
6Oder sind Barnabas und ich die Einzigen, die arbeiten müs-
sen, um ihren Lebensunterhalt zu verdienen? 7Welcher Soldat
müsste im Krieg seine Auslagen von seinem eigenen Geld
bestreiten? Oder habt ihr je von einem Bauern gehört, der
seinen Weinberg bepflanzt und nicht davon isst? Welcher
Hirte weidet eine Herde Schafe und darf nicht von der Milch
trinken? 8Und dabei vertrete ich nicht nur menschliche An-
sichten. Sagt Gottes Gesetz nicht das Gleiche? 9Denn im Ge-
setz Moses steht: »Hindert einen Ochsen nicht am Fressen,
während er Korn drischt.«* Meint ihr, Gott hätte bei diesen
Worten nur an den Ochsen gedacht? 10Sprach er da nicht

9,1 Griech. *Bin ich nicht frei?*
9,3 Griech. *diejenigen, die mich richten.*
9,5 Griech. *Kephas.*
9,9 5. Mose 25,4.

auch zu uns? Natürlich tat er das. Denn wer pflügt und das
Getreide drischt, darf seinen Anteil an der Ernte erwarten.
11Wir haben unter euch eine gute geistliche Saat gesät. Wäre
es da zu viel verlangt, wenn ich euch um Nahrung und Klei-
dung bitte? 12Wenn ihr andere unterstützt, die bei euch predi-
gen, dürften wir da nicht erst recht Anspruch darauf erheben,
unterstützt zu werden? Doch wir haben nie von diesem Recht
Gebrauch gemacht. Wir ertragen lieber alle Schwierigkeiten,
damit der Botschaft von Christus kein Hindernis in den Weg
gelegt wird.
13Wisst ihr denn nicht, dass diejenigen, die im Tempel die-
nen, sich von den Speisen ernähren, die als Opfergaben zum
Tempel gebracht werden? Und auch die, die am Altar Dienst
tun, erhalten Anteil an den Opfern. 14Ebenso hat der Herr
angeordnet, dass diejenigen, die die gute Botschaft verkün-
den, von denen unterstützt werden sollen, die davon Nutzen
haben. 15Ich habe jedoch nie von irgendeiner dieser Möglich-
keiten Gebrauch gemacht. Und ich schreibe euch das alles
auch nicht, um anzudeuten, dass ich es von nun an tun wer-
de. Lieber würde ich sterben, als den Ruhm einzubüßen, dass
ich ohne jede Gegenleistung predige. 16Denn wenn ich die
gute Botschaft Gottes verkünde, ist das für mich kein Grund,
stolz darauf zu sein. Ich muss es einfach tun, und es würde
mir schlecht ergehen, wenn ich es unterließe!
17Wenn ich es aus freiem Entschluss täte, hätte ich eine Be-
zahlung verdient. Doch ich wurde von Gott erwählt. Er hat
mir diese Aufgabe anvertraut, sodass ich keine andere Wahl
habe. 18Worin besteht nun mein Lohn? Darin, dass ich die
Botschaft verkünde, ohne jemandem Kosten zu verursachen,
und dass ich von meinen Rechten als Verkünder keinen Ge-
brauch mache.
19Das bedeutet, dass ich an niemanden gebunden bin. Den-
noch habe ich mich zum Diener aller gemacht, um möglichst
viele für Christus zu gewinnen. 20Den Juden bin ich einer von
ihnen geworden, um sie für Christus zu gewinnen. Bei denen,
die sich an das Gesetz* halten, verhalte ich mich ebenso –

9,20 Gemeint ist hier das jüdische Gesetz.

obwohl ich nicht unter dem Gesetz stehe –, damit ich sie für
Christus gewinne. [21]Wenn ich bei Nichtjuden bin, die das jü-
dische Gesetz nicht haben*, passe ich mich ihnen so weit wie
möglich an, um sie für Christus zu gewinnen. Allerdings las-
se ich Gottes Gesetz dabei nicht außer Acht, sondern befolge
das Gesetz, das ich von Christus habe.

[22]Wenn ich bei den Schwachen bin, werde ich bei ihnen wie
ein Schwacher, um sie für Christus zu gewinnen. Ja, ich ver-
suche bei allen Menschen eine gemeinsame Grundlage zu fin-
den, um wenigstens einige von ihnen für Christus zu gewin-
nen. [23]All das tue ich, um Gottes gute Botschaft zu verbreiten,
damit auch ich Anteil an ihrem Segen erhalte.

[24]Denkt daran, dass alle wie in einem Wettrennen laufen,
aber nur einer den Siegespreis bekommt. Lauft so, dass ihr
ihn gewinnt! [25]Jeder Athlet übt strenge Selbstdisziplin. Er tut
das allerdings, um einen Preis zu erringen, dessen Wert ver-
blassen wird – wir aber tun es für einen ewigen Preis. [26]So
halte ich mir stets das Ziel vor Augen und laufe mit jedem
Schritt darauf zu. Ich kämpfe wie ein Boxer, aber nicht wie
einer, der ins Leere schlägt. [27]Mit der eisernen Disziplin eines
Athleten bezwinge ich meinen Körper, damit er mir gehorcht.
Sonst müsste ich befürchten, dass ich zwar anderen gepredigt
habe, mich danach aber womöglich selbst disqualifiziere.

Warnungen vor jeder Art von Götzendienst

10 [1]Liebe Brüder, vergesst nicht, was vor langer Zeit un-
sere Vorfahren in der Wüste erlebt haben. Gott ging
ihnen in einer Wolke voran und führte sie sicher durchs Meer.
[2]Alle wurden in der Wolke und im Meer auf Mose getauft, als
sie ihm folgten. [3]Sie aßen alle die gleiche Nahrung*, die Gott
ihnen durch ein Wunder schenkte, [4]und tranken aus dem ih-
nen von Gott geschenkten Felsen, der sie begleitete, und die-
ser Fels war Christus*. [5]Und doch fand Gott nach all diesen

9,21 Griech. *die ohne Gesetz.*
10,3 Griech. *geistliche Speise.*
10,4 Griech. *und haben alle denselben geistlichen Trank getrunken; sie tranken nämlich aus dem geistlichen Felsen, der ihnen folgte; der Felsen aber war Christus.*

Wundern an den meisten von ihnen kein Gefallen, sodass sie
in der Wüste umkamen.
[6]Diese Ereignisse sind für uns ein warnendes Beispiel, damit
wir nicht wie sie nach unrechten Dingen* streben [7]oder Göt-
zen anbeten, wie einige von ihnen es taten. In der Schrift heißt
es dazu: »Sie setzten sich, um zu essen und zu trinken und
feierten ein rauschendes Fest.«* [8]Auch auf Unzucht dürfen
wir uns nicht einlassen, wie einige von ihnen es taten und
dadurch an einem einzigen Tag den Tod von dreiundzwan-
zigtausend Menschen verursachten. [9]Auch dürfen wir Chris-
tus* nicht herausfordern, wie manche von ihnen es taten und
dann an Schlangenbissen starben. [10]Und murrt nicht wie ei-
nige von ihnen, denn daraufhin schickte Gott seinen Engel
des Todes, um sie zu vernichten. [11]All diese Ereignisse, die
ihnen widerfuhren, dienen uns als Beispiel. Sie wurden für
uns, die wir am Ende der Zeiten leben, als Warnung auf-
geschrieben.
[12]Wer sich für standhaft hält, soll aufpassen, dass er nicht
auf die gleiche Weise sündige. [13]Vergesst nicht, dass die Prü-
fungen, die ihr erlebt, die gleichen sind, vor denen alle Men-
schen stehen. Doch Gott ist treu. Er wird die Prüfung nicht so
stark werden lassen, dass ihr nicht mehr widerstehen könnt.
Wenn ihr auf die Probe gestellt werdet, wird er euch eine
Möglichkeit zeigen, trotzdem standzuhalten.
[14]Deshalb, liebe Freunde, meidet den Götzendienst. [15]Ihr
seid doch verständige Menschen. Entscheidet selbst, ob ich
die Wahrheit sage. [16]Wenn wir am Tisch des Herrn den Kelch
segnen, haben wir dann nicht gemeinsam Anteil* am Segen
des Blutes Christi? Und wenn wir das Brot brechen, haben
wir dann nicht gemeinsam Anteil am Segen des Leibes Chris-
ti? [17]Wir alle essen von einem Laib Brot und zeigen damit,
dass wir alle zusammen ein Leib sind. [18]Denkt doch an das
Volk Israel: Alle, die vom Opfer essen, haben dadurch Ge-
meinschaft mit Gott.

10,6 Griech. *nach Bösem.*
10,7 2. Mose 32,6.
10,9 In einigen Handschriften heißt es *den Herrn.*
10,16 Griech. *Gemeinschaft mit* – ebenso im nächsten Satz.

[19]Was will ich damit sagen? Behaupte ich nun etwa doch,
dass die Götzen, denen die Völker Opfer darbringen, wirk-
liche Götter sind und dass diese Opfer etwas zu sagen hätten?
[20]Nein, ganz und gar nicht. Ich sage vielmehr, dass diese Op-
fer den Dämonen und nicht Gott dargebracht werden. Und
ich möchte nicht, dass ihr in irgendeiner Weise Gemeinschaft
mit Dämonen habt. [21]Ihr könnt nicht aus dem Kelch des
Herrn und zugleich aus dem Kelch der Dämonen trinken.
Ihr könnt nicht am Tisch des Herrn und zugleich am Tisch
der Dämonen essen. [22]Oder wollen wir den Herrn etwa zur
Eifersucht reizen wie einst Israel? Meinen wir etwa, wir seien
stärker als er?

[23]Es ist alles erlaubt, aber nicht alles ist hilfreich. Es ist alles
erlaubt, aber nicht alles ist gut. [24]Denkt nicht an euren eigenen
Vorteil, sondern an die anderen und an das, was für sie am
besten ist.

[25]Haltet euch an Folgendes: Ihr dürft alles Fleisch essen, das
auf dem Markt verkauft wird. Fragt nicht, ob es Götzen dar-
gebracht wurde oder nicht; dann wird euer Gewissen gar
nicht erst belastet. [26]Denn »die Erde und alles, was darauf
ist, gehört dem Herrn«.*

[27]Wenn jemand, der nicht an Christus glaubt, euch zum Es-
sen einlädt, dann nehmt die Einladung an, wenn ihr wollt.
Esst, was immer euch angeboten wird, und stellt keine Fra-
gen. Euer Gewissen braucht darüber nicht beunruhigt zu
sein. [28]Doch wenn euch jemand warnt, dass dieses Fleisch
den Götzen dargebracht wurde, dann esst es nicht, und
zwar aus Rücksicht auf denjenigen, der euch davor gewarnt
hat. [29]Für euch wäre es vielleicht keine Sache des Gewissens,
für ihn aber schon.

Doch warum sollte ich meine Freiheit einem anderen zulie-
be beschneiden lassen? [30]Wenn ich Gott für das Essen danken
und es genießen kann, warum sollte ich dann dafür verurteilt
werden, dass ich es esse? [31]Was immer ihr esst oder trinkt
oder tut, das tut zur Ehre Gottes! [32]Gebt den Juden oder den
Nichtjuden oder der Gemeinde Gottes keinen Anlass, sich

10,26 Psalm 24,1.

über euch zu ärgern. 33Ich selbst halte es auch so. Ich versuche, in allem, was ich tue, allen zu gefallen. Ich tue nicht einfach, was mir gefällt oder was für mich am besten ist, sondern ich tue, was für sie am besten ist, damit sie gerettet werden.

11 1Und ihr solltet meinem Beispiel folgen, so wie ich Christus folge.

Anweisungen für öffentliche Gottesdienste

2Ich bin so froh, liebe Freunde, dass ihr stets an mich denkt und an der Lehre festhaltet, die ich euch weitergegeben habe.
3Doch es gibt noch eines, das ihr wissen sollt: Ein Mann ist Christus verantwortlich, eine Frau ist ihrem Ehemann verantwortlich und Christus Gott*. 4Ein Mann entehrt Christus*, wenn er beim Beten oder Weissagen seinen Kopf bedeckt.
5Eine Frau entehrt ihren Ehemann*, wenn sie ohne Kopfbedeckung betet oder weissagt, denn das wäre dasselbe, als würde sie sich den Kopf kahl scheren. 6Wenn sie sich weigert, eine Kopfbedeckung zu tragen, könnte sie gleich ihr Haar abschneiden. Da es für eine Frau aber eine Schande ist, ihr Haar abzuschneiden oder sich den Kopf kahl zu scheren, soll sie eine Kopfbedeckung tragen*. 7Ein Mann dagegen sollte nichts auf dem Kopf tragen, wenn er betet, denn der Mann ist zu Gottes Ehre geschaffen und sein Abbild, die Frau aber ist zur Ehre des Mannes geschaffen. 8Denn der erste Mann kam nicht von einer Frau, sondern die Frau vom Mann. 9Der Mann wurde nicht für die Frau erschaffen, sondern die Frau für den Mann. 10Deshalb soll die Frau eine Kopfbedeckung* tragen, auch wegen der Engel.

11Nach dem Willen Gottes ist die Frau nicht unabhängig vom Mann und der Mann nicht unabhängig von der Frau.

11,3 Wörtlich *Christus ist das Haupt des Mannes, das Haupt der Frau ist der Mann, das Haupt Christi ist Gott.*
11,4 Griech. *sein Haupt.*
11,5 Griech. *ihr Haupt.*
11,6 O. *soll sie langes Haar tragen.*
11,10 Einen Schleier.

12Denn obwohl die erste Frau vom Mann kam, wurden seit-
dem alle Männer von Frauen geboren, und alle kommen von
Gott.
13Wie denkt ihr selbst darüber? Glaubt ihr, dass es sich ge-
hört, dass eine Frau in der Öffentlichkeit zu Gott betet, ohne
ihren Kopf zu bedecken? 14Ist es nicht offensichtlich, dass es
für einen Mann eine Schande ist, langes Haar zu tragen, 15für
eine Frau ist es dagegen eine Ehre. Denn das lange Haar wur-
de ihr als eine Art Schleier gegeben. 16Wenn allerdings je-
mand in diesem Punkt unbedingt recht haben will, so kann
ich nur sagen, dass wir keinen anderen Brauch haben als die-
sen und die anderen Gemeinden Gottes dieselbe Ansicht ver-
treten.

Die Ordnung beim Abendmahl

17Ich komme nun zu eurer nächsten Frage, und darin kann ich
euch nicht loben. Denn es scheint, als würde mehr Schaden
angerichtet als Gutes bewirkt, wenn ihr zusammenkommt.
18Erstens höre ich, dass es bei euren Gemeindeversammlun-
gen zu Spaltungen kommt, und zum Teil glaube ich das so-
gar. 19Denn es muss natürlich Spaltungen unter euch geben,
damit deutlich wird, wer von euch sich bewährt.
20Doch euch geht es offenbar gar nicht um das Abendmahl,
wenn ihr zusammenkommt. 21Denn mir wurde berichtet,
dass einige von euch, kaum seid ihr beisammen, sofort anfan-
gen, ihr selbst mitgebrachtes Essen zu verzehren. Sie teilen es
nicht mit den anderen, sodass manche hungrig bleiben; wie-
der andere betrinken sich. 22Ist das wirklich wahr? Könnt ihr
denn nicht zu Hause essen und trinken? Oder wollt ihr der
Gemeinde Gottes Schande machen und die Armen beschä-
men? Was soll ich dazu sagen? Soll ich euch dafür loben?
Nein, dafür lobe ich euch nicht.
23Das Folgende hat der Herr selbst gesagt, und ich gebe es
euch so weiter, wie ich es empfangen habe: In der Nacht, als
er verraten wurde, nahm Jesus, der Herr, einen Laib Brot,
24und nachdem er Dank gesagt hatte, brach er ihn und sprach:

»Das ist mein Leib, der für euch hingegeben wird*. Tut das
zur Erinnerung an mich.« 25Ebenso nahm er nach dem
Abendmahl den Weinkelch und sprach: »Dieser Kelch ist
der neue Bund zwischen Gott und euch, besiegelt durch
mein Blut. Wann immer ihr daraus trinkt, tut es zur Erinne-
rung an mich.« 26Denn jedes Mal, wenn ihr dieses Brot esst
und aus diesem Kelch trinkt, verkündet ihr den Tod des
Herrn, bis er wiederkommt.

27Wer also unwürdig dieses Brot isst oder aus diesem Kelch
des Herrn trinkt, der macht sich am Leib und am Blut des
Herrn schuldig. 28Deshalb solltet ihr euch prüfen, bevor ihr
das Brot esst und aus dem Kelch trinkt. 29Denn wenn ihr un-
würdig das Brot esst und aus dem Kelch trinkt und damit den
Leib Christi* entehrt, dann esst und trinkt ihr euch zum
Gericht Gottes. 30Aus diesem Grund sind viele von euch
schwach und krank, und einige sind sogar gestorben.

31Würden wir uns jedoch selbst prüfen, dann würden wir
nicht gerichtet werden. 32Wenn wir aber vom Herrn geprüft
und gerichtet werden, werden wir bestraft – und das ge-
schieht, damit wir nicht zusammen mit der Welt verurteilt
werden. 33Deshalb wartet aufeinander, liebe Brüder, wenn
ihr zum Abendmahl zusammenkommt. 34Wenn ihr wirklich
hungrig seid, dann esst vorher zu Hause, damit ihr nicht zum
Gericht zusammenkommt, wenn ihr euch versammelt.

In den anderen Angelegenheiten werde ich euch nach mei-
ner Ankunft entsprechende Anweisungen geben.

Geistliche Gaben

12 1Und nun, liebe Freunde*, komme ich auf die besonde-
ren Fähigkeiten zu sprechen, die der Geist jedem von
uns schenkt, denn offenbar ist es in dieser Sache zu Missver-
ständnissen unter euch gekommen. 2Ihr wisst ja, ihr habt
euch früher, als ihr noch nicht zu Christus gehörtet, dazu ver-
leiten und mitreißen lassen, stumme Götzen anzubeten.

11,24 O. *der für euch gebrochen wird*
11,29 Griech. *den Leib;* in manchen Handschriften heißt es *den Leib des Herrn.*
12,1 Griech. *Brüder.*

[3]Deshalb möchte ich euch dabei helfen zu unterscheiden, was
wirklich von Gott kommt: Niemand, der den Geist Gottes
hat, kann Jesus verfluchen, und niemand kann sagen: »Jesus
ist der Herr«, wenn es ihm nicht der Heilige Geist eingibt.
[4]Nun gibt es verschiedene geistliche Gaben, aber es ist ein
und derselbe Heilige Geist, der sie zuteilt. [5]In der Gemeinde
gibt es verschiedene Aufgaben, aber es ist ein und derselbe
Herr, dem wir dienen. [6]Gott wirkt auf verschiedene Weise in
unserem Leben, aber es ist immer derselbe Gott, der in uns
allen wirkt. [7]Jedem von uns wird eine geistliche Gabe zum
Nutzen der ganzen Gemeinde gegeben.
[8]Dem einen gibt der Geist also die Fähigkeit, guten Rat zu
erteilen*, einem anderen verleiht er die Gabe besonderer Er-
kenntnis. [9]Dem einen schenkt er einen besonders großen
Glauben, dem anderen die Gabe, Kranke zu heilen – das alles
bewirkt der eine Geist. [10]Dem einen Menschen verleiht er
Kräfte, dass er Wunder tun kann, einem anderen die Fähig-
keit zur Prophetie. Wieder ein anderer wird durch den Geist
befähigt zu unterscheiden, ob wirklich der Geist Gottes oder
aber ein anderer Geist spricht. Und dem einen gibt der Geist
die Gabe, in anderen Sprachen* zu sprechen, während er ei-
nen anderen befähigt, das Gesagte auszulegen. [11]Dies alles
bewirkt aber ein und derselbe Heilige Geist, indem er diese
Gaben zuteilt und allein entscheidet, welche Gabe jeder Ein-
zelne erhält.

Ein Körper mit vielen Gliedern und Organen

[12]Der menschliche Körper hat viele Glieder und Organe, doch
nur gemeinsam machen die vielen Teile den einen Körper
aus. So ist es auch bei Christus und seinem Leib. [13]Einige
von uns sind Juden, andere Nichtjuden; einige sind Sklaven,
andere frei. Aber wir haben alle denselben Geist empfangen
und gehören durch die Taufe zum Leib Christi. [14]Auch der
Körper besteht aus vielen verschiedenen Teilen, nicht nur

12,8 Griech. *das Wort der Weisheit.*

12,10 O. *in Zungen.* Die Wendung *in anderen Sprachen* kann immer auch mit *in Zungen* übersetzt werden; wir haben uns durchgängig für die Übersetzung *in anderen Sprachen* entschieden.

aus einem. [15]Wenn der Fuß sagen würde: »Ich bin kein Teil des Körpers, weil ich keine Hand bin«, sollte er deshalb nicht zum Körper gehören? [16]Und wenn das Ohr erklären würde: »Ich bin kein Teil des Körpers, weil ich nur ein Ohr und kein Auge bin«, sollte es deswegen etwa nicht mehr zum Körper gehören? [17]Stellt euch vor, euer ganzer Körper wäre nur Auge – wie könntet ihr da hören? Oder wenn euer ganzer Körper nur Ohr wäre, wie könntet ihr da etwas riechen?

[18]Gott hat unseren Körper mit vielen Gliedern und Organen geschaffen und jedem Körperteil seinen Platz gegeben, wie er es wollte. [19]Was wäre das für ein seltsamer Körper*, wenn er nur aus einem einzigen Körperteil bestehen würde! [20]Ja, es sind viele Teile, aber nur ein Körper. [21]Das Auge kann nicht zur Hand sagen: »Ich brauche dich nicht.« Und der Kopf kann nicht zum Fuß sagen: »Ich brauche dich nicht.«

[22]In Wirklichkeit sind oft gerade die scheinbar schwächeren oder unwichtigeren Körperteile besonders notwendig. [23]Und die Körperteile, die wir verstecken möchten*, kleiden wir mit umso größerer Sorgfalt. So verbergen wir manche Körperteile besonders sorgfältig vor den Blicken anderer, [24]während andere Körperteile dies nicht nötig haben. Gott hat den Körper so gefügt, dass den benachteiligten Gliedern besondere Ehre zukommt. [25]Auf diese Weise kommt keine Spaltung im Leib zustande, sondern alle Glieder sorgen in gleicher Weise füreinander. [26]Wenn eines leidet, leiden alle anderen mit, und wenn eines geehrt wird, freuen sich alle anderen mit.

[27]So bildet ihr gemeinsam den Leib von Christus, und jeder Einzelne gehört als ein Teil dazu. [28]Gott hat euch in den Leib Christi eingegliedert als Apostel, andere als Propheten, wieder andere als Lehrer, dann solche, die Wunder vollbringen, solche mit der Gabe der Heilung, solche, die anderen helfen, solche, die besondere Leitungsfähigkeiten haben und andere zur Zusammenarbeit bewegen, und solche, die in anderen Sprachen sprechen können.

12,19 Griech. *Wo wäre der Leib.*
12,23 Griech. *die uns weniger ehrenwert erscheinen.*

[29]Ist jeder ein Apostel? Natürlich nicht! Ist jeder ein Pro-
phet? Nein. Sind alle Lehrer? Hat jeder die Kraft, Wunder zu
tun? [30]Haben alle die Gabe der Heilung? Natürlich nicht. Gibt
Gott uns allen die Gabe, in anderen Sprachen zu sprechen?
Können alle andere Sprachen deuten? Nein! [31]Strebt aber
nach den größeren Gaben! Ich will euch etwas zeigen, das
alle diese Gaben übertrifft!

Das Größte ist die Liebe

13 [1]Wenn ich in den Sprachen der Welt oder mit Engels-
zungen reden könnte, aber keine Liebe hätte, wäre
mein Reden nur sinnloser Lärm wie ein dröhnender Gong
oder eine klingende Schelle. [2]Wenn ich die Gabe der Prophe-
tie hätte und wüsste alle Geheimnisse und hätte jede Erkennt-
nis und wenn ich einen Glauben hätte, der Berge versetzen
könnte, aber keine Liebe hätte, so wäre ich nichts. [3]Wenn ich
alles, was ich besitze, den Armen geben und sogar meinen
Körper opfern würde*, damit ich geehrt würde, aber keine
Liebe hätte, wäre alles wertlos.

[4]Die Liebe ist geduldig und freundlich. Sie ist nicht neidisch
oder überheblich, stolz [5]oder anstößig. Die Liebe ist nicht
selbstsüchtig. Sie lässt sich nicht reizen, und wenn man ihr
Böses tut, trägt sie es nicht nach. [6]Sie freut sich niemals über
Ungerechtigkeit, sondern sie freut sich immer an der Wahr-
heit. [7]Die Liebe erträgt alles, verliert nie den Glauben, be-
wahrt stets die Hoffnung und bleibt bestehen, was auch ge-
schieht.

[8]Die Liebe wird niemals aufhören, selbst wenn Prophetie,
das Reden in unbekannten Sprachen und die Erkenntnis ver-
gehen werden. [9]Jetzt erkennen wir nur wenig, und auch un-
ser prophetisches Reden offenbart nur wenig! [10]Doch wenn
am Ende das Vollkommene erscheint, wird das wenige auf-
hören.

[11]Als ich ein Kind war, redete und dachte und urteilte ich
wie ein Kind. Doch als ich erwachsen wurde, legte ich das

13,3 In manchen Handschriften heißt es *und wenn ich meinen Körper hingäbe, um verbrannt zu werden.*

Kindliche ab. 12 Jetzt sehen wir die Dinge noch unvollkom-
men, wie in einem trüben Spiegel, dann aber werden wir alles
in völliger Klarheit* erkennen. Alles, was ich jetzt weiß, ist
unvollständig; dann aber werde ich alles erkennen, so wie
Gott mich jetzt schon kennt.
13 Glaube, Hoffnung und Liebe, diese drei bleiben. Aber am
größten ist die Liebe.

Die verschiedenen Gaben

14 1 Die Liebe soll euer höchstes Ziel sein. Aber bemüht
euch auch um die besonderen Gaben, die der Geist zu-
teilt, vor allem um die Gabe der Prophetie. 2 Denn wem die
Gabe geschenkt wird, in anderen Sprachen zu reden, der
spricht zu Gott, aber nicht zu Menschen, weil ihn niemand
versteht. Er redet durch die Kraft des Geistes, aber es sind
Geheimnisse, die er ausspricht. 3 Wer dagegen prophetisch
redet, der hilft anderen, im Glauben an den Herrn zu wach-
sen, und er ermutigt und tröstet sie. 4 Wenn jemand in ande-
ren Sprachen redet, wird er selbst dadurch im Glauben ge-
stärkt; doch wer prophetisch redet, der stärkt die ganze
Gemeinde.
5 Ich wünschte, ihr alle hättet die Gabe, in Sprachen zu re-
den, aber noch mehr wünschte ich, ihr könntet alle prophe-
tisch reden. Denn die Gabe der Prophetie ist wichtiger und
nützlicher als das Reden in Sprachen, es sei denn, jemand
erklärt den anderen, was es bedeutet, damit die ganze Ge-
meinde dadurch ermutigt wird.
6 Liebe Brüder, wenn ich käme und in einer anderen Sprache
zu euch redete, was würde euch das nützen? Wenn ich für
euch jedoch eine Offenbarung oder eine besondere Erkennt-
nis oder eine Prophetie oder eine Lehre hätte, dann würde
euch das helfen. 7 Selbst leblose Dinge wie eine Flöte oder
eine Harfe sind ein Beispiel dafür, wie wichtig es ist, eine ver-
ständliche Sprache zu sprechen. Denn wenn die Töne nicht
klar gespielt werden, erkennt niemand die Melodie. 8 Wenn
der Trompeter kein klares Signal bläst, woher sollen die Sol-

13,12 Griech. *von Angesicht zu Angesicht.*

daten dann wissen, dass sie sich auf die Schlacht vorbereiten
sollen? [9]Das gilt auch für euch. Wenn ihr in einer Sprache zu
Menschen redet, die sie nicht verstehen, woher sollen sie
dann wissen, was ihr meint? Ihr könntet genauso gut in den
Wind reden.

[10]Es gibt so viele verschiedene Sprachen auf der Welt, und
sie alle dienen denen, die sie verstehen, zur Verständigung.
[11]Mir aber sagen sie nichts. Somit verstehe ich die Menschen,
die diese Sprachen sprechen, nicht, und sie verstehen mich
nicht. [12]Da ihr so sehr auf geistliche Gaben bedacht seid, bittet
Gott um solche Gaben, die der ganzen Gemeinde von Nutzen
sind.

[13]Deshalb sollten alle, die die Gabe haben, in anderen Spra-
chen zu reden, auch um die Gabe der Auslegung beten, damit
sie den Leuten erklären können, was gesagt wurde. [14]Denn
wenn ich in Sprachen bete, betet mein Geist, aber ich verstehe
nicht, was ich rede.

[15]Was soll ich also tun? Ich werde beides tun. Ich werde im
Geist* beten, und ich werde in Worten beten, die ich verstehe.
Ich werde im Geist singen, und ich werde in Worten singen,
die ich verstehe. [16]Denn wenn du Gott nur im Geist lobst, wie
sollen da die anderen, die dich nicht verstehen, Gott mit dir
zusammen loben? Wie können sie gemeinsam mit dir dan-
ken, wenn sie deine Worte nicht verstehen? [17]Du dankst
zwar mit schönen Worten, aber der andere wird dadurch
nicht gestärkt.

[18]Ich danke Gott, dass ich mehr in Sprachen rede als ihr alle.
[19]Aber in einer Gemeindeversammlung spreche ich lieber
fünf verständliche Worte, die anderen helfen, als zehntau-
send Worte in einer anderen Sprache.

[20]Liebe Brüder, seid nicht wie Kinder, wenn es darum geht,
diese Dinge zu verstehen. Seid unschuldig wie kleine Kinder,
wenn es um das Böse geht; aber im Verstehen dieser Dinge*
sollt ihr reif und erwachsen sein. [21]In der Schrift* heißt es:

14,15 O. *mit dem Geist;* so auch in 14,15b.16.
14,20 Griech. *im Denken.*
14,21a Griech. *im Gesetz.*

»Ich werde durch andere Sprachen und durch die Lippen Fremder zu meinem Volk sprechen.
Doch selbst dann werden sie nicht auf mich hören«,* spricht der Herr.

22Ihr seht also, dass das Reden in anderen Sprachen ein Zei-
chen nicht für Gläubige, sondern für Ungläubige ist; die Pro-
phetie dagegen dient den Gläubigen und nicht den Ungläu-
bigen. 23Wenn nun Ungläubige oder Menschen, die nichts
davon verstehen, in eure Versammlungen kommen, und alle
reden in einer anderen Sprache, werden sie euch nicht für
verrückt halten? 24Wenn ihr jedoch alle prophetisch redet
und irgendein Ungläubiger oder Fremder kommt herein,
dann wird er von seiner Schuld überzeugt und durch das,
was ihr sagt, überführt. 25Während er zuhört, werden seine
geheimen Gedanken offenbar, und er wird auf seine Knie fal-
len und Gott anbeten und sagen: »Gott ist wirklich hier unter
euch.«

Von der Ordnung im Gottesdienst

26Was folgt daraus, liebe Brüder? Wenn ihr euch versammelt,
wird der eine singen, der andere lehren, wieder ein anderer
wird eine besondere Offenbarung Gottes weitergeben. Einer
wird in einer anderen Sprache reden, während ein anderer
erklärt, was gesagt wurde. Doch alles, was geschieht, soll für
alle hilfreich sein und sie im Herrn aufbauen. 27Nicht mehr als
zwei oder drei sollen in einer anderen Sprache reden. Sie sol-
len das nacheinander tun, und einer muss bereit sein auszule-
gen, was sie sagen. 28Wenn niemand anwesend ist, der die
anderen Sprachen auslegen kann, sollen sie in der Versamm-
lung der Gemeinde schweigen und in Sprachen zu Gott spre-
chen, wenn sie allein sind.

29Lasst zwei oder drei prophetisch reden und die anderen
beurteilen, was gesagt wurde. 30Wenn jedoch jemand prophe-
tisch redet und ein anderer eine Offenbarung vom Herrn
empfängt, soll der, der gerade spricht, schweigen. 31Auf diese
Weise können alle prophetisch reden, doch einer nach dem

14,21b Jesaja 28,11-12.

anderen, damit alle lernen und ermutigt werden. [32]Wer pro-
phetisch redet, hat Kontrolle über sich selbst und kann war-
ten, bis er an der Reihe ist. [33]Denn Gott ist nicht ein Gott der
Unordnung, sondern ein Gott des Friedens, wie auch in allen
anderen Gemeinden.*

[34]Die Frauen sollen in den Gemeindeversammlungen
schweigen. Es gehört sich nicht, dass sie sprechen. Sie sollen
sich unterordnen, wie es im Gesetz steht. [35]Wenn sie Fragen
haben, sollen sie zu Hause ihre Ehemänner fragen, denn es
steht ihnen nicht zu, in der Gemeindeversammlung zu spre-
chen.*

[36]Meint ihr etwa, das Wissen um Gottes Wort beginnt und
endet bei euch Korinthern? Da irrt ihr euch! [37]Wer behauptet,
ein Prophet zu sein, oder meint, vom Geist begabt zu sein, der
sollte erkennen, dass das, was ich euch schreibe, ein Gebot
des Herrn ist. [38]Wer das nicht anerkennt, der wird seinerseits
auch nicht anerkannt.*

[39]Deshalb, liebe Brüder, bemüht euch um die Gabe der Pro-
phetie und verbietet das Reden in anderen Sprachen nicht.
[40]Doch achtet darauf, dass alles angemessen und geordnet
geschieht.

Die Auferstehung von Christus

15 [1]Nun will ich euch noch einmal an die gute Botschaft
erinnern, liebe Brüder, die ich euch verkündet habe.
Ihr habt sie damals angenommen, und sie ist auch heute das
Fundament eures Glaubens. [2]Durch sie werdet ihr gerettet,
wenn ihr daran festhaltet genau so, wie ich sie euch verkün-
det habe – es sei denn, ihr seid vergeblich zum Glauben ge-
kommen.

[3]Ich habe euch das weitergegeben, was am wichtigsten ist
und was auch mir selbst überliefert wurde – dass Christus für
unsere Sünden starb, genau wie es in der Schrift steht. [4]Er

---

14,33 Der Satzteil *wie auch in allen anderen Gemeinden* könnte auch den Anfang von Vers 34 bilden.

14,35 In manchen Handschriften stehen die Verse 34-35 nach 14,40.

14,38 In manchen Handschriften heißt es *Wer das nicht weiß, der bleibe in seiner Unwissenheit.*

wurde begraben und ist am dritten Tag von den Toten auf-
erstanden, wie es in der Schrift steht. 5Er wurde von Petrus*
gesehen und dann von den zwölf Aposteln. 6Danach sahen
ihn mehr als fünfhundert seiner Anhänger* auf einmal, von
denen die meisten noch leben; nur einige sind inzwischen ge-
storben. 7Dann wurde er von Jakobus gesehen und später von
allen Aposteln. 8Als Letzter von allen habe auch ich ihn gese-
hen, so als wäre ich zur falschen Zeit geboren worden. 9Denn
ich bin der geringste der Apostel und eigentlich nicht wert,
Apostel genannt zu werden, weil ich die Gemeinde Gottes
verfolgt habe.

10Doch was immer ich jetzt bin, das bin ich durch die Gnade
Gottes – und seine Gnade blieb in mir nicht ohne Wirkung.
Denn ich habe härter gearbeitet als alle anderen Apostel,
doch nicht ich habe gearbeitet, sondern Gott, der durch seine
Gnade durch mich wirkte. 11Deshalb kommt es nicht darauf
an, ob ich predige oder sie. Entscheidend ist, dass ihr glaubt,
was wir euch verkünden.

Die Auferstehung der Toten

12Aber nun frage ich euch: Wenn wir predigen, dass Christus
von den Toten auferstanden ist, wie können einige von euch
da behaupten, es gäbe keine Auferstehung der Toten? 13Wenn
es nämlich keine Auferstehung der Toten gibt, dann ist auch
Christus nicht auferstanden. 14Und wenn Christus nicht auf-
erstanden ist, dann war unser Predigen wertlos, und auch
euer Vertrauen auf Gott ist vergeblich. 15Ja, in diesem Fall
hätten wir Apostel sogar Lügen über Gott verbreitet, denn
wir haben ja versichert, dass Gott Christus auferweckt hat,
und das kann nicht wahr sein, wenn es keine Auferstehung
von den Toten gibt. 16Denn wenn es keine Auferstehung der
Toten gibt, dann ist auch Christus nicht auferstanden. 17Wenn
aber Christus nicht auferstanden ist, dann ist euer Glaube
nutzlos, und ihr seid nach wie vor in euren Sünden gefangen.
18In diesem Fall wären alle Menschen, die im Glauben an

15,5 Griech. *Kephas.*
15,6 Griech. *der Brüder.*

Christus gestorben sind, verloren! [19]Wenn der Glaube an
Christus nur für dieses Leben Hoffnung gibt, sind wir die
elendesten Menschen auf der Welt.

[20]Nun ist aber Christus als Erster von den Toten auferstan-
den. [21]So wie der Tod durch einen Menschen – Adam – in die
Welt kam, hat nun durch einen anderen Menschen – Chris-
tus – die Auferstehung von den Toten begonnen. [22]Die Men-
schen sterben, weil alle mit Adam verwandt sind. Ebenso
werden durch Christus alle lebendig gemacht und neues Le-
ben empfangen. [23]Es gibt aber eine Reihenfolge: Christus
zuerst, und wenn er wiederkommt, dann die, die zu ihm
gehören.

[24]Danach wird das Ende kommen, wenn er Gott, seinem
Vater, das Reich übergeben wird, nachdem er alle seine Fein-
de* vernichtet hat. [25]Denn Christus muss herrschen, bis er alle
seine Feinde unter seine Füße erniedrigt hat. [26]Als letzter
Feind wird der Tod vernichtet werden. [27]Denn in der Schrift
heißt es: »Gott hat ihm Vollmacht über alles gegeben.«* Wenn
es heißt: »Christus hat Vollmacht über alles«, so ist Gott na-
türlich davon ausgenommen, der ihm diese Vollmacht gab.
[28]Und wenn er Herr über alles ist, wird der Sohn sich selbst
Gott unterstellen. Und Gott, der seinem Sohn alles unterwor-
fen hat, wird über alles und in allem der Höchste sein.

[29]Wenn die Toten nicht auferstehen werden, weshalb lassen
manche Leute sich dann für andere taufen, die gestorben
sind? Warum sollten sie das tun?

[30]Und warum setzen wir uns dann ständig der Gefahr aus?
[31]Ich versichere euch, liebe Freunde*, dass ich täglich dem
Tod ins Auge sehe. Das ist so gewiss wie mein Stolz auf das,
was der Herr Jesus Christus in euch getan hat. [32]Und was für
einen Sinn hätte es, in Ephesus gegen wilde Tiere zu kämp-
fen, wenn es keine Auferstehung von den Toten gäbe? Wenn
es keine Auferstehung gibt, dann »lasst uns Feste feiern und
uns betrinken, denn morgen sterben wir!«*.

15,24 Griech. *jeden Herrscher und jede Macht und jede Kraft.*
15,27 Psalm 8,7.
15,31 Griech. *Brüder.*
15,32 Jesaja 22,13.

33Lasst euch von Leuten, die so etwas sagen, nicht verfüh-
ren, denn schlechter Umgang verdirbt gute Sitten. 34Kommt
zur Vernunft und hört auf zu sündigen. Denn zu eurer Schan-
de muss ich sagen, dass einige von euch Gott überhaupt nicht
kennen.

Der neue Körper bei der Auferstehung

35Vielleicht fragt jetzt einer: »Wie werden die Toten denn auf-
erstehen? Was für einen Körper werden sie haben?« 36Welch
eine unsinnige Frage! Wenn ihr ein Samenkorn in die Erde
legt, wächst es nicht zu einer Pflanze heran, bevor es nicht
gestorben ist. 37Was ihr in die Erde legt, ist nicht die Pflanze,
die wachsen wird, sondern ein bloßes Weizenkorn oder was
ihr sonst pflanzen wollt. 38Dann gibt Gott ihm einen neuen
Leib, wie es ihm gefällt. Aus jedem Samen wächst eine andere
Pflanze. 39Und so, wie es verschiedene Samen und Pflanzen
gibt, so gibt es auch Unterschiede zwischen den Körpern von
Menschen, Tieren, Vögeln oder Fischen. 40Es gibt himmlische
Körper und irdische. Aber die Herrlichkeit der himmlischen
ist eine andere als die der irdischen. 41Die Sonne hat einen
anderen Glanz als der Mond und die Sterne, denn jeder Stern
unterscheidet sich in Schönheit und Helligkeit von den an-
deren.

42Genauso verhält es sich mit der Auferstehung der Toten.
Unsere irdischen Körper sterben und verwesen, doch bei der
Auferstehung werden sie unvergänglich sein und nicht mehr
sterben. 43Jetzt sind unsere Körper nicht perfekt, aber wenn
sie auferstehen werden, werden sie voller Herrlichkeit sein.
Jetzt sind sie schwach, dann aber voller Kraft. 44Jetzt sind es
natürliche menschliche Körper, aber wenn sie auferstehen,
werden es geistliche Körper sein. Denn so wie es irdische Kör-
per gibt, so gibt es auch geistliche.

45In den Schriften steht auch: »Der erste Mensch – Adam –
wurde lebendig.«* Der letzte Adam aber – also Christus – ist
ein Geist, der lebendig macht. 46Zuerst kam der irdische Kör-
per; dann der geistliche. 47Der erste Mensch, Adam, wurde

15,45 1. Mose 2,7.

aus dem Staub der Erde geschaffen, der zweite Mensch,
Christus, ist vom Himmel. 48Jeder Mensch hat einen irdischen
Körper wie Adam; unser himmlischer Körper aber wird sein
wie der Körper von Christus. 49So wie wir jetzt dem irdischen
Menschen, Adam, gleichen, so entsprechen wir eines Tages
dem himmlischen Menschen, Christus.

50Was ich damit sagen will, liebe Brüder, ist, dass Fleisch
und Blut das Reich Gottes nicht erben können. Der vergäng-
liche Körper, den wir jetzt haben, kann nicht ewig leben.

51Aber lasst mich euch ein wunderbares Geheimnis sagen,
das Gott uns offenbart hat. Nicht jeder von uns wird sterben,
aber wir werden alle verwandelt werden. 52Das wird in einem
kurzen Moment geschehen, in einem einzigen Augenblick,
wenn die letzte Posaune ertönt. Beim Klang der Posaune wer-
den die Toten mit einem unvergänglichen Körper auferste-
hen, und wir Lebenden werden verwandelt werden, sodass
wir nie mehr sterben. 53Denn unser vergänglicher irdischer
Körper muss in einen himmlischen Körper verwandelt wer-
den, der nicht mehr sterben wird.

54Wenn dies geschieht – wenn unsere vergänglichen, irdi-
schen Körper in unvergängliche, himmlische Körper verwan-
delt sind – dann wird sich das Schriftwort erfüllen:

»Der Tod wurde verschlungen vom Sieg.* 55Tod, wo ist dein
Sieg? Tod, wo ist dein Stachel?«*

56Denn die Sünde ist der Stachel, der zum Tod führt, und
das Gesetz verleiht der Sünde ihre Kraft. 57Wir danken Gott,
der uns durch Jesus Christus, unseren Herrn, den Sieg über
die Sünde und den Tod gibt!

58Deshalb bleibt fest und unerschütterlich im Glauben, liebe
Freunde*, und setzt euch mit aller Kraft für das Werk des
Herrn ein, denn ihr wisst ja, dass nichts, was ihr für den Herrn
tut, vergeblich ist.

15,54 Jesaja 25,8.
15,55 Hosea 13,14.
15,58 Griech. *Brüder*.

Die Sammlung für Jerusalem

16 1Nun zu dem Geld, das ihr für die Gemeinde in Jerusa-
lem sammelt: Haltet euch dabei an die Anweisungen,
die ich auch den Gemeinden in Galatien erteilt habe. 2An je-
dem Tag des Herrn* soll jeder von euch so viel Geld beiseite
legen, wie es ihm möglich ist, und für diese Sammlung auf-
bewahren. Wartet nicht bis zu meiner Ankunft, um dann alles
auf einmal einzusammeln. 3Wenn ich komme, werde ich Ab-
gesandte, die ihr selbst auswählt, mit Empfehlungsbriefen
ausstatten, und sie werden eure Gabe nach Jerusalem brin-
gen. 4Wenn es aber nötig ist, dass auch ich hinreise, können
wir den Weg miteinander machen.

Letzte Anweisungen

5Ich werde euch besuchen, wenn ich in Mazedonien gewesen
bin, denn ich habe vor, durch Mazedonien zu reisen. 6Eine
Weile werde ich bei euch bleiben, vielleicht sogar den ganzen
Winter über. Danach könnt ihr mich dann zu meinem nächs-
ten Ziel begleiten. 7Diesmal will ich nicht nur einen kurzen
Abstecher zu euch machen und dann gleich weiterziehen.
Ich möchte kommen und eine Zeit lang bleiben, wenn der
Herr es mir erlaubt. 8Vorerst bleibe ich allerdings bis zum
Pfingstfest in Ephesus, 9denn hier bieten sich mir große Mög-
lichkeiten für die Arbeit, und viele Menschen fühlen sich von
der Botschaft angesprochen. Es gibt allerdings auch viel Wi-
derstand.

10Wenn Timotheus kommt, seht zu, dass er ohne Angst bei
euch sein kann, denn er arbeitet wie ich für den Herrn. 11Nie-
mand soll ihn gering schätzen. Und lasst ihn in Frieden zu
mir zurückkommen. Ich freue mich schon, ihn bald wieder
zu sehen, zusammen mit den anderen Gläubigen.*

12Nun zu unserem Bruder Apollos: Ich habe ihn mehrmals
gebeten, euch mit den anderen Gläubigen zu besuchen, aber
er wollte jetzt nicht kommen. Er wird euch später besuchen,
wenn der Zeitpunkt günstiger ist.

16,2 Griech. *an jedem ersten Tag der Woche.*
16,11 Griech. *den Brüdern;* so auch in 16,12.20.

[13]Seid wachsam. Haltet treu an dem fest, was ihr glaubt.
Seid mutig und stark. [14]Alles, was ihr tut, soll in Liebe geschehen.

[15]Ihr wisst, dass Stephanas und alle in seinem Haus die Ersten waren, die in Griechenland* gläubig wurden. Sie widmen ihr ganzes Leben dem Dienst für die anderen Gläubigen. Ich
bitte euch inständig, liebe Brüder, [16]ihnen und auch anderen
Mitarbeitern, die sich mit solcher Hingabe einsetzen, mit großer Achtung zu begegnen. [17]Ich bin froh, dass Stephanas, Fortunatus und Achaikus gekommen sind. Sie haben euch ersetzt, da ihr mich hier nicht unterstützen könnt. [18]Sie sind
eine große Ermutigung für mich, wie sie es auch für euch waren. Deshalb gebührt ihnen eure Wertschätzung.

Abschließende Grüße

[19]Die Gemeinden hier aus der Provinz Asien* lassen euch von Herzen im Herrn grüßen, wie auch Aquila und Priska und alle anderen, die sich als Gemeinde in ihrem Haus versammeln. [20]Die anderen Gläubigen hier haben mich gebeten,
euch von ihnen zu grüßen. Grüßt einander in Liebe*.

[21]Hier ist mein Gruß, den ich, Paulus, eigenhändig geschrieben habe.

[22]Wer den Herrn nicht liebt, der sei verflucht. Unser Herr komme bald!*

[23]Die Gnade von Jesus, dem Herrn, soll mit euch sein!

[24]Euch allen gehört meine Liebe in Christus Jesus.*

16,15 Griech. *die Erstlinge in Achaja sind;* es handelt sich um die südliche Region der griech. Halbinsel.

16,19 *Asien* war eine römische Provinz im Westen der heutigen Türkei.

16,20 Griech. *mit dem heiligen Kuss.*

16,22 Aus dem Aramäischen *Maranatha.*

16,24 Einige Handschriften fügen hinzu *Amen.*

Der zweite Brief an die Korinther

Grüße von Paulus

1 1Dieser Brief ist von Paulus, der durch Gott zum Apostel
für Christus Jesus berufen wurde, und von seinem Mit-
arbeiter Timotheus.
Wir wenden uns an die Gemeinde Gottes in Korinth und an
alle Gläubigen in Griechenland*.
2Wir wünschen euch Gnade und Friede von Gott, unserem
Vater, und Jesus Christus, dem Herrn.

Gott hält wahren Trost für alle Menschen bereit

3Gepriesen sei Gott, der Vater von Jesus Christus, unserem
Herrn. Er ist der Ursprung* aller Barmherzigkeit und der
Gott, der uns tröstet. 4In allen Schwierigkeiten tröstet er uns,
damit wir andere trösten können. Wenn andere Menschen in
Schwierigkeiten geraten, können wir ihnen den gleichen
Trost spenden, wie Gott ihn uns geschenkt hat. 5Ihr dürft da-
rauf vertrauen: Je mehr wir für Christus leiden, desto mehr
lässt uns Gott durch Christus Trost zuteilwerden. 6Wenn wir
also von Kummer und Sorgen niedergedrückt sind, so ist es
zu eurem Besten und zu eurer Rettung! Denn Gott spricht uns
Mut zu, damit wir euch ermutigen können. Dann könnt ihr
geduldig das Gleiche ertragen, das auch wir durchmachen.
7Denn wir sind sicher, dass ihr zwar leiden müsst, aber auch
von Gott getröstet werdet.
8Liebe Freunde*, ihr sollt wissen, welche Schwierigkeiten
wir in der Provinz Asien aushalten mussten. Wir haben wirk-
lich Vernichtendes erlebt, sodass wir schon glaubten, nicht
mit dem Leben davonzukommen. 9Wir haben dem Tod ins
Gesicht gesehen. Doch auf diese Weise haben wir gelernt,
nicht auf uns selbst zu vertrauen, sondern auf Gott, der die
Toten auferweckt. 10Und tatsächlich hat er uns aus der Todes-

---

1,1 Griech. *Achaja;* die südliche Region der griech. Halbinsel.
1,3 Griech. *der Vater.*
1,8 Griech. *Brüder.*

gefahr befreit. Nun sind wir sicher, dass er es wieder tun
wird, [11]denn ihr betet ja für uns. Und viele Menschen werden
Gott dafür danken, dass er ihre Gebete für uns erhört hat.

Pläne des Apostels

[12]Mit gutem Gewissen können wir sagen, dass wir in allem,
was wir taten, stets offen und ehrlich* waren. Wir haben uns
auf Gottes Gnade verlassen und nicht auf unsere eigene Weis-
heit. So verhielten wir uns bei allen Menschen und ganz be-
sonders euch gegenüber. [13]Meine Briefe waren immer direkt
und aufrichtig; sie enthielten keine Andeutungen zwischen
den Zeilen und nichts, was ihr nicht hättet verstehen können.
Eines Tages werdet ihr uns hoffentlich ganz verstehen, [14]wie
es ja schon zum Teil der Fall ist. Dann werdet ihr an dem Tag,
an dem Jesus, unser Herr, wiederkommt, genauso stolz auf
uns sein wie wir jetzt auf euch.

[15]Da ich um euer Verständnis und Vertrauen wusste, wollte
ich euch doppelt erfreuen*. [16]So wollte ich auf dem Weg nach
Mazedonien und dann noch einmal auf dem Rückweg bei
euch Halt machen und euch besuchen. Danach hättet ihr
mich auf den Weg nach Judäa bringen können.

[17]Nun werdet ihr fragen, warum ich meine Pläne geändert
habe. Stand mein Entschluss vielleicht noch nicht fest? Oder
gehöre ich zu den Menschen, die Ja sagen, wenn sie in Wirk-
lichkeit Nein meinen? [18]So sicher, wie Gott treu ist, gehöre ich
nicht zu dieser Sorte Menschen. Mein Ja bedeutet Ja, [19]weil
Jesus Christus, der Sohn Gottes, nicht zwischen Ja und Nein
schwankt. Ihn haben Timotheus, Silas* und ich euch verkün-
det, und er ist das göttliche Ja – die feste Zusage Gottes.
[20]Denn in ihm erfüllen sich alle göttlichen Zusagen. Deshalb
sagen wir »Amen«, wenn wir Gott durch Christus ehren.
[21]Gott allein befähigt uns und euch, fest für Christus einzuste-
hen.* Er hat uns einen Auftrag erteilt [22]und bestätigt, dass wir
zu ihm gehören, indem er uns den Heiligen Geist ins Herz

1,12 In manchen Handschriften heißt es *heilig*.
1,15 Griech. *damit ihr einen zweiten Beweis der Gnade habt.*
1,19 Griech. *Silvanus*.
1,21 Griech. *Der uns mit euch in Christus gefestigt und gesalbt hat ist Gott.*

gab. Dieser ist eine Sicherheit für alles, was er uns noch schen-
ken wird.
[23]Nun berufe ich mich auf Gott als Zeugen, dass ich die
Wahrheit sage. Ich bin allein deshalb nicht nach Korinth zu-
rückgekehrt, weil ich euch eine ernste Zurechtweisung erspa-
ren wollte. [24]Damit meine ich nicht, dass wir euch bis ins
Kleinste vorschreiben möchten, wie ihr euren Glauben leben
sollt.* Wir wollen vielmehr mit euch gemeinsam darauf hin-
arbeiten, dass ihr voll Freude an eurem Glauben festhaltet.

2 [1]Aus diesem Grund habe ich mir gesagt: »Nein, das wer-
de ich nicht tun. Ich werde sie nicht durch einen weiteren
schmerzlichen Besuch bedrücken.« [2]Denn wenn ich euch
traurig mache, wer wird mich dann froh machen? [3]Deshalb
habe ich mich brieflich an euch gewandt, wie schon mit mei-
nem ersten Brief, damit ich bei meinem Kommen nicht gerade
traurig über die werde, die mir eigentlich die größte Freude
machen müssten. Sicher wisst ihr, dass meine Freude von eu-
rer Freude abhängig ist. [4]Es ist mir unendlich schwer gefallen,
jenen Brief zu schreiben! Ja, es tat mir im Herzen weh, so sehr,
dass ich weinen musste. Ich wollte euch nicht verletzen; ihr
solltet vielmehr wissen, wie sehr ich euch liebe.

Vergebung für den Sünder

[5]Ich übertreibe nicht, wenn ich sage, dass einer, der ein Prob-
lem verursacht, eurer Gemeinde mehr Schmerz zufügt als
mir. [6]Er war genug gestraft, als die meisten von euch sich
gegen ihn aussprachen. [7]Nun ist es an der Zeit, ihm zu ver-
geben und ihn zu trösten. Er könnte sonst so entmutigt wer-
den, dass er sich nicht mehr davon erholt. [8]Zeigt ihm jetzt,
dass ihr ihn immer noch liebt.
[9]Durch meinen Brief wollte ich herausfinden, ob ihr wirk-
lich in allem gehorsam seid. [10]Wenn ihr diesem Mann ver-
gebt, vergebe ich ihm auch. Denn wenn ich etwas vergeben
habe – was immer es auch war –, tat ich es in der Vollmacht

1,24 Griech. *dass wir über euren Glauben herrschen wollen.*

Christi zu eurem Besten, [11]damit der Satan uns nicht überlis-
tet. Schließlich kennen wir seine Fallen und Tricks nur zu gut.

Diener des neuen Bundes

[12]Als ich nach Troas kam, um die Botschaft von Christus zu
verkünden, schenkte der Herr mir ein reiches Arbeitsfeld mit
vielen Möglichkeiten. [13]Doch ich fand keine Ruhe, weil mein
lieber Bruder Titus noch nicht mit einem Bericht von euch
eingetroffen war. Deshalb verabschiedete ich mich und reiste
weiter nach Mazedonien, um ihn dort zu treffen.

[14]Doch ich danke Gott, der uns, die wir zu Christus gehören,
immer in seinem Triumphzug mitführt. Wo immer wir jetzt
auch hinkommen, setzt er uns ein, um anderen vom Herrn zu
erzählen und die gute Botschaft zu verbreiten wie einen
wohlriechenden Duft. [15]Unserem ganzen Leben haftet der
Wohlgeruch von Christus an; und damit loben wir Gott.
Aber dieser Geruch wird von denen, die gerettet werden,
anders wahrgenommen als von denen, die verloren gehen.
[16]Für die Menschen, die verloren gehen, sind wir der schreck-
liche Gestank von Tod und Verdammnis. Doch für die Men-
schen, die gerettet werden, sind wir ein Leben spendender
Duft. Wer kann einer solchen Aufgabe gerecht werden? [17]Ihr
seht, dass wir nicht zu den Menschen gehören, die nur predi-
gen, um Geld zu verdienen – und davon gibt es viele. Wir
predigen Gottes Wort aufrichtig und mit der Vollmacht von
Christus und sind uns bewusst, dass Gott, der uns gesandt
hat, uns dabei zusieht.

3 [1]Fangen wir jetzt wieder an, mit unserer Arbeit anzuge-
ben? Manche Leute müssen Empfehlungsschreiben mit-
bringen oder euch bitten, ihnen Empfehlungsbriefe zu schrei-
ben. [2]Der einzige Empfehlungsbrief, den wir brauchen, seid
ihr selbst! Euer Leben ist wie ein Brief, der in unsere* Herzen
geschrieben wurde. Jeder kann ihn lesen und erkennen, was
wir unter euch getan haben. [3]Ihr seid ein Brief Christi, von
uns geschrieben, aber nicht mit Tinte, sondern mit dem Geist

3,2 In manchen Handschriften heißt es *eure*.

des lebendigen Gottes: nicht auf Steintafeln, sondern in die
Herzen der Menschen.
[4]Wir sind uns darin so sicher, weil wir durch Christus gro-
ßes Vertrauen zu Gott haben. [5]Wir halten uns selbst nicht
dazu fähig, irgendetwas zu bewirken, was bleibenden Wert
hätte. Unsere Kraft dazu kommt von Gott. [6]Er hat uns befä-
higt, Diener seines neuen Bundes zu sein, eines Bundes, der
nicht auf schriftlichen Gesetzen beruht, sondern auf dem
Geist Gottes. Der alte Weg führt in den Tod, aber auf dem
neuen Weg schenkt der Heilige Geist Leben.*

Die Herrlichkeit des neuen Bundes

[7]Die alte Ordnung mit ihren in Stein gehauenen Gesetzen
führte zum Tod, obwohl sie mit einer solchen Herrlichkeit
begann, dass das Volk Israel nicht einmal den Anblick von
Moses Gesicht ertragen konnte. Denn sein Gesicht strahlte
die Herrlichkeit Gottes aus, auch wenn dieser Glanz bald
wieder verging. [8]Können wir da nicht noch weit größere
Herrlichkeit erwarten, wenn der Heilige Geist Leben
schenkt? [9]Wenn schon der alte Bund, der zur Verdammnis
führte, so herrlich war, wie viel herrlicher muss dann erst
der neue Bund sein, der uns vor Gott gerecht macht! [10]Ja, die
erste Herrlichkeit war überhaupt nicht herrlich im Vergleich
zu der überwältigenden Herrlichkeit des neuen Bundes.
[11]Wenn also schon der alte Bund, der doch vergangen ist, vol-
ler Herrlichkeit war, dann besitzt der neue Bund, der in Ewig-
keit bleiben wird, unermesslich viel größere Herrlichkeit.
[12]Da dieser neue Bund uns diese Hoffnung gibt, können wir
alles wagen. [13]Wir sind nicht wie Mose, der sein Gesicht ver-
hüllte, damit das Volk Israel nicht sah, wie der Glanz der
Herrlichkeit Gottes darauf verging. [14]Doch die Gedanken
der Menschen wurden verfinstert, und bis auf den heutigen
Tag liegt ein Schleier über ihrem Denken. Wenn das Gesetz
des alten Bundes vorgelesen wird, erkennen sie die Wahrheit
nicht. Dieser Schleier kann nur durch den Glauben an Chris-

3,6 Griech. *Dienern des neuen Bundes, nicht des Buchstabens, sondern des Geistes; denn der Buchstabe tötet, aber der Geist macht lebendig.*

tus aufgehoben werden. 15Ja, noch heute sind ihre Herzen,
wenn sie die Schriften Moses lesen, durch diesen Schleier ver-
hüllt, sodass sie sie nicht verstehen.
16Doch wenn sich jemand dem Herrn zuwendet, wird der
Schleier weggenommen. 17Der Herr aber ist der Geist, und
wo immer der Geist des Herrn ist, ist Freiheit. 18Von uns allen
wurde der Schleier weggenommen, sodass wir die Herrlich-
keit des Herrn wie in einem Spiegel sehen können. Und
der Geist des Herrn wirkt in uns, sodass wir ihm immer ähn-
licher werden und immer stärker seine Herrlichkeit wider-
spiegeln.*

Ein Schatz in vergänglichen Hüllen

4 1Da Gott uns in seiner Gnade diese Aufgabe anvertraut
hat, verlieren wir nicht den Mut. 2Wir lehnen alle skrupel-
losen Methoden der Verkündigung ab. Wir versuchen nicht,
jemanden zu überlisten, und wir verfälschen Gottes Wort
nicht, sondern wir sprechen die Wahrheit vor Gott. Das wis-
sen alle, die aufrichtige Herzen haben.
3Wenn die gute Botschaft, die wir verkünden, für jemanden
wie hinter einem Schleier erscheint, zeigt das nur, dass er ver-
loren ist. 4Der Satan, der Gott dieser Welt, hat die Gedanken
der Ungläubigen so verblendet, dass sie das herrliche Licht
der Botschaft nicht wahrnehmen können. Damit bleibt ihnen
unsere Botschaft über die Herrlichkeit von Christus, der das
Ebenbild Gottes ist, unverständlich.
5Wir ziehen nicht umher und verkünden uns selbst; wir ver-
künden Christus Jesus, den Herrn. Wenn wir etwas über uns
selbst sagen, dann allenfalls, dass wir durch das, was Chris-
tus für uns getan hat, zu euren Dienern wurden. 6Denn Gott,
der sprach: »Es werde Licht in der Finsternis«, hat uns in un-
seren Herzen erkennen lassen, dass dieses Licht der Glanz
der Herrlichkeit Gottes ist, die uns im Angesicht von Jesus
Christus sichtbar wird. 7Doch diesen kostbaren Schatz tragen
wir in zerbrechlichen Gefäßen, nämlich in unseren schwa-

3,18 Griech. *wir aber alle ... werden in dasselbe Bild verwandelt von Herrlichkeit zu Herrlichkeit, wie es vom Herrn des Geistes gegeben wird.*

chen Körpern.* So kann jeder sehen, dass unsere Kraft ganz
von Gott kommt und nicht unsere eigene ist.
8Von allen Seiten werden wir von Schwierigkeiten be-
drängt, aber nicht erdrückt. Wir sind ratlos, aber wir verzwei-
feln nicht. 9Wir werden verfolgt, aber Gott lässt uns nie im
Stich. Wir werden zu Boden geworfen, aber wir stehen wie-
der auf und machen weiter. 10Durch das Leiden erfahren wir
am eigenen Leib ständig den Tod von Christus, damit auch
sein Leben an unserem Körper sichtbar wird.
11Es ist wahr: Weil wir Jesus dienen, leben wir in ständiger
Todesgefahr, damit sein Leben an unserem sterblichen Kör-
per sichtbar wird. 12So leben wir im Angesicht des Todes, und
das hat euch das Leben gebracht.
13Dennoch hören wir nicht auf zu predigen, weil wir densel-
ben Glauben haben wie der Psalmist, der sagte: »Ich glaube
an Gott, deshalb rede ich.«* 14Wir wissen, dass derselbe Gott,
der Jesus, unseren Herrn, auferweckt hat, auch uns mit Jesus
auferwecken wird und uns zusammen mit euch vor sich hin-
treten lassen wird. 15Das alles ist zu eurem Besten. Und wenn
Gottes Gnade immer mehr Menschen zu Christus führt, wird
auch der Chor derer, die ihm danken, immer lauter, und Gott
wird immer mehr Ehre erwiesen.
16Deshalb geben wir nie auf. Unser Körper mag sterben,
doch unser Geist* wird jeden Tag erneuert. 17Denn unsere jet-
zigen Sorgen und Schwierigkeiten sind nur gering und von
kurzer Dauer, doch sie bewirken in uns eine unermesslich
große Herrlichkeit, die ewig andauern wird! 18So sind wir
nicht auf das Schwere fixiert, das wir jetzt sehen, sondern bli-
cken nach vorn auf das, was wir noch nicht gesehen haben.
Denn die Sorgen, die wir jetzt vor uns sehen, werden bald
vorüber sein, aber die Freude, die wir noch nicht gesehen ha-
ben, wird ewig dauern.

4,7 Griech. *Doch wir haben diesen Schatz in irdischen Gefäßen.*
4,13 Psalm 116,10.
4,16 Griech. *unser innerer Mensch.*

Neue Körper

5 1Denn wir wissen: Wenn dieses irdische Zelt, in dem wir
leben, einmal abgerissen wird – wenn wir sterben und
diesen Körper verlassen –, werden wir ein ewiges Haus im
Himmel haben, einen neuen Körper, der von Gott kommt
und nicht von Menschen. 2Deshalb sehnen wir uns danach,
diesen vergänglichen Körper zu verlassen, und freuen uns
auf den Tag, an dem wir unseren himmlischen Körper anzie-
hen dürfen wie ein neues Gewand. 3Denn wir werden nicht
nackt sein, sondern einen neuen himmlischen Körper erhal-
ten. 4In unserem sterblichen Körper seufzen wir, denn wir
möchten lieber gleich unseren neuen Körper anlegen und
vom vergänglichen in das ewige Leben überwechseln. 5Gott
selbst hat uns darauf vorbereitet und uns als Sicherheit seinen
Heiligen Geist gegeben.

6Deshalb bleiben wir zuversichtlich, obwohl wir wissen,
dass wir nicht daheim beim Herrn sind, solange wir noch in
diesem Körper leben. 7Denn wir leben im Glauben und nicht
im Schauen. 8Ja, wir sind voll Zuversicht und würden unse-
ren jetzigen Körper gern verlassen, weil wir dann daheim
beim Herrn wären. 9Unser Ziel ist es deshalb, immer zu tun,
was ihm gefällt, ob wir nun in diesem Körper leben oder ihn
verlassen. 10Denn wir alle müssen einmal vor Christus und
seinem Richterstuhl erscheinen, wo alles ans Licht kommen
wird. Dann wird jeder von uns das bekommen, was er für das
Gute oder das Schlechte, das er in seinem Leben getan hat,
verdient.

Wir sind Gottes Botschafter

11Weil wir wissen, dass der Herr zu fürchten ist, arbeiten wir
hart, um andere zu gewinnen. Gott weiß, dass wir aufrichtig
sind*, und ich hoffe, ihr wisst es auch. 12Versuchen wir jetzt
schon wieder, uns selbst zu loben? Nein, sondern wir geben
euch einen Grund, stolz auf uns zu sein, damit ihr denen et-
was entgegensetzen könnt, die sich mehr um Äußerlichkeiten
bemühen als um ein ehrliches Herz vor Gott.

5,11 Griech. *aber vor Gott sind wir offenbar geworden.*

[13]Wenn es scheint, als wären wir außer uns, so ist das zur
Ehre Gottes. Und wenn wir besonnen sind, geschieht es zu
eurem Besten. [14]Was immer wir tun, tun wir, weil die Liebe
Christi uns bewegt. Weil wir glauben, dass Christus für alle
gestorben ist, glauben wir auch, dass unser altes Leben vo-
rüber ist, das wir früher führten.* [15]Er starb für alle, damit
diejenigen, die sein neues Leben erhalten, nicht länger für
sich selbst leben. Sie sollen vielmehr für Christus leben, der
für sie starb und auferstanden ist.

[16]Deshalb haben wir aufgehört, andere nach dem zu beur-
teilen, was die Welt von ihnen hält. Früher habe ich irrtümlich
auch Christus so beurteilt – als sei er nur ein Mensch gewesen.
Wie anders sehe ich ihn jetzt! [17]Das bedeutet aber, wer mit
Christus lebt, wird ein neuer Mensch. Er ist nicht mehr der-
selbe, denn sein altes Leben ist vorbei. Ein neues Leben hat
begonnen!

[18]Dieses neue Leben kommt allein von Gott, der uns durch
das, was Christus getan hat, zu sich zurückgeholt hat. Und
Gott hat uns zur Aufgabe gemacht, Menschen mit ihm zu
versöhnen. [19]Denn Gott war in Christus und versöhnte so
die Welt mit sich selbst und rechnete den Menschen ihre Sün-
den nicht mehr an. Das ist die herrliche Botschaft der Ver-
söhnung, die er uns anvertraut hat, damit wir sie anderen
verkünden. [20]So sind wir Botschafter Christi, und Gott ge-
braucht uns, um durch uns zu sprechen. Wir bitten inständig,
so, als würde Christus es persönlich tun: »Lasst euch mit Gott
versöhnen!« [21]Denn Gott machte Christus, der nie gesündigt
hat, zum Opfer für unsere Sünden, damit wir durch ihn vor
Gott gerechtfertigt werden können.

6 [1]Als Gottes Mitarbeiter* bitten wir euch mit allem Nach-
druck, euch dieser wunderbaren Botschaft von Gottes
großer Gnade nicht zu verweigern. [2]Denn Gott spricht:

5,14 Griech. *Da einer für alle starb, sind alle gestorben.*
6,1 O. *Weil wir zusammenarbeiten.*

»Gerade zur richtigen Zeit habe ich dich erhört. Am Tag der
Erlösung habe ich dir geholfen.«*
Gott ist bereit, euch gerade jetzt zu helfen. Heute ist der Tag
der Erlösung.

Die Sorgen und Entbehrungen des Apostels

3Wir versuchen, uns so zu verhalten, dass die Arbeit für Gott
nicht in Verruf gerät. 4In allem, was wir tun, sind wir Diener
Gottes. Geduldig ertragen wir alle möglichen Schwierigkei-
ten, Entbehrungen und Sorgen. 5Wir wurden geschlagen und
ins Gefängnis geworfen. Mehr als einmal standen wir schutz-
los einer aufgebrachten Menschenmenge gegenüber. Wir ha-
ben gearbeitet bis zur Erschöpfung, schlaflose Nächte ertra-
gen und gefastet. 6Wir haben uns bewiesen durch unseren
guten Lebenswandel, unsere Einsicht, unsere Geduld, unsere
Freundlichkeit, unsere aufrichtige Liebe und durch die Kraft
des Heiligen Geistes. 7Zuverlässig haben wir die Wahrheit
gepredigt, und Gottes Kraft wirkte in uns. Unsere einzige
Waffe, zum Angriff wie zur Verteidigung, ist Gerechtigkeit*.
8Wir dienen Gott, ob die Menschen uns nun ehren oder ver-
achten, ob sie uns verleumden oder loben. Wir meinen es ehr-
lich, doch sie schimpfen uns Verführer. 9Gott kennt uns, doch
für sie sind wir Namenlose. Wir sind dem Tod nahe, doch wie
ihr seht, leben wir noch. Wir wurden misshandelt, aber wir
sind nicht gestorben. 10Unser Herz ist voll Leid, und doch
erleben wir ständig neue Freude. Wir sind arm, aber wir ma-
chen andere reich. Wir besitzen nichts und haben doch alles.
11Ach, ihr lieben Freunde in Korinth! Wir haben aufrichtig
mit euch geredet. Unsere Herzen stehen euch völlig offen.
12Wenn irgendetwas zwischen uns steht, so liegt es nicht da-
ran, dass wir es an Liebe zu euch hätten fehlen lassen, son-
dern daran, dass ihr uns eure Liebe vorenthalten habt. 13Ich
spreche jetzt so, wie ich es mit Kindern tun würde. Öffnet uns
doch eure Herzen!

6,2 Jesaja 49,8.
6,7 Griech. *durch die Waffen der Gerechtigkeit, die rechten und linken.*

Der Tempel des lebendigen Gottes

14Macht nicht gemeinsame Sache mit Ungläubigen. Wie kann
die Gerechtigkeit sich mit der Gesetzlosigkeit zusammentun?
Wie kann das Licht mit der Finsternis zusammenleben?
15Welche Übereinstimmung kann es zwischen Christus und
dem Teufel* geben? Welche Gemeinsamkeiten hat ein Gläu-
biger mit einem Ungläubigen? 16Und welche Gemeinschaft
kann zwischen dem Tempel Gottes und Götzenbildern beste-
hen? Denn wir sind der Tempel des lebendigen Gottes, wie
Gott gesagt hat:
»Ich will mitten unter ihnen sein und mitten unter ihnen
leben. Ich will ihr Gott sein, und sie sollen mein Volk sein.*
17Deshalb verlasst sie und trennt euch von ihnen, spricht der
Herr. Rührt ihre unreinen Dinge nicht an, und ich werde euch
mit offenen Armen aufnehmen.* 18Ich werde euer Vater sein
und ihr werdet meine Söhne und Töchter sein, spricht der
Herr, der Allmächtige.«*

7 1Weil wir diese Zusagen haben, liebe Freunde, wollen wir
uns von allem reinigen, was unserem Körper oder unse-
rem Geist schaden könnte. Denn wir fürchten Gott; deshalb
streben wir nach einem geheiligten Leben.

Freude über die Umkehr der Gemeinde

2Bitte öffnet uns doch euer Herz. Wir haben niemandem Un-
recht getan, niemanden in die Irre geführt und niemanden
übervorteilt. 3Ich sage das nicht, um euch zu verurteilen,
denn ich sagte ja bereits, dass ihr für immer in unseren Her-
zen seid. Mit euch leben oder sterben wir. 4Ich habe großes
Vertrauen zu euch und rede über euch viel Gutes. Ihr habt
mich ermutigt und mich trotz all unserer Schwierigkeiten ge-
tröstet.
5Seit unserer Ankunft in Mazedonien kamen wir nicht mehr
zur Ruhe. Von allen Seiten wurden wir bedrängt: Äußerlich

6,15 Griech. *Beliar.*
6,16 3. Mose 26,12; Hesekiel 37,27.
6,17 Jesaja 52,11; Hesekiel 20,41.
6,18 2. Samuel 7,14.

gab es Streitereien, und innerlich plagten uns Ängste. 6Doch
Gott, der die Entmutigten aufrichtet, hat uns durch die An-
kunft von Titus getröstet. 7Schon seine Anwesenheit war eine
Freude, noch mehr aber sein Bericht über die Ermutigung, die
er durch euch erfahren hat. Als er mir erzählte, wie sehr ihr
euch auf meinen Besuch freut, wie leid euch alles tut, was
geschehen ist, und mit welcher Treue ihr mich liebt, habe ich
mich noch mehr gefreut!

8Jetzt bedaure ich nicht mehr, dass ich euch den Brief ge-
schickt habe, obwohl ich es zunächst bereut hatte, weil ich
wusste, wie ihr im ersten Moment darunter leiden würdet.
9Nun bin ich froh, dass ich ihn geschickt habe, nicht weil er
euch verletzt hat, sondern weil der Schmerz euch veranlasst
hat, euer Verhalten zu bereuen und euch zu ändern. Dieser
Schmerz entspricht Gottes Willen; wir haben euch also in
keiner Weise geschadet. 10Denn Gott kann die Traurigkeit in
unserem Leben benutzen, um uns zur Umkehr von der Sünde
und zur Suche nach der Erlösung zu bewegen. Diese Traurig-
keit werden wir nie bereuen. Eine Traurigkeit ohne solche
Umkehr dagegen führt zum Tod.

11Seht doch selbst, was diese Traurigkeit von Gott in euch
bewirkt hat! Welcher Ernst, welches Bemühen, euer Verhal-
ten zu erklären, welche Empörung, welche Besorgnis, welche
Sehnsucht, mich zu sehen, welche Begeisterung und welche
Entschlossenheit, den Übeltäter zu bestrafen! Ihr habt ge-
zeigt, dass ihr zu allem bereit wart, um die Sache in Ordnung
zu bringen. 12Ich hatte nicht die Absicht, darüber zu schrei-
ben, wer das Unrecht begangen hat oder wem es zugefügt
wurde. Ich schrieb euch, damit ihr vor Gott zeigen könnt,
wie viel euch wirklich an uns liegt. 13Wir sind dadurch sehr
ermutigt worden.

Und nicht nur das! Wir haben uns besonders gefreut zu se-
hen, wie froh Titus war, weil ihr ihn herzlich empfangen und
ihm seine Befangenheit genommen habt. 14Ich hatte ihm ge-
sagt, wie stolz ich auf euch bin, und ihr habt mich nicht ent-
täuscht. Ich habe euch immer die Wahrheit gesagt, und nun
hat sich auch mein Lob Titus gegenüber als begründet erwie-
sen! 15Seine Zuneigung zu euch ist umso größer, wenn er an

euren Gehorsam denkt und mit welcher Furcht und Achtung
ihr ihm begegnet seid. 16Ich freue mich, dass ich mich in allem
auf euch verlassen kann.

Eine Aufforderung zur Großzügigkeit

8 1Und nun, liebe Freunde*, möchte ich euch berichten, was
Gottes Gnade in den Gemeinden Mazedoniens bewirkt
hat. 2Obwohl sie schwere Zeiten durchgemacht haben, sind
sie voll Freude und haben trotz ihrer Armut viel gegeben.
3Denn ich kann bezeugen, dass sie nicht nur gegeben haben,
was sie ohne Not entbehren konnten, sondern weit darüber
hinaus, und dies aus freien Stücken. 4Immer wieder baten sie
inständig um das große Vorrecht, sich an der Sammlung für
die Gemeinde in Jerusalem beteiligen zu dürfen. 5Ja, sie über-
trafen unsere Hoffnungen sogar noch, denn ihre erste Reak-
tion bestand darin, sich dem Herrn und uns vorbehaltlos zur
Verfügung zu stellen, um Gottes Willen zu tun, ganz gleich,
was von ihnen verlangt wurde.

6Deshalb baten wir Titus, der ja die Sammlung unter euch
angeregt hatte, zu euch zurückzukehren und sie zu einem
guten Abschluss zu bringen. 7Da ihr so reich beschenkt
seid – ihr habt so viel Glauben, in eurer Gemeinde gibt es so
viele hervorragende Redner, so viel Erkenntnis, so viel Be-
geisterung und eine so große Treue uns gegenüber* –, möchte
ich, dass ihr euch nun auch bei dieser Sammlung durch Groß-
zügigkeit auszeichnet. 8Ich sage nicht, dass ihr es tun müsst,
auch wenn die anderen Gemeinden große Begeisterung zei-
gen. Es ist aber eine Möglichkeit, eure Liebe unter Beweis zu
stellen.

9Ihr kennt ja die große Liebe und Gnade von Jesus Christus,
unserem Herrn. Obwohl er reich war, wurde er um euretwil-
len arm, um euch durch seine Armut reich zu machen.

10Ich schlage vor, dass ihr jetzt beendet, was ihr vor einem
Jahr begonnen habt, denn ihr wart die Ersten, die diesen Plan
vorgeschlagen haben, und ihr habt auch die ersten entspre-

8,1 Griech. *Brüder.*
8,7 In manchen Handschriften heißt es *Liebe von uns zu euch.*

chenden Schritte unternommen. [11]Bringt die Sache nun mit
derselben Begeisterung zum Abschluss, mit der ihr sie in An-
griff genommen habt. Gebt so viel, wie ihr entbehren könnt.
[12]Wenn ihr wirklich dazu bereit seid, kommt es nicht darauf
an, wie viel ihr erübrigen könnt. Gott möchte, dass ihr gebt,
was ihr habt, und nicht, was ihr nicht habt. [13]Denn ihr sollt
natürlich nicht so viel geben, dass ihr nachher selbst nicht
mehr genug habt. Es geht mir nur um einen Ausgleich. [14]Im
Augenblick habt ihr viel und könnt ihnen helfen. Ein ander-
mal können sie dann mit euch teilen, wenn ihr es nötig habt.
Auf diese Weise hat jeder, was er braucht. [15]Erinnert ihr euch,
was die Schrift darüber sagt? »Diejenigen, die viel sammel-
ten, behielten nichts übrig, und diejenigen, die nur wenig
sammelten, hatten genug.«*

Titus und seine Begleiter

[16]Ich bin Gott dankbar, dass er Titus dieselbe Begeisterung für
euch gegeben hat, wie auch ich sie empfinde. [17]Er ging mit
Freude auf unsere Bitte ein, euch erneut zu besuchen; eigent-
lich hatte er selbst den Wunsch, zu euch zu kommen und
euch wiederzusehen. [18]Wir schicken noch einen anderen Bru-
der mit Titus. Er wird in allen Gemeinden als Prediger von
Gottes Botschaft sehr gelobt. [19]Die Gemeinden haben ihn be-
auftragt, uns zu begleiten, wenn wir das gesammelte Geld
nach Jerusalem* bringen – eine Aufgabe, die Gott ehrt und
unsere Hilfsbereitschaft erkennen lässt. [20]Indem wir zusam-
men reisen, schützen wir uns gleichzeitig vor jedem Ver-
dacht, denn wir wollen auf keinen Fall, dass irgendjemand
etwas daran auszusetzen hat, wie wir dieses großzügige Ge-
schenk überbringen. [21]Wir achten darauf, dass alles in der
rechten Weise geschieht*, und zwar sowohl vor dem Herrn
als auch in den Augen der anderen.

[22]Mit ihnen schicken wir noch einen weiteren Bruder, der
gründlich geprüft wurde und sich in vielen Situationen aus-

8,15 2. Mose 16,18.
8,19 S. 1. Korinther 16,3-4.
8,21 Griech. *wir sind auf das Gute bedacht.*

gezeichnet hat. Seine Begeisterung für diesen Auftrag ist jetzt
noch größer, weil er großes Vertrauen zu euch hat. 23Wenn
jemand Fragen über Titus stellt, dann sagt, dass er mein Mit-
arbeiter ist und mit mir zusammenarbeitet, um euch zu hel-
fen. Die genannten Brüder sind Gesandte* der Gemeinden
und ehren Christus mit ihrem Leben. 24Begegnet ihm liebe-
voll und beweist allen Gemeinden, dass wir euch zu Recht
so gelobt haben.

Die Sammlung für die Gemeinde in Jerusalem

9 1Eigentlich brauche ich euch gar nichts über die Samm-
lung für die Gemeinde in Jerusalem* zu schreiben. 2Ich
weiß ja, wie gern ihr helfen wollt, und habe vor unseren
Freunden in Mazedonien damit angegeben, dass ihr in Grie-
chenland* schon vor einem Jahr bereit wart, eine Gabe zu
schicken. Eure Begeisterung war sogar für viele dort ein An-
sporn. 3Ich schicke diese Brüder nur, um sicherzugehen, dass
ihr wirklich so vorbereitet seid, wie ich es von euch behauptet
habe, und das Geld vollständig eingesammelt habt. Sonst
sagt am Ende noch jemand, ich hätte zu Unrecht mit euch
angegeben. 4Es wäre beschämend für mich – und für euch –,
wenn die mazedonischen Brüder mich begleiteten, nur um
festzustellen, dass ihr nach allem, was ich ihnen erzählt habe,
immer noch nicht fertig seid! 5Deshalb hielt ich es für bes-
ser, die Brüder vorauszuschicken, damit die angekündigte
Sammlung auch wirklich bereitliegt. Ich möchte jedoch, dass
es ein freiwilliges Geschenk ist und keines, das unter äuße-
rem Druck gegeben wird.

6Denkt daran: Ein Bauer, der nur wenig Samen aussät, wird
auch nur eine kleine Ernte einbringen. Wer aber viel sät, wird
auch viel ernten. 7Jeder von euch muss selbst entscheiden,
wie viel er geben möchte. Gebt jedoch nicht widerwillig oder
unter Zwang, denn Gott liebt den Menschen, der gerne gibt.
8Er wird euch großzügig mit allem versorgen, was ihr

8,23 Griech. *Apostel.*
9,1 Griech. *über die Gabe für die Heiligen.*
9,2 Griech. *Achaja;* die südliche Region der griech. Halbinsel.

braucht. Ihr werdet haben, was ihr braucht, und ihr werdet
sogar noch etwas übrig behalten, das ihr mit anderen teilen
könnt. 9In der Schrift heißt es: »Er hat ausgestreut und den
Armen gegeben, – seine Gerechtigkeit bleibt in Ewigkeit.«*
10Denn es ist Gott, der dem Bauern Saatgut und Brot zu es-
sen gibt. Genauso wird er auch euch viele Gelegenheiten ge-
ben, Gutes zu tun, und eure Großzügigkeit* wird viele Früch-
te tragen.
11Ihr werdet empfangen, damit ihr umso großzügiger geben
könnt. Und wenn wir eure Gabe denen bringen, die sie nötig
haben, werden sie Gott von Herzen danken. 12Auf diese Wei-
se geschehen gleich zwei gute Dinge: Die Not der Gemeinde*
in Jerusalem wird gelindert, und sie werden Gott voller Freu-
de danken. 13Durch euer großzügiges Geschenk werdet ihr
also zur Verherrlichung Gottes beitragen. Denn eure Groß-
zügigkeit ihnen gegenüber beweist, dass ihr der Botschaft
von Christus gehorcht. 14Sie beten für euch und möchten
euch wiedersehen, weil sich Gottes reiche Gnade an euch
zeigt.
15Wir danken Gott für seinen Sohn – ein Geschenk, das so
wunderbar ist, dass es sich nicht in Worte fassen lässt!*

Paulus verteidigt seine Vollmacht

10 1Nun habe ich, Paulus, noch eine Bitte an euch, und ich
bitte euch genauso sanft und freundlich, wie Christus
selbst es tun würde. Einige von euch behaupten, ich sei nur in
meinen Briefen mutig, bei euch aber schüchtern und ängst-
lich. 2Ich hoffe zwar, es wird nicht nötig sein, doch wenn ich
komme, muss ich möglicherweise denen entschlossen ent-
gegentreten, die uns unterstellen, wir handelten aus rein
menschlichen Beweggründen. 3Wir sind zwar Menschen,
doch wir kämpfen nicht mit menschlichen Mitteln. 4Wir set-
zen die mächtigen Waffen Gottes und keine weltlichen Waf-
fen ein, um menschliche Gedankengebäude zu zerstören.

9,9 Psalm 112,9.
9,10 Griech. *Gerechtigkeit.*
9,12 Griech. *der Heiligen.*
9,15 Griech. *Dank sei Gott für seine unbeschreibliche Gabe.*

5 Mit diesen Waffen zerschlagen wir all die hochtrabenden Ar-
gumente, die die Menschen davon abhalten, Gott zu erken-
nen. Mit diesen Waffen bezwingen wir ihre widerstrebenden
Gedanken und lehren sie, Christus zu gehorchen. 6 Und wir
werden diejenigen bestrafen, die ungehorsam sind, sobald
ihr übrigen zum Gehorsam bereit seid.

7 Seht doch auf das, was offensichtlich ist! Ihr müsst zuge-
ben, dass wir ebenso zu Christus gehören wie all diejenigen,
die das so stolz von sich behaupten. 8 Vielleicht habt ihr den
Eindruck, dass ich zu sehr mit der Vollmacht angebe, die der
Herr uns verliehen hat. Aber eben diese Vollmacht dient da-
zu, euch voranzubringen, nicht zu schaden. Und ich werde
nicht zulassen, dass meine Arbeit unter euch zunichtege-
macht wird.

9 Doch ich will euch mit meinem Brief keine Angst machen.
10 Denn manche sagen: »Die Briefe von Paulus mögen zwar
energisch und fordernd klingen, doch sein persönliches Auf-
treten ist wenig eindrucksvoll, und seine Reden sind gerade-
zu jämmerlich!« 11 Die Leute, die so etwas sagen, sollen wis-
sen, dass wir, wenn wir bei euch sind, genauso energisch und
fordernd auftreten werden wie in unseren Briefen.

12 Ich würde niemals wagen zu behaupten, dass ich so be-
deutend bin wie die Leute, die fortwährend ihre Wichtigkeit
betonen! Sie vergleichen sich nur untereinander und messen
sich nur aneinander. Welche Dummheit!

13 Wir werden nicht mit einer Vollmacht angeben, die wir
gar nicht besitzen. Wir wollen vielmehr innerhalb der Gren-
zen bleiben, die uns Gott gesteckt hat, und dazu gehört auch
unser Auftrag bei euch. 14 Wir maßen uns aber nicht zu viel
an, denn wir waren die Ersten, die mit der Botschaft von
Christus zu euch kamen. 15 Genauso wenig beanspruchen
wir Anerkennung für ein Werk, das andere geleistet haben.
Wir hoffen nur, dass euer Glaube wachsen und unser Wirken
unter euch immer weitere Kreise ziehen wird. 16 Dann werden
wir weiterziehen und die Botschaft an anderen Orten verkün-
den, die weit weg von euch sind und wo bisher noch niemand
wirkt. Dort kann niemand behaupten, wir würden uns auf
das Gebiet eines anderen begeben. 17 In der Schrift steht:

»Wer sich rühmen will, rühme sich nur dessen, was der
Herr getan hat.«*
18Wenn ein Mensch sich selbst lobt, hat das nicht viel zu
bedeuten. Doch wenn der Herr jemanden empfiehlt, ist es
etwas anderes!

Paulus und die falschen Apostel

11 1Ich hoffe, ihr habt Geduld mit mir, wenn ich noch ein
wenig Unsinn rede. Seht es mir nach. 2Ich werbe so
eifersüchtig wie Gott um euch. Denn als unberührte Braut*
habe ich euch dem einen Bräutigam, Christus, versprochen.
3Doch ich habe Angst, es könnte euch etwas von eurer reinen
und schlichten Hingabe an Christus abbringen, so wie Eva
von der Schlange getäuscht wurde. 4Ihr scheint ohne Beden-
ken alles zu glauben, was die Leute euch erzählen, selbst
wenn sie einen anderen Jesus verkünden als den, den wir ver-
künden, oder einen anderen Geist als den, den ihr empfangen
habt, oder eine andere Botschaft als die, die ihr geglaubt habt.
5Ich fühle mich diesen »Überaposteln« jedoch nicht im Ge-
ringsten unterlegen. 6Ich bin vielleicht kein begnadeter Red-
ner, aber ich weiß, wovon ich spreche. Ich denke, das habt ihr
inzwischen gemerkt, denn wir haben es immer wieder unter
Beweis gestellt.
7Habe ich womöglich falsch gehandelt, als ich mich beschei-
den zeigte und euch eine Sonderstellung einräumte, indem
ich euch Gottes Botschaft verkündete, ohne etwas dafür zu
verlangen? 8Andere Gemeinden habe ich beinahe beraubt
und mich von ihnen bezahlen lassen, um euch umsonst die-
nen zu können. 9Und als ich bei euch war und nicht genug
hatte, um meinen Lebensunterhalt zu bestreiten, bat ich nicht
euch um Hilfe. Denn die Brüder, die aus Mazedonien kamen,
brachten mir eine weitere Zuwendung. Nie habe ich euch um
die geringste Unterstützung gebeten und werde das auch nie
tun. 10So sicher die Wahrheit, die ich von Christus habe, in mir

10,17 Jeremia 9,23.
11,2 Griech. *Jungfrau*.

lebt, werde ich nie aufhören, mich in ganz Griechenland* dieser Tatsache zu rühmen. [11]Warum? Etwa weil ich euch nicht liebe? Gott weiß, dass ich das tue.

[12]Doch ich werde auch in Zukunft so verfahren und so die Behauptungen all derer entkräften, die damit angeben, sie seien wie wir. [13]Diese Leute sind falsche Apostel. Sie haben euch getäuscht, indem sie sich für Apostel von Christus ausgaben. [14]Doch das überrascht mich nicht! Selbst der Satan gibt sich als Engel des Lichts aus. [15]Und so ist es nicht erstaunlich, wenn seine Diener es ihm nachmachen und sich als Diener Gottes* tarnen. Am Ende werden sie für alle ihre bösen Taten die verdiente Strafe erhalten.

Paulus ist mit Leiden vertraut

[16]Um es noch einmal zu wiederholen: Glaubt nicht, ich hätte den Verstand verloren, wenn ich so mit euch spreche. Und falls ihr es doch tut, hört mir trotzdem zu, wie ihr jemandem zuhören würdet, der Unsinn redet, während ich nun ein wenig angebe. [17]Gott will solche Angeberei nicht, aber ich verhalte mich ja jetzt wie einer, der Unsinn redet. [18]Und da andere mit ihren Leistungen protzen, will ich das jetzt auch tun. [19]Schließlich hört ihr, die ihr euch für so weise haltet, offenbar gern Leuten zu, die Unsinn reden! [20]Ihr nehmt es hin, wenn sie euch zu ihren Sklaven machen, euch alles wegnehmen, was ihr besitzt, und euch übervorteilen, wenn sie vornehm tun und euch ins Gesicht schlagen. [21]Zu meiner Schande muss ich bekennen, dass wir dazu nicht mutig genug waren!

Doch womit sie auch immer angeben – ich rede jetzt wieder Unsinn –, das kann auch ich vorweisen. [22]Sie geben sich doch für Hebräer aus? Das bin ich auch. Sie sagen, dass sie Israeliten sind? Ich ebenfalls. Sie sind Nachkommen Abrahams? Ich bin es auch. [23]Sie sagen, sie dienen Christus? Ich weiß, dass ich wie ein Verrückter klinge, aber ich habe ihm weit mehr gedient! Ich habe härter gearbeitet, wurde öfter ins Gefängnis geworfen, mehr geschlagen und war immer wieder in Le-

11,10 Griech. *Achaja.*
11,15 Griech. *als Diener der Gerechtigkeit.*

bensgefahr. [24]Fünfmal haben die Juden mir neununddreißig
Hiebe verabreicht. [25]Dreimal wurde ich ausgepeitscht. Ein-
mal wurde ich gesteinigt. Ich habe drei Schiffbrüche überlebt.
Einmal verbrachte ich eine ganze Nacht und einen Tag auf
dem Meer treibend. [26]Ich habe viele beschwerliche Reisen un-
ternommen und war unzählige Male in großer Gefahr: ob
durch Flüsse oder durch Räuber, ob durch mein eigenes jüdi-
sches Volk oder durch Nichtjuden, ob in Städten, in der Ein-
öde oder auf stürmischer See oder durch Leute, die sich als
Anhänger von Christus ausgaben, es aber nicht waren.* [27]Ich
habe Erschöpfung und Schmerzen und schlaflose Nächte
kennengelernt. Oft litt ich Hunger und Durst und habe gefas-
tet. Oft habe ich vor Kälte gezittert und hatte nichts, um mich
warm zu halten.

[28]Und als wäre das alles noch nicht genug, lebe ich dazu
noch täglich in Sorge um das Wohlergehen der Gemeinden.
[29]Wer ist schwach, dass ich seine Schwäche nicht tief mitemp-
finde? Wer wird zum Bösen verführt, ohne dass ich in Zorn
gerate?

[30]Wenn ich mich schon selbst loben soll, dann will ich mich
meiner Schwäche rühmen. [31]Gott weiß, dass ich nicht lüge.
Ihm, dem Vater von Jesus, unserem Herrn, gebührt Lob in
Ewigkeit. [32]Als ich in Damaskus war, hatte der Statthalter
des Königs Aretas Wachen an den Stadttoren aufgestellt, um
mich verhaften zu lassen. [33]Doch ich wurde in einem Korb
durch ein Fenster in der Stadtmauer hinuntergelassen und
konnte auf diese Weise fliehen!

Die Vision des Paulus und sein Dorn im Fleisch

12 [1]Diese Angeberei ist dumm, aber lasst mich fortfahren.
Lasst mich euch von den Visionen und Offenbarungen
erzählen, die ich vom Herrn empfangen habe. [2]Ich* wurde
vor vierzehn Jahren in den dritten Himmel hinaufgehoben,
doch ob mein Körper dort war oder nur mein Geist, weiß ich
nicht; das weiß nur Gott. [3]Und ich weiß nicht, wie ich dorthin

---

11,26 Griech. *durch falsche Brüder.*
12,2 Griech. *Ich kenne einen Mann in Christus, der wurde ...*

gelangte – das weiß nur Gott. 4Aber ich weiß, dass ich* ins
Paradies versetzt wurde und erstaunliche Dinge hörte, die
sich nicht in Worte fassen lassen. 5Das ist eine Erfahrung, mit
der man zu Recht angeben könnte, doch ich werde es nicht
tun. Ich bin nur stolz auf meine Schwäche. 6Ich hätte viele
Gründe, stolz zu sein, und es wäre absolut kein Unsinn, son-
dern die reine Wahrheit. Doch das tue ich nicht. Ich will, dass
niemand besser von mir denkt, als es meinem Leben und mei-
ner Verkündigung entspricht, 7obwohl ich wunderbare Of-
fenbarungen von Gott empfangen habe. Doch damit ich nicht
überheblich werde, wurde mir ein Dorn ins Fleisch gegeben,
ein Bote des Satans, der mich quält und mich daran hindert,
überheblich zu werden.

8Dreimal habe ich zum Herrn gebetet, dass er mich davon
befreie. 9Jedes Mal sagte er: »Meine Gnade ist alles, was du
brauchst. Meine Kraft zeigt sich in deiner Schwäche.« Und
nun bin ich zufrieden mit meiner Schwäche, damit die Kraft
von Christus durch mich wirken kann. 10Da ich weiß, dass es
für Christus geschieht, bin ich mit meinen Schwächen, Ent-
behrungen, Schwierigkeiten, Verfolgungen und Beschimp-
fungen versöhnt. Denn wenn ich schwach bin, bin ich stark.

Sorge um die Korinther

11Ihr habt mich dazu gebracht, wie ein Dummkopf mich
selbst zu loben. Dabei hättet ihr mir eigentlich Empfehlungs-
briefe mitgeben sollen, denn ich bin diesen »Überaposteln« in
keiner Weise unterlegen, obwohl ich gar nichts bin. 12Als ich
bei euch war, habe ich doch sicherlich bewiesen, dass ich ein
wahrer Apostel bin, der von Gott selbst zu euch gesandt wur-
de. Denn ich habe in Geduld viele Zeichen und Wunder und
Taten unter euch bewirkt. 13Das Einzige, was ich bei euch im
Gegensatz zu anderen Gemeinden nicht getan habe, ist, euch
zur Last zu fallen. Bitte vergebt mir dieses Unrecht!

14Jetzt komme ich zum dritten Mal zu euch, und ich werde
euch wieder nicht zur Last fallen. Ich möchte nicht das, was
ihr besitzt; ich will euch selbst. Abgesehen davon bezahlen

12,4 Griech. *er*.

Kinder ihren Eltern keinen Unterhalt. Es ist vielmehr umge-
kehrt: Eltern ernähren ihre Kinder. 15 Ich bin gern bereit, mich
selbst und alles, was ich habe, für euch zu opfern. Kann es
sein, dass je mehr ich euch liebe, desto weniger liebt ihr mich?
16 Wie auch immer! Ich bin euch also nicht zur Last gefallen.
Doch habe ich euch mit List und Tücke eingefangen? 17 Wie
denn? Hat irgendeiner der Männer, die ich zu euch schickte,
euch betrogen? 18 Als ich Titus drängte, euch zu besuchen,
und unseren anderen Bruder mit ihm schickte, hat Titus
euch da betrogen? Nein, natürlich nicht! Haben wir beide
nicht denselben Geist geschenkt bekommen? Treten wir nicht
immer einer in die Fußstapfen des anderen und tun alles auf
die gleiche Weise?

19 Vielleicht denkt ihr, wir sagen das alles nur, um uns zu
rechtfertigen. Darum geht es überhaupt nicht. Wir sagen
euch das alles als Diener Christi und wissen, dass Gott uns
hört. Alles, was wir tun und sagen, liebe Freunde, soll euch
Mut machen. 20 Denn ich befürchte, dass mir ganz und gar
nicht gefallen wird, was ich beim nächsten Besuch vorfinden
werde, und dann wird euch nicht gefallen, was ich daraufhin
tue. Ich befürchte, ich werde Streit, Eifersucht, Unbeherrscht-
heit, Selbstsucht, Verleumdung, Tratsch, Überheblichkeit
und Unordnung vorfinden. 21 Ja, ich habe das ungute Gefühl,
dass Gott mich euretwegen erneut beschämen wird, wenn ich
komme. Und es wird mich traurig machen, dass viele von
euch, die gesündigt haben, nicht von ihrer Unreinheit, ihrer
Unzucht und ihren Begierden abgelassen haben.

Abschließender Rat

13 1 Dies ist nun das dritte Mal, dass ich euch besuchen
komme. In der Schrift heißt es: »Auf die Aussage von
zwei oder drei Zeugen hin soll jede Sache entschieden wer-
den.«* 2 Ich habe diejenigen, die gesündigt haben, schon bei
meinem zweiten Besuch gewarnt. Hiermit warne ich sie und
alle anderen noch einmal, wie ich es damals schon tat; beim
nächsten Mal werde ich sie nicht schonen.

13,1 5. Mose 19,15.

3Ich werde euch beweisen, dass Christus durch mich redet.
Christus ist euch gegenüber nicht schwach, sondern handelt
mächtig in eurer Gemeinde. 4Obwohl er schwach am Kreuz
starb, lebt er jetzt durch die Macht Gottes. Auch wir sind
schwach in ihm, aber wir leben mit ihm und haben Gottes
Kraft, die sich euch gegenüber zeigt.
5Prüft euch, ob euer Glaube echt ist. Prüft euch selbst. Wenn
ihr nicht sagen könnt, dass Jesus Christus unter* euch ist, habt
ihr die Prüfung nicht bestanden. 6Ich hoffe, ihr erkennt, dass
wir die Prüfung bestanden haben.
7Wir beten zu Gott, dass ihr nichts Falsches tut. Doch wir
beten nicht, weil wir zeigen möchten, dass unser Wirken un-
ter euch erfolgreich war, sondern weil wir möchten, dass ihr
auch dann das Richtige tut, wenn es so scheint, als ob wir
versagt hätten. 8Unsere Verantwortung ist es, nicht gegen
die Wahrheit zu handeln, sondern jederzeit für die Wahrheit
einzustehen. 9Wir sind gern schwach, wenn ihr stark seid.
Wir beten darum, dass ihr im Glauben erneuert und reif
werdet.
10Ich schreibe euch dies, bevor ich komme, weil ich hoffe,
dass ich dann bei meiner Ankunft nicht mehr hart mit euch
ins Gericht gehen muss. Denn ich möchte die Vollmacht, die
der Herr mir gegeben hat, gebrauchen, um euch zu ermuti-
gen, und nicht, um euch zu schaden.

Abschließende Grüße

11Liebe Freunde*, ich schließe meinen Brief mit diesen letzten
Worten: Freut euch. Ändert euer Verhalten.* Ermutigt einan-
der. Haltet fest zusammen und habt Frieden untereinander.
Dann wird der Gott der Liebe und des Friedens mit euch sein.
12Grüßt einander in Liebe*. Alle Gläubigen* hier senden
euch ihre Grüße.

13,5 O. *in.*
13,11a Griech. *Brüder.*
13,11b Griech. *Lasst euch zurechtbringen.*
13,12a Griech. *mit dem heiligen Kuss.*
13,12b Griech. *alle Heiligen.*

13Wir wünschen euch die Gnade von Jesus Christus, unserem Herrn, die Liebe Gottes und die Gemeinschaft des Heiligen Geistes.

Der Brief an die Galater

Grüße von Paulus

1 1Dieser Brief ist von Paulus, einem der Apostel. Ich wurde
nicht durch Menschen zum Apostel berufen, sondern von
Jesus Christus selbst und von Gott, dem Vater, der Jesus von
den Toten auferweckt hat.
2Wir – ich und alle Gläubigen* hier bei mir – grüßen die
Gemeinden in Galatien.
3Wir wünschen euch Gnade und Friede von Gott, unserem
Vater, und von Jesus Christus, dem Herrn. 4Er hat sich selbst
für uns geopfert und ist nach dem Willen Gottes, unseres Va-
ters, für unsere Sünden gestorben, um uns aus dieser bösen
Welt, in der wir leben, zu retten. 5Dafür loben und ehren wir
ihn in alle Ewigkeit. Amen.

Es gibt nur eine gute Botschaft

6Ich kann es nicht fassen, dass ihr euch so schnell von Gott
abwendet, der euch in seiner Gnade zum ewigen Leben beru-
fen hat, das er den Menschen durch Christus schenkt. Schon
folgt ihr einer anderen, fremden Lehre, 7die als gute Botschaft
daherkommt und es doch nicht ist. Ihr lasst euch von Leuten
täuschen, die die Botschaft von Christus verfälschen.
8Verflucht sei jeder Mensch – und das gilt auch für mich –,
der eine andere Botschaft verkündet als die, die wir euch ge-
predigt haben. Und käme ein Engel vom Himmel und ver-
kündete euch eine andere Botschaft: Er soll in Ewigkeit ver-
flucht sein. 9Ich sage es noch einmal: Wenn irgendjemand
eine andere Botschaft weitersagt als die, die ihr angenommen
habt, dann soll Gottes Fluch ihn treffen.
10Wie ihr seht, geht es mir nicht darum, Menschen zu gefal-
len! Nein, ich versuche, Gott zu gefallen. Wollte ich noch
Menschen gefallen, wäre ich kein Diener von Christus.

1,2 Griech. *Brüder.*

Die Botschaft kommt von Christus

11Liebe Freunde*, ich versichere euch, dass die Botschaft von
der Erlösung, die ich verkünde, nicht auf menschlicher Ver-
nunft oder Logik beruht. 12Ich habe sie auch nicht von einem
Menschen empfangen, sondern Jesus Christus selbst hat sie
mir offenbart.

13Ihr wisst sicher noch, wie ich als strenggläubiger Jude
war – wie fanatisch ich die Gemeinde Gottes verfolgt habe.
Ich tat alles, um sie zu vernichten. 14In meinem Volk war ich
einer der Allerfrömmsten und bemühte mich nach Kräften,
die überlieferten Satzungen meiner Väter zu befolgen.

15Doch Gott hat mich in seiner Gnade schon vor meiner Ge-
burt auserwählt und berufen. 16Er offenbarte mir* seinen
Sohn, damit ich den anderen Völkern die Botschaft von Jesus
verkünde. Nach diesem Ereignis fragte ich zunächst nieman-
den um Rat 17und zog auch nicht hinauf nach Jerusalem, um
mich mit denen zu besprechen, die schon vor mir Apostel
waren. Stattdessen ging ich nach Arabien und kehrte später
nach Damaskus zurück. 18Erst nach drei Jahren machte ich
mich schließlich nach Jerusalem auf, um Petrus* aufzusu-
chen, und blieb fünfzehn Tage bei ihm. 19Von den anderen
Aposteln traf ich keinen außer Jakobus, den Bruder unseres
Herrn. 20Was ich euch schreibe, ist die Wahrheit – das erkläre
ich hiermit vor Gott, dass ich nicht lüge. 21Nach diesem Be-
such reiste ich nach Norden in die Provinzen Syrien und Zili-
zien. 22Doch die christlichen Gemeinden in Judäa kannten
mich immer noch nicht persönlich. 23Sie wussten nur, dass
die Leute sagten: »Der, der uns früher verfolgt hat, verkündet
jetzt den Glauben*, den er immer vernichten wollte!« 24Und
sie lobten Gott für das, was er mit mir getan hat.

Die Apostel erkennen Paulus an

2 1Vierzehn Jahre später kehrte ich wieder nach Jerusalem
zurück, diesmal zusammen mit Barnabas; Titus begleite-

1,11 Griech. *Brüder.*
1,16 O. *in mir.*
1,18 Griech. *Kephas.*
1,23 Griech. *als froh machende Botschaft den Glauben.*

te uns. [2]Ich ging hin, weil Gott es mir in einer Offenbarung
befohlen hatte. Ich erzählte ihnen, was ich den anderen Völ-
kern verkündet hatte. Insbesondere wandte ich mich an die
Angesehenen in der Gemeinde, um ihr Einverständnis zu ge-
winnen, damit meine Arbeit nicht vergeblich war oder gewe-
sen wäre. [3]Sie waren mit meinem Vorgehen einverstanden
und verlangten nicht einmal, dass mein Begleiter Titus sich
beschneiden lassen müsse, obwohl er ein Grieche war.

[4]Ja, die Frage der Beschneidung wäre gar nicht erst auf-
geworfen worden, hätten sich nicht einige Leute, die sich als
Brüder ausgaben, in die Gemeinde eingeschlichen, um uns
und unsere Freiheit in Christus Jesus auszuspionieren. Sie
wollten uns zwingen, ihre jüdischen Vorschriften sklavisch
zu befolgen. [5]Doch wir weigerten uns, ihnen auch nur einen
Augenblick nachzugeben, denn wir wollten, dass die Wahr-
heit der Botschaft bei euch bleibt.

[6]Die Angesehenen in der Gemeinde – was auch immer sie
früher gewesen sind, ist für mich unwichtig, denn das hat vor
Gott keine Bedeutung* – hatten der Botschaft, die ich verkün-
de, nichts hinzuzufügen. [7]Im Gegenteil: Sie sahen, dass Gott
mir die Aufgabe übertragen hatte, den anderen Völkern die
Botschaft von Jesus zu verkünden, so wie es die Aufgabe von
Petrus ist, sie den Juden zu sagen. [8]Denn derselbe Gott, der
durch Petrus unter den Juden wirkte, wirkte auch durch mich
unter den anderen Völkern. [9]So kam es, dass Jakobus, Petrus*
und Johannes, die als Säulen der Gemeinde gelten, die Gabe,
die Gott mir verliehen hatte, anerkannten und Barnabas und
mich in ihren Kreis aufnahmen. Wir einigten uns, dass wir
weiterhin den Nichtjuden die Botschaft verkünden sollten,
während sie ihre Arbeit unter den Juden fortsetzen. [10]Nur
eines haben sie uns nahe gelegt: Wir sollten nicht vergessen,
die Bedürftigen zu unterstützen, und darum habe ich mich
nach Kräften bemüht.

2,6 Griech. *Gott sieht die Person des Menschen nicht an.*
2,9 Griech. *Kephas;* so auch in 2,11.14.

Paulus stellt Petrus zur Rede

11Doch als Petrus nach Antiochia kam, musste ich ihm offen
entgegentreten und ihn ernsthaft zur Rede stellen, denn was
er tat, war falsch. 12Nach seiner Ankunft hatte er zunächst
noch mit den Gläubigen, die unbeschnitten waren, zusam-
men gegessen. Als jedoch einige jüdische Freunde von Jako-
bus eintrafen, hatte er nicht mehr den Mut dazu, weil er die
Missbilligung der jüdischen Gläubigen* scheute. 13Daraufhin
verhielten sich die anderen Juden genauso heuchlerisch, und
sogar Barnabas ließ sich von ihnen beeinflussen.

14Als ich sah, dass sie sich nicht an die Wahrheit der Bot-
schaft Gottes hielten, sagte ich vor allen anderen zu Petrus:
»Wenn du als gebürtiger Jude die jüdischen Gesetze hinter
dir gelassen hast und wie ein Nichtjude lebst, warum ver-
langst du dann von diesen Nichtjuden, die jüdischen Gesetze
zu befolgen, die du aufgegeben hast? 15Du und ich, wir sind
Juden durch Geburt, keine gottlosen Menschen wie die aus
den anderen Völkern. 16Und doch wissen wir, dass der
Mensch vor Gott nicht durch das Halten* des Gesetzes ge-
recht gesprochen wird, sondern durch den Glauben an Jesus
Christus. Wir sind zum Glauben an ihn gekommen, damit
wir durch diesen Glauben von Gott angenommen werden*,
und nicht etwa, weil wir dem Gesetz gehorcht haben. Denn
durch das Befolgen des Gesetzes wird niemand vor Gott ge-
recht.«

17Aber was ist, wenn wir durch den Glauben an Christus
vor Gott gerecht werden wollen und dann feststellen, dass
wir immer noch Sünder sind? Hat Christus uns etwa in die
Sünde geführt? Natürlich nicht! 18Ich mache mich vielmehr
selbst schuldig, wenn ich das alte System wieder aufzurich-
ten versuche, das ich schon abgerissen hatte. 19Durch das Ge-
setz werde ich verurteilt, weil ich es nicht erfüllen kann. Ich
aber bin mit Christus gekreuzigt, sodass ich jetzt nicht mehr
unter dem Gesetz stehe, sondern für Gott lebe. 20Ich lebe, aber

---

2,12 Griech. *der aus der Beschneidung* – das sind hier Judenchristen.
2,16a Griech. *nicht … aufgrund von Werken des Gesetzes.*
2,16b Griech. *gerecht gesprochen werden.*

nicht mehr ich selbst, sondern Christus lebt in mir. Ich lebe
also mein Leben in diesem irdischen Körper im Glauben an
den Sohn Gottes, der mich geliebt und sich selbst für mich
geopfert hat. [21]Ich gehöre nicht zu denen, die die Gnade Got-
tes gering achten. Denn wenn wir durch das Gesetz gerettet
werden könnten*, hätte Christus nicht sterben müssen.

Das Gesetz und der Glaube an Christus

3 [1]O ihr unverständigen Galater! Wer hat euch so durch-
einander gebracht? Ihr habt doch so klar erkannt, was
der Tod von Christus für uns bedeutet, als ich euch Jesus
Christus, den Gekreuzigten, vor Augen malte! [2]Sagt mir:
Habt ihr den Heiligen Geist etwa durch das Befolgen des Ge-
setzes empfangen? Natürlich nicht. Der Heilige Geist kam auf
euch herab, nachdem ihr die Botschaft von Christus gehört
und ihr geglaubt habt. [3]Versteht ihr das denn wirklich nicht?
Ihr habt begonnen, ein Leben mit dem Heiligen Geist zu füh-
ren. Warum wollt ihr jetzt auf einmal versuchen, es aus ei-
gener Kraft zu vollenden? [4]Ihr habt so viel durch die gute
Botschaft erfahren. Sollte das etwa vergeblich gewesen sein?
Wollt ihr das alles jetzt wegwerfen?

[5]Ich frage euch noch einmal: Schenkt Gott euch den Heili-
gen Geist und wirkt Wunder unter euch, weil ihr das Gesetz
Moses befolgt? Oder tut er es, weil ihr die Botschaft glaubt,
die ihr über Christus gehört habt? [6]Denn so war es auch bei
Abraham: »Abraham glaubte Gott, und Gott erklärte ihn we-
gen seines Glaubens für gerecht.«* [7]Die wahren Kinder Abra-
hams sind also die, die an Gott glauben.

[8]Doch nicht nur das: Die Schrift wies bereits auf die Zeit
voraus, in der Gott auch die Völker wegen ihres Glaubens
annehmen würde. Gott hat Abraham diese gute Botschaft
schon vor langer Zeit verheißen, als er sagte: »Alle Völker
werden durch dich gesegnet werden.«* [9]Deshalb werden alle,
die aus dem Glauben an Christus leben, an demselben Segen

2,21 Griech. *wenn durch das Gesetz Gerechtigkeit kommt.*

3,6 1. Mose 15,6. Griech. *Abraham glaubte Gott, und es wurde ihm als Gerechtigkeit angerechnet.*

3,8 1. Mose 12,3.

Anteil erhalten, den Abraham durch seinen Glauben empfan-
gen hat.
10Wer dagegen auf das Gesetz vertraut, um vor Gott gerecht
zu werden, steht unter einem Fluch. In der Schrift heißt es:
»Verflucht ist jeder, der nicht alle Gebote beachtet und be-
folgt, die im Buch des Gesetzes geschrieben stehen.«* 11Des-
halb ist klar, dass niemand je durch das Gesetz vor Gott ge-
recht gesprochen wird. Denn die Schrift sagt: »Durch den
Glauben hat ein Gerechter Leben.«* 12Dagegen sagt die
Schrift über den Weg des Gesetzes: »Wenn du durch das Ge-
setz Leben finden willst, musst du alle Gebote des Gesetzes
erfüllen.«* 13Doch Christus hat uns vom Fluch des Gesetzes
gerettet*; am Kreuz nahm er den Fluch auf sich*. Denn in der
Schrift heißt es: »Verflucht ist jeder, der an einem Holz
hängt.«* 14Durch die Tat von Jesus Christus hat Gott allen
Völkern den Segen geschenkt, den er Abraham zugesagt hat-
te. So empfangen wir den Heiligen Geist durch den Glauben,
wie Gott es versprochen hat.

Das Gesetz und die Zusagen Gottes

15Liebe Freunde*, ich will euch ein Beispiel aus dem Alltag
geben: Es verhält sich hier wie bei einem rechtskräftig gewor-
denen Testament, das niemand aufheben oder ändern kann.
16Nun hat Gott sein Versprechen Abraham und seinem Nach-
kommen* gegeben. Beachtet, dass hier nicht steht, dass die
Zusage seinen Kindern* galt, als wären viele Nachkommen
damit gemeint. Sie galt dem einen Nachkommen – und dieser
ist Christus. 17Und genau darum geht es mir: Der Bund, den
Gott mit Abraham schloss, konnte nicht vierhundertdreißig
Jahre später aufgehoben werden, als Gott Mose das Gesetz

3,10 5. Mose 27,26.
3,11 Habakuk 2,4. Griech. *der Gerechte wird aus Glauben leben.*
3,12 3. Mose 18,5.
3,13a Griech. *losgekauft.*
3,13b Griech. *Christus ist für uns zum Fluch geworden.*
3,13c 5. Mose 21,23.
3,15 Griech. *Brüder.*
3,16a Griech. *Samen* (Singular); ebenso in 3,16c.19; siehe 1. Mose 12,7.
3,16b Griech. *Samen* (Plural).

gab. Sonst hätte Gott ja sein Versprechen gebrochen. [18]Denn
wenn das Erbe nur durch das Halten des Gesetzes empfan-
gen werden könnte, dann würde es uns nicht mehr durch das
Versprechen geschenkt. Doch Gott hat es Abraham ohne jede
Bedingung zugesagt.

[19]Aber warum wurde das Gesetz dann überhaupt gegeben?
Es wurde gegeben, um den Menschen zu zeigen, dass sie
schuldig sind. Doch es sollte nur bis zum Kommen des Chris-
tus* bestehen bleiben, an den Gott sein Versprechen gebun-
den hatte. Gott gab seine Gesetze Engeln, und diese gaben sie
Mose, dem Mittler zwischen Gott und dem Volk. [20]Aber als
Gott Abraham seine Verheißung gab, ging das Handeln allein
von seiner Seite aus und er brauchte keinen Mittler.

[21]Besteht deshalb ein Widerspruch zwischen Gottes Gesetz
und Gottes Verheißung? Absolut nicht! Wenn das Gesetz uns
neues Leben hätte geben können, dann wären wir vor Gott
gerecht geworden, indem wir es befolgt hätten*. [22]Aber in
der Schrift heißt es, dass wir alle Gefangene der Sünde sind,
sodass wir Gottes Verheißung nur empfangen können, indem
wir an Jesus Christus glauben.

[23]Bevor uns der Glaube an Christus als Weg gezeigt wurde,
wie wir vor Gott gerecht werden können, wurden wir vom
Gesetz bewacht und beschützt, bis Gott den Weg des Glau-
bens offenbarte.

Gottes Kinder durch Glauben

[24]Lasst es mich noch auf eine andere Weise ausdrücken: Das
Gesetz war unser Vormund und Lehrer, bis Christus kam.
Aufgrund des Glaubens an ihn werden wir vor Gott gerecht
gesprochen. [25]Und da Christus nun gekommen ist und mit
ihm der Weg des Glaubens, brauchen wir das Gesetz als Vor-
mund nicht mehr. [26]Und so seid ihr alle Kinder* Gottes durch
den Glauben an Jesus Christus. [27]Denn ihr alle, die ihr auf
Christus getauft worden seid, gehört nun zu Christus. [28]Nun

---

3,19 Griech. *Nachkommen.*
3,21 Griech. *dann wäre die Gerechtigkeit wirklich aus dem Gesetz gekommen.*
3,26 Griech. *Söhne.*

gibt es nicht mehr Juden oder Nichtjuden*, Sklaven oder
Freie, Männer oder Frauen. Denn ihr seid alle gleich – ihr
seid eins in Jesus Christus. 29Und weil ihr nun zu Christus
gehört, seid ihr die wahren Nachkommen Abrahams. Ihr
seid seine Erben, und alle Zusagen Gottes an ihn gelten euch.

4 1Stellt euch vor, ein Vater stirbt und hinterlässt seinem
unmündigen Kind großen Reichtum. Doch dieser Erbe
ist, bis er erwachsen ist, nicht besser dran als ein Knecht,
auch wenn er in Wirklichkeit alles besitzt, was seinem Vater
gehörte. 2Er muss seinen Vormündern gehorchen, bis er das
Alter erreicht hat, das sein Vater festgesetzt hat.
3So war es auch bei uns, bevor Christus kam. Wir waren
Diener dieser Welt*. 4Doch als der festgesetzte Zeitpunkt da
war, sandte Gott seinen Sohn, geboren von einer Frau und
dem Gesetz unterstellt. 5Gott sandte ihn, um uns aus der Ge-
fangenschaft des Gesetzes freizukaufen und als seine Kinder
anzunehmen. 6Und weil ihr seine Kinder* geworden seid, hat
Gott euch* den Geist seines Sohnes ins Herz gegeben, sodass
ihr zu Gott nun »lieber Vater« sagen könnt.* 7Jetzt seid ihr
keine Diener mehr, sondern Kinder Gottes. Und als seinen
Kindern gehört euch alles, was ihm gehört.

Sorge um die Galater

8Bevor ihr Gott kanntet, habt ihr sogenannten Göttern ge-
dient, die in Wirklichkeit überhaupt nicht existieren. 9Jetzt
habt ihr Gott gefunden – vielleicht sollte ich eher sagen: jetzt
hat Gott euch gefunden. Wieso nur wollt ihr nun wieder ohn-
mächtigen und armseligen Elementen dieser Welt dienen?
10Ihr versucht, Gott zu gefallen, indem ihr an bestimmten Ta-
gen, Monaten, Jahreszeiten oder Festen gewisse Dinge tut
oder unterlasst. 11Ich mache mir Sorgen um euch. Ich befürch-

3,28 Griech. *Juden oder Griechen.*
4,3 Griech. *wir waren unter die Elemente der Welt versklavt.*
4,6a Griech. *Söhne.*
4,6b Griech. *uns.*
4,6c Griech. *ins Herz gegeben, der in euch ruft: »Abba, Vater!«* (»Abba« ist ein aramäisches Wort für »Vater«).

te, dass all meine harte Arbeit für euch umsonst war. [12]Liebe
Freunde*, ich bitte euch inständig, meinem Beispiel zu folgen
und euch davon frei zu machen, denn als ich bei euch war, bin
ich so geworden, wie ihr es einst wart – frei vom Gesetz.

Ihr habt mir in keiner Weise unrecht getan. [13]Bestimmt erin-
nert ihr euch noch, dass ich krank war, als ich euch zum ers-
ten Mal die frohe Botschaft von Christus brachte. [14]Doch ob-
wohl meine Krankheit anstößig für euch war, habt ihr mich
nicht abgelehnt und nicht abgewiesen. Nein, ihr habt mich
aufgenommen und für mich gesorgt, als wäre ich ein Engel
Gottes oder sogar Christus Jesus selbst. [15]Wo ist nur eure
Freude von damals geblieben? Ich weiß, dass ihr bereit gewe-
sen wärt, euch die Augen auszureißen und sie mir zu geben,
wenn es möglich gewesen wäre. [16]Bin ich denn jetzt auf ein-
mal euer Feind, weil ich euch die Wahrheit sage?

[17]Diese falschen Lehrer, die sich so um euch bemühen, han-
deln nicht zu eurem Besten. Sie versuchen, euch mir zu ent-
fremden, um auf diese Weise leichter eure Aufmerksamkeit
auf sich zu ziehen. [18]Es ist zwar sehr lobenswert, dass ihr mit
solchem Eifer Gutes tun wollt, besonders, wenn ich nicht bei
euch bin. [19]Aber, meine geliebten Kinder, mir ist, als müsste
ich noch einmal Geburtswehen für euch durchmachen, und
sie werden nicht aufhören, bis Christus euer Leben prägt.
[20]Wie wünschte ich, ich könnte jetzt bei euch sein und weni-
ger streng mit euch reden. Doch aus der Entfernung weiß ich
mir keinen anderen Rat.

Die zwei Kinder Abrahams

[21]Hört mir zu, ihr, die ihr unter dem Gesetz leben wollt. Wisst
ihr eigentlich, was das Gesetz sagt?* [22]In der Schrift heißt es,
dass Abraham zwei Söhne hatte, einen von seiner Sklavin
und einen von seiner frei geborenen Frau.* [23]Der Sohn der
Sklavin wurde geboren, weil Abraham versuchte, die Erfül-
lung der Verheißung Gottes mit menschlichen Mitteln zu er-

4,12 Griech. *Brüder*; so auch in 4,31
4,21 Griech. *Hört ihr das Gesetz nicht?*
4,22 S. 1. Mose 16,15; 21,2.

zwingen. Der Sohn der freien Frau aber wurde geboren, weil
Gott selbst sein Versprechen erfüllte.

24Diese beiden Frauen dienen uns als Sinnbild für die zwei
Bündnisse Gottes. Die Sklavin Hagar ist ein Sinnbild für den
Berg Sinai, an dem die Menschen erstmals Sklaven des Geset-
zes wurden. 25Und heute entspricht auch Jerusalem dem Berg
Sinai in Arabien, weil es mit seinen Kindern in der Sklaverei
lebt. 26Sara aber, die Freie, ist ein Symbol für das himmlische
Jerusalem. Das ist unsere Mutter. 27Bei dem Propheten Jesaja
steht geschrieben: »Freue dich, du Unfruchtbare! Juble und
freue dich, auch wenn du nie ein Kind geboren hast, juble
und freue dich, auch wenn du nie die Schmerzen der Geburt
erlebst. Denn die einsame Frau, die keine Kinder bekommen
konnte, hat jetzt mehr Kinder als die, die den Mann hatte!«*

28Auch ihr, liebe Brüder, seid Kinder der Verheißung, genau
wie Isaak. 29Einst wurde Isaak, der Sohn der Verheißung, von
Ismael, dem Sohn der Sklavin, verfolgt. So ist es auch noch
heute.

30Doch was sagt die Schrift darüber? »Jag die Sklavin und
ihren Sohn fort, denn der Sohn der Sklavin soll nicht mit dem
Sohn der Freien Anteil am Erbe erhalten.«* 31Liebe Freunde,
wir sind keine Kinder der Sklavin und stehen nicht unter dem
Gesetz. Wir sind Kinder der Freien, und Gott nimmt uns we-
gen unseres Glaubens an.

Freiheit in Christus

5 1So hat uns Christus also wirklich befreit.* Sorgt nun da-
für, dass ihr frei bleibt, und lasst euch nicht wieder unter
das Gesetz versklaven.

2Hört zu! Ich, Paulus, sage euch: Wenn ihr auf die Beschnei-
dung vertraut, um vor Gott gerecht zu werden, dann kann
Christus euch nicht helfen. 3Ich wiederhole es: Wer sich be-
schneiden lässt, der muss sämtliche Vorschriften des Geset-
zes erfüllen. 4Denn wenn ihr durch das Gesetz vor Gott beste-

---

4,27 Jesaja 54,1.
4,30 1. Mose 21,10.
5,1 Griech. *Für die Freiheit hat uns Christus befreit.*

hen wollt, seid ihr von Christus getrennt und aus Gottes Gna-
de gefallen.
[5]Wir dagegen glauben und erwarten durch den Geist, dass
sich die Hoffnung erfüllt, die Gott uns verheißen hat. [6]Denn
wenn wir unser Vertrauen auf Christus Jesus setzen, fragt
Gott nicht danach, ob wir beschnitten oder unbeschnitten
sind. Entscheidend ist der Glaube, der sich in der Liebe zeigt.
[7]Ihr habt doch so gute Fortschritte gemacht! Wer hat euch
denn abgehalten, weiter der Wahrheit zu folgen? [8]Gott ganz
bestimmt nicht, denn er ist es ja, der euch zur Freiheit berufen
hat. [9]Aber wenn auch nur einer unter euch falsche Wege geht,
genügt das, um euch alle anzustecken – ein wenig Sauerteig
durchsäuert den ganzen Teig! [10]Doch ich vertraue auf den
Herrn und glaube, dass ihr euch in diesen Dingen wieder
zum rechten Glauben zurückführen lassen werdet. Wer im-
mer dieser Mensch auch sein mag, der euch aufgestört und
verwirrt hat: Gott wird ihn richten.
[11]Liebe Freunde*, würde ich noch predigen, dass ihr euch
beschneiden lassen müsst – wie es einige von mir behaup-
ten –, warum sollten die Juden mich dann noch verfolgen?
Dann wäre ja alles Anstößige, das in der Botschaft vom Kreuz
liegt, beseitigt*. [12]Von mir aus können diese Unruhestifter,
die euch durch die Beschneidung verstümmeln wollen, sich
selbst verstümmeln.
[13]Ihr seid berufen, liebe Freunde, in Freiheit zu leben – nicht
in der Freiheit, euren sündigen Neigungen nachzugeben,
sondern in der Freiheit, einander in Liebe zu dienen. [14]Denn
das ganze Gesetz lässt sich in dem einen Wort zusammenfas-
sen: »Liebe deinen Nächsten wie dich selbst.«* [15]Doch wenn
ihr euch ständig zankt und übervorteilt, statt einander mit
Liebe zu begegnen, dann passt auf, denn sonst vernichtet ihr
euch noch gegenseitig.

5,11a Griech. *Brüder*; so auch in 5,13.
5,11b Griech. *Damit wäre das Ärgernis des Kreuzes zunichtegemacht.*
5,14 3. Mose 19,18.

In der Kraft des Geistes leben

[16]Deshalb: Lebt so, wie es eurem neuen Leben im Heiligen
Geist entspricht. Dann werdet ihr auch nicht tun, wozu eure
sündigen Neigungen euch drängen. [17]Die alte sündige Natur
liebt es, Böses zu tun – genau das Gegenteil von dem, was der
Heilige Geist will. Der Geist weckt in uns Wünsche, die den
Neigungen unserer sündigen Natur widersprechen. Diese
beiden Kräfte liegen in ständigem Streit miteinander, sodass
ihr nicht das tun könnt, was ihr wollt. [18]Doch wenn ihr vom
Heiligen Geist geleitet werdet, seid ihr nicht dem Gesetz unterworfen.

[19]Wenn ihr den Neigungen eurer sündigen Natur folgt,
wird euer Leben die entsprechenden Folgen zeigen: Unzucht,
unreine Gedanken, Vergnügungssucht, [20]Götzendienst, Zau-
berei, Feindschaften, Streit, Eifersucht, Zorn, selbstsüchtigen
Ehrgeiz, Spaltungen, selbstgerechte Abgrenzung gegen an-
dere Gruppen, [21]Neid, Trunkenheit, ausschweifenden Le-
benswandel* und dergleichen mehr. Ich wiederhole, was ich bereits gesagt habe, dass niemand, der ein solches Leben führt, das Reich Gottes erben wird.

[22]Wenn dagegen der Heilige Geist unser Leben beherrscht,
wird er ganz andere Frucht in uns wachsen lassen: Lie-
be, Freude, Frieden, Geduld, Freundlichkeit, Güte, Treue,
[23]Sanftmut und Selbstbeherrschung. Nichts davon steht im
Widerspruch zum Gesetz.

[24]Diejenigen, die zu Christus Jesus gehören, haben die
Leidenschaften und Begierden ihrer sündigen Natur an sein
Kreuz geschlagen. [25]Wenn wir jetzt durch den Heiligen Geist
leben, dann sollten wir auch alle Bereiche unseres Lebens von
ihm bestimmen lassen. [26]Lasst uns darauf achten, dass wir
nicht stolz werden und uns gegenseitig verärgern oder beneiden.

5,21 Griech. *Völlerei.*

Wir ernten, was wir säen

6 1Liebe Freunde*, wenn ein Mensch einer Sünde erlegen
ist, dann solltet ihr, deren Leben vom Geist Gottes be-
stimmt ist, diesem Menschen liebevoll und in aller Demut
helfen, wieder auf den rechten Weg zurückzufinden. Und
pass auf, dass du nicht in dieselbe Gefahr gerätst. 2Helft
euch gegenseitig bei euren Schwierigkeiten und Problemen,
so erfüllt ihr das Gesetz, das wir von Christus haben. 3Wer
sich für wichtiger hält als die anderen, betrügt sich selbst. 4Je-
der achte genau auf sein eigenes Leben und Handeln, ohne
sich mit anderen zu vergleichen. 5Schließlich ist jeder für sein
eigenes Verhalten verantwortlich.
6Wenn ihr Lehrer habt, die euch das Wort Gottes lehren,
dann solltet ihr sie darin unterstützen, indem ihr sie bezahlt.
7Täuscht euch nicht! Macht euch klar, dass ihr Gott nicht
einfach missachten könnt, ohne die Folgen zu tragen.* Denn
was ein Mensch sät, wird er auch ernten. 8Wer nur nach sei-
nen sündigen Neigungen lebt, wird sich damit selbst zugrun-
de richten und schließlich den Tod ernten. Aber wer lebt, um
dem Geist zu gefallen, wird vom Geist das ewige Leben er-
halten. 9Deshalb werdet nicht müde zu tun, was gut ist. Lasst
euch nicht entmutigen und gebt nie auf, denn zur gegebenen
Zeit werden wir auch den entsprechenden Segen ernten.
10Lasst uns jede Gelegenheit nutzen, allen Menschen Gutes
zu tun, besonders aber unseren Brüdern und Schwestern im
Glauben.

Abschließender Rat

11Seht, mit welch großen Buchstaben ich euch diese abschlie-
ßenden Worte in eigener Handschrift schreibe. 12Die Leute,
die euch zur Beschneidung zwingen wollen, tun das nur aus
einem einzigen Grund: Sie wollen sich nicht mit der Lehre,
dass nur der Tod von Jesus Christus am Kreuz uns retten
kann, der Verfolgung aussetzen. 13Dabei halten nicht einmal
sie als Verfechter der Beschneidung das ganze Gesetz. In

6,1 Griech. *Brüder.*
6,7 Griech. *Irrt euch nicht! Gott lässt sich nicht verspotten.*

Wirklichkeit wollen sie euch nur deshalb zur Beschneidung
überreden, um damit anzugeben.
14Was mich betrifft, so bewahre Gott mich davor, mit ir-
gendetwas anzugeben. Rühmen will ich mich nur einer Sa-
che: des Kreuzes von Jesus Christus, unserem Herrn, durch
das* mein Interesse an dieser Welt gestorben ist, wie auch das
Interesse der Welt an mir. 15Es spielt keine Rolle mehr, ob wir
beschnitten wurden oder nicht. Es zählt nur, ob wir wirklich
zu neuen, veränderten Menschen* geworden sind. 16Und al-
len, die nach diesem Maßstab leben, schenke Gott Barmher-
zigkeit und Frieden – ihnen und dem auserwählten Volk Got-
tes*. 17Von jetzt an soll mich damit niemand mehr belästigen.*
Denn ich trage an meinem Körper die Wunden, die zeigen,
dass ich Jesus gehöre.*
18Die Gnade unseres Herrn Jesus Christus sei mit euch al-
len*, meine Lieben*. Amen.

6,14 O. *durch den* (d.h. Christus).
6,15 Griech. *zu einer neuen Schöpfung*.
6,16 Griech. *dem Israel Gottes*.
6,17a Griech. *In Zukunft bereite mir niemand Mühen!*
6,17b Griech. *Denn ich trage die Malzeichen von Jesus an meinem Leib.*
6,18a Griech. *mit eurem Geist*.
6,18b Griech. *Brüder*.

Der Brief an die Epheser

Grüße von Paulus

1 1Diesen Brief schreibt Paulus, ein von Gott berufener
Apostel von Christus Jesus, an alle in Ephesus*, die an
Christus Jesus glauben und zu Gott gehören*. 2Ich wünsche
euch Gnade und Frieden von Gott, unserem Vater, und von
Jesus Christus, unserem Herrn.

Geistlicher Segen

3Wir loben Gott, den Vater von Jesus Christus, unserem
Herrn, der uns durch Christus mit dem geistlichen Segen in
der himmlischen Welt reich beschenkt hat. 4Schon vor Er-
schaffung der Welt hat Gott uns aus Liebe dazu bestimmt,
vor ihm heilig zu sein und befreit von Schuld. 5Von Anfang
an war es sein unveränderlicher Plan, uns durch Jesus Chris-
tus als seine Kinder aufzunehmen, und an diesem Beschluss
hatte er viel Freude.

6Deshalb loben wir Gott für die herrliche Gnade, mit der er
uns durch Jesus Christus so reich beschenkt hat. 7Seine Gnade
ist so groß, dass er unsere Freiheit mit dem Blut seines Sohnes
erkauft hat, sodass uns unsere Sünden vergeben sind. 8Er hat
uns mit Gnade überhäuft und uns Weisheit und Erkenntnis
gegeben.

9So hat Gott uns nun seinen Willen erkennen lassen, der
lange verborgen war, und uns seinen Plan mit Christus offen-
bart. 10Gott beschloss, wenn die Zeit dafür gekommen ist, al-
les im Himmel und auf der Erde der Vollmacht von Christus
zu unterstellen. 11Darüber hinaus haben wir durch Christus
ein göttliches Erbe empfangen*, denn Gott hat uns von An-
fang an erwählt, wie er es mit seinem Willen beschlossen hat-
te. 12Wir, die wir als Erste auf Christus gehofft haben, sollen
mit unserem Leben Gottes Herrlichkeit loben. 13Und nun

1,1a In manchen Handschriften fehlt die Wendung *in Ephesus*.
1,1b Griech. *die Heiligen*.
1,11 O. *sind wir Gottes Erbe geworden*

habt auch ihr die Wahrheit gehört, die gute Botschaft, dass Gott euch rettet. Ihr habt an Christus geglaubt, und er hat euch mit dem Siegel seines Heiligen Geistes, den er vor langer
Zeit zugesagt hat, als sein Eigentum bestätigt. [14]Der Heilige
Geist ist die Garantie dafür, dass er uns alles geben wird, was er uns versprochen hat, und dass wir sein Eigentum sind – zum Lob seiner Herrlichkeit.

Paulus betet um geistliche Weisheit

[15]Seit ich das erste Mal von eurem festen Glauben an Jesus,
den Herrn, und von eurer Liebe zu allen Gläubigen hörte,
[16]habe ich nicht aufgehört, Gott für euch zu danken. Ich bete
ständig für euch [17]und bitte den Gott unseres Herrn Jesus
Christus, den Vater der Herrlichkeit, euch den Geist der Weisheit und Einsicht* zu schenken, damit eure Erkenntnis von
Gott immer größer wird. [18]Ich bete, dass eure Herzen hell
erleuchtet werden, damit ihr die wunderbare Zukunft, zu der er euch berufen hat, begreift und erkennt, welch reiches und herrliches Erbe er den Gläubigen geschenkt hat*.

[19]Ich bete, dass ihr erkennen könnt, wie übermächtig groß
seine Kraft ist, mit der er in uns, die wir an ihn glauben, wirkt.
Es ist dieselbe gewaltige Kraft, [20]die auch Christus von den
Toten auferweckt und ihm den Ehrenplatz an Gottes rechter
Seite im Himmel gegeben hat. [21]Jetzt ist er als Herrscher eingesetzt über jede weltliche Regierung, Gewalt, Macht und jede Herrschaft und über alles andere, in dieser wie in der
zukünftigen Welt. [22]Gott hat alles der Herrschaft von Christus unterstellt und hat Christus als Herrn über die Gemeinde
eingesetzt. [23]Die Gemeinde aber ist sein Leib, und sie ist erfüllt von Christus, der alles ganz mit seiner Gegenwart erfüllt.

Mit Christus lebendig gemacht

2 [1]Auch ihr wart früher tot aufgrund eurer Sünden. [2]Ihr
habt genauso in der Sünde gelebt wie der Rest der Welt, beherrscht von Satan, der im Machtbereich der Luft regiert.

1,17 Griech. *Offenbarung*.
1,18 O. *erkennt, wie sehr Gott verherrlicht wurde, indem er sein Volk erkaufte*.

Er ist der Geist, der in den Herzen derer wirkt, die Gott nicht
gehorchen wollen. 3Wir alle haben früher so gelebt und uns
von den Leidenschaften und Begierden unserer alten Natur
beherrschen lassen. Wir wurden mit dieser Natur geboren
und waren Gottes Zorn ausgeliefert wie alle anderen Men-
schen auch.

4Doch Gott ist so barmherzig und liebte uns so sehr, 5dass er
uns, die wir durch unsere Sünden tot waren, mit Christus
neues Leben schenkte, als er ihn von den Toten auferweckte.
Nur durch die Gnade Gottes seid ihr gerettet worden! 6Denn
er hat uns zusammen mit Christus von den Toten auferweckt
und wir gehören nun mit Jesus zu seinem himmlischen Reich.
7So wird er für alle Zeiten an uns seine Güte und den Reich-
tum seiner Gnade sichtbar machen, die sich in allem zeigt,
was er durch Christus Jesus für uns getan hat.

8Weil Gott so gnädig ist, hat er euch durch den Glauben
gerettet. Und das ist nicht euer eigenes Verdienst; es ist ein
Geschenk Gottes. 9Ihr werdet also nicht aufgrund eurer guten
Taten gerettet, damit sich niemand etwas darauf einbilden
kann. 10Denn wir sind Gottes Schöpfung. Er hat uns in Chris-
tus Jesus neu geschaffen, damit wir zu guten Taten fähig sind,
wie er es für unser Leben schon immer vorgesehen hat.

Einheit und Frieden in Christus

11Vergesst nicht, dass ihr, die ihr keine Juden seid, aufgrund
eurer Herkunft Außenstehende wart. »Unbeschnittene«
nannten euch die Juden, die das äußere Zeichen der Beschnei-
dung tragen. 12Damals lebtet ihr getrennt von Christus. Ihr
wart vom Volk Gottes, Israel, ausgeschlossen und wusstet
nichts von den Zusagen, die er ihm gegeben hatte. Euer Le-
ben in dieser Welt war ohne Gott und ohne Hoffnung. 13Aber
nun gehört ihr Christus Jesus. Ihr wart fern von Gott, doch
nun seid ihr ihm nahe durch das Blut seines Sohnes*.

14Denn Christus selbst brachte Frieden zwischen den Juden
und den Menschen aus allen anderen Völkern, indem er uns
zu einem einzigen Volk vereinte. Er hat die Mauer der Feind-

2,13 Griech. *des Christus.*

schaft, die uns früher trennte, niedergerissen. Durch seinen
Tod [15]hat er dem Gesetz mit seinen Geboten und Verordnun-
gen ein Ende bereitet und dadurch Frieden gestiftet, indem er
beide in sich zu einem einzigen neuen Menschen schuf. [16]Er
hat sie in einem Leib vereint und durch das Kreuz mit Gott
versöhnt, sodass die Feindschaft ein Ende fand. [17]Er ist ge-
kommen und brachte die Botschaft des Friedens euch, die
ihr fern von ihm wart, und den Juden, die ihm nahe waren.
[18]Durch das, was Christus für uns getan hat, können wir jetzt
alle, ob wir Juden sind oder nicht, in einem Geist zum Vater
kommen.

Ein Tempel für den Herrn

[19]Deshalb seid ihr nicht länger Fremde und ohne Bürgerrecht,
sondern ihr gehört zu den Gläubigen*, zu Gottes Familie.
[20]Wir sind sein Haus, das auf dem Fundament der Apostel
und Propheten erbaut ist mit Christus Jesus selbst als Eck-
stein. [21]Dieser Eckstein fügt den ganzen Bau zu einem heili-
gen Tempel für den Herrn zusammen. [22]Durch Christus, den
Eckstein, werdet auch ihr eingefügt und zu einer Wohnung,
in der Gott durch seinen Geist lebt.

Gottes verborgener Heilsplan wurde offenbart

3 [1]Ich, Paulus, bin im Gefängnis, ein Gefangener für Jesus
Christus, weil ich euch, die ihr anderen Völkern angehört,
die Botschaft Gottes verkündet habe. [2]Ihr habt ja gehört, dass
Gott mir die besondere Aufgabe anvertraut hat, euch von sei-
ner Gnade zu erzählen. [3]Und wie ich in diesem Brief bereits
erwähnte, hat Gott selbst mir seinen verborgenen Plan offen-
bart. [4]Wenn ihr lest, was ich geschrieben habe, werdet ihr ver-
stehen, was ich über das Geheimnis des Christus weiß. [5]Frü-
heren Generationen hat Gott es nicht offenbart, doch nun hat
er es seinen heiligen Aposteln und Propheten durch seinen
Geist zu erkennen gegeben:

2,19 Griech. *den Heiligen*.

6Auch die anderen Völker sollen durch Christus das Reich
Gottes erben, zu seiner Gemeinde* gehören und die Zusagen
Gottes in Anspruch nehmen, wie es die gute Botschaft sagt.
7Gott hat mich zum Diener dieser Botschaft gemacht, indem
er mir mit seiner großen Kraft die Gnade dazu geschenkt hat.
8Obwohl ich der Geringste unter denen bin, die zu Christus
gehören*, hat Gott mich ausgesucht, um den anderen Völ-
kern von dem großen Reichtum zu erzählen, der ihnen in
Christus offen steht. 9Ich wurde berufen, allen den Willen
Gottes zu erklären, den er, der Schöpfer aller Dinge, von An-
fang an verborgen gehalten hatte.

10Gottes Absicht war es, dass Mächte und Gewalten im
Himmel durch seine Gemeinde den Reichtum seiner Weisheit
erkennen. 11Das war sein unabänderlicher Plan, und nun
wurde er durch Christus Jesus, unseren Herrn, erfüllt.

12Durch Christus und unseren Glauben an ihn können wir
nun ohne Furcht und voller Zuversicht zu Gott kommen.
13Deshalb verliert nicht den Mut wegen meiner Gefangen-
schaft. Dass ich euretwegen leide, ist für euch eine Ehre.

Gebet um geistliche Vollmacht

14Ich kann nur meine Knie beugen vor Gott, dem Vater*,
15dem Vater von allem, was im Himmel und auf der Erde ist.
16Ich bete, dass er euch aus seinem großen Reichtum die Kraft
gibt, durch seinen Geist innerlich stark zu werden. 17Und ich
bete, dass Christus durch den Glauben immer mehr in euren
Herzen wohnt und ihr in der Liebe Gottes fest verwurzelt
und gegründet seid. 18So könnt ihr mit allen Gläubigen das
ganze Ausmaß* seiner Liebe erkennen. 19Und ihr könnt auch
die Liebe erkennen, die Christus zu uns hat; eine Liebe, die
größer ist, als ihr je begreifen werdet. Dadurch wird euch der
Reichtum Gottes immer mehr erfüllen. 20Durch die mächtige
Kraft, die in uns wirkt, kann Gott unendlich viel mehr tun, als
wir je bitten oder auch nur hoffen würden. 21Ihm gehört alle

3,6 Griech. *Leib.*
3,8 Griech. *den Heiligen.*
3,14 In manchen Handschriften heißt es *zum Vater unseres Herrn Jesus Christus.*
3,18 Griech. *was die Breite und Länge und Höhe und Tiefe ist.*

Ehre in der Gemeinde und durch Christus Jesus für alle Zeit
und Ewigkeit. Amen.

Einheit in der Gemeinde

4 1Als ein Gefangener für den Herrn fordere ich euch des-
halb auf, ein Leben zu führen, das eurer Berufung würdig
ist, denn ihr seid ja von Gott berufen worden. 2Seid freundlich
und demütig, geduldig im Umgang miteinander. Ertragt ei-
nander voller Liebe. 3Bemüht euch, im Geist eins zu sein, in-
dem ihr untereinander Frieden haltet.

4Ihr sollt alle gemeinsam ein Leib sein und einen Geist ha-
ben, weil ihr alle zu einer Hoffnung berufen seid. 5Es gibt nur
einen Herrn, einen Glauben, eine Taufe, 6und es gibt auch nur
einen Gott und Vater, der über allen steht und durch alle lebt
und in uns allen ist. 7Doch hat jeder von uns seinen Anteil an
der Gnade geschenkt bekommen, so wie Christus sie uns ge-
schenkt hat. 8Deshalb heißt es in der Schrift:

»Er ist in die Höhen hinaufgestiegen und hat Gefangene mit
sich geführt und den Menschen Gaben geschenkt.«*

9Dass er in die Höhen hinaufstieg, bedeutet aber auch, dass
er vorher herabgekommen war: Er kam als Mensch auf die
Erde*. 10Er, der herabkam, ist derselbe, der über alle Himmel
hinaufstieg, damit er Herr über alles ist.

11Er hat die einen als Apostel, die anderen als Propheten,
wieder andere als Prediger und schließlich einige als Hirten
und Lehrer eingesetzt. 12Ihre Aufgabe ist es, die Gläubigen
für ihren Dienst vorzubereiten und die Gemeinde – den Leib
Christi – zu stärken. 13Auf diese Weise sollen wir alle im Glau-
ben eins werden und den Sohn Gottes immer besser kennen-
lernen, sodass unser Glaube zur vollen Reife gelangt und wir
ganz von Christus erfüllt sind.

14Dann werden wir nicht länger wie Kinder sein und uns
ständig von jeder fremden Meinung beeinflussen oder ver-
unsichern lassen, nur weil geschickte Betrüger uns eine Lüge
als Wahrheit hinstellen. 15Stattdessen lasst uns in Liebe an der

---

4,8 Psalm 68,19.
4,9 O. *in die unteren Teile der Erde.*

Wahrheit festhalten und in jeder Hinsicht Christus ähnlicher
werden, der das Haupt seines Leibes – der Gemeinde – ist.
16Durch ihn wird der ganze Leib zu einer Einheit. Und jeder
Teil erfüllt seine besondere Aufgabe und trägt zum Wachstum der anderen bei, sodass der ganze Leib gesund ist und wächst und von Liebe erfüllt ist.

Als Kinder des Lichts leben

17Ich will vor Gott bezeugen, dass ihr nicht mehr leben sollt
wie Menschen, die Gott nicht kennen* und deren Denken
ohne Sinn und Ziel ist. 18Ihr Verstand ist verfinstert und sie
sind von dem Leben, das Gott für sie hat, weit entfernt, weil
sie von ihm nichts wissen wollen und ihre Herzen hart geworden sind. 19Gleichgültig überlassen sie sich ganz ihren
ausschweifenden Leidenschaften und suchen gierig nach jeder Art von Verlockung. 20Doch ihr habt das Wesen von
Christus anders erlernt. 21Ihr habt ihm doch zugehört und
kennt die Wahrheit, die in ihm ist? 22Deshalb sollt ihr euer
altes Wesen und eure frühere Lebensweise ablegen, die durch und durch verdorben war und euch durch trügerische Leidenschaften zugrunde richtete. 23Lasst euch stattdessen einen
neuen Geist und ein verändertes Denken geben. 24Als neue
Menschen, geschaffen nach dem Ebenbild Gottes und zur Gerechtigkeit, Heiligkeit und Wahrheit berufen, sollt ihr auch ein neues Wesen annehmen.

25Hört auf zu lügen und »sagt einander die Wahrheit«*, weil
wir aufeinander angewiesen sind. 26»Sündigt nicht, wenn ihr
zornig seid«*, und lasst die Sonne nicht über eurem Zorn untergehen. 27Gebt dem Teufel keine Möglichkeit, durch den
Zorn Macht über euch zu gewinnen! 28Wer ein Dieb ist, soll
aufhören zu stehlen. Er soll seine Hände zu ehrlicher Arbeit gebrauchen und dann anderen, die in Not sind, großzügig
geben. 29Verzichtet auf schlechtes Gerede, sondern was ihr

4,17 Griech. *Heiden*.
4,25 Sacharja 8,16.
4,26 Psalm 4,5.

redet, soll für andere gut und aufbauend sein, damit sie im
Glauben ermutigt werden.
30 Achtet darauf, den Heiligen Geist nicht durch euer Verhal-
ten zu betrüben. Denkt vielmehr daran, dass ihr sein Siegel
tragt und dadurch die Gewissheit habt, dass der Tag der Er-
lösung kommen wird.
31 Befreit euch von Bitterkeit und Wut, von Ärger, harten
Worten und übler Nachrede sowie jeder Art von Bosheit.
32 Seid stattdessen freundlich und mitfühlend zueinander
und vergebt euch gegenseitig, wie auch Gott euch durch
Christus vergeben hat.

Im Licht leben

5 1 Folgt in allem Gottes Beispiel, denn ihr seid seine gelieb-
ten Kinder. 2 Euer Leben soll von Liebe geprägt sein, wie
auch Christus uns geliebt hat, denn er hat sich selbst als Gabe
und Opfer für unsere Sünden gegeben. Und Gott hatte Gefal-
len an diesem Opfer, das wie ein wohlriechender Duft zu ihm
aufstieg.
3 Weil ihr Gott gehört*, soll es keine Unzucht, Unreinheit
oder Habgier unter euch geben. 4 Genauso unpassend für
euch ist schmutziges, dummes und anzügliches Gerede; viel-
mehr sollt ihr Gott danken. 5 Ihr könnt sicher sein, dass kein
unzüchtiger, unreiner oder habgieriger Mensch je das Reich
Christi und Gottes miterben wird. Denn ein Habgieriger ist
nur ein Götzendiener, der weltliche Dinge anbetet. 6 Lasst
euch nicht von leeren Worten verführen! Der Zorn Gottes
wird alle treffen, die ihm ungehorsam sind. 7 Gebt euch also
nicht mit ihnen ab. 8 Auch wenn es früher in euch finster war,
seid ihr jetzt vom Licht des Herrn erfüllt; deshalb lebt nun
auch als Kinder des Lichts! 9 Denn dieses Licht in euch bringt
lauter Güte, Gerechtigkeit und Wahrheit hervor.
10 Findet heraus, was dem Herrn Freude macht. 11 Beteiligt
euch nicht an den nutzlosen Taten der Finsternis, sondern
deckt sie vielmehr auf. 12 Es ist beschämend, auch nur davon
zu reden, was gottlose Menschen im Verborgenen treiben.

5,3 Griech. *Heilige [seid].*

13Doch wenn das Licht darauf fällt, wird alles sichtbar wer-
den. 14Was aber sichtbar wird, wird nun auch Licht. Deshalb
heißt es:

»Wach auf, du Schläfer, steh von den Toten auf, dann wird Christus dir aufleuchten.«

Aus der Kraft des Geistes leben

15Achtet sorgfältig darauf, wie ihr lebt; handelt nicht unklug,
sondern bemüht euch, weise zu sein. 16Nutzt jede Gelegen-
heit, in diesen üblen Zeiten Gutes zu tun. 17Handelt nicht ge-
dankenlos, sondern versucht zu begreifen, was der Herr von
euch will. 18Betrinkt euch nicht mit Wein; sonst ruiniert ihr
damit euer Leben. Lasst euch stattdessen vom Heiligen Geist
erfüllen. 19Singt miteinander Psalmen und Lobgesänge und
geistliche Lieder, und in euren Herzen wird Musik sein zum
Lob Gottes. 20Und dankt Gott, dem Vater, zu jeder Zeit für
alles im Namen unseres Herrn Jesus Christus.

Über die Ehe

21Ordnet euch aus Achtung vor Christus* bereitwillig einan-
der unter. 22Ihr Ehefrauen sollt euch euren Männern unter-
ordnen, so wie ihr euch dem Herrn unterordnet. 23Denn der
Mann ist das Haupt seiner Frau, wie Christus das Haupt sei-
nes Leibes – der Gemeinde – ist, für die er sein Leben gab, um
sie zu retten. 24So wie die Gemeinde sich Christus unterord-
net, sollt ihr Ehefrauen euch auch euren Männern in allem
unterordnen.

25Und ihr Ehemänner, liebt eure Frauen mit derselben Liebe,
mit der auch Christus die Gemeinde geliebt hat. Er gab sein
Leben für sie, 26damit sie befreit von Schuld ganz ihm gehört,
rein gewaschen durch die Taufe und Gottes Wort.* 27Er tat
dies, um sie als herrliche Gemeinde vor sich hinzustellen,
ohne Flecken und Runzeln oder dergleichen, sondern heilig
und makellos. 28Genauso müssen auch die Ehemänner ihre
Frauen lieben, wie sie ihren eigenen Körper lieben. Denn ein

5,21 Griech. *in der Furcht Christi.*
5,26 Griech. *um sie zu heiligen; er hat sie gereinigt durch das Wasserbad im Wort.*

Mann liebt auch sich selbst, wenn er seine Frau liebt. 29Nie-
mand hasst doch seinen eigenen Körper, sondern sorgt liebe-
voll für ihn, wie auch Christus für seinen Leib, also für die
Gemeinde, sorgt. 30Und wir gehören zu seinem Leib.
31In der Schrift heißt es: »Deshalb wird ein Mann Vater und
Mutter verlassen und sich an seine Frau binden und die bei-
den werden zu einer Einheit.«* 32Das ist ein großes Geheim-
nis, aber ich deute es als ein Bild für die Einheit von Christus
und der Gemeinde. 33Deshalb sage ich noch einmal, dass je-
der Ehemann seine Frau so lieben soll, wie er sich selbst liebt,
und dass die Ehefrau ihren Mann achten und respektieren
soll.

Kinder und Eltern

6 1Ihr Kinder sollt euren Eltern gehorchen, weil ihr dem
Herrn gehört, denn so handelt ihr richtig. 2»Ihr sollt Vater
und Mutter ehren.« Das ist das erste der Gebote, an das eine
Zusage Gottes geknüpft ist: 3Wenn du deinen Vater und dei-
ne Mutter ehrst, »wird es dir gut gehen und du wirst ein lan-
ges Leben haben.«*
4Und ihr Väter, seid nicht ungerecht gegen eure Kinder. Er-
zieht sie vielmehr mit Disziplin und zeigt ihnen den richtigen
Weg, so wie es Christus entspricht.*

Sklaven und Herren

5Ihr Sklaven sollt euren irdischen Herren gehorchen. Achtet
und ehrt sie und dient ihnen mit aufrichtigem Herzen, wie ihr
Christus dient. 6Arbeitet hart, aber nicht nur, um euren Her-
ren zu gefallen, wenn sie euch dabei sehen. Versteht euch
vielmehr als Sklaven, die Christus gehören und die von Her-
zen den Willen Gottes erfüllen. 7Arbeitet so bereitwillig, als
würdet ihr Gott dienen und nicht Menschen. 8Denkt daran,
dass der Herr jeden von uns für das Gute belohnen wird, das
wir tun, ob wir nun Sklaven sind oder frei.

5,31 1. Mose 2,24.
6,2-3 5. Mose 5,16.
6,4 Griech. *Reizt eure Kinder nicht (zum Zorn), sondern erzieht sie in der Unterweisung und Ermahnung, wie sie zum Herrn gehören.*

9Und genauso sollt auch ihr Herren eure Sklaven behandeln. Droht ihnen nicht, sondern denkt immer daran, dass ihr beide denselben Herrn im Himmel habt, der keinen Menschen bevorzugt.

Die Waffenrüstung Gottes

10Noch ein Wort zum Schluss: Werdet stark durch den Herrn
und durch die mächtige Kraft seiner Stärke! 11Legt die komplette Waffenrüstung Gottes an, damit ihr allen hinterhältigen Angriffen des Teufels widerstehen könnt. 12Denn wir
kämpfen nicht gegen Menschen aus Fleisch und Blut, sondern gegen die bösen Mächte und Gewalten der unsichtbaren Welt, gegen jene Mächte der Finsternis, die diese Welt beherrschen, und gegen die bösen Geister in der Himmelswelt.

13Bedient euch der ganzen Waffenrüstung Gottes. Wenn es dann so weit ist, werdet ihr dem Bösen widerstehen können und noch aufrecht stehen, wenn ihr den Kampf gewonnen
habt. 14Sorgt dafür, dass ihr fest steht, indem ihr euch mit dem Gürtel der Wahrheit und dem Panzer der Gerechtigkeit
Gottes umgebt. 15Eure Füße sollen für die gute Botschaft eintreten, die den Frieden mit Gott verkündet. 16Setzt den Glau-
ben als einen Schutzschild ein, um die feurigen Pfeile des Satans abzuwehren. 17Setzt den Helm eurer Rettung auf* und nehmt das Wort Gottes, euer Schwert, das der Geist euch gibt.
18Betet immer und in jeder Situation mit der Kraft des Heiligen Geistes. Bleibt wachsam und betet auch beständig für alle, die zu Christus gehören*.

19Betet auch für mich und bittet Gott, mir die richtigen Worte zu geben, wenn ich mutig das Geheimnis seiner guten Botschaft weitersage. 20Ich bin im Gefängnis, weil ich als Gottes Bote diese Botschaft verkündet habe. Betet darum, dass ich weiter so offen und furchtlos rede, wie es mir aufgetragen ist!

6,17 Griech. *den Helm des Heils.*
6,18 Griech. *die Heiligen.*

Abschließende Grüße

21Tychikus, ein geliebter Bruder und treuer Helfer im Dienst
des Herrn, wird euch alles von mir erzählen, damit ihr wisst,
wie es um mich steht und was ich tue. 22Mit diesem Auftrag
schicke ich ihn zu euch: Er wird euch berichten, wie es uns
geht, und wird euch ermutigen.
23Ich wünsche euch Frieden, liebe Freunde*, und Liebe mit
Glauben von Gott, dem Vater, und Jesus Christus, dem
Herrn. 24Gottes Gnade wünsche ich allen, die Jesus Christus,
unseren Herrn, für immer lieben!

6,23 Griech. *Brüder.*

Der Brief an die Philipper

Grüße von Paulus

1 [1]Diesen Brief schreiben Paulus und Timotheus, Diener
von Christus Jesus. Er richtet sich an alle Gläubigen in
Philippi, an die Ältesten* und Diakone.
[2]Wir wünschen euch Gnade und Frieden von Gott, unserem
Vater, und Jesus Christus, dem Herrn.

Dank und Gebet

[3]Jedes Mal, wenn ich an euch denke, danke ich meinem Gott.
[4]Ich bete immer für euch und tue es mit frohem Herzen.
[5]Denn ihr habt euch vom ersten Tag an bis heute gemeinsam
mit mir für die gute Botschaft eingesetzt. [6]Ich bin ganz sicher,
dass Gott, der sein gutes Werk in euch angefangen hat, damit
weitermachen und es vollenden wird bis zu dem Tag, an dem
Christus Jesus wiederkommt.
[7]Es ist nur natürlich, wenn ich so empfinde, denn ihr liegt
mir sehr am Herzen. Gemeinsam empfangen wir die Gnade
Gottes, ob ich nun im Gefängnis bin oder die Botschaft Gottes
verteidige und bekräftige. [8]Gott weiß, wie sehr ich mich mit
der herzlichen Liebe von Christus Jesus nach euch sehne. [9]Ich
bete darum, dass eure Liebe zueinander noch tiefer wird und
dass sie an Erkenntnis und Einsicht zunimmt. [10]Denn ihr sollt
imstande sein zu erkennen, worauf es ankommt*, damit ihr
rein und vorbildlich vor Christus steht, wenn er wieder-
kommt, [11]erfüllt mit dem Guten, das der Glaube in euch
wirkt*, denn auf diese Weise wird Gott geehrt.

Freude darüber, dass Christus gepredigt wird

[12]Liebe Freunde*, ihr sollt wissen, dass alles, was hier mit mir
geschehen ist, letztlich zur Verbreitung der Botschaft Gottes
beigetragen hat. [13]Denn hier weiß jeder – und das gilt sogar

---

1,1 Griech. *Aufseher.*
1,10 Griech. *was das Wesentliche ist.*
1,11 Griech. *mit der Frucht der Gerechtigkeit.*
1,12 Griech. *Brüder.*

für die Soldaten der Palastwache –, dass ich für Christus in
Ketten liege. [14]Doch durch meine Gefangenschaft haben vie-
le* Mut gefasst und sind sehr viel furchtloser darin gewor-
den, anderen von Christus zu erzählen. [15]Manche tun dies
zwar nur aus Eifersucht und Rivalität, aber andere predigen
Christus auch mit guten Absichten. [16]Sie predigen aus Liebe
zu mir, weil sie wissen, dass der Herr mich hierher gebracht
hat, um für seine gute Botschaft einzustehen. [17]Die anderen
aber verkünden Christus aus selbstsüchtigen Motiven und
nicht aus ehrlichem Herzen. Sie wollen mir meine Gefangen-
schaft noch schmerzhafter machen. [18]Doch ob ihre Beweg-
gründe nun ehrlich sind oder nicht: die Botschaft von Chris-
tus – auf welche Weise auch immer – wird verkündet, und
darüber freue ich mich. Und ich werde mich weiter freuen,
[19]denn ich weiß, dass dies alles durch eure Gebete und durch
die Hilfe des Heiligen Geistes* zu meiner Befreiung führen
wird.

Paulus lebt für Christus

[20]Ich erwarte und hoffe sehr, dass ich nie etwas tun werde,
dessen ich mich schämen müsste, sondern dass ich immer –
wie bisher auch – unerschrocken für Christus eintreten werde
und durch mein Leben Christus in allem geehrt wird, ob ich
nun lebe oder sterbe. [21]Denn Christus ist mein Leben, aber
noch besser wäre es, zu sterben und bei ihm zu sein.* [22]Doch
wenn ich lebe, dann trägt meine Arbeit für Christus Früchte.
Deshalb weiß ich wirklich nicht, was ich wählen soll. [23]Ich
fühle mich zwischen zwei Wünschen hin und her gerissen:
Ich sehne mich danach, zu sterben und bei Christus zu sein,
denn das wäre bei Weitem das Beste. [24]Doch für euch ist es
besser, wenn ich lebe.

[25]Darauf vertraue ich und deshalb werde ich bei euch blei-
ben, damit ihr im Glauben wachst und erlebt, welche Freude
der Glaube bringen kann. [26]Wenn ich dann zu euch zurück-

1,14 Griech. *viele Brüder im Herrn.*
1,19 Griech. *des Geistes von Jesus Christus.*
1,21 Griech. *Denn für mich ist das Leben Christus und das Sterben Gewinn.*

komme, werdet ihr sogar noch mehr Grund haben, stolz davon zu erzählen, was Christus Jesus für mich getan hat.

Leiden für Christus

27Ihr sollt so leben, wie es der Botschaft von Christus entspricht. Ob ich komme und euch wieder sehe oder ob ich nur von euch höre, haltet im Geist fest zusammen und kämpft gemeinsam für den Glauben an die Botschaft Gottes.
28Lasst euch von euren Feinden nicht einschüchtern. Für sie ist das ein Zeichen, dass sie verloren sind, für euch dagegen ein Zeichen, dass ihr gerettet seid, und zwar durch Gott
selbst! 29Denn ihr habt nicht nur das Vorrecht, an Christus zu
glauben, ihr dürft auch für ihn leiden. 30Diesen Kampf kämpfen wir gemeinsam. Schon früher habt ihr mich für Christus leiden sehen, und jetzt hört ihr davon.

2 1Ermutigt ihr euch gegenseitig, Christus nachzufolgen? Tröstet ihr euch gegenseitig in Liebe? Seid ihr im Heiligen Geist verbunden? Gibt es unter euch Barmherzigkeit und
Mitgefühl? 2Dann macht doch meine Freude vollkommen, indem ihr in guter Gemeinschaft zusammenarbeitet, einander liebt und von ganzem Herzen zusammenhaltet. 3Seid
nicht selbstsüchtig; strebt nicht danach, einen guten Eindruck auf andere zu machen, sondern seid bescheiden und achtet
die anderen höher als euch selbst. 4Denkt nicht nur an eure
eigenen Angelegenheiten, sondern interessiert euch auch für die anderen und für das, was sie tun.

Die Erniedrigung und Erhöhung von Christus

5Geht so miteinander um, wie Christus es euch vorgelebt hat.
6Obwohl er Gott war, bestand er nicht auf seinen göttlichen
Rechten. 7Er verzichtete auf alles;* er nahm die niedrige Stellung eines Dieners an und wurde als Mensch geboren und als
solcher erkannt. 8Er erniedrigte sich selbst und war gehorsam bis zum Tod, indem er wie ein Verbrecher am Kreuz starb.
9Deshalb hat Gott ihn in den Himmel gehoben und ihm einen

2,7 O. *Er legte seine mächtige Kraft und Herrlichkeit ab.*

Namen gegeben, der höher ist als alle anderen Namen. [10]Vor
diesem Namen sollen sich die Knie aller beugen, die im Him-
mel und auf der Erde und unter der Erde sind. [11]Und zur Ehre
Gottes, des Vaters, werden alle bekennen, dass Jesus Christus
Herr ist.

Seid ein helles Licht in der Welt

[12]Liebe Freunde*, als ich bei euch war, habt ihr meine Anwei-
sungen immer treu befolgt. Jetzt, in meiner Abwesenheit,
müsst ihr noch mehr darauf achten, dass Gottes Liebe in eu-
rem Leben sichtbar wird. Deshalb gehorcht Gott voller Ach-
tung und Ehrfurcht.* [13]Denn Gott bewirkt in euch den
Wunsch, ihm zu gehorchen, und er gibt euch auch die Kraft
zu tun, was ihm Freude macht.*

[14]Was ihr auch tut, tut es ohne zu klagen und zu zweifeln,
[15]damit niemand euch irgendetwas vorwerfen kann. Als Kin-
der Gottes sollt ihr ein reines, vorbildliches Leben führen in
einer dunklen Welt voller verdorbener und verirrter Men-
schen, unter denen euer Leben wie ein helles Licht leuchtet.
[16]Haltet am Wort des Lebens fest, damit ich mich, wenn
Christus wiederkommt, freuen kann, dass ich das Rennen
nicht verloren habe* und meine Arbeit nicht vergeblich war.
[17]Doch selbst wenn mein Leben im Einsatz für euren Glauben
geopfert werden soll, will ich mich freuen und möchte meine
Freude mit euch allen teilen. [18]Und auch ihr solltet glücklich
darüber sein und euch mit mir freuen.

Paulus empfiehlt Timotheus

[19]Wenn Jesus, der Herr, es will, dann kann ich hoffentlich bald
Timotheus zu euch schicken. Bei seiner Rückkehr kann er
mich dann aufmuntern, indem er mir von euch berichtet.
[20]Ich kenne keinen, der so aufrichtig wie er um euch besorgt
ist. [21]Alle anderen sind nur auf sich selbst bedacht und nicht

---

2,12a Griech. *meine Geliebten.*

2,12b Griech. *erarbeitet euch mit Furcht und Zittern eure eigene Rettung.*

2,13 Griech. *Denn Gott ist es, der in euch sowohl das Wollen als auch das Wirken veranlasst nach seinem guten Plan.*

2,16 Griech. *nicht ins Leere gelaufen bin.*

auf das, was Jesus Christus wichtig ist. 22 Aber ihr wisst ja, wie
Timotheus sich bewährt hat. Wie ein Sohn für seinen Vater
arbeitet, so hat er mit mir zusammen für die Botschaft von
Jesus Christus gearbeitet. 23 Ich hoffe, ihn zu euch schicken
zu können, sobald ich genauer weiß, wie es mit mir weiter-
geht. 24 Und ich vertraue im Herrn darauf, dass ich bald selbst
zu euch kommen kann.

Paulus empfiehlt Epaphroditus

25 In der Zwischenzeit hielt ich es für richtig, Epaphroditus zu
euch zurückzuschicken. Er ist ein wirklicher Bruder für mich,
ein treuer Mitarbeiter und Mitstreiter. Und er war euer Bote,
um mir in meinen Schwierigkeiten beizustehen. 26 Jetzt sende
ich ihn wieder nach Hause, denn er hat Sehnsucht nach euch
und war sehr beunruhigt, weil ihr von seiner Krankheit erfah-
ren hattet. 27 Und er war wirklich krank; er wäre sogar fast
gestorben. Aber Gott hatte Erbarmen mit ihm – und mit mir,
um mir einen so unerträglichen Schmerz zu ersparen.

28 Deshalb habe ich es umso eiliger, ihn zu euch zurück-
zuschicken, denn ich weiß, wie sehr ihr euch freuen werdet,
ihn wieder zu sehen. Das wird auch meine Traurigkeit min-
dern. 29 Nehmt ihn also im Namen des Herrn* gerne auf und
erweist ihm die Ehre, die ihm zusteht. 30 Denn er hat für Chris-
tus sein Leben aufs Spiel gesetzt und wäre beinahe gestorben,
als er versuchte, für mich zu tun, was ihr in der Ferne nicht für
mich tun konntet.

Christus ist das Zentrum aller Erkenntnis

3 1 Was immer auch geschehen wird, liebe Freunde*, freut
euch im Herrn. Ich werde nicht müde, euch dies zu schrei-
ben, denn es wird euch nur noch mehr stärken.

2 Nehmt euch in Acht vor den Menschen, die sich verhalten
wie bösartige Hunde, wie solche, die andere verstümmeln,
denn sie behaupten, ihr müsstet euch beschneiden lassen,
um gerettet zu werden. 3 Denn wir, die wir Gott durch den

2,29 Griech. *im Herrn.*
3,1 Griech. *Brüder;* so auch in 3,13.

Geist anbeten, sind die einzigen, die wirklich beschnitten
sind. Wir setzen unser Vertrauen nicht auf menschliche An-
strengung, sondern sind stolz auf das, was Christus Jesus für
uns getan hat.
4Dabei könnte ich weit größeres Selbstvertrauen haben als
alle anderen. Wenn andere Grund haben, auf ihre eigenen
Anstrengungen zu vertrauen, gilt das für mich erst recht!
5Denn ich bin das Kind einer rein jüdischen Familie, die zum
Stamm Benjamin gehört, und wurde mit acht Tagen beschnit-
ten. Wenn es also je einen wahren Juden gab, so bin ich einer*!
Und nicht nur das: Ich gehörte zu den Pharisäern, die den
strengsten Gehorsam gegen das jüdische Gesetz fordern.
6Die Gemeinde habe ich unerbittlich verfolgt. Und ich habe
das jüdische Gesetz so streng befolgt, dass mir nie jemand
etwas nachsagen konnte.
7Früher hielt ich all diese Dinge für außerordentlich wichtig,
aber jetzt betrachte ich sie als wertlos angesichts dessen, was
Christus getan hat. 8Ja, alles andere erscheint mir wertlos, ver-
glichen mit dem unschätzbaren Gewinn, Jesus Christus, mei-
nen Herrn, zu kennen. Ich habe alles andere verloren und
betrachte es als Dreck, damit ich Christus habe 9und mit ihm
eins werde. Ich verlasse mich nicht mehr auf mich selbst*
oder auf meine Fähigkeit, Gottes Gesetz zu befolgen, sondern
ich vertraue auf Christus, der mich rettet. Denn nur durch
den Glauben werden wir vor Gott gerecht gesprochen.
10Mein Wunsch ist es, Christus zu erkennen und die mächtige
Kraft, die ihn von den Toten auferweckte, am eigenen Leib zu
erfahren. Ich möchte lernen, was es heißt, mit ihm zu leiden,
indem ich an seinem Tod teilhabe, 11damit auch ich eines Ta-
ges von den Toten auferweckt werde!

Dem Ziel nachjagen

12Ich will nicht behaupten, ich hätte dies alles schon erreicht
oder wäre schon vollkommen! Aber ich arbeite auf den Tag
hin, an dem ich endlich alles sein werde, wozu Christus Jesus

3,5 Griech. *ein Hebräer von Hebräern.*
3,9 Griech. *auf meine eigene Gerechtigkeit.*

mich errettet und wofür er mich bestimmt hat. 13Nein, liebe
Freunde, ich bin noch nicht alles, was ich sein sollte, aber ich
setze meine ganze Kraft für dieses Ziel ein. Indem ich die Ver-
gangenheit vergesse und auf das schaue, was vor mir liegt,
14versuche ich, das Rennen bis zum Ende durchzuhalten
und den Preis zu gewinnen, für den Gott uns durch Christus
Jesus* bestimmt hat.

15Ich hoffe, ihr, die ihr glaubt, stimmt darin mit mir überein.
Wenn ihr in irgendeinem Punkt anderer Meinung seid, so
glaube ich, dass Gott euch Klarheit schenken wird. 16Wir
müssen jedoch darauf achten, dass wir der Wahrheit, die uns
vermittelt wurde, auch gehorchen.

17Liebe Brüder, nehmt mich als Vorbild und lernt von de-
nen, die unserem Beispiel folgen. 18Denn ich habe euch schon
oft gesagt und wiederhole es erneut unter Tränen, dass viele
Menschen durch ihr Verhalten zeigen, dass sie in Wirklichkeit
Feinde des Kreuzes Christi sind. 19Sie enden im Verderben;
ihr Gott ist ihr Bauch; sie sind stolz auf Dinge, für die sie sich
schämen müssten, und denken an nichts anderes als an das
Leben hier auf der Erde. 20Aber unsere Heimat ist der Him-
mel, wo Jesus Christus, der Herr, lebt. Und wir warten sehn-
süchtig auf ihn, auf die Rückkehr unseres Erlösers. 21Er wird
unseren schwachen, sterblichen Körper verwandeln, sodass
er seinem verherrlichten Körper entspricht. Dies wirkt er
durch dieselbe Kraft, mit der er sich überall alles unterwirft.

4 1Liebe Brüder, ich liebe euch und habe Sehnsucht nach
euch, denn ihr seid meine Freude und die Belohnung für
meine Arbeit. Deshalb bleibt dem Herrn treu*, liebe Freunde.

Abschließende Gedanken des Apostels

2Und nun habe ich eine herzliche Bitte an Evodia und Syn-
tyche: Beendet doch eure Meinungsverschiedenheiten, denn
ihr gehört beide dem Herrn. 3Und dich, Syzygus, mein treuer
Freund, bitte ich, diesen Frauen zu helfen. Sie haben doch mit

3,14 Griech. *aus dem Himmel.*
4,1 Griech. *steht fest im Herrn.*

großem Einsatz mit mir gearbeitet, um anderen von der gu-
ten Botschaft zu erzählen. Auch mit Klemens und meinen
anderen Mitarbeitern haben sie zusammengearbeitet, deren
Namen im Buch des Lebens geschrieben stehen.
[4]Freut euch im Herrn. Ich betone es noch einmal: Freut euch!
[5]Lasst alle sehen, dass ihr herzlich und freundlich seid. Denkt
daran, dass der Herr bald kommt.
[6]Sorgt euch um nichts, sondern betet um alles. Sagt Gott,
was ihr braucht, und dankt ihm. [7]Ihr werdet Gottes Frieden
erfahren, der größer ist, als unser menschlicher Verstand es je
begreifen kann. Sein Friede wird eure Herzen und Gedanken
im Glauben an Jesus Christus bewahren.
[8]Und nun, liebe Freunde*, lasst mich zum Schluss noch et-
was sagen: Konzentriert euch auf das, was wahr und anstän-
dig und gerecht ist. Denkt über das nach, was rein und lie-
benswert und bewunderungswürdig ist, über Dinge, die
Auszeichnung und Lob verdienen. [9]Hört nicht auf, das zu
tun, was ihr von mir gelernt und gehört habt und was ihr bei
mir gesehen habt; und der Gott des Friedens wird mit euch
sein.

Paulus dankt für die Spenden

[10]Ich freue mich sehr und danke Gott, dass ihr euch wieder
um mich sorgt! Ich weiß, dass ihr immer um mich besorgt
wart, aber eine Zeit lang hattet ihr keine Gelegenheit, mir zu
helfen. [11]Nicht, dass ich etwas gebraucht hätte! Ich habe ge-
lernt, mit dem zufrieden zu sein, was ich habe. [12]Ob ich nun
wenig oder viel habe, ich habe gelernt, mit jeder Situation
fertig zu werden: Ich kann einen vollen oder einen leeren Ma-
gen haben, Überfluss erleben oder Mangel leiden. [13]Denn al-
les ist mir möglich durch Christus, der mir die Kraft gibt, die
ich brauche. [14]Aber es war trotzdem richtig von euch, mir in
meiner jetzigen schwierigen Lage zu helfen.
[15]Wie ihr wisst, wart ihr Philipper die einzigen, die mich
finanziell unterstützten, als ich euch die Botschaft brachte
und dann von Mazedonien aus weiterreiste. Keine andere

4,8 Griech. *Brüder.*

Gemeinde hat das getan. [16]Selbst als ich in Thessalonich war,
habt ihr mir mehrmals Hilfe zukommen lassen. [17]Das sage ich
nicht, weil ich etwas von euch haben will. Ich wünsche mir
vielmehr, dass ihr den verdienten Lohn für eure Freundlich-
keit bekommt.

[18]Im Augenblick habe ich alles, was ich brauche – ja, sogar
mehr als nötig! Ich bin reichlich versorgt durch die Geschen-
ke, die ihr mir durch Epaphroditus geschickt habt. Sie sind
wie der gute Geruch eines Opfers, das Gott freut. [19]Und
mein Gott wird euch aus seinem großen Reichtum, den wir
in Christus Jesus haben, alles geben, was ihr braucht. [20]So soll
nun Gott, unser Vater, für immer und ewig geehrt werden.
Amen.

Abschließende Grüße des Apostels

[21]Ich grüße alle bei euch, die Jesus Christus nachfolgen*. Die
Brüder, die hier bei mir sind, lassen euch ebenfalls grüßen.
[22]Und auch alle anderen Gläubigen* hier senden euch Grüße,
besonders die, die im kaiserlichen Palast arbeiten.

[23]Ich wünsche euch die Gnade von Jesus Christus, unserem
Herrn.*

4,21 Griech. *jeden Heiligen in Christus Jesus.*
4,22 Griech. *Heiligen.*
4,23 Griech. *Die Gnade des Herrn Jesus Christus sei mit eurem Geist.*

Der Brief an die Kolosser

Grüße von Paulus

1 [1]Diesen Brief schreiben Paulus, der von Gott zum Apostel
für Christus Jesus berufen wurde, und unser Bruder Ti-
motheus [2]an die treuen Brüder in Christus, die in Kolossä
leben.

Wir wünschen euch Gnade und Frieden von Gott, unserem
Vater!

Dank und Gebet

[3]Wenn wir für euch beten, danken wir Gott, dem Vater von
Jesus Christus, unserem Herrn, immer wieder für euch, [4]denn
wir haben gehört, dass ihr auf Christus Jesus vertraut und alle
liebt, die zu Gott gehören. [5]Denn ihr glaubt an die Hoffnung,
die der Himmel für euch bereithält, wie ihr sie durch das
Wort der Botschaft Gottes gehört habt. [6]Diese gute Botschaft,
die euch erreicht hat, verbreitet sich in der ganzen Welt. Über-
all verändert sie das Leben der Menschen, so wie sie euer
Leben von dem Augenblick an verändert hat, als ihr die
Wahrheit über die Gnade Gottes gehört und erkannt habt.

[7]Epaphras, unser lieber Mitarbeiter, hat sie euch gebracht,
der für euch ein treuer Diener Christi ist*. [8]Durch ihn haben
wir von der Liebe erfahren, die der Heilige Geist euch ge-
schenkt hat.

[9]Deshalb hörten wir nicht auf, für euch zu beten, seit wir
zuerst von euch erfahren haben. Wir bitten Gott, euch Ein-
sicht für das zu schenken, was er in eurem Leben bewirken
will, und euch mit Weisheit und Erkenntnis zu erfüllen.
[10]Dann werdet ihr mit eurem Leben den Herrn ehren und
ihn erfreuen mit allem, was ihr tut. Auf diese Weise werdet
ihr Gott immer besser kennenlernen.

[11]Zugleich beten wir darum, dass ihr die herrliche Kraft
Gottes erfahrt, damit ihr genug Geduld und Ausdauer habt

1,7 In manchen Handschriften heißt es *er dient an eurer Stelle;* in anderen *er dient an unserer Stelle.*

für die Anforderungen, die an euch gestellt werden. Mit Freu-
de 12sollt ihr ihm danken, weil er euch am Erbe derer beteiligt,
die im Licht leben und zu ihm gehören. 13Denn er hat uns aus
der Macht der Finsternis gerettet und in das Reich des gelieb-
ten Sohnes versetzt. 14Gott hat unsere Freiheit mit seinem
Blut* teuer erkauft und uns alle unsere Schuld vergeben.*

Christus – Vorbild und Versöhner

15Christus ist das Bild des unsichtbaren Gottes. Er war bereits
da, noch bevor Gott irgendetwas erschuf, und ist der Erste
aller Schöpfung. 16Durch ihn hat Gott alles erschaffen, was
im Himmel und auf der Erde ist. Er machte alles, was wir
sehen, und das, was wir nicht sehen können, ob Könige, Rei-
che, Herrscher oder Gewalten. Alles ist durch ihn und für ihn
erschaffen. 17Er war da, noch bevor alles andere begann, und
er hält die ganze Schöpfung zusammen.

18Christus ist das Haupt der Gemeinde, und die Gemeinde
ist sein Leib. Er ist der Anfang und als Erster von den Toten
auferstanden, damit er in allem der Erste ist. 19Denn Gott
wollte in seiner ganzen Fülle in Christus wohnen. 20Durch
ihn hat er alles mit sich selbst versöhnt. Durch sein Blut am
Kreuz schloss er Frieden mit allem, was im Himmel und auf
der Erde ist. 21Darin seid auch ihr eingeschlossen, obwohl ihr
früher so weit von Gott entfernt wart. Ihr wart seine Feinde,
und eure bösen Gedanken und Taten trennten euch von ihm,
22doch nun hat er euch wieder zu seinen Freunden gemacht.
Durch seinen Tod am Kreuz in menschlicher Gestalt hat er
euch mit sich versöhnt, um euch wieder in die Gegenwart
Gottes zurückzuholen und euch heilig und makellos vor
sich hinzustellen. 23Ihr müsst allerdings an dieser Wahrheit
festhalten und euren Glauben bewahren. Weicht nicht von
der Hoffnung ab, die euch geschenkt wurde, als ihr die Bot-
schaft von Jesus Christus gehört habt. Diese Botschaft ist in
der ganzen Welt verbreitet worden, und ich, Paulus, wurde
von Gott berufen, sie zu verkünden.

1,14a In manchen Handschriften fehlt die Wendung *mit seinem Blut.*
1,14b Griech. *in dem wir die Erlösung und die Vergebung der Sünden haben.*

Arbeit für die Gemeinde

24Ich freue mich, wenn ich für euch leiden darf, denn Christus
hat für seinen Leib, die Gemeinde, gelitten. Nun gebe ich mei-
nen Körper für das, was an seinen Leiden noch fehlt. 25Gott
hat mich beauftragt, seiner Gemeinde zu dienen und bei euch
seine Botschaft zu verkünden. 26Diese Botschaft war in der
Vergangenheit über viele Jahrhunderte und viele Generatio-
nen hinweg wie ein Geheimnis verborgen; jetzt aber wurde es
denen enthüllt, die zu ihm gehören*. 27Denn Gott wollte ih-
nen sagen, dass der Reichtum der Herrlichkeit dieses Ge-
heimnisses auch für die anderen Völker bestimmt ist. Und
das ist das Geheimnis: Christus lebt in euch! Darin liegt eure
Hoffnung: Ihr werdet an seiner Herrlichkeit teilhaben.
28Deshalb erzählen wir überall, wo wir hinkommen, von
Christus. Wir warnen die Menschen und lehren sie mit aller
Weisheit, die Gott uns geschenkt hat, denn wir möchten sie
als Menschen vor Gott hinstellen, die im Glauben an Christus
vollkommen* sind. 29Für dieses Ziel setze ich mich mit meiner
ganzen Kraft ein, indem ich mich auf die mächtige Kraft von
Christus verlasse, die in mir wirkt.

2 1Ihr sollt wissen, wie sehr ich um euch und um die Ge-
meinde in Laodizea sowie um viele andere Freunde, die
mich nie persönlich kennengelernt haben, gekämpft habe.
2Denn ich möchte, dass sie ermutigt werden und in Liebe mit-
einander verbunden sind. Ich wünsche mir, dass sie absolutes
Vertrauen haben, weil sie das Geheimnis Gottes – das ist
Christus – in seiner ganzen Größe erkennen und verstehen.
3In ihm liegen alle Schätze der Weisheit und Erkenntnis ver-
borgen.
4Ich sage euch das, damit euch niemand mit falschen Argu-
menten täuschen kann. 5Denn obwohl ich euch fern bin, bin
ich in Gedanken doch bei euch. Und ich freue mich, weil ihr
so ordentlich lebt, und weil ihr so fest an Christus glaubt.

1,26 Griech. *seinen Heiligen.*
1,28 O. *erwachsen.*

Freiheit von Regeln und neues Leben in Christus
6 Wie ihr nun Christus Jesus als euren Herrn angenommen
habt, so lebt auch mit ihm und seid ihm gehorsam. 7 Senkt
eure Wurzeln tief in seinen Boden und schöpft aus ihm,
dann werdet ihr im Glauben wachsen und in der Wahrheit,
in der ihr unterwiesen wurdet, standfest werden. Und dann
wird euer Leben überfließen von Dankbarkeit für alles, was
er getan hat.
8 Lasst euch nicht durch irgendwelche Gedankengebäude
und hochtrabenden Unsinn verwirren, die nicht von Christus
kommen! Sie beruhen nur auf menschlichem Denken und
entspringen den bösen Mächten dieser Welt*. 9 Denn in Chris-
tus lebt die Fülle Gottes in menschlicher Gestalt, 10 und ihr
seid durch eure Einheit mit Christus damit erfüllt. Er ist Herr
über alle Herrscher und alle Mächte.
11 Durch eure Zugehörigkeit zu Christus wurdet ihr be-
schnitten, aber nicht durch einen äußerlichen Eingriff. Eure
Beschneidung kam durch Christus, und damit wurdet ihr
von eurem alten Wesen abgetrennt. 12 Denn als ihr getauft
wurdet, wurdet ihr mit Christus begraben. Und ihr wurdet
mit ihm zu neuem Leben auferweckt, weil ihr auf die mächti-
ge Kraft Gottes vertraut habt, der Christus von den Toten auf-
erweckt hat.
13 Denn vorher wart ihr tot aufgrund eurer Schuld und weil
euer altes Ich euch bestimmt hat*. Doch Gott hat euch mit
Christus lebendig gemacht. Er hat uns alle unsere Schuld ver-
geben. 14 Er hat die Liste der Anklagen gegen uns gelöscht; er
hat die Anklageschrift genommen und vernichtet, indem er
sie ans Kreuz genagelt hat. 15 Auf diese Weise hat Gott die
Herrscher und Mächte dieser Welt entwaffnet. Er hat sie öf-
fentlich bloßgestellt, indem er durch Christus am Kreuz über
sie triumphiert hat.
16 Lasst euch deshalb von niemandem verurteilen, nur weil
ihr bestimmte Dinge esst oder trinkt oder weil ihr bestimmte

2,8 O. *aus den Grundelementen dieser Welt;* so auch in 2,20.
2,13 Griech. *und in der Unbeschnittenheit eures Fleisches.*

Feiertage, religiöse Feste* oder Sabbate haltet oder nicht hal-
tet. 17Denn diese sind nur ein Schatten des Zukünftigen. Die
Wirklichkeit aber ist Christus selbst. 18Und wenn jemand zu
euch kommt und Demut predigt oder Verehrung der Engel,
dann lasst euch davon nicht ablenken* – auch dann nicht,
wenn er sich dabei auf das beruft, was er gesehen hat. Solche
Menschen sind ohne Grund stolz und aufgeblasen. 19Sie ha-
ben keine Beziehung zu Christus, dem Haupt des Leibes.
Denn der ganze Leib wird von ihm aus durch Gelenke und
Sehnen unterstützt und zusammengehalten und wächst nur,
wenn Gott Wachstum gibt.

20Ihr seid mit Christus gestorben, und er hat euch aus den
Händen der Mächte dieser Welt befreit. Warum folgt ihr dann
noch weltlichen Regeln wie: 21»Damit sollst du nichts zu tun
haben, das sollst du nicht essen, dies nicht anfassen.« 22Solche
Regeln sind nichts als menschliche Vorschriften für Dinge,
die doch nur dazu da sind, von uns benutzt und verbraucht
zu werden. 23Sie mögen weise wirken, weil sie Hingabe, De-
mut und strenge körperliche Disziplin verlangen. Aber sie
sind ohne Wert und dienen nur menschlichen Zielen.

Das neue Leben

3 1Da ihr mit Christus zu neuem Leben auferweckt wurdet,
sucht Christus, der zur Rechten Gottes im Himmel sitzt.
2Denkt nicht an weltliche Angelegenheiten, sondern konzent-
riert eure Gedanken auf ihn! 3Denn ihr seid gestorben, als
Christus starb, und euer wahres Leben ist mit Christus in
Gott verborgen. 4Wenn Christus, der euer* Leben ist, der gan-
zen Welt bekannt werden wird, dann wird auch sichtbar wer-
den, dass ihr seine Herrlichkeit mit ihm teilt.

5Deshalb sollt ihr die Schwächen der Welt in euch abtöten:
Haltet euch fern von Unzucht, Unreinheit, Zügellosigkeit
und falschen Leidenschaften. Seid nicht geldgierig, denn das
ist Götzendienst. 6Wer so lebt, den wird Gottes schrecklicher

---

2,16 Griech. *Neumonde.*
2,18 Griech. *um den Siegespreis bringen.*
3,4 In manchen Handschriften heißt es *unser.*

Zorn treffen. [7]Früher, als euer Leben noch von dieser Welt
geprägt war, habt ihr euch so verhalten. [8]Doch jetzt ist es an
der Zeit, Ärger, Zorn, Bosheit, Verleumdung und schmutzige
Reden aufzugeben. [9]Belügt einander nicht, denn ihr habt eure
alte, verdorbene Natur mit ihrem bösen Tun abgelegt [10]und
seid neue Menschen geworden, die ständig erneuert werden.
Dies geschieht, indem ihr Christus immer ähnlicher werdet,
so wie Gott es sich gedacht hat. [11]Es kommt in diesem neuen
Leben nicht darauf an, ob ihr Jude oder Grieche, beschnitten
oder unbeschnitten seid, ob euer Volk zivilisiert oder primitiv
ist*, ob ihr versklavt oder frei seid, sondern es kommt in allem
nur auf Christus an und darauf, dass er in uns allen lebt! [12]Da
Gott euch erwählt hat, zu seinen Heiligen und Geliebten zu
gehören, seid voll Mitleid und Erbarmen, Freundlichkeit, De-
mut, Sanftheit und Geduld. [13]Seid nachsichtig mit den Feh-
lern der anderen und vergebt denen, die euch gekränkt ha-
ben. Vergesst nicht, dass der Herr euch vergeben hat und dass
ihr deshalb auch anderen vergeben müsst. [14]Das Wichtigste
aber ist die Liebe. Sie ist das Band, das uns alle in vollkom-
mener Einheit verbindet. [15]Euren Herzen wünschen wir den
Frieden, der von Christus kommt. Denn als Glieder des einen
Leibes seid ihr alle berufen, im Frieden miteinander zu leben.
Und seid immer dankbar! [16]Gebt den Worten von Christus
viel Raum* in euren Herzen. Gebraucht seine Worte weise,
um einander zu lehren und zu ermahnen. Singt Gott aus gan-
zem Herzen Psalmen, Lobgesänge und geistliche Lieder.
[17]Doch alles, was auch immer ihr tut oder sagt, soll im Namen
von Jesus, dem Herrn, geschehen, durch den ihr Gott, dem
Vater, danken sollt!

Anweisungen für Familien

[18]Ihr Frauen, ordnet euch euren Männern unter, wie es für
Menschen angemessen ist, die dem Herrn gehören! [19]Ihr
Männer, liebt eure Frauen und behandelt sie nicht grob!

3,11 Griech. *Barbar, Skythe.*
3,16 Griech. *reichlich.*

[20]Ihr Kinder, gehorcht euren Eltern in allem! Denn das freut
den Herrn. [21]Ihr Väter, seid nicht ungerecht gegen eure Kin-
der*, sonst verlieren sie den Mut!

[22]Ihr Sklaven, gehorcht euren weltlichen Herren in allem,
was ihr tut. Verrichtet eure Arbeit immer sorgfältig, nicht
nur dann, wenn sie euch beobachten. Gehorcht ihnen bereit-
willig, weil ihr Furcht vor Gott habt. [23]Tut eure Arbeit mit
Eifer und Freude, als würdet ihr Gott dienen und nicht Men-
schen. [24]Vergesst nicht, dass der Herr euch mit dem himm-
lischen Erbe belohnen wird. Dient dem Herrn Jesus Christus!
[25]Wenn ihr jedoch Unrecht tut, werdet ihr auch die Folgen
tragen müssen, denn Gott bevorzugt niemanden.

4 [1]Ihr Sklavenbesitzer, behandelt eure Sklaven gerecht.
Denkt daran, dass auch ihr einen Herrn im Himmel habt!

Ermutigung zum Gebet

[2]Hört nicht auf zu beten und Gott zu danken. [3]Vergesst nicht,
auch für uns zu beten, dass Gott uns viele Gelegenheiten
schenkt, sein Geheimnis weiterzusagen: Die Botschaft von
Christus. Das ist auch der Grund, warum ich in Ketten liege.
[4]Betet, dass ich diese Botschaft so klar verkünde, wie ich es
sollte!

[5]Lebt klug unter den Menschen, die keine Christen sind,
und macht aus jeder Gelegenheit das Beste!* [6]Redet freund-
lich und klar mit ihnen,* damit ihr wisst, wie ihr jedem Ein-
zelnen am besten antworten sollt.

Letzte Anweisungen und Grüße des Apostels

[7]Tychikus, mein viel geliebter Bruder, wird euch alles Weitere
von mir erzählen. Er ist ein treuer Helfer, der gemeinsam mit
mir dem Herrn dient. [8]Ich habe ihn auf diese Reise geschickt,
damit er euch von uns berichtet und euch Mut macht. [9]Au-
ßerdem schicke ich euch Onesimus, einen treuen und sehr

3,21 Griech. *reizt eure Kinder nicht (zum Zorn).*
4,5 Griech. *Wandelt in Weisheit gegenüber denen draußen und kauft die Zeit aus!*
4,6 Griech. *Eure Rede soll freundlich sein und mit Salz gewürzt.*

lieben Bruder, der ja einer von euch ist. Er und Tychikus wer-
den euch alle Neuigkeiten von uns berichten.

[10]Aristarch, der mit mir im Gefängnis sitzt, lässt euch grü-
ßen, ebenso Markus, der Vetter von Barnabas. Seinetwegen
habt ihr ja bereits Anweisungen erhalten; nehmt ihn also
herzlich auf, wenn er zu euch kommt! [11]Jesus – der, den wir
Justus nennen – sendet euch ebenfalls Grüße. Das sind die
einzigen Juden unter meinen Mitarbeitern; sie arbeiten hier
mit mir für das Reich Gottes und sind mir ein großer Trost
geworden.

[12]Epaphras, der aus eurer Stadt kommt und ein Diener von
Christus Jesus ist, lässt euch grüßen. Er betet treu für euch,
damit ihr stark seid und ganz und gar den Willen Gottes er-
kennt und auch danach handelt. [13]Ich kann euch versichern,
dass er sich wirklich für euch eingesetzt hat, wie auch für die
Gläubigen in Laodizea und Hierapolis.

[14]Lukas, der geliebte Arzt, sendet seine Grüße; ebenso De-
mas. [15]Bitte grüßt die Brüder in Laodizea von mir, auch Nym-
pha sowie die anderen, die sich in ihrem Haus versammeln.

[16]Wenn ihr diesen Brief gelesen habt, gebt ihn an die Ge-
meinde in Laodizea weiter, damit auch sie ihn lesen kann.
Lest auch den Brief, den ich an sie geschrieben habe. [17]Sagt
Archippus: »Bemühe dich, die Aufgabe zu erfüllen, die der
Herr dir aufgetragen hat.«

[18]Hier ist mein Gruß – Paulus – in meiner eigenen Hand-
schrift.

Denkt an meine Fesseln!

Ich wünsche euch die Gnade Gottes!

Der erste Brief an die Thessalonicher

Grüße von Paulus

1 1Diesen Brief schreiben Paulus, Silas* und Timotheus an
die Gemeinde in Thessalonich – an euch, die ihr Gott, dem
Vater, und Jesus Christus, dem Herrn, gehört.
Wir wünschen euch seine Gnade und seinen Frieden.

Der Glaube der Thessalonicher

2Wir danken Gott immer wieder für euch alle und beten stän-
dig für euch. 3Und wenn wir mit unserem Gott und Vater
über euch sprechen, denken wir an alles, was ihr im Glauben
tut, an die Liebe, die sich in eurem Verhalten zeigt, und an die
Geduld, mit der ihr auf Jesus Christus, unseren Herrn, hofft.
4Wir wissen, liebe Brüder, dass Gott euch liebt und dass er
euch erwählt hat. 5Denn als wir euch die gute Botschaft
brachten, geschah das nicht nur mit Worten, sondern auch
mit Kraft, denn der Heilige Geist gab euch die Gewissheit,
dass wir euch die Wahrheit sagten. Und ihr wisst auch noch,
dass wir euch zuliebe so unter euch gelebt haben. 6Ihr seid
unserem Beispiel ebenso gefolgt wie dem des Herrn. So habt
ihr die Botschaft vom Heiligen Geist mit Freude angenom-
men, obwohl ihr deswegen viel Schweres erlebt habt. 7Auf
diese Weise wurdet ihr für alle Christen in Griechenland*
zum Vorbild. 8Und nun geht das Wort des Herrn von euch
aus zu den Menschen in Griechenland und weit darüber hi-
naus; denn wo immer wir auch hinkommen, erzählen uns die
Leute von eurem Glauben an Gott. Wir brauchen ihnen gar
nichts davon zu sagen, 9sie berichten ganz von selbst, wie
herzlich ihr uns aufgenommen habt, wie ihr euch von den
Götzen bekehrt habt, um dem wahren und lebendigen Gott

1,1 Griech. *Silvanus.*
1,7 Griech. *Mazedonien und Achaja,* zwei Regionen im Norden und Süden Griechenlands; so auch in 1,8.

zu dienen, [10]und wie ihr die Rückkehr seines Sohnes vom
Himmel erwartet – Jesus, den Gott von den Toten auferweckt
hat. Er ist es, der uns vor dem kommenden Gericht rettet.

Paulus erinnert sich an seinen Aufenthalt

2 [1]Ihr wisst selbst, liebe Freunde*, dass unser Aufenthalt bei
euch nicht vergeblich war. [2]Euch ist bekannt, wie wir in
Philippi misshandelt wurden, bevor wir zu euch kamen, und
wie sehr wir dort gelitten haben. Doch unser Gott gab uns
den Mut, euch frei und offen seine Botschaft zu verkünden,
trotz all der Gegenwehr, die wir erlebten. [3]Daran könnt ihr
sehen, dass unsere Verkündigung keiner Täuschung entspringt
und wir nicht aus schlechten Motiven oder in betrügerischer
Absicht predigten.

[4]Denn wir reden, weil Gott uns ausgewählt und die Verkündigung
der Botschaft anvertraut hat. Es geht uns nicht darum,
Menschen zu gefallen, sondern Gott, der unsere Herzen
prüft. [5]Wie ihr wisst, haben wir nicht ein einziges Mal versucht,
euch durch Schmeicheleien zu gewinnen. Und Gott ist
unser Zeuge, dass wir uns nicht als Freunde ausgaben, um
Geld von euch zu bekommen! [6]Wir haben weder eure Anerkennung
gesucht noch die anderer Menschen. [7]Als Apostel
des Christus hätten wir durchaus das Recht gehabt, etwas
von euch zu verlangen, aber wir waren bei euch so sanft wie
eine Mutter, die ihre Kinder nährt und umsorgt. [8]Wir haben
euch so sehr geliebt, dass wir euch nicht nur Gottes gute Botschaft
brachten, sondern auch unser eigenes Leben mit euch
geteilt haben.

[9]Ihr erinnert euch doch, liebe Brüder, wie hart wir bei euch
gearbeitet haben. Tag und Nacht mühten wir uns ab, um unseren
Lebensunterhalt zu verdienen und niemandem zur
Last zu fallen, während wir bei euch Gottes Wort predigten.
[10]Ihr selbst und Gott seid unsere Zeugen, dass wir uns euch
allen gegenüber aufrichtig und anständig und tadellos verhalten
haben. [11]Ihr wisst, dass wir zu euch waren wie ein Vater
zu seinen Kindern: [12]Wir haben jeden Einzelnen von euch

2,1 Griech. *Brüder.*

ermutigt und getröstet und euch ermahnt, so zu leben, dass
Gott mit euch zufrieden sein kann. Denn er hat euch in sein
Reich berufen und dazu, seine Herrlichkeit mit ihm zu teilen.
13Wir werden nie aufhören, Gott dafür zu danken, dass ihr
seine Botschaft, die wir euch brachten, nicht für unsere ei-
genen Worte gehalten habt. Ihr habt sie als Gottes Wort
aufgenommen – was sie ja auch wahrhaftig ist. Und dieses
Wort wirkt weiter in euch allen, die ihr glaubt.

14Liebe Freunde*, ihr seid von euren eigenen Landsleuten
verfolgt worden. So seid ihr den Fußstapfen der Gemeinden
Gottes in Judäa gefolgt, die wegen ihres Glaubens an Christus
Jesus ebenfalls unter ihrem eigenen Volk, den Juden, zu lei-
den hatten.

15Denn sie haben Jesus, den Herrn, getötet und auch die Pro-
pheten. Jetzt haben sie uns verfolgt und vertrieben. Sie leben
nicht, wie Gott es will, und verhalten sich allen Menschen
gegenüber feindselig. 16So versuchen sie zu verhindern, dass
wir die Botschaft zu den anderen Völkern bringen, aus Angst,
dass einige von ihnen gerettet werden. Auf diese Weise wird
ihre Schuld immer größer, doch nun hat der Zorn Gottes sie
endgültig eingeholt.

Bericht über die Gemeinden

17Liebe Freunde, wir waren für eine Weile von euch getrennt –
doch nur räumlich, denn mit dem Herzen waren wir immer
bei euch. Aber weil wir uns so danach sehnten, euch wieder
zu sehen, bemühten wir uns sehr, zu euch zu kommen. 18Wir
wären so gern gekommen, und ich, Paulus, habe es auch im-
mer wieder versucht, aber der Satan hat es nicht zugelassen.
19Denn seid ihr nicht unsere Hoffnung und Freude und unser
Stolz, wenn Jesus, unser Herr, wiederkommt und wir vor ihm
stehen werden? 20Ja, ihr seid unsere Ehre und Freude.

3 1Als wir es schließlich nicht mehr aushielten, beschlossen
wir, dass ich allein in Athen bleiben sollte, 2und schickten
Timotheus zu euch. Er ist unser Mitstreiter für Gott und unser

2,14 Griech. *Brüder;* so auch in 2,17.

Bruder in der Verbreitung der guten Botschaft von Christus.
Wir schickten ihn zu euch, um euch zu stärken und im Glau-
ben zu ermutigen [3]und euch davor zu bewahren, durch die
Schwierigkeiten, die ihr durchmachen musstet, verunsichert
zu werden. Aber ihr wusstet natürlich, dass wir vor solche
Hindernisse gestellt werden. [4]Schon als wir noch bei euch
waren, haben wir euch gewarnt, dass bald Schwierigkeiten
kommen würden – und so geschah es dann auch, wie ihr ja
wisst. [5]Deshalb habe ich, als ich es nicht mehr aushielt, Timo-
theus zu euch geschickt, um herauszufinden, ob euer Glaube
stark geblieben war oder ob der Versucher euch bezwungen
hatte und unsere Mühe vielleicht vergeblich gewesen war.
[6]Nun ist Timotheus gerade mit der erfreulichen Nachricht
zurückgekehrt, dass euer Glaube und eure Liebe immer
noch genauso stark sind. Er hat erzählt, wie gern ihr an unse-
ren Besuch zurückdenkt und dass ihr euch genauso nach ei-
nem Wiedersehen sehnt wie wir. [7]In unseren Kämpfen und
Schwierigkeiten hat es uns sehr getröstet, liebe Freunde*,
dass ihr im Glauben fest geblieben seid. [8]Durch euer Festhal-
ten am Glauben werden wir gestärkt.

[9]Wie können wir Gott nur für euch danken! Ihr schenkt uns
so viel Grund, voll Freude vor Gott zu kommen. [10]Tag und
Nacht beten wir für euch und bitten Gott um ein Wieder-
sehen, damit wir vollenden können, woran es euch im Glau-
ben vielleicht noch fehlt.

[11]Wir wünschen uns, dass Gott, unser Vater, und Jesus, un-
ser Herr, uns den Weg zu euch ebnen. [12]Und wir bitten den
Herrn, dass eure Liebe zueinander und zu allen Menschen
wächst, damit sie so groß wird wie unsere Liebe zu euch.
[13]Dadurch werdet ihr innerlich stark, vollkommen und heilig
vor Gott stehen, wenn Jesus, unser Herr, mit all denen, die zu
ihm gehören*, wiederkommt. Amen.

3,7 Griech. *Brüder.*
3,13 Griech. *mit allen seinen Heiligen.*

Leben, wie Gott es will

4 1Zum Schluss, liebe Brüder, bitten wir euch noch einmal
im Namen von Jesus, dem Herrn, so zu leben, wie Gott es
will und wie wir es euch gelehrt haben. Ihr richtet euch jetzt
schon danach aus, und wir ermutigen euch, es immer mehr
zu tun. 2Denn ihr erinnert euch, was wir euch durch Jesus,
den Herrn, gelehrt haben. 3Gott möchte, dass ihr heilig seid;
deshalb sollt ihr nicht unzüchtig leben. 4Dann wird jeder von
euch so leben, dass er Gott Ehre macht* – 5nicht in zügelloser
Begierde wie jene Menschen, die Gott nicht kennen.

6Betrügt nie einen anderen Bruder, indem ihr ihn übervor-
teilt, denn der Herr wird jede dieser Sünden vergelten, wie
wir euch bereits gesagt haben. 7Gott hat uns dazu berufen,
heilig zu leben, und nicht, ein unreines Leben zu führen.
8Wer sich weigert, danach zu leben, der missachtet nicht
etwa menschliche Vorschriften, sondern er lehnt Gott damit
ab, der euch seinen Heiligen Geist geschenkt hat.

9Was aber die Liebe unter den Gläubigen betrifft, so brauche
ich euch nichts darüber zu schreiben, denn Gott selbst hat
euch gelehrt, einander zu lieben. 10Schon jetzt ist eure Liebe
zu euren Freunden* in ganz Mazedonien groß. Trotzdem bit-
ten wir euch, Brüder, sie noch mehr zu lieben. 11Bemüht euch,
ein ruhiges Leben zu führen, kümmert euch um eure eigenen
Angelegenheiten und – wie schon gesagt – seht zu, dass ihr
euch von der Arbeit eurer eigenen Hände ernähren könnt.
12Dann werden die Menschen um euch herum, die Gott nicht
kennen, eure Lebensweise achten, und ihr seid nicht von an-
deren abhängig.

Die Hoffnung auf die Auferstehung

13Und nun, Brüder, möchte ich, dass ihr wisst, was mit denen
geschieht, die bereits gestorben sind, damit ihr nicht traurig
seid wie jene Menschen, die keine Hoffnung haben. 14Denn

4,4 Griech. *dass jeder von euch sich sein eigenes Gefäß in Heiligkeit und Ehrbarkeit zu gewinnen wisse*. Der Ausdruck *Gefäß* kann hier sowohl für den eigenen Körper als auch speziell für die Frau gebraucht werden; im letzteren Fall bezieht es sich vermutlich auf das richtige Werben um eine Frau.

4,10 Griech. *den Brüdern*.

weil wir glauben, dass Jesus starb und wieder auferstanden
ist, glauben wir auch, dass Gott durch Jesus alle verstorbenen
Gläubigen wiederbringen wird, wenn Jesus kommt.
[15]Ich kann euch dies mit einem Wort des Herrn sagen: Wir,
die noch leben, wenn der Herr wiederkommt, werden nicht
vor den Toten zu ihm kommen. [16]Denn der Herr selbst wird
mit einem lauten Befehl, unter dem Ruf des Erzengels und
dem Schall der Posaune Gottes vom Himmel herabkommen.
Dann werden zuerst alle Gläubigen*, die schon gestorben
sind, aus ihren Gräbern auferstehen. [17]Und mit ihnen zusam-
men werden auch wir Übrigen, die noch auf der Erde leben,
auf den Wolken hinaufgehoben werden in die Luft, um dem
Herrn zu begegnen und in Ewigkeit bei ihm zu bleiben.
[18]Tröstet euch also gegenseitig mit diesen Worten!

5 [1]Nun brauche ich euch wirklich nicht zu schreiben, wie
und wann das alles geschehen wird, [2]denn ihr wisst ja
selbst genau, dass der Tag des Herrn unerwartet kommen
wird wie ein Dieb in der Nacht. [3]Wenn die Menschen sagen:
»Überall herrschen Frieden und Sicherheit«, dann wird die
Katastrophe so plötzlich über sie hereinbrechen, wie eine
Frau vor der Geburt ihres Kindes von den Wehen überwältigt
wird. Und dann wird es kein Entkommen geben.
[4]Aber ihr, liebe Brüder, lebt nicht in der Finsternis und wer-
det nicht überrascht sein, wenn der Tag des Herrn kommt wie
ein Dieb. [5]Denn ihr seid alle Kinder des Lichts und des Tages;
wir gehören nicht der Finsternis noch der Nacht. [6]Seid also
wachsam und schlaft nicht wie die anderen. Bleibt besonnen
und nüchtern! [7]Die Nacht ist die Zeit zum Schlafen, und wer
sich betrinkt, ist nachts betrunken. [8]Wir dagegen, die im Licht
leben, wollen einen klaren Kopf behalten. Wir wappnen uns*
mit Glauben und Liebe und schützen uns mit der Hoffnung
auf Erlösung. [9]Denn Gott wollte uns nicht strafen,* sondern
wollte uns retten durch Jesus Christus, unseren Herrn. [10]Er

4,16 Griech. *die Toten in Christus.*
5,8 Griech. *mit dem Brustpanzer des Glaubens und der Liebe und als Helm mit der Hoffnung des Heils.*
5,9 Griech. *Gott hat uns nicht zum Zorn bestimmt.*

starb für uns, damit wir, ob wir nun wachen oder schlafen,
mit ihm leben. 11Deshalb sollt ihr einander Mut machen und
einer den anderen stärken, wie ihr es auch schon tut.

Ein letzter Rat des Apostels

12Liebe Freunde*, wir bitten euch, dass ihr denen Respekt ent-
gegenbringt, die euch vorangehen und leiten. Sie bemühen
sich um euch und warnen euch vor dem, was falsch ist. 13Ihr
sollt ihnen ihre Arbeit mit aufrichtiger Liebe danken. Und
haltet Frieden untereinander! 14Brüder, wir fordern euch auf,
den Faulen ins Gewissen zu reden und den Ängstlichen Mut
zu machen. Geht behutsam mit den Schwachen um und habt
mit allen Geduld!

15Seht zu, dass niemand Böses mit Bösem vergilt, sondern
versucht immer, einander und auch allen anderen Gutes zu
tun!

16Seid immer fröhlich. 17Hört nicht auf zu beten. 18Was im-
mer auch geschieht, seid dankbar, denn das ist Gottes Wille
für euch, die ihr Christus Jesus gehört.

19Unterdrückt den Heiligen Geist nicht. 20Verachtet das pro-
phetische Reden nicht, 21sondern prüft alles, was gesagt wird,
und behaltet das Gute. 22Meidet das Böse in jeglicher Form!

Abschließende Grüße des Apostels

23Der Gott des Friedens heilige euch durch und durch. Er
schütze euern Geist, eure Seele und euern Körper, damit sie
unversehrt sind, wenn Jesus Christus, unser Herr, wieder-
kommt. 24Gott, der euch berufen hat, ist treu; er wird halten,
was er versprochen hat.

25Betet auch für uns, liebe Brüder!

26Grüßt einander in Liebe.*

27Ich bitte euch inständig im Namen des Herrn, diesen Brief
allen* vorzulesen.

5,12 Griech. *Brüder.*
5,26 Griech. *Grüßt alle Brüder mit einem heiligen Kuss.*
5,27 Griech. *allen Brüdern.*

28Wir wünschen euch die Gnade von Jesus Christus, unserem Herrn!

Der zweite Brief an die Thessalonicher

Grüße von Paulus

1 [1]Dieser Brief stammt von Paulus, Silas* und Timotheus.
Er ist geschrieben an die Gemeinde in Thessalonich, an
euch, die ihr zu Gott, unserem Vater, und Jesus Christus,
dem Herrn, gehört.
[2]Wir wünschen euch Gnade und Frieden von Gott, unserem
Vater, und Jesus Christus, dem Herrn!

Ermutigung in Zeiten der Verfolgung

[3]Liebe Brüder, wir hören nicht auf, Gott für euch zu danken:
Und das ist nur richtig so, denn wir sind unendlich dankbar,
dass euer Glaube immer stärker wird und eure Liebe zuei-
nander wächst. [4]Stolz erzählen wir überall in den anderen
Gemeinden Gottes, wie geduldig ihr alle Verfolgungen und
Schwierigkeiten ertragt und dennoch an eurem Glauben fest-
haltet. [5]Daran kann alle Welt die Gerechtigkeit Gottes erken-
nen. Denn er wird euch vorbereiten für sein Reich, für das ihr
jetzt leidet, [6]und wird, weil er gerecht ist, alle strafen, die euch
jetzt verfolgen. [7]Euch, die ihr verfolgt werdet, und auch uns
wird er Frieden schenken, wenn Jesus, der Herr, vom Him-
mel her erscheinen wird. Er wird mit seinen mächtigen En-
geln kommen, [8]inmitten von Feuerflammen, um das Gericht
über diejenigen zu bringen, die Gott nicht kennen, und über
diejenigen, die der Botschaft von Jesus, unserem Herrn, nicht
gehorchen. [9]Sie werden mit ewigem Verderben bestraft wer-
den und für immer vom Herrn und seiner herrlichen Macht*
getrennt sein. [10]Dies geschieht, wenn er kommen wird, um
sich von denen, die zu ihm gehören*, loben und anbeten zu

1,1 Griech. *Silvanus.*
1,9 Griech. *von der Herrlichkeit seiner Stärke.*
1,10 Griech. *seinen Heiligen.*

lassen. Ihr werdet dann unter denen sein, die ihn preisen,
denn ihr habt geglaubt, was wir von ihm weitergesagt haben.
[11]Wir hören nicht auf, für euch zu beten, dass unser Gott
euch für das Leben bereit macht, zu dem er euch berufen
hat. Und wir beten, dass Gott eure guten Absichten und das,
was ihr aus dem Glauben heraus tut, mit seiner Kraft erfüllt.
[12]Dann wird durch euch der Name von Jesus, unserem Herrn,
geehrt, und ihr werdet mit ihm geehrt werden. Das alles wird
möglich durch die Gnade unseres Gottes und Herrn Jesus
Christus.

Die Ereignisse vor dem zweiten Kommen Christi

2 [1]Und nun, liebe Brüder, zu der Wiederkehr von Jesus
Christus und dazu, wie wir alle versammelt werden, um
ihm entgegenzugehen. Wir bitten euch: [2]Lasst euch nicht er-
schüttern und beunruhigen, wenn die Leute sagen, der Tag
des Herrn habe schon begonnen. Selbst wenn sie behaupten,
sie hätten eine Vision, eine Offenbarung oder sogar einen
Brief von uns empfangen, glaubt ihnen nicht. [3]Lasst euch
durch ihre Worte auf keinen Fall täuschen!

Denn bevor es so weit ist, wird es zu einem Aufstand gegen
Gott kommen, und der Mensch der Gesetzlosigkeit wird
erscheinen – der, der Verderben bringt*. [4]Er wird sich wider-
setzen und sich über alle Götter erheben und jeden Gegen-
stand der Verehrung und Anbetung zerstören. Er wird sich
in den Tempel Gottes setzen und behaupten, er selbst sei
Gott. [5]Erinnert ihr euch nicht, dass ich euch das schon gesagt
habe, als ich noch bei euch war? [6]Ihr wisst auch, was ihn zu-
rückhält, denn er kann erst erkannt werden, wenn seine Zeit
gekommen ist.

[7]Denn das Geheimnis der Gesetzlosigkeit ist schon wirk-
sam, und es wird verborgen bleiben, bis der, der es jetzt
noch aufhält, weggenommen ist. [8]Dann wird der Gesetzlose
erkennbar werden, und Jesus, der Herr, wird ihn mit dem
Hauch seines Mundes töten und durch sein Erscheinen ver-
nichten, wenn er wiederkommt. [9]Der Böse wird kommen, um

2,3 Griech. *der Sohn des Verderbens.*

mit mächtigen Taten und verlogenen Zeichen und Wundern
das Werk des Satans zu tun. 10Mit üblen Täuschungen wird er
die Menschen verführen, die ihrem Verderben entgegen-
gehen, weil sie nicht an die Wahrheit glauben wollen, die sie
retten könnte. 11Deshalb wird Gott eine große Blindheit* über
sie kommen lassen, und sie werden all die Lügen glauben.
12Und damit werden alle gerichtet, die der Wahrheit nicht ge-
glaubt und an ihrer eigenen Ungerechtigkeit Gefallen gefun-
den haben.

Die Gläubigen sollen fest bleiben

13Wir aber hören nicht auf, Gott für euch zu danken, liebe
Freunde*, denn ihr seid von Gott geliebt. Wir sind dankbar,
dass er euch erwählt hat und dass ihr zu den Ersten gehören
dürft*, die gerettet werden. Eure Rettung kommt durch den
Heiligen Geist, der euch Jesus immer ähnlicher werden lässt,
und euren Glauben an die Wahrheit.* 14Er hat euch dazu be-
rufen durch unsere Botschaft von Jesus, damit ihr die Herr-
lichkeit von Jesus Christus, unserem Herrn, erlangt.

15Auf diesem Grund steht fest, liebe Brüder, und vergesst
nichts von dem, was wir euch persönlich oder durch Briefe
mitgegeben haben.

16Wir bitten für euch, dass Jesus Christus, unser Herr, und
Gott, unser Vater, der uns geliebt und uns in seiner Gnade
bleibenden Trost und gute Hoffnung geschenkt hat, 17eure
Herzen ermutige und euch stärke in allem, was ihr sagt und
tut!

Paulus nennt ein Gebetsanliegen

3 1Zum Schluss bitte ich euch, liebe Brüder, für uns zu be-
ten. Betet vor allem, dass die Botschaft Gottes sich rasch
ausbreitet und überall, wo sie hinkommt, gut aufgenommen
wird, so wie es bei euch der Fall war. 2Und betet auch, dass

2,11 Griech. *eine wirkende Kraft des Irrtums.*
2,13a Griech. *Brüder.*
2,13b In manchen Handschriften heißt es *dass Gott euch von Anfang an erwählt hat.*
2,13c Griech. *Errettung in der Heiligung durch den Geist und im Glauben an die Wahrheit.*

wir vor boshaften und schlechten Menschen geschützt wer-
den, denn nicht alle glauben an den Herrn. 3Aber der Herr ist
treu; er wird euch stärken und euch vor dem Bösen* bewah-
ren. 4Und im Glauben an Gott sind wir zuversichtlich, dass
ihr alles, was wir euch ans Herz gelegt haben, schon jetzt in
die Tat umsetzt und das auch immer weiter tun werdet. 5Der
Herr richte eure Herzen auf die Liebe zu Gott aus und auf das
geduldige Warten auf Christus!*

Eine Ermahnung zur rechten Lebensweise

6Und nun, liebe Freunde*, geben wir euch im Namen von
Jesus Christus, unserem Herrn, folgende Anweisung: Haltet
euch von jedem Bruder fern, der untätig ist und nicht so lebt,
wie wir es euch vorgelebt haben. 7Denn ihr wisst, dass ihr
unserem Vorbild folgen sollt. Wir waren nicht faul, als wir
bei euch waren. 8Nie haben wir Nahrung angenommen,
ohne dafür zu bezahlen. Wir haben Tag und Nacht schwer
gearbeitet, um euch nicht zur Last zu fallen. 9Dabei war es
nicht so, dass wir nicht das Recht dazu gehabt hätten, aber
wir wollten euch ein Beispiel geben, damit ihr euch danach
richtet. 10Denn auch als wir noch bei euch waren, haben wir
euch erklärt: »Wer nicht arbeitet, soll auch nicht essen.«

11Wir haben nämlich gehört, dass einige von euch ein untä-
tiges Leben führen, nicht arbeiten wollen und ihre Zeit nutz-
los vertun. 12Im Namen von Jesus Christus, dem Herrn, ap-
pellieren wir an diese Leute und ermahnen sie, dass sie
regelmäßig arbeiten und sich ihren eigenen Lebensunterhalt
verdienen sollen. 13Und was euch betrifft, liebe Brüder, so
hört nicht auf damit, Gutes zu tun.

14Achtet darauf, wer unsere Anweisung nicht befolgen will,
und haltet euch von ihm fern, damit er sich schämt. 15Be-
trachtet ihn jedoch nicht als Feind, sondern redet mit ihm
wie mit einem Bruder und ermahnt ihn!

3,3 Es kann hier »das Böse« oder »der Böse« gemeint sein.
3,5 O. *auf Gottes Liebe und die Geduld aus, die Jesus hatte.*
3,6 Griech. *Brüder.*

Abschließende Grüße des Apostels

16Der Herr des Friedens selbst gebe euch jeden Tag seinen
Frieden, was immer auch geschieht! Der Herr sei mit euch
allen!

17Hier ist mein Gruß, den ich – Paulus – mit eigener Hand
schreibe. Das tue ich am Ende jedes Briefs, um zu zeigen, dass
er wirklich von mir stammt.

18Ich wünsche euch allen die Gnade von Jesus Christus, un-
serem Herrn!

Der erste Brief an Timotheus

Grüße von Paulus

1 1Dieser Brief stammt von Paulus, einem Apostel von
Christus Jesus. Ich wurde berufen durch den Befehl Got-
tes, der uns gerettet hat, und durch Christus Jesus, auf den
wir hoffen.
2Ich schreibe diesen Brief an Timotheus, der durch den
Glauben wie ein eigenes Kind für mich ist.
Gnade, Barmherzigkeit und Frieden wünsche ich dir von
Gott, unserem Vater, und Christus Jesus, unserem Herrn.

Warnungen vor Irrlehren

3Als ich nach Mazedonien aufbrach, bat ich dich, in Ephesus
zu bleiben und zu verhindern, dass dort falsche Lehren ver-
breitet werden. 4Lass nicht zu, dass die Menschen ihre Zeit
mit endlosen Spekulationen über Fabeln und Stammbäumen
vergeuden. Denn das führt nur zu Streit und hilft nicht, ein
Leben im Glauben an Gott zu führen. 5Das Ziel meiner Unter-
weisung ist, dass alle Christen von der Liebe erfüllt sind, die
aus einem reinen Herzen kommt, aus einem guten Gewissen
und aufrichtigem Glauben.
6Einige haben dieses Ziel jedoch völlig verfehlt und vertun
ihre Zeit mit leerem Geschwätz. 7Sie möchten gern als Lehrer
des Gesetzes gelten, verstehen aber selbst nicht, wovon sie
reden und was sie so nachdrücklich behaupten. 8Wir wissen,
dass diese Gesetze gut sind, wenn sie so verstanden und ge-
nutzt werden, wie Gott es wollte. 9Sie wurden jedoch nicht
für den gemacht, der das Richtige tut, sondern für Menschen,
die ungehorsam und rebellisch sind, die ohne Gott leben und
sich in Schuld verstricken, denen nichts heilig ist und die alles
Heilige entwürdigen, ja die ihren Vater oder ihre Mutter oder
andere Menschen töten. 10Diese Gesetze sind für Menschen
bestimmt, die Unzucht treiben, für Knabenschänder und
Sklavenhändler, für Lügner und Meineidige und für solche,
die auf andere Weise der gesunden Lehre widerstreben.
11Diese Lehre beruht auf der Botschaft von der Herrlichkeit

Gottes, die unser großartiger Herr mir in seiner Gnade anvertraut hat.

Dankbarkeit für die Gnade Gottes

12Wie dankbar bin ich Christus Jesus, unserem Herrn, der
mich stark gemacht, als vertrauenswürdig erachtet und zu
seinem Dienst berufen hat, 13obwohl ich ihn früher verachtet
habe! Ich habe die Gläubigen verfolgt und ihnen geschadet,
wo ich nur konnte. Doch Gott hatte Erbarmen mit mir*, weil
ich unwissend und im Unglauben handelte. 14Aber der Herr
war freundlich und gnädig! Er hat mich erfüllt mit Glauben
und mit der Liebe von Christus Jesus.

15Was ich sage, ist wahr und glaubwürdig: Christus Jesus
kam in die Welt, um Sünder zu retten – und ich bin der
Schlimmste von allen. 16Aber Gott hatte Erbarmen mit mir,
damit Jesus Christus mich als leuchtendes Beispiel für seine
unendliche Geduld gebrauchen konnte. So bin ich ein Vorbild
für alle, die an ihn glauben und das ewige Leben erhalten
werden. 17Ehre und Ruhm gehören Gott allein, dem ewigen
König, dem Unsichtbaren, der nie stirbt und der allein Gott
ist, in alle Ewigkeit. Amen.

Die Verantwortung des Timotheus

18Timotheus, mein Sohn, dies ist mein Gebot für dich, wie es
dem entspricht, was die Propheten schon früher über dich
vorausgesagt haben. Ihre Voraussagen sollen dich stärken,
den guten Kampf zu kämpfen. 19Halte dabei an deinem Glau-
ben an Christus fest und bewahre dir immer ein reines Gewis-
sen. Denn einige haben gegen ihr Gewissen gehandelt und
deshalb in ihrem Glauben Schiffbruch erlitten. 20Hymenäus
und Alexander sind Beispiele dafür; ich habe sie dem Satan
ausgeliefert, damit sie lernen, nicht länger Gott zu verachten.

Anweisungen über Fürbitte und Gottesdienst

2 1Vor allem anderen fordere ich euch auf, für alle Men-
schen zu beten. Bittet bei Gott für sie und dankt ihm. 2So

1,13 Griech. *wurde mit Erbarmen beschenkt.*

sollt ihr für die Herrschenden und andere Menschen in füh-
render Stellung beten, damit wir in Ruhe und Frieden so le-
ben können, wie es Gott gefällt und anständig ist. [3]Das ist gut
und macht Gott, unserem Erlöser, Freude. [4]Er möchte, dass
jeder gerettet wird und die Wahrheit erkennt. [5]Denn es gibt
nur einen Gott und nur einen Vermittler zwischen Gott und
den Menschen: Das ist Christus Jesus, der Mensch geworden
ist. [6]Er gab sein Leben*, um alle Menschen freizukaufen. Das
ist die Botschaft, die Gott der Welt gab, als die Zeit dafür ge-
kommen war. [7]Und ich lüge nicht, sondern sage die Wahr-
heit: Ich wurde als Prediger und Apostel erwählt, um die Völ-
ker im Glauben und in der Wahrheit zu unterrichten.
[8]Überall, wo ihr euch versammelt, möchte ich nun, dass die
Männer, wenn sie beten, ihre Hände rein zu Gott erheben. Sie
sollen nicht von Zorn und Streit beschmutzt sein. [9]Und ich
möchte, dass die Frauen in ihrer Erscheinung Zurückhaltung
üben, indem sie sich anständig kleiden und nicht durch ihre
Frisur oder durch Gold, Perlen oder kostbare Kleider die Auf-
merksamkeit auf sich lenken. [10]Denn Frauen, die Gott ehren
wollen, sollen dadurch anziehend wirken, dass sie Gutes tun.
[11]Eine Frau soll in der Stille und in aller Unterordnung ler-
nen. [12]Ich erlaube der Frau nicht, zu lehren oder über den
Mann zu herrschen; sie soll sich still zurückhalten. [13]Denn
Gott schuf zuerst Adam und dann Eva. [14]Und es war die
Frau, nicht Adam, die durch den Satan getäuscht wurde und
sich verführen ließ. [15]Doch auch die Frau wird gerettet wer-
den, wenn sie Kinder zur Welt bringt* und vor allem, wenn
sie beständig im Glauben und in der Liebe lebt, anständig
und verlässlich vor Gott.*

Leiterschaft in der Gemeinde

3 [1]Es stimmt, dass jemand, der ein Ältester* sein möchte,
eine sehr ehrenvolle Aufgabe anstrebt. [2]Ein Ältester

2,6 Griech. *sich als Lösegeld für alle.*
2,15a O. *werden gerettet, dadurch dass sie ihre Aufgabe als Mutter annehmen;* oder *werden durch die Geburt des Kindes gerettet werden.*
2,15b Griech. *wenn sie bleiben in Glauben und Liebe und Heiligung mit Besonnenheit.*
3,1 Griech. *Aufseher;* so auch in 3,2.

muss ein Mensch sein, der ein einwandfreies Leben führt. Er
soll seiner Frau treu sein.* Er soll Selbstbeherrschung haben,
besonnen leben und einen guten Ruf besitzen. Er soll gast-
freundlich sein und fähig, andere zu lehren. [3]Er darf kein
Trinker oder gewalttätiger Mensch sein, sondern er soll
freundlich und friedliebend sein und darf nicht am Geld hän-
gen. [4]Es ist nötig, dass er ein guter Familienvorstand ist und
dass seine Kinder ihn achten und ihm gehorchen. [5]Denn
wenn ein Mann es nicht versteht, seiner Verantwortung im
eigenen Haus gerecht zu werden, wie soll er dann für Gottes
Gemeinde sorgen?

[6]Ein Ältester sollte auch nicht erst vor kurzem gläubig ge-
worden sein, damit er nicht stolz wird, schon so früh ein Amt
innezuhaben, und der Teufel seinen Stolz benutzt, um ihn zu
Fall zu bringen*. [7]Außerdem soll er einen guten Ruf bei den
Menschen außerhalb der Gemeinde haben, damit er nicht ins
Gerede kommt und in die Falle des Teufels tappt.

[8]Genauso ist es notwendig, dass auch die Diakone geachtete
und glaubwürdige Menschen sind. Sie dürfen keine Trinker
sein und nicht nach maßlosem Gewinn streben. [9]Sie sollen
mit gutem Gewissen so leben, wie es der Wahrheit des Glau-
bens entspricht.* [10]Bevor sie zu Diakonen ernannt werden,
soll man ihnen andere Aufgaben in der Gemeinde übertra-
gen, um sie zu prüfen. Wenn sie sich dabei bewähren, können
sie als Diakone arbeiten.

[11]Auch ihre Frauen* sollen geachtet sein und dürfen nicht
abfällig über andere reden. Sie müssen besonnen und treu
sein in allem, was sie tun.

[12]Ein Diakon soll seiner Frau die Treue halten und seine Kin-
der und sein Haus gut führen. [13]Wenn Diakone ihre Aufgabe
gut erfüllen, werden sie geachtet und leben ihren Glauben an
Christus Jesus mit großer Zuversicht.

3,2 Griech. *Mann einer (einzigen) Frau;* so auch in 3,12.
3,6 O. *und demselben Gericht verfällt wie der Teufel.*
3,9 Griech. *Sie sollen das Geheimnis des Glaubens mit reinem Gewissen bewahren.*
3,11 O. *die Frauen im Amt eines Diakons;* das griech. Wort kann mit »Ehefrauen« oder »Frauen« übersetzt werden.

Die Wahrheit unseres Glaubens

[14]Ich schreibe dir diese Dinge, obwohl ich hoffe, bald bei dir
zu sein, [15]damit du, falls ich noch eine Weile nicht kommen
kann, weißt, wie man sich im Haus Gottes verhalten soll. So
sieht die Gemeinde des lebendigen Gottes aus, die eine Säule
und Stütze der Wahrheit ist. [16]Ohne Frage ist das Geheimnis
unseres Glaubens groß:

Christus* ist als Mensch erschienen
und wurde durch den Geist*
gerecht gesprochen.
Er wurde von Engeln gesehen
und den Völkern verkündet.
Viele Menschen in der Welt
glaubten an ihn,
und er wurde in den Himmel*
hinaufgenommen.

Warnungen vor Irrlehrern

4 [1]Nun sagt uns der Heilige Geist ausdrücklich, dass man-
che sich am Ende der Zeit von dem abwenden werden,
was wir glauben; sie werden auf Lügen hören und Lehren
folgen, die von Dämonen stammen. [2]Diese Lehrer sind
Heuchler und Lügner, aber ihr Gewissen ist tot*.

[3]Sie werden behaupten, es sei falsch, zu heiraten, und falsch,
bestimmte Dinge zu essen. Doch Gott hat diese Nahrungs-
mittel geschaffen, damit wir sie dankbar essen; denn wir
sind Menschen, die die Wahrheit kennen und an sie glauben.
[4]Weil alles, was Gott geschaffen hat, gut ist, sollen wir nichts
davon ablehnen. Wir dürfen es dankbar annehmen, [5]denn
wir wissen, dass es durch das Wort Gottes und durch das
Gebet gesegnet wird.

3,16a In manchen Handschriften heißt es *Gott.*
3,16b O. *in seinem Geist.*
3,16c Griech. *in Herrlichkeit oder in die Herrlichkeit.*
4,2 Griech. *gebrandmarkt.*

Ein guter Diener von Christus Jesus

[6]Wenn du das den anderen erklärst, tust du damit deine
Pflicht als ein würdiger Diener von Christus Jesus. Du lebst
von der Botschaft des Glaubens und der wahren Lehre, der
du gefolgt bist. [7]Vergeude keine Zeit mit Streitereien über
gottlose Ideen und Ammenmärchen, sondern nutze deine
Zeit und Kraft, um im Glauben immer stärker zu werden.
[8]Körperliches Training hat einen gewissen Wert, aber geist-
liches Training ist noch viel wichtiger, denn es verspricht Ge-
winn in diesem wie auch im zukünftigen Leben. [9]Diese Wahr-
heit sollte jeder gelten lassen.* [10]Wir arbeiten hart und leiden
dabei viel*, denn unsere Hoffnung ist der lebendige Gott. Er
ist der Erlöser aller Menschen, insbesondere der Gläubigen.

[11]Lehre diese Dinge und bestehe darauf, dass jeder sie lernt.
[12]Niemand soll dich gering schätzen, nur weil du jung bist.
Sei allen Gläubigen ein Vorbild in dem, was du lehrst, wie
du lebst, in der Liebe, im Glauben und in der Reinheit. [13]Und
bis ich komme, sollst du dich darauf konzentrieren, der Ge-
meinde die Schrift vorzulesen und die Gläubigen zu ermuti-
gen und zu lehren!

[14]Vernachlässige die geistliche Gabe nicht, die du durch pro-
phetische Reden empfangen hast, als die Ältesten der Ge-
meinde dir die Hände auflegten. [15]Richte deine Aufmerksam-
keit darauf und widme dich diesen Aufgaben, damit alle
sehen können, wie du Fortschritte machst. [16]Achte sorgfältig
auf dich selbst und auf die Lehre. Bleib der Wahrheit treu,
und Gott wird dich und alle, die dich hören, retten.

5 [1]Sprich nie unhöflich mit einem älteren Mann*, sondern
ermahne ihn mit allem Respekt, als wäre es dein eigener
Vater. Mit den jüngeren Männern sprich, als wären es deine
Brüder. [2]Behandle die älteren Frauen wie deine eigene Mutter
und die jüngeren Frauen mit Zurückhaltung, als wären sie
deine eigenen Schwestern.

4,9 Griech. *Dieses Wort ist glaubwürdig und aller Annahme wert.*
4,10 In manchen Handschriften heißt es *und kämpfen.*
5,1 O. *einem Ältesten.*

Ratschläge in Bezug auf Witwen, Älteste und Sklaven
3Kümmere dich um die Witwen, die sonst niemanden haben,
der für sie sorgt. 4Wenn eine Witwe jedoch Kinder oder Enkel
hat, haben vor allem diese die Pflicht, nach den Geboten Got-
tes zu leben* und ihren Eltern das Gute, das sie ihnen gegeben
haben, zurückzugeben, indem sie für sie sorgen. Das ist et-
was, über das sich Gott freut.
5Doch eine Frau, die wirklich Witwe ist und ganz allein in
dieser Welt steht, setzt ihre Hoffnung ganz auf Gott. Nacht
und Tag bittet sie Gott um Hilfe und verbringt viel Zeit im
Gebet. 6Dagegen ist die Witwe, die nur für das Vergnügen
lebt, schon tot, obwohl sie noch lebt. 7Sage dies der Gemeinde
weiter, damit sie anständig leben.
8Diejenigen jedoch, die nicht für ihre eigenen Verwandten
sorgen – besonders wenn sie im selben Haushalt leben –,
haben damit verleugnet, was wir glauben. Solche Leute sind
schlimmer als Ungläubige.
9Eine Witwe soll dann in das Verzeichnis aufgenommen
werden, wenn sie mindestens sechzig Jahre alt ist und ihrem
Mann treu war*. 10Sie muss für das Gute, das sie getan hat, bei
den anderen geachtet sein. Hat sie ihre Kinder gut erzogen?
War sie freundlich zu Fremden? Hat sie anderen Gläubigen
gerne gedient?* Hat sie denen geholfen, die in Not geraten
waren? War sie immer bereit, Gutes zu tun?
11Die jüngeren Witwen sollen nicht in das Verzeichnis auf-
genommen werden, denn wenn ihr körperliches Verlangen
stärker wird als ihre Hingabe an Christus, werden sie wieder
heiraten wollen. 12Dann würden sie sich schuldig machen, ihr
früheres Versprechen gebrochen zu haben. 13Außerdem ge-
wöhnen sie es sich sonst an, faul zu werden und ihre Zeit
damit zu vertrödeln, mit den Nachbarn zu klatschen, sich
neugierig in die Angelegenheiten anderer einzumischen und
Dinge zu sagen, die sie nicht sagen sollten. 14Deshalb rate ich
diesen jüngeren Witwen, wieder zu heiraten, Kinder zu be-

5,4 Griech. *aus Gottesfurcht für die eigene Familie zu sorgen.*
5,9 Griech. *die Frau eines (einzigen) Mannes war.*
5,10 Griech. *Hat sie den Heiligen die Füße gewaschen?*

kommen und sich um ihren eigenen Haushalt zu kümmern. Dann wird der Feind nichts gegen sie vorbringen können.
15Denn ich befürchte, dass einige bereits auf Abwege geraten sind und jetzt dem Satan folgen.

16Wenn eine gläubige Frau Witwen in ihrer Verwandtschaft hat, muss sie sich um sie kümmern und darf die Verantwortung nicht auf die Gemeinde abschieben. Dann kann die Gemeinde diejenigen versorgen, die wirklich allein dastehen.
17Älteste, die ihrer Aufgabe voll gerecht werden, verdienen Anerkennung und Lohn*, besonders diejenigen, die sowohl
predigen als auch lehren. 18Denn die Schrift sagt: »Hindert einen Ochsen nicht am Fressen, während er das Korn drischt.« Und an anderer Stelle steht: »Wer arbeitet, hat auch Lohn verdient!«*

19Hört nicht auf Beschwerden gegen einen Ältesten, es sei denn, zwei oder drei Zeugen haben ihm etwas vorzuwerfen.
20Wer jedoch sündigt, soll vor der ganzen Gemeinde zurechtgewiesen werden, damit die anderen durch dieses Beispiel Gott fürchten lernen.

21Ich gebiete dir ausdrücklich in der Gegenwart von Gott und Christus Jesus und den heiligen Engeln, diese Anweisungen zu befolgen, ohne Partei zu ergreifen oder jemanden in
irgendeiner Weise zu bevorzugen. 22Lege nicht voreilig jemandem die Hände auf. Beteilige dich nicht an den Sünden anderer. Halte dich selbst frei von Schuld.

23Trinke nicht nur Wasser. Du solltest wegen deines Magens auch ein wenig Wein trinken, weil du so oft krank bist.

24Denke daran, dass manche Leute ein schlechtes Leben* führen, sodass jeder weiß, dass sie ins Gericht kommen werden. Aber es gibt andere, deren Schuld erst später sichtbar
wird. 25Genauso ist jedem bekannt, wie viel Gutes manche Leute tun, während es andere gibt, von deren guten Taten man erst später erfahren wird.

5,17 Griech. *sind doppelter Ehre wert.*
5,18 5. Mose 25,4; Lukas 10,7.
5,24 Griech. *ein Leben in Sünde.*

6 [1]Alle, die Sklaven sind, sollen ihre Herren uneinge-
schränkt ehren, damit der Name Gottes und seine Lehre
nicht entehrt werden. [2]Wenn euer Herr gläubig ist, ist das
kein Grund, ihn weniger zu achten, nur weil ihr im Glauben
Brüder seid. Ja, ihr sollt sogar noch härter arbeiten, weil ihr
durch eure Bemühungen einem anderen Gläubigen* helft.

Falsche Lehrer und wahrer Reichtum

Lehre diese Wahrheiten, Timotheus, und ermutige alle, sie zu
befolgen! [3]Jeder, der etwas anderes lehrt als die guten Worte
von Jesus Christus, unserem Herrn, und nicht an der Lehre
festhält, auf der unser Leben im Glauben beruht, [4]der ist ver-
blendet und unwissend. Ein solcher Mensch hat einen unge-
sunden Hang zu Streitereien und Wortgefechten, die zu
Neid, Auseinandersetzungen, lästerlichen Reden und bösen
Verdächtigungen führen [5]und in dauerhaftem Streit enden.
Solche Menschen haben ein verdorbenes Denken und kennen
die Wahrheit nicht. Für sie ist das Leben mit Gott nur ein Mit-
tel, sich zu bereichern.

[6]Wahrer Glaube und die Fähigkeit, mit wenigem zufrieden
zu sein, sind tatsächlich ein großer Reichtum. [7]Schließlich ha-
ben wir bei unserer Geburt nichts in die Welt mitgebracht und
wir können auch nichts mitnehmen, wenn wir sterben. [8]Des-
halb wollen wir zufrieden sein, solange wir nur genug Nah-
rung und Kleidung haben. [9]Menschen, die reich werden wol-
len, geraten nur in Versuchung und verstricken sich in so
viele dumme und schädliche Wünsche, dass sie letztlich ins
Verderben und in ihren eigenen Untergang stürzen. [10]Denn
die Liebe zum Geld ist die Wurzel aller möglichen Übel; so
sind manche Menschen aus Geldgier vom Glauben abge-
wichen und haben sich selbst viele Schmerzen zugefügt.

Letzte Anweisungen des Apostels

[11]Aber du, Timotheus, gehörst Gott; deshalb sollst du dich
davon fernhalten. Bemühe dich um ein Leben, so wie Gott es

6,2 Griech. *einem Bruder.*

will*: geprägt von der Ehrfurcht vor Gott, von Glauben und
Liebe, geführt mit Geduld und Sanftmut! 12Kämpfe den gu-
ten Kampf des Glaubens. Halte an dem ewigen Leben fest, zu
dem Gott dich berufen hat und für das du ein gutes Bekennt-
nis vor vielen Zeugen abgelegt hast! 13Und ich gebiete dir vor
Gott, der allen Leben gibt, und vor Jesus Christus, der ja auch
vor Pontius Pilatus ein gutes Bekenntnis abgelegt hat, 14sei-
nen Geboten rein und vorbildlich zu folgen. Dann kann nie-
mand dir etwas vorwerfen, bis Jesus Christus, unser Herr,
wiederkommt. 15Denn zur richtigen Zeit wird Christus vom
Himmel her offenbart werden durch den gnädigen und allein
allmächtigen Gott, den König der Könige und Herrn der Her-
ren. 16Nur er allein wird nie sterben, und er wohnt in einem
Licht, zu dem niemand kommen kann. Niemand hat ihn je
gesehen oder kann ihn sehen. Ihm sei Ehre und Macht in alle
Ewigkeit! Amen.

17Sag allen, die in dieser gegenwärtigen Welt reich sind, sie
sollen nicht stolz sein und nicht auf ihr Geld vertrauen, das
bald vergehen wird. Stattdessen sollen sie ihr Vertrauen auf
den lebendigen Gott setzen, der uns alles reichlich gibt, was
wir brauchen, damit wir uns daran freuen und es genießen
können. 18Fordere sie auf, ihr Geld zu nutzen, um Gutes zu
tun. Sie sollen reich an guten Taten sein, die Bedürftigen groß-
zügig unterstützen und immer bereit sein, mit anderen zu
teilen, was Gott ihnen gegeben hat. 19Auf diese Weise legen
sie mit ihrem Besitz ein gutes Fundament für die Zukunft, um
das wahre Leben zu ergreifen.

20Timotheus, bewahre, was Gott dir anvertraut hat. Mei-
de alle gottlosen, hohlen Streitgespräche mit Menschen, die
sich dir mit ihrer sogenannten Erkenntnis entgegenstellen.
21Manche haben den Glauben verloren, weil sie deren Ge-
schwätz gefolgt sind!

Wir wünschen euch allen Gottes Gnade!

6,11 Griech. *um Gerechtigkeit.*

Der zweite Brief an Timotheus

Grüße von Paulus

1 [1]Dieser Brief stammt von Paulus, der durch den Willen
Gottes zum Apostel von Christus Jesus wurde. Gott hat
mich gesandt, um den Menschen von dem Leben zu erzählen,
das der Glaube an Jesus Christus verspricht.
[2]Der Brief richtet sich an Timotheus, meinen geliebten Sohn.
Ich wünsche dir Gnade, Barmherzigkeit und Frieden von
Gott, unserem Vater, und Jesus Christus, unserem Herrn.

Ermutigung zur Treue

[3]Ich danke Gott, dem ich mit einem reinen Gewissen diene,
wie meine Vorfahren es taten. Nacht und Tag denke ich in
meinen Gebeten an dich. [4]Ich sehne mich danach, dich wieder
zu sehen, denn ich erinnere mich an deine Tränen bei unse-
rem Abschied. Und ich werde voller Freude sein, wenn wir
wieder zusammen sein werden.
[5]Ich weiß, dass du dem Herrn aufrichtig vertraust, denn du
hast den Glauben deiner Mutter Eunike und deiner Groß-
mutter Lois. [6]Deshalb ermutige ich dich dazu, die geistliche
Gabe wirken zu lassen, die Gott dir schenkte, als ich dir die
Hände auflegte. [7]Denn Gott hat uns nicht einen Geist der
Furcht gegeben, sondern einen Geist der Kraft, der Liebe
und der Besonnenheit. [8]Schäme dich also niemals, vor ande-
ren Menschen unseren Herrn zu bezeugen. Und schäme dich
auch nicht für mich, obwohl ich für Christus im Gefängnis
bin. Sei vielmehr durch die Kraft, die Gott dir gibt, bereit,
gemeinsam mit mir für die Verbreitung der guten Botschaft
zu leiden.
[9]Gott hat uns erlöst und berufen*; nicht aufgrund unserer
Taten, sondern weil er schon lange, bevor es die Welt gab,
entschieden hatte, uns durch Christus Jesus seine Gnade zu
zeigen. [10]Nun ist uns das alles durch das Kommen unseres
Retters Jesus Christus offenbart worden. Er hat die Macht

1,9 Griech. *mit heiligem Ruf.*

des Todes gebrochen und mit der guten Botschaft den Weg
zum ewigen Leben ans Licht gebracht. [11]Und Gott hat mich
erwählt, ein Prediger, Apostel und Lehrer dieser Botschaft zu
sein.

[12]Das ist der Grund, warum ich hier im Gefängnis leide!
Aber ich schäme mich deswegen nicht, weil ich ja weiß, auf
wen ich mein Vertrauen gesetzt habe, und weil ich sicher bin,
dass er bis zum Tag seines Kommens bewahren kann, was
mir anvertraut wurde*.

[13]Halte dich an das Vorbild der gesunden Lehre, die ich dir
weitergegeben habe, und führe dein Leben in dem Glauben
und in der Liebe von Christus Jesus! [14]Bewahre sorgfältig,
was dir anvertraut wurde; der Heilige Geist, der in uns lebt,
hilft dir dabei.

[15]Wie du weißt, haben alle, die aus der Provinz Asien mit
mir gekommen waren, mich verlassen; sogar Phygelus und
Hermogenes sind fort. [16]Ich wünsche Onesiphorus und sei-
ner ganzen Familie Barmherzigkeit von Gott, denn er hat
mich oft besucht und ermutigt. Er hat sich nie für mich ge-
schämt, obwohl ich im Gefängnis war. [17]Als er nach Rom
kam, suchte er überall, bis er mich gefunden hatte. [18]Möge
der Herr ihm an dem Tag, an dem Christus wiederkommt,
Barmherzigkeit erweisen! Und wie sehr er mir in Ephesus
geholfen hat, weißt du ja selbst am besten.

Ein guter Kämpfer für Christus Jesus

2 [1]Timotheus, mein lieber Sohn, werde stark durch die
Gnade, die Gott dir in Christus Jesus schenkt. [2]Was du
von mir gehört hast, das sollst du auch weitergeben an
Menschen, die vertrauenswürdig und fähig sind, andere zu
lehren.

[3]Sei bereit, als ein treuer Kämpfer für Christus Jesus zu lei-
den. [4]Und keiner, der in den Krieg zieht, verstrickt sich in die
Angelegenheiten des täglichen Lebens, um dem zu gefallen,
der ihn in seine Armee aufgenommen hat. [5]Auch wer an ei-
nem Wettkampf teilnimmt, kann nur gewinnen, wenn er sich

1,12 O. *was ich ihm anvertraut habe.*

an die Regeln hält. [6]Bauern, die schwer arbeiten, erhalten als
Erste Anteil an den Früchten ihrer Arbeit. [7]Denke über meine
Worte nach. Der Herr wird dir in all diesen Dingen das nötige
Verständnis geben.

[8]Denke an Jesus Christus, der als Mensch aus dem Ge-
schlecht Davids stammte und von den Toten auferstanden
ist. Das ist die Botschaft, die ich predige. [9]Und weil ich sie
predige, leide ich und wurde angekettet wie ein Verbrecher.
Aber das Wort Gottes lässt sich nicht in Ketten legen. [10]Ich bin
bereit, alles zu ertragen, damit jene, die Gott erwählt hat,
durch Jesus Christus gerettet werden und ewige Herrlichkeit
bekommen.

[11]Dies ist ein wahres Wort: Wenn wir mit ihm sterben, wer-
den wir auch mit ihm leben. [12]Wenn wir mit ihm leiden, wer-
den wir mit ihm herrschen. Wenn wir ihn verleugnen, wird
auch er uns verleugnen. [13]Wenn wir untreu sind, bleibt er
treu, denn er kann sich selbst nicht verleugnen.

Ein bewährter Arbeiter

[14]Erinnere die Menschen daran und fordere sie im Namen
Gottes auf, sich nicht mehr um Worte zu streiten. Solche
Wortklaubereien sind nutzlos und schaden nur denen, die
ihnen zuhören. [15]Strebe danach, dich vor Gott als guter Ar-
beiter zu bewähren, der sich nicht zu schämen braucht und
der das Wort der Wahrheit kompromisslos predigt. [16]Meide
alles gottlose, dumme Geschwätz, das nur zu noch mehr
Gottlosigkeit führt. [17]Solches Geschwätz verbreitet sich wie
ein Krebsgeschwür. Ein Beispiel dafür sind Hymenäus und
Philetus. [18]Sie haben den Weg der Wahrheit verlassen und
behaupten, die Auferstehung von den Toten sei schon ge-
schehen; auf diese Weise haben sie den Glauben mancher
Menschen zerstört. [19]Doch Gottes Wahrheit steht fest wie ein
Grundstein mit folgender Inschrift: »Der Herr kennt die Sei-
nen« und: »Wer den Namen des Herrn nennt, halte sich von
Ungerechtigkeit fern.«*

2,19b S. Jesaja 52,11.

[20]In einem wohlhabenden Haus gibt es Gefäße aus Gold
und Silber und andere aus Holz und Ton. Die teuren Gefäße
werden für besondere Anlässe benutzt, die preiswerten dage-
gen für das tägliche Leben*. [21]Wer sich von solchen Menschen
fernhält, wird wie eins der teuren Gefäße sein: rein, nützlich
für den Hausherrn, geeignet für alles, was gut ist. [22]Halte dich
fern von allem, was die jugendlichen Leidenschaften weckt.
Deine Ziele sollen Gerechtigkeit, Glauben und Liebe sein so-
wie Friede mit allen, die mit aufrichtigen Herzen den Herrn
anrufen. [23]Beteilige dich nicht an dummen, unreifen Aus-
einandersetzungen, die nur Streit auslösen. [24]Ein Diener des
Herrn darf nicht streiten, sondern er muss zu allen freundlich
sein, überzeugend lehren und auch mit schwierigen Men-
schen Geduld haben können. [25]Denen, die sich der Wahrheit
widersetzen, soll er freundlich den richtigen Weg zeigen.
Vielleicht wird ja Gott diese Menschen zur Umkehr bewegen,
sodass sie die Wahrheit erkennen [26]und zur Besinnung kom-
men. Dann werden sie aus der Falle des Teufels entkommen,
der sie in seinem Bann hielt, sodass sie seinen Willen taten.

Die Gefahren der letzten Tage

3 [1]Außerdem sollst du wissen, Timotheus, dass in den letz-
ten Tagen der Welt schwere Zeiten kommen werden.
[2]Denn die Menschen werden nur sich selbst und ihr Geld lie-
ben. Sie werden stolz und eingebildet sein, Gott verachten
und ihren Eltern ungehorsam und undankbar begegnen.
Nichts wird ihnen heilig sein. [3]Sie werden lieblos sein und
zur Vergebung nicht bereit; sie werden andere verleumden
und keine Selbstbeherrschung kennen; sie werden grausam
sein und vom Guten nichts wissen wollen. [4]Ihre Freunde wer-
den sie verraten, leichtsinnig handeln, sich aufspielen und ihr
Vergnügen mehr lieben als Gott. [5]Sie werden so tun, als seien
sie fromm, doch die Kraft Gottes, die sie verändern könnte,
werden sie ablehnen. Von solchen Leuten halte dich fern!

2,20 Griech. *die einen zur Ehre, die andern zur Unehre.*

6Das sind genau die Leute, die sich in Häuser einschleichen
und das Vertrauen von Frauen gewinnen*, in deren Leben
sich viel Schuld angesammelt hat und die sich von ihren Lei-
denschaften beherrschen lassen. 7Solche Frauen wenden sich
ständig neuen Lehren zu, ohne dass sie je die Wahrheit ver-
stehen könnten. 8Und so wie Jannes und Jambres sich Mose
entgegengestellt haben, so leben auch diese im Widerspruch
zur Wahrheit. Ihr Geist ist verdorben und ihr Glaube nur ge-
heuchelt. 9Aber sie werden damit nicht weit kommen. Eines
Tages wird für jeden sichtbar werden, was für Narren sie wa-
ren, so wie es auch bei Jannes und Jambres geschah.

Paulus erinnert Timotheus an seine Verantwortung

10Aber du hast dich an das gehalten, was ich gelehrt habe,
Timotheus, und hast dir die Art, wie ich lebe, und meine Ziele
zu Eigen gemacht. An meinem Glauben, meiner Geduld und
meiner Liebe hast du dir ebenso ein Beispiel genommen wie
an meinem Durchhalten im Leiden. 11Du weißt, wie viel Ver-
folgung und Leid ich ertragen habe und wie ich in Antiochia,
Ikonion und Lystra verfolgt wurde – aber der Herr hat mich
aus allem errettet. 12Jeder, der an Christus Jesus glaubt und
ein Leben zur Ehre Gottes führen will, wird Verfolgung erle-
ben. 13Doch schlechte Menschen und Betrüger werden es im-
mer schlimmer treiben. Sie werden andere in die Irre führen
und dabei selbst in die Irre geführt werden.

14Du aber sollst dich treu an das halten, was ich dich gelehrt
habe und was du gelernt und im Glauben angenommen hast,
denn du weißt, wer dich unterrichtet hat. 15Von Kindheit an
bist du in der heiligen Schrift unterwiesen worden, und sie
kann dich weise machen, die Rettung anzunehmen, die der
Glaube an Christus Jesus schenkt! 16Die ganze Schrift ist von
Gottes Geist eingegeben und kann uns lehren, was wahr ist,
und uns erkennen lassen, wo Schuld in unserem Leben ist. Sie
weist uns zurecht und erzieht uns dazu, Gottes Willen zu

3,6 Griech. *gefangen nehmen.*

tun.* [17]Durch die Schrift bereitet Gott uns umfassend vor und
rüstet uns aus für alles, was wir nach seinem Willen tun
sollen.

4 [1]Ich bitte dich vor Gott und vor Christus Jesus, der eines
Tages die Lebenden und die Toten richten wird, wenn er
erscheinen wird, um sein Reich aufzurichten: [2]Verkünde das
Wort Gottes. Halte durch, ob die Zeit günstig ist oder nicht. In
aller Geduld und mit guter Lehre sollst du die Menschen zu-
rechtweisen, tadeln und ermutigen!
[3]Denn es kommt eine Zeit, in der die Menschen nicht mehr
auf die gesunde Lehre hören werden. Sie werden sich von
ihren eigenen Wünschen leiten lassen und immer wieder
nach Lehrern Ausschau halten, die ihnen sagen, was sie gern
hören wollen. [4]Die Wahrheit werden sie ablehnen und statt-
dessen seltsamen Fabeln folgen.
[5]Du aber sollst dir in jeder Situation ein nüchternes Urteil
bewahren. Scheue dich nicht, für den Herrn zu leiden. Setze
dir zum Ziel, andere zu Christus zu führen.* Erfülle die Auf-
gabe, die Gott dir anvertraut hat!

Abschließende Worte des Apostels

[6]Was mich betrifft, so wurde mein Leben schon als Opfer für
Gott ausgegossen und der Augenblick meines Todes ist nahe.
[7]Ich habe den guten Kampf gekämpft, den Lauf vollendet
und bin im Glauben treu geblieben. [8]Nun erwartet mich der
Preis – der Siegeskranz der Gerechtigkeit, den der Herr, der
gerechte Richter, mir am großen Tag seiner Wiederkehr geben
wird. Doch diesen Preis gibt er nicht nur mir, sondern allen,
die seine Rückkehr herbeisehnen. [9]Bitte komm, so bald du
kannst! [10]Demas hat mich verlassen, weil er die Dinge dieser
Welt liebt, und ist nach Thessalonich gegangen. Kreszens ist
nach Galatien gegangen und Titus nach Dalmatien. [11]Nur Lu-
kas ist bei mir. Bringe Markus mit, wenn du kommst, denn er

3,16 Griech. *Alles, was in der Schrift steht, ist von Gott eingegeben und förderlich zur Unterweisung, zur Überführung, zur Besserung und zur Erziehung in der Gerechtigkeit.*
4,5 Griech. *Tue das Werk eines Verkünders der Botschaft.*

wird mir bei meinem Dienst nützlich sein. [12]Ich habe Tychi-
kus nach Ephesus geschickt. [13]Und vergiss nicht, mir den
Mantel mitzubringen, den ich in Troas bei Karpus zurückließ.
Bring auch meine Bücher mit und vor allem die Pergamente!
[14]Alexander, der Schmied, hat mir viel Böses angetan, doch
der Herr wird es ihm nach seinen Taten vergelten. [15]Nimm
dich vor ihm in Acht, denn er hat sich gegen alles gestellt,
was wir gesagt haben.
[16]Als ich das erste Mal dem Richter vorgeführt wurde, war
niemand bei mir. Alle haben mich im Stich gelassen. Ich hoffe,
es wird ihnen nicht angerechnet werden. [17]Doch der Herr
stand mir zur Seite und gab mir Kraft, sodass ich die Bot-
schaft predigen konnte und alle Völker es hörten. Und er ret-
tete mich vor dem sicheren Tod*. [18]Der Herr wird mich vor
jedem bösen Angriff retten und mich sicher in sein himm-
lisches Reich bringen. Gott gehört in alle Ewigkeit Ehre!
Amen.

Abschließende Grüße

[19]Grüße Priska und Aquila von mir und alle, die im Haus von
Onesiphorus leben! [20]Erastus ist in Korinth geblieben, und
Trophimus habe ich krank in Milet zurückgelassen.
[21]Beeile dich, damit du noch vor dem Winter hier an-
kommst. Eubulus schickt dir Grüße und ebenso Pudens, Li-
nus, Klaudia und alle Gläubigen*.
[22]Der Herr sei bei dir! Ich wünsche euch allen seine Gnade!

4,17 Griech. *aus dem Rachen eines Löwen.*
4,21 Griech. *Brüder.*

Der Brief an Titus

Grüße von Paulus

1 [1]Dieser Brief stammt von Paulus, einem Diener Gottes.
Ich bin ein Apostel von Jesus Christus, dazu berufen, die
von Gott Auserwählten in ihrem Glauben zu unterstützen
und die Wahrheit zu verbreiten, die zum Glauben führt. [2]Die-
se Wahrheit schenkt die Hoffnung auf ewiges Leben, das Gott
schon vor dem Anfang der Welt zugesagt hat – und er kann
nicht lügen. [3]Nun hat Gott, weil die Zeit dafür gekommen
war, diese Botschaft offenbart und mir die Aufgabe übertra-
gen, sie zu verkünden.
[4]Der Brief richtet sich an Titus, der durch den Glauben wie
mein eigenes Kind ist. Ich wünsche dir Gnade und Frieden
von Gott, dem Vater, und Christus Jesus, unserem Erlöser!

Titus auf Kreta

[5]Ich habe dich auf der Insel Kreta zurückgelassen, damit du
unsere Arbeit dort zu Ende bringst und in den Städten Älteste
ernennst, wie ich dir aufgetragen habe. [6]Ein Ältester soll we-
gen seiner vorbildlichen Lebensführung allgemein geschätzt
sein. Er soll seiner Frau treu sein*, und seine Kinder sollen
gläubig sein und nicht als wild oder rebellisch gelten. [7]Ein
Ältester* soll ein tadelloses Leben führen, denn er ist ein
Hausverwalter Gottes. Er darf nicht überheblich oder jähzor-
nig sein und weder ein Trinker noch ein gewalttätiger oder
geldgieriger Mensch. [8]Er soll Gastfreundschaft üben und al-
les Gute lieben, besonnen und gerecht sein. Sein Leben soll
Gott gefallen und maßvoll sein. [9]Er soll an dem Wort der Bot-
schaft festhalten, das vertrauenswürdig ist. Denn nur dann
wird er auch imstande sein, andere durch die rechte Lehre
zu ermutigen und denen, die sich ihr gegenüber ablehnend
verhalten, zu zeigen, dass sie im Unrecht sind.

1,6 O. *nur eine Frau haben* oder *nur einmal verheiratet sein;* im Griech. heißt es *der Mann einer (einzigen) Frau sein.*
1,7 Griech. *Aufseher.*

10 Denn es gibt viele, die sich der gesunden Lehre widerset-
zen; sie ergehen sich in sinnlosem Geschwätz und betrügen
die Menschen. Das gilt besonders für die, die jüdischer Ab-
stammung sind. 11 Diese Leute müssen zum Schweigen ge-
bracht werden. Durch ihre falsche Lehre haben sie schon gan-
ze Familien von der Wahrheit abgebracht, weil sie nur auf
falschen Gewinn aus sind. 12 Einer aus ihren eigenen Reihen,
ein Prophet aus Kreta, hat über sie gesagt: »Die Kreter sind
alle Lügner; sie sind blutgierige Bestien und faule Vielfraße*.«
13 Das stimmt. Weise sie deshalb streng zurecht, damit sie im
Glauben stark werden. 14 Sie müssen aufhören, sich von jüdi-
schen Fabeln und den Anweisungen von Menschen leiten zu
lassen, die sich von der Wahrheit abgewandt haben! 15 Für
Menschen, die ein reines Gewissen haben, ist alles rein. Doch
für die Verdorbenen und Ungläubigen ist überhaupt nichts
rein, weil ihr Denken und ihr Gewissen beschmutzt sind.
16 Solche Leute behaupten, Gott zu kennen, verleugnen ihn
aber durch die ganze Art, wie sie leben. Sie sind ungehorsam
und widerlich und zu nichts Gutem zu gebrauchen!

Die gesunde Lehre fördern

2 1 Was immer du sagst, soll der gesunden Lehre entspre-
chen. 2 Lehre die älteren Männer, selbstbeherrscht, vor-
bildlich und besonnen zu leben. Sie sollen einen starken Glau-
ben haben und liebevoll und geduldig sein.

3 Genauso sollst du die älteren Frauen lehren, ihr Leben so
zu führen, wie es sich für jemanden gehört, der dem Herrn
dient. Sie sollen nicht herumgehen und tratschen, und sie
dürfen keine Trinkerinnen sein. Stattdessen sollen sie ande-
ren zeigen, was gut ist. 4 Diese älteren Frauen sollen die jün-
geren Frauen anleiten, ihre Ehemänner und auch ihre Kinder
zu lieben, 5 besonnen und anständig zu leben, ihren Haushalt
gut zu versorgen, freundlich zu sein und sich ihren Ehemän-
nern unterzuordnen. Damit werden sie dem Wort Gottes kei-
ne Schande machen!

1,12 Griech. *böse Tiere, faule Bäuche.*

[6]Genauso sollst du die jungen Männer dazu auffordern, in
jeder Hinsicht besonnen zu sein. [7]Und du selbst sei ihnen in
allem ein gutes Vorbild und ein Beispiel für die Glaubwürdig-
keit und Würde deiner Lehre. [8]Deine Verkündigung soll
wahr und nicht anfechtbar sein, damit die Kritiker der Gegen-
seite beschämt werden, weil sie uns nichts Schlechtes nach-
sagen können!
[9]Fordere die Sklaven auf, ihren Herren zu gehorchen und
ihr Bestes zu geben, um es ihnen recht zu machen. Sie sollen
sich nicht widersetzen [10]und nicht stehlen, sondern sich in
allem als vertrauenswürdig und gut erweisen, damit sie der
Lehre von Gott, unserem Erlöser, Ehre machen. [11]Denn die
Gnade Gottes, die allen Menschen Rettung bringt, ist sichtbar
geworden. [12]Sie bringt uns dazu, dem Leben ohne Gott und
allen sündigen Leidenschaften den Rücken zu kehren. Jetzt,
in dieser Welt sollen wir besonnen, gerecht und voller Hinga-
be an Gott leben. [13]Denn wir warten auf das wunderbare Er-
eignis, wenn die Herrlichkeit des großen Gottes und unseres
Erlösers, Jesus Christus, erscheinen wird. [14]Er gab sein Leben,
um uns von aller Schuld* zu befreien und zu reinigen und uns
zu seinem eigenen Volk zu machen, das bemüht ist, Gutes zu
tun. [15]Dies alles sollst du lehren. Ermutige die Menschen und
weise sie zurecht, wenn es nötig ist! Niemand soll dich oder
dein Wort verachten.

Das Gute tun

3 [1]Erinnere alle daran, sich der Regierung und ihren Vertre-
tern unterzuordnen. Sie sollen gehorsam und zum Guten
bereit sein, [2]über niemanden lästern und jedem Streit aus
dem Weg gehen. Allen Menschen sollen sie mit Freundlich-
keit und Geduld begegnen!
[3]Auch wir waren früher unwissend und ungehorsam. Wir
ließen uns in die Irre führen und wurden zu Sklaven vieler
Wünsche und Leidenschaften. Unser Leben war voller Bos-
heit und Neid. Wir hassten die anderen, und sie hassten uns.

2,14 Griech. *Gesetzlosigkeit.*

[4]Doch dann zeigte Gott, unser Retter, uns seine Freundlich-
keit und Liebe. [5]Er rettete uns, nicht wegen unserer guten
Taten, sondern aufgrund seiner Barmherzigkeit. Er wusch
unsere Schuld ab und schenkte uns durch den Heiligen Geist
ein neues Leben.* [6]Durch das, was Jesus Christus, unser Ret-
ter, für uns getan hat, schenkte er uns den Heiligen Geist. [7]In
seiner großen Güte sprach er uns los von unserer Schuld. Nun
wissen wir, dass wir das ewige Leben erben werden. [8]Alles,
was ich dir gesagt habe, ist wahr. Ich möchte, dass du es mit
Nachdruck lehrst, damit alle, die auf Gott vertrauen, immer
darauf bedacht sind, Gutes zu tun. Das ist gut und sinnvoll
für alle.

Abschließende Bemerkungen und Grüße des Apostels

[9]Lass dich nicht auf unsinnige Fragen über Stammbäume* ein
oder auf Auseinandersetzungen und Streit über das Befolgen
jüdischer Vorschriften! Das ist nutzlos und reine Zeitver-
schwendung. [10]Wenn jemand unter euch Spaltungen auslöst,
verwarne ihn ein erstes und dann noch ein zweites Mal. Da-
nach gib dich mit dem Betreffenden nicht mehr ab. [11]Denn so
ein Mensch hat sich von der Wahrheit abgewandt. Er sündigt
und verurteilt sich damit selbst!

[12]Ich habe vor, Artemas oder Tychikus zu dir zu schicken.
Sobald einer der beiden bei dir eintrifft, komm so schnell wie
möglich zu mir nach Nikopolis! Ich habe nämlich beschlos-
sen, den Winter dort zu verbringen. [13]Sei dem Gesetzeslehrer
Zenas und Apollos bei ihrer Reise behilflich, so gut du nur
kannst. Achte darauf, dass es ihnen an nichts fehlt. [14]Denn
die zu uns gehören, sollen kein nutzloses Leben führen, son-
dern lernen, überall dort Gutes zu tun und zu helfen, wo es
nötig ist.

[15]Alle, die hier bei mir sind, senden Grüße. Bitte grüße auch
alle Gläubigen, die uns lieben, von mir!

Ich wünsche euch allen die Gnade Gottes!

3,5 Griech. *Er rettete uns durch das Bad der Wiedergeburt und Erneuerung des Heiligen Geistes.*

3,9 Griech. *Streitreden und Stammbäume.*

Der Brief an Philemon

Grüße von Paulus

[1]Dieser Brief stammt von Paulus, der wegen der Verkündi-
gung der Botschaft von Christus Jesus im Gefängnis ist, und
von unserem Bruder Timotheus.
Er richtet sich an Philemon, unseren geliebten Mitarbeiter,
[2]sowie an unsere Schwester Aphia und an Archippus, unse-
ren Mitstreiter. Darüber hinaus ist der Brief für die Gemeinde
bestimmt, die sich in deinem Haus versammelt.
[3]Wir wünschen euch Gnade und Frieden von Gott, unserem
Vater, und Jesus Christus, dem Herrn!

Dank und Gebet des Apostels

[4]Immer, wenn ich für dich bete, Philemon, danke ich meinem
Gott, [5]denn ich höre überall von deinem Vertrauen auf Jesus,
den Herrn*, und von deiner Liebe zu allen Gläubigen*. [6]Und
ich bete nun, dass der Glaube, den wir miteinander teilen, in
dir zunimmt, indem du erkennst, wie viel Gutes wir in Chris-
tus haben. [7]Deine Liebe hat mir sehr viel Freude und Trost
gegeben, mein Bruder, denn du erfreust die Herzen der
Gläubigen.

Paulus tritt für Onesimus ein

[8]In Christus hätte ich die Freiheit dir zu befehlen, was sich
eigentlich von selbst versteht. [9]Aber wegen deiner Liebe ziehe
ich es vor, dich darum zu bitten. Nimm diese Bitte von dei-
nem Freund Paulus an, einem alten Mann, der für Christus
Jesus im Gefängnis sitzt.
[10]Mein Anliegen betrifft Onesimus, der für mich wie ein ei-
gener Sohn ist, weil er durch meinen Dienst hier im Gefängnis
gläubig wurde. [11]Onesimus* war dir in der Vergangenheit

5a Griech. *von dem Glauben an den Herrn Jesus, den du hast.*
5b Griech. *Heiligen;* so auch in Vers 7.
11 *Onesimus* bedeutet »nützlich«.

nicht von Nutzen, doch jetzt ist er es für uns beide! 12Ich schi-
cke ihn zu dir zurück, und mein Herz begleitet ihn.
13Am liebsten hätte ich ihn bei mir behalten, solange ich we-
gen der Verbreitung von Gottes guter Botschaft im Gefängnis
bin, damit er mir an deiner Stelle beisteht. 14Aber ich wollte
nichts ohne deine Zustimmung tun, denn ich will, dass du
mir freiwillig hilfst und nicht, weil du dich gezwungen fühlst.
15Vielleicht kannst du es so sehen: Onesimus lief für eine ge-
wisse Zeit weg, damit du ihn für immer zurückbekommst.
16Er ist jetzt nicht mehr nur ein Sklave, sondern mehr als das,
ein geliebter Bruder, besonders für mich. Nun wird er dir
noch viel mehr bedeuten, nicht nur als Sklave, sondern auch
als ein Bruder im Herrn.
17Wenn du mich nun als Freund ansiehst, dann nimm ihn
genauso herzlich auf, wie du mich aufnehmen würdest!
18Wenn er dir in irgendeiner Weise Schaden zugefügt hat
oder dir etwas schuldig ist, dann setze es auf meine Rech-
nung. 19Ich, Paulus, schreibe dies mit eigener Hand: Ich wer-
de es bezahlen. Und ich brauche dich nicht daran zu erinnern,
dass du dich selbst mir schuldest. 20Ja, mein Bruder, ich möch-
te mich an dir freuen. Bereite mir diese Freude in Christus!
21Ich vertraue auf deinen Gehorsam und schreibe diesen Brief
in der Zuversicht, dass du meine Bitte erfüllen und sogar
noch mehr tun wirst!
22Bitte halte ein Gästezimmer für mich bereit, denn ich hof-
fe, dass Gott eure Gebete erhören und mich bald zu euch zu-
rückkehren lassen wird.

Abschließende Grüße
23Epaphras, mein Mitgefangener in Christus Jesus, schickt dir
seine Grüße, 24ebenso meine Mitarbeiter Markus, Aristarch,
Demas und Lukas.
25Die Gnade von Jesus Christus, dem Herrn, begleite euch!

Der erste Brief von Petrus

Grüße von Petrus

1 1Dieser Brief ist von Petrus, einem Apostel von Jesus
Christus.
Ich schreibe an die Auserwählten Gottes, die als Fremde in
Pontus, Galatien, Kappadozien, der Provinz Asien und Bi-
thynien leben. 2Gott, der Vater, hat euch vor langer Zeit er-
wählt, und der Geist hat euch geheiligt, sodass ihr nun Jesus
Christus nachfolgt und durch seinen Tod am Kreuz gereinigt
seid*.
Ich wünsche euch, dass ihr immer mehr von der Gnade und
dem Frieden Gottes erfüllt werdet.

Die Hoffnung des ewigen Lebens

3Gelobt sei der Gott und Vater unseres Herrn Jesus Christus,
denn er hat uns in seiner großen Barmherzigkeit das Vorrecht
geschenkt, wiedergeboren zu werden. Jetzt haben wir eine
lebendige Hoffnung, weil Jesus Christus von den Toten auf-
erstanden ist. 4Denn Gott hat für seine Kinder ein unvergäng-
liches Erbe, das rein und unversehrt im Himmel für euch auf-
bewahrt wird. 5Und in seiner großen Macht wird er euch
durch den Glauben beschützen, bis ihr das ewige Leben emp-
fangt. Es wird am Ende der Zeit für alle sichtbar offenbart
werden. 6Freut euch deshalb von Herzen! Vor euch liegt eine
große Freude, auch wenn ihr für eine Weile viel* erdulden
müsst.
7Dies dient nur dazu, euren Glauben zu prüfen, damit sich
zeigt, ob er wirklich stark und rein ist. Er wird erprobt, so wie
Gold im Feuer geprüft und geläutert wird – und euer Glaube
ist Gott sehr viel kostbarer als bloßes Gold. Wenn euer Glaube
also stark bleibt, nachdem er durch große Schwierigkeiten
geprüft wurde, wird er euch viel Lob und Herrlichkeit und
Ehre einbringen an dem Tag, an dem Jesus Christus der gan-

1,2 Griech. *durch sein Blut gereinigt zum Gehorsam.*
1,6 Griech. *Versuchungen.*

zen Welt offenbart werden wird. 8Ihn liebt ihr, obwohl ihr ihn
nie gesehen habt. Obwohl ihr ihn nicht seht, glaubt ihr an ihn;
und schon jetzt seid ihr erfüllt von herrlicher, unaussprechli-
cher Freude. 9Das Ziel eures Glaubens wird die Rettung eurer
Seelen sein.
10Schon die Propheten wollten über diese Rettung mehr
wissen und sagten voraus, was Gott euch zugedacht hat.
11Und der Geist wirkte in ihnen, und sie versuchten zu erken-
nen, auf welche Zeit er sie hinwies, als er ihnen die Leiden
von Christus und seine Herrlichkeit bereits damals ankün-
digte. 12Es wurde ihnen gesagt, dass sich das nicht zu ihrer
Zeit ereignen würde, sondern viele Jahre später, in eurer Zeit.
Und nun wurde euch diese Botschaft durch diejenigen ver-
kündet, die in der Kraft des Heiligen Geistes, der vom Him-
mel gesandt wurde, zu euch gepredigt haben. Und sogar die
Engel sehnen sich danach, etwas davon zu sehen.

Aufruf zu einem Leben in Heiligkeit

13Bemüht euch daher um ein klares, nüchternes Denken und
um Selbstbeherrschung. Setzt eure ganze Hoffnung auf die
Gnade, die euch bei der Wiederkehr von Jesus Christus er-
wartet. 14Gehorcht Gott, weil ihr seine Kinder seid. Fallt nicht
in eure alten, schlechten Gewohnheiten zurück. Damals
wusstet ihr es nicht besser. 15Aber jetzt sollt ihr in allem, was
ihr tut, heilig sein, genauso wie Gott, der euch berufen hat,
heilig ist. 16Denn er hat selbst gesagt: »Ihr sollt heilig sein,
weil ich heilig bin!«*
17Und denkt daran, dass der himmlische Vater, zu dem ihr
betet, niemanden bevorzugt, wenn er richtet. Er wird euch
nach dem beurteilen, was ihr tut. Deshalb sollt ihr während
eurer Zeit als Fremde in dieser Welt in Ehrfurcht vor Gott
leben. 18Denn ihr wisst, dass Gott euch nicht mit vergäng-
lichen Werten wie Silber oder Gold losgekauft hat von eurem
früheren Leben, das ihr so gelebt habt wie schon Generatio-
nen vor euch. 19Er bezahlte für euch mit dem kostbaren Blut
von Jesus Christus, der rein und ohne Sünde zum Opferlamm

1,16 3. Mose 11,44-45; 19,2; 20,7.

Gottes wurde. [20]Schon vor Erschaffung der Welt wurde er
dazu bestimmt, doch erst jetzt, am Ende der Zeiten, ist er für
euch erschienen, sodass alle ihn sehen. [21]Durch Christus seid
ihr zum Glauben an Gott gekommen. Und weil Gott ihn von
den Toten auferweckt und ihm große Herrlichkeit gegeben
hat, setzt ihr nun euren Glauben und eure Hoffnung auf Gott!
[22]Jetzt könnt ihr einander aufrichtig lieben, denn ihr wurdet
von eurer Schuld befreit, als ihr die Wahrheit Gottes ange-
nommen habt. Deshalb sollt ihr euch wirklich von Herzen*
lieben.

[23]Euer neues Leben hat keinen vergänglichen, sondern ewi-
gen Ursprung,* nämlich das lebendige und ewig bestehende
Wort Gottes. [24]Der Prophet hat gesagt: »Menschen sind wie
Gras, das verdorrt; ihre Schönheit verblasst so schnell wie die
Schönheit wilder Blumen. Das Gras verdorrt und die Blumen
welken. [25]Aber das Wort des Herrn hat ewig Bestand.«* Und
dieses Wort ist die Botschaft, die euch verkündet wurde.

2 [1]Trennt euch deshalb von aller Bosheit und jeder Form
von Betrug. Entscheidet euch gegen alle Heuchelei und
Eifersucht und üble Nachrede. [2]So wie ein Säugling nach
Milch schreit, sollt ihr nach der reinen Milch – dem Wort
Gottes – verlangen, die ihr benötigt, um im Glauben zu wach-
sen [3]und das Ziel der Erlösung zu erreichen. Denn ihr habt
erfahren, wie freundlich der Herr ist.

Lebendige Steine für das Haus Gottes

[4]Kommt zu Christus, dem lebendigen Eckstein im Tempel
Gottes. Er wurde von den Menschen zwar verworfen; doch
in den Augen Gottes, der ihn erwählt hat, ist er kostbar.

[5]Und nun lasst euch von Gott als lebendige Steine in seinen
geistlichen Tempel einbauen. Ihr sollt Gottes heilige Priester
sein und ihm geistliche Opfer bringen, die er durch eure

1,22 In manchen Handschriften heißt es *mit einem reinen Herzen.*
1,23 Griech. *Denn ihr seid wiedergeboren nicht aus vergänglichem, sondern aus unvergänglichem Samen.*
1,24-25 Jesaja 40,6-8.

Gemeinschaft mit Jesus Christus annimmt! 6In der Schrift
heißt es:

»Ich lege einen Stein in Jerusalem*, einen auserwählten,
kostbaren Eckstein, und wer an ihn glaubt, wird nicht umkommen.«*

7Für euch, die ihr glaubt, ist er kostbar, doch für die, die ihn
ablehnen, gilt:

»Der Stein, den die Bauleute verworfen haben, ist zum Eckstein geworden.«*

8Und in der Schrift heißt es auch:

»Er ist der Stein, über den Menschen stolpern, der Fels, der
sie zu Fall bringt.«*

Sie stolpern, weil sie nicht auf Gottes Wort hören und es
nicht befolgen, und dazu sind sie auch bestimmt. 9Aber ihr
seid anders, denn ihr seid ein auserwähltes Volk. Ihr seid
eine königliche Priesterschaft, Gottes heiliges Volk, sein persönliches Eigentum. So seid ihr ein lebendiges Beispiel für die
Güte Gottes, denn er hat euch aus der Finsternis in sein wunderbares Licht gerufen.

10»Früher wart ihr kein Volk; jetzt seid ihr das Volk Gottes.
Früher habt ihr Gottes Barmherzigkeit nicht empfangen; jetzt
aber habt ihr seine Barmherzigkeit empfangen.«*

11Liebe Brüder*, in dieser Welt seid ihr ohne Bürgerrecht
und Fremde. Deshalb warne ich euch: Lasst euch nicht von
den Versuchungen dieser Welt bestimmen, denn sie schaden
eurer Seele. 12Achtet sorgfältig darauf, wie ihr unter euren
ungläubigen Mitmenschen lebt. Selbst wenn sie euch eines
Unrechts anklagen, wird sie euer einwandfreies Verhalten beeindrucken, und sie werden an Gott glauben und ihm die
Ehre geben, wenn er kommt, um die Welt zu richten*.

2,6a Griech. *in Zion*.
2,6b Jesaja 28,16.
2,7 Psalm 118,22.
2,8 O. *der ihnen Ärger bereitet;* Jesaja 8,14.
2,10 Hosea 1,6.9; 2,25.
2,11 Griech. *Geliebte*.
2,12 O. *am Tag der Heimsuchung*.

Achtung vor den Menschen in verantwortlicher Stellung

[13]Ordnet euch den staatlichen Gewalten unter, denn das ent-
spricht dem Willen Gottes*: sei es dem König als Staatsober-
haupt [14]oder den Beamten, die er ernannt hat. Denn der Kö-
nig hat sie geschickt, um die zu bestrafen, die Unrecht tun,
und diejenigen zu ehren, die Gutes tun!

[15]Gott will, dass ihr durch euer gutes Leben die zum Schwei-
gen bringt, die euch in ihrer Unwissenheit beschuldigen. [16]Ihr
seid keine Sklaven, sondern freie Menschen. Doch eure Frei-
heit berechtigt euch nicht dazu, Böses zu tun. Ihr seid frei, um
als Diener Gottes zu leben. [17]Achtet alle Menschen. Liebt eure
Geschwister im Glauben. Fürchtet Gott. Erweist dem König
Respekt.

An die Sklaven

[18]Ihr, die ihr Sklaven seid, ordnet euch euren Herren unter.
Tut, was sie euch sagen, und zwar nicht nur, wenn sie freund-
lich und vernünftig sind, sondern selbst dann, wenn sie un-
gerecht handeln. [19]Denn das ist ein Beispiel für die Gnade
Gottes, wenn jemand ungerechte Behandlung geduldig er-
trägt, weil sein Gewissen Gott verantwortlich ist. [20]Natürlich
verdient ihr keine besondere Anerkennung, wenn ihr Schläge
geduldig hinnehmt, die ihr bekommt, weil ihr Unrecht getan
habt. Aber wenn ihr für das Gute, das ihr getan habt, leidet
und Schläge geduldig ertragt, ist das ein Zeichen für die Gna-
de Gottes*.

[21]Dieses Leiden gehört zu dem Leben, zu dem Gott euch
berufen hat. Christus, der für euch litt, ist euer Vorbild, dem
ihr nacheifert. [22]Er hat nie gesündigt und nie jemanden mit
seinen Worten getäuscht. [23]Er hat sich nicht gewehrt, wenn
er beschimpft wurde. Als er litt, drohte er nicht mit Vergel-
tung. Er überließ seine Sache Gott, der gerecht richtet. [24]An
seinem eigenen Körper hat er unsere Sünden an das Kreuz
hinaufgetragen, damit wir für die Sünde tot sind und für die
Gerechtigkeit leben können. Durch seine Wunden seid ihr ge-

2,13 Griech. *Ordnet euch um des Herrn willen jeder menschlichen Ordnung unter.*
2,20 O. *findet ihr in Gottes Augen Gnade.*

heilt worden! [25]Früher seid ihr umhergeirrt wie verlorene
Schafe. Aber nun seid ihr zu eurem Hirten zurückgekehrt,
dem Beschützer eurer Seelen.

An die Ehefrauen

3 [1]Ihr Ehefrauen sollt euch euren Ehemännern unterord-
nen, auch dann, wenn sie nicht an die Botschaft Gottes
glauben. Das Beispiel eures Lebens wird sie mehr überzeu-
gen als alle Worte. Sie werden für Gott gewonnen werden,
[2]wenn sie sehen, wie ihr vorbildlich und in Ehrfurcht vor
Gott lebt. [3]Macht euch keine Sorgen um äußere Schönheit,
die auf modischen Frisuren, teurem Schmuck oder schönen
Kleidern beruht. [4]Eure Schönheit soll von innen kommen –
das ist die unvergängliche Schönheit eines freundlichen und
stillen Herzens, das Gott so sehr schätzt. [5]Das ist auch die
Schönheit, mit der die heiligen Frauen sich früher schmück-
ten. Sie hofften auf Gott und ordneten sich ihren Ehemännern
unter. [6]So gehorchte Sara ihrem Mann Abraham und nannte
ihn ihren Herrn. Ihr seid ihre Töchter, wenn ihr Gutes tut und
vor nichts Angst habt.

An die Ehemänner

[7]Für euch Männer gilt: Euer Verhalten gegenüber euren Frau-
en soll von Achtung geprägt sein. Begegnet ihnen verständ-
nisvoll, denn sie sind die Schwächeren. Und vergesst nicht,
dass sie wie ihr das ewige Leben von Gott geschenkt bekom-
men, damit eure Gebete nicht vergeblich sind.

An alle Gläubigen

[8]Schließlich sollt ihr alle einig sein, voller Mitgefühl und ge-
genseitiger Liebe. Seid barmherzig zueinander und demütig.
[9]Vergeltet Böses nicht mit Bösem. Werdet nicht zornig, wenn
die Leute unfreundlich über euch reden, sondern wünscht
ihnen Gutes und segnet sie. Denn genau das verlangt Gott
von euch, und er wird euch dafür segnen! [10]Denn in der
Schrift heißt es:

»Wenn du ein glückliches Leben führen und gute Tage erle-
ben willst, dann hüte deine Zunge vor bösen Worten und ver-

breite keine Lügen. [11]Wende dich ab vom Bösen und tue Gu-
tes. Bemüht euch, mit anderen in Frieden zu leben. [12]Der Herr
beschützt die, die das Rechte tun, und er wird ihre Gebete
hören. Der Herr wendet sich gegen die, die Böses tun.«*

Für gute Taten leiden

[13]Wer würde euch schaden wollen, wenn ihr euch bemüht,
Gutes zu tun? [14]Doch selbst wenn ihr dafür leidet, dass ihr
das Richtige tut*: Gott wird euch dafür belohnen. Also habt
keine Angst und seid unbesorgt. [15]Macht Christus zum Herrn
eures Lebens. Und wenn man euch nach eurer Hoffnung
fragt, dann seid immer bereit, darüber Auskunft zu geben,
[16]aber freundlich und mit Achtung für die anderen. Bewahrt
euch ein reines Gewissen. Wenn dann jemand etwas Böses
über euch sagt, wird er beschämt werden, weil euer vorbild-
liches Leben mit Christus ihn Lügen straft. [17]Denkt daran,
dass es besser ist, für gute Taten zu leiden, falls Gott es so will,
als zu leiden, weil ihr Unrecht getan habt!

[18]Auch Christus hat gelitten, als er ein für alle Mal für unsere
Sünden starb. Er hat nie gesündigt, aber er starb für die Sün-
der*, um uns zu Gott zurückzubringen. Sein Körper starb,
doch er wurde wieder zum Leben erweckt und lebt nun im
Geist*.

[19]Danach ging er und predigte den Geistern im Gefängnis –
[20]denen, die Gott vor langer Zeit ungehorsam waren, als Gott
geduldig wartete, während Noah sein Schiff baute. Nur acht
Menschen wurden vor dem Ertrinken in jener Flut gerettet*.
[21]Das ist ein Bild für die Taufe, die euch jetzt rettet. Die Taufe
ist keine körperliche Reinigung, sondern die Bitte an Gott um
ein reines Gewissen. Dies ist möglich durch die Kraft der Auf-
erstehung von Jesus Christus. [22]Jetzt ist Christus in den Him-
mel aufgestiegen. Er sitzt an Gottes rechter Seite, und alle En-
gel und Gewalten und Mächte beugen sich vor ihm.

3,10-12 Psalm 34,13-17.
3,14 Griech. *wegen eurer Gerechtigkeit.*
3,18a Griech. *der Gerechte für die Ungerechten.*
3,18b O. *in Geist.*
3,20 Griech. *durch das Wasser hindurch gerettet.*

Für Gott leben

4 [1]Da Christus also körperlich gelitten hat, sollt auch ihr
euch diese Haltung zum Vorbild nehmen und ebenfalls
bereit sein zu leiden. Denn wenn ihr bereit seid, für Christus
zu leiden, habt ihr euch gegen die Sünde entschieden. [2]Und
den Rest eures Lebens werdet ihr nicht mehr mit euren selbst-
süchtigen Leidenschaften vergeuden, sondern darauf be-
dacht sein, den Willen Gottes zu tun. [3]Ihr habt euch in der
Vergangenheit genug an dem beteiligt, woran ungläubige
Menschen ihre Freude haben – an Maßlosigkeit und zügello-
sen Leidenschaften, Trunkenheit, ausschweifenden Festen,
Trinkgelagen und Götzenanbetung.

[4]Eure früheren Freunde sind natürlich überrascht, dass ihr
nicht mehr an ihren schlimmen Vergnügungen teilnehmt,
und reden jetzt schlecht über euch. [5]Aber vergesst nicht,
dass sie sich eines Tages vor Gott verantworten müssen, der
alle Menschen – die Lebenden wie die Toten – richten wird.
[6]Deshalb wurde die Botschaft sogar den Verstorbenen gepre-
digt, damit sie – obwohl ihr Körper mit dem Tod bestraft
wurde – trotzdem im Geist ewiges Leben haben können.

[7]Das Ende der Welt kommt bald. Seid deshalb besonnen
und klar in euren Gebeten! [8]Das Wichtigste aber ist, dass ihr
einander beständig liebt, denn die Liebe deckt viele Sünden
zu! [9]Teilt euer Zuhause gastfreundlich mit anderen, die Essen
oder einen Platz zum Schlafen brauchen.

[10]Gott hat jedem von euch Gaben geschenkt, mit denen ihr
einander dienen sollt. Setzt sie gut ein, damit sichtbar wird,
wie vielfältig Gottes Gnade ist. [11]Wenn jemand redet, dann
rede er so, als würde Gott selbst durch ihn sprechen. Wenn
sich jemand für andere einsetzt, dann setze er sich mit all der
Kraft und Energie ein, die Gott ihm gibt. Dann wird Gott in
allem durch Jesus Christus verherrlicht werden. Alle Ehre
und Macht gehören für immer und ewig ihm! Amen.

Als Christ leiden

[12]Meine lieben Freunde, erschreckt nicht über die schmerz-
haften Prüfungen, die ihr jetzt durchmacht, als wären sie et-
was Ungewöhnliches. [13]Freut euch darüber, denn dadurch

seid ihr im Leiden mit Christus verbunden, und ihr werdet
euch auch sehr darüber freuen, wenn er in seiner Herrlichkeit
erscheint. 14Freut euch, wenn ihr beschimpft werdet, weil ihr
zu Christus gehört*. Denn daran wird sichtbar, dass der Geist
der Herrlichkeit Gottes bei euch ist. 15Niemand soll leiden
wegen Mord, Diebstahl, Unruhestiftung oder wegen Ein-
mischung in fremde Angelegenheiten. 16Doch es ist keine
Schande, dafür zu leiden, dass man Christ ist. Ihr sollt Gott
vielmehr dafür loben, dass ihr zu Christus gehört!* 17Denn
die Zeit des Gerichts ist gekommen, und es muss bei den Kin-
dern Gottes beginnen. Und wenn selbst wir gerichtet werden
müssen, was erwartet dann erst all diejenigen, die die Bot-
schaft Gottes nicht angenommen haben? 18Denn »wenn die
Gerechten kaum auf Rettung hoffen dürfen, wo werden sich
dann die Gottlosen und Sünder wiederfinden«?*
19Wenn ihr also leidet, weil Gott es so will, dann hört nicht
auf, Gutes zu tun, und vertraut euch Gott an, der euch ge-
schaffen hat. Er wird treu zu euch stehen!

Ratschläge für die Ältesten der Gemeinde und für die jungen Männer

5 1Und nun ein Wort an euch, die ihr Älteste in den Gemein-
den seid. Auch ich bin ein Ältester und ein Zeuge der
Leiden, die Christus ertragen hat. Und auch ich werde an sei-
ner Herrlichkeit und Ehre teilhaben, wenn er wiederkommt.
2Sorgt gut für die Herde Gottes, die euch anvertraut ist. Hütet
sie gern und nicht widerwillig, sondern wie Gott es will.
Kümmert euch nicht um sie, um euch Vorteile zu verschaffen,
sondern weil ihr Gott gerne dienen wollt. 3Dabei sollt ihr die
Menschen, die eurer Leitung unterstellt sind, nicht bevor-
munden, sondern sie durch euer gutes Beispiel leiten. 4Und
wenn der oberste Hirte wiederkommt, werdet ihr mit seiner
unbegrenzten Herrlichkeit* belohnt werden.

4,14 Griech. *wegen des Namens Christi.*
4,16 Griech. *Gott mit diesem Namen verherrlichen.*
4,18 Sprüche 11,31.
5,4 Griech. *mit dem unvergänglichen Siegeskranz.*

5Ihr jüngeren Männer, ordnet euch den Ältesten unter! Ihr
alle sollt einander demütig dienen, denn »Gott stellt sich den
Stolzen entgegen, den Demütigen aber schenkt er Gnade«*!
6Deshalb beugt euch demütig unter die Hand Gottes, dann
wird er euch ehren, wenn die Zeit dafür gekommen ist.
7Überlasst all eure Sorgen Gott, denn er sorgt sich um alles,
was euch betrifft!
8Seid besonnen und wachsam und jederzeit auf einen Angriff durch den Teufel, euren Feind, gefasst! Wie ein brüllender Löwe streift er umher und sucht nach einem Opfer, das er
verschlingen kann. 9Ihm sollt ihr durch euren festen Glauben
widerstehen. Macht euch bewusst, dass alle Gläubigen* in der Welt diese Leiden durchmachen.
10Gott hat euch in seiner Gnade durch Jesus Christus zu seiner ewigen Herrlichkeit berufen. Nachdem ihr eine Weile gelitten habt, wird er euch aufbauen, stärken und kräftigen; und
er wird euch auf festen Grund stellen. 11Ihm gehört alle Macht
für immer und ewig. Amen.

Letzte Grüße des Apostels

12Diesen kurzen Brief an euch habe ich euch mit der Hilfe von Silas* geschrieben, der ein treuer Bruder ist. Er soll euch ermutigen und euch versichern, dass die Gnade Gottes euch
begleitet. 13Eure Schwestergemeinde hier in Babylon* lässt
euch grüßen, ebenso mein Sohn Markus. 14Grüßt einander in
Liebe*.

Friede sei mit allen, die zu Christus gehören!

5,5 Sprüche 3,34.
5,9 Griech. *Brüder.*
5,12 Griech. *Silvanus.*
5,13 Griech. *Die Auserwählte in Babylon;* Babylon war vermutlich ein Deckname für Rom.
5,14 Griech. *mit einem Kuss der Liebe.*

Der zweite Brief von Petrus

Grüße von Petrus

1 1Dieser Brief ist von Simon* Petrus, einem Diener und
Apostel von Jesus Christus.
Ich schreibe an euch alle, die ihr denselben kostbaren Glau-
ben habt wie wir – einen Glauben, der uns durch Jesus Chris-
tus geschenkt wurde. Er ist unser Gott und Retter und macht
uns vor Gott gerecht.
2Mein Wunsch für euch ist, dass Gott euch immer mehr mit
seiner Gnade und seinem Frieden beschenkt, sodass ihr Jesus,
unseren Gott und Herrn*, immer besser kennenlernt.

In der Erkenntnis Gottes wachsen

3Denn dessen göttliche Kraft hat uns ja alles gegeben*, was
wir brauchen, um ein Leben zu führen, das Gott gefällt. Das
kam dadurch, dass wir den erkannt haben, der uns durch sei-
ne Herrlichkeit und Güte berufen hat. 4Und durch dieselbe
mächtige Kraft hat er uns seine kostbaren und größten Zu-
sagen geschenkt. Er hat versprochen, dass ihr Anteil an seiner
göttlichen Natur haben werdet, denn ihr seid dem Verderben
dieser verführerischen Welt entflohen.
5Strengt euch deshalb an, diese Zusagen Gottes in eurem
Glauben zu leben. Dann zeigt sich euer Glaube durch ein vor-
bildliches Leben. Ein vorbildliches Leben aber führt zur tiefe-
ren Erkenntnis Gottes. 6Aus der Erkenntnis Gottes folgt
Selbstbeherrschung. Aus der Selbstbeherrschung wächst Ge-
duld und aus der Geduld ein Leben im Glauben zur Ehre
Gottes. 7Aus der Ehrfurcht vor Gott entspringt die Liebe zu
den Gläubigen, und aus dieser schließlich die Liebe zu allen
Menschen. 8Je mehr ihr in dieser Hinsicht vorankommt, desto
mehr werdet ihr mithilfe der Erkenntnis von Jesus Christus,
unserem Herrn, ein sinnvolles, auf andere ausstrahlendes Le-

1,1 Griech. *Simeon.*
1,2 O. *unseren Gott und Jesus, unseren Herrn.*
1,3 O. (vorausweisend auf Vers 5) *die göttliche Kraft von Jesus hat uns doch alles gegeben ...*

ben führen. 9Wer so nicht handelt, der ist blind oder zumin-
dest sehr kurzsichtig. Solche Leute haben schon vergessen,
dass Gott sie von ihrem früheren Leben, das voll Schuld war,
rein gewaschen hat.
10Deshalb, liebe Freunde*, bemüht euch zu zeigen, dass
Gott euch berufen und erwählt hat! Wenn ihr das tut, werdet
ihr niemals stolpern oder von Gott abfallen. 11Und Gott wird
die Tore des Himmels weit öffnen und euch in das ewige
Reich von Jesus Christus, unserem Herrn und Retter, eintre-
ten lassen.

Auf Gottes Wort achten

12Ich will euch immer wieder daran erinnern – auch wenn ihr
die Wahrheit schon kennt und fest in ihr verwurzelt seid. 13Ja,
ich glaube, dass es meine Pflicht ist, euch daran zu erinnern,
solange ich lebe. 14Doch Jesus Christus, der Herr, hat mir ge-
zeigt, dass meine Tage hier auf Erden gezählt sind und dass
ich bald sterben werde*. 15Deshalb bemühe ich mich, euch
dies alles noch einmal klar vor Augen zu führen, damit ihr
euch noch daran erinnert, wenn ich schon längst nicht mehr
bei euch bin.
16Denn wir haben uns nicht etwa irgendwelche klugen Ge-
schichten ausgedacht, als wir euch von der Macht unseres
Herrn Jesus Christus und von seiner Wiederkehr erzählten.
Nein, wir haben seine Majestät mit eigenen Augen gesehen.
17Er empfing von Gott, dem Vater, Ehre und Herrlichkeit, als
Gottes herrliche, hoheitsvolle Stimme rief: »Dies ist mein ge-
liebter Sohn, an dem ich meine Freude habe.« 18Wir haben die
Stimme selbst vom Himmel herab gehört, als wir mit ihm auf
dem heiligen Berg waren.
19Aus diesem Grund setzen wir noch größeres Vertrauen in
die Botschaft der Propheten. Achtet auf das, was sie geschrie-
ben haben, denn ihre Worte sind wie ein Licht, das an einem
dunklen Ort leuchtet – bis zu dem Tag, an dem Christus

1,10 Griech. *Brüder.*
1,14 Griech. *dass ich dieses irdische Zelt bald ablegen muss.*

erscheint und sein helles Licht in unseren Herzen aufgeht*.
[20]Vor allem aber sollt ihr begreifen, dass kein prophetisches
Wort der Schrift eine Sache eigener Deutung ist.* [21]Niemals
nämlich ging eine prophetische Botschaft aus menschlichem
Willen hervor, sondern die Propheten redeten als Menschen,
aber von Gott her und vom Heiligen Geist getrieben.

Die Bedrohung durch Irrlehrer

2 [1]Doch es gab in Israel auch falsche Propheten, genauso
wie es falsche Lehrer unter euch geben wird. Geschickt
werden sie euch ihre Irrlehren über Gott vortragen, die ins
Unheil führen. Damit wenden sie sich gegen ihren eigenen
Herrn, der sie doch freigekauft hat. Ihr Ende wird nicht lange
auf sich warten lassen, und es wird furchtbar sein. [2]Viele
Menschen werden jedoch ihren zügellosen Lebensstil nicht
aufgeben, und ihretwegen wird der Weg der Wahrheit in Ver-
ruf geraten. [3]In ihrer Habgier werden sie geschickte Lügen
erfinden, um an euer Geld zu kommen. Aber Gott hat sie
längst verurteilt, und ihr Untergang ist besiegelt.
[4]Denn Gott hat nicht einmal die Engel verschont, als sie sün-
digten, sondern sie bis zum Tag des Gerichts in die Hölle*
geworfen, in düstere Höhlen* und in völlige Finsternis.
[5]Auch die frühere Welt hat er nicht verschont – mit Ausnah-
me von Noah und den sieben Mitgliedern seiner Familie.
Noah hatte die Welt vor dem gerechten Gericht Gottes ge-
warnt. Dann vernichtete Gott die Welt durch eine gewaltige
Flut und alle gottlosen Menschen kamen darin um. [6]Später
legte er die Städte Sodom und Gomorra in Schutt und Asche
und vertilgte sie vom Erdboden. An ihrem Beispiel zeigte er,
wie es gottlosen Menschen ergehen wird. [7]Doch gleichzeitig
rettete Gott Lot aus Sodom, weil Lot ein gerechter Mann war,
der unter dem ausschweifenden Leben der gesetzlosen Men-
schen um ihn herum leiden musste. [8]Ja, Lot war ein gerechter

1,19 O. *bis der Morgen dämmert und der Morgenstern in euren Herzen aufgeht.*
1,20 O. *aus eigener Auslegung der Propheten stammt.*
2,4a Griech. *Tartaros.*
2,4b In manchen Handschriften heißt es *Ketten der Dunkelheit.*

Mann, den all das Schlechte, das er Tag für Tag zu hören und
zu sehen bekam, quälte.

[9]Ihr seht also, dass der Herr weiß, wie er die gottesfürch-
tigen Menschen aus der Versuchung rettet, während er die
Ungerechten bis zum Tag des Gerichts festhält, um sie zu be-
strafen. [10]Vor allem aber werden die bestraft, die ihren selbst-
süchtigen Leidenschaften nachgeben und jegliche Herrschaft
verachten. Solche Menschen sind überheblich und eingebil-
det, ja sie schrecken nicht davor zurück, himmlische Mächte
zu verspotten. [11]Die Engel dagegen – obwohl sie den falschen
Lehrern an Macht und Stärke doch weit überlegen sind – äu-
ßern sich nie abwertend über diese Mächte*.

[12]Diese Lehrer sind wie unvernünftige Tiere, Geschöpfe, die
nur geboren werden, um gefangen und getötet zu werden.
Sie machen sich über die Mächte lustig, von denen sie so we-
nig wissen, und sie werden mit ihnen zusammen umkom-
men. [13]Das ist die verdiente Strafe für all die Ungerechtigkeit,
die sie angerichtet haben. Sie lieben es, sich am helllichten Tag
gottlosen Vergnügungen hinzugeben. Sie sind ein Schand-
und Schmutzfleck unter euch. Sie genießen es, euch zu betrü-
gen, während sie mit euch feiern. [14]Sie begehen Ehebruch mit
den Augen, und nie wird ihre Lust gestillt. Es macht ihnen
Freude, unsichere Menschen zur Sünde zu verleiten. Habgier
ist ihre zweite Natur; sie sind verloren und verflucht. [15]Sie
sind vom rechten Weg abgewichen, in die Irre gegangen und
dem Weg Bileams, des Schnes von Beor*, gefolgt, der bereit
war, durch unrechtes Handeln* Geld zu verdienen. [16]Doch
Bileam wurde auf seinem falschen Weg aufgehalten, als sein
Esel ihn mit der Stimme eines Menschen ansprach und zu-
rechtwies.

[17]Solche Menschen sind so nutzlos wie Brunnen ohne Was-
ser oder wie Wolken, die vom Wind getrieben werden. Sie
werden in der dunkelsten Finsternis enden. [18]Mit leeren Wor-
ten schwingen sie große Reden, und durch ihr ausschweifen-

2,11 Griech. *äußern nie ein lästerliches Urteil vom Herrn über sie.*
2,15a In anderen Handschriften heißt es *Bosor.*
2,15b Griech. *Ungerechtigkeit.*

des Leben verführen sie die Menschen wieder zur Sünde, die
einem solchen Leben gerade erst wieder entkommen waren.
[19]Sie versprechen Freiheit, sind aber selbst Sklaven der Sün-
de. Denn wovon man sich beherrschen lässt, dessen Sklave ist
man. [20]Viele sind durch Jesus Christus, unseren Herrn und
Retter*, dem Verderben der Welt entkommen. Doch wenn
sie von den Verlockungen dieser Welt wieder angezogen
und überwältigt werden, sind sie schlimmer dran als zuvor.
[21]Es wäre besser, sie hätten den richtigen Weg* nie kennenge-
lernt, als ihn zu erkennen und sich dann wieder von dem
heiligen Gebot, das ihnen gegeben wurde, abzuwenden.
[22]An ihnen erfüllt sich die Wahrheit der Sprichwörter: »Ein
Hund kehrt zu dem wieder zurück, was er erbrochen hat«*,
und: »Ein gewaschenes Schwein wälzt sich wieder im
Schlamm.«

Der Tag des Herrn steht bevor

3 [1]Dies ist mein zweiter Brief an euch, liebe Freunde, und
ich habe in beiden versucht, eure Erinnerung aufzufri-
schen und euch damit zu einer gesunden Einstellung zu ver-
helfen. [2]Ich möchte, dass ihr euch daran erinnert und ver-
steht, was die heiligen Propheten vor langer Zeit sagten und
was unser Herr und Retter euch durch eure Apostel verkün-
det hat.
[3]Vor allem denkt daran, dass in den letzten Tagen Spötter
auftreten werden, die sich über die Wahrheit lustig machen
und nur ihren eigenen Begierden folgen. [4]Sie werden sagen:
»Jesus hat doch versprochen wiederzukommen? Wo bleibt er
denn? So weit ein Mensch nur zurückdenken kann, ist doch
alles genauso geblieben, wie es immer schon war, seit die
Welt erschaffen wurde.«
[5]Wenn sie dies behaupten, sehen sie nicht, dass Gott durch
sein Wort den Himmel erschuf und die Erde aus dem Wasser
hervortreten ließ und sie mit Wasser umgab. [6]Später benutzte

---

2,20 Griech. *durch die Erkenntnis unseres Herrn und Retters Jesus Christus.*
2,21 Griech. *den Weg der Gerechtigkeit.*
2,22 Sprüche 26,11.

er das Wasser, um damit die Welt durch eine gewaltige Flut
zu vernichten. 7Und Gott hat durch dasselbe Wort befohlen,
dass dieser Himmel und diese Erde Bestand haben werden
bis zum Tag des Gerichts. Dann werden sie vom Feuer ver-
zehrt werden und die gottlosen Menschen werden zugrunde
gehen.

8Und ihr sollt wissen, liebe Freunde, dass ein Tag für den
Herrn wie tausend Jahre ist und tausend Jahre wie ein Tag.
9Es ist aber nicht so, dass der Herr seine versprochene Wie-
derkehr hinauszögert, wie manche meinen. Nein, er wartet,
weil er Geduld mit uns hat. Denn er möchte nicht, dass auch
nur ein Mensch verloren geht, sondern dass alle Buße tun und
zu ihm umkehren. 10Doch der Tag des Herrn wird so uner-
wartet kommen wie ein Dieb. Dann wird der Himmel unter
schrecklichem Lärm vergehen, und alles wird sich in Flam-
men auflösen; und die Erde wird mit allem, was auf ihr ist,
dem Gericht ausgeliefert werden*.

11Wenn aber alles um uns her sich auf diese Weise auflösen
wird, wie viel mehr solltet ihr dann ein Leben führen, das
heilig ist und Gott ehrt! 12Ihr solltet diesen Tag erwarten und
ihn herbeisehnen – den Tag, an dem Gott den Himmel in
Brand setzt und die Elemente in den Flammen zerschmelzen.
13Wir aber erwarten den neuen Himmel und die neue Erde,
die er versprochen hat. Dort wird Gottes Gerechtigkeit herr-
schen.

14Bemüht euch deshalb darum, liebe Freunde, ein reines
und tadelloses Leben im Frieden mit Gott zu führen, wäh-
rend ihr auf dies alles wartet.

15Und denkt daran: Gott wartet, damit die Menschen geret-
tet werden. Das hat euch ja auch unser lieber Bruder Paulus
mit der Weisheit geschrieben, die Gott ihm gab – 16und dies in
allen Briefen, in denen er sich dazu äußert. Manche seiner
Aussagen sind schwer zu verstehen, und unwissende, unsi-
chere Menschen haben ihren Sinn verdreht und entstellt.
Aber so machen sie es auch mit den anderen Schriften. Die
Folge wird ihr eigenes Verderben sein.

3,10 In manchen Handschriften heißt es *wird verbrannt werden.*

Abschließende Worte des Apostels

17Ich warne euch rechtzeitig, liebe Freunde, damit ihr wach-
sam seid und nicht von den Irrtümern dieser Menschen mit-
gerissen werdet, die ohne Gesetz leben. Ich möchte nicht,
dass ihr euren sicheren Halt verliert. 18Wachst aber in der
Gnade und Erkenntnis unseres Herrn und Retters Jesus
Christus!

Ihm gehört alle Herrlichkeit und Ehre, jetzt und in Ewigkeit! Amen.

Der erste Brief von Johannes

Einleitung

1 1Es war von Anfang an, wir haben es gehört und mit un-
seren eigenen Augen gesehen, wir haben es betrachtet
und mit unseren Händen betastet: das Wort des Lebens.
2Das Leben wurde uns offenbart, und wir haben es gesehen.
Und jetzt bezeugen und verkünden wir euch das ewige Le-
ben. Es war beim Vater, und dann wurde es uns offenbart.
3Wir sagen euch, was wir selbst gesehen und gehört haben,
damit ihr Gemeinschaft mit uns habt. Und zusammen sind
wir verbunden mit dem Vater und mit Jesus Christus, seinem
Sohn.

4Wir schreiben euch das, damit unsere* Freude immer grö-
ßer wird.

Im Licht leben

5Das ist die Botschaft, die er uns gegeben hat, damit wir sie
euch weitersagen: Gott ist Licht; in ihm ist keine Finsternis.
6Deshalb lügen wir, wenn wir sagen, dass wir mit Gott Ge-
meinschaft haben, aber weiter in der Finsternis leben. Wenn
wir das tun, leben wir nicht in der Wahrheit. 7Doch wenn wir
wie Christus im Licht Gottes leben, dann haben wir Gemein-
schaft miteinander, und das Blut von Jesus, seinem Sohn, rei-
nigt uns von jeder Schuld.

8Wenn wir sagen, wir seien ohne Schuld, betrügen wir uns
selbst und die Wahrheit ist nicht in uns. 9Doch wenn wir ihm
unsere Sünden bekennen, ist er treu und gerecht, dass er uns
vergibt und uns von allem Bösen* reinigt. 10Wenn wir be-
haupten, wir hätten nicht gesündigt, machen wir Gott damit
zum Lügner und beweisen, dass sein Wort nicht in unserem
Herzen ist.

1,4 In manchen Handschriften heißt es *eure*.
1,9 Griech. *von aller Ungerechtigkeit*.

2 [1]Meine Kinder, ich schreibe euch das, damit ihr nicht sün-
digt. Aber wenn es doch geschieht, dann gibt es jeman-
den, der vor dem Vater für euch eintritt: Jesus Christus, der
vor Gott in allem gerecht ist. [2]Er ist das Opfer für unsere Sün-
den. Er tilgt nicht nur unsere Schuld, sondern die der ganzen
Welt.

[3]Aber wie können wir sicher sein, dass wir ihm gehören? –
Wenn wir seine Gebote befolgen. [4]Wer sagt: »Ich gehöre
Gott« und befolgt dabei Gottes Gebote nicht, ist ein Lügner
und die Wahrheit ist nicht in ihm. [5]Doch wer sein Wort hält,
an dem zeigt sich Gottes Liebe in vollkommener Weise. Da-
ran erkennen wir, ob wir in ihm leben. [6]Wer behauptet, dass
er zu Gott gehört, soll leben, wie Christus es vorgelebt hat.

Ein neues Gebot

[7]Liebe Freunde, ich schreibe euch kein neues Gebot, sondern
ein altes, das ihr schon von Anfang an hattet. Dieses Gebot
entspricht dem, was ihr schon früher gehört habt. [8]Und doch
ist es zugleich neu. Denn dies Gebot ist in Christus wahr ge-
worden und in euch, weil die Dunkelheit verschwindet und
das wahre Licht bereits scheint.

[9]Wer von sich sagt, dass er zum Licht gehört, und dabei
seinen Bruder hasst, lebt noch in der Finsternis. [10]Doch wer
seinen Nächsten* liebt, lebt im Licht und niemand nimmt An-
stoß an ihm. [11]Wer seinen Nächsten hasst, lebt in der Finster-
nis und weiß nicht, wohin er geht, denn durch die Finsternis
ist er blind geworden.

[12]Ich schreibe euch, meine Kinder, weil eure Sünden im Na-
men von Jesus vergeben sind.

[13]Ich schreibe an euch Väter, weil ihr Christus erkannt habt –
den, der von Anfang an ist.

Ich schreibe an euch junge Männer, weil ihr in eurem Kampf
mit dem Satan gesiegt habt.

[14]Ich habe an euch Kinder geschrieben, weil ihr den Vater
erkannt habt.

2,10 Griech. *Bruder.*

Ich habe euch Vätern geschrieben, weil ihr Christus erkannt
habt – den, der von Anfang an ist.
Ich habe euch jungen Männern geschrieben, weil ihr stark
seid und Gottes Wort im Herzen tragt und weil ihr in eurem
Kampf mit dem Satan gesiegt habt.
15 Hört auf, diese Welt und das, was sie euch anbietet, zu
lieben! Denn wer die Welt liebt, zeigt, dass die Liebe des Va-
ters nicht in ihm ist. 16 Denn die Welt kennt nur das Verlangen
nach körperlicher Befriedigung, die Gier nach allem, was un-
sere Augen sehen, und den Stolz auf unseren Besitz. Dies al-
les ist nicht vom Vater, sondern kommt von der Welt. 17 Doch
diese Welt vergeht mit all ihren Verlockungen. Aber wer den
Willen Gottes tut, wird in Ewigkeit leben.
18 Liebe Kinder, die letzte Stunde ist angebrochen. Ihr habt
gehört, dass der Antichrist kommt, und es sind schon viele
solche Antichristen aufgetreten. Daher wissen wir, dass das
Ende der Welt gekommen ist. 19 Diese Leute haben unsere Ge-
meinden verlassen, weil sie nie wirklich zu uns gehörten;
sonst wären sie bei uns geblieben. Als sie uns verließen, wur-
de deutlich, dass sie nicht zu uns gehören. 20 Aber für euch gilt
das nicht, denn der Heilige Geist ist auf euch herabgekom-
men,* und ihr kennt alle die Wahrheit. 21 Ich schreibe euch
also nicht, weil ihr nichts von der Wahrheit wisst, sondern
weil ihr sie kennt! Euch ist klar, dass keine Lüge aus der
Wahrheit kommt. 22 Und ist nicht der ein Lügner, der behaup-
tet, Jesus sei nicht der Christus? Wer das behauptet, ist der
Antichrist, denn er verleugnet den Vater und den Sohn. 23 Wer
den Sohn verleugnet, gehört auch nicht zum Vater. Doch wer
den Sohn bekennt, der gehört auch zum Vater.
24 Doch haltet an dem fest, was ihr von Anfang an gehört
habt! Wenn ihr das tut, werdet ihr mit dem Sohn und mit
dem Vater verbunden bleiben. 25 Und durch diese Gemein-
schaft bekommen wir das ewige Leben, das er uns verspro-
chen hat.
26 Ich habe euch dies geschrieben, weil ihr euch vor denen
schützen müsst, die euch in die Irre führen wollen. 27 Aber

2,20 Griech. *Aber ihr habt eine Salbung von dem Heiligen.*

ihr habt den Heiligen Geist* von Gott empfangen, und er lebt
in euch, deshalb braucht ihr niemanden, der euch lehrt. Denn
der Geist lehrt euch alles, und was er lehrt, ist wahr – es ist
keine Lüge. Bleibt also bei dem, was er euch gelehrt hat, und
lebt weiter mit Christus!
28Und nun, liebe Kinder, bleibt mit Christus verbunden, da-
mit ihr voller Zuversicht seid, wenn er wiederkommt, und
euch nicht vor ihm schämen müsst! 29Da ihr wisst, dass Gott
gerecht ist, erkennt ihr auch, dass alle, die sich nach dem Wil-
len Gottes richten, seine Kinder sind.

Als Kinder Gottes leben

3 1Seht, wie viel Liebe unser himmlischer Vater für uns hat,
denn er erlaubt, dass wir seine Kinder genannt werden –
und das sind wir auch! Doch die Menschen, die zu dieser
Welt gehören, kennen Gott nicht; deshalb verstehen sie auch
nicht, dass wir seine Kinder sind. 2Meine lieben Freunde, wir
sind schon jetzt die Kinder Gottes, und wie wir sein werden,
wenn Christus wiederkommt, das können wir uns nicht ein-
mal vorstellen. Aber wir wissen, dass wir bei seiner Wieder-
kehr sein werden wie er, denn wir werden ihn sehen, wie er
wirklich ist. 3Und jeder, der diese Hoffnung hat, achtet da-
rauf, dass er rein bleibt, so wie Christus rein ist*.
4Wer sündigt, missachtet das Gesetz Gottes, denn Sünde
bedeutet immer Auflehnung gegen Gottes Gesetz. 5Und ihr
wisst, dass Jesus kam, um die Sünden der Menschen weg-
zunehmen, denn er ist ohne Sünde. 6Wer also mit ihm lebt,
sündigt nicht. Wer aber weiter sündigt, hat ihn nicht erkannt
oder nicht begriffen, wer er ist.
7Liebe Kinder, lasst euch von niemandem verführen! Wer
handelt, wie es dem Willen Gottes entspricht, ist gerecht,
wie Christus gerecht ist. 8Aber wenn Menschen sündigen,
zeigt das, dass sie zum Machtbereich des Teufels gehören,
der von Anfang an gesündigt hat. Doch der Sohn Gottes
kam, um die Taten des Teufels zu vernichten. 9Wer zu Gott

2,27 Griech. *die Salbung.*
3,3 Griech. *heiligt sich selbst für ihn, wie er heilig ist.*

gehört, sündigt nicht, weil Gottes Leben in ihm ist. Deshalb
kann er nicht mehr sündigen, denn er ist von Gott geboren.
[10]Daran ist erkennbar, wer ein Kind Gottes und wer ein Kind
des Teufels ist. Wer nicht nach Gottes Willen handelt und sei-
nen Nächsten* nicht liebt, der gehört nicht zu Gott.

Liebt einander

[11]Das ist die Botschaft, die ihr von Anfang an gehört habt: Wir
sollen einander lieben. [12]Wir sollen nicht wie Kain sein, der
dem Bösen angehörte und seinen Bruder tötete. Und warum
tötete er ihn? Weil die Taten Kains böse waren, die seines Bru-
ders aber gerecht. [13]Wundert euch nicht, Brüder, wenn die
Welt euch hasst!

[14]Wenn wir die anderen Gläubigen* lieben, beweist dies,
dass wir vom Tod zum ewigen Leben durchgebrochen sind.
Wer aber die Brüder nicht liebt, der ist immer noch tot. [15]Wer
seinen Bruder hasst, ist ein Mörder. Und ihr wisst, dass kein
Mörder das ewige Leben in sich trägt. [16]Wir haben die wahre
Liebe daran erkannt, dass Christus sein Leben für uns gege-
ben hat. Deshalb sollen auch wir unser Leben für unsere Brü-
der einsetzen. [17]Doch wenn einer genügend Geld hat, um gut
zu leben, und einen anderen in Not sieht und sich weigert zu
helfen – wie soll die Liebe Gottes da in ihm bleiben?

[18]Liebe Kinder, wir wollen nicht nur davon reden, dass wir
einander lieben; unser Tun soll ein glaubwürdiger Beweis un-
serer Liebe sein. [19]Hieran erkennen wir, dass wir in der Wahr-
heit leben und Gott voller Zuversicht begegnen können,
[20]selbst wenn unser Herz uns verurteilt. Denn Gott ist größer
als unser Herz, und er weiß alles.

[21]Liebe Freunde, wenn unser Gewissen rein ist, können wir
mit Zuversicht und mutig vor Gott treten. [22]Und wir werden
von ihm bekommen, was immer wir erbitten, weil wir ihm
gehorchen und tun, was ihm Freude macht. [23]Und so lautet
sein Gebot: Wir sollen an den Namen seines Sohnes, Jesus
Christus, glauben und einander lieben, wie er es uns auf-

3,10 Griech. *seinen Bruder.*
3,14 Griech. *die Brüder.*

getragen hat. 24Wer die Gebote Gottes befolgt, der lebt in Ge-
meinschaft mit ihm, und Gott ist in ihm. Und wir wissen, dass
er in uns bleibt durch den Heiligen Geist.

Falsche Propheten erkennen

4 1Liebe Freunde, glaubt nicht jedem, der behauptet, was er
sagt, käme vom Heiligen Geist. Ihr müsst die Menschen
prüfen, um festzustellen, ob der Geist, durch den sie reden,
wirklich der Geist Gottes ist. Denn es gibt zahllose falsche
Propheten in der Welt! 2Und so erkennt ihr den Geist Gottes:
Jeder, der bekennt, dass Jesus Christus wirklich als Mensch
auf die Erde gekommen ist, hat den Geist Gottes. 3Wer Jesus
so nicht bekennt, gehört nicht zu Gott. In einem solchen Men-
schen ist der Geist des Antichristen. Ihr habt ja gehört, dass
dieser Geist in die Welt kommen wird, und er ist tatsächlich
schon da.
4Ihr aber gehört zu Gott, meine Kinder. Ihr habt euren
Kampf gegen diese falschen Propheten bereits gewonnen,
weil der Geist, der in euch lebt, größer ist als der Geist, der
die Welt regiert. 5Solche Menschen gehören zu dieser Welt;
deshalb reden sie vom Standpunkt der Welt aus, und die
Welt hört auf sie. 6Wir dagegen gehören zu Gott. Wer Gott
kennt, hört auf uns, und wer nicht zu Gott gehört, der hört
nicht auf uns. Daran erkennen wir, ob jemand den Geist der
Wahrheit oder den Geist des Irrtums hat.

Einander lieben

7Liebe Freunde, lasst uns einander lieben, denn die Liebe
kommt von Gott. Wer liebt, ist von Gott geboren und kennt
Gott. 8Wer aber nicht liebt, kennt Gott nicht – denn Gott ist
Liebe.
9Gottes Liebe zu uns zeigt sich darin, dass er seinen einzigen
Sohn in die Welt sandte, damit wir durch ihn das ewige Leben
haben. 10Und das ist die wahre Liebe: Nicht wir haben Gott
geliebt, sondern er hat uns zuerst geliebt und hat seinen Sohn
gesandt, damit er uns von unserer Schuld befreit. 11Liebe
Freunde, weil Gott uns so sehr geliebt hat, sollen wir auch
einander lieben. 12Niemand hat Gott je gesehen. Aber wenn

wir einander lieben, dann bleibt Gott in uns, und seine Liebe
kommt in uns zur Vollendung.
13Wir erkennen, dass wir in ihm leben und er in uns, weil er
uns seinen Geist gegeben hat. 14Außerdem haben wir mit ei-
genen Augen gesehen und können bezeugen, dass der Vater
seinen Sohn als Retter der Welt gesandt hat. 15Wer bekennt,
dass Jesus der Sohn Gottes ist, in dem bleibt Gott und er bleibt
in Gott. 16Wir haben erkannt, wie sehr Gott uns liebt, und wir
glauben an seine Liebe. Gott ist Liebe, und wer in der Liebe
lebt, der lebt in Gott und Gott lebt in ihm. 17Und wenn wir in
Gott leben, dann kommt seine Liebe in uns zum Ziel. Und wir
können dem Tag des Gerichts mit Zuversicht entgegensehen,
denn wir leben in dieser Welt in derselben Gemeinschaft mit
Gott wie Christus. Und unsere Liebe kennt keine Angst,
18weil die vollkommene Liebe alle Angst vertreibt. Wer noch
Angst hat, rechnet mit Strafe, und das zeigt, dass seine Liebe
in uns noch nicht vollkommen ist. 19Wir wollen lieben, weil er
uns zuerst geliebt hat.
20Wenn jemand sagt: »Ich liebe Gott«, aber seinen Bruder
hasst, dann ist er ein Lügner; denn wer die Menschen nicht
liebt, die er doch sieht, wie kann er da Gott lieben, den er nie
gesehen hat? 21Gott selbst hat uns geboten, nicht nur ihn, son-
dern auch unseren Nächsten zu lieben.

Glaube an den Sohn Gottes

5 1Wer glaubt, dass Jesus der Christus ist, der ist ein Kind
Gottes. Und wer den Vater liebt, der liebt auch seine Kin-
der*. 2Wir wissen, dass wir die Kinder Gottes lieben, wenn
wir Gott lieben und seine Gebote halten. 3Gott zu lieben heißt,
seine Gebote zu befolgen, und das ist nicht schwer. 4Denn die
Kinder Gottes besiegen diese Welt; sie siegen durch den Glau-
ben an Christus*. 5Und wer würde den Kampf gegen die Welt
gewinnen, wenn nicht der, der glaubt, dass Jesus der Sohn
Gottes ist?

5,1 Griech. *den aus ihm Geborenen.*
5,4 Griech. *und das ist der Sieg, der die Welt überwunden hat: unser Glaube.*

[6]Jesus Christus wurde durch die Taufe im Wasser und durch
sein Blut am Kreuz als Sohn Gottes offenbart – nicht nur
durch Wasser, sondern durch Wasser und Blut. Und auch
der Geist bestätigt uns das, denn der Geist Gottes ist die
Wahrheit. [7]Wir haben also diese drei Zeugen – [8]den Geist,
das Wasser und das Blut –, und alle drei sagen dasselbe.
[9]Wenn wir schon menschlichen Zeugen glauben, dann dür-
fen wir ganz bestimmt dem glauben, was Gott sagt. Und Gott
hat Jesus Christus als seinen Sohn bezeugt. [10]Wer an den Sohn
Gottes glaubt, weiß, dass es wahr ist. Wer das nicht glaubt,
der macht Gott zum Lügner, weil er nicht glaubt, was Gott
über seinen Sohn ausgesagt hat.

[11]Und dies hat Gott versichert: Er hat uns das ewige Leben
geschenkt, und dieses Leben ist in seinem Sohn. [12]Wer an den
Sohn Gottes glaubt, hat das Leben; wer aber an den Sohn
Gottes nicht glaubt, hat auch das Leben nicht.

Abschließende Bemerkungen

[13]Das schreibe ich euch, damit ihr wisst, dass ihr das ewige
Leben habt, weil ihr an den Namen des Sohnes Gottes glaubt.
[14]Und wir dürfen zuversichtlich sein, dass er uns erhört,
wenn wir ihn um etwas bitten, das seinem Willen entspricht.
[15]Und wenn wir wissen, dass er unsere Bitten hört, dann kön-
nen wir auch sicher sein, dass er uns gibt, worum wir ihn
bitten.

[16]Wenn jemand sieht, dass sein Bruder in einer Weise sün-
digt, die nicht zum Tod führt, soll er beten, und Gott wird ihm
das Leben schenken. Doch es gibt eine Sünde, die zum Tod
führt, und ich sage nicht, dass ihr für die beten sollt, die eine
solche Sünde begehen. [17]Jedes Unrecht ist Sünde, aber nicht
jede Sünde führt zum Tod.

[18]Wir wissen, dass jeder, der ein Kind Gottes geworden ist,
nicht sündigt, denn der Sohn Gottes bewahrt ihn, und der
Böse kann ihm nichts anhaben. [19]Wir wissen, dass wir Kinder
Gottes sind und dass die Welt um uns herum vom Bösen be-
herrscht wird. [20]Und wir wissen, dass der Sohn Gottes ge-
kommen ist und uns den einzig wahren Gott erkennen lässt.
Und nun haben wir Gemeinschaft mit dem wahren Gott

durch seinen Sohn Jesus Christus. Er ist der wahre Gott und
das ewige Leben.
21Liebe Kinder, hütet euch vor den Götzen!

Der zweite Brief von Johannes

Grüße
1 Diesen Brief schreibt der Älteste.
Er richtet sich an die auserwählte Herrin und ihre Kinder*,
die ich aufrichtig liebe, wie es alle tun, die Gottes Wahrheit
kennen – 2 die Wahrheit, die in uns lebt und für immer in un-
seren Herzen sein wird.
3 Gnade, Barmherzigkeit und Frieden von Gott, unserem Va-
ter, und von Jesus Christus, seinem Sohn, sollen mit uns sein,
damit wir in der Wahrheit und in der Liebe leben.

In der Wahrheit leben
4 Ich war so glücklich, als ich einigen deiner Kinder begegnete
und sah, dass sie in der Wahrheit leben, so wie der Vater es
uns geboten hat.
5 Und nun ist meine Bitte an dich, liebe Herrin, dass wir ei-
nander lieben. Das ist kein neues Gebot, sondern eines, das
wir von Anfang an hatten. 6 Und Liebe heißt, sich nach den
Geboten Gottes zu richten. Um dieses eine Gebot geht es,
nach ihm sollt ihr euch richten, so wie ihr es von Anfang an
gehört habt.*
7 Viele Betrüger sind in die Welt gekommen. Sie glauben
nicht, dass Jesus Christus wirklich in menschlicher Gestalt
auf die Erde kam. Wer so denkt, ist ein Betrüger und Anti-
christ. 8 Achtet darauf, dass ihr nicht verliert, wofür wir* so
hart gearbeitet haben. Strengt euch an, damit ihr den vollen
Lohn bekommt. 9 Denn wer über die Lehre von Christus hi-
nausgeht, wird keine Gemeinschaft mit Gott haben. Aber wer
der Lehre von Christus treu bleibt, wird sowohl mit dem Va-
ter als auch mit dem Sohn verbunden sein.
10 Wenn jemand zu euch kommt und nicht die Wahrheit über
Christus lehrt, dann ladet ihn nicht in euer Haus ein und er-

---

1 O. *an die Gemeinde, die Gott erwählt hat, und ihre Mitglieder.*
6 O. *... sich nach den Geboten Gottes zu richten. Dies ist euch geboten, euch nach der Liebe zu richten, so wie ihr es von Anfang an gehört habt.*
8 In manchen Handschriften heißt es *ihr.*

mutigt ihn auch sonst in keiner Weise. [11]Wer ihn ermutigt, macht sich mitschuldig an seinem schlechten Tun.

Abschließende Bemerkungen

[12]Nun hätte ich euch noch viel mehr zu sagen, doch ich möchte es nicht in einem Brief tun. Ich hoffe nämlich, euch bald besuchen zu können, dann kann ich persönlich mit euch sprechen. Dann wird nichts mehr unsere Freude trüben.

[13]Die Kinder deiner von Gott auserwählten Schwester* lassen dich grüßen.

13 O. *die Mitglieder deiner Schwestergemeinde.*

Der dritte Brief von Johannes

Grüße

1Diesen Brief schreibt der Älteste.
Er richtet sich an meinen lieben Freund Gajus, den ich auf-
richtig liebe.
2Lieber Freund, ich bete, dass es dir in jeder Hinsicht gut
geht, und dass dein Körper so gesund ist, wie ich es von dei-
ner Seele weiß. 3Einige der Brüder kehrten vor kurzem zu-
rück, und ich habe mich sehr gefreut, als sie mir von deiner
Treue erzählten und berichteten, wie du in der Wahrheit
lebst. 4Ich kenne keine größere Freude als zu hören, dass mei-
ne Kinder so leben, wie es der Wahrheit Gottes entspricht.

Sorge um die Arbeiter des Herrn

5Lieber Freund, du dienst Gott, wenn du dich um die Brüder
kümmerst, die bei euch Rast machen, auch wenn sie Fremde
für dich sind. 6Sie haben der Gemeinde hier von deiner liebe-
vollen Freundlichkeit berichtet. Es ist gut von dir, wenn du sie
mit allem versorgst, was sie für ihre Reise benötigen, denn ein
solches Handeln gefällt Gott. 7Sie sind für den Herrn* unter-
wegs und nehmen nichts von Leuten an, die Gott nicht ken-
nen. 8Deshalb sollten wir sie unbedingt unterstützen, damit
wir Mitarbeiter im Dienst für die Wahrheit werden.
9Ich habe einen entsprechenden Brief an die Gemeinde ge-
schickt, aber Diotrephes, der gern die Gemeinde leiten will,
erkennt uns nicht an. 10Wenn ich komme, werde ich darauf zu
sprechen kommen, was er tut, und auch auf sein schlechtes
Gerede über uns. Nicht nur, dass er sich selbst weigert, die
reisenden Brüder aufzunehmen, er fordert auch die anderen
auf, ihnen nicht beizustehen. Und wenn sie es doch tun,
schließt er sie aus der Gemeinde aus.
11Mein lieber Freund, lass dich von diesem schlechten Bei-
spiel nicht beeinflussen. Halte dich vielmehr an das Gute!
Denke daran, dass diejenigen, die Gutes tun, Gottes Kinder

---

7 Griech. *den Namen.*

sind. Diejenigen aber, die Böses tun, kennen Gott nicht.
12Doch von Demetrius spricht jeder voller Hochachtung, sogar der Herr selbst, der die Wahrheit ist. Auch wir können ihm nur ein gutes Zeugnis ausstellen, und du weißt, dass wir die Wahrheit sagen.

Abschließende Bemerkungen
13Ich habe dir so viel zu sagen, aber ich möchte es nicht in einem Brief tun.
14Denn ich hoffe, dass ich dich bald sehen werde, und dann können wir persönlich miteinander reden.

15Ich wünsche dir den Frieden Gottes! Deine Freunde hier lassen dich grüßen. Bitte grüße jeden unserer Freunde persönlich von mir!

Der Brief an die Hebräer

Jesus Christus ist Gottes Sohn

1 1Vor langer Zeit hat Gott oft und auf verschiedene Weise
durch die Propheten zu unseren Vorfahren gesprochen,
2doch in diesen letzten Tagen sprach er durch seinen Sohn
zu uns. Durch ihn hat er das ganze Universum und alles,
was darin ist, geschaffen, und er hat ihn zum Erben über alles
eingesetzt. 3Der Sohn spiegelt die Herrlichkeit Gottes wider,
und alles an ihm ist ein Ausdruck des Wesens Gottes. Er erhält das Universum durch die Macht seines Wortes. Nachdem er uns durch seinen Tod von unseren Sünden gereinigt hat, setzte er sich auf den Ehrenplatz an der rechten Seite des herrlichen Gottes im Himmel.

Christus ist höher als die Engel

4Gottes Sohn ist weit mächtiger als die Engel, so wie auch der
Name, den Gott ihm gab, viel erhabener ist als ihre Namen.
5Denn Gott hat zu keinem Engel gesagt, was er zu Jesus sagte:
»Du bist mein Sohn. Heute habe ich dich gezeugt.«* Und weiter sagte Gott: »Ich werde sein Vater sein und er wird mein Sohn sein.«*

6Und als Gott der Welt seinen erstgeborenen Sohn zeigte,
sprach er: »Alle Engel Gottes sollen ihn anbeten.«*

7Von den Engeln heißt es: »Er macht seine Engel zu Winden
und seine Diener zu Feuerflammen.«*

8Aber zu seinem Sohn spricht er: »Dein Thron, o Gott, steht
für immer und ewig. Die Herrschaft deines Reiches ist eine
gerechte Herrschaft. 9Du liebst das Recht und hasst das Unrecht. Deshalb, o Gott, hat dein Gott dich gesalbt und das Öl der Freude über dich ausgegossen, reichlicher als über alle anderen.«*

1,5a O. *der Sohn* (im Sinne von *Sohn Gottes*); Psalm 2,7.
1,5b 2. Samuel 7,14.
1,6 5. Mose 32,43.
1,7 Psalm 104,4.
1,8-9 Psalm 45,7-8.

10Und: »Herr, am Anfang hast du das Fundament der Erde
gelegt, der Himmel ist das Werk deiner Hände. 11Sie werden
vergehen, aber du bleibst ewig. Sie werden veralten wie ein
Gewand. 12Du wirst sie wechseln wie ein Kleidungsstück,
und sie werden fort sein. Doch du bleibst für immer und
ewig derselbe; deine Jahre haben kein Ende.«*
13Und Gott hat nie zu einem Engel gesagt: »Setze dich auf
den Ehrenplatz zu meiner Rechten, bis ich deine Feinde de-
mütige und sie zum Schemel unter deinen Füßen mache.«*
14Denn Engel sind nur Diener. Sie sind Geister, die Gott als
Helfer zu denen sendet, welche die Rettung erben werden.

Nicht von der Wahrheit abweichen

2 1Deshalb müssen wir sorgfältig auf das achten, was wir
gehört haben, damit wir das Ziel nicht verfehlen. 2Das
Wort, das uns Gott durch Engel verkündete, hat sich immer
als wahr erwiesen, und jede Übertretung und jeder Ungehor-
sam wurde bestraft. 3Wie können wir da meinen, wir könnten
davonkommen, wenn wir der Botschaft von unserer Rettung
gegenüber gleichgültig bleiben, die durch Jesus, den Herrn,
selbst verkündet wurde? Sie wurde uns von denen bezeugt,
die seine Worte hörten, 4und Gott selbst bestätigte die Bot-
schaft durch Zeichen und Wunder und viele Beweise seiner
Macht und durch die Gaben des Heiligen Geistes, die er nach
seinem Willen schenkte.

Jesus, der Mensch

5Außerdem sind es nicht die Engel, denen er die zukünftige
Welt, von der wir hier sprechen, unterstellt hat. 6Denn an ei-
ner Stelle in der Schrift heißt es:
»Was ist der Mensch, dass du an ihn denken, und der Sohn
des Menschen*, dass du für ihn sorgen solltest? 7Für eine kur-
ze Zeit hast du ihn geringer als die Engel gemacht und hast

1,10-12 Psalm 102,26-28.
1,13 Psalm 110,1.
2,6 O. *Menschensohn*.

ihn mit Herrlichkeit und Ehre gekrönt.* [8]Du hast ihm Voll-
macht über alles gegeben.«*

Wenn er ihm Macht über alles gegeben hat, dann gibt es
nichts, worüber er nicht herrscht. Aber noch sehen wir das
alles nicht. [9]Doch Jesus sehen wir, der für eine kurze Zeit ge-
ringer als die Engel gemacht wurde und nun mit Herrlichkeit
und Ehre gekrönt ist, weil er für uns den Tod auf sich nahm.
Durch die Gnade Gottes hat Jesus für alle Menschen auf der
ganzen Welt den Tod erlitten. [10]Denn Gott, für den alles er-
schaffen wurde und der alles erschuf, will seine Herrlichkeit
mit vielen Kindern* teilen. Doch damit Jesus ihre Rettung be-
wirken konnte, musste Gott ihn durch sein Leiden vollkom-
men machen.

[11]So haben nun Jesus und alle, die er heiligt, denselben Va-
ter. Deshalb schämt sich Jesus nicht, sie seine Brüder zu nen-
nen. [12]Denn er sprach zu Gott: »Ich will meinen Brüdern
deinen Namen verkünden. Ich will dich vor der ganzen Ge-
meinde ehren.«*

[13]Er sagt auch: »Ich will Gott vertrauen.« Und weiter: »Hier
bin ich, zusammen mit den Kindern, die Gott mir gegeben
hat.«*

[14]Da Gottes Kinder Menschen aus Fleisch und Blut sind,
wurde auch Jesus als Mensch geboren. Denn nur so konnte
er durch seinen Tod die Macht des Teufels brechen, der Macht
über den Tod hatte. [15]Nur so konnte er die befreien, die ihr
Leben lang Sklaven ihrer Angst vor dem Tod waren.

[16]Wir wissen ja, dass Jesus kam, um den Nachkommen
Abrahams zu helfen, nicht den Engeln. [17]Deshalb musste er
in allem seinen Brüdern gleich werden, damit er vor Gott un-
ser barmherziger und treuer Hoher Priester werden konnte,
um durch sein Opfer die Menschen von ihrer Schuld zu be-
freien. [18]Da er selbst gelitten und Versuchungen erfahren hat,
kann er denen helfen, die in Versuchungen geraten.

2,7 In manchen Handschriften heißt es weiter *Du hast ihm alles unterworfen.*
2,6-8 Psalm 8,5-7.
2,10 Griech. *Söhnen.*
2,12 Psalm 22,23.
2,13 Jesaja 8,17-18.

Jesus ist größer als Mose

3 [1]Deshalb, liebe Freunde, die ihr Gott gehört* und an der
himmlischen Berufung teilhabt, denkt über diesen Jesus
nach, den wir bekennen als Gesandten und Hohen Priester
Gottes. [2]Denn er war Gott treu, der ihn gesandt hat, genauso
wie Mose ein treuer Diener war für das ganze Haus Gottes,
sein Volk. [3]Doch Jesus steht weit mehr Ehre zu als Mose, so
wie dem Erbauer eines Hauses mehr Ehre zukommt als dem
Haus. [4]Denn jedes Haus hat einen, der es baut, aber Gott ist
der, der alles geschaffen hat.

[5]Mose war ein treuer Diener im Haus Gottes, und sein Bei-
spiel bezeugte alles, was später von Gott offenbart werden
sollte. [6]Christus dagegen, der Sohn, wurde über das ganze
Haus Gottes gesetzt. Gottes Haus sind wir, wenn wir zuver-
sichtlich bleiben und an unserer Hoffnung auf Christus fest-
halten. [7]Deshalb spricht der Heilige Geist:

»Heute sollt ihr auf seine Stimme hören. [8]Verschließt eure
Herzen nicht gegen ihn, wie die Israeliten es taten, als sie
sich auflehnten am Tag der Versuchung in der Wüste. [9]Dort
haben eure Vorfahren meine Geduld auf die Probe gestellt,
obwohl sie vierzig Jahre Zeugen meiner Wunder gewesen
waren! [10]Deshalb war ich zornig auf sie und sagte: ›Ständig
kehren ihre Herzen sich von mir ab. Sie weigern sich zu tun,
was ich ihnen sage.‹ [11]Deshalb schwor ich in meinem Zorn:
›Niemals werden sie meine Ruhe finden.‹«*

[12]Achtet deshalb darauf, liebe Freunde*, dass eure Herzen
nicht böse und ungläubig sind und ihr euch damit vom leben-
digen Gott abwendet. [13]Ermutigt einander jeden Tag, solange
es »Heute« heißt, damit keiner von euch von der Sünde über-
listet wird und hart wird gegen Gott! [14]Denn wenn wir bis
zum Ende treu bleiben und Gott genauso fest vertrauen wie
in der ersten Zeit unseres Glaubens, wird Christus uns an
allem Anteil geben. [15]Aber vergesst nicht das Wort der
Schrift: »Heute sollt ihr auf seine Stimme hören. Verschließt

---

3,1 Griech. *heilige Brüder.*
3,7-11 Psalm 95,7-11.
3,12 Griech. *Brüder.*

eure Herzen nicht gegen ihn, wie die Israeliten es taten, als sie
sich auflehnten.«*
16Wer waren diese Menschen, die sich gegen Gott auflehn-
ten, obwohl sie seine Stimme gehört hatten? Waren es nicht
dieselben, die Mose aus Ägypten herausgeführt hatte? 17Und
wer weckte vierzig Jahre lang immer wieder Gottes Zorn?
Waren es nicht dieselben, die gesündigt hatten, deren Körper
tot in der Wüste lagen? 18Und zu wem sprach Gott, als er
schwor, dass sie seine Ruhe niemals finden sollten? Er sprach
zu denen, die ihm ungehorsam gewesen waren. 19Wir sehen
also, dass sie wegen ihres Unglaubens seine Ruhe nicht fin-
den konnten.

Die verheißene Ruhe für Gottes Volk

4 1Wir sollten vor Furcht zittern bei dem Gedanken, dass
einige von euch dieses Ziel nicht erreichen. Achtet darauf,
dass dies nicht geschieht, solange die Zusage noch immer
gilt, dass wir seine Ruhe finden können. 2Denn diese gute
Botschaft wurde uns genauso verkündet wie ihnen. Aber sie
nützte ihnen nichts, weil sie nicht glaubten, was Gott ihnen
sagte*. 3Denn nur wir, die wir zum Glauben gefunden haben,
werden zur Ruhe Gottes gelangen. Über diejenigen, die nicht
geglaubt haben, sagte Gott: »Deshalb schwor ich in meinem
Zorn: ›Sie sollen meine Ruhe niemals finden‹«,* obwohl diese
Ruhe bestand, seit er die Welt erschaffen hatte. 4Das wissen
wir, weil die Schrift über den siebten Schöpfungstag sagt:
»Am siebten Tag ruhte Gott von seiner Arbeit aus.«* 5Doch
an anderer Stelle spricht Gott: »Sie sollen niemals meine
Ruhe finden.«* 6Es bleibt also dabei, dass es eine Ruhe gibt,
welche die Menschen finden können. Die aber, die früher die-
se Botschaft hörten, haben sie nicht gefunden, weil sie Gott
nicht gehorchten. 7Deshalb hat Gott einen neuen Zeitpunkt

3,15 Psalm 95,7-8.
4,2 In manchen Handschriften heißt es *weil sie nicht auch den Glauben derer hatten, die Gott zuhörten.*
4,3 Psalm 95,11.
4,4 1. Mose 2,2.
4,5 Psalm 95,11.

festgelegt, ein neues »Heute«. Davon hat Gott nach so langer Zeit durch David gesprochen; es sind die schon bekannten Worte:

»Heute sollt ihr auf seine Stimme hören. Verschließt eure Herzen nicht gegen ihn.«*

8Mit dieser Ruhe war nicht das Land Kanaan gemeint, in
das Josua das Volk Israel geführt hatte, denn sonst hätte Gott
später nicht von einem neuen »Heute« gesprochen. 9Es gibt
also noch eine besondere Ruhe* für das Volk Gottes, die noch
in der Zukunft liegt. 10Wer in Gottes Ruhe hineingekommen
ist, wird sich von seiner Arbeit ausruhen, so wie auch Gott
nach der Erschaffung der Welt geruht hat. 11Deshalb wollen
wir uns bemühen, in diese Ruhe hineinzukommen, um nicht
wie sie durch den gleichen Ungehorsam vom Weg abzukommen.

12Das Wort Gottes ist lebendig und wirksam. Es ist schärfer
als das schärfste Schwert und durchdringt unsere innersten
Gedanken und Wünsche. Es deckt auf, wer wir wirklich sind,
und macht unser Herz vor Gott offenbar. 13Nichts in der ganzen Schöpfung ist vor ihm verborgen. Alles ist nackt und bloß
vor den Augen Gottes, dem wir für alles Rechenschaft ablegen müssen.

Christus ist unser Hoher Priester

14Da wir nun einen großen Hohen Priester haben, der durch
den Himmel gegangen ist – Jesus, den Sohn Gottes –, wollen
wir an unserem Bekenntnis zu ihm festhalten. 15Dieser Hohe
Priester versteht unsere Schwächen, weil ihm dieselben Versuchungen begegnet sind wie uns, doch er wurde nicht schuldig. 16Lasst uns deshalb zuversichtlich vor den Thron unseres
gnädigen Gottes treten. Dort werden wir Barmherzigkeit
empfangen und Gnade finden, die uns helfen wird, wenn
wir sie brauchen.

4,7 Psalm 95,7-8.
4,9 Wörtlich *Sabbatruhe*.

5 1Die Aufgabe eines Hohen Priesters ist es, andere Men-
schen vor Gott zu vertreten. Er bringt Gott ihre Gaben
und die Opfer für ihre Sünden dar. 2Er ist nachsichtig mit
den Menschen, auch wenn sie unwissend sind und vom rich-
tigen Weg abkommen, denn er ist denselben Schwächen un-
terworfen wie sie. 3Deshalb muss er nicht nur für ihre, son-
dern auch für seine eigenen Sünden Opfer darbringen.
4Niemand kann Hoher Priester werden, indem er für sich
selbst diese Würde in Anspruch nimmt. Er muss wie Aaron
von Gott zu diesem Dienst berufen werden.

5So hat auch Christus sich nicht selbst erhöht, um Hoher
Priester zu werden. Nein, er wurde von Gott erwählt, der zu
ihm sprach: »Du bist mein Sohn. Heute habe ich dich ge-
zeugt.«*

6Und an anderer Stelle sprach Gott zu ihm: »Du bist für im-
mer Priester nach der Ordnung Melchisedeks.«*

7Solange Jesus hier auf der Erde lebte, hat er mit lautem
Schreien und unter Tränen seine Gebete und Bitten an den
einen gerichtet, der ihn aus dem Tod befreien konnte. Und
weil er große Ehrfurcht hatte vor Gott, wurde er erhört. 8Ob-
wohl Jesus der Sohn Gottes war, lernte er doch durch sein
Leiden, gehorsam zu sein. 9Auf diese Weise machte Gott ihn
vollkommen, und er wurde der Retter für alle, die ihm gehor-
chen. 10Und Gott ernannte ihn zum Hohen Priester nach der
Ordnung Melchisedeks.

Geistliches Wachstum

11Es gibt noch so vieles, das wir darüber gern sagen würden,
aber ihr seid so schlechte Zuhörer geworden, sodass man
euch dies alles nur schwer verständlich machen kann. 12Ihr
seid nun schon so lange Christen und solltet eigentlich andere
lehren. Stattdessen braucht ihr jemanden, der euch noch ein-
mal die Grundlagen von Gottes Wort beibringt. Ihr seid wie
Säuglinge, die nur Milch trinken, aber keine feste Nahrung
essen können. 13Ein Mensch aber, der sich von Milch ernährt,

5,5 Psalm 2,7.
5,6 Psalm 110,4.

ist im Leben* noch nicht sehr weit fortgeschritten und ver-
steht nicht viel davon, was es heißt, das Richtige nach Gottes
Wort zu tun. [14]Feste Nahrung dagegen ist für die Menschen,
die erwachsen und reif sind, die aufgrund ihrer Erfahrung
gelernt haben, zwischen Gut und Böse zu unterscheiden.

6 [1]Lasst uns daher aufhören, ständig die Grundaussagen
der Lehre von Christus zu wiederholen. Wir wollen viel-
mehr weitergehen und im Verständnis reifer werden. Wir
müssen doch nicht immer wieder neu erklären, wie wichtig
es ist, dass wir von allen bösen Taten umkehren und an Gott
glauben. [2]Ihr braucht keine weitere Unterweisung über die
Taufe, die Handauflegung, die Auferstehung von den Toten
und das ewige Gericht. [3]Wenn Gott es so will, schreiten wir
weiter voran. [4]Denn es ist unmöglich, Menschen, die einmal
erleuchtet worden sind – Menschen also, welche die guten
Gaben des Himmels zu spüren bekamen, Anteil am Heiligen
Geist erhielten, [5]die Güte des Wortes Gottes erfahren und die
Macht der zukünftigen Welt kennengelernt haben – [6]und sich
dann doch von Gott abwandten, wieder zur Umkehr zu be-
wegen und ihr Leben dadurch zu erneuern. Denn sie nageln
den Sohn Gottes erneut ans Kreuz und verspotten ihn.

[7]Wenn die Erde den Regen aufnimmt, der auf sie fällt, und
dem Bauern gute Ernte bringt, so empfängt sie Segen von
Gott. [8]Doch wenn ein Feld Disteln und Dornen trägt, ist es
nutzlos. Der Bauer wird dieses Feld verfluchen und es ab-
brennen.

[9]Liebe Freunde, auch wenn wir so reden, glauben wir doch
nicht, dass das auf euch zutrifft. Wir sind überzeugt, dass ihr
besser dran seid und gerettet werdet. [10]Gott ist nicht unge-
recht. Er wird nicht vergessen, wie ihr für ihn gearbeitet und
eure Liebe zu ihm* bewiesen habt und weiter beweist durch
eure Fürsorge für andere, die auch zu Gott gehören*. [11]Wir
wünschen uns deshalb sehr, dass ihr bis zum Ende diesen

5,13 Griech. *im Wort der Gerechtigkeit.*
6,10a Griech. *seinem Namen.*
6,10b Griech. *den Heiligen.*

Eifer behaltet, damit ihr voller Zuversicht an der Hoffnung
festhalten könnt, die Gott euch gab. 12Dann werdet ihr auch
nicht träge oder gleichgültig werden, sondern dem Beispiel
derer folgen, die aufgrund ihres Glaubens und ihrer Geduld
die Zusagen Gottes empfangen.

Gottes Zusage weckt Hoffnung

13Denkt an Gottes Zusage, die er Abraham gab. Weil Gott bei
keinem Größeren schwören konnte, schwor er bei seinem ei-
genen Namen und sagte: 14»Ich werde dich reich segnen, und
deine Nachkommen sollen zahllos sein.«*

15Danach wartete Abraham geduldig und empfing schließ-
lich, was Gott ihm versprochen hatte.

16Wer einen Eid leistet, schwört bei einem Größeren, dass er
diesen Eid halten wird, und ein solcher Eid ist ohne Zweifel
gültig. 17Auch Gott verpflichtete sich mit einem Eid, damit
die Empfänger dieser Zusage vollkommen sicher sein konn-
ten, dass sie unabänderlich war. 18Gott gab uns also sowohl
seine Zusage als auch seinen Eid, die beide unabänderlich
sind, weil Gott nicht lügt. Das ist für uns, die wir bei ihm
Zuflucht gesucht haben, eine große Ermutigung, denn wir
wollen ja das vor uns liegende Ziel, die Erfüllung der Hoff-
nung, erreichen.

19Diese Zuversicht ist wie ein starker und vertrauenswürdi-
ger Anker für unsere Seele. Sie reicht hinter den Vorhang des
Himmels bis in das Innerste des Heiligtums Gottes. 20Dorthin
ist Jesus uns bereits vorausgegangen. Er ist unser ewiger Ho-
her Priester nach der Ordnung Melchisedeks geworden.

Melchisedek und Abraham

7 1Dieser Melchisedek war König der Stadt Salem und ein
Priester Gottes, des Höchsten. Als Abraham heimkehrte,
nachdem er in einer großen Schlacht mehrere Könige besiegt
hatte, zog Melchisedek ihm entgegen und segnete ihn. 2Da
nahm Abraham den zehnten Teil von allem, was er erbeutet
hatte, und gab ihn Melchisedek. Melchisedek bedeutet »Kö-

6,14 1. Mose 22,17.

nig der Gerechtigkeit« und auch »König des Friedens«, denn
Salem bedeutet Frieden. [3]Es gibt keinen Hinweis auf seinen
Vater, seine Mutter oder irgendeinen seiner Vorfahren, weder
auf den Anfang noch das Ende seines Leben. Er gleicht darin
dem Sohn Gottes und bleibt für immer Priester.

[4]Seht doch, wie groß dieser Melchisedek war. Selbst Abra-
ham, der Stammvater Israels, gab ihm den zehnten Teil seiner
Beute. [5]Nun haben die Priester aus der Nachkommenschaft
Levis nach dem Gesetz den Auftrag, vom ganzen Volk den
zehnten Teil zu erheben, obwohl es ihre eigenen Brüder sind
und Nachkommen Abrahams wie sie. [6]Melchisedek aber, der
nicht einmal mit Levi verwandt war, erhielt von Abraham
ebenfalls den zehnten Teil. Und Melchisedek segnete Abra-
ham, einen Mann, der bereits die Zusagen Gottes empfangen
hatte. [7]Dabei ist zweifellos derjenige, der segnet, größer als
derjenige, der gesegnet wird.

[8]Im Fall der Leviten sind es sterbliche Menschen, die den
zehnten Teil empfangen. Doch Melchisedek ist größer als sie,
denn es wird uns gesagt, dass er weiterlebt. [9]Man könnte so-
gar sagen, dass Levi selbst – der doch eigentlich den Zehnten
erhebt – durch Abraham den zehnten Teil an Melchisedek
abgab. [10]Levi war damals zwar noch nicht geboren, aber
Abraham war sein Vater, und so war er bei ihm*, als Melchi-
sedek den zehnten Teil von ihm erhielt.

[11]Hätte nun das Priestertum Levis den Plan Gottes erfüllt –
und das Gesetz beruhte ja auf diesem Priestertum –, warum
hätte Gott dann noch einen anderen Priester senden sollen,
der zur Ordnung Melchisedeks gehört und nicht ein Priester
war wie Aaron?

[12]Wenn nun aber die priesterliche Ordnung verändert wird,
muss auch das ganze Gesetz entsprechend geändert werden.
[13]Denn der, von dem wir reden, gehört zu einem anderen
Stamm, dessen Angehörige nie am Altar dienten. [14]Unser
Herr kam ja aus dem Stamm Juda, doch Mose hat Juda nie in
Verbindung mit dem Priestertum erwähnt.

7,10 Griech. *er war in der Lende seines Vaters.*

Christus ist wie Melchisedek

[15]Die Änderung im Gesetz Gottes wird dadurch noch deutli-
cher, dass nun ein anderer Priester gekommen ist, der Melchi-
sedek gleicht. [16]Er wurde nicht Priester, weil er die frühere
Bedingung der Zugehörigkeit zum Stamm Levi erfüllte, son-
dern durch die Kraft eines unzerstörbaren Lebens. [17]Genau
das wird auch über Christus in der Schrift bezeugt: »Du bist
für immer Priester nach der Ordnung Melchisedeks.«*

[18]Die frühere Bedingung für das Priestertum wurde da-
durch aufgehoben, weil sie schwach und nutzlos war. [19]Denn
das Gesetz machte nichts vollkommen. Nun ist eine bessere
Hoffnung an seine Stelle getreten. Und sie zeigt einen Weg,
auf dem wir zu Gott kommen.

[20]Gott hat Jesus durch einen Eid in seinem Priesteramt be-
stätigt; bei keinem Priester vor ihm hatte es so einen Eid ge-
geben. [21]Nur zu Jesus sprach Gott: »Der Herr hat einen Eid
geschworen und wird ihn nicht brechen: ›Du bist für immer
Priester.‹«* [22]So ist Jesus der Garant eines besseren Bundes
geworden.

[23]Ein weiterer Unterschied besteht darin, dass es nach der
alten Ordnung viele Priester gab, denn wenn ein Priester
starb, musste ein anderer seinen Platz einnehmen. [24]Jesus da-
gegen bleibt für immer Priester; sein Priestertum wird nie en-
den. [25]Deshalb kann er auch für immer* alle retten, die durch
ihn zu Gott kommen. Er lebt ewig und wird vor Gott für sie
eintreten.

[26]Er ist ein Hoher Priester, wie wir ihn nötig haben, denn er
ist heilig, ohne jede Schuld und unberührt von der Sünde. Er
wurde von den sündigen Menschen getrennt und hat den
höchsten Ehrenplatz im Himmel erhalten. [27]Er braucht nicht
täglich Opfer zu bringen, wie es die anderen Hohen Priester
zunächst für ihre eigenen Sünden und dann für die Sünden
des Volkes tun mussten, sondern er tat dies ein für alle Mal,
als er sich selbst am Kreuz opferte. [28]Diejenigen, die unter

---

7,17 Psalm 110,4.
7,21 Psalm 110,4.
7,25 O. *völlig*.

dem Gesetz als Hohe Priester eingesetzt wurden, waren Men-
schen mit menschlichen Schwächen. Doch nachdem das Ge-
setz gegeben worden war, setzte Gott mit einem Eid seinen
Sohn ein, und dieser Sohn wurde auf ewig vollkommen.

Christus ist unser Hoher Priester

8 [1]Das Wichtigste aber ist: Unser Hoher Priester hat sich auf
den höchsten Ehrenplatz im Himmel gesetzt, an Gottes
rechte Seite. [2]Dort dient er im Zelt, dem wahren Heiligtum,
das vom Herrn und nicht von Menschen errichtet wurde.
[3]Und da jeder Hohe Priester dazu eingesetzt ist, Gaben und
Opfer darzubringen, muss auch unser Hoher Priester etwas
haben, das er Gott opfern kann. [4]Wäre er hier auf der Erde,
dann wäre er nicht einmal ein Priester, weil es ja schon Pries-
ter gibt, welche die Opfer darbringen, die das Gesetz ver-
langt. [5]Sie dienen in einem Heiligtum, das nur ein Abbild,
nur ein Schatten des wahren Heiligtums im Himmel ist.
Denn als Mose daran ging, das Zelt Gottes zu errichten,
warnte Gott ihn: »Achte darauf, dass du alles ganz genau
nach dem Entwurf machst, der dir hier auf dem Berg gezeigt
worden ist.«* [6]Der Hohe Priester, von dem wir sprechen, hat
dagegen ein weit höheres Amt erhalten, weil er der Vermittler
eines besseren Bundes mit Gott ist, welcher auf besseren Zu-
sagen beruht.
[7]Hätte der erste Bund keine Mängel gehabt, wäre es nicht
nötig gewesen, ihn durch einen zweiten zu ersetzen. [8]Aber
Gott tadelte sein Volk und sagte: »Es wird ein Tag kommen,
spricht der Herr, an dem ich einen neuen Bund mit dem Volk
Israel und mit dem Volk Juda schließen werde. [9]Dieser Bund
wird nicht so sein wie der, den ich mit ihren Vorfahren
schloss, als ich sie an der Hand nahm und aus Ägypten führ-
te. Sie sind meinem Bund nicht treu geblieben, deshalb habe
ich mich von ihnen abgewandt, spricht der Herr. [10]Doch dies
ist der neue Bund, den ich an jenem Tag mit dem Volk Israel
schließen werde, spricht der Herr: Ich werde ihr Denken mit
meinem Gesetz füllen, und ich werde es in ihr Herz schreiben.

8,5 2. Mose 25,40; 26,30.

Ich werde ihr Gott sein und sie werden mein Volk sein. 11Und
keiner wird mehr seinen Mitbürger oder Bruder belehren
müssen: ›Du musst den Herrn erkennen.‹ Denn jeder, vom
Kleinen bis zum Großen, wird mich bereits kennen. 12Und
ich werde ihr Unrecht vergeben und nie wieder an ihre Sün-
den denken.«*
13Wenn Gott von einem neuen Bund spricht, bedeutet dies,
dass er den ersten für veraltet erklärt. Der alte Bund ist damit
überholt, und sein Ende steht bevor.

Der Gottesdienst des ersten Bundes

9 1Nun gab es in diesem ersten Bund zwischen Gott und
Israel Bestimmungen für den Gottesdienst und ein heili-
ges Zelt hier auf der Erde. 2Dieses Zelt hatte zwei Räume. Im
ersten befanden sich ein Leuchter, ein Tisch und auf dem
Tisch heilige Brote; dieser Raum wurde Heiligtum genannt.
3Dann gab es einen Vorhang und hinter dem Vorhang lag der
zweite Raum, der das Allerheiligste genannt wurde. 4In die-
sem Raum befanden sich ein goldener Räucheraltar und eine
hölzerne Truhe – Bundeslade genannt –, die ringsum vergol-
det war. Die Truhe enthielt ein goldenes Gefäß mit etwas
Manna, den Stab Aarons, der Triebe bekommen hatte, und
die Steintafeln des Bundes mit den Geboten. 5Herrliche Che-
rubim befanden sich oberhalb der Bundeslade. Ihre Flügel
waren über den Deckel der Bundeslade, den Ort der Versöh-
nung, ausgebreitet. Aber wir können diese Dinge jetzt nicht
alle im Einzelnen erklären.
6Als alles an seinem Platz stand, gingen die Priester regel-
mäßig im ersten Raum des Zeltes ein und aus und erfüllten
ihren Dienst. 7Doch nur der Hohe Priester betrat das Allerhei-
ligste, und das auch nur einmal im Jahr und immer mit Blut
von Opfertieren, das er für sich und für die Sünden des Vol-
kes darbrachte, die es aus Unwissenheit begangen hat.
8Durch diese Bestimmungen zeigte der Heilige Geist, dass
dem Volk der Weg zum Allerheiligsten noch nicht offen
stand, solange der erste Raum des Zeltes noch Bestand hatte.

8,8-12 Jeremia 31,31-34.

[9]Dies ist ein Gleichnis für unsere Gegenwart: Die Gaben und
Opfer der Priester können das Gewissen der Menschen, die
sie darbringen, letztlich nicht von Schuld befreien. [10]Denn
diese alten Satzungen beziehen sich nur auf Essen und Trinken und rituelle Waschungen – auf äußere Bestimmungen,
die nur gelten, bis eine neue Ordnung kommt, die besser ist.

Christus ist das vollkommene Opfer

[11]So ist Christus nun der Hohe Priester für all das Gute geworden, das gekommen ist. Er hat das große, vollkommene
Heiligtum im Himmel betreten, das nicht von Menschen erbaut wurde und nicht Teil dieser Schöpfung ist. [12]Ein einziges
Mal brachte er Blut in jenes Allerheiligste, aber nicht das Blut
von Böcken und Kälbern, sondern sein eigenes Blut, durch
das er uns die Rettung brachte, die für alle Zeiten gilt.

[13]Früher konnte die Besprengung mit dem Blut von Böcken
und Stieren oder mit der Asche einer jungen Kuh den Körper
des Menschen von ritueller Unreinheit reinigen. [14]Wie viel
mehr kann dann das Blut des Christus bewirken, denn durch die Kraft von Gottes ewigem Geist brachte Christus sich selbst Gott als vollkommenes Opfer für unsere Sünden dar. Er befreit unser Gewissen, indem er uns freispricht von unseren Taten, für die wir den Tod verdienen. Nun können wir
dem lebendigen Gott dienen. [15]Aus diesem Grund ist er der
Vermittler eines neuen Bundes zwischen Gott und den Menschen, damit alle, die dazu berufen sind, das ewige Erbe empfangen können, das Gott ihnen versprochen hat. Denn Christus starb, um sie von der Strafe für die Sünden zu befreien, die sie zur Zeit des ersten Bundes begangen hatten.

[16]Wenn nun jemand stirbt und ein Testament hinterlässt, bekommt niemand etwas, bevor nicht bewiesen ist, dass der
Verfasser dieses Testaments wirklich tot ist.* [17]Das Testament
tritt erst nach dem Tod dessen in Kraft, der es geschrieben hat. Solange er noch lebt, kann niemand es für sich in Anspruch nehmen.

9,16 O. *Wenn nun jemand einen Bund* (griech. dasselbe Wort wie *Testament*) *schließt, muss dieser durch den Tod eines Opfer(tier)s besiegelt werden.*

[18]Deshalb musste der erste Bund mit Blut als Beweis für den
Tod besiegelt werden. [19]Denn nachdem Mose dem Volk das
ganze Gesetz Gottes gegeben hatte, nahm er das Blut von
Kälbern und Böcken zusammen mit Wasser und besprengte
das Buch des Gesetzes Gottes und das ganze Volk mithilfe
von Ysop-Zweigen und scharlachroter Wolle. [20]Dann sagte
er: »Dieses Blut besiegelt den Bund, den Gott mit euch ge-
schlossen hat.«* [21]Und in derselben Weise besprengte er das
heilige Zelt und alles, was für den Gottesdienst gebraucht
wurde. [22]Letztlich können wir sagen, dass nach dem Gesetz
fast alles durch Besprengung mit Blut gereinigt wurde. Ohne
Blutvergießen gibt es keine Vergebung der Sünden.

[23]Deshalb musste das irdische Zelt und alles, was es
enthielt – die Abbilder dessen, was im Himmel ist –, durch
das Blut von Tieren gereinigt werden. Was aber wirklich im
Himmel ist, muss durch bessere Opfer als das Blut von Tieren
gereinigt werden.

[24]Denn Christus ging in den Himmel selbst, um nun für uns
vor Gott einzutreten. Er betrat nicht das irdische Heiligtum,
denn dies war nur ein Abbild des wahren Tempels im Him-
mel. [25]Er ging auch nicht in den Himmel, um sich immer wie-
der selbst zu opfern, wie die irdischen Priester, die Jahr für
Jahr das Heiligtum betreten, um das Blut von Tieren zu op-
fern. [26]Wenn das nötig gewesen wäre, hätte er seit Erschaf-
fung der Welt immer wieder sterben müssen. Er kam ein für
alle Mal am Ende der Zeiten, um die Macht der Sünde durch
seinen Opfertod für uns zu brechen.

[27]Und genauso, wie es bestimmt ist, dass jeder Mensch nur
einmal stirbt, worauf das Gericht folgt, [28]genauso starb auch
Christus nur einmal als Opfer, um die Sünden vieler Men-
schen wegzunehmen. Er wird wiederkommen, aber nicht
noch einmal wegen unserer Schuld, sondern er wird all de-
nen Rettung bringen, die sehnsüchtig auf seine Rückkehr
warten.

9,20 2. Mose 24,8.

Das Opfer von Christus

10 1Das Gesetz brachte also nur einen Schatten des Zu-
künftigen und nicht die Wirklichkeit der himmlischen
Güter. Die Opfer wurden Jahr für Jahr wiederholt, doch sie
konnten denen, die zur Anbetung kamen, keine vollkom-
mene Reinigung schenken. 2Wäre dies der Fall gewesen,
dann hätte es keine Opfer mehr gegeben, denn die Opfernden
wären ein für alle Mal gereinigt gewesen, und sie hätten ein
reines Gewissen.

3Doch das Gegenteil geschah. Die jährlichen Opfer erinner-
ten sie Jahr für Jahr erneut an ihre Sünden. 4Denn das Blut von
Stieren und Böcken kann keine Sünden fortnehmen. 5Deshalb
sprach Christus, als er in die Welt kam: »Du wolltest keine
Opfer und keine Gaben, doch du hast mir einen Leib gegeben.
6Du hattest keine Freude an Brandopfern oder an anderen
Sündopfern. 7Da sprach ich: ›Sieh her, ich bin gekommen,
um deinen Willen zu erfüllen, o Gott – so wie es in deinem
Buch über mich geschrieben steht.‹«*

8Christus sagte: »Du wolltest keine Opfer und keine Gaben
und keine Brandopfer und keine anderen Sündopfer, noch
hattest du Freude daran«, obwohl sie nach dem Gesetz gefor-
dert waren. 9Und er fügte hinzu: »Sieh her, ich bin gekom-
men, um deinen Willen zu tun.« Er hebt den ersten Bund
auf, um den zweiten einzusetzen. 10Und Gott will, dass wir
durch das Opfer des Leibes von Jesus Christus ein für alle Mal
geheiligt werden.

11Sonst steht der Priester Tag für Tag vor dem Altar und
bringt Opfer dar, die niemals Sünden wegnehmen können.
12Dieser Hohe Priester dagegen brachte sich selbst Gott als
ein Sündopfer dar, das für alle Zeit wirksam ist. Dann setzte
er sich auf den höchsten Ehrenplatz an Gottes rechter Seite.
13Dort wartet er, bis seine Feinde zu einem Schemel unter sei-
nen Füßen erniedrigt werden. 14Denn durch dieses eine Opfer
hat er alle, die er heiligt, für immer vollkommen gemacht.

15Auch der Heilige Geist versichert uns das. Er sagt: 16»Dies
ist der neue Bund, den ich an jenem Tag mit dem Volk Israel

10,5-7 Psalm 40,7-9.

schließen werde«, spricht der Herr: »Ich werde ihr Denken
mit meinem Gesetz füllen, und ich werde es in ihr Herz
schreiben.« 17Und er fügt hinzu: »Und ich werde nie wieder
an ihr Unrecht und ihre Sünden denken.«* 18Wenn Sünden
vergeben worden sind, ist es nicht mehr notwendig, Opfer
zu bringen.

Eine Aufforderung zur Geduld

19Deshalb, liebe Freunde*, können wir jetzt zuversichtlich in
das Allerheiligste des Himmels hineingehen, denn das Blut
von Jesus hat uns den Weg geöffnet. 20Das ist der neue, leben-
dige Weg durch den Vorhang, den Christus durch seinen
Tod* für uns eröffnet hat.

21Da wir also einen großen Hohen Priester haben, der über
das Volk Gottes eingesetzt ist, 22wollen wir mit aufrichtigem
Herzen in die Gegenwart Gottes treten und ihm ganz und gar
vertrauen. Denn unsere Herzen wurden mit dem Blut Christi
besprengt, um unser Gewissen von Schuld zu reinigen, und
unsere Körper sind mit reinem Wasser gewaschen!

23Deshalb wollen wir weiter an der Hoffnung festhalten, die
wir bekennen, denn Gott steht treu zu seinen Zusagen.
24Spornt euch gegenseitig zu Liebe und zu guten Taten an.
25Und lasst uns unsere Zusammenkünfte nicht versäumen,
wie einige es tun, sondern ermutigt und ermahnt einander,
besonders jetzt, da der Tag seiner Wiederkehr näher rückt!

26Denn wenn wir bewusst weiter sündigen, nachdem wir
mit Gottes Hilfe die Wahrheit erkannt haben, gibt es kein an-
deres Opfer mehr für diese Sünden. 27Dann bleibt nur noch
das furchtbare Warten auf das göttliche Gericht und das wü-
tende Feuer, das seine Feinde verzehren wird. 28Jeder, der
sich weigerte, das Gesetz des Mose zu befolgen, wurde auf
die Aussage von zwei oder drei Zeugen hin getötet. 29Wie
viel schrecklicher wird die Bestrafung für den ausfallen, der
den Sohn Gottes mit Füßen tritt, das Blut des Bundes verach-

10,16-17 Jeremia 31,33-34.
10,19 Griech. *Brüder.*
10,20 Griech. *durch sein Fleisch.*

tet, durch das er geheiligt wurde, und den Heiligen Geist ver-
höhnt, ohne den er Gottes Gnade nicht erkannt hätte. 30Denn
wir kennen den, der gesagt hat: »Ich will Rache nehmen. Ich
will Vergeltung üben an denen, die es verdienen.« Er sagte
auch: »Der Herr wird sein Volk richten.«*

31Es ist schrecklich, in die Hände des lebendigen Gottes zu
fallen.

32Erinnert euch an die Zeit, als ihr die Wahrheit Gottes gera-
de erst erkannt hattet: Damals musstet ihr viel ertragen, aber
ihr habt geduldig durchgehalten. 33Manchmal wurdet ihr in
aller Öffentlichkeit verspottet und misshandelt; manchmal
habt ihr anderen geholfen, denen es so erging. 34Ihr habt mit
denen mitgelitten, die im Gefängnis waren. Als man euch eu-
ren Besitz wegnahm, habt ihr das voller Freude hingenom-
men, denn ihr wusstet ja, dass ihr etwas Besseres besitzt, das
ihr nie verlieren werdet.

35Werft dieses Vertrauen auf den Herrn nicht weg, was im-
mer auch geschieht, sondern denkt an die große Belohnung,
die damit verbunden ist! 36Was ihr jetzt braucht, ist Geduld,
damit ihr weiterhin nach Gottes Willen handelt. Dann werdet
ihr alles empfangen, was er versprochen hat.

37»Nur noch eine kurze Zeit, dann wird der erscheinen, der
kommen soll, und sein Kommen wird sich nicht verzögern.
38Durch den Glauben hat ein Gerechter Leben.* Doch wer sich
von mir abwendet, an dem habe ich keine Freude.«*

39Aber wir sind nicht wie die Menschen, die sich von Gott
abwenden und so in ihr Verderben rennen. Weil wir an unse-
rem Glauben festhalten, werden wir das Leben bekommen.

Große Vorbilder im Glauben

11 1Was ist nun also der Glaube? Er ist das Vertrauen da-
rauf, dass das, was wir hoffen, sich erfüllen wird, und
die Überzeugung, dass das, was man nicht sieht, existiert.
2Aufgrund dieses Glaubens hat Gott unseren Vorfahren in

10,30 5. Mose 32,35-36.
10,38 Griech. *Der Gerechte wird aus Glauben leben.*
10,37-38 Habakuk 2,3-4.

der Schrift seine Anerkennung ausgesprochen. 3Durch den
Glauben verstehen wir, dass die Welt auf Gottes Befehl hin
entstand und dass alles, was wir jetzt sehen, aus dem entstanden ist, was man nicht sieht.

4Durch den Glauben brachte Abel Gott ein besseres Opfer dar als Kain. Gott nahm Abels Opfer an, um zu zeigen, dass er in seinen Augen gerecht gesprochen war. Und obwohl Abel schon lange tot ist, spricht er so noch immer zu uns.

5Durch den Glauben wurde Henoch in den Himmel aufgenommen, ohne zu sterben, denn niemand sah ihn mehr,
weil Gott ihn zu sich nahm.* Doch bevor er fortgenommen
wurde, wurde ihm verkündet, dass Gott Freude an ihm hatte.
6Ihr seht also, dass es unmöglich ist, ohne Glauben Gott zu
gefallen. Wer zu ihm kommen möchte, muss glauben, dass Gott existiert und dass er die, die ihn aufrichtig suchen, belohnt.

7Durch den Glauben baute Noah eine Arche, um seine Familie vor der Flut zu retten. Er gehorchte Gott, der ihn vor etwas warnte, das noch nicht zu sehen war. Sein Glaube war das Urteil über den Unglauben der übrigen Welt; er aber wurde Erbe der Gerechtigkeit, die aus dem Glauben kommt.

8Durch den Glauben gehorchte Abraham, als Gott ihn aufforderte, seine Heimat zu verlassen und in ein anderes Land
zu ziehen, das Gott ihm als Erbe geben würde. Er ging, ohne
zu wissen, wohin ihn sein Weg führen würde. 9Und selbst als
er das Land erreichte, das Gott ihm versprochen hatte, lebte
er dort aus der Kraft des Glaubens – denn er war in dem Land
wie ein Fremder, der in einem Zelt wohnte, ebenso wie Isaak
und Jakob, denen Gott dieselbe Zusage gegeben hatte.
10Abraham konnte so handeln, weil er auf eine Stadt mit festem Fundament wartete, deren Bauherr und Schöpfer Gott selbst ist.

11Durch den Glauben konnte Sara mit Abraham ein Kind
bekommen, obwohl beide zu alt waren und obwohl Sara un-

11,5 1. Mose 5,24.

fruchtbar war. Abraham glaubte, dass Gott sein Versprechen
halten würde.* [12]Und so stammt ein ganzes Volk von diesem
einen Mann, Abraham, der schon zu alt war, um noch Kinder
zu zeugen. Und dieses Volk ist so groß wie die Zahl der Ster-
ne am Himmel und wie die Sandkörner am Meer, die man
unmöglich zählen kann.

[13]All diese Menschen glaubten bis zu ihrem Tod, ohne erhal-
ten zu haben, was Gott ihnen versprochen hatte. Doch sie
sahen das, was ihnen zugesagt war, von Weitem und freuten
sich darauf, denn sie hatten erkannt und bezeugt, dass sie
hier auf der Erde nur Gäste und Fremde waren. [14]Und sie
bekannten damit, dass sie auf der Suche waren nach einem
Land, das sie ihre Heimat nennen konnten. [15]Hätten sie das
Land gemeint, aus dem sie kamen, dann hätten sie einen Weg
gefunden, dorthin zurückzukehren. [16]Aber sie suchten nach
einem besseren Ort, einer Heimat im Himmel. Deshalb
schämt Gott sich nicht, ihr Gott genannt zu werden, denn er
hat ihnen eine Stadt im Himmel gebaut.

[17]Durch den Glauben war Abraham bereit, Isaak als Opfer
darzubringen, als Gott ihn auf die Probe stellte. Abraham, der
Gottes Zusagen empfangen hatte, war bereit, seinen einzigen
Sohn Isaak zu opfern, [18]obwohl Gott ihm versprochen hatte:
»Nur die Nachkommen Isaaks sollen als deine Nachkommen
bezeichnet werden.«* [19]Abraham ging davon aus, dass Gott
Isaak wieder zum Leben erwecken konnte, wenn er gestor-
ben war. Und in gewisser Weise bekam Abraham seinen
Sohn tatsächlich von den Toten zurück.

[20]Durch den Glauben segnete Isaak seine beiden Söhne Ja-
kob und Esau. Er vertraute auf das, was Gott in der Zukunft
tun würde.

[21]Durch den Glauben segnete Jakob, als er alt geworden war
und im Sterben lag, die beiden Söhne Josefs und verneigte
sich, auf seinen Stab gestützt, anbetend vor Gott.

11,11 In manchen Handschriften heißt es *Sara glaubte, dass Gott sein Versprechen halten würde.*
11,18 1. Mose 21,12.

22Aus Glauben sprach Josef unmittelbar vor seinem Tod da-
von, dass Gott das Volk Israel aus Ägypten führen würde. Er
war sich dessen so sicher, dass er ihnen befahl, bei ihrem Aus-
zug seine Gebeine mitzunehmen!

23Durch den Glauben versteckten die Eltern von Mose ihr
Kind nach der Geburt drei Monate lang. Sie sahen, dass Gott
ihnen ein schönes Kind geschenkt hatte, und hatten keine
Angst vor dem, was der König ihnen antun konnte.

24Durch den Glauben weigerte sich Mose, als er erwachsen
war, sich als Sohn der Tochter des Pharaos bezeichnen zu las-
sen. 25Er zog es vor, mit dem Volk zu leiden, anstatt sich dem
flüchtigen Vergnügen der Sünde hinzugeben. 26Er hielt die
Leiden, die auch Christus auf sich nahm, für besseren Reich-
tum als die Schätze Ägyptens, denn er sah der großen Beloh-
nung entgegen, die Gott ihm geben würde. 27Durch den
Glauben verließ Mose das Land Ägypten. Er hatte keine
Angst vor dem König, sondern ging unerschütterlich weiter,
weil er den Blick fest auf den richtete, der unsichtbar ist.
28Durch den Glauben befahl Mose dem Volk Israel, das Pas-
sah zu halten und die Türpfosten mit Blut zu bestreichen,
damit der Engel des Todes ihre erstgeborenen Söhne nicht
tötete.

29Durch den Glauben zog das Volk Israel durch das Rote
Meer, als wäre es trockenes Land. Doch als die Ägypter sie
verfolgten, ertranken sie alle.

30Durch den Glauben marschierte das Volk Israel sieben
Tage lang um Jericho herum, und die Stadtmauern stürzten
ein.

31Durch den Glauben kam die Prostituierte Rahab nicht mit
den anderen Einwohnern der Stadt um, die sich geweigert
hatten, Gott zu gehorchen. Denn sie hatte die Kundschafter
freundlich aufgenommen.

32Wie viel soll ich noch aufzählen? Es würde zu lange dau-
ern, all die Geschichten über den Glauben von Gideon, Barak,
Simson, Jeftah, David, Samuel und allen Propheten zu erzäh-
len. 33Durch den Glauben haben sie Königreiche bezwungen,
mit Gerechtigkeit regiert und bekommen, was Gott ihnen
versprochen hatte. Sie verschlossen Löwen das Maul, 34lösch-

ten Feuerflammen und entkamen der tödlichen Klinge des
Schwertes. Ihre Schwäche wurde in Stärke verwandelt. Sie
wurden stark im Kampf und schlugen ganze Armeen in die
Flucht. 35Frauen erhielten ihre geliebten Angehörigen aus
dem Tod zurück.

Doch andere vertrauten Gott und wurden gefoltert, weil sie
lieber starben, als sich von Gott abzuwenden und freizukom-
men. Sie setzten ihre Hoffnung auf die Auferstehung zu ei-
nem besseren Leben. 36Einige wurden verspottet und aus-
gepeitscht, wieder andere wurden im Gefängnis angekettet.
37Manche starben durch Steinigung, andere wurden zersägt,
wieder andere mit dem Schwert getötet. Einige gingen in
Schaf- oder Ziegenfellen umher, litten Hunger und wurden
unterdrückt oder misshandelt. 38Sie, die zu gut für diese
Welt waren, zogen durch Wüsten und über Gebirge und
suchten Zuflucht in Höhlen und Erdlöchern.

39An all diesen Menschen hatte Gott wegen ihres Glaubens
Freude, doch keiner von ihnen empfing das, was Gott ver-
sprochen hatte. 40Denn Gott hatte weit Besseres für uns vor-
gesehen; deshalb können sie erst mit uns gemeinsam das Ziel
erreichen.*

Gottes Zurechtweisung ist ein Zeichen seiner Liebe

12 1Da wir von so vielen Zeugen umgeben sind, die ein
Leben durch den Glauben geführt haben, wollen wir
jede Last ablegen, die uns behindert, besonders die Sünde, in
die wir uns so leicht verstricken. Wir wollen den Wettlauf bis
zum Ende durchhalten, für den wir bestimmt sind. 2Dies tun
wir, indem wir unsere Augen auf Jesus gerichtet halten, von
dem unser Glaube vom Anfang bis zum Ende abhängt*. Er
war bereit, den Tod der Schande am Kreuz zu sterben, weil er
wusste, welche Freude ihn danach erwartete. Nun sitzt er an
der rechten Seite von Gottes Thron im Himmel! 3Denkt an
alles, was er durch die Menschen, die ihn anfeindeten, ertra-

---

11,40 Griech. *Weil Gott Besseres für uns im Sinn hatte, sollten sie nicht ohne uns vollendet werden.*
12,2 O. *Jesus, den Urheber und Vollender unseres Glaubens.*

gen hat, damit ihr nicht müde werdet und aufgebt. 4Immer-
hin habt ihr im Kampf gegen die Sünde noch nicht euer Leben
opfern müssen.

5Und habt ihr die ermutigenden Worte völlig vergessen, die
Gott zu euch sprach?

»Mein Sohn, lehne dich nicht dagegen auf, wenn der Herr
dich zurechtweist und lass dich dadurch nicht entmutigen!
6Denn der Herr weist die zurecht, die er liebt, und er straft
jeden, den er als seinen Sohn annimmt.«*

7Wenn ihr Schweres ertragen müsst, dann erkennt darin die
Zurechtweisung Gottes; denkt daran, dass Gott euch als seine
Kinder* behandelt. Wer hätte je von einem Sohn gehört, der
nie bestraft wurde? 8Wenn Gott euch nicht zurechtweist, wie
er es doch bei allen Menschen tut, dann heißt das, dass ihr
nicht seine rechtmäßigen Kinder seid. 9Unsere leiblichen Vä-
ter erzogen uns mit Strafe, und wir hatten trotzdem Achtung
vor ihnen. Sollten wir uns da nicht umso bereitwilliger der
Erziehung unseres himmlischen Vaters unterordnen, damit
wir leben?

10Denn unsere leiblichen Väter haben uns eine Zeit lang er-
zogen, so gut sie es konnten. Aber Gottes Erziehung ist im-
mer richtig und gut für uns, weil sie bedeutet, dass wir Anteil
an seiner Heiligkeit erhalten. 11Keine Strafe ist angenehm,
und während wir sie erleiden, ist sie immer schmerzlich!
Doch danach werden diejenigen, die auf diese Weise geformt
werden, inneren Frieden und ein Leben in der Gerechtigkeit
gewinnen.

12Stärkt also eure müde gewordenen Hände und stellt euch
fest auf eure zitternden Knie! 13Schafft gerade Wege für eure
Füße. Dann werden alle, auch wenn sie schwach und lahm
sind, nicht stolpern und fallen, sondern stark werden.

Eine Aufforderung, auf Gott zu hören

14Versucht, mit allen Menschen in Frieden zu leben, und be-
müht euch, ein heiliges Leben nach dem Willen Gottes zu

12,5-6 Sprüche 3,11-12.
12,7 Griech. *Söhne*.

führen, denn wer nicht heilig ist, wird den Herrn nicht sehen.
15Achtet aufeinander, damit niemand die Gnade Gottes ver-
säumt. Seht zu, dass keine bittere Wurzel unter euch Fuß fas-
sen kann, denn sonst wird sie euch zur Last werden und viele
durch ihr Gift verderben. 16Sorgt dafür, dass niemand wie
Esau ein unzüchtiges oder gottloses Leben führt. Er verkaufte
sein Geburtsrecht als Ältester für eine einzige Mahlzeit!
17Und als er dann später den Segen seines Vaters wollte, wur-
de er abgewiesen. Da war es zu spät zur Umkehr, obwohl er
bittere Tränen vergoss.

18Ihr seid nicht zu einem sichtbaren, greifbaren Berg gekom-
men, zu einem Ort voller Feuerflammen, Finsternis und
Sturm wie die Israeliten am Berg Sinai, als Gott ihnen seine
Gesetze gab. 19Denn sie hörten den Schall einer Posaune und
eine so furchtbare Stimme, dass sie darum baten, sie möge
nicht weitersprechen. 20Sie wichen zurück, als sie hörten:
»Wenn auch nur ein Tier den Berg berührt, soll es zu Tode
gesteinigt werden.«* 21Selbst Mose war bei diesem Anblick
so erschüttert, dass er sagte: »Ich zittere vor Angst.«*

22Nein, ihr seid zum Berg Zion gekommen, zur Stadt des
lebendigen Gottes, dem himmlischen Jerusalem, wo Tausen-
de von Engeln sich zu einem Fest versammelt haben. 23Ihr
seid zur Gemeinde der erstgeborenen Kinder Gottes gekom-
men, deren Namen im Himmel aufgeschrieben sind. Ihr seid
zu Gott selbst gekommen, dem Richter aller Menschen. Und
ihr seid zu den Geretteten im Himmel gekommen, die nun im
Geist bei Gott angekommen und vollkommen gemacht sind.
24Ihr seid zu Jesus gekommen, dem Vermittler des neuen
Bundes zwischen Gott und Menschen, und seid durch sein
Blut von Schuld gereinigt worden. Und sein Blut verkündet
etwas viel Besseres als das Blut Abels.

25Weist Gott nicht zurück, der zu euch redet! Die Israeliten
entkamen der Strafe nicht, als sie sich weigerten, auf Mose zu
hören, der ihnen Gottes Wort weitersagte. Wie viel schlimmer
wird es uns ergehen, wenn wir den ablehnen, der vom Him-

12,20 2. Mose 19,13.
12,21 5. Mose 9,19.

mel zu uns spricht! 26 Als Gott vom Berg Sinai sprach, erschüt-
terte seine Stimme die Erde, aber nun hat er uns eine andere
Zusage gegeben: »Noch einmal werde ich nicht nur die Erde,
sondern auch den Himmel erschüttern.«* 27 Das deutet auf
eine Verwandlung der ganzen Schöpfung, die erschüttert
wird, damit nur das Ewige bleibt.
28 Da wir also ein Reich empfangen, das nicht zerstört wer-
den kann, wollen wir dankbar sein und Gott Freude machen,
indem wir ihn in Ehrfurcht vor seiner Heiligkeit anbeten!
29 Denn unser Gott ist ein verzehrendes Feuer.

Abschließende Worte

13 1 Liebt einander mit aufrichtiger Liebe*. 2 Vergesst
nicht, Fremden Gastfreundschaft zu erweisen, denn
auf diese Weise haben einige Engel beherbergt, ohne es zu
merken! 3 Denkt an diejenigen, die im Gefängnis sind. Fühlt
mit ihnen, als wärt ihr selbst dort. Teilt das Leid derer, die
misshandelt werden, als würdet ihr ihren Schmerz am eige-
nen Körper spüren.
4 Haltet die Ehe in Ehren und bleibt einander treu! Gott wird
Menschen, die unzüchtig leben und die Ehe brechen, ganz
sicher richten.
5 Hängt euer Herz nicht ans Geld und begnügt euch mit
dem, was ihr habt. Denn Gott hat gesagt: »Ich werde dich
nie verlassen und dich nicht im Stich lassen.«*
6 Deshalb können wir zuversichtlich sagen: »Der Herr steht
zu mir, deshalb fürchte ich mich nicht. Was können mir Men-
schen anhaben?«*
7 Erinnert euch an eure Lehrer, die euch zuerst das Wort Got-
tes verkündeten. Denkt an all das Gute, das aus ihrem Leben
hervorgegangen ist, und vertraut auf den Herrn, wie sie es
taten!
8 Jesus Christus ist gestern, heute und in Ewigkeit derselbe.
9 Lasst euch daher nicht von seltsamen, neuen Lehren verwir-

12,26 Haggai 2,6.
13,1 Griech. *mit brüderlicher Liebe.*
13,5 5. Mose 31,6.8.
13,6 Psalm 118,6.

ren. Durch die Gnade Gottes werdet ihr innerlich stark und
nicht durch Bestimmungen über Speisen, die keinem helfen,
der sich danach richtet.
[10]Wir haben einen Altar, von dem die Priester des irdischen
Heiligtums nicht essen dürfen. [11]Früher brachte der Hohe
Priester das Blut von Tieren als Opfer für die Sünde in das
Heiligtum, doch die Leiber der geopferten Tiere selbst wur-
den außerhalb des Lagers verbrannt. [12]So litt und starb auch
Jesus außerhalb der Stadttore, um sein Volk durch sein ver-
gossenes Blut zu heiligen. [13]Lasst uns deshalb zu ihm hinaus-
gehen, vor das Lager, und die Schande tragen, die er auf sich
nahm. [14]Denn diese Welt ist nicht unsere Heimat; wir erwar-
ten unsere zukünftige Stadt erst im Himmel.
[15]Durch Jesus wollen wir Gott zu jeder Zeit danken, indem
wir ihn loben und uns zu seinem Namen bekennen! [16]Ver-
gesst nicht, Gutes zu tun und mit den anderen zu teilen,
denn über solche Opfer freut sich Gott.
[17]Gehorcht den Leitern eurer Gemeinde und tut, was sie sa-
gen. Es ist ihre Aufgabe, über eure Seelen zu wachen, und sie
wissen, dass sie Gott Rechenschaft geben müssen. Achtet da-
rauf, dass sie dies mit Freude und ohne Sorgen tun können,
denn das wäre sonst für euch sicher nicht gut. [18]Betet für uns!
Unser Gewissen ist zwar rein, aber wir möchten ein einwand-
freies Leben führen. [19]Gerade jetzt brauche ich eure Gebete
besonders, damit ich bald zu euch zurückkehren kann.
[20]Ich wünsche euch, dass der Gott des Friedens, der unseren
Herrn Jesus, den großen Hirten der Schafe, durch das Blut des
ewigen Bundes von den Toten zurückgebracht hat, [21]euch mit
allem versorgt, was ihr braucht, um seinen Willen zu tun. Ich
wünsche mir, dass er durch die Kraft von Jesus Christus all
das in uns wachsen lässt, was ihm Freude macht. Ihm gehört
die Ehre für immer und ewig! Amen. [22]Ich bitte euch sehr,
liebe Freunde*, genau auf das zu hören, was ich euch in die-
sem kurzen Brief mitgeteilt habe.

13,22 Griech. *Brüder;* so auch in 13,24.

23Ihr sollt wissen, dass unser Bruder Timotheus aus dem Gefängnis frei ist. Wenn er bald hierher kommt, werde ich ihn mitbringen, wenn ich euch besuche!
24Grüßt alle Leiter eurer Gemeinden von mir und alle anderen, die zu Gott gehören*. Die Freunde aus Italien lassen euch grüßen.
25Ich wünsche euch allen Gottes Gnade!

13,24 Griech. *Heiligen.*

Der Brief von Jakobus

Grüße von Jakobus

1 1 Dieser Brief ist von Jakobus, einem Diener von Gott und
von Jesus Christus, dem Herrn.
Er ist geschrieben an die Gemeinden, die zerstreut unter den
anderen Völkern leben*. Ich grüße euch!

Glaube und Ausdauer

2 Liebe Brüder, wenn in schwierigen Situationen euer Glaube
geprüft wird, dann freut euch darüber. 3 Denn wenn ihr euch
darin bewährt, wächst eure Geduld. 4 Und durch die Geduld
werdet ihr bis zum Ende durchhalten, denn dann wird euer
Glaube zur vollen Reife gelangen und vollkommen sein und
nichts wird euch fehlen. 5 Wenn jemand unter euch Weisheit
braucht, weil er wissen will, wie er nach Gottes Willen han-
deln soll, dann kann er Gott einfach darum bitten. Und Gott,
der gerne hilft, wird ihm bestimmt antworten, ohne ihm Vor-
würfe zu machen. 6 Aber wer ihn fragt, soll auch wirklich mit
seiner Antwort rechnen! Denn einer, der zweifelt, ist so auf-
gewühlt wie eine Meereswoge, die vom Wind getrieben und
hin- und hergeworfen wird. 7 Ein solcher Mensch darf nicht
erwarten, etwas von Gott* zu erhalten, 8 denn er ist unbestän-
dig und schwankt ständig hin und her. 9 Wer wenig hat und
wenig gilt, soll sich freuen, weil er bei Gott viel gilt. 10 Und wer
viel hat und angesehen ist, soll demütig und bescheiden sein,
denn auch er wird vergehen wie eine Blume auf dem Feld.
11 Die Sonne geht auf und lässt mit ihrer Hitze das Gras ver-
dorren; die Blume verwelkt, und ihre Schönheit schwindet.
Genauso wird der Reiche mit seinem ganzen Besitz vergehen.
12 Gott segnet denjenigen, der die Prüfungen des Glaubens
geduldig erträgt. Wenn er sich bewährt hat, wird er das ewige
Leben* empfangen, das Gott denen versprochen hat, die ihn

1,1 Griech. *an die zwölf Stämme in der Diaspora* (Diaspora bedeutet Zerstreuung).
1,7 Griech. *von dem Herrn.*
1,12 Griech. *den Siegeskranz des Lebens.*

lieben. 13Wer der Versuchung erliegt, sollte niemals sagen:
»Diese Versuchung kommt von Gott.« Gott lässt sich nicht
zum Bösen verführen, und er verleitet auch niemanden zur
Sünde. 14Jeder Mensch wird durch seine eigenen Begierden
dazu verleitet, Böses zu tun. 15Wer seinen Begierden nachgibt,
sündigt, und die vollzogene Sünde führt zum Tod. 16Macht
euch also nichts vor, liebe Brüder!

17Alles, was gut und vollkommen ist, wird uns von oben
geschenkt, von Gott, der alle Lichter des Himmels erschuf*.
Anders als sie ändert er sich nicht, noch wechselt er zwischen
Licht und Finsternis. 18Durch das Wort der Wahrheit sind wir
zu seinen Kindern geworden, weil er es so wollte. Wir sind
die erste Frucht seiner neuen Schöpfung.

Zuhören und handeln

19Liebe Freunde*, seid schnell bereit, zuzuhören, aber lasst
euch Zeit, ehe ihr redet oder zornig werdet. 20Zorn kann nie-
mals etwas bewirken, das in Gottes Augen gerecht ist.

21Trennt euch deshalb von allem Schlechten und Bösen in
eurem Leben und nehmt die Botschaft Gottes, die er euch
gegeben hat, demütig an, denn sie hat die Kraft, eure Seelen
zu retten. 22Aber es reicht nicht, nur auf die Botschaft zu
hören – ihr müsst auch danach handeln! Sonst betrügt ihr
euch nur selbst. 23Denn wer ihr nur zuhört und nicht danach
handelt, ist wie ein Mensch, der sich im Spiegel betrachtet.
24Er sieht sich, geht weg und vergisst, wie er aussieht. 25Wer
aber ständig auf das vollkommene Gesetz Gottes achtet – das
Gesetz, das uns frei macht – und befolgt, was es sagt, und
nicht vergisst, was er gehört hat, den wird Gott segnen*.

26Wenn ihr behauptet, Gott zu dienen, aber eure Zunge
nicht im Zaum halten könnt, betrügt ihr euch nur selbst, und
euer Dienst für Gott ist wertlos. 27Rein und vorbildlich Gott,
unserem Vater, zu dienen bedeutet, dass wir uns um die Sor-

1,17 Griech. *ist von oben her, kommt vom Vater der Lichter herab.*
1,19 Griech. *Wisst dies, meine geliebten Brüder.*
1,25 Griech. *der wird selig sein in seinem Tun.*

gen der Waisen und Witwen kümmern und uns nicht von der
Welt verderben lassen.

Eine Warnung vor Vorurteilen

2 1Liebe Brüder, wie könnt ihr behaupten, an Jesus Chris-
tus, den Herrn der Herrlichkeit, zu glauben, wenn ihr be-
stimmte Menschen bevorzugt?
2Nehmen wir zum Beispiel an, in eure Gemeinde* kommen
ein teuer gekleideter Mann mit kostbarem Schmuck und ein
armer Mann in schäbiger Kleidung. 3Und ihr würdet dem
Reichen besondere Aufmerksamkeit schenken und ihm einen
guten Platz anbieten, zu dem Armen aber sagen: »Du kannst
da drüben stehen oder dich auf den Boden setzen.« 4Zeigt
diese unterschiedliche Behandlung nicht, dass ihr euch von
falschen Motiven leiten lasst*?
5Hört mir zu, meine lieben Brüder! Hat Gott nicht besonders
die Armen in dieser Welt dazu erwählt, im Glauben reich zu
sein? Sie werden das Reich Gottes erben, das er denen ver-
sprochen hat, die ihn lieben. 6Und doch beleidigt ihr den Ar-
men. Dabei sind es die Reichen, die euch unterdrücken und in
Rechtsstreitigkeiten verwickeln. 7Sind sie es nicht, die Jesus
Christus verspotten, dessen ehrenvollen Namen ihr tragt*?
8Wirklich gut handelt ihr, wenn ihr dem königlichen Gebot
unseres Herrn gehorcht, wie es in der Schrift steht: »Liebe
deinen Nächsten wie dich selbst.«* 9Wenn ihr aber einen
Menschen bevorzugt, werdet ihr schuldig, denn ihr missach-
tet dieses Gesetz.
10Und wer alle Gesetze bis auf ein einziges befolgt, ist ge-
nauso schuldig wie einer, der alle Gesetze Gottes gebrochen
hat. 11Denn derselbe Gott, der gesagt hat: »Du sollst nicht die
Ehe brechen«, der sagte auch: »Du sollst nicht töten«.* Wenn
du also jemanden tötest, aber keinen Ehebruch begehst, hast
du damit dennoch das ganze Gesetz gebrochen.

2,2 Griech. *Synagoge.*
2,4 Griech. *dass ihr Richter mit bösen Gedanken seid?*
2,7 Griech. *dessen ehrenvoller Name über euch (genannt) ist.*
2,8 3. Mose 19,18.
2,11 2. Mose 20,13-14; 5. Mose 5,17-18.

[12]Bedenkt deshalb in allem, was ihr sagt oder tut, dass ihr
nach dem Gesetz Gottes gerichtet werdet, das euch frei
macht. [13]Denn es wird keine Barmherzigkeit für den geben,
der anderen gegenüber nicht barmherzig war. Wer aber
barmherzig war, wird auch vor dem Gericht Gottes bestehen.

Glaube ohne gute Taten ist tot

[14]Liebe Brüder, was nützt es, wenn jemand von seinem Glau-
ben spricht, aber nicht entsprechend handelt? Ein solcher
Glaube kann niemanden retten. [15]Angenommen, jemand
sieht einen Bruder oder eine Schwester um Nahrung oder
Kleidung bitten [16]und sagt: »Lass es dir gut gehen, Gott segne
dich, halte dich warm und iss dich satt«, ohne ihnen zu essen
oder etwas anzuziehen zu geben. Was nützt ihnen das? [17]Es
reicht nicht, nur Glauben zu haben. Ein Glaube, der nicht zu
guten Taten führt, ist kein Glaube – er ist tot und wertlos.

[18]Nun könnte jemand sagen: »Manche Menschen haben
Glauben; andere vollbringen gute Taten.« Dem antworte ich:
»Ich kann deinen Glauben nicht sehen, wenn du keine guten
Taten vollbringst; aber ich kann dir durch mein Handeln mei-
nen Glauben zeigen.«

[19]Du glaubst, dass es nur einen Gott gibt? Da hast du recht!
Das glauben auch die Dämonen, und sie zittern vor Angst!
[20]Aber trotzdem bist du ein Dummkopf! Wann wirst du ein-
sehen, dass ein Glaube, der nicht zu guten Taten führt, wert-
los ist?

[21]Weißt du nicht mehr, dass unser Stammvater Abraham
vor Gott gerecht gesprochen wurde, weil er seinen Sohn Isaak
auf den Altar legte? [22]Wie du siehst, vertraute er Gott so sehr,
dass er bereit war, alles zu tun, was Gott von ihm verlangte.
Sein Glaube wurde durch sein Handeln vollendet. [23]So ge-
schah genau das, was die Schrift sagt: »Abraham glaubte
Gott, und Gott erklärte ihn für gerecht.«* Er wurde sogar
»Freund Gottes«* genannt. [24]Ihr seht also, dass ein Mensch

2,23a 1. Mose 15,6.
2,23b Jesaja 41,8.

nur dann, wenn er auch handelt, vor Gott gerecht gesprochen
wird und nicht allein aufgrund seines Glaubens.
25Auch die Hure Rahab wurde durch ihr Handeln vor Gott
gerecht gesprochen, als sie die Kundschafter versteckte und
sie auf einem anderen Weg in Sicherheit brachte. 26So wie der
Körper ohne Geist tot ist, so ist auch der Glaube tot ohne gute
Taten.

Die Zunge im Zaum halten

3 1Liebe Brüder, es sollten nicht so viele von euch in der
Gemeinde lehren wollen, denn ihr wisst, dass wir als Leh-
rer von Gott besonders streng beurteilt werden!
2Wir alle machen viele Fehler, aber wer seine Zunge im
Zaum hält, der kann sich auch in anderen Bereichen beherr-
schen. 3Wir können ein großes Pferd lenken, wohin wir wol-
len, wenn wir ihm ein Zaumzeug anlegen. 4Und mit einem
winzigen Ruder lenkt der Steuermann ein großes Schiff selbst
bei heftigem Wind, wohin er will. 5So kann auch die Zunge,
so klein sie auch ist, enormen Schaden anrichten. Ein winzi-
ger Funke steckt einen großen Wald in Brand! 6Die Zunge ist
wie eine Flamme und kann eine Welt voller Ungerechtigkeit
sein. Sie ist der Teil des Körpers, der alles beschmutzen und
das ganze Leben zerstören kann, wenn sie von der Hölle
selbst in Brand gesteckt wird. 7Der Mensch kann die unter-
schiedlichsten Tiere und Vögel, Reptilien und Fische zäh-
men, 8aber die Zunge kann niemand im Zaum halten. Sie
ist ein unbeherrschbares Übel, voll von tödlichem Gift. 9Mit
ihr loben wir Gott, unseren Herrn und Vater; dann wieder
verfluchen wir mit ihr andere Menschen, die doch als Eben-
bilder Gottes geschaffen sind. 10So kommen Segen und Fluch
aus demselben Mund. Und das, meine Freunde*, darf nicht
so sein! 11Sprudelt aus einer Quelle etwa frisches und bit-
teres Wasser zugleich? 12Pflückt man Oliven von einem
Feigenbaum oder Feigen von einem Weinstock? Nein, und
man kann auch kein frisches Wasser aus einem salzigen See
schöpfen.

3,10 Griech. *Brüder.*

Wahre Weisheit kommt von Gott

13Wer von euch klug ist und Gottes Wege begreift, soll so
leben, dass seine guten Taten sichtbar werden, und dabei
freundlich und weise sein. 14Wenn ihr aber von bitterem
Neid und selbstsüchtigem Ehrgeiz erfüllt seid, dann rühmt
euch nicht damit, weise zu sein. Das wäre eine Lüge! 15Denn
Neid und Selbstsucht haben nichts mit der Weisheit von Gott
zu tun, sondern sie sind irdisch, gottlos und teuflischen Ur-
sprungs. 16Denn wo Eifersucht und selbstsüchtiger Ehrgeiz
herrschen, führt das in die Zerstörung und bewirkt alle mög-
lichen schlechten Taten.

17Aber die Weisheit, die von Gott kommt, ist vor allem rein.
Sie sucht den Frieden, ist freundlich und bereit, nachzugeben.
Sie zeichnet sich durch Barmherzigkeit und gute Taten aus.
Sie ist unparteiisch und immer aufrichtig. 18Und wer Frieden
stiftet, wird in Frieden säen und Gerechtigkeit ernten.

Die Nähe Gottes suchen

4 1Was verursacht die Kriege und Streitigkeiten unter euch?
Sind es nicht die vielen Begierden, die in euch kämpfen?
2Ihr begehrt und habt nichts; ihr schmiedet Pläne und tötet
und bekommt nichts. Ihr seid neidisch auf das, was andere
haben, und könnt es nicht bekommen; also kämpft und strei-
tet ihr, um es ihnen wegzunehmen. Doch euch fehlt das, was
ihr so gerne wollt, weil ihr Gott nicht darum bittet. 3Und
selbst wenn ihr darum bittet, bekommt ihr es nicht, weil ihr
aus falschen Gründen bittet und nur euer Vergnügen sucht.

4Ihr Ehebrecher! Ist euch denn nicht bewusst, dass die
Freundschaft mit dieser Welt euch zu Feinden Gottes macht?
Ich sage es noch einmal: Wer ein Freund der Welt sein will,
wird zum Feind Gottes. 5Meint ihr, die Schrift sage umsonst,
dass der Heilige Geist, den Gott uns gegeben hat, eifersüchtig
auf unsere Treue bedacht ist?* 6Weil Gott gnädig ist, gibt er
uns immer mehr Kraft, solchen Begierden zu widerstehen. So

4,5 O. *dass der Geist, den Gott in uns gelegt hat, eifersüchtig ist;* oder *dass der Heilige Geist, den Gott in uns gelegt hat, unserem Eifer widerstrebt.*

heißt es auch in der Schrift: »Gott stellt sich den Stolzen ent-
gegen, den Demütigen aber schenkt er Gnade.«*
7Deshalb ordnet euren Willen Gott unter! Widersteht dem
Teufel, und er wird euch verlassen. 8Kommt zu Gott, und
Gott wird euch entgegenkommen. Wascht euch die Hände,
ihr Sünder; reinigt eure Herzen, ihr Zweifler! 9Erkennt eure
Schuld und weint darüber; klagt und trauert! Seid traurig,
statt zu lachen, und niedergeschlagen, statt euch zu freuen.
10Wenn ihr eure Schuld vor dem Herrn eingesteht, wird er
euch wieder aufrichten.

Eine Warnung, nicht über andere zu richten

11Redet nicht schlecht übereinander, liebe Freunde*! Wer ei-
nen anderen verleumdet und verurteilt, verleumdet und ver-
urteilt das Gesetz Gottes. Aber eure Aufgabe ist es nicht, das
Gesetz zu richten, sondern dem Gesetz zu gehorchen. 12Nur
Gott, der das Gesetz gegeben hat, kann gerecht richten. Nur
er hat die Macht, zu retten oder zu vernichten. Welches Recht
hast du also, deinen Nächsten zu verurteilen?

Warnung vor übergroßer Selbstsicherheit

13Passt auf, wenn ihr behauptet: »Heute oder morgen werden
wir in eine bestimmte Stadt gehen und ein Jahr dort bleiben.
Wir werden dort Geschäfte machen und Gewinne erzielen.«
14Woher wollt ihr wissen, was morgen sein wird? Euer Leben
gleicht doch dem Nebel am Morgen – schon nach kurzer Zeit
ist er wieder verschwunden. 15Stattdessen solltet ihr sagen:
»Wenn der Herr es will, werden wir leben und dieses oder
jenes tun.« 16Nun aber seid ihr stolz auf eure eigenen Pläne.
Doch solche Angeberei ist durch und durch schlecht.
17Denkt daran: Wer das Gute kennt und es nicht tut, der
macht sich schuldig.

4,6 Sprüche 3,34.
4,11 Griech. *Brüder.*

Warnung an die Reichen

5 1Seht euch vor, ihr Reichen: Weint und klagt über das
Schreckliche, das euch bevorsteht! 2Euer Reichtum zer-
fällt, und eure schönen Kleider werden von Motten zerfres-
sen. 3Euer Gold und Silber ist wertlos geworden wie verros-
tetes Eisen. Und dieser Rost wird als Beweis gegen euch
dienen und euch anklagen am Tag des Gerichtes.* Warum
habt ihr euch nur darum gekümmert, Reichtümer zu sam-
meln in diesen Zeiten? 4Hört doch! Hört das Schreien der Ern-
tearbeiter, die eure Felder bestellt haben und die ihr um ihren
Lohn betrogen habt. Gott, der Allmächtige, hat ihr Schreien
gehört. 5Ihr habt eure Jahre auf der Erde im Luxus verbracht
und euch jeden Wunsch erfüllt. Jetzt sind eure Herzen wohl
genährt und fett, bereit für den Schlachttag, den Tag des Ge-
richts. 6Ihr habt gerechte Menschen*, die sich nicht gegen
euch wehren konnten, verurteilt und getötet.

Geduld im Leiden

7Liebe Brüder, habt Geduld, während ihr auf die Wiederkehr
des Herrn wartet! Denkt an die Bauern, die im Herbst und im
Frühling eifrig nach Regen Ausschau halten. Geduldig war-
ten sie darauf, dass die Ernte heranreift. 8Auch ihr müsst ge-
duldig sein. Und seid zuversichtlich, denn das Kommen des
Herrn steht kurz bevor!

9Ärgert euch nicht übereinander, liebe Brüder, sonst wird
Gott euch richten. Denn der Richter steht schon vor der Tür!

10Nehmt euch die Propheten, die im Namen des Herrn ge-
sprochen haben, als Vorbild für Geduld im Leiden. 11Denn
wir schätzen jene glücklich, die im Leiden durchgehalten ha-
ben. Ihr kennt die Geduld Hiobs und wisst, wie der Herr alles
zu einem guten Ende führte, denn er ist voll Mitgefühl und
Barmherzigkeit.

12Doch vor allem, liebe Brüder, sollt ihr niemals schwören,
weder beim Himmel noch bei der Erde noch sonst irgend-

5,3 O. *wird euer Fleisch wie Feuer verzehren.*
5,6 Griech. *den Gerechten.*

einen Eid! Sagt einfach klar Ja oder Nein, damit ihr euch nicht
schuldig macht und dafür verurteilt werdet.

Die Macht des Gebets
13Leidet jemand von euch? Dann soll er beten. Und wer
Grund zur Dankbarkeit hat, soll dem Herrn Loblieder singen.
14Ist einer von euch krank? Dann soll er die Ältesten der
Gemeinde holen lassen, damit sie für ihn beten und ihn im
Namen des Herrn mit Öl salben. 15Ihr Gebet im Glauben an
Gott wird den Kranken heilen, und der Herr wird ihn aufrich-
ten. Und wenn er Sünden begangen hat, wird Gott ihm ver-
geben.
16Bekennt einander eure Schuld und betet füreinander, da-
mit ihr geheilt werdet. Das Gebet eines gerechten Menschen
hat große Macht und kann viel bewirken. 17Elia war ein
Mensch wie wir, doch als er darum betete, dass kein Regen
fallen sollte, regnete es dreieinhalb Jahre lang nicht auf der
Erde! 18Dann betete er um Regen, und es regnete vom Him-
mel. Das Gras wurde grün, und die Erde brachte wieder
Früchte hervor.

Christen, die vom Weg abgekommen sind, zurückholen
19Liebe Brüder, wenn einer unter euch den Weg der Wahrheit
verlässt und sich verirrt und ein anderer bringt ihn wieder
zurück, 20könnt ihr sicher sein: Wer den Sünder von seinem
falschen Weg zur Umkehr bewegt, der rettet ihn vor dem Tod,
und ihm werden viele Sünden vergeben.

Der Brief von Judas

Grüße von Judas

1 Dieser Brief ist von Judas, einem Diener von Jesus Christus
und Bruder von Jakobus.
Ich schreibe an alle, die zum Glauben berufen sind. Sie sind
von Gott, dem Vater, geliebt und von Jesus Christus bewahrt.
2 Es ist mein Wunsch, dass ihr immer mehr mit der Gnade,
dem Frieden und der Liebe Gottes beschenkt werdet!

Die Bedrohung durch falsche Lehrer

3 Meine lieben Freunde, ich hatte euch schon lange über die
Erlösung schreiben wollen, die uns allen gehört. Doch nun
will ich euch über etwas anderes schreiben: Ich muss euch
auffordern, für die Wahrheit der Botschaft zu kämpfen, die
Gott ein für alle Mal denen geschenkt hat, die ihm gehören*.
4 Ich sage das, weil einige gottlose Leute sich bei euch einge-
schlichen haben und behaupten, wir könnten die Vergebung
Gottes dazu missbrauchen, ein zügelloses Leben zu führen.
Das Schicksal solcher Menschen ist längst besiegelt, denn sie
haben sich gegen unseren einzigen Herrn und Herrscher, Je-
sus Christus, gewandt.
5 Und obwohl ihr alles ein für allemal* wisst, muss ich euch
daran erinnern, dass der Herr* zwar das Volk Israel aus
Ägypten rettete, doch beim nächsten Mal dann alle tötete,
die nicht mehr an ihn glaubten. 6 Und ich erinnere euch an
die Engel, die die Grenzen ihrer von Gott verliehenen Voll-
macht nicht anerkannten, sondern den Platz verließen, an
den sie gehörten. Gott hält sie im Gefängnis der Finsternis
gefesselt und verwahrt sie dort bis zum Tag des Gerichts.
7 Vergesst auch nicht die Städte Sodom und Gomorra und
ihre Nachbarorte, in denen ebenfalls Unzucht und sexuelle

---

3 Griech. *seinen Heiligen.*

5a In wichtigen Handschriften heißt es *obwohl ihr alles wisst, muss ich euch daran erinnern, dass der Herr zwar das eine Mal das Volk Israel aus Ägypten rettete, doch beim zweiten Mal alle …*

5b Die besten Handschriften haben statt »der Herr« *Jesus.*

Ausschweifung herrschten. Diese Städte wurden durch das
ewige Feuer vernichtet und sind bis heute ein warnendes Bei-
spiel.
[8]Auch diese falschen Lehrer, die sich auf ihre Träume beru-
fen, führen ein unzüchtiges Leben, ordnen sich keiner Herr-
schaft unter und verspotten die himmlischen Mächte. [9]Dabei
hat es nicht einmal Michael, einer der mächtigsten Engel, ge-
wagt, den Satan im Streit um den Körper von Mose zu ver-
spotten. Er sagte nur: »Der Herr bestrafe dich.« [10]Doch diese
Leute spotten und fluchen über die Dinge, die sie nicht ver-
stehen. Wie unvernünftige Tiere folgen sie ihrem inneren
Trieb und laufen so in ihr eigenes Verderben. [11]Es wird ihnen
schrecklich ergehen! Denn sie folgen dem Weg Kains, der sei-
nen Bruder ermordete. Wie Bileam sind sie bereit, für Geld
alles zu tun. Und wie Korach werden sie wegen ihrer Aufleh-
nung untergehen!
[12]Wenn solche Leute sich euch anschließen, während ihr
beim gemeinsamen Mahl die Liebe des Herrn feiert, sind sie
ein Schandfleck für euch, denn schamlos sind sie nur auf ihr
eigenes Wohl bedacht. Sie sind wie Wolken, die über dürres
Land ziehen, ohne Regen zu spenden. Sie sind wie Bäume,
die zur Erntezeit keine Früchte tragen; sie sind nicht nur tot,
sondern in doppelter Hinsicht tot, denn sie wurden mitsamt
ihren Wurzeln ausgerissen. [13]Wie stürmische Wellen des
Meeres wühlen sie den Schmutz ihrer schlechten Taten auf.
Sie sind umherirrende Sterne, die im ewigen Dunkel der Fins-
ternis verloren gehen. [14]Über diese Leute hat auch Henoch
prophezeit, der sieben Generationen nach Adam lebte. Er
sagte:
»Siehe, der Herr ist gekommen mit Tausenden seiner Heili-
gen. [15]Er wird über die Menschen der Welt Gericht halten. Er
wird die gottlosen Menschen, die sich gegen ihn aufgelehnt
haben, für ihr Handeln bestrafen und sie für alle Beleidigun-
gen gegen ihn verurteilen.«*
[16]Das sind Leute, die ständig nörgeln und sich beschweren
und sich von ihren Begierden beherrschen lassen. Es sind

14-15 Das Zitat stammt aus einer apokryphen Schrift: aus dem Henochbuch 1,9.

großspurige Angeber, und sie schmeicheln anderen, um sich Vorteile zu verschaffen.

Eine Ermahnung, treu zu bleiben

[17]Ihr aber, meine lieben Freunde, sollt an das denken, was die
Apostel von unserem Herrn Jesus Christus euch voraus-
gesagt haben: [18]Sie sagten euch, dass es in den letzten Tagen
Spötter geben wird, die mit ihrem Leben nichts Besseres an-
zufangen wissen, als ihren eigenen gottlosen Leidenschaften
nachzugehen. [19]Jetzt sind sie da und stiften Unfrieden unter
euch. Sie haben Gottes Geist nicht in sich und lassen sich nur
von ihrem Denken leiten, das von der Welt geprägt ist. [20]Ihr
dagegen, liebe Freunde, sollt euer Leben auf dem Fundament
eures heiligen Glaubens aufbauen. Bleibt im Gebet und lasst
euch darin vom Heiligen Geist leiten.* [21]Bleibt in der Liebe
Gottes, während ihr darauf wartet, dass Jesus Christus, unser
Herr, euch in seiner Barmherzigkeit das ewige Leben bringen
wird. [22]Seid barmherzig zu denen, deren Glauben ins Wan-
ken geraten ist. [23]Rettet sie, indem ihr sie den Flammen des
Gerichts entreißt. Den anderen gegenüber zeigt Barmherzig-
keit, aber seht euch dabei vor, dass ihr euch nicht von ihren
Sünden anstecken lasst!*

Ein Lob Gottes

[24]Dem, der euch bewahren kann, damit ihr nicht fallt, und der
euch bereit macht, damit ihr makellos und voller Freude seid
für seine große Herrlichkeit, [25]gehört alle Ehre. Er allein ist
Gott, unser Retter durch Jesus Christus, unseren Herrn. Ihm
gehören Ehre, Majestät, Macht und Gewalt; schon vor aller
Zeit, jetzt und in Ewigkeit! Amen.

---

20 Griech. *Betet im Heiligen Geist.*
23 Griech. *aber hasst sogar das vom Fleisch befleckte Gewand.*

Die Offenbarung

Prolog

1 [1]Dies ist eine Offenbarung von Jesus Christus*, die ihm
Gott gegeben hat, um seinen Dienern die Ereignisse, die
in Kürze eintreten, bekannt zu machen. Ein Engel wurde ge-
sandt, der sie Johannes, dem Diener Gottes, verkündete. [2]Jo-
hannes hat das Wort Gottes und das Zeugnis von Jesus
Christus – und alles, was er sah – bezeugt.
[3]Gott segnet jeden, der diese prophetische Rede an die Ge-
meinde liest, und er segnet alle, die sie hören und befolgen.
Denn die Zeit, in der diese Dinge geschehen werden, steht
kurz bevor.

Johannes grüßt die sieben Gemeinden

[4]Dieser Brief stammt von Johannes und richtet sich an die
sieben Gemeinden in der Provinz Asien. Ich wünsche euch
Gnade und Frieden von dem, der ist, der immer war und der
noch kommen wird; von den sieben Geistern vor seinem
Thron; [5]und von Jesus Christus, dem treuen Zeugen dieser
Dinge, der als Erster von den Toten auferstand* und Herr
über alle Herrscher der Erde ist!
Lob sei ihm, der uns liebt und uns von unseren Sünden be-
freit hat, indem er sein Blut für uns vergoss. [6]Er hat uns zu
seinem Reich und zu seinen Priestern gemacht, um Gott, sei-
nem Vater, zu dienen. Gebt ihm Ehre bis in alle Ewigkeit! Er
herrscht für immer und ewig! Amen.
[7]Siehe! Er kommt mit den Wolken des Himmels. Und alle
werden ihn sehen – sogar die, die ihn durchbohrt haben.
Und alle Völker der Erde werden um ihn trauern. Ja! Amen!
[8]»Ich bin das Alpha und das Omega – der Anfang und das
Ende«, spricht der Herr und Gott, der ist, der immer war und
der noch kommen wird, der Allmächtige.

1,1 O. *eine Offenbarung über Jesus Christus.*
1,5 Griech. *der Erstgeborene der Toten.*

Vision des Menschensohnes
9Ich bin Johannes, euer Bruder. Wir sind in Jesus verbunden:
Durch ihn leiden wir gemeinsam, hoffen auf das Reich Gottes
und warten geduldig und standhaft darauf. Man hat mich
auf die Insel Patmos verbannt, weil ich das Wort Gottes ver-
kündet und von Jesus erzählt habe. 10Es war der Tag des
Herrn, und ich betete im Geist. Plötzlich hörte ich hinter mir
eine laute Stimme wie von einer Posaune. 11Sie sprach:
»Schreibe, was du siehst, in ein Buch und schicke es an die
sieben Gemeinden: Ephesus, Smyrna, Pergamon, Thyatira,
Sardes, Philadelphia und Laodizea!«

12Als ich mich umdrehte, um zu sehen, wer zu mir sprach,
sah ich sieben goldene Leuchter. 13Und mitten unter den
Leuchtern stand der Menschensohn*. Er trug ein langes Ge-
wand mit einem goldenen Gürtel über der Brust. 14Sein Kopf
und sein Haar waren weiß wie Wolle, so weiß wie Schnee.
Und seine Augen leuchteten wie Feuerflammen. 15Seine Fü-
ße glänzten wie im Feuer gereinigtes Erz, und seine Stimme
war wie das Tosen mächtiger Meereswellen. 16Er hielt sieben
Sterne in seiner rechten Hand, und aus seinem Mund kam ein
scharfes zweischneidiges Schwert. Und sein Gesicht strahlte
wie die Sonne in ihrer ganzen Pracht.

17Als ich ihn sah, fiel ich wie tot vor seine Füße. Aber er legte
seine rechte Hand auf mich und sagte: »Fürchte dich nicht!
Ich bin der Erste und der Letzte 18und der Lebendige. Ich
war tot und bin lebendig für immer und ewig! Ich habe die
Schlüssel des Todes und des Totenreichs. 19Schreibe auf, was
du gesehen hast – das, was jetzt geschieht, und das, was spä-
ter geschehen wird. 20Das ist die Bedeutung der sieben Sterne,
die du in meiner rechten Hand gesehen hast, und der sieben
goldenen Leuchter: Die sieben Sterne sind die Engel* der sie-
ben Gemeinden, und die sieben Leuchter sind die sieben Ge-
meinden selbst.

1,13 O. *einer, der aussah wie der Menschensohn.*
1,20 O. *die Boten.*

Die Botschaft an die Gemeinde in Ephesus

2 [1]Schreibe diesen Brief dem Engel* der Gemeinde in Ephe-
sus. Das ist die Botschaft dessen, der die sieben Sterne in
seiner rechten Hand hält und der unter den sieben goldenen
Leuchtern umhergeht:
[2]Ich weiß alles, was du tust. Ich habe dein Bemühen und
dein geduldiges Warten gesehen. Ich weiß, dass du böse
Menschen nicht ertragen kannst. Du hast jene geprüft, die
sich als Apostel ausgeben, es aber nicht sind, und sie als Lüg-
ner entlarvt. [3]Du hast geduldig für mich* gelitten, ohne auf-
zugeben. [4]Aber ich habe gegen dich einzuwenden, dass ihr
mich und euch einander nicht mehr so liebt wie am Anfang!
[5]Erkenne doch, wie weit du dich von deiner ersten Liebe ent-
fernt hast! Kehre wieder zu mir zurück und bemühe dich so,
wie du es am Anfang getan hast. Wenn du dich nicht änderst,
werde ich kommen und deinen Leuchter von seinem Platz
unter den Gemeinden wegnehmen. [6]Aber ich will auch etwas
an dir loben: Du hasst die Taten der Nikolaïten genauso, wie
ich es tue.
[7]Wer bereit ist zu hören, der höre auf das, was der Geist den
Gemeinden sagt! Wer siegreich ist, dem werde ich in Gottes
Paradies vom Baum des Lebens zu essen geben.

Die Botschaft an die Gemeinde in Smyrna

[8]Schreibe diesen Brief dem Engel der Gemeinde in Smyrna.
Das ist die Botschaft des Ersten und des Letzten, der tot war
und wieder lebendig geworden ist:
[9]Ich weiß von deinen Leiden und von deiner Armut – aber
du bist reich! Ich kenne den Spott derer, die gegen dich arbei-
ten, die sich als Juden ausgeben, es aber nicht sind, weil ihre
Synagoge eine Synagoge des Satans ist. [10]Fürchte dich nicht
vor den Leiden, die dir bevorstehen! Der Teufel wird einige
von euch ins Gefängnis werfen und euch versuchen. Ihr wer-
det zehn Tage lang verfolgt werden. Bleibe treu bis zum Tod,
dann will ich dir den Siegeskranz des ewigen Lebens geben.

2,1 O. *den Boten;* so auch in 2,8.12.18.
2,3 Griech. *wegen meines Namens.*

11Wer bereit ist zu hören, der höre auf das, was der Geist den
Gemeinden sagt! Wer siegreich ist, dem wird der zweite Tod
nichts anhaben können.

Die Botschaft an die Gemeinde in Pergamon

12Schreibe diesen Brief dem Engel der Gemeinde in Pergamon. Das ist die Botschaft dessen, der ein zweischneidiges, scharfes Schwert führt:

13Ich weiß, dass du in der Stadt lebst, in der sich der große
Thron Satans befindet; und doch bist du meinem Namen treu
geblieben. Du hast dich geweigert, den Glauben an mich zu
verleugnen – auch, als mein treuer Zeuge Antipas vor deinen
Augen ermordet wurde. 14Und doch habe ich eines gegen
dich. Du duldest Menschen in deiner Mitte, die wie Bileam
sind, der Balak zeigte, wie er dem Volk Israel eine Falle stellen
konnte. Er verführte die Israeliten dazu, Fleisch zu essen, das
Götzen geopfert worden war, und Unzucht zu treiben. 15Au-
ßerdem duldest du in deiner Mitte solche, die den Lehren der
Nikolaïten folgen. 16Kehre um, sonst komme ich bald und
kämpfe mit dem Schwert meines Mundes gegen sie.

17Wer bereit ist zu hören, der höre auf das, was der Geist den Gemeinden sagt! Wer siegreich ist, wird von dem Manna essen, das im Himmel verborgen ist. Und ich werde ihm einen weißen Stein geben; und auf dem Stein wird ein neuer Name geschrieben sein, den niemand kennt außer dem, der ihn erhält.

Die Botschaft an die Gemeinde in Thyatira

18Schreibe diesen Brief dem Engel der Gemeinde in Thyatira. Das ist die Botschaft von dem Sohn Gottes, dessen Augen wie Feuerflammen sind und dessen Füße glänzen wie im Feuer gereinigtes Erz:

19Ich weiß alles, was du tust – ich kenne deine Liebe, deinen
Glauben, deinen Dienst und deine Geduld. Und ich sehe,
dass du darin ständig Fortschritte machst. 20Aber ich habe
eines gegen dich einzuwenden: Du lässt zu, dass diese
Frau – Isebel, die sich eine Prophetin nennt – meine Diener
vom richtigen Weg abbringt. Sie verführt sie dazu, Götzen

anzubeten, von dem Fleisch der Götzenopfer zu essen und
Unzucht zu treiben. 21Ich habe ihr Zeit zur Buße gegeben,
aber sie will ihr unzüchtiges Verhalten nicht aufgeben. 22Des-
halb werde ich sie aufs Krankenbett werfen, und alle, die mit
ihr Unzucht getrieben haben, werden leiden, wenn sie sich
nicht von den bösen Taten dieser Frau abwenden. 23Ich werde
ihre Kinder töten. Und alle Gemeinden werden wissen, dass
ich der bin, der die Gedanken und Absichten* eines jeden
Menschen kennt. Und ich werde jedem von euch geben, was
er verdient. 24Aber ich habe auch eine Botschaft an die Übri-
gen in Thyatira, die dieser Irrlehre nicht gefolgt sind, die die
Tiefen Satans, wie sie es nennen, nicht erkannt haben. Ich
werde nichts weiter von euch verlangen, 25ihr sollt nur fest-
halten, was ihr habt, bis ich komme!

26Wer siegreich und bis zum Ende mir gehorsam ist, dem
werde ich Macht über alle Völker geben. 27Er wird mit eiser-
nem Stab über die Völker herrschen und sie wie Tontöpfe
zerschlagen. 28Und er wird Macht haben, wie auch ich von
meinem Vater Macht empfangen habe, und ich werde ihm
den Morgenstern geben! 29Wer bereit ist zu hören, der höre
auf das, was der Geist den Gemeinden sagt!

Die Botschaft an die Gemeinde in Sardes

3 1Schreibe diesen Brief dem Engel* der Gemeinde in Sar-
des. Das ist die Botschaft dessen, der die sieben Geister
Gottes und die sieben Sterne hat:

Ich weiß alles, was du tust und dass du den Ruf hast, leben-
dig zu sein – aber du bist tot. 2Wach auf! Stärke das wenige,
das noch übrig ist und kurz davor steht zu sterben. Deine
Taten können in meines Gottes Augen nicht bestehen. 3Denk
daran zurück, wie du die Botschaft empfangen und gehört
hast; halte daran fest und wende dich wieder zu mir! Wenn
du nicht aufwachst, werde ich so unerwartet und plötzlich
wie ein Dieb über dich kommen.

2,23 Griech. *Nieren und Herzen erforscht.*
3,1 O. *den Boten;* so auch in 3,7.14.

[4]Doch selbst in Sardes gibt es noch einige, die ihre Kleider
nicht beschmutzt haben. Weiß gekleidet werden sie mit mir
gehen, denn sie sind es wert. [5]Wer siegreich ist, wird in weiße
Kleider gekleidet werden. Und ich werde seinen Namen nicht
aus dem Buch des Lebens löschen, sondern vor meinem Vater
und seinen Engeln bekennen, dass er zu mir gehört*. [6]Wer
bereit ist zu hören, der höre auf das, was der Geist den Ge-
meinden sagt!

Die Botschaft an die Gemeinde in Philadelphia

[7]Schreibe diesen Brief dem Engel der Gemeinde in Philadel-
phia. Das ist die Botschaft dessen, der heilig und wahrhaftig
ist und der den Schlüssel Davids hat. Was er öffnet, kann nie-
mand schließen, und was er schließt, kann niemand öffnen.
[8]Ich weiß alles, was du tust, und ich habe eine Tür für dich
geöffnet, die niemand schließen kann; denn du bist nicht
stark, aber hast an meinem Wort festgehalten und meinen
Namen nicht verleugnet. [9]Ich werde einige von denen, die
zu Satan gehören – sie lügen, denn sie geben sich als Juden
aus, sind es aber nicht –, dazu bringen, zu kommen und sich
vor deinen Füßen niederzuwerfen. Sie werden erkennen,
dass ich dich geliebt habe.

[10]Weil du meinen Befehl befolgt hast, geduldig zu warten,
werde ich dich vor der schweren Zeit der Prüfung beschüt-
zen, die über die ganze Welt kommen wird, um alle zu prü-
fen, die auf dieser Erde leben. [11]Ja, ich komme bald! Halte an
dem fest, was du hast, damit dir niemand deinen Siegeskranz
nimmt! [12]Wer siegreich ist, den werde ich zu einer Säule im
Tempel meines Gottes machen, und er wird ihn nie verlassen
müssen. Ich werde ihn mit dem Namen meines Gottes kenn-
zeichnen, und er wird Bürger in der Stadt meines Gottes
sein – in dem neuen Jerusalem, das von meinem Gott aus
dem Himmel herabkommt. Und mein neuer Name wird auf
ihm geschrieben stehen. [13]Wer bereit ist zu hören, der höre
auf das, was der Geist den Gemeinden sagt!

3,5 Griech. *seinen Namen bekennen.*

Die Botschaft an die Gemeinde in Laodizea
14Schreibe diesen Brief dem Engel der Gemeinde in Laodizea.
Das ist die Botschaft dessen, der das Amen ist – der treue und
wahrhaftige Zeuge, der Anfang der Schöpfung Gottes:
15Ich weiß alles, was du tust und dass du weder heiß noch
kalt bist. Ich wünschte, du wärest entweder das eine oder das
andere! 16Aber da du wie lauwarmes Wasser* bist, werde ich
dich aus meinem Mund ausspucken! 17Du sagst: »Ich bin
reich. Ich habe alles, was ich will. Ich brauche nichts!« Und
du merkst nicht, dass du erbärmlich und bemitleidenswert
und arm und blind und nackt bist. 18Ich rate dir, von mir
Gold zu kaufen, das im Feuer gereinigt wurde. Dann wirst
du reich sein. Und kaufe auch weiße Kleider, damit du dich
bekleiden kannst und dich wegen deiner Nacktheit nicht
schämen musst. Und kaufe Salbe für deine Augen, damit du
sehen kannst. 19Wen ich liebe, den weise ich zurecht und er-
ziehe ihn streng. Bleibe nicht gleichgültig, sondern kehre um!
20Siehe, ich stehe vor der Tür und klopfe an. Wenn jemand
mich rufen hört und die Tür öffnet, werde ich eintreten, und
wir werden miteinander essen. 21Ich werde jeden, der sieg-
reich ist, einladen, mit mir auf meinem Thron zu sitzen, so
wie ich siegreich war und mich mit meinem Vater auf seinen
Thron gesetzt habe. 22Wer bereit ist zu hören, der höre auf
das, was der Geist den Gemeinden sagt!«

Anbetung im Himmel
4 1Als ich dann aufschaute, sah ich im Himmel eine Tür
offen stehen, und dieselbe Stimme, die sich zuvor wie
eine Posaune angehört hatte, sprach zu mir: »Komm hier he-
rauf, und ich werde dir zeigen, was nach diesen Dingen noch
geschehen muss.« 2Und im selben Augenblick sah ich im
Geist einen Thron im Himmel, auf dem jemand saß. 3Und
der auf dem Thron saß, war so strahlend wie Edelsteine –
wie Jaspis und Karneol. Und ein Glanz wie der eines Sma-
ragds umleuchtete seinen Thron wie ein Regenbogen. 4Rings
um den Thron standen vierundzwanzig Throne, auf denen

3,16 Griech. *lauwarm bist.*

vierundzwanzig Älteste saßen. Sie trugen alle weiße Kleider
und hatten goldene Kronen auf ihren Köpfen. 5Und von dem
Thron gehen Blitze, Stimmen und Donner aus. Vor dem
Thron befinden sich sieben Fackeln mit brennenden Flam-
men. Das sind die sieben Geister Gottes. 6Vor dem Thron sah
ich ein glänzendes Meer aus Glas, das wie Kristall funkelte.

In der Mitte und um den Thron stehen vier lebendige We-
sen, voller Augen vorne und hinten. 7Das erste dieser leben-
digen Wesen sieht aus wie ein Löwe, das zweite wie ein jun-
ger Stier. Das dritte lebendige Wesen hat ein Gesicht wie ein
Mensch und das vierte gleicht einem fliegenden Adler. 8Jedes
dieser lebendigen Wesen hat sechs Flügel, die innen und au-
ßen voller Augen waren. Tag für Tag und Nacht für Nacht
hören sie nicht auf zu rufen:

»Heilig, heilig, heilig ist der Herr, Gott, der Allmächtige, der
immer war, der ist und der noch kommen wird.«

9Immer wenn die lebendigen Wesen dem, der auf dem
Thron sitzt und in alle Ewigkeit lebt, Herrlichkeit und Ehre
und Dank bringen, 10fallen die vierundzwanzig Ältesten nie-
der vor dem, der auf dem Thron sitzt, und beten den an, der
in alle Ewigkeit lebt. Und sie legen ihre Kronen vor den Thron
und sagen:

11»Du bist würdig, unser Herr und Gott, Herrlichkeit und
Ehre und Macht entgegenzunehmen. Denn du hast alle Din-
ge geschaffen; weil du es wolltest, sind sie da und wurden sie
geschaffen.«

Das Lamm öffnet die Schriftrolle

5 1Und ich sah eine Schriftrolle in der rechten Hand dessen,
der auf dem Thron saß. Sie war innen und außen be-
schrieben und mit sieben Siegeln versiegelt. 2Und ich sah ei-
nen starken Engel, der mit lauter Stimme rief: »Wer ist wür-
dig, die Siegel dieser Schriftrolle zu brechen und sie zu
öffnen?« 3Aber niemand im Himmel oder auf der Erde oder
unter der Erde konnte die Schriftrolle öffnen und lesen.

4Da weinte ich, weil man niemanden finden konnte, der
würdig war, die Schriftrolle zu öffnen und sie zu lesen. 5Aber
einer der Ältesten sagte zu mir: »Weine nicht! Siehe, der Löwe

aus dem Stamm Juda, der Erbe* aus der Wurzel Davids, hat
gesiegt. Er ist würdig, die Schriftrolle zu öffnen und ihre sie-
ben Siegel zu brechen.«
6Und ich sah ein Lamm, das wie geschlachtet aussah. Es
stand zwischen dem Thron und den vier lebendigen Wesen
und inmitten der vierundzwanzig Ältesten und hatte sieben
Hörner und sieben Augen. Das sind die sieben Geister Gottes,
die in alle Teile der Erde ausgesandt worden sind. 7Es trat vor
und nahm die Schriftrolle aus der rechten Hand dessen, der
auf dem Thron saß. 8Und als es die Schriftrolle nahm, fielen
die vier lebendigen Wesen und die vierundzwanzig Ältesten
vor dem Lamm nieder. Jeder von ihnen hatte eine Harfe, und
sie hielten goldene Schalen in den Händen, die mit Weih-
rauch gefüllt waren. Der Weihrauch sind die Gebete derer,
die zu Gott gehören*!
9Und sie sangen ein neues Lied mit folgenden Worten:
»Du bist würdig, die Schriftrolle zu nehmen und ihre Siegel
zu öffnen. Denn du wurdest als Opfer geschlachtet, und dein
Blut hat Menschen für Gott freigekauft, Menschen aus jedem
Stamm und jeder Sprache und jedem Volk und jeder Nation.
10Du hast sie für Gott zu einem Königreich und zu seinen
Priestern gemacht. Und sie werden auf der Erde regieren.«
11Dann sah ich wieder Tausende und Abertausende von En-
geln um den Thron und um die lebendigen Wesen und die
Ältesten und hörte ihr Singen. 12Und sie sangen in einem ge-
waltigen Chor:
»Würdig ist das Lamm, das geschlachtet worden ist. Es ist
würdig, Macht und Reichtum entgegenzunehmen und Weis-
heit und Stärke und Ehre und Herrlichkeit und Lob.«
13Und dann hörte ich, wie alle Geschöpfe im Himmel und
auf der Erde und unter der Erde und im Meer sangen:
»Lob und Ehre und Herrlichkeit und Macht stehen dem zu,
der auf dem Thron sitzt, und dem Lamm für immer und
ewig.«

5,5 Griech. *der Spross*.
5,8 Griech. *der Heiligen*.

14Und die vier lebendigen Wesen sagten: »Amen!« Und die
vierundzwanzig Ältesten fielen nieder und beteten an.

Das Lamm bricht die ersten sechs Siegel

6 1Da sah ich, wie das Lamm das erste der sieben Siegel der
Schriftrolle öffnete. Dann rief eines der lebendigen Wesen
mit einer Stimme, die wie Donner klang: »Komm!« 2Ich blick-
te auf und sah ein weißes Pferd. Sein Reiter trug einen Bogen
und ihm wurde ein Siegeskranz gegeben. Er ritt triumphie-
rend hinaus, um den Sieg zu erringen.
3Als das Lamm das zweite Siegel öffnete, hörte ich das zwei-
te lebendige Wesen sagen: »Komm!« 4Da erschien ein ande-
res, ein feuerrotes Pferd. Seinem Reiter wurde ein mächtiges
Schwert gereicht und die Macht gegeben, den Frieden von
der Erde wegzunehmen, damit sich die Menschen gegensei-
tig vernichteten.
5Als das Lamm das dritte Siegel öffnete, hörte ich das dritte
lebendige Wesen sagen: »Komm!« Ich blickte auf und sah ein
schwarzes Pferd, dessen Reiter eine Waage in der Hand hielt.
6Und etwas wie eine Stimme sprach von dort aus der Mitte
der vier lebendigen Wesen: »Ein Laib Weizenbrot oder drei
Laib Gerste für einen Tagelohn.* Und verschwende* das Oli-
venöl und den Wein nicht!«
7Und als das Lamm das vierte Siegel öffnete, hörte ich das
vierte lebendige Wesen sagen: »Komm!« 8Und ich blickte auf
und sah ein Pferd, dessen Farbe fahl war. Und sein Reiter hieß
»Tod« und das Totenreich folgte ihm. Sie erhielten Macht
über ein Viertel der Erde, um durch Schwert und Hunger,
tödliche Krankheit und wilde Tiere zu töten.
9Und als das Lamm das fünfte Siegel brach, sah ich unter
dem Altar die Seelen aller, die getötet worden waren, weil
sie am Wort Gottes und an ihrem Bekenntnis zu Christus fest-
gehalten hatten. 10Mit lauter Stimme riefen sie: »Heiliger und
wahrhaftiger Herr, wie lange wird es noch dauern, bis du die

6,6a Griech. *Einen Choinix Weizen für einen Denar und drei Choinix Gerste für einen Denar.* (Ein Choinix war ein Getreidemaß.)
6,6b O. *beschädige.*

Menschen, die dieser Welt angehören, für das Unrecht rich-
test, das sie uns zugefügt haben?« 11Da wurde jedem von ih-
nen ein weißes Gewand gegeben. Und es wurde ihnen gesagt,
sie sollten noch eine kleine Weile Geduld haben, denn auch
unter ihren Brüdern, die wie sie Christus dienten, gibt es noch
einige, die zuvor noch für ihren Glauben sterben müssen.
12Ich blickte auf, als das Lamm das sechste Siegel brach, und
es gab ein großes Erdbeben. Die Sonne wurde so dunkel wie
ein schwarzes Tuch, und der Mond wurde so rot wie Blut.
13Dann fielen die Sterne des Himmels auf die Erde, so wie
Feigen durch einen starken Wind vom Baum geschüttelt wer-
den. 14Und der Himmel verschwand, so wie eine Schriftrolle
zusammengerollt wird, und alle Berge und alle Inseln ver-
schwanden mit ihm. 15Da versteckten sich die Könige der Er-
de, die Herrscher, die Befehlshaber, die Reichen, die Macht-
haber und auch alle Sklaven und Freien in den Höhlen und
zwischen den Felsen der Berge. 16Und sie riefen den Bergen
und den Felsen zu: »Fallt auf uns und verbergt uns vor dem
Angesicht dessen, der auf dem Thron sitzt, und vor dem Zorn
des Lammes. 17Denn der große Tag ihres Zorns ist gekom-
men, und wer wird ihn überleben?«

Gottes Volk wird bewahrt werden

7 1Dann sah ich vier Engel an den vier Enden der Erde ste-
hen. Sie hinderten die vier Winde daran, über die Erde zu
wehen, damit auf der Erde, über dem Meer und in den Bäu-
men kein Wind wehte. 2Und ich sah einen anderen Engel vom
Osten her kommen, der das Siegel des lebendigen Gottes
trug. Und er rief diesen vier Engeln, denen die Macht gegeben
worden war, dem Land und dem Meer Schaden zuzufügen,
mit lauter Stimme zu: 3»Wartet! Zerstört nicht das Land oder
das Meer oder die Bäume, bis wir den Dienern Gottes sein
Siegel auf die Stirn gedrückt haben!«
4Und ich erfuhr, wie viele Menschen das Siegel Gottes er-
hielten. Es waren hundertvierundvierzigtausend aus allen
Stämmen Israels, die das Siegel erhielten: 5aus Juda zwölftau-
send, aus Ruben zwölftausend, aus Gad zwölftausend 6aus
Asser zwölftausend, aus Naftali zwölftausend, aus Manasse

zwölftausend, 7aus Simeon zwölftausend, aus Levi zwölftau-
send, aus Issachar zwölftausend, 8aus Sebulon zwölftausend,
aus Josef zwölftausend, aus Benjamin zwölftausend.

Der Lobpreis der Menge

9Danach sah ich eine riesige Menschenmenge – viel zu groß,
um sie zählen zu können – aus allen Nationen und Stämmen
und Völkern und Sprachen vor dem Thron und vor dem
Lamm stehen. Sie waren mit weißen Gewändern bekleidet
und hielten Palmzweige in ihren Händen. 10Und sie riefen
laut: »Die Rettung kommt von unserem Gott, der auf dem
Thron sitzt, und von dem Lamm!«

11Und alle Engel standen rings um den Thron und um die
Ältesten und die vier lebendigen Wesen. Und sie fielen vor
dem Thron nieder und beteten Gott an. 12Sie riefen:

»Amen! Lob und Herrlichkeit und Weisheit und Dank und
Ehre und Macht und Stärke gehören unserem Gott für immer
und ewig. Amen!«

13Dann fragte mich einer der vierundzwanzig Ältesten:
»Wer sind diese, die in Weiß gekleidet sind? Woher kommen
sie?«

14Und ich sagte zu ihm: »Mein Herr, du weißt es.«

Da sagte er zu mir: »Das sind diejenigen, die aus der großen
Prüfung kommen. Sie haben ihre Kleider im Blut des Lammes
gewaschen und weiß gemacht. 15Deshalb stehen sie nun vor
dem Thron Gottes und dienen ihm Tag und Nacht in seinem
Tempel. Und er, der auf dem Thron sitzt, wird über ihnen
wohnen. 16Sie werden nie wieder hungern oder Durst leiden,
und sie werden vor der brennenden Sonne und jeder Glut-
hitze geschützt sein. 17Denn das Lamm, das in der Mitte auf
dem Thron ist, wird ihr Hirte sein und für sie sorgen. Es wird
sie zu den Quellen führen, aus denen das Wasser des Lebens
strömt. Und Gott wird alle ihre Tränen abwischen.«

Das Lamm bricht das siebte Siegel

8 1Als das Lamm das siebte Siegel öffnete, herrschte etwa
eine halbe Stunde lang Stille im Himmel. 2Und ich sah die

sieben Engel, die vor Gott stehen, und es wurden ihnen sie-
ben Posaunen gegeben.
3Dann kam ein anderer Engel mit einer goldenen Räucher-
pfanne und trat vor den Altar. Ihm wurde viel Räucherwerk
gegeben, damit er es mit den Gebeten derer, die zu Gott ge-
hören*, auf dem goldenen Altar vor dem Thron darbringe.
4Der Rauch des Räucherwerks stieg mit ihren Gebeten von
dem Altar, auf dem der Engel sie ausgegossen hatte, zu Gott
auf. 5Dann füllte der Engel die Räucherpfanne mit Feuer vom
Altar und warf sie auf die Erde; da donnerte und blitzte es,
und die Erde erbebte.

Die ersten vier Posaunen

6Dann machten sich die sieben Engel bereit, um in ihre Posau-
nen zu blasen.
7Als der erste Engel in seine Posaune blies, wurden Hagel
und Feuer, mit Blut vermischt, auf die Erde geschleudert, und
ein Drittel der Erde geriet in Brand. Ein Drittel der Bäume
und alles Gras verbrannte.
8Dann blies der zweite Engel in seine Posaune, und etwas
wie ein großer Berg aus Feuer wurde ins Meer geworfen. Da
wurde ein Drittel des Meerwassers zu Blut. 9Ein Drittel aller
Lebewesen des Meeres starb, und ein Drittel der Schiffe auf
dem Meer wurde zerstört.
10Dann blies der dritte Engel in seine Posaune, und ein gro-
ßer Stern fiel vom Himmel, der wie eine Fackel brannte und
auf ein Drittel der Flüsse und Wasserquellen stürzte. 11Der
Name des Sterns lautete »Bitterkeit«*. Er ließ ein Drittel des
Wassers bitter werden, und viele Menschen starben, weil das
Wasser bitter geworden war.
12Dann blies der vierte Engel in seine Posaune, und ein Drit-
tel der Sonne, ein Drittel des Mondes und ein Drittel der Ster-
ne wurde ausgelöscht. Und ein Drittel des Tages und auch ein
Drittel der Nacht wurden dunkel.

8,3 Griech. *der Heiligen.*
8,11 Griech. *Wermut.*

13Dann blickte ich auf und hörte einen Adler, der hoch oben
am Himmel flog, laut schreien: »Unheil, Unheil, Unheil über
alle, die auf dieser Erde wohnen, durch das, was geschehen
wird, wenn die letzten drei Engel ihre Posaunen erklingen
lassen!«

Die fünfte Posaune bringt das erste Unheil

9 1Dann blies der fünfte Engel in seine Posaune, und ich sah
einen Stern, der vom Himmel auf die Erde gefallen war;
ihm wurde der Schlüssel zum Schacht des Abgrunds gege-
ben. 2Als er ihn öffnete, stieg Qualm aus dem Schacht wie
aus einem riesigen Ofen, und die Sonne und die Luft wurden
von dem Rauch verdunkelt.
3Dann kamen Heuschrecken aus dem Rauch heraus und
ließen sich auf der Erde nieder; ihnen wurde Macht gegeben,
wie Skorpione zu stechen. 4Sie wurden angewiesen, nicht
dem Gras oder den Pflanzen oder den Bäumen Schaden zu-
zufügen, sondern die Menschen anzugreifen, die nicht das
Siegel Gottes an ihrer Stirn trugen. 5Es wurde ihnen befohlen,
diese Menschen nicht zu töten, sondern sie fünf Monate lang
mit Schmerzen zu quälen, wie sie beim Stich eines Skorpions
auftreten. 6In diesen Tagen werden die Menschen den Tod
suchen, ihn aber nicht finden. Sie werden sich danach sehnen
zu sterben, aber der Tod wird vor ihnen fliehen!
7Die Heuschrecken sahen aus wie zum Kampf gerüstete
Pferde. Sie trugen auf den Köpfen etwas, das wie goldene
Kronen aussah, und hatten menschliche Gesichter. 8Ihr Haar
war lang wie Frauenhaar, und ihre Zähne glichen den Zäh-
nen eines Löwen. 9Sie trugen etwas wie eiserne Rüstungen,
und ihre Flügel lärmten wie ein Heer von Streitwagen, die in
den Krieg rollen. 10Sie hatten Schwänze und Stacheln wie
Skorpione, und darin die Macht, die Menschen fünf Monate
lang zu quälen. 11Ihr König ist der Engel aus dem Abgrund;
sein Name lautet auf Hebräisch Abaddon und auf Griechisch
Apollyon – der Zerstörer.
12Das erste Verderben ist vorüber, doch es kommen noch
zwei weitere!

Die sechste Posaune bringt das zweite Unheil

[13]Dann blies der sechste Engel in seine Posaune, und ich hörte
eine Stimme aus den vier Hörnern des goldenen Altars, der
vor Gott steht. [14]Die Stimme sprach zu dem sechsten Engel,
der die Posaune hielt: »Lass die vier Engel frei, die am großen
Euphratstrom gefesselt sind!« [15]Und die vier Engel, die für
diese Stunde und diesen Tag und diesen Monat und dieses
Jahr bereitgehalten worden waren, wurden freigelassen, um
ein Drittel aller Menschen auf der Erde zu töten. [16]Sie führten
eine Armee von zweihundert Millionen berittenen Soldaten
an – ich hörte, wie ihre Zahl genannt wurde.

[17]Und in meiner Vision sah ich die Pferde und die Reiter, die
auf ihnen saßen. Die Reiter trugen eine feuerrote und dunkel-
blaue und schwefelgelbe Rüstung. Die Köpfe der Pferde sa-
hen aus wie Löwenköpfe, und aus ihren Mäulern kamen Feu-
er und Rauch und brennender Schwefel. [18]Ein Drittel aller
Menschen auf der Erde wurde durch diese drei Plagen
getötet – durch das Feuer und den Rauch und den brennen-
den Schwefel, die aus den Mäulern der Pferde kamen. [19]Ihre
Macht lag in ihren Mäulern, aber auch in ihren Schweifen,
denn ihre Schweife hatten Köpfe wie Schlangen, und mit ih-
nen konnten sie Menschen verletzen.

[20]Aber die Menschen, die nicht durch diese Plagen starben,
dachten dennoch nicht daran, von ihrem falschen Weg um-
zukehren. Sie beteten weiter Dämonen und Götzenbilder aus
Gold, Silber, Bronze, Stein und Holz an – Götzen, die weder
sehen noch hören noch gehen! [21]Und sie kehrten nicht um
und hörten nicht auf, zu morden, Zauberei zu betreiben, sich
der Unzucht hinzugeben oder zu stehlen.

Der Engel und die kleine Schriftrolle

10 [1]Dann sah ich einen anderen mächtigen Engel vom
Himmel herabkommen. Er war von einer Wolke um-
geben, und ein Regenbogen leuchtete über seinem Kopf. Sein
Gesicht strahlte wie die Sonne, und seine Füße waren wie
Feuersäulen. [2]In seiner Hand befand sich eine kleine Schrift-
rolle, die er aufgerollt hatte. Er stand mit seinem rechten Fuß
auf dem Meer und mit seinem linken Fuß auf festem Boden.

3Und er gab einen lauten Schrei von sich, wie das Brüllen
eines Löwen. Als er geschrien hatte, antworteten die sieben
Donner mit ihrer Stimme.
4Als die sieben Donner geantwortet hatten, wollte ich gera-
de anfangen, es niederzuschreiben. Aber eine Stimme aus
dem Himmel rief mir zu: »Halte geheim, was die sieben Don-
ner gesagt haben. Schreibe es nicht auf!«
5Dann hob der mächtige Engel, der auf dem Meer und dem
Festland stand, seine rechte Hand zum Himmel. 6Und er
schwor einen Eid beim Namen dessen, der in alle Ewigkeit
lebt und der den Himmel mit allem, was darin ist, die Erde
mit allem, was auf ihr ist, und das Meer mit allem, was darin
ist, geschaffen hat. Er sagte: »Gott wird nicht länger warten.
7Sondern wenn der siebte Engel seine Posaune erklingen
lässt, wird Gottes verborgener Plan erfüllt werden. Es wird
genau so geschehen, wie er es seinen Dienern, den Propheten,
verkündet hat.«
8Dann sprach die Stimme aus dem Himmel wieder mit mir:
»Geh und nimm die geöffnete Schriftrolle von dem Engel ent-
gegen, der auf dem Meer und dem Festland steht!«
9Da trat ich zu ihm und bat ihn, mir die Schriftrolle zu ge-
ben. Und er sagte zu mir: »Ja, nimm sie und iss sie. Zuerst
wird sie in deinem Mund süß wie Honig schmecken, aber
nachdem du sie heruntergeschluckt hast, wird sie dir bitter
im Magen liegen!« 10Ich nahm die kleine Schriftrolle aus der
Hand des Engels und aß sie. Und sie schmeckte süß in mei-
nem Mund, aber in meinem Magen war sie bitter. 11Dann sag-
te jemand zu mir: »Du musst noch weiter prophetisch reden
über viele Völker, Nationen, Sprachen und Könige.«

Die zwei Zeugen

11 1Dann wurde mir eine Art Messlatte gereicht und je-
mand sagte zu mir: »Geh und miss den Tempel Gottes
und den Altar und zähle die Betenden! 2Den äußeren Hof
sollst du jedoch nicht messen, denn er wurde den anderen
Völkern überlassen. Und sie werden die heilige Stadt zwei-
undvierzig Monate lang verwüsten. 3Doch ich werde meinen
beiden Zeugen den Auftrag geben, und sie werden in Säcken

gekleidet sein und eintausendzweihundertundsechzig Tage
lang prophetisch reden.«

4Diese zwei Propheten sind die zwei Ölbäume und die zwei
Leuchter, die vor dem Herrn der ganzen Erde stehen. 5Wenn
jemand versucht, ihnen zu schaden, flammt Feuer aus ihrem
Mund und vernichtet ihre Feinde. So wird jeder getötet, der
versucht, ihnen zu schaden. 6Sie haben die Macht, den Him-
mel zu verschließen, sodass es nicht regnet, solange sie pro-
phetisch reden. Und sie haben Macht, Wasser in Blut zu
verwandeln und alle Arten von Plagen über die Erde zu schi-
cken, so oft sie wollen.

7Und wenn sie ihren Auftrag erfüllt haben, wird das Tier,
das aus dem Abgrund heraufkommt, ihnen den Krieg erklä-
ren. Es wird sie besiegen und töten. 8Und ihre Leichname
werden in der großen Stadt auf der Straße liegen – in der
Stadt, die »Sodom« und »Ägypten« genannt wird, in der
Stadt, in der ihr Herr gekreuzigt wurde. 9Und dreieinhalb
Tage lang werden Menschen aus allen Völkern und Stäm-
men, Sprachen und Nationen herbeiströmen, um ihre Leich-
name zu sehen. Und es wird niemandem erlaubt werden, sie
zu begraben. 10Alle Menschen, die auf der Erde wohnen, wer-
den sich freuen und einander Geschenke machen, um den
Tod der zwei Propheten zu feiern, die sie gequält hatten.

11Doch nach dreieinhalb Tagen wird der Geist des Lebens
von Gott in sie kommen, und sie werden sich wieder erheben!
Entsetzen überkommt dann alle, die sie sehen. 12Dann ruft
eine laute Stimme vom Himmel: »Kommt hier herauf!« Und
sie werden vor den Augen ihrer Feinde in einer Wolke zum
Himmel aufsteigen.

13Und in derselben Stunde wird es ein großes Erdbeben ge-
ben, das ein Zehntel der Stadt zerstört. Siebentausend Men-
schen werden bei diesem Erdbeben sterben. Und wer nicht
stirbt, erschrickt voller Angst und ehrt den Gott des Him-
mels.

14Das zweite Unheil ist vorüber, doch jetzt kommt bald das
dritte.

Die siebte Posaune bringt das dritte Unheil
15Dann blies der siebte Engel in seine Posaune, und laute
Stimmen riefen im Himmel: »Die ganze Erde ist jetzt zum
Reich unseres Herrn und seines Christus geworden, und er
wird in alle Ewigkeit herrschen.«
16Und die vierundzwanzig Ältesten, die vor Gott auf ihren
Thronen saßen, fielen vor ihm nieder und beteten Gott an.
17Und sie riefen:
»Wir danken dir, Herr, Gott, Allmächtiger, der ist und der
immer war, denn jetzt hast du von deiner großen Macht Ge-
brauch gemacht und deine Herrschaft angetreten. 18Die Völ-
ker waren zornig auf dich, doch jetzt ist die Zeit deines Zorns
gekommen. Jetzt ist die Zeit, die Toten zu richten und deine
Diener zu belohnen. Du wirst deine Propheten und alle, die
zu dir gehören*, belohnen, alle, die deinen Namen fürchten,
vom Geringsten bis zum Größten. Und du wirst alle vernich-
ten, die Vernichtung über die Erde gebracht haben.«
19Dann wurde im Himmel der Tempel Gottes geöffnet, und
die Lade seines Bundes war in seinem Tempel zu sehen. Blit-
ze zuckten und Donner grollten; es gab einen schrecklichen
Hagelsturm, und die Welt wurde von einem Erdbeben er-
schüttert.

Die Frau und der Drache
12 1Dann erschien ein großes Zeichen am Himmel. Ich
sah eine Frau, die mit der Sonne bekleidet war, den
Mond unter ihren Füßen hatte und eine Krone aus zwölf Ster-
nen auf ihrem Kopf trug. 2Sie war schwanger und schrie vor
Schmerzen, denn die Wehen hatten bereits begonnen und die
Geburt ihres Kindes stand kurz bevor.
3Dann erschien noch ein anderes Zeichen am Himmel. Ich
sah einen großen roten Drachen mit sieben Köpfen und zehn
Hörnern, der sieben Kronen auf seinen Köpfen trug. 4Sein
Schwanz fegte ein Drittel der Sterne weg, die er auf die Erde
warf. Er stand vor der Frau, die kurz davor war, ihr Kind zu
gebären, um es gleich nach der Geburt zu verschlingen.

11,18 Griech. *die Heiligen*.

[5]Sie gebar einen Sohn, der alle Völker mit eisernem Stab re-
gieren* sollte. Das Kind wurde zu Gott und seinem Thron
hinaufgehoben. [6]Die Frau floh in die Wüste, wo Gott einen
Ort für sie bereithielt, an dem eintausendzweihundertund-
sechzig Tage für sie gesorgt wurde.

[7]Dann kam es im Himmel zum Krieg. Michael und die En-
gel unter seinem Befehl kämpften gegen den Drachen und
seine Engel. [8]Der Drache verlor den Kampf und wurde aus
dem Himmel vertrieben. [9]Dieser große Drache – die alte
Schlange, die Teufel genannt wird oder Satan oder der, der
die ganze Welt verführt – wurde mit all seinen Engeln auf
die Erde geworfen.

[10]Dann hörte ich eine laute Stimme durch den Himmel
rufen:

»Jetzt ist es geschehen: Die Rettung und die Kraft und das
Reich unseres Gottes und die Macht seines Christus sind da!
Denn der Ankläger unserer Brüder, der sie Tag und Nacht vor
unserem Gott verklagte, wurde auf die Erde hinabgeworfen.
[11]Sie haben ihn durch das Blut des Lammes besiegt und da-
durch, dass sie an der Botschaft Gottes festhielten und bereit
waren zu sterben. [12]Freut euch, ihr Himmel! Und ihr, die ihr
in den Himmeln wohnt, jubelt! Doch über die Erde und das
Meer wird Schrecken kommen. Denn der Teufel ist voller
Zorn zu euch hinabgekommen, und er weiß, dass ihm nur
wenig Zeit bleibt!«

[13]Und als der Drache erkannte, dass er auf die Erde hinab-
geworfen worden war, verfolgte er die Frau, die das Kind zur
Welt gebracht hatte. [14]Aber es wurden ihr die beiden Flügel
eines großen Adlers gegeben. So konnte sie an einen Ort flie-
gen, der in der Wüste für sie vorbereitet worden war, wo sie
für dreieinhalb Jahre* versorgt wurde und vor dem Drachen*
geschützt werden konnte.

[15]Dann versuchte der Drache, die Frau mit einer Flut zu er-
tränken, die er aus seinem Maul herauswarf. [16]Aber die Erde

---

12,5 Griech. *weiden.*
12,14a Griech. *eine Zeit, zwei Zeiten und eine halbe Zeit.*
12,14b Griech. *der Schlange*; so auch in 12,15; siehe 12,9.

half der Frau, indem sie ihren Mund öffnete und die Flut aus
dem Maul des Drachen trank. [17]Da wurde der Drache zornig
über die Frau und erklärte ihren übrigen Kindern den Krieg –
allen, die Gottes Gebote halten und bekennen, dass sie zu
Christus gehören.

Das Tier aus dem Meer

[18]Und er stellte sich* an das Ufer des Meeres.

13 [1]Und dann sah ich ein Tier aus dem Meer aufsteigen,
das sieben Köpfe und zehn Hörner hatte. Und auf seinen Hörnern hatte es zehn Kronen. Und auf jedem Kopf
stand ein Name, der Gott verspottete. [2]Dieses Tier sah aus
wie ein Panther, aber es hatte Bärentatzen und ein Löwenmaul! Und der Drache gab ihm seine Kraft und seinen Thron
und große Macht.

[3]Ich sah, dass einer der Köpfe des Tieres offenbar tödlich
verwundet war, aber die tödliche Wunde wurde geheilt. Die
ganze Welt staunte über dieses Wunder und folgte dem Tier.
[4]Sie beteten den Drachen an, weil er dem Tier solche Macht
gegeben hatte, und sie beteten das Tier an. »Wer kann sich
mit dem Tier messen?«, sagten sie. »Wer kann mit ihm kämpfen?«

[5]Dann wurde dem Tier erlaubt, schreckliche Dinge und
schlimme Lästerungen gegen Gott auszusprechen. Und es erhielt die Macht, zweiundvierzig Monate lang zu tun, was es
wollte. [6]Da stieß es Lästerungen gegen Gott aus und verhöhnte seinen Namen und sein Zelt und alle, die im Himmel wohnen. [7]Und es wurde dem Tier erlaubt, Krieg gegen die Heiligen Gottes zu führen und sie zu besiegen. Und es erhielt
Macht über alle Stämme und alle Völker und alle Sprachen
und alle Nationen. [8]Alle Menschen, die auf dieser Erde wohnen, werden es anbeten; alle, deren Namen nicht seit Erschaffung der Welt im Buch des Lebens aufgeschrieben sind – in
dem Buch des Lammes, das geschlachtet wurde.

12,18 In manchen Handschriften heißt es *Dann stand ich* ... und manche Handschriften fügen diesen Satz in Vers 13,1 ein.

9Wer bereit ist zu hören, der höre und verstehe! 10Die Men-
schen, denen das Gefängnis bestimmt ist, werden in Gefan-
genschaft geführt werden. Diejenigen, denen der Tod durch
das Schwert bestimmt ist, werden getötet werden. Dann
benötigen jene, die zu Gott gehören,* Standhaftigkeit und
Glauben.

Das Tier aus der Erde

11Dann sah ich ein anderes Tier aus der Erde aufsteigen. Es
hatte zwei Hörner wie ein Lamm und sprach mit der Stimme
eines Drachen. 12Es hatte alle Macht des ersten Tieres und
brachte alle, die dieser Welt angehören, dazu, das erste Tier
anzubeten, dessen tödliche Wunde geheilt worden war. 13Es
wirkte erstaunliche Wunder und ließ vor den Augen der
Menschen Feuer vom Himmel auf die Erde regnen. 14Und
mit den Wundern, die es mit der Erlaubnis des ersten Tieres
tat, verführte es die Menschen, die auf der Erde wohnen. Es
forderte sie auf, ein großes Standbild des ersten Tieres anzu-
fertigen, das tödlich verwundet worden und wieder ins Le-
ben zurückgekehrt war. 15Es wurde ihm gestattet, dem Stand-
bild des Tieres Leben zu verleihen, sodass es sprechen
konnte. Da befahl das Standbild des Tieres, jeden zu töten,
der es nicht anbetete.

16Und das zweite Tier verlangte, dass jeder – ob groß oder
klein, reich oder arm, Freier oder Sklave – sich ein Zeichen auf
die rechte Hand oder auf die Stirn prägen ließ. 17Ohne dieses
Zeichen, das entweder der Name des Tieres oder das Zahlen-
symbol seines Namens war, konnte niemand irgendetwas
kaufen oder verkaufen. 18Man benötigt Weisheit, um das zu
verstehen. Wer Verstand hat, der errechne die Zahl des Tie-
res! Denn es ist die Zahl eines Menschen. Sie lautet sechshun-
dertsechsundsechzig.

Das Lamm

14 1Dann sah ich das Lamm auf dem Berg Zion stehen
und mit ihm hundertvierundvierzigtausend, auf de-

13,10 Griech. *die Heiligen.*

ren Stirn sein Name und der Name seines Vaters geschrieben
standen. 2Und ich hörte aus dem Himmel eine Stimme wie
das Tosen eines riesigen Wasserfalls oder das Rollen eines
mächtigen Donners. Es klang so, als würden unendlich viele
Harfenspieler gemeinsam spielen.
3Dieser große Chor sang ein neues Lied vor dem Thron Got-
tes und vor den vier lebendigen Wesen und den Ältesten.
Und niemand außer den hundertvierundvierzigtausend, die
von der Erde erlöst worden waren, konnte dieses neue Lied
lernen. 4Denn sie haben sich nicht mit Frauen befleckt, son-
dern sie sind rein wie Jungfrauen und folgen dem Lamm,
wohin es geht. Sie wurden als erste Opfergabe* für Gott und
das Lamm aus den Menschen ausgewählt*. 5Ihnen kann kei-
ne Lüge vorgeworfen werden; sie sind vorbildlich.

Die drei Engel

6Und ich sah einen weiteren Engel durch den Himmel fliegen,
der die ewige Botschaft Gottes trug, um sie den Menschen zu
verkünden, die auf der Erde wohnen – allen Nationen und
Stämmen, allen Sprachen und Völkern. 7»Habt Achtung vor
Gott und gebt ihm die Ehre!«, rief er, »denn die Stunde ist
gekommen, in der er Gericht halten wird. Betet den an, der
Himmel und Erde, das Meer und alle Wasserquellen gemacht
hat!«
8Dann folgte ihm ein weiterer Engel und rief: »Babylon – die
große Stadt – ist gefallen, weil sie die Völker der Welt verführt
hat, vom Wein ihrer Unzucht zu trinken.«
9Dann folgte ein dritter Engel, der rief mit lauter Stimme:
»Wer das Tier und sein Standbild anbetet und sein Zeichen
auf der Stirn oder der Hand annimmt, 10muss den Wein des
Zornes Gottes trinken, der unverdünnt in den göttlichen
Kelch des Zorns eingeschenkt wird. Und sie werden in der
Gegenwart der heiligen Engel und des Lammes mit Feuer
und Schwefel gequält werden. 11Der Rauch ihrer Qualen
wird für alle Zeit aufsteigen, und sie werden Tag und Nacht

14,4a Griech. *als Erstlinge.*
14,4b Griech. *erkauft.*

keine Erleichterung finden, weil sie das Tier und seine Statue
angebetet und das Zeichen seines Namens angenommen ha-
ben. [12]Das soll jene, die zu Gott gehören*, ermutigen, alles
geduldig zu ertragen und bis zum Ende standhaft zu bleiben,
alle, die Gottes Gebote halten und auf Jesus vertrauen.«
[13]Und ich hörte eine Stimme aus dem Himmel sagen:
»Schreibe auf: Gesegnet sind die, die von nun an im Herrn
sterben. Ja, spricht der Geist, sie sollen von all ihren Mühen
ausruhen; denn ihre guten Taten folgen ihnen nach*!«

Die Ernte der Erde

[14]Dann sah ich einen, der wie der Menschensohn* aussah, auf
einer weißen Wolke sitzen. Er hatte eine goldene Krone auf
dem Kopf und eine scharfe Sichel in der Hand.
[15]Ein Engel kam aus dem Tempel und rief dem, der auf der
Wolke saß, mit lauter Stimme zu: »Gebrauche die Sichel,
denn nun ist die Zeit gekommen zu ernten. Die Ernte auf der
Erde ist reif!« [16]Da schwang der, der auf der Wolke saß, seine
Sichel über die Erde, und die Erde wurde abgeerntet.
[17]Danach kam ein anderer Engel aus dem Tempel im Him-
mel, und auch er hatte eine scharfe Sichel. [18]Ein weiterer En-
gel, der die Macht über das Feuer hatte, kam aus dem Altar
hervor und rief dem Engel mit der scharfen Sichel zu: »Ge-
brauche jetzt deine Sichel, um die Trauben von dem Wein-
stock der Erde zu ernten, denn seine Beeren sind reif gewor-
den!« [19]Da schwang der Engel seine Sichel über die Erde und
erntete den Weinstock der Erde ab und warf die Trauben in
die große Weinpresse des Zornes Gottes. [20]Und die Trauben
wurden außerhalb der Stadt in der Weinpresse getreten und
Blut floss aus der Weinpresse in einem Strom, der dreihun-
dert Kilometer* lang war und so hoch, dass er den Pferden
bis an die Zügel reichte.

14,12 Griech. *die Heiligen.*
14,13 Griech. *mit ihnen.*
14,14 O. *einen, der wie ein Mensch aussah.*
14,20 Griech. *1.600 Stadien* (296 km).

Das Lied von Mose und dem Lamm

15 [1]Dann sah ich am Himmel ein anderes Zeichen, das
groß und wunderbar war. Sieben Engel hielten die sie-
ben letzten Plagen, die Gottes Zorn vollendeten. [2]Ich sah vor
mir etwas, das wie ein mit Feuer vermischtes Kristallmeer
aussah. An seinem Ufer standen alle Menschen, die über das
Tier und sein Standbild und die Zahl seines Namens gesiegt
hatten. Alle hatten von Gott Harfen bekommen, [3]und sie san-
gen das Lied Moses, des Dieners Gottes, und das Lied des
Lammes:
»Groß und wunderbar sind deine Taten, Herr, Gott, All-
mächtiger. Gerecht und wahrhaftig sind deine Wege, König
der Völker*. [4]Wer sollte dich nicht fürchten, Herr, und deinen
Namen verherrlichen? Denn du allein bist heilig. Alle Völker
werden kommen und vor dir anbeten, denn deine gerechten
Taten sind offenbart worden.«

Die sieben Schalen mit den sieben Plagen

[5]Dann blickte ich auf und sah, dass der Tempel im Himmel –
das Heiligtum im Zelt Gottes – weit geöffnet wurde! [6]Die
sieben Engel, welche die Schalen der sieben Plagen trugen,
kamen aus dem Tempel; sie waren in reines, weißes Leinen
gekleidet und hatten goldene Gürtel über der Brust. [7]Und ei-
nes der vier lebendigen Wesen reichte jedem der sieben Engel
eine goldene Schale, gefüllt mit dem schrecklichen Zorn Got-
tes, der in alle Ewigkeit lebt. [8]Der Tempel war vom Rauch der
Herrlichkeit und Macht Gottes erfüllt. Niemand konnte den
Tempel betreten, bis die sieben Engel die sieben Plagen aus-
gegossen hatten*.

16 [1]Dann hörte ich eine laute Stimme aus dem Tempel zu
den sieben Engeln sagen: »Geht jetzt und gießt die sie-
ben Schalen mit dem Zorn Gottes über die Erde aus!«

15,3 In manchen Handschriften heißt es *König der Äonen;* in anderen *König der Heiligen.*

15,8 Griech. *bis die sieben Plagen der sieben Engel vollendet waren.*

2Da verließ der erste Engel den Tempel und goss seine Scha-
le über die Erde aus. Ein schlimmes, bösartiges Geschwür
brach an allen Menschen aus, die das Zeichen des Tieres tru-
gen und sein Standbild angebetet hatten.
3Danach goss der zweite Engel seine Schale über dem Meer
aus, und das Wasser im Meer wurde wie das Blut eines Toten.
Und alles, was im Meer lebte, starb.
4Und der dritte Engel goss seine Schale über den Flüssen
und Quellen aus, und sie wurden zu Blut. 5Ich hörte den En-
gel, der Macht über alle Wasser hatte, sagen: »Du bist gerecht,
dieses Gericht zu schicken, du Heiliger, der ist und der immer
war. 6Denn dein heiliges Volk und deine Propheten wurden
ermordet, und ihr Blut strömte auf die Erde. Deshalb hast du
ihren Mördern zu Recht Blut zu trinken gegeben.« 7Und ich
hörte eine Stimme vom Altar sagen: »Ja, Herr, Gott, Allmäch-
tiger, deine Gerichte sind wahr und gerecht.«
8Dann goss der vierte Engel seine Schale über die Sonne aus
und brachte sie dazu, die Menschen mit ihrem Feuer zu ver-
brennen. 9Und die Menschen wurden von großer Hitze ver-
brannt, aber dennoch verhöhnten sie den Namen Gottes, der
Macht über all diese Plagen hatte. Aber sie kehrten nicht um
und gaben ihm nicht die Ehre.
10Dann goss der fünfte Engel seine Schale auf den Thron des
Tieres aus, und sein Reich wurde in Finsternis gestürzt. Und
die Menschen zerbissen sich vor Schmerz ihre Zungen 11und
verfluchten den Gott des Himmels wegen ihrer Schmerzen
und Geschwüre nur noch mehr. Aber sie weigerten sich, von
ihrem falschen Weg umzukehren.
12Dann goss der sechste Engel seine Schale über den großen
Strom Euphrat aus, und er vertrocknete, sodass die Könige
aus dem Osten mit ihren Heeren ungehindert nach Westen
marschieren konnten. 13Und ich sah drei böse Geister, die
wie Frösche aussahen, aus dem Mund des Drachen, des Tie-
res und des falschen Propheten springen. 14Weil diese Dämo-
nen Zeichen und Wunder taten, veranlassten sie alle Herr-
scher der Erde, sich an jenem großen Tag Gottes zum Kampf
gegen den Allmächtigen zu sammeln.

[15]Der Herr spricht: »Siehe, ich komme so unerwartet wie ein
Dieb! Glücklich ist der, der wachsam auf mich wartet und
seine Kleider anbehält, damit er nicht nackt gehen und sich
schämen muss.«
[16]Und die bösen Geister versammelten alle Herrscher und
ihre Heere an einem Ort, der auf Hebräisch Harmagedon ge-
nannt wird.
[17]Dann goss der siebte Engel seine Schale in die Luft aus.
Und ein mächtiger Ruf kam vom Thron des Tempels im Him-
mel und sagte: »Es ist geschehen!« [18]Dann krachte und grollte
Donner, und Blitze leuchteten. Und es gab ein großes Erdbe-
ben, das so gewaltig war wie kein anderes Erdbeben, seit es
Menschen auf der Erde gibt. [19]Die große Stadt Babylon wurde
in drei Teile gespalten, und die Städte der Völker zerfielen zu
Schutt. So erinnerte Gott sich an die Schuld Babylons und ließ
sie den Kelch trinken, der mit dem Wein seines schrecklichen
Zorns gefüllt war. [20]Und alle Inseln verschwanden und alle
Berge wurden dem Erdboden gleichgemacht. [21]Es gab einen
furchtbaren Hagelsturm, und riesige Hagelkörner* fielen
vom Himmel auf die Menschen herab. Und doch verfluchten
sie Gott für den Hagelsturm, der eine außerordentlich
schreckliche Plage war.

Die große Hure

17 [1]Einer der sieben Engel, die die sieben Schalen aus-
gegossen hatten, kam zu mir und sprach mich an.
»Komm«, sagte er, »und ich werde dir das Gericht über die
große Hure zeigen, die an vielen Wassern sitzt. [2]Die Herr-
scher der Erde haben Unzucht mit ihr getrieben, und die
Menschen, die die Erde bewohnen, haben sich mit dem Wein
ihrer Unzucht betrunken.«
[3]Da versetzte der Engel mich im Geist in die Wüste. Dort sah
ich eine Frau auf einem scharlachroten Tier sitzen, das sieben
Köpfe und zehn Hörner hatte, die über und über mit Läste-
rungen gegen Gott beschrieben waren. [4]Die Frau trug pur-
purne und scharlachrote Kleidung und Schmuck aus Gold

16,21 Griech. *schwer wie ein Talent;* das entspricht etwas 35 kg.

und kostbaren Edelsteinen und Perlen. In ihrer Hand hielt sie
einen goldenen Becher, der mit Abscheulichkeiten und dem
Schmutz ihrer Unzucht gefüllt war. [5]Ein geheimnisvoller
Name stand auf ihrer Stirn geschrieben: »Babylon, die Große,
die Mutter aller Huren und aller Abscheulichkeiten auf der
Erde.« [6]Ich konnte sehen, dass die Frau betrunken war vom
Blut derer, die zu Gott gehören* und sich zu Jesus bekannt
hatten. Ich starrte sie voller Verwunderung an.

[7]»Warum bist du so erstaunt?«, fragte der Engel. »Ich will
dir das Geheimnis dieser Frau und des Tieres mit den sieben
Köpfen und zehn Hörnern, das sie trägt, enthüllen. [8]Das Tier,
das du gesehen hast, war lebendig, ist es jetzt aber nicht. Aber
bald wird es aus dem Abgrund heraufkommen und in die
ewige Vernichtung gehen. Und die Menschen, die auf der
Erde wohnen, deren Namen aber nicht seit Erschaffung der
Welt im Buch des Lebens geschrieben stehen, werden über
die Rückkehr dieses Tieres staunen, das gestorben war.

[9]Hier ist Weisheit nötig und Verstand: Die sieben Köpfe des
Tieres stehen für die sieben Berge, auf denen die Frau sitzt,
und sie stehen auch für sieben Könige. [10]Fünf Könige sind
bereits gefallen, der sechste herrscht jetzt, und der siebte
wird noch kommen, aber seine Herrschaft wird nur kurz sein.
[11]Das scharlachrote Tier, das lebendig war und dann starb, ist
der achte König. Er ist wie die anderen Könige, und auch er
wird in sein Verderben rennen. [12]Seine zehn Hörner sind
zehn Könige, die noch nicht an die Macht gekommen sind;
sie werden für eine Stunde königliche Macht erhalten, um
mit dem Tier zu regieren. [13]Sie werden sich einigen, ihm ihre
Macht und Gewalt abzutreten. [14]Gemeinsam werden sie ge-
gen das Lamm Krieg führen, aber das Lamm wird sie besie-
gen, weil es Herr über alle Herren und König über alle Könige
ist; und die, die zu ihm gehören, werden die Berufenen und
die Auserwählten und die Treuen genannt.«

[15]Und der Engel sagte zu mir: »Die Wasser, an denen die
Hure sitzt, sind Scharen von Menschen aus allen Völkern
und Sprachen. [16]Das scharlachrote Tier und seine zehn

17,6 Griech. *der Heiligen.*

Hörner – welche für zehn Könige stehen, die mit ihm herr-
schen werden – hassen die Hure. Sie werden sie verwüsten,
sie entkleiden, ihr Fleisch essen und ihre Reste im Feuer ver-
brennen. [17]Denn Gott hat ihnen einen Plan eingegeben, der
sie zu Werkzeugen seiner Absicht macht. Sie werden verein-
baren, ihre Vollmacht an das scharlachrote Tier abzutreten,
bis sich Gottes Worte erfüllt haben. [18]Und die Frau, die du
gesehen hast, steht für die große Stadt, die über die Könige
der Erde herrscht.«

Der Fall Babylons

18 [1]Nach alledem sah ich einen anderen Engel aus dem
Himmel herabkommen, der große Vollmacht hatte,
und die Erde wurde von seiner Herrlichkeit erleuchtet. [2]Er
rief mit lauter Stimme: »Babylon ist gefallen – die große Stadt
ist gefallen! Sie ist zum Schlupfwinkel von Dämonen und un-
reinen Geistern geworden, zum Nest für unreine Vögel und
zur Zuflucht für alle unreinen und verhassten Tiere. [3]Denn
alle Völker haben vom Wein ihres Zorns und ihrer Unzucht
getrunken. Die Herrscher der Welt haben Unzucht mit ihr
getrieben, und die Händler der Erde sind durch ihren Wohl-
stand* reich geworden.«

[4]Dann hörte ich eine andere Stimme aus dem Himmel rufen:
»Kommt fort von ihr, mein Volk. Beteiligt euch nicht an ihren
Sünden, sonst werdet ihr mit ihr bestraft. [5]Denn ihre Sünden
türmen sich bis zum Himmel, und Gott wird sie bald für ihre
ungerechten Taten bestrafen. [6]Vergeltet ihr, was sie eurem
Volk angetan hat. Straft sie doppelt für ihre bösen Taten!
Schenkt ihr in den Kelch, den sie eingeschenkt hat, das Dop-
pelte ein. [7]Gebt ihr in dem Maß Qualen und Leid, wie sie
zuvor in Wohlstand und Überfluss gelebt hat. Sie prahlt: ›Ich
bin Königin auf meinem Thron. Ich bin keine hilflose Witwe;
mir wird nichts geschehen.‹ [8]Deshalb werden die Nöte des
Todes und der Trauer und des Hungers sie an einem einzigen
Tag überfallen. Sie wird vom Feuer verbrannt werden, denn
der Herr, Gott, der sie gerichtet hat, ist mächtig.«

18,3 Griech. *durch die Macht ihrer Üppigkeit.*

[9]Und die Herrscher der Welt, die sich mit ihr eingelassen
haben* und mit ihr im Überfluss schwelgten, werden um sie
trauern, wenn sie den Rauch sehen, der von ihren brennen-
den Trümmern aufsteigt. [10]Sie werden aus Furcht vor ihren
großen Schmerzen in weitem Abstand stehen bleiben und ru-
fen: »Wie schrecklich, wie schrecklich für Babylon, diese gro-
ße und starke Stadt! In einer einzigen Stunde kam das Gericht
über dich.«

[11]Die Händler der Erde werden um sie weinen und trauern,
weil niemand mehr ihre Waren kauft. [12]Sie kaufte große Men-
gen Gold, Silber, Edelsteine, Perlen, feines Leinen, Purpur,
Seide, scharlachroten Stoff, alle Arten von Duftholz, Gegen-
stände aus Elfenbein und Gegenstände aus kostbarem Holz,
Erz, Eisen und Marmor. [13]Außerdem kaufte sie Zimt, Balsam,
Räucherwerk, Myrrhe, Weihrauch, Wein, Olivenöl, feines
Mehl, Weizen, Vieh, Schafe, Pferde, Wagen und Sklaven und
handelte sogar mit Menschen. [14]»All diese Reichtümer, die du
so liebtest, sind verschwunden«, rufen sie. »Das Kostbare
und der Glanz, der dir so viel bedeutete, ging für immer ver-
loren und wird niemals wiederkehren.«

[15]Die Händler, die reich wurden, weil sie ihr all diese Waren
verkauften, werden aus Furcht vor ihren großen Schmerzen
weit entfernt stehen bleiben. Sie werden weinen und rufen:
[16]»Wie schrecklich, wie schrecklich für diese große Stadt! Sie
war schön wie eine Frau, die in feinstes Leinen aus Purpur
und Scharlach gekleidet und mit Gold und kostbaren Steinen
und Perlen geschmückt ist! [17]Und in einer einzigen Stunde ist
der gesamte Reichtum der Stadt verschwunden!«

Und jeder Steuermann und Kapitän der Handelsschiffe und
alle ihre Matrosen blieben weit entfernt stehen. [18]Sie weinten,
als sie den Rauch aufsteigen sahen, und sagten: »Welche
Stadt auf der ganzen Welt war so großartig wie diese?« [19]Und
sie streuten Staub auf ihre Köpfe, um ihrer Trauer Ausdruck
zu verleihen, und sagten: »Wie schrecklich, wie schrecklich
für diese große Stadt! Durch ihren großen Reichtum hat sie

18,9 Griech. *die mit ihr Unzucht getrieben haben.*

uns alle, die wir Schiffe auf dem Meer haben, reich gemacht.
Und nun ist alles in einer Stunde verwüstet worden!«
[20]Aber du, Himmel, freue dich über ihr Schicksal! Und alle,
die ihr zu Gott gehört,* und ihr Apostel und ihr Propheten
sollt euch freuen, denn Gott hat sie um euretwillen gerichtet!
[21]Dann hob ein mächtiger Engel einen Felsbrocken auf, der
so groß war wie ein Mühlstein. Er warf ihn ins Meer und rief:
»Babylon, die große Stadt, wird so gewaltsam wie dieser Fels-
brocken hinabgestürzt werden und für immer verschwinden.
[22]Nie wieder wird man in dir den Klang von Harfen, Liedern,
Flöten oder Posaunen hören. Es wird kein Handwerk und
keine Kunst mehr geben, und kein Mühlstein wird mehr
mahlen. [23]Keine Lampe wird deine finsteren Nächte erhellen,
und die fröhlichen Stimmen von Braut und Bräutigam wird
man nicht mehr vernehmen. Das alles wird geschehen, weil
deine Händler die Großen der Erde waren und weil die Völ-
ker durch deine Zauberei verführt wurden. [24]In den Straßen
Babylons wurde das Blut der Propheten vergossen und das
Blut derer, die zu Gott gehören*. Sie war es, die überall in der
Welt Gottes Volk umbrachte.

Das Siegeslied im Himmel

19 [1]Danach hörte ich eine große Menge im Himmel rufen:
»Halleluja! Die Rettung kommt von unserem Gott.
Ihm allein gehören Herrlichkeit und Macht. [2]Seine Urteile
sind wahr und gerecht. Er hat die große Hure bestraft, die
die Erde mit ihrer Unzucht verdorben hat, und er hat das
Blut seiner Diener an ihr gerächt.« [3]Und wieder erklangen
die Stimmen: »Halleluja! Der Rauch dieser Stadt steigt in
Ewigkeit auf!«
[4]Da fielen die vierundzwanzig Ältesten und die vier leben-
digen Wesen nieder und beteten Gott an, der auf dem Thron
sitzt. Sie riefen aus: »Amen. Halleluja!«

18,20 Griech. *ihr Heiligen*.
18,24 Griech. *der Heiligen*.

[5]Und vom Thron war eine Stimme zu hören, die sagte:
»Lobt unseren Gott, alle seine Diener, die ihn fürchten, vom
geringsten bis zum größten.«
[6]Dann hörte ich wieder etwas, das wie das Rufen einer rie-
sigen Menschenmenge oder das Rauschen mächtiger Meeres-
wellen oder das Krachen lauter Donnerschläge klang: »Hal-
leluja! Denn der Herr, unser Gott, der Allmächtige, herrscht.
[7]Lasst uns fröhlich sein und jubeln und ihn ehren. Denn die
Zeit für das Hochzeitsmahl des Lammes ist gekommen, und
seine Braut hat sich vorbereitet. [8]Sie darf sich in strahlend
weißes Leinen kleiden.« Denn das strahlende Leinen steht
für die guten Taten der Menschen, die zu Gott gehören*.
[9]Und der Engel sagte: »Schreib auf: Gesegnet sind diejeni-
gen, die zum Hochzeitsmahl des Lammes eingeladen sind.«
Und er fügte hinzu: »Das sind Gottes Worte, die wahr und
zuverlässig sind.«
[10]Da fiel ich vor seinen Füßen nieder, um ihn anzubeten,
aber er sagte: »Nein, bete nicht mich an! Denn ich bin ein
Diener Gottes, genau wie du und alle anderen, die ihr an der
Botschaft von Jesus festhaltet. Bete Gott an! Denn das Wesen
der prophetischen Rede besteht in der Botschaft von Jesus.«

Der Reiter auf dem weißen Pferd

[11]Dann sah ich den Himmel geöffnet, und es stand dort ein
weißes Pferd. Und der, der auf dem Pferd saß, wird der Treue
und Wahrhaftige genannt, weil er gerecht richtet und Krieg
führt. [12]Seine Augen waren wie Feuerflammen, und auf dem
Kopf hatte er viele Kronen. Es stand ein Name auf seiner Stirn
geschrieben, und nur er wusste, was dieser Name bedeutete.
[13]Er trug ein Gewand, das in Blut getaucht worden war, und
sein Name ist »Das Wort Gottes«. [14]Die in weißes, reines Lei-
nen gekleideten Heerscharen des Himmels folgten ihm auf
weißen Pferden. [15]Aus seinem Mund kam ein scharfes
Schwert. Mit ihm wird er die Völker schlagen. Er wird sie
mit eisernem Stab regieren; und er tritt die Weinpresse des
schrecklichen Zorns des allmächtigen Gottes. [16]Auf seinem

19,8 Griech. *der Heiligen*.

Gewand und auf seinem Schenkel stand folgender Titel ge-
schrieben: König der Könige und Herr der Herren.
17Dann sah ich einen Engel in der Sonne stehen, der den
Vögeln, die hoch oben am Himmel flogen, zurief: »Kommt!
Sammelt euch zum großen Mahl, das Gott vorbereitet hat.
18Kommt und fresst das Fleisch von Königen, Befehlshabern
und starken Kriegern, von Pferden und ihren Reitern und
von allen Menschen, ob Freie oder Sklaven, kleinen oder
großen!«
19Dann sah ich, wie das Tier die Könige der Erde und ihre
Heere versammelte, um gegen den Reiter auf dem Pferd und
sein Heer zu kämpfen. 20Und das Tier wurde gefangen und
mit ihm der falsche Prophet, der in seinem Namen große
Wunder getan und damit alle verführt hatte, die das Zeichen
des Tieres angenommen und sein Standbild angebetet hatten.
Sowohl das Tier als auch der falsche Prophet wurden leben-
dig in den Feuersee geworfen, der mit Schwefel brennt. 21Die
übrigen wurden durch das Schwert getötet, das aus dem
Mund dessen kam, der auf dem weißen Pferd saß. Und alle
Vögel des Himmels wurden satt von ihrem Fleisch.

Die tausend Jahre

20 1Dann sah ich einen Engel aus dem Himmel herab-
kommen, der den Schlüssel zum Abgrund und eine
schwere Kette in der Hand hatte. 2Er packte den Drachen –
die alte Schlange, den Teufel, Satan – und legte ihn für tau-
send Jahre in Ketten. 3Der Engel warf ihn in den Abgrund
und verschloss und versiegelte ihn, sodass Satan die Völker
bis zum Ablauf der tausend Jahre nicht mehr verführen konn-
te. Danach muss er noch einmal für kurze Zeit losgelassen
werden.
4Dann sah ich Throne, auf die sich Menschen setzten, die
Vollmacht erhielten, Gericht zu halten. Und ich sah die Seelen
derer, die getötet worden waren, weil sie Jesus bezeugt und
das Wort Gottes verkündet hatten. Sie hatten das Tier und
sein Standbild nicht angebetet und sein Zeichen nicht auf ih-
rer Stirn und auf ihrer Hand getragen. Sie wurden wieder
lebendig und herrschten tausend Jahre lang mit Christus.

5Die übrigen Toten wurden nicht wieder lebendig, bis die tau-
send Jahre vorüber waren. Das ist die erste Auferstehung.
6Glücklich und heilig sind die, die an der ersten Auferstehung
teilhaben. Über sie hat der zweite Tod keine Macht, sondern
sie werden Priester Gottes und Christi sein und tausend Jahre
lang mit ihm herrschen.

Die endgültige Vernichtung Satans

7Wenn die tausend Jahre vorüber sind, wird Satan aus seinem
Gefängnis freigelassen werden. 8Er wird umherziehen, um
die Völker der ganzen Erde, die Gog und Magog genannt
werden, zu verführen. Er wird sie zum Krieg sammeln – zu
einem mächtigen Heer, so zahllos wie der Sand am Meer.
9Und ich sah sie, wie sie über die ganze Breite der Erde he-
raufzogen und Gottes Volk* und die geliebte Stadt umzingel-
ten. Doch vom Himmel fiel Feuer auf sie herab und vernich-
tete sie.

10Dann wurde der Teufel, der sie betrogen hatte, zu dem
Tier und dem falschen Propheten in den Feuersee geworfen,
der mit Schwefel brennt. Und sie werden in alle Ewigkeit ge-
quält werden Tag und Nacht.

Das letzte Gericht

11Und ich sah einen großen weißen Thron und den, der da-
rauf sitzt. Die Erde und der Himmel flohen vor seiner Gegen-
wart, aber sie fanden keinen Ort, um sich zu verbergen. 12Ich
sah die Toten, die großen und die kleinen, vor Gottes Thron
stehen. Und es wurden Bücher aufgeschlagen, darunter auch
das Buch des Lebens. Und die Toten wurden nach dem ge-
richtet, was in den Büchern über sie geschrieben stand, nach
dem, was sie getan hatten. 13Das Meer gab die Toten her, die
darin waren, und der Tod und das Totenreich gaben die Toten
her, die in ihnen waren. Sie alle wurden nach ihren Taten ge-
richtet. 14Und der Tod und das Totenreich wurden in den Feu-
ersee geworfen. Das ist der zweite Tod – der Feuersee. 15Und

20,9 Griech. *die Heiligen*.

alle, deren Namen nicht im Buch des Lebens geschrieben
standen, wurden ebenfalls in den Feuersee geworfen.

Das neue Jerusalem

21 1Dann sah ich einen neuen Himmel und eine neue Er-
de, denn der alte Himmel und die alte Erde waren ver-
schwunden. Und auch das Meer war nicht mehr da. 2Und ich
sah die heilige Stadt, das neue Jerusalem, von Gott aus dem
Himmel herabkommen wie eine schöne Braut, die sich für
ihren Bräutigam geschmückt hat.

3Ich hörte eine laute Stimme vom Thron her rufen: »Siehe,
die Wohnung Gottes ist nun bei den Menschen! Er wird bei
ihnen wohnen und sie werden sein Volk sein und Gott selbst
wird bei ihnen sein. 4Er wird alle ihre Tränen abwischen, und
es wird keinen Tod und keine Trauer und kein Weinen und
keinen Schmerz mehr geben. Denn die erste Welt mit ihrem
ganzen Unheil ist für immer vergangen.«

5Und der, der auf dem Thron saß, sagte: »Ja, ich mache alles
neu!« Und dann sagte er zu mir: »Schreib es auf, denn was ich
dir sage, ist zuverlässig und wahr!« 6Und er sagte auch: »Es
ist vollendet! Ich bin das Alpha und das Omega – der Anfang
und das Ende. Jedem, der durstig ist, werde ich aus der Quel-
le, die das Wasser des Lebens enthält, umsonst zu trinken
geben! 7Wer siegreich ist, wird dies alles empfangen; ich wer-
de sein Gott sein, und er wird mein Sohn sein. 8Doch die Fei-
gen und Treulosen und diejenigen, die abscheuliche Taten tun
und die Mörder und Unzüchtigen und die, die Zauberei trei-
ben, die Götzendiener und alle Lügner – sie erwartet der See,
der mit Feuer und Schwefel brennt. Das ist der zweite Tod.«

9Dann kam einer der sieben Engel, welche die sieben Scha-
len mit den sieben Plagen getragen hatten, und sagte zu mir:
»Komm mit mir! Ich will dir die Braut, die Frau des Lammes,
zeigen.«

10Da nahm er mich im Geist auf einen großen, hohen Berg
und zeigte mir die heilige Stadt, Jerusalem, die von Gott aus
dem Himmel herabkam. 11Sie war ganz von der Herrlichkeit
Gottes erfüllt und funkelte wie ein kostbarer Edelstein, kris-
tallklar wie Jaspis. 12Ihre Mauern waren breit und hoch und

hatten zwölf Tore, die von zwölf Engeln bewacht wurden.
Und auf den Toren standen die Namen der zwölf Stämme
Israels geschrieben. [13]An jeder Seite – im Osten, Norden, Sü-
den und Westen – befanden sich drei Tore. [14]Die Mauer der
Stadt hatte zwölf Grundsteine, auf denen die Namen der
zwölf Apostel des Lammes geschrieben standen.

[15]Der Engel, der mit mir gesprochen hatte, hielt eine goldene
Messlatte in der Hand, um die Stadt, ihre Tore und ihre Mau-
er zu vermessen. [16]Als er sie maß, stellte sich heraus, dass sie
viereckig und genauso lang wie breit war. Ihre Länge und
Breite und Höhe betrugen je zweitausendzweihundertzwan-
zig Kilometer*. [17]Dann maß er die Mauer, die fünfundsechzig
Meter* dick war. Dabei benutzte der Engel ein bei Menschen
übliches Maß.

[18]Die Mauer bestand aus Jaspis, und die Stadt war reines
Gold, so klar wie Glas. [19]Die Mauer der Stadt war auf zwölf
Grundsteinen erbaut, die mit zwölf Edelsteinen geschmückt
waren: Der erste war ein Jaspis, der zweite ein Saphir, der
dritte ein Chalzedon, der vierte ein Smaragd, [20]der fünfte ein
Sardonyx, der sechste ein Karneol, der siebte ein Chrysolith,
der achte ein Beryll, der neunte ein Topas, der zehnte ein
Chrysopras, der elfte ein Hyazinth, der zwölfte ein Amethyst.

[21]Die zwölf Tore bestanden aus zwölf Perlen – jedes Tor aus
einer einzigen Perle! Und die Hauptstraße war reines Gold, so
klar wie Glas.

[22]Kein Tempel war in der Stadt zu sehen, denn der Herr,
Gott, der Allmächtige, und das Lamm sind ihr Tempel. [23]Und
die Stadt braucht keine Sonne und keinen Mond, damit es in
ihr hell wird, denn die Herrlichkeit Gottes erleuchtet die
Stadt, und das Lamm ist ihr Licht. [24]Die Völker der Erde wer-
den in ihrem Licht leben, und die Könige der Welt werden
kommen und ihre Herrlichkeit in die Stadt bringen. [25]Ihre
Tore bleiben geöffnet, denn es gibt dort keine Nacht mehr.
[26]Und alle Völker werden ihre Herrlichkeit und Ehre in die
Stadt bringen. [27]Nichts Unreines wird hinein dürfen, auch

21,16 Griech. *12.000 Stadien.*
21,17 Griech. *144 Ellen.*

niemand, der Götzendienst treibt und Lügen verbreitet, sondern nur die, deren Namen im Lebensbuch des Lammes geschrieben stehen.

22 1Und der Engel zeigte mir einen reinen Fluss mit dem
Wasser des Lebens, so klar wie Kristall, der vom Thron
Gottes und des Lammes entspringt 2und in der Mitte der
Hauptstraße hinabfließt. Auf beiden Seiten des Flusses ist je
ein Baum des Lebens, der zwölf verschiedene Früchte trägt
und jeden Monat eine neue Frucht hervorbringt. Die Blätter
dienen zur Heilung der Völker.
3Nichts wird je wieder unter einem Fluch stehen. Denn der
Thron Gottes und des Lammes wird dort sein, und seine Die-
ner werden ihn anbeten. 4Und sie werden sein Gesicht sehen,
und sein Name wird auf ihren Stirnen geschrieben stehen.
5Und es wird dort keine Nacht mehr geben – man wird weder
Lampen noch das Licht der Sonne brauchen –, weil der Herr,
Gott, über ihnen leuchten wird. Und sie werden für immer
und ewig herrschen.
6Dann sagte der Engel zu mir: »Diese Worte sind zuverläs-
sig und wahr: ›Der Herr, Gott, der seinen Propheten mitteilt,
was in der Zukunft liegt, hat seinen Engel geschickt, um sei-
nen Dienern zu sagen, was bald geschehen muss.‹«

Jesus kommt bald

7»Ja, ich komme bald! Glücklich ist, wer an der prophetischen
Rede in dieser Schriftrolle festhält.«
8Ich, Johannes, bin derjenige, der all diese Dinge hörte und
sah. Und als ich dies alles gehört und gesehen hatte, fiel ich
nieder, um den Engel anzubeten, der es mir gezeigt hatte.
9Aber er sagte: »Nein, bete nicht mich an! Ich bin ein Diener
Gottes, genau wie du und deine Brüder, die Propheten, und
alle, die an dem festhalten, was in dieser Schriftrolle steht.
Bete Gott an!«
10Dann wies er mich an: »Versiegle die prophetischen Worte
dieses Buches nicht, die du niedergeschrieben hast, denn die
Zeit ist nahe! 11Wer Unrecht tut, soll weiter Unrecht tun; wer
unrein ist, soll sich weiter verunreinigen; wer gerecht ist, soll

weiter gerecht handeln; und wer heilig ist, soll weiter heilig
leben.«
12»Siehe, ich komme bald und mein Lohn mit mir, um allen
zu vergelten, was sie getan haben. 13Ich bin das Alpha und
das Omega, der Erste und der Letzte, der Anfang und das
Ende.
14Glücklich sind diejenigen, die ihre Kleider waschen, damit
sie durch die Tore der Stadt eintreten und das Recht haben,
vom Baum des Lebens zu essen. 15Außerhalb der Stadt sind
die Hunde – die Zauberer, die Unzüchtigen, die Mörder, die
Götzendiener und alle, die es lieben, in Lüge zu leben.
16Ich, Jesus, habe meinen Engel geschickt, um euch diese
Botschaft für die Gemeinden zu bezeugen. Ich bin der Ur-
sprung Davids und zugleich sein Nachkomme*. Ich bin der
glänzende Morgenstern.«
17Der Geist und die Braut sagen: »Komm!« Und wer sie hört,
soll sagen: »Komm!« Wer durstig ist, der komme. Wer will,
soll kommen und umsonst vom Wasser des Lebens trinken!
18Und ich versichere jedem, der die prophetischen Worte die-
ses Buchs hört: »Wenn jemand dem, was hier geschrieben
steht, irgendetwas hinzufügt, wird Gott ihm die Plagen zufü-
gen, die in diesem Buch beschrieben werden. 19Und wenn
jemand irgendetwas von den prophetischen Worten dieses
Buchs wegnimmt, wird Gott ihm seinen Anteil am Baum des
Lebens und an der Heiligen Stadt wegnehmen, die in diesem
Buch beschrieben werden.«
20Derjenige, der dies alles bezeugt, sagt: »Ja, ich komme
bald!«
Amen! Komm, Herr Jesus!
21Die Gnade des Herrn Jesus soll euch begleiten!

22,16 Griech. *die Wurzel und das Geschlecht.*

Ausgewählte Psalmen

Echtes Glück

1 Glücklich ist der Mensch, der nicht auf den Rat der Gottlosen hört, der sich am Leben der Sünder kein Beispiel nimmt und sich nicht mit Spöttern abgibt.

2 Voller Freude tut er den Willen des HERRN* und denkt über sein Gesetz Tag und Nacht nach.

3 Er ist wie ein Baum, der am Flussufer wurzelt und Jahr für Jahr reiche Frucht trägt. Seine Blätter welken nicht, und alles, was er tut, gelingt ihm.

4 Ganz anders aber ergeht es den gottlosen Menschen! Sie sind wie Spreu, die der Wind verweht.

5 Vor dem Gericht Gottes bestehen sie nicht und finden keinen Platz unter den Gottesfürchtigen.

6 Über die Wege der Gottesfürchtigen wacht der HERR, die Wege der Gottlosen aber führen ins Verderben.

Ein unschuldiges Gebet

17 *Ein Gebet Davids.*

1 HERR, höre meine Bitte um Gerechtigkeit. Achte auf meinen Hilfeschrei! Vernimm mein Gebet, denn es kommt aus aufrichtigem Herzen.

2 Dein Urteil wird mich freisprechen, denn du weißt, dass ich aufrichtig bin.

3 In der Nacht hast du meine Gedanken geprüft und mein Herz auf die Probe gestellt. Du hast mich angesehen und nichts Falsches an mir gefunden, denn ich habe mir vorgenommen, mit meinen Worten nicht zu sündigen.

4 Ich habe mich an deine Gebote gehalten, und das hat mich davor bewahrt, auf bösen Wegen zu gehen.

5 Ich habe mich an deinen Weg gehalten und bin nicht davon abgewichen.

6 Ich bete zu dir, denn ich weiß, dass du mich erhören wirst. Neige dich zu mir herab und höre mein Gebet.

1,2 Hebräisch und seine Lust hat am Gesetz des HERRN

7Zeige mir auf wunderbarerweise deine Gnade. Du rettest
mit deiner Kraft die Menschen, die bei dir Schutz vor den
Feinden suchen.
8Behüte mich wie einen Augapfel und gib mir Zuflucht
unter dem Schatten deiner Flügel.
9Beschütze mich vor den gottlosen Menschen, die mich
vernichten wollen, und vor meinen Feinden, die mir von
überall her nachstellen.
10Sie kennen kein Erbarmen und reden überheblich.
11Sie verfolgen und umzingeln uns und wollen uns zu Bo-
den werfen.
12Sie sind wie ein hungriger Löwe, der im Hinterhalt auf
Beute lauert, um sie zu zerreißen; wie ein junger Löwe, der
im Hinterhalt sitzt.
13Erhebe dich, HERR, tritt ihm entgegen und unterwirf ihn!
Rette mich mit deinem Schwert vor dem Gottlosen!
14 HERR, befreie mich mit deiner mächtigen Hand vor de-
nen, die nur auf ihren Vorteil aus sind. Die gerechte Strafe
soll sie mit samt ihren Kinder und ihren Enkeln treffen.
15Ich aber habe getan, was recht ist, deshalb werde ich dich
sehen. Wenn ich erwache, werde ich ganz zufrieden sein,
denn dann werde ich dich von Angesicht zu Angesicht sehen.

Gottes Herrlichkeit in der Schöpfung

19 Für den Chorleiter: Ein Psalm Davids.
2Der Himmel verkündet die Herrlichkeit Gottes und
das Firmament bezeugt seine wunderbaren Werke.
3Ein Tag erzählt es dem anderen, und eine Nacht teilt es
der anderen mit.
4Ohne Sprache und ohne Worte, lautlos ist ihre Stimme,*
5doch ihre Botschaft breitet sich aus über die ganze Erde
und ihre Worte über die ganze Welt. Die Sonne wohnt am
Himmel, wo Gott sie hingestellt hat.
6Sie tritt hervor wie ein strahlender Bräutigam nach der
Hochzeit. Sie freut sich wie ein Held, bereit für den Lauf.

19,4 Oder ihre Stimme ist in jeder Sprache verständlich

7 Sie geht an einem Ende des Himmels auf und zieht ihre Bahn bis ans andere Ende. Vor ihrer Glut kann sich nichts verbergen.

8 Das Gesetz des HERRN ist vollkommen, es erfrischt die Seele. Die Ratschlüsse des HERRN sind zuverlässig und schenken den Unverständigen Weisheit.

9 Die Gebote des HERRN sind richtig und erfreuen das Herz. Die Vorschriften des HERRN sind klar und schenken Einsicht.

10 Die Ehrfurcht vor dem HERRN ist echt und hat für immer Bestand. Die Gesetze des HERRN sind Wahrheit, jedes einzelne ist gerecht.

11 Sie sind wertvoller als das feinste Gold und süßer als der beste Honig.

12 Sie sind eine Mahnung an jeden, der sie hört, und wer ihnen gehorcht, den erwartet eine reiche Belohnung.

13 Wie kann ich alle meine Sünden erkennen, die ich begehe? Vergib mir diese verborgene Schuld!

14 Bewahre mich vor stolzen Menschen, und lass nicht zu, dass sie über mich herrschen. Dann werde ich ohne Schuld sein und frei von schwerer Sünde.

15 HERR, lass dir die Worte meines Mundes und die Gedanken meines Herzens gefallen! HERR, mein Fels und mein Erlöser.

Ein Verzweiflungsschrei und ein Lobgesang

22 *Für den Chorleiter: Ein Psalm Davids, zu singen nach der Melodie: »Eine Hirschkuh in der Morgendämmerung.«

2 Mein Gott, mein Gott! Warum hast du mich verlassen?* Warum bist du so fern und hörst meine Hilferufe nicht?

3 Jeden Tag rufe ich zu dir, mein Gott, doch du antwortest nicht. Jede Nacht schreie ich zu dir, doch ich finde keine Ruhe.

22,1–32 Vgl. Jesaja 53,1-12 und Matthäus 27,35-46.

22,2 S. Matthäus 27,46.

[4]Und doch bist du heilig. Israel lobt dich mit seinen Liedern.
[5]Unsere Vorfahren haben dir vertraut, und da hast du sie befreit.
[6]Du hast ihre Hilferufe gehört und sie gerettet. Sie haben dir vertraut und wurden nicht enttäuscht.
[7]Ich aber bin ein Wurm und kein Mensch, ich werde von allen ausgelacht und verachtet!
[8]Wer mich sieht, macht sich über mich lustig, lacht höhnisch und schüttelt den Kopf:
[9]»Ist das der Mensch, der sich auf den HERRN verlässt? Dann soll der HERR ihn doch retten! Wenn der HERR ihn so sehr liebt, soll er ihn auch befreien!«
[10]Du hast mich sicher aus dem Mutterleib geholt und mich gelehrt, dir zu vertrauen, als ich noch ein kleines Kind war.
[11]Seit meiner Geburt bist du mein einziger Halt und mein Gott seit Beginn meines Lebens.*
[12]Entferne dich jetzt nicht von mir, denn die Not ist nah und keiner ist da, der mir hilft.
[13]Meine Feinde umringen mich wie eine Herde Stiere, wie wilde Stiere umzingeln sie mich.
[14]Wie ein brüllender Löwe greifen sie ihre Beute an und kommen mit aufgerissenem Maul auf mich zu.
[15]Mein Leben ist ausgeschüttet wie Wasser und meine Knochen haben sich voneinander gelöst. Mein Herz ist in meinem Inneren wie zerschmolzenes Wachs.
[16]Mein Körper ist ausgetrocknet wie eine Scherbe aus Ton. Meine Zunge klebt mir am Gaumen. Du hast mich in den Staub gestoßen und wie tot liegen lassen.
[17]Wie ein Rudel Hunde umkreisen mich meine Feinde und eine Rotte von Bösen treibt mich in die Enge. Sie haben mir Hände und Füße durchbohrt.
[18]Alle meine Knochen kann ich zählen. Meine Gegner sehen mich schadenfroh an.

22,11 Hebräisch Auf dich bin ich geworfen vom Mutterschoß her, von dem Leib meiner Mutter an bist du mein Gott.

[19]Sie teilen meine Kleider unter sich auf und würfeln* um
mein Gewand.
[20]Aber du, HERR, entferne dich nicht von mir! Du bist mei-
ne Stärke, komm mir schnell zu Hilfe!
[21]Rette mich vor einem gewaltsamen Tod und beschütze
mein kostbares Leben vor diesen Hunden.
[22]Entreiße mich aus dem Rachen des Löwen und rette
mich vor den Hörnern dieser wilden Stiere. Du hast mich
erhört!
[23]Meinen Brüdern will ich deinen Namen verkünden und
dich vor der ganzen Gemeinde ehren.
[24]Lobt den HERRN, alle, die ihn fürchten! Ehrt ihn, ihr
Nachkommen Jakobs! Erweist ihm Ehrfurcht, ihr Nachkom-
men Israels!
[25]Denn er hat die Augen nicht vor dem Leid des Bedürf-
tigen verschlossen. Er hat sich nicht abgewandt, sondern hat
seine Hilferufe gehört.
[26]Dich will ich loben vor der ganzen Gemeinde und will
meine Versprechen vor allen, die dich anbeten, erfüllen.
[27]Die Armen sollen essen und satt werden und alle, die den
HERRN suchen, werden ihn loben. Euer Herz soll für immer
leben.
[28]Die ganze Erde wird den HERRN anerkennen und zu ihm
zurückkehren. Die Menschen aller Völker werden sich vor
ihm verneigen.
[29]Denn der HERR ist König und er herrscht über die Völker!
[30]Die Reichen der Erde werden ein Fest feiern und anbe-
ten. Vor ihm werden sich alle Menschen verneigen, die gebo-
ren werden, um zu sterben.
[31]Kommende Generationen werden ihm dienen; ihnen
wird man erzählen, was der HERR getan hat.
[32]Sie werden ihren Nachkommen von den gerechten Taten
Gottes berichten, die er getan hat.

22,19 Hebräisch werfen Lose.

Der HERR ist unser Hirte

23 Ein Psalm Davids.
[1]Der HERR ist mein Hirte, ich habe alles, was ich
brauche.
[2]Er lässt mich in grünen Tälern ausruhen, er führt mich
zum frischen Wasser.
[3]Er gibt mir Kraft. Er zeigt mir den richtigen Weg um sei-
nes Namens willen.
[4]Auch wenn ich durch das dunkle Tal des Todes* gehe,
fürchte ich mich nicht, denn du bist an meiner Seite. Dein
Stecken und Stab schützen und trösten mich.
[5]Du deckst mir einen Tisch vor den Augen meiner Feinde.
Du nimmst mich als Gast auf und salbst mein Haupt mit Öl.*
Du überschüttest mich mit Segen.
[6]Deine Güte und Gnade begleiten mich alle Tage meines
Lebens, und ich werde für immer im Hause des HERRN woh-
nen.

Ein Gebet um Wegweisung und Schutz

25 Ein Psalm Davids.
[1] HERR, nach dir habe ich Verlangen.
[2]Ich vertraue auf dich, mein Gott! Lass mich nicht zugrun-
de gehen und lass nicht zu, dass meine Feinde sich an meiner
Niederlage freuen.
[3]Alle, die dir vertrauen, werden nicht untergehen, doch
die, die andere betrügen wollen, werden zu Fall kommen.
[4] HERR, zeige mir die Wege, die ich gehen soll, und weise
mir die Pfade, denen ich folgen soll.
[5]Führe mich und lehre mich, nach deiner Wahrheit zu le-
ben, denn du bist der Gott, der mich rettet. Auf dich hoffe
ich zu jeder Zeit.
[6]HERR, denke an deine Gnade und an dein Erbarmen, die
du von jeher gezeigt hast.

23,4 Hebräisch durch das Tal der Todesschatten.

23,5 Auf diese Weise begrüßte man einen Gast

7HERR, vergib mir die Sünden meiner Jugend und sieh
mich mit gnädigen Augen an, denn du bist gütig.
8Der HERR ist gut und gerecht; darum zeigt er den Sündern
den richtigen Weg.
9Er zeigt den Demütigen, was richtig ist, und lehrt sie sei-
nen Weg.
10Mit Gnade und Treue leitet der HERR alle, die seinen
Bund halten und seinen Geboten gehorchen.
11 HERR, vergib mir meine große Schuld, damit dein Name
geehrt wird.
12Wie steht es mit dem Menschen, der den HERRN ernst
nimmt? Der HERR wird ihm den Weg zeigen, den er gehen
soll.
13Es wird ihm gut gehen und seine Kinder werden das gan-
ze Land besitzen.
14Die Freundschaft mit dem HERRN gebührt denen, die ihn
ernst nehmen. Er lässt sie wissen, wozu sein Bund mit ihnen
da ist.
15Ich richte meine Augen stets auf den HERRN, denn er wird
mich aus den Fallen befreien, die meine Feinde mir stellen.
16Wende dich mir zu und hab Erbarmen mit mir, denn ich
bin allein und in großer Not.
17Die Angst in meinem Herzen wird immer größer. Errette
mich aus meinen Nöten!
18Sieh meinen Schmerz und meinen Kummer. Vergib mir
alle meine Sünden!
19Sieh doch, wie viele Feinde ich habe, die mich zu Un-
recht hassen!
20Beschütze mich und rette mich vor ihnen! Lass mich
nicht zugrunde gehen, denn ich vertraue auf dich.
21Hilf mir, aufrichtig und ehrlich zu leben, weil ich meine
Hoffnung auf dich setze
22O Gott, erlöse Israel aus aller seiner Not!

Ein Lobgesang

27 Ein Psalm Davids.
[1]Der HERR ist mein Licht und mein Heil – vor wem sollte ich mich fürchten? Der HERR beschützt mich vor Gefahr – vor wem sollte ich erschrecken?
[2]Wenn böse Menschen kommen, um mich zu vernichten, wenn meine Feinde und Verfolger mich angreifen, dann werden sie stolpern und stürzen.
[3]Ein mächtiges Heer umzingelt mich, dennoch fürchte ich mich nicht. Auch wenn sie mich angreifen, bleibe ich voller Zuversicht.
[4]Eine einzige Bitte habe ich an den HERRN. Ich sehne mich danach, solange ich lebe, im Haus des HERRN zu sein, um seine Freundlichkeit zu sehen und in seinem Tempel still zu werden.
[5]Denn er wird mich aufnehmen, wenn schlechte Zeiten kommen, und mir in seinem Heiligtum Schutz geben. Er wird mich auf einen hohen Berg stellen, wo mich niemand erreichen kann.
[6]Dann werde ich über meine Feinde, die mich umzingeln, triumphieren. Jubelnd will ich ihm Opfer darbringen und den HERRN loben und ihm singen.
[7]Hör meine Bitten, HERR. Sei barmherzig und erhöre mich!
[8]Ich erinnere mich, dass du gesagt hast: »Suchet meine Nähe.« Und ich habe geantwortet: »HERR, dich suche ich.«
[9]Verbirg dich nicht vor mir und verstoße deinen Knecht nicht im Zorn! Du hast mir immer geholfen, darum verlass mich jetzt nicht. Gott, mein Retter, lass mich nicht im Stich!
[10]Wenn selbst Vater und Mutter mich verlassen, wird doch der HERR mich aufnehmen.
[11]HERR, zeige mir, wie ich leben soll und führe mich den Weg, der richtig ist, denn meine Feinde warten nur darauf, dass ich falle.
[12]Gib mich nicht in ihre Hände, denn sie beschuldigen mich vieler Dinge, die ich nicht getan habe, und werden mir Grausames antun.

13 Doch ich vertraue fest darauf, dass ich noch sehen werde,
wie gut Gott ist, solange ich lebe.
14 Vertraue auf den HERRN! Sei mutig und tapfer und hoffe
geduldig auf den HERRN!

Vertrauen in Gott

31 Für den Chorleiter: Ein Psalm Davids.
2 HERR, bei dir suche ich Schutz, lass mich nicht zu-
grunde gehen. Hilf mir, durch deine Gerechtigkeit!
3 Wende dich zu mir und höre mich. Rette mich schnell!
Sei für mich ein schützender Fels, eine Festung, in der meine
Feinde mich nicht erreichen können.
4 Du bist mein schützender Fels und meine Festung. Führe
und leite mich um der Ehre deines Namens willen.
5 Zieh mich aus der Falle heraus, die meine Feinde mir ge-
stellt haben, denn bei dir allein finde ich Schutz.
6 Ich lege meinen Geist in deine Hände. Rette mich, HERR,
denn du bist ein treuer Gott.
7 Ich verachte die, die nutzlose Götzen anbeten. Doch ich
vertraue auf den HERRN.
8 Ich freue mich über deine Gnade, denn du hast mein
Elend gesehen, und meine Angst ist dir nicht gleichgültig.
9 Du hast mich meinen Feinden nicht ausgeliefert, sondern
mich an einen sicheren Ort gebracht*.
10 Sei mir gnädig, HERR, denn ich bin verzweifelt! Mein
Blick ist getrübt vor Tränen. Mein Leib ist kraftlos, meine
Seele ist leer.
11 Ich sterbe vor Kummer und Sorge verkürzt mein Leben.
Das Elend* raubt mir die Kraft und meine Glieder sind wie
leblos.
12 Meine Feinde verspotten mich, und meine Nachbarn la-
chen mich aus – selbst meine Freunde meiden mich. Wenn
sie mich auf der Straße sehen, gehen sie mir aus dem Weg.

31,9 Hebräisch *du hast meine Füße auf weiten Raum gestellt.*

31,11 Oder *Die Sünde.*

13Vergessen hat man mich, als ob ich bereits tot wäre. Ich komme mir vor wie ein zerbrochenes Gefäß.
14Ich habe viele Gerüchte über mich gehört und bin von allen Seiten bedroht! Meine Feinde verschwören sich gegen mich und wollen mir mein Leben nehmen.
15Doch ich vertraue auf dich, HERR, und sage: »Du bist mein Gott!«
16Meine Zukunft liegt in deinen Händen. Rette mich vor meinen Feinden, die mich verfolgen.
17Sieh deinen Diener liebevoll an und hilf mir durch deine Gnade.
18HERR, lass mich nicht zugrunde gehen, denn ich rufe zu dir um Hilfe. Die Bösen sollen umkommen, damit sie endlich begraben werden und schweigen.
19Die Lügner sollen verstummen, die stolz und verächtlich den Gottesfürchtigen verklagen.
20Wie groß ist deine Güte, die du denen bereithältst, die dich ehren, und vor den Menschen denen zeigst, die dich um Schutz bitten.
21Du birgst sie im Schatten deiner Gegenwart, sicher vor denen, die sich gegen sie verschwören. Du schenkst ihnen Zuflucht bei dir, vor denen, die sie anklagen.
22Lobt den HERRN, denn er hat mir seine Gnade bewiesen. Als meine Stadt angegriffen wurde, hat er mich sicher bewahrt.
23Von Furcht überwältigt, dachte ich: »Ich bin vom HERRN verstoßen!« Doch du hast mich gehört, als ich um Hilfe schrie.
24Liebt den HERRN, die ihr zu ihm gehört! Der HERR beschützt die, die ihm treu sind, aber die Stolzen bestraft er.
25Deshalb seid stark und mutig, alle, die ihr eure Hoffnung auf den HERRN setzt!

Bekenntnis und Vergebung

32 Ein Psalm Davids.
1 Glücklich ist der, dessen Sünde vergeben ist und
dessen Schuld zugedeckt ist.
2 Glücklich ist der, dem der HERR die Sünden nicht anrech-
net und der ein vorbildliches Leben führt!
3 Als ich mich weigerte, meine Schuld zu bekennen, war
ich schwach und elend, dass ich den ganzen Tag nur noch
stöhnte und jammerte.
4 Tag und Nacht bedrückte mich dein Zorn, meine Kraft
vertrocknete wie Wasser in der Sommerhitze.
Zwischenspiel
5 Doch endlich gestand ich dir meine Sünde und gab es auf,
sie zu verbergen. Ich sagte: »Ich will dem HERRN meine Auf-
lehnung bekennen.« Und du hast mir vergeben und meine
Schuld weggenommen!
Zwischenspiel
6 Deshalb sollen die, die dich lieben dir ihre Verfehlungen
bekennen, solange noch Zeit ist, damit sie nicht in den Fluten
des Gerichts ertrinken.
7 Denn du bist mein Schutz und bewahrst mich vor Angst
und Sorgen. Du lässt mich über meine Rettung jubeln.
Zwischenspiel
8 Der HERR spricht zu mir: »Ich will dir den Weg zeigen, den
du gehen sollst. Ich will dir raten und dich behüten.
9 Sei nicht wie ein unvernünftiges Pferd oder ein Maultier,
das Gebiss und Zaumzeug braucht, damit es folgt.«
10 Die Gottlosen haben viele Sorgen, aber die auf den
HERRN vertrauen, sind von Gottes Güte umgeben.
11 Deshalb freut euch im HERRN und seid froh, die ihr ihm
gehorsam seid! Jubelt alle vor Freude, deren Herzen aufrich-
tig sind!

Gebet um Hilfe

35 Ein Psalm Davids.
[1]HERR stelle dich meinen Feinden entgegen, kämpfe mit denen, die mich angreifen!
[2]Greife zu Schild und Waffen und komm mir zu Hilfe!
[3]Nimm deinen Speer und verstell meinen Verfolgern den Weg. Versprich mir: »Ich werde dich retten!«
[4]Die mich töten wollen, sollen zum Spott werden. Fliehen müssen sie und sich schämen.
[5]Wie Spreu sollen sie vom Wind verweht werden, wenn der Engel des HERRN sie verjagt.
[6]Mach ihren Weg dunkel und glatt, und der Engel des HERRN verfolge sie.
[7]Ohne Grund haben sie mir einen Hinterhalt gelegt. Ohne Grund haben sie mir eine Grube gegraben.
[8]Deshalb soll sie der Untergang ganz unerwartet ereilen! Sie sollen sich in den Fallen verfangen, die sie mir stellten, und darin umkommen!
[9]Dann will ich mich im HERRN freuen und will froh sein, weil er mich rettet.
[10]Ich will ihn von ganzem Herzen loben: »HERR, niemand ist wie du, der du den Schwachen vor dem Starken beschützt und die Armen vor denen, die sie ausrauben wollen.«
[11]Falsche Zeugen sagen gegen mich aus und legen mir Dinge zur Last, die ich nie begangen habe.
[12]Sie vergelten mir das Gute, das ich tue, mit Bösem. Ich bin krank vor Verzweiflung.
[13]Als einer von ihnen krank war, sorgte ich mich um ihn. Ja, ich fastete und betete für ihn.
[14]Ich verhielt mich so, als ob er mein Freund oder Bruder wäre. Ich trauerte um ihn, als beweinte ich meine eigene Mutter.
[15]Doch jetzt freuen sie sich darüber, dass ich in Not bin, und verbünden sich gegen mich. Menschen ziehen über mich her, die ich nicht einmal kenne, und hören nicht auf, mich zu verleumden.

16Spötter sind es, die mich verhöhnen und verfluchen und
mit den Zähnen gegen mich knirschen.
17Wie lange noch, HERR, willst du all dem untätig zusehen?
Rette mich vor ihren Anschlägen und beschütze mein Leben
vor diesen jungen Löwen!
18Dann will ich dir vor der ganzen Gemeinde danken und
dich vor dem ganzen Volk loben.
19Lass nicht zu, dass meine Feinde sich über mein Unglück
freuen und dass die, die mich ohne Grund hassen, schaden-
froh über mich lachen.
20Sie stiften nicht Frieden, und Unschuldige verleumden
sie.
21Sie schreien, als hätten sie mich Böses tun sehen. »Haha,
da haben wir es!«
22 HERR, du weißt es. Schweige nicht länger dazu! HERR,
verlass mich nicht!
23Greif doch endlich ein und nimm dich meiner an, mein
Gott und HERR.
24HERR, sprich mich frei von jeder Schuld* nach deiner
Gerechtigkeit. Dann können meine Feinde nicht länger über
mich und meine Not lachen.
25Sie sollen niemals sagen dürfen: »Wir haben erreicht, was
wir wollten. Wir haben ihn vernichtet!«
26Mögen die, die sich über meine Not freuen, bloßgestellt
und verstoßen werden. Mögen die, die jetzt über mich trium-
phieren, in Scham und Schande versinken.
27Denen aber, die zu mir hielten, schenke Freude, damit sie
immer wieder sagen: »Groß ist der HERR, der seinem Diener
mit Freuden zu Hilfe kommt.«
28Dann will ich allen Menschen von deiner Gerechtigkeit
und Güte erzählen und dich den ganzen Tag loben.

Das Gebet eines Flüchtlings

42 Für den Chorleiter: Ein Psalm der Nachkommen Ko-
rachs.

35,24 Hebräisch Richte mich nach deiner Gerechtigkeit.

2Wie der Hirsch nach Wasser dürstet, so sehne ich mich nach dir, mein Gott.
3Mich dürstet nach Gott, nach dem lebendigen Gott. Wann darf ich kommen und ihn sehen?
4Tränen sind meine Speise, bei Tag und Nacht, denn ständig verspotten mich meine Feinde und höhnen: »Wo ist nun dein Gott?«
5Wenn ich an früher denke, bricht mir das Herz: Da ging ich der großen Menge voran und führte sie zum Hause Gottes, da konnte ich jubeln und danken in der feiernden Menge.
6Warum bin ich so mutlos? Warum so traurig? Auf Gott will ich hoffen, denn eines Tages werde ich ihn wieder loben, meinen Retter und meinen Gott.
7Jetzt bin ich mutlos, darum denke ich an dich, aus dem Land am Jordan und dem Hermongebirge, auf dem Berg Misar.
8Rings um mich tobt das Wasser, während Wellen und Wogen über mich hinweggehen.
9Am Tag schenkt der HERR mir seine Gnade, und in der Nacht singe ich ihm Lieder und bete zu Gott, der mir das Leben gibt.
10Zu Gott, meinem Felsen rufe ich: »Warum hast du mich verlassen und warum muss alles so dunkel um mich sein und ich unter der Gewalt meiner Feinde leiden?«
11Ihr Spott ist mir wie eine tödliche Wunde, wenn sie spotten und fragen: »Wo ist nun dein Gott?«
12Warum bin ich so mutlos? Warum so traurig? Auf Gott will ich hoffen, denn eines Tages werde ich ihn wieder loben, meinen Retter und meinen Gott!

Gott mit uns

46 Für den Chorleiter: Ein Psalm der Nachkommen Korachs, nach der Melodie 'Jungfrauen' zu singen.* Ein Lied.

46,1 Gemäß der Alamot.

2 Gott ist unsre Zuflucht und unsre Stärke, der uns in Zei-
ten der Not hilft.
3 Deshalb fürchten wir uns nicht, auch wenn die Erde bebt
und die Berge ins Meer stürzen,
4 wenn die Ozeane wüten und schäumen und durch ihre
Wucht die Berge erzittern!
Zwischenspiel
5 Ein Fluss erfrischt die Stadt unseres Gottes, die heilige
Wohnung des Höchsten.
6 Gott selbst wohnt in dieser Stadt, deshalb ist sie unein-
nehmbar. Gott wird sie jeden einzelnen Tag aufs Neue be-
schützen.
7 Die Völker sind in Aufruhr und Königreiche fallen, denn
Gott lässt seine Stimme erschallen, und die Erde vergeht!
8 Der allmächtige HERR ist bei uns; der Gott Israels* ist un-
ser Schutz.
Zwischenspiel
9 Kommt und seht die mächtigen Taten des HERRN, der Zer-
störung über die Welt bringt
10 und den Kriegen überall ein Ende setzt. Er zerbricht die
Bögen und spaltet die Speere; er verbrennt die Streitwagen
im Feuer.
11 »Hört auf und erkennt, dass ich Gott bin! Ich will von
allen Völkern verehrt werden, verehrt werden auf der ganzen
Welt!«
12 Der allmächtige HERR ist bei uns; der Gott Israels ist un-
ser Schutz.
Zwischenspiel

Es ist Dummheit, sich auf Reichtum zu verlassen

49 Für den Chorleiter: Ein Psalm der Nachkommen Ko-
rachs.
2 Hört zu, ihr Völker! Horcht auf, ihr Menschen!
3 Vornehme oder einfache Menschen, Reiche oder Arme,
hört alle zu!

46,8 Hebräisch *Jakobs*; so auch in 46,12.

4Denn meine Worte sind weise und meine Gedanken sind
verständlich.
5Aufmerksam lausche ich vielen Sprüchen und löse Rätsel
bei Harfenklang.
6Warum sollte ich mich fürchten, wenn schlimme Zeiten
kommen und Feinde mich umzingeln.
7Sie vertrauen auf ihren großen Besitz und geben mit ih-
rem Reichtum an.
8Doch vom Tod können sie sich nicht freikaufen*, sie kön-
nen Gott kein Lösegeld zahlen.
9Der Kaufpreis für ein Leben ist zu hoch, niemand kann
so viel zahlen,
10um ewig leben zu können.
11Weise Menschen müssen ebenso sterben wie unvernünf-
tige Narren; alle müssen ihren Besitz für andere zurücklassen.
12Das Grab ist ihre ewige Heimat, darin liegen sie für im-
mer, auch wenn auf Erden viel Land nach ihnen benannt
wurde.
13Denn der Mensch bleibt trotz seines Reichtums nicht am
Leben, sondern muss sterben wie die Tiere.
14Das ist das Schicksal derer, die auf sich selbst vertrauen
und sich in ihrem überheblichen Gerede gefallen.
Zwischenspiel
15Wie Schafe werden sie in das Totenreich* geführt, wo der
Tod sie hüten wird. Aber schon bald werden gottesfürchtige
Menschen über sie herrschen, und ihre Körper werden im
Grab verwesen, denn dort ist ihre Wohnung.
16Mein Leben aber wird Gott freikaufen. Er wird mich der
Macht des Todes entreißen.
Zwischenspiel
17Deshalb fürchte dich nicht, wenn jemand reicher wird
und sein Haus immer prachtvoller.
18Denn wenn er stirbt, nimmt er nichts davon mit, sein
Reichtum folgt ihm nicht ins Grab.

49,8 Oder Keiner kann das Leben eines anderen erkaufen.

49,15 Hebräisch Scheol.

19 Wenn er sich auch in diesem Leben für glücklich hält und die Welt ihn bewundert,

20 muss er doch wie alle andern sterben, die das Licht des Tages nicht mehr sehen.

21 Der Mensch, stolz auf seinen großen Reichtum, erkennt nicht, dass er sterben muss wie die Tiere.

Sündenbekenntnis und Gebet

51 Für den Chorleiter: Ein Psalm Davids aus der Zeit,
2 als der Prophet Nathan zu ihm kam, nachdem David mit Batseba Ehebruch begangen hatte.

3 Gott, sei mir gnädig um deiner Gnade willen und vergib mir meine Sünden nach deiner großen Barmherzigkeit.

4 Wasche mich rein von meiner Schuld. und reinige mich von meiner Sünde.

5 Denn ich bekenne meine Sünde, die mich Tag und Nacht verfolgt.

6 Gegen dich allein habe ich gesündigt und getan, was in deinen Augen böse ist. Darum wirst du Recht behalten mit dem, was du sagst, und dein Urteil über mich ist gerecht.

7 Denn ich war ein Sünder – von dem Augenblick an, da meine Mutter mich empfing.

8 Dir gefällt ein Herz, das wahrhaftig ist; und im Verborgenen lehrst du mich deine Weisheit.

9 Wasche von mir ab meine Sünden*, und ich werde ganz rein werden; wasche mich, und ich werde weißer sein als Schnee.

10 Gib mir meine Freude zurück und lass mich wieder fröhlich werden, denn du hast mich zerbrochen.

11 Sieh meine Sünde nicht mehr an und vergib mir meine Schuld.

12 Gott, erschaffe in mir ein reines Herz und gib mir einen neuen, aufrichtigen Geist.

13 Verstoße mich nicht aus deiner Gegenwart und nimm deinen Heiligen Geist nicht von mir.

51,9 Hebräisch Entsündige mich mit dem Ysopzweig.

14Lass mich durch deine Hilfe wieder Freude erfahren und
mach mich bereit, dir zu gehorchen.
15Dann will ich die Gottlosen* deine Wege lehren, damit
die Sünder zu dir zurückkehren.
16Vergib mir, dass ich Blut vergossen habe, Gott, mein Ret-
ter, dann werde ich singen und jubeln über deine Vergebung.
17HERR, öffne meine Lippen, damit ich dich lobe.
18Mit Schlachtopfern bist du nicht zufrieden, sonst hätte
ich sie dir gebracht und auch Brandopfer würdest du nicht
annehmen.
19Das Opfer, das dir gefällt, ist ein zerbrochener Geist. Ein
zerknirschtes, reumütiges Herz wirst du, Gott, nicht ableh-
nen.
20Hilf und erbarme dich über Zion, baue die Mauern Jeru-
salems wieder auf.
21Dann wirst du an unseren Opfern wieder Gefallen finden
und mit unseren Brandopfern zufrieden sein. Dann werden
wir wieder Stiere auf deinem Altar opfern.

Gottes Größe

65 Für den Chorleiter: Ein Psalm Davids.
2Gott, Lob und Preis gebühren dir in Zion* und wir
werden halten, was wir dir versprochen haben.
3Du erhörst unsere Gebete, deshalb kommen die Men-
schen zu dir.
4Unsere Herzen sind voll Sünde, doch du vergibst alle
Schuld.
5Wie werden sich die freuen, die zu dir kommen und in
deinen heiligen Vorhöfen wohnen dürfen! Große Freude er-
wartet uns in deinem heiligen Tempel.
6Gott, unser Retter, du erhörst treu unsere Gebete und
antwortest uns mit wunderbaren Taten. Du bist die Hoff-
nung aller Menschen auf Erden und auf den Meeren.

51,15 Hebräisch Abtrünnigen.

65,2 Hebräisch Für dich ist Schweigen Lobpreis

7 Du hast die Berge durch deine Macht gebildet und dich
mit großer Kraft umgeben.
8 Du hast die Ozeane mit ihren tosenden Wellen besänftigt
und die Völker zum Verstummen gebracht.
9 Die am Ende der Erde leben, stehen in Ehrfurcht vor dei-
nen Wundern. Vom Sonnenaufgang bis zum Sonnenunter-
gang gibst du den Menschen Grund zur Freude.
10 Du sorgst für die Erde und bewässerst sie, machst sie üp-
pig und fruchtbar. Gottes Fluss führt Wasser im Überfluss.
Du schenkst ihnen Getreide in Hülle und Fülle, denn so hast
du es angeordnet.
11 Du tränkst die Ackerfurchen mit Regen und weichst den
Erdboden auf. Du schenkst der Erde fruchtbringenden Regen
und segnest, was auf ihr wächst.
12 Du krönst das Jahr mit reicher Ernte, die steinigen Wege
fließen über vor Fülle.
13 DieWüste wird zur blühenden Wiese, und von den Ber-
gen hört man Jubel.
14 Die Täler sind voller Schafherden, und die Felder sind
üppig mit Korn bedeckt. Deshalb freuen sich alle und singen
vor Glück!

In der Zeit der Not

88 Für den Chorleiter. Ein Psalm der Nachkommen Ko-
rachs. Eine Unterweisung des Esrachiters Heman.
2 HERR, Gott, mein Retter, Tag und Nacht rufe ich zu dir.
3 Höre mein Gebet, vernimm mein Schreien.
4 Denn mein Leben besteht aus Schmerzen und Leid, ich
bin dem Tode nah.
5 Ich werde zu denen gerechnet, die dem Tode nahe sind,
wie ein starker Mann, den die Kraft verlassen hat.
6 Sie haben mich dem Tod überlassen, wie ein Erschlagener,
der im Grab liegt, selbst du hast mich vergessen und ich bin
von deiner Hilfe verlassen.
7 Du hast mich in die tiefste Grube geworfen, in die fins-
terste Tiefe.

8Schwer lastet dein Zorn auf mir, Welle um Welle bricht
über mich herein. Zwischenspiel
9Du hast mich meinen Freunden fremd werden lassen,
voller Abscheu haben sie sich von mir abgewandt. Ich bin
gefangen und sehe keinen Ausweg.
10Meine Augen sind schon ganz blind vor Tränen. Jeden Tag
rufe ich dich um Hilfe, HERR ich erhebe meine Hände im
Gebet zu dir.
11Was nützen deine Wunder den Toten? Stehen sie etwa
auf und loben dich?
Zwischenspiel
12Verkündet man im Grab deine Gnade, wird bei den Toten deine Treue gerühmt?
13Kann die Finsternis deine Wunder erzählen oder wird
etwa im Land des Vergessens deine Gerechtigkeit gelobt?
14 HERR, ich aber rufe zu dir. Schon am Morgen flehe ich
dich an.
15 HERR, warum hast du mich verworfen? Warum wendest
du dich von mir ab?
16Von Jugend an war ich krank und dem Tode nah. Ratlos
stehe ich vor deinem schrecklichen Handeln.
17Dein erbitterter Zorn hat mich niedergeworfen und deine Schrecken haben mich vernichtet.
18Jeden neuen Tag umgeben sie mich wie Wasserfluten und
schließen mich ein.
19Du hast mir meine Freunde und Verwandten genommen;
alles, was mir jetzt noch bleibt, ist Finsternis.

Gottes Schutz

91 Wer im Schutz des Höchsten lebt, der findet Ruhe im
Schatten des Allmächtigen.
2Der spricht zu dem HERRN: Du bist meine Zuflucht und
meine Burg, mein Gott, dem ich vertraue.
3Denn er wird dich vor allen Gefahren bewahren und dich
in Todesnot beschützen.
4Er wird dich mit seinen Flügeln bedecken, und du findest

bei ihm Zuflucht. Seine Treue schützt dich wie ein großes
Schild.
5Fürchte dich nicht vor den Angriffen in der Nacht und
habe keine Angst vor den Gefahren des Tages,
6vor der Pest, die im Dunkeln lauert, vor der Seuche, die
dich am hellen Tag trifft.
7Wenn neben dir auch Tausende sterben, wenn um dich
herum Zehntausende fallen, kann dir doch nichts geschehen.
8Du wirst es mit eigenen Augen sehen, du wirst sehen, wie
Gott die Gottlosen bestraft.
9Wenn der HERR deine Zuflucht ist, wenn du beim Höchs-
ten Schutz suchst,
10dann wird das Böse dir nichts anhaben können, und kein
Unglück wird dein Haus erreichen.
11Denn er befiehlt seinen Engeln, dich zu beschützen, wo
immer du gehst.
12Auf Händen tragen sie dich, damit du deinen Fuß nicht
an einen Stein stößt.
13Löwen und giftige Schlangen wirst du zertreten, wilde
Löwen und Schlangen wirst du mit deinen Füßen nieder-
treten!
14Der HERR spricht: »Ich will den erretten, der mich liebt.
Ich will den beschützen, der auf meinen Namen vertraut.
15Wenn er zu mir ruft, will ich antworten. Ich will ihm in
der Not beistehen und ihn retten und zu Ehren bringen.
16Ich will ihm ein langes Leben schenken und ihn meine
Hilfe erfahren lassen.«

Lobgesang

100

Ein Dankpsalm.
1Jubelt dem HERRN zu, ihr Bewohner der Erde!
2Betet ihn voll Freude an. Kommt zu ihm und lobt ihn mit
Liedern.
3Erkennt, dass der HERR Gott ist! Er hat uns erschaffen und
wir gehören ihm. Wir sind sein Volk, die Schafe seiner Weide.

4Geht durch die Tempeltore mit Dank, tretet ein in seine Vorhöfe mit Lobgesang. Dankt ihm und lobt seinen Namen.
5Denn der HERR ist gut. Seine Gnade hört niemals auf, und seine Treue gilt für immer.

Gottes Liebe

103 Ein Psalm Davids.
1Mit meiner Seele will ich den HERRN loben und von ganzem Herzen will ich seinen heiligen Namen preisen.
2Mit meiner Seele will ich den HERRN loben und das Gute nicht vergessen, das er für mich tut.
3Er vergibt mir alle meine Sünden und heilt alle meine Krankheiten.
4Er kauft mich vom Tode frei und umgibt mich mit Liebe und Güte.
5Er macht mein Leben reich und erneuert täglich meine Kraft, dass ich wieder jung wie ein Adler werde.
6Der HERR schafft Gerechtigkeit und Recht allen, die Unrecht erfahren.
7Er hat Mose seine Wege wissen lassen und Israel seine Taten gezeigt.
8Barmherzig und gnädig ist der HERR, geduldig und voll großer Gnade.
9Er wird uns nicht für immer Vorwürfe machen und nicht ewig zornig sein.
10Er bestraft uns nicht für unsere Sünden und behandelt uns nicht, wie wir es verdienen.
11Denn so hoch der Himmel über der Erde ist, so groß ist seine Gnade gegenüber denen, die ihn fürchten.
12So fern der Osten vom Westen ist, hat er unsere Verfehlungen von uns entfernt.
13Wie sich ein Vater über seine Kinder zärtlich erbarmt, so erbarmt sich der HERR über alle, die ihn fürchten.
14Denn er weiß, dass wir vergänglich sind, er denkt daran, dass wir nur Staub sind.

15Die Tage des Menschen sind wie Gras, wie eine Blume auf dem Feld, so blüht der Mensch.

16Wenn der Wind weht, ist sie spurlos verschwunden, als sei sie niemals da gewesen.

17Die Gnade des HERRN aber gilt bis in alle Ewigkeit allen, die ihm gehorsam sind. Seine Gerechtigkeit reicht bis zu den Kindern seiner Kinder,

18die seinem Bund treu sind und seinen Geboten gehorchen!

19Der HERR hat den Himmel zu seinem Thron gemacht, von dort herrscht er über alles.

20Lobt den HERRN, ihr seine Engel, ihr mächtigen Wesen die ihr seine Befehle ausführt und auf seine Worte hört.

21Lobt den HERRN, ihr Engelscharen, die ihr ihm dient und seinen Willen tut!

22Lobt den HERRN, ihr Geschöpfe, an jedem Ort seines Reichs. Mit meiner Seele will ich den HERRN loben!

Gottes Güte

107 Dankt dem HERRN, denn er ist gut und seine Gnade bleibt ewig bestehen.

2Alle sollen es bezeugen, die der HERR gerettet hat, die er aus der Hand ihrer Feinde befreit hat.

3Er hat sie aus vielen Ländern gesammelt, aus Ost und West, aus Nord und Süd.

4Manche irrten auf einsamem Weg durch die Wüste und sie fanden keine Stadt, in der sie wohnen konnten.

5Sie waren hungrig und durstig und wären beinahe gestorben.

6Da schrien sie zum HERRN in ihrer Not und er rettete sie aus ihrer Verzweiflung.

7Er führte sie den richtigen Weg, so dass sie in eine Stadt kamen, in der sie wohnen konnten.

8Sie sollen dem HERRN für seine Gnade danken und für die Wunder, die er an ihnen getan hat.

9 Denn er versorgt die Durstigen und gibt den Hungrigen
reichlich zu essen.
10 Manche saßen in Finsternis und tiefster Verzweiflung, ge-
fangen in Elend und Ketten.
11 Denn sie hatten sich gegen Gottes Gebote aufgelehnt
und den Ratschlag des Höchsten verachtet.
12 Deshalb zerbrach er ihr Herz durch großes Leid; sie fie-
len zu Boden, und niemand half ihnen auf.
13 Da schrien sie zum HERRN in ihrer Not, und er rettete sie
aus ihrer Verzweiflung.
14 Er führte sie aus Finsternis und tiefster Dunkelheit; er
zerriss ihre Ketten.
15 Sie sollen dem HERRN für seine Gnade danken und für
die Wunder, die er an ihnen getan hat.
16 Denn er zerbrach bronzene Gefängnistore und zerschlug
eiserne Riegel.
17 Manche mussten leiden wegen ihrer Auflehnung und we-
gen ihrer Sünden.
18 Sie ekelten sich vor jeder Speise und waren dem Tode
nahe.
19 Da schrien sie zum HERRN in ihrer Not, und er rettete sie
aus ihrer Verzweiflung.
20 Er sprach ein Wort, und sie wurden gesund – so rettete er
sie an der Schwelle des Todes.
21 Sie sollen dem HERRN für seine Gnade danken und für
die Wunder, die er an ihnen getan hat.
22 Sie sollen Dankopfer darbringen und voll Freude von sei-
nen herrlichen Taten erzählen.
23 Manche befuhren mit Schiffen das Meer, um Handel zu
treiben auf den Ozeanen der Welt.
24 Auch sie sahen die Taten des HERRN, seine Wunder in den
Tiefen des Meeres.
25 Er sprach ein Wort, und Stürme tobten und die Wellen
türmten sich auf.
26 Die Schiffe wurden zum Himmel emporgehoben und

wieder hinab in die Tiefe geschleudert, dass die Seeleute vor
Angst zitterten.
27 Sie torkelten und taumelten wie Betrunkene und wuss-
ten nicht mehr aus noch ein.
28 Da schrien sie zum HERRN in ihrer Not, und er rettete sie
aus ihrer Verzweiflung.
29 Er verwandelte den Sturm in Stille und beruhigte die
Wellen.
30 Da freuten sie sich, dass es still geworden war und er
führte sie sicher zum ersehnten Hafen.
31 Sie sollen dem HERRN für seine Gnade danken und für
die Wunder, die er an ihnen getan hat.
32 Sie sollen ihn öffentlich vor der Gemeinde rühmen und
vor dem Rat der Ältesten loben.
33 Er verwandelt Flüsse in Wüsten und Quellen in trocke-
nes Land.
34 Aus fruchtbarem Land macht er eine Salzwüste wegen
der Bosheit der Menschen, die dort leben.
35 Doch er verwandelt die Wüsten wieder zum See, reich an
Wasser und dürres Land zu Wasserquellen.
36 Er holt die Hungrigen herbei, damit sie sich dort nieder-
lassen und ihre Städte bauen.
37 Sie besäen ihre Felder, pflanzen Weinberge und fahren
reiche Ernten ein.
38 Und er segnet sie mit vielen Kindern und versorgt sie mit
großen Viehherden.
39 Wenn sie, gebeugt von Sorge und Not, weniger wurden,
40 bestraft der HERR ihre Fürsten mit seiner Verachtung und
lässt sie in Wüsten ohne Weg umherirren.
41 Die Armen aber rettet er aus der Not und lässt ihre Fami-
lien wachsen wie riesige Schafherden.
42 Die Gottesfürchtigen werden es sehen und sich freuen,
die Bösen aber müssen verstummen.
43 Wer weise ist, der achte auf diese Dinge, und er wird
erkennen, wie die Gnade des HERRN in der Geschichte am
Werk ist.

Freude eines gerechten Menschen

112 Halleluja!
Glücklich ist der Mensch, der Ehrfurcht hat vor dem HERRN. Ja, glücklich ist, der sich über seine Gebote freut.
2 Ihre Nachkommen werden zu Macht und Ansehen gelangen, die Kinder der Gottesfürchtigen werden gesegnet werden.
3 Sie werden reich werden, und ihre gerechten Taten werden unvergessen bleiben.
4 Selbst in der Finsternis wird es für den Gottesfürchtigen hell. Er ist* gnädig, barmherzig und gerecht.
5 Alles gelingt dem, der großzügig ist und gerne leiht und in allen seinen Geschäften ehrlich ist.
6 Das Unglück kann ihm nichts anhaben, an einen so gerechten Menschen wird man sich immer erinnern.
7 Er fürchtet sich nicht vor schlechter Nachricht, sondern vertraut fest darauf, dass der HERR für ihn sorgt.
8 Zuversichtlich ist er und furchtlos, denn er wird über seine Gegner triumphieren.
9 Großzügig gibt er dem, der in Not ist. Seine gerechten Taten bleiben unvergessen.* Er wird zu großem Ansehen kommen.*
10 Der Gottlose wird es sehen und sich ärgern, knirschen wird er mit seinen Zähnen vor Zorn. Denn was die Gottlosen hoffen, das vergeht.

Lobgesang eines, der von den Toten errettet ist

116 Ich liebe den HERRN, denn er hört, wenn ich rufe.
2 Weil er ein offenes Ohr für mich hat, will ich zu ihm beten, solange ich lebe!
3 Der Tod hatte bereits seine Hand nach mir ausgestreckt,

112,4 In den griechischen Versionen heißt es Der HERR ist.

112,9a Hebräisch Seine Gerechtigkeit bleibt in Ewigkeit.

112,9b Hebräisch Sein Horn ragt auf in Ehre

die Schrecken des Grabes* griffen nach mir. Ich sah keinen
Ausweg mehr.
4Da rief ich den Namen des HERRN an: »HERR, rette mich!«
5Der HERR ist freundlich und gerecht! Barmherzig ist unser
Gott!
6Der HERR beschützt die Menschen, die hilflos sind. Ich
war schwach, doch er hat mich gerettet.
7Jetzt kann ich wieder ausruhen, denn der HERR war gut
zu mir.
8Er hat meine Seele vor dem Tode bewahrt, meine Augen
vor den Tränen und meine Füße vor dem Stolpern.
9Ich darf in der Nähe des HERRN sein, solange ich lebe!
10Ich habe dir geglaubt, deshalb habe ich gebetet: »Ich bin
verzweifelt, HERR.«
11In meiner Angst schrie ich zu dir: »Diese Menschen sind
alle Lügner!«
12Was kann ich dem HERRN geben für alles, was er für mich
getan hat?
13Ich will als Zeichen für meine Rettung den Becher erhe-
ben und den Namen des HERRN anrufen.
14Ich will die Versprechen, die ich vor dem HERRN ablegte,
vor den Augen des ganzen Volkes erfüllen.
15Dem HERRN sind die Menschen kostbar, die er liebt; es
betrübt ihn, wenn sie sterben.
16HERR, ich bin dein Diener; ich bin dein Diener, der Sohn
deiner Magd, und du hast meine Fesseln zerrissen!
17Ich will dir ein Dankopfer darbringen und den Namen
des HERRN anrufen.
18Ich will die Versprechen, die ich vor dem HERRN ablegte,
vor den Augen des ganzen Volkes erfüllen,
19im Hause des HERRN, inmitten von Jerusalem. Halleluja!

116,3 Hebräisch der Scheol.

Das Gesetz des HERRN

119 Glücklich sind die Menschen, die ihr Leben auf-
richtig leben, die das Gesetz des HERRN befolgen.
2 Glücklich sind die, die sich an seine Weisungen halten und
ihn von ganzem Herzen suchen.
3 Sie tun nichts Böses, sondern gehen auf den Wegen Got-
tes.
4 Du hast uns befohlen, deine Gebote mit Freude zu halten.
5 Ich möchte mein Leben stets nach deinen Ordnungen
ausrichten.
6 Ich brauche mich nicht zu schämen, wenn ich alle deine
Gebote beachte.
7 Wenn ich mir deine gerechten Gesetze tief einpräge, will
ich dir von ganzem Herzen danken!
8 Ich will mich an deine Ordnungen halten. Verlass mich
bitte nicht!
9 Wie kann ein junger Mensch in seinem Leben rein von
Schuld bleiben? Indem er sich an dein Wort hält und es be-
folgt.
10 Ich habe dich von ganzem Herzen gesucht, nun lass mich
nicht von deinen Geboten abirren.
11 Ich habe dein Wort in meinem Herzen bewahrt, damit
ich nicht gegen dich sündige.
12 Ich will dich loben, HERR, lehre mich deine Ordnungen.
13 Alle deine Gesetze, die du uns gegeben hast, sage ich laut
auf.
14 Ich habe mich über deine Weisungen mehr als über gro-
ßen Reichtum gefreut.
15 Ich will über deine Gebote nachdenken und mich an dei-
ne Wege halten.
16 Ich will mich an deinen Ordnungen freuen und dein
Wort nicht vergessen.

---

119 Dieser Psalm ist ein hebräisches Akrostichon; er hat zweiundzwanzig Strophen, eine für jeden Buchstaben des hebräischen Alphabets. Die acht Verse jeder Strophe beginnen jeweils mit dem hebräischen Buchstaben der entsprechenden Strophe.

[17]Sei gut zu deinem Diener, damit ich lebe und deinem
Wort gehorche.
[18]Öffne mir die Augen, damit ich die herrlichen Wahrhei-
ten in deinem Gesetz erkenne.
[19]Ich bin nur ein Fremder hier auf der Erde. Verbirg deine
Gebote nicht vor mir!
[20]Die ganze Zeit sehne ich mich von ganzem Herzen nach
deinen Gesetzen.
[21]Du bestrafst die Selbstgerechten, die von deinen Gebo-
ten abirren.
[22]Lass nicht zu, dass sie mich verhöhnen und beleidigen,
denn ich halte mich an deine Weisungen.
[23]Selbst Fürsten sitzen da und sprechen gegen mich, doch
dein Diener denkt nach über deine Ordnungen.
[24]Ich habe Freude an deinen Weisungen, denn sie sind mir
gute Ratgeber.
[25]Ich bin entmutigt und verzweifelt, erneuere mich durch
dein Wort.
[26]Ich habe dir meine Pläne erzählt, und du hast geantwor-
tet. Nun lehre mich deine Ordnungen.
[27]Hilf mir, die Bedeutung deiner Gebote zu begreifen, und
ich will über deine wunderbaren Werke nachdenken.
[28]Vor Kummer weine ich; ermutige mich durch dein Wort.
[29]Bewahre mich davor, zu lügen und zu betrügen, und leh-
re mich in deiner Güte dein Gesetz.
[30]Ich habe mich entschlossen, treu zu sein, ich habe mich
entschieden, nach deinen Gesetzen zu leben.
[31]Ich halte fest an deinen Weisungen. HERR, lass mich nicht
zum Spott werden!
[32]Wenn du mir hilfst, werde ich deine Gebote befolgen.
[33]Lehre mich, HERR, nach deinen Ordnungen zu leben.
[34]Schenk mir Einsicht, und ich will deinem Gesetz gehor-
chen, ich will es von ganzem Herzen halten.
[35]Hilf mir nach deinen Geboten zu leben, denn das erfüllt
mich mit Freude.

[36]Lass mich deine Weisungen lieben und mach mich frei von Habgier!
[37]Wende meine Augen von nutzlosen Dingen ab, lass mich durch dein Wort* leben.
[38]Erfülle deinem Diener deine Zusage, die denen gilt, die dir gehorchen.
[39]Lass nicht zu, dass man mich verlacht, denn deine Gesetze sind gut.
[40]Ich sehne mich danach, deinen Geboten zu gehorchen! Erneuere mein Leben durch deine Güte.
[41]HERR, sei mir gnädig und rette mich, wie du es mir versprochen hast.
[42]Dann kann ich dem antworten, der mich verspottet, denn ich vertraue auf dein Wort.
[43]Entziehe mir nicht das Wort deiner Wahrheit, denn deine Gesetze sind meine einzige Hoffnung.
[44]Ich will niemals aufhören, deinem Gesetz zu gehorchen.
[45]Ich habe viel freien Raum zu leben, wenn ich mein Leben nach deinen Geboten ausrichte.
[46]Vor Königen will ich deine Weisungen bezeugen und mich nicht schämen.
[47]Wie freue ich mich an deinen Geboten, die ich so sehr liebe!
[48]Ich verehre und liebe deine Gebote, ich denke über deine Ordnungen nach.
[49]Denke an dein Versprechen, das du mir gegeben hast, denn es ist meine einzige Hoffnung.
[50]Dein Versprechen schenkt mir neuen Lebensmut, es tröstet mich in allem Kummer.
[51]Die hochmütigen Menschen verachten mich, doch ich weiche nicht ab von deinem Gesetz.
[52]HERR, wenn ich über deine Gesetze nachdenke, die seit ewigen Zeiten gelten, werde ich getröstet.
[53]Ich bin zornig über die Gottlosen, die dein Gesetz ablehnen.

119,37 In manchen Handschriften heißt es auf deinen Wegen.

54Deine Ordnungen waren die Lieder meines Lebens in den vielen Jahren meiner Pilgerschaft.
55Nachts denke ich über dich nach, HERR, damit ich dein Gesetz halte.
56Das ist das Glück meines Lebens: deine Gebote zu halten.
57HERR, du bist mein! Ich verspreche, deinem Wort zu gehorchen!
58Von ganzem Herzen suche ich deine Güte. Sei mir gnädig, wie du es versprochen hast.
59Ich habe über mein Leben nachgedacht und kehrte wieder um zu deinen Weisungen.
60Ich will sogleich und ohne zu zögern deinen Geboten folgen.
61Gottlose Menschen wollen mich zur Sünde verführen, doch ich bin fest in deinem Gesetz verwurzelt.
62Um Mitternacht stehe ich auf, um dir für deine gerechten Gesetze zu danken.
63Jeder, der dich achtet und ehrt, ist mein Freund – jeder, der deinen Geboten gehorcht.
64HERR, die Erde ist erfüllt von deiner Gnade; lehre mich deine Ordnungen.
65Du hast viel Gutes für mich getan, HERR, wie du es mir versprochen hast.
66Klugheit und Erkenntnis schenke mir, denn ich vertraue deinen Geboten.
67Immer wieder bin ich falsche Wege gegangen, bis du mich bestraft hast; doch jetzt halte ich mich an dein Wort.
68Du bist gut und handelst gut; lehre mich deine Ordnungen.
69Hochmütige Menschen haben Lügen über mich verbreitet, doch ich gehorche deinen Geboten von ganzem Herzen.
70Ihre Herzen sind hart geworden, ich dagegen freue mich an deinem Gesetz.
71Es war gut für mich, dass ich leiden musste, damit ich lernte, deine Ordnungen zu beachten.

72Dein Gesetz ist mir wertvoller als Tausende Gold- und
Silberstücke!
73Du hast mich gemacht und mich geschaffen. Nun schen-
ke mir auch Einsicht, deine Gebote zu befolgen.
74Alle, die dich fürchten, werden mich sehen und sich freu-
en, denn ich habe meine Hoffnung auf dein Wort gesetzt.
75Ich weiß, HERR, dass deine Entscheidungen gerecht sind;
aus Güte hast du mich bestraft.
76Tröste mich durch deine Gnade, wie du es deinem Die-
ner versprochen hast.
77Umgib mich mit deinem Erbarmen, damit ich wieder le-
ben kann, denn dein Gesetz ist meine Freude.
78Lass die stolzen Menschen zugrunde gehen, die Lügen
über mich verbreitet haben, ich aber will über deine Gebote
nachdenken.
79Versöhne mich mit allen, die dich fürchten und deine
Weisungen kennen.
80Ich möchte mich an deine Ordnungen halten, damit ich
nicht zugrunde gehe.
81Ich warte sehnsuchtsvoll auf deine Rettung, auf dein
Wort hoffe ich.
82Meine Augen sehnen sich danach, dass deine Zusagen
wahr werden. Wann wirst du mich trösten?
83Ich bin ausgetrocknet wie ein Weinschlauch im Rauch,
doch ich halte an deinen Ordnungen fest und gehorche ih-
nen.
84Wie lange soll ich noch warten? Wann wirst du meine
Verfolger bestrafen?
85Diese selbstgerechten Menschen haben mir eine Grube
gegraben, sie, die nicht nach deinem Gesetz leben.
86Alle deine Gebote sind zuverlässig. Beschütze mich vor
denen, die mich grundlos verfolgen.
87Fast hätten sie mich auf Erden getötet, doch ich habe
deine Gebote nicht aufgegeben.
88Erhalte mein Leben und sei mir gnädig, dann kann ich
deinen Weisungen weiterhin gehorchen.

[89]Für alle Zeit, HERR, hat dein Wort im Himmel Bestand.
[90]Deine Treue gilt allen Menschen, sie bleibt so lange bestehen wie die Erde, die du geschaffen hast.
[91]Deine Ordnungen gelten auch heute noch, denn am Ende muss alles dir dienen.
[92]Ohne die Freude an deinem Gesetz, wäre ich verzweifelt in meinem Elend.
[93]Ich will deine Gebote niemals vergessen, denn durch sie hast du mir neu Glück und Gesundheit geschenkt.
[94]Ich bin dein, rette mich! Denn ich richte mein Leben nach deinen Geboten aus.
[95]Obwohl die Bösen mir auflauerten, um mich zu töten, halte ich mich an Deine Weisungen.
[96]Ich habe gesehen, dass selbst das Vollkommene vergeht, doch deine Gebote gelten für immer.
[97]Wie sehr liebe ich dein Gesetz! Den ganzen Tag denke ich darüber nach.
[98]Durch deine Gebote bin ich meinen Feinden überlegen, denn sie sind mein ständiger Begleiter.
[99]Ich habe größere Erkenntnis als meine Lehrer, denn ich denke unablässig über deine Ratschlüsse nach.
[100]Ich bin klüger als die Alten, denn ich habe deine Gebote befolgt.
[101]Ich habe mich geweigert, böse Wege zu gehen, damit ich deinem Wort gehorsam bleibe.
[102]Ich habe deine Gesetze nicht aufgegeben, denn du warst mir ein guter Lehrer.
[103]Wie süß schmecken mir deine Worte, sie sind süßer als Honig.
[104]Deine Gebote machen mich einsichtig, deshalb hasse ich alle falschen Wege.
[105]Eine Leuchte für meinen Fuß ist dein Wort und ein Licht auf meinem Weg.
[106]Ich habe es schon einmal geschworen und will es auch halten: Deinen wunderbaren Gesetzen will ich gehorchen.

[107]Ich bin sehr verzweifelt, HERR, mach mein Leben wieder heil, wie du es versprochen hast!
[108]HERR, nimm meinen Dank an und lehre mich deine Gesetze.
[109]Mein Leben ist ständig in Gefahr, doch dein Gesetz vergesse ich nicht.
[110]Die Bösen haben mir eine Falle gestellt, doch ich lasse mich nicht von deinen Geboten abbringen.
[111]DeineWeisungen sind mein Schatz, sie erfüllen mein Herz mit Freude.
[112]Ich bin entschlossen, mich an deine Ordnungen zu halten bis ans Ende meines Lebens.
[113]Ich hasse die, die an dir zweifeln, denn ich liebe dein Gesetz.
[114]Du bist meine Zuflucht und mein Schutz, dein Wort ist meine einzige Hoffnung.
[115]Verschwindet aus meinen Leben, ihr gottlosen Menschen, denn ich will den Geboten meines Gottes gehorchen.
[116]Gib mir Halt,wie du es versprochen hast, damit ich lebe! Lass nicht zu, dass meine Hoffnung vergeblich ist.
[117]Erhalte mich, dann werde ich gerettet, und ich will deine Ordnungen immer in meinem Herzen bewegen.
[118]Du lehnst alle ab, die sich von deinen Ordnungen abwenden, denn sie halten sich nur selbst zum Narren*.
[119]Die Bösen auf Erden sind wie Abfall, den du wegwirfst, deshalb liebe ich deine Weisungen!
[120]Ich zittere vor Furcht vor dir und vor deinem Urteil fürchte ich mich.
[121]Liefere mich nicht meinen Gegnern aus, denn ich tat nur, was recht und gerecht ist.
[122]Tritt für deinen Diener ein und schenk ihm deinen Segen, damit die selbstgerechten Menschen mich nicht unterdrücken.
[123]Meine Augen sehnen sich danach, dein Heil zu sehen und das Wort deiner Gerechtigkeit.

119,118 Hebräisch denn Lüge ist ihr Trug.

124Dir diene ich, deshalb sei mir gnädig und lehre mich,
deine Ordnungen zu verstehen.
125Gib mir Weisheit, damit ich deine Weisungen begreife.
126HERR, es wird Zeit, dass du eingreifst, denn sie haben
dein Gesetz gebrochen.
127Ich liebe deine Gebote von ganzem Herzen, sie sind mir
wertvoller als das kostbarste Gold.
128Jedes deiner Gebote ist wirklich gerecht, deshalb hasse
ich alle Falschheit.
129DeineWeisungen sind wunderbar, deshalb halte ich sie!
130Wenn deine Worte gelehrt werden, schenken sie Er-
leuchtung.
131Ich öffne erwartungsvoll meinen Mund, denn ich sehne
mich nach deinen Geboten.
132Wende dich zu mir und sei mir gnädig, wie du zu denen
bist, die deinen Namen lieben.
133Leite meine Schritte sicher durch dein Wort. Lass nicht
zu, dass ich vom Bösen überwältigt werde.
134Rette mich vor den bösen Menschen, die mich unter-
drücken, dann will ich deinen Geboten gehorchen.
135Blicke mich voll Liebe an und lehre mich alle deine Ge-
bote.
136Tränen strömen aus meinen Augen, weil die Menschen
deinem Gesetz nicht gehorchen.
137HERR, du bist gerecht, und deine Urteile sind richtig.
138DeineWeisungen sind vollkommen; sie bezeugen deine
große Treue.
139Ich bin außer mir vor Zorn, denn meine Feinde haben
deine Worte missachtet.
140Deine Zusagen sind wahr, deshalb liebe ich sie so sehr.
141Ich bin gering und verachtet, doch ich vergesse deine
Gebote nicht.
142Deine Gerechtigkeit bleibt für alle Zeit bestehen, und
dein Gesetz ist vollkommen wahr.
143Wenn Angst und Sorgen mich treffen, dann habe ich
doch Freude an deinen Geboten.

[144]DeineWeisungen sind immer gerecht; hilf mir, sie zu
verstehen, damit ich leben kann.
[145]Ich bete von ganzem Herzen: Erhöre mich, HERR! Ich
will mich an deine Ordnungen halten.
[146]Ich rufe zu dir: Rette mich, ich will deinen Weisungen
gehorchen.
[147]Früh am Morgen stehe ich auf und rufe zu dir um Hilfe,
denn ich setze meine Hoffnung auf dein Wort.
[148]Nachts liege ich wach und denke über dein Wort nach.
[149]Höre mein Flehen, HERR, und sei mir gnädig, rette mein
Leben durch deine gerechten Gebote.
[150]Gesetzlose Menschen verfolgen mich; sie führen ein Le-
ben fern von deinem Gesetz.
[151]Doch du, HERR, bist nahe, und alle deine Gebote sind
wahr.
[152]Ich habe von Anfang an gewusst, dass deine Weisungen
für alle Zeiten gelten.
[153]Sieh meine Not an und rette mich, denn ich habe dein
Gesetz nicht vergessen.
[154]Tritt für mich ein und stell dich auf meine Seite! Be-
schütze mein Leben, wie du es versprochen hast.
[155]Die Gottlosen dürfen nicht auf Rettung hoffen, denn sie
halten sich nicht an deine Ordnungen.
[156]HERR, wie groß ist deine Barmherzigkeit; erneuere mein
Leben durch deine gerechten Gebote.
[157]Viele verfolgen und bedrängen mich, doch ich bin nicht
von deinen Weisungen abgewichen.
[158]Ich hasse diese Verräter, weil sie dein Wort nicht halten.
[159]Ich liebe deine Gebote, HERR. Erbarme dich und erneu-
ere mein Leben.
[160]Alle deine Worte sind wahr, alle deine gerechten Geset-
ze haben ewig Bestand.
[161]Mächtige Fürsten verfolgen mich ohne Grund, doch
mein Herz zittert nur vor deinem Wort.
[162]Ich freue mich über dein Wort wie jemand, der einen
großen Schatz findet.

[163]Lüge hasse und verabscheue ich, aber dein Gesetz liebe ich.
[164]Ich will dich sieben Mal am Tag preisen, weil alle deine Gesetze gerecht sind.
[165]Die dein Gesetz lieben, haben großen Frieden, sie werden nicht zu Fall kommen.
[166]Ich hoffe auf deine Rettung, HERR, denn deine Gebote habe ich erfüllt.
[167]Ich habe nach deinen Weisungen gehandelt, und ich liebe sie sehr.
[168]Ja, ich gehorche deinen Geboten und Weisungen, weil du alles weißt, was ich tue.
[169]Höre mein Flehen, HERR; lass es mich begreifen, wie du es mir versprochen hast.
[170]Erhöre mein Gebet und rette mich, wie du es mir versprochen hast.
[171]Meine Lippen sollen dich loben, denn du lehrst mich deine Ordnungen.
[172]Von deinem Wort will ich singen, denn alle deine Gebote sind gerecht.
[173]Steh mir hilfreich zur Seite, denn ich habe mich entschieden, deine Gebote zu halten.
[174]HERR, nach deiner Rettung sehne ich mich, dein Gesetz ist meine Freude.
[175]Erhalte mich am Leben, damit ich dich preisen kann; und deine Gesetze sollen mir dabei helfen.
[176]Ich habe mich verirrt wie ein verlorenes Schaf; suche und finde mich, denn ich habe deine Gebote nicht vergessen.

Der HERR ist mein Schutz

121 Ein Lied für die Pilgerfahrt nach Jerusalem.
[1]Ich schaue hinauf zu den Bergen – woher wird meine Hilfe kommen?
[2]Meine Hilfe kommt vom HERRN, der Himmel und Erde gemacht hat.

[3]Er wird nicht zulassen, dass du stolperst und fällst; der
dich behütet, schläft nicht.
[4]Siehe, der Israel behütet, wird nicht müde und schläft
nicht.
[5]Der HERR selbst behütet dich! Der HERR ist dein schüt-
zender Schatten über deiner rechten Hand.
[6]Die Sonne wird dir am Tag nichts anhaben noch der
Mond bei Nacht.
[7]Der HERR behütet dich vor allem Unheil und bewahrt
dein Leben.
[8]Der HERR behütet dich, wenn du kommst und wenn du
wieder gehst, von nun an bis in Ewigkeit.

Gottes Herrlichkeit

145 Ein Loblied Davids.
[1]Ich will dich loben, mein Gott und König, und
deinen Namen preisen für immer und ewig.
[2]Ich will dir täglich aufs Neue danken, will dich loben zu
aller Zeit.
[3]Groß ist der HERR und sehr zu loben! Seine Größe ist
unerforschlich!
[4]Jede Generation soll ihren Kindern von deinen Werken
erzählen,
[5]von den mächtigen Taten werden sie verkünden und von
den wunderbaren Zeichen, die du vollbracht hast.
[6]Deine gewaltigen Taten werden in aller Munde sein, und
ich will deine Größe verkünden.
[7]Alle werden die Nachricht von deiner wunderbaren Güte
hören und werden jubeln vor Freude über deine Gerechtig-
keit.
[8]Der HERR ist gnädig und barmherzig, geduldig und voller
Gnade.
[9]Der HERR ist gut zu allen Menschen und barmherzig zu
seiner ganzen Schöpfung.
[10]Alle deine Geschöpfe werden dir danken, HERR, und alle,
die dir treu sind, werden dich loben.

[11]Sie werden von der Herrlichkeit deines Königreiches
sprechen, sie werden von deiner Macht erzählen.
[12]Sie werden deine mächtigen Taten und die Größe und
Herrlichkeit deines Reiches verkünden.
[13]Denn dein Reich bleibt ewig und deine Herrschaft be-
steht von Generation zu Generation. Der HERR ist treu in
allem, was er sagt, er ist gnädig in allem, was er tut.*
[14]Der HERR hält die fest, die hinfallen, und hilft denen auf,
die zusammengebrochen sind.
[15]Aller Augen sehen auf dich und warten auf Hilfe; du
gibst ihnen Nahrung, wenn es nötig ist.
[16]Wenn du deine Hand öffnest, stillst du den Hunger und
Durst aller Geschöpfe.
[17]Der HERR ist gerecht in allem, was er tut, ein Gott, auf
den man sich verlassen kann.
[18]Der HERR ist allen nahe, die ihn anrufen, allen, die ihn
aufrichtig anrufen.
[19]Er erfüllt die Wünsche derer, die ihn achten, er hört ihre
Hilfeschreie und rettet sie.
[20]Der HERR beschützt alle, die ihn lieben, die Gottlosen
aber vernichtet er.
[21]Ich will den HERRN loben, und alle Menschen werden sei-
nen heiligen Namen preisen jetzt und für alle Zeit.

145,13 Die beiden letzten Zeilen von 145,13 fehlen in vielen alten Handschriften

GEBETE

Ich vermisse Papa

Jesus, du weißt, dass ich mich so einsam fühle.
Mein Vater war nicht da, als ich aufwuchs.
Oh, wie ich ihn vermisse!
Mein ganzes Herz ist wie eine offene Wunde.
Auch wenn ich jemanden mit seinem Vater sehe, tut es so weh; ich bin voller Hass!
Jesus, heile mein Herz.
Du hast gesagt, dass du der Weg, die Wahrheit und das Leben bist; das niemand zum Vater kommt ohne dich.
Danke Gott, dass du unser Vater bist; der, der uns geschaffen hat.
Ich will dich – als meinen Vater.
Ich sehne mich nach einem guten Vater.
Danke, dass du mich so sehr liebst.
Komm mit deiner Geborgenheit in mein Herz und gib mir das, was ich nie von meinem Papa bekam.
Hilf mir, selber ein guter Vater zu werden.
Satan hat mein Bild von einem Papa zerstört.
Es ist wie ein zerbrochener Spiegel.
Vollbringe ein Wunder in mir.
Schaffe in mir ein neues Herz, gib mir einen freimütigen Geist. Ich sehne mich so danach!
Begegne mir! Sprich zu mir!

Danke für den Tag

Danke für einen wunderbaren Tag, Jesus.
Wir bitten jetzt um eine ruhige Nacht.
Gib uns gute Träume, sprich zu uns durch Träume.
Danke, dass wir einander haben.
Hilf uns, immer eins zu sein.
Lass nichts zwischen uns kommen, niemals.
Zeige uns den richtigen Weg bei allen Entscheidungen.
Bewahre uns von dem Bösen und gib uns deinen Schutz.
Amen

Befreie mich von Depressionen

Ich bin in totaler Finsternis und habe furchtbare Ängste.
Danke Jesus, dass du mir hilfst, aus diesem tiefen Tal der Depression heraus zu kommen.
Befrei mich von meinen schweren Fesseln.
Jesus, ich will leben! Du bist Licht, in dir ist keine Finsternis. Nimm meine Hand, leite mich aus diesem finsteren Tal heraus.
Führe mich heraus, hinein in befreites Gebiet.
Stelle meine Füße auf einen Fels.
Reinige mein Herz und meine Gedanken von aller Sünde und Dunkelheit.
Reinige das Haus meiner Seele.
Danke Jesus – dass du mir hilfst!

Verwirrt

Hilf! Jesus hilf! Ich kann nicht mehr klar denken!
Die Gedanken schwirren herum – alles ist Chaos!
Es ist alles voller Nebel, ich sehe den Weg nicht mehr.
Hier kann niemand helfen – nur du Jesus!
Nimm meine Hand, Jesus – halte sie ganz, ganz fest!
Leite mich auf rechtem Wege.
Furcht und verwirrte Gefühle sollen mich nicht umhauen.
Lass mich bei dir Geborgenheit finden.
Dein Wort ist meines Fußes Leuchte und ein Licht
auf meinem Weg.

Sinn des Lebens

So viele Jahre habe ich mich gefragt, habe gegrübelt, habe gesucht. So viele Nächte war ich wach, wurde durch Gedanken gepeinigt. So oft habe ich gehofft, habe mich danach gesehnt – nach der Antwort.
Jetzt aber weiß ich! Jesus – du bist es – der Sinn des Lebens.
Mit dir bekommen die Fragen, das Verlangen, das Grübeln, das Hoffen eine Antwort.
Du Jesus, du bist selber die Antwort, du bist selber der Weg
und du bist selber das Leben.
Ich meine das wirkliche Leben! Am Frühstückstisch.
Jesus, danke für diesen neuen Tag.
Hilf uns heute auf der Arbeit und in der Schule.
Du bist den ganzen Tag bei uns. Wir rechnen mit deinem Beistand und deiner Hilfe. Hilf uns heute, unseren Mitmenschen Freude zu bereiten. Hilf uns auch bei Begegnungen mit Menschen, die nicht ganz so einfach sind.
Amen

Ich verletze mich selbst

Jesus, du liebst mich!
Du kennst meine tiefen, verwirrten Gedanken.
Befreie mich von diesen Gedanken, die mich antreiben, mich selber und andere zu verletzen.
Jesus, danke, dass du diesen ganzem Kram am Kreuz für mich getragen hast, damit ich frei sein kann von diesen Gedanken-Peinigern, die mich fast den Verstand kosten.
Jesus, ich gebe mich voll und ganz in deine Hände.
Du gibst mir neue, lebensbejahende Gedanken mit Lebensmut, Freude, Freiheit und Hoffnung.
Danke Jesus, dass du mich in die Freiheit hineinbringst.

Wiederherstellung

Danke Jesus!
Du bist nicht gekommen, um mich zu richten, sondern um mich zu retten.
Obwohl ich dich verflucht und verspottet habe, liebst du mich trotzdem. Das kann ich nicht verstehen.
Aber am Kreuz sagtest du: „Vater vergib ihnen, denn sie wissen nicht was sie tun."
Danke Jesus, für deine Gebete für mich.
Vergib mir alle meinen Sünden und bösen Taten.
Stelle mich wieder her. Lass mich nicht länger ein Sklave unter Satan und der Sünde sein. Mach mich frei, damit ich wieder aufrecht im Leben gehen kann, Lass mich nicht länger geknickt, zerbrochen und bitter sein.
Du erlöst mich zu einem neuen Menschen, in dir Jesus Christus!
Danke Jesus, dass ich frei sein darf von aller Gebundenheit und jedem Fluch.

Meine chaotische Familie

Jesus, meine Familie kennst du gut.
Es war eine harte Kindheit mit Schlägen, Geschrei und Flüchen.
Ich sehne mich nach einer normalen Familie.
Mein ganzes Inneres ist wie eine offene Wunde, voll von dunklen Erinnerungen.
Dieses Gebet zu sprechen tut einfach weh, meine Seele ist wie ein aufgewühltes Meer. Ich habe Schwierigkeiten meine
Gefühle unter Kontrolle zu halten.
Ich kann nur weinen.
Tröste mich!
Ich will vor dir weinen!
Du verstehst meinen Schmerz.
Jesus, nimm meine aufgewühlte Seele in deine Hand.
Kein anderer hat Zugang zu meiner Seele.
Aber du kennst mich durch und durch.
Jesus, heile mich.
Hilf mir, meiner Mutter und meinem Vater zu vergeben.
Jesus, befreie mich von Hass- und Rachegefühlen.
Gib mir ein neues Herz.
Gib mir eine neue Chance, einen Neubeginn.
Ich will eine gute Mama/guter Papa werden.
Danke Jesus, dass du alles wieder neu machst,
damit ich eine tiefe Veränderung in meiner Seele erlebe.

Das Böse mit Gutem überwinden

Du weißt selber, Jesus, wie hart es ist, gehänselt und verachtet zu sein.
Wenn Leute Lügen und Unwahrheiten über einen verbreiten.
Es ist, als ob sie auf einen eintreten.
Ja, du weißt, wie es war; sogar bei deiner Hinrichtung bist du verachtet und verspottet worden.
Am Kreuz hängend, erlittest du das für mich.
Freiwillig gabst du dich hin, bis zum Tod, für alle Krankheit,
Bosheit und Sünde dieser Welt.
Sie haben dich verhöhnt und dich geschlagen.
Und trotzdem… Du hast für diese Menschen gebetet.
Du hast diesen bösen Menschen vergeben.
Gib mir diese Kraft und Liebe, für die Menschen, die mir diesen Schmerz zufügen.
Hilf mir, ihnen zu vergeben.
Du kennst die ganze Situation.
Du hast alles gesehen und gehört.
Nimm diese Situation in deine Hände.

Die Bibel sagt:
Und wir wissen, das für die, die Gott lieben und nach seinem Willen zu ihm gehören, alles zum Guten führt. (Römerbrief 8:28)
Danke Jesus, dass du mir helfen wirst. Amen

Befreie mich von Rebellion

Du kennst mich durch und durch.
Ich habe meine Eltern gehasst und war voller Rebellion gegen sie.
Ich wusste alles besser und verurteilte meine Eltern total.
Ich glaubte, die richtige Freiheit zu besitzen.
Ich konnte alles tun, was ich wollte.
Aber hier sitze ich jetzt, in meinem eigenen Gefängnis voller
Hass, Rebellion und Finsternis.
Dies ist nicht die Freiheit, auf die ich gewartet habe.
Jetzt wende ich mich an dich, Jesus.
Ich habe gelesen, dass du die Gefangenen befreist.
Du hast sie aus dem Sumpf gezogen und sie freigesetzt.
Ich sehne mich so nach dieser wahren Freiheit, und all das, was du für mein Leben hast, für all das, was du für mich am
Kreuz erkämpft hast.
Du besiegtest den Tod, du nahmst Satan die Schlüssel zum Todesreich weg.
Darum kannst du auch mich von diesem rebellischen Fluch
befreien.
Ich bitte dich um Vergebung, wo ich schuldig vor GOTT und
meinen Eltern geworden bin.
Durch deinen Tod am Kreuz hast du auch meine Schuld auf
dich genommen.
Du bist auch für meine Rebellion gestorben. Bitte befreie mich davon.
Amen

Rückkehr der Hoffnung

Stunden, Tage, Wochen – ja, Monate der Finsternis.
Ich bin so müde in meiner Seele.
Aber dann schimmerte da etwas. Heute habe ich es gesehen.
Ich habe wieder einen Lichtschimmer gesehen.
Bist du es Jesus? Hast du mich angelächelt?
Oh, ich glaube, jetzt kommt die Wende.
Ich glaube – hilf' meinem Unglauben.
Ich hoffe – ich denke – hier kommt der Sonnenaufgang.
Du, Jesus – meine – und der Welt einzige Hoffnung!
Mit meiner Hand in deiner, Jesus gehe ich jetzt dem Sonnenaufgang entgegen.
Eine Zeit kommt, in der das Licht all das Finstere in meinem
Leben besiegt.
Amen, Amen, Amen.

Im Griff der Furcht

Befreie mich von dem teuflischen Griff der Angst und Furcht.
Jesus, dein Frieden soll mein ganzes Inneres erfüllen.
Ich setze all mein Vertrauen auf dich Jesus.
Du sagst: Ich lasse euch ein Geschenk zurück – meinen Frieden.
Und der Friede, den ich schenke, ist nicht wie der Friede, den die Welt gibt. Deshalb sorgt euch nicht und habt keine Angst. Jesus, ich glaube an diese Worte. Ich weiß, es ist wahr! Ich gebe dir jetzt alle Angst und Furcht, ich will sie nicht mehr.
Danke, dass du sie mir genommen hast.
Amen

Licht in meine dunklen Seele

Jesus, du bist das Licht der Welt.
In dir ist keine Finsternis.
Darum öffne ich dir meine Seele und mein Herz.
Jesus, komm in mein Herz hinein.
Reinige mein Herz von jeglicher Bosheit und Finsternis, die droht mein Herz zu zerstören und mich in den Tod zu treiben.
Jesus, willkommen in meinem Herzen.
Vergib mir alle Bosheit und Sünde, die seit Jahren meine Seele dunkel gemacht hat. Hier bin ich, Jesus!
Bitte beginne ein neues Leben in mir.
Amen

Arbeitslos

Jesus, ich komme zu dir.
Ich weiß keinen Weg aus der Arbeitslosigkeit heraus.
Ich vertraue dir aber, dass du mir helfen wirst.
Gib mir die richtigen Gedanken für diesen Tag.
Hilf, dass die Hoffnungslosigkeit und Finsternis
in meinem Leben nicht überhandnimmt.
Lass dein starkes Licht und die Hoffnung über meinem Leben sein.
Du bist meine Hoffnung.
Du bist meine Stärke und Kraft für jeden Tag.
Bringe mich in Kontakt mit Menschen, die mir helfen können.
Mit dir wird es ein guter Tag.
Amen

Nachtruhe – Gebet

Danke Jesus für diesen Tag.
Vergib uns all die harten Worte, die heute gefallen sind.
Danke Jesus, dass du uns liebst, trotz unserer Fehler und Schwachheiten.
Hilf uns, in deiner Nähe zu leben und bleiben.
Hilf uns, nahe beieinander zu leben.
Du bist der Anfang der Liebe.
Du gabst für uns dein Leben hin.
Du vergibst uns all unsere Schuld.
Hilf uns auch einander zu vergeben.
Danke für den heutigen Tag, Jesus.
Wir bitten um Ruhe und Frieden in dieser Nacht.
Lass uns schöne Träume haben.
Sprich zu uns in den Träumen.
Danke, dass wir einander haben dürfen.
Hilf uns immer eins zu sein.
Lass nichts zwischen uns kommen.
Zeige uns immer den richtigen Weg.
Hilf uns richtige Entscheidungen zu treffen.
Errette uns vom Bösen.
Wir bitten um deinen Schutz, Jesus
Amen

Freiheit von Lügen

Jesus, vergib mir, dass ich gelogen habe.
Ich hatte nicht den Mut die Wahrheit zu sagen.
Du weißt, es war eine sehr schwierige Situation und ich war
feige und habe gelogen.
Jesus, vergib mir.
Gib mir die Kraft, die Sache in Ordnung zu bringen.
(Manchmal ist es einfacher, einen Brief oder ein Email zu schreiben.)
Ich weiß, dass die Wahrheit uns frei macht und du bist der Weg und die Wahrheit und das Leben.
Nur durch dich ist es mir möglich, zu Gott, meinem Vater, zu kommen.
Nur bei dir kann ich die Rettung empfangen.
Bei dir bekomme ich ein ewiges Leben im Himmel.
Bei dir gibt es keine Finsternis und keine Lügen.
Darum bitte ich dich um Hilfe, in der Wahrheit zu leben
und gib mir Kraft, die Wahrheit in jeder Situation
zu sagen.
Ich will, dass du mein Herr bist in meinem Leben.
Jesus, mach mich ganz frei von der Macht des Lügens.
AMEN

Kann nicht schlafen

Jesus, ich kann nicht einschlafen.
Ich bin so unruhig, gib mir bitte deinen Frieden.
Ist was zwischen uns?
Habe ich etwas falsch gemacht?
Jesus, wenn da etwas ist, dann zeige mir das.
Vergib mir all meine Sünden.
Lass meine Gedanken zur Ruhe kommen.
Ich befehle aller Unruhe und Schlaflosigkeit
in Jesu Namen zu gehen.
Jesus, komm mit deinem Frieden, so dass ich
heute Nacht gut schlafen kann.
Im Namen Jesu Christi bete ich. Amen

Furchtbare Angstzustände

Jesus, ich habe furchtbare Schmerzen in meiner Seele.
Es tut so weh. Vor lauter Schmerzen möchte ich meinen
Kopf gegen die Wand schlagen.
Ich weiß nicht, wie ich diesen Angstzustand loswerden
kann. Hilf mir, dass ich wieder Frieden in meinem tiefsten
Innern bekomme.
Gib mir Trost und neuen Mut.
Vergib mir, wenn ich schwach geworden bin.
Zeige mir, ob es Sünde in meinem Leben gibt, die mich
belastet.
Vergib mir alle meine Sünden, Fehltritte und falschen
Entscheidungen,
die ich gemacht habe.
Setze meine Füße auf festen Boden, auf den Fels.
Du bist mein Fels Jesus.
Ich will nicht wieder im Sumpf der Angst versinken.
Gib mir Ruhe, wie in einem sicheren Hafen.

Es war eine stürmische Zeit, mitten auf dem Ozean.
Ich habe kein Land gesehen, ich war so allein, Jesus.
Du bist jetzt mein Hafen der Geborgenheit.
Jesus, danke das du bei mir bist!
Amen.

Hass...

Wie hat es alles angefangen? Jemand hat mich gekränkt.
Jemand hat gelogen und Lügen über meinen Vater verbreitet.
Es fing mit Schmerzen an, dann kam die Bitterkeit.
Danach das Rachegefühl und dann purer Hass!
Ich hasse diesen Hass, aber es wird nur noch schlimmer.
Jesus befreie mich von diesem Hass!!
Ich möchte wieder lieben können und das Licht wiedersehen.
Ich will wieder von Herzen lachen können.
Jesus, du bist für meinen Hass gestorben, du hast deine Feinde geliebt.
Wie hast du das geschafft?
Jesus, nimm meinen Hass weg.
Hilf mir auch, denen zu vergeben, die ich so hasse.
Die, die mir so weh getan haben.
Hilf mir, ich kann es nicht.
Hilf mir, vergeben zu können.
Danke Jesus, dass du mir hilfst!

Befreie mich von Todesangst

Jesus, du kennst meine ständig wiederkehrenden Attacken von Todesangst.
Ich fürchte mich übermächtig.
Ich wache auf, mein Bett ist nass von Angstschweiß.

Jetzt komme ich zu dir Jesus, du rettest mein Leben.
In dir ist kein Tod, nur Leben gibt es bei dir, ewiges Leben.
Lege deine Hand auf meinen Kopf.
Nimm diese Todesangst von mir.
Nimm diese Furchtzustände von mir.
Mach mich ganz frei.
Das Leben von dir soll durch mich strömen, wie lebendiges Wasser, das alle Furcht wegspült.
Heiliger Geist, erfülle mich mit Freude und wunderbarem Frieden.
Danke Jesus, dass du schon alles für mich getan hast.

Geplagt von Dämonen und Fürsten

Jesus, ich habe furchtbare Albträume.
Auch im wachen Zustand sehe ich Dämonen.
Befreie mich vom Bösen.
Vergib, dass ich mich für das Böse und Okkulte geöffnet habe.
Ich stelle mein Leben unter die Herrschaft Jesu.
Ich übergebe mein ganzes Leben in Jesu Hände.
Sein teures Blut reinigt mich von aller Sünde und beschützt
mich vor diesen Dämonen.
Ich will meine Wohnung/mein Haus von allem, was damit zu tun hat, reinigen.
Alle Bücher, Zeitungen, Musik und Gegenstände, die Satan verherrlichen
will ich wegwerfen oder verbrennen.
Leite mich, wenn ich diesen Schritt tue.
Zeige mir die Sachen die ich verbrennen oder wegwerfen soll.
Jesus, mein ganzes Leben soll nur dir und keinem anderen gehören.

Danke für unsere Kinder

Jesus, danke für unsere Kinder.
Hilf uns, sie richtig zu erziehen, zu Respekt
und Liebe für alle Menschen.
Gib uns Geduld und Ausdauer mit unseren Kindern.
Lass uns immer eine tiefe Beziehung zu den Kindern haben.
Dass sie sich immer geliebt wissen.
Hilf uns, unseren Kindern zu vergeben, wo sie sich gegen uns aufgelehnt haben.
Hilf auch uns, um Vergebung zu bitten, wo es nötig ist.
Danke Jesus.

Gebet für die Familien meiner Angestellten

Heute bete ich für die Familien meiner Angestellten.
Bewahre die Beziehungen in den Familien.
Lass es den Kindern gut gehen.
Stärke die, die gerade durch schwere Zeiten gehen.
Zeige ihnen konstruktive Lösungen, wo die Lage schwierig und angespannt ist.
Jesus, du liebst diese Familien und willst das Beste für sie.
Jesus, schütze alle Familien in unserer Firma.
Auch für meine eigene Familie bete ich.
Gib Schutz und Hilfe.
Hilf mir für meine Familie und meine Angestellten
die richtigen Entscheidungen zu treffen.
Danke für all das Gute, das du uns gegeben hast.

Startgebet für Gebets- und Bibelgruppe

In Jesu Namen starte ich heute, hier und jetzt eine Gebets- und Bibelgruppe.
Jesus, du bist herzlich willkommen in dieser Gruppe.
Leite uns in unseren Gesprächen, was wir in der Bibel lesen
sollen, welche Themen wichtig sind.
Hilf uns, unseren Glauben an dich mit anderen Menschen zu teilen, die dich noch nicht kennen.
Jesus, erfülle uns mit deinem Heiligen Geist.
Gib uns Kraft für ein siegreiches Leben.
Gib uns die richtigen Gedanken und Ideen für unsere Jesusgruppe.

So startet man eine Jesusgruppe:

- Schaue nach christlicher Musik auf YouTube, Hillsong, Kim Walker u.a.
- Spiele selber ein Instrument, singe mit.
- Lies das Johannesevangelium, Apostelgeschichte und den Römerbrief im Neuen Testament. Lese parallel etwas vom Alten Testament, starte bei den Psalmen.
- Redet über das, was ihr gemeinsam gelesen habt.
- Erzähle in der Gruppe von dem, was Jesus in deinem Leben getan hat, Großes und Kleines.
- Nimm dir Zeit für Gebet. Betet für persönliche Sachen.

Betet für einander, betet auch für wichtige Sachen in eurer Umgebung. Seid freimütig im Gebet.
Wenn die Jesusgruppe wächst und ihr mehr als 20 Personen seid, ist es vielleicht Zeit die Gruppe zu teilen. Achtet darauf, dass ihr einen guten Leiter für die neue Gruppe findet.

Panische Angst – Gebet

Jesus, du kennst mich.
Die Panik wächst in meiner Brust.
Furcht erfüllt mein Inneres.
Jesus, gib mir deinen Frieden.
Lege deine Hand auf meinen Kopf,
genau so, wie ein guter Vater es tut.
Lass meine verwirrten Gedanken
zur Ruhe kommen.
Gib mir deinen Frieden.
Danke, dass ich nicht alleine bin.
Du bist bei mir.
Jesus, übernimm das Kommando.
Mein Leben ist in deiner Hand.

Einsam – Gebet

Jesus, ich fühle mich so einsam.
Die Einsamkeit macht mich verrückt.
Ich bin verzweifelt.
Hilf mir, Jesus!
Ich möchte jemand Anderem helfen, der einsam ist.
Führe mich heute zu jemandem,
dem ich Freude bereiten und helfen kann.
Gib mir einen richtig guten Freund.
Sende die richtige Person auf meinen Weg.
Danke Jesus, dass du mein allerbester Freund bist.
Nimm meine Hand, leite mich heute.
Lass diesen Tag ein reich gesegneter Tag sein.
Lass es einen superguten Tag werden.
Danke Jesus.

Finanzielle Engpässe

Jesus, zur dir kommen wir mit unseren Nöten.
Du weißt, wie schlecht es gerade mit den Finanzen aussieht.
Jesus, zeige uns, ob wir Fehler gemacht haben.
Hilf uns die Fehler zu korrigieren.
Wir bitten um Schutz, dass uns keiner betrügen kann.
Hilf uns Lösungen zu finden.
Danke Jesus, dass du unser Versorger bist.
Danke, dass du uns helfen wirst, aus dieser schwierigen Situation heraus zu kommen. Amen

Angstzustand

Ich öffne dir mein Herz, Jesus Christus!
Fege all meine bösen Gedanken, die meine Seele plagen, einfach weg. Danke, dass dein Blut mich reinigt von jeder Sünde. Befreie mich von diesem Angstzustand.
Gib mir deinen Frieden. Gib mir die Kraft zu widerstehen und gib mir ein reines Herz.

Wache über meinen Mund - Gebet

Unsere Worte können so böse sein.
Jesus, lass mein Herz weich und rein sein.
Hilf mir zu schweigen.
Vergib, wenn ich über jemanden Schlechtes geredet habe.
Hilf mir zu schweigen, wenn es Zeit ist zu schweigen.
Lass meinen Mund voll Dankbarkeit übersprudeln,
voll Ermutigung sein
Befreie mich von negativem reden.
Gib mir Worte voll Hoffnung, Freude und Trost.

Bewahre meine Augen – Gebet

Jesus, so viel Schlechtes wird im Fernsehen
und im Internet gezeigt.
Gib mir die Kraft umzuschalten oder sogar auszumachen.
Hilf mir, mein Herz rein zu halten.
Jesus, gib mir auch Kraft ein Vorbild zu sein.
Hilf mir, das zu sehen, was gut und sauber ist und
das, was Freude bringt.
Hilf mir, bei Zeitschriften und Büchern zu sortieren.
Hilf mir, die guten Quellen zu finden.
Hilf mir, Zeit zu nehmen, dein Wort zu lesen. (Die Bibel)
Ich weiß, dass dein Wort Kraft und Mut schenkt.
Hilf mir aus der reinen Quelle zu trinken.
Danke Jesus.

Innere Freiheit

Manchmal ist es, als ob ich gefangen wäre.
Ich bin nicht ganz frei.
Ich fühle mich eingeschlossen und ängstlich.
Hilf mir in die Freiheit zu kommen.
Jesus, mach mich frei!
Zeige mir, was es ist, das mich in Angst zurückfallen lässt.
Jesus, vergib mir das, was ich falsch gemacht habe,
das was dir und anderen weh getan hat.
Jesus, ich will wirklich frei werden!
Jesus, nimm meine Hand – führe mich in die Freiheit
hinaus.

Gebet vor der OP

Jesus, dies ist nicht so einfach.
Hilf mir, vor der OP Frieden und Ruhe zu finden.
Halte deine Hände über die Hände der Ärzte.
Lass sie die richtigen Entscheidungen treffen.
Jesus, ich lege mein Leben in deine
wunderbaren Händen.
Wache auch über meine Familie.
Jesus, ich vertraue dir.
Hilf meinen Angehörigen.
Gib auch ihnen Frieden und Ruhe
in dieser schwierigen Situation.
Mein Leben gehört dir.
Danke Jesus, dass egal, was auch immer passiert, du mich
niemals verlässt.

Gebet – Unfall – Schaden

Hilf uns, hier die richtige Entscheidung zu treffen.
Wir bitten um Schutz.
Halte uns fest – ganz nahe bei dir.
Sende uns Hilfe.
Jesus, wir legen unsere Leben in deine Hände.
Nimm alle Panikgefühle von uns.
Gib uns deinen Frieden.
Amen

Gebet – Ich habe jemanden verloren

Jesus, ich bin so traurig. Mein ______ ist gestorben.
Ich vermisse ______ so sehr!
Ich bitte für alle Angehörigen.
Gib Trost und Kraft.
Hilf mir weiter zu gehen.
Gib mir Halt in dieser Situation.
Ich lege mein eigenes Leben in deine Hände.
Jesus, mein Herr, gib mir Trost in dieser Situation.
Gib mir Mut weitergehen zu können.
Amen

Sterben – Gebet / Gebet mit Sterbenden

Jesus, ich übergebe nun mein Leben in deine Hände.
Gib mir deinen Frieden.
Vergib mir alle meine Sünden und meine Schuld.
Reinige mein Herz.
Jesus, danke, dass du für meine Sünden am Kreuz gestorben bist.
Jesus, ich nehme deine Vergebung an.
Jesus, danke, dass ich nun zu dir kommen darf.
Jesus, du bist mein Erretter – ich gehöre dir.
Amen.

(Rat für Gebet bei Sterbenden; Nimm die Person bei der Hand, die gerade im Sterben liegt. Erzähle, dass du jetzt mit dieser Person ein Gebet sprechen wirst. Bittet denjenigen nachzusprechen. Lese die Wörter zweimal – um der Person zu helfen – nachzusprechen. Wenn derjenige nicht sprechen kann, lese trotzdem, wahrscheinlich kann die Person das Gebet in Gedanken verfolgen.)

Gebet bei Scheidung /neue Chance

Es ist so schwer.
Der Mensch, den ich liebe, will mich verlassen.
Ich bin total zerbrochen!
Alles ist Chaos!!
Jesus, hilf mir in dieser Not und Finsternis.
Hilf unseren Kindern.
Ich weiß nicht, wie ich beten soll.
Leite mich im Gebet.
Du kannst die schwersten Situationen verändern.
Ich bitte dich, sprich zu____________________
Lass sein/ihr Herz schmelzen.
Ich bitte um noch eine Chance.
Rette unsere Beziehung.
Vergib mir meine Sünden, meine Fehler.
Lass mein Herz nicht erkalten, nicht hart werden.
Gib mir ein warmes Herz.
Lass die Rachegefühle nicht überhand nehmen.
Jesus, schütze besonders unsere Kinder.
Du weißt, für sie ist es am schwersten.
Egal, wie es ausgehen wird - lass mich immer
einen guten Kontakt zu meinen Kindern behalten.
Lass mich immer für sie da sein – voll Liebe.
Jesus, dir befehle ich meine Familie an.

Arbeitslosigkeit – Gebet

Ich bin in einer schwierigen Lage.
Es ist wie in ein schwarzes Loch zu fallen.
Ich weiß nicht wie es ausgehen wird.
Jesus, sei an meiner Seite.
Verlass mich nicht.
Begleite mich durch diese schwierige Zeit.

Hilf mir, eine neue Arbeit zu finden.
Ich bitte um Hilfe – auch für meine Familie.
Lass uns es schaffen, unsere Rechnungen zu bezahlen.
Hilf uns, neue Wege für die Zukunft zu finden.
Hilf mir, nicht zur Flasche zu greifen, nicht dort meinen Trost zu suchen.
Bei dir suche ich Trost und Halt, Jesus.
Hilf mir, dass ich mich nicht gehen lasse.
Hilf mir, jeden Tag aufzustehen, auf die Beine zu kommen.
Gib mir eine gesunde Routine für jeden Tag.
Gib mir Hoffnung, Mut und Geborgenheit
in dieser schweren Zeit.
Danke Jesus.
Amen

Danke für Gesundheit - Gebet

Danke Jesus für einen weiteren Tag.
Ich fühle mich super.
Ich bin so dankbar gesund zu sein.
Hilf mir, heute jemandem der krank ist, eine Freude zu bereiten.
Hilf mir Wärme und Freude an jemanden weiterzugeben, der es heute nötig hat.
Hilf mir in Dankbarkeit zu leben und dem Guten Raum zu
geben. Lass mich einen Wohlgeruch von Leben und Freude verbreiten. Jesus, führe mich heute zu Menschen, die etwas von dir hören müssen.
Amen

Dankgebet – trotz Schwachheit

Jesus, heute fühle ich mich schwach und elend.
Gib mir Mut für diesen Tag.
Jesus, gehe mit mir heute.
Auch wenn ich schwach bin, kannst du mich gebrauchen, um andere Menschen zu trösten und zu stärken.
Auch wenn ich schwach bin, bin ich trotzdem stark in dir Jesus.
Lass den Missmut nicht mein Leben beherrschen.
Ich will frei sein, will in deinen Händen geborgen sein.
Mach mich bitte wieder stark.
Mach mich wieder gesund.
Danke für diesen Tag.
Danke, dass du mir alles gibst, was ich für diesen Tag brauche.

Gebet bei finanziellen Problemen

Angst droht mich zu ersticken.
An nichts mehr habe ich Freude.
Von Angst und Unruhe bin ich geplagt.
Es ist ein Durcheinander in meinen Gedanken.
Wie wird es weitergehen?
Die Gedanken plagen mich Tag und Nacht.
Jesus, hilf!
Lass mich einen Weg aus dieser verkorksten Situation finden.
Mit wem kann ich reden?
Jesus, sende jemanden, der mir Rat geben kann.
Ich will raus aus der Klemme.
Gib mir Frieden in dieser schweren Zeit.
Zeige mir Wege zur Veränderung, was zu tun ist.
Gib mir Kraft die Veränderungen anzugehen.
Hilf mir, die Lebensgewohnheiten zu ändern, die nicht gut sind.
Hilf mir mit Zigaretten und Alkohol aufzuhören.
Hilf mir, mit teuren Zeitschriften und Handygesprächen Schluss zu machen.
Zeige mir, wie ich das alles machen kann.
Lass mich Hilfe erfahren bei all meinen Schulden.
Führe mich zu guten Menschen, die mich beraten können.
Hilf mir einen Extrajob zu finden, damit ich schuldenfrei werden kann.
Jesus, du hast in den Bibel gesagt, dass du dich sogar um die Sperlinge kümmerst. Wie viel mehr kümmerst du dich dann um mich und meine Familie!
Mit dir Jesus schaffe ich es!!
Amen

Danke für meinen Arbeitsplatz

Jesus, ich bin dankbar für meinen Arbeitsplatz.
Danke für ein Einkommen, von dem man leben kann.
Jesus, danke für meine Kollegen.
Ich bitte, dass es allen gut geht bei der Arbeit und Zuhause bei ihren Familien.
Halte deine Hand über uns.
Lass die Chefs die richtigen
Entscheidungen treffen.
Dein Segen soll über ihnen sein.
Bewahre uns vor Gier und Egoismus.
Hilf uns, ein großzügiges Herz zu haben.
Hilf uns, unser Bestes zu tun und den
schwierigen Aufgaben nicht auszuweichen.
Bewahre unsere Gemeinschaft auf der Arbeitsstelle.
Bewahre uns vor schlechtem reden und Mobbing.
Danke Jesus, für meinen Arbeitsplatz, die Chefs und Kollegen.
Heute soll ein gesegneter Tag sein.

Gebet für die Kranken

Jesus, du starbst am Kreuz und hast unsere Sünden und Krankheiten getragen.
Danke für deine Auferstehung am dritten Tag.
Du hast Satan und Tod überwunden!
Ich bete jetzt in deinem Namen, Jesus Christus,
dass diese Krankheit und die Schmerzen diesen Körper verlassen und dass dieser Körper komplett wiederhergestellt wird. Im Namen Jesu bete ich für einen Fluss der Heilung vom Heiligen Geist.
Amen

Jesus wird mich niemals im Stich lassen

Danke Jesus, dass du mich niemals allein und im Stich lassen wirst. Ich möchte dir wirklich mein Herz öffnen. Du weißt alles.
Jesus, danke dass du mich liebst, obwohl ich so oft versage.
Jesus, ich liebe dich. Hilf mir, mich um die Menschen zu kümmern, die du mir anvertraut hast. Gib mir die Kraft Gutes zu tun und das Böse hinter mir zu lassen.
Amen

Kann nicht schlafen!

Jesus, ich kann nicht schlafen.
Ich fürchte mich; gib mir Frieden.
Steht etwas zwischen uns?
Habe ich etwas falsch gemacht?
Jesus, zeig mir, was es ist.
Vergib mir all meine Sünden.
Lass meine Gedanken zur Ruhe kommen.
Ich befehle aller Furcht und Schlaflosigkeit zu gehen, im Namen Jesu.
Jesus, gib mir Frieden, damit ich gut schlafen kann.
Im Namen Jesu.

Gequält von Selbstmordgedanken

Jesus, ich komme zu dir. Du kennst diese Gedanken, die mich quälen.
Immer und immer wieder kommen diese Gedanken, mir das Leben zu nehmen und alles fühlt sich so hoffnungslos an.
Meine ganzen Probleme sind wie riesige Berge und Furcht und Angst hat mich ergriffen.
Ich kann keine Zukunft für mich erkennen.
Aber ich strecke meine Hände zu dir aus und rufe: Mach mich frei von diesen Selbstmordgedanken!
Gib mir eine Leidenschaft zu leben!
Hilf mir mit diesen Problemen, die so unüberwindlich erscheinen.
Ich weiß, dass du mir helfen wirst.
Jesus, ich lege mein ganzes Leben in deine Hände.
Ich will leben!!!
Im Namen Jesu Christi.

Mach mich frei von der Macht des Alkohols

Jesus, ich komme zu dir mit meinem Alkoholmissbrauch.
Ich fühle mich schrecklich und möchte aus dieser Sucht heraus.
Jesus, mach mich frei von der Macht des Alkohols!
Jesus, reinige mich von all meinen Sünden und bösen Dingen, die ich getan habe.
Vergib mir all meine Sünden.
Danke, dass du mir hilfst.
Bring mich zu den richtigen Freunden, die nicht trinken; schenke mir einen freien Bereich ohne Alkohol.
Gib mir die Kraft, Schnaps, Bier und Wein jetzt wegzukippen.
Ich breche heute mit meiner Abhängigkeit.
Jesus, erfülle mich mit deiner Kraft und fülle mich mit dem Heiligen Geist.
Jesus, ich möchte, dass du mein Chef (Herr) bist.
Ich bete für meine Freunde und meine Familie.
Vergib all den Schmerz, den ich ihnen durch meine Abhängigkeit zugefügt habe.
Heile alle Wunden, die ich bei meiner Familie und meinen Freunden verursacht habe, damit wir wieder gute Freunde werden.
Ich bete für meine Kinder. Hilf ihnen und beschütze sie vor allem Bösen.
Amen.

Mach mich frei von dem Wunsch zu töten!

Jesus, du kennst diese Gefühle des Hasses, die ich habe.
Ich möchte einfach töten.
Bewahre mich vor diesen schrecklichen Gedanken und lass mich inneren Frieden haben.
Heile mich innerlich von all meinen Wunden und der Scham, die ich erfahren habe.
Ich weiß, dass mein Leben wertvoll ist.
Ich möchte niemanden töten, du weißt das Jesus.
Mache mich frei von diesen satanischen Gedanken.
Ich möchte mein Leben geben, um Jesus zu dienen.
Ich möchte gute Taten tun, die Leben und Freude bringen.
Jesus, reinige mich mit deinem kostbaren Blut.
Du bist für meine Sünden am Kreuz gestorben.
Reinige mich von aller Sünde und allem Bösen.
Heiliger Geist, erfülle mich ganz.
Gib mir inneren Frieden.
Ich bete das im Namen Jesu Christi.

Angst

Ich öffne dir mein Herz, Jesus Christus!
Entferne all diese schlimmen Gedanken, die meine Seele quälen.
Danke für dein Blut, das mich von all meinen Sünden reinigt.
Mach mich frei von aller Angst und gib mir Frieden.
Gib mir Kraft ein reines Leben zu führen.
Ich bete das im Namen Jesu.
Amen.

Mach mich frei von Drogensucht

Jesus, ich stecke in der Drogensucht fest. Es ist wie ein Gefängnis.
Ich fühl mich so allein und machtlos.
Ich weiß, dass du diese Macht der Drogen, die mein Leben zerstören will, überwunden hast.
Jesus, ich stelle mein ganzes Leben unter dein Kommando und ich lasse alles hinter mir.
Ich möchte von dieser Abhängigkeit frei sein.
Jesus, vergib all meine Sünden und gib mir ein reines Herz und ganz neue Gedanken.
Mach mich innerlich froh und gib mir eine neue Leidenschaft für das Leben.
Danke Jesus, dass du jetzt mein Herr und mein Retter bist.
Jesus, ich möchte, dass du mich leitest und mich von bösen Kräften fernhältst, die mich zerstören wollen.
Danke, dass dein Blut mich beschützt.
Danke, dass du dein Leben für mich am Kreuz gegeben hast.
Du hast alle meine Sünden und Fehler vergeben.
Danke Jesus!

Mach mich frei von Spielsucht

Jesus, du weißt alles und du kennst auch meine Spielsucht.
Du weißt, dass ich damit aus eigener Kraft nicht aufhören kann.
Du kennst das Verlangen und die Sucht zu spielen.
Du kennst meine ängstliche Seele.
Jesus, mach mich frei von der Macht des Glückspiels, die mich festhält.

JA, DU KANNST MICH FREI MACHEN!
Vergib mir all die Zeit- und Geldverschwendung.
Es war Zeit, die ich mit dir, meinen Freunden und der Familie, meiner Frau – meiner Freundin – meinem Ehemann – meinem Freund – meinen Freunden… hätte verbringen sollen.
Vergib mir Jesus.

Vergib all meine Sünden

Reinige mich mit deinem Blut, Jesus.
Du bist für mich am Kreuz gestorben und hast all meine Sünden und mein Versagen am Kreuz getragen.
Danke, dass du heute lebst und den Teufel überwunden hast.
Ich gebe alles in deine Hand, pass auf mein Leben auf und hilf mir bei allem, was wie ein riesiger Berg vor mir steht.
Ich sage diesem Berg von Problemen, dass er im tiefsten Meer versinken soll.
Danke, Jesus, dass du mit mir gehst und mir die Kraft gibst, mein Leben in Ordnung zu bringen.
Jesus, ich bitte, dass meine Familie und meine Freunde in der Lage sein werden, mir all den Ärger zu vergeben, den ich ihnen gemacht habe.
Gib mir den Mut mit ihnen zu sprechen.
Hilf mir, sie um Vergebung für all die Schmerzen, die ich ihnen zugefügt habe, zu bitten.
Amen.

Selbst verletzen

Jesus, du kennst den Schmerz, den ich innerlich fühle.
Meine Seele tut so weh!
Ich will mir einfach Schmerzen zufügen.
Eigentlich möchte ich das nicht, aber irgendetwas zwingt mich das zu tun.
Jesus, mach mich frei von diesem Schmerz!
Vergib all meine Sünden.
Jesus, hilf mir denen zu vergeben, die mir Unrecht angetan haben.
Jesus, heile alle meine inneren Wunden.
Lass mich ein gesunder Mensch werden.
Jesus, mach mich frei von zwanghaften Gedanken.
Ich bete das im Namen Jesu.
Danke, dass du ganz tief in mir wirkst.
Jesus – danke, dass du mein Gebet hörst!
Amen.

Mach mich frei von der Sucht nach sexueller Perversion

Jesus, ich bin am Boden zerstört, ich fühle mich so schmutzig.
Ich komme zu dir mit all meiner Unreinheit.
Du weißt, dass ich frei sein möchte von meiner sexuellen Perversion.
Mach mich frei von diesem bösen Geist der Unreinheit und Unmoral.
Jesus, ich weiß, dass dein Blut mich von all meinen Sünden reinigen kann.
Jesus, hilf mir am Computer, hilf mir Pornografie zu vermeiden und hilf mir, wenn ich Fernsehen schaue.
Hilf mir, keine Pornozeitschriften mehr zu kaufen.
Mach mich frei von meiner Sucht.
Du hast Sex als eine Gabe für einen Mann und eine Frau geschaffen.
Hilf mir ein Leben in Aufrichtigkeit zu führen.
Hilf mir immer treu zu bleiben.
Danke für deine Idee der Ehe.
Ich möchte ein reines Leben führen. Bevollmächtige mich mit Liebe und Treue für die Person, der ich versprochen habe, mein Leben mit ihr zu teilen.
Jesus, ich möchte rein und frei sein.
Danke, dass du mir hilfst, Jesus.
Amen.

GOTT LIEBT DICH

Gott hat die Menschen so sehr geliebt, dass er seinen einzigen Sohn hergab. Nun werden alle, die sich auf den Sohn Gottes verlassen, nicht zugrunde gehen, sondern ewig leben. Gott sandte den Sohn nicht in die Welt, um die Menschen zu verurteilen, sondern um sie zu retten.

Johannes 3,16-17

Wir können zu Jesus, dem Sohn Gottes, beten.
Er ist der Weg zu Gott.

Wir sind alle schuldig geworden

Alle sind schuldig geworden und haben die Herrlichkeit verloren, in der Gott den Menschen ursprünglich geschaffen hatte. Ganz unverdient, aus reiner Gnade, lässt Gott sie vor seinem Urteil als gerecht bestehen – aufgrund der Erlösung, die durch Jesus Christus geschehen ist.

Ihn hat Gott als Sühnezeichen aufgerichtet vor aller Welt. Sein Blut, das am Kreuz vergossen wurde, hat die Schuld getilgt – und das wird wirksam für alle, die es im Glauben annehmen.

Damit hat Gott seine Gerechtigkeit unter Beweis gestellt, nachdem er früher die Verfehlungen der Menschen ungestraft hingehen ließ, in der Zeit seiner Geduld.

Ja, jetzt in unserer Zeit erweist Gott seine Gerechtigkeit als Treue zu sich selbst und zu seinen Menschen: Er verschafft seinem Rechtsanspruch Geltung und schafft selber die von den Menschen schuldig gebliebene Gerechtigkeit, und das für alle, die einzig und allein auf das vertrauen, was er durch Jesus getan hat.

Römer 3,23-26

Die Sünde ist die Mauer zwischen Gott und uns Menschen. Es gibt nur einen Weg, um schuldfrei zu werden, und das ist der Glaube an Jesus Christus. Wenn wir Jesus als unseren Retter akzeptieren, wird uns unsere Schuld vergeben, und wir werden vollkommen frei von unseren Sünden.

Jesus – Ihr einziger Ausweg, Ihre Lebenschance!
Jesus antwortete: „Ich bin der Weg, denn ich bin die Wahrheit und das Leben. Einen anderen Weg zum Vater gibt es nicht. Wenn ihr mich kennt, werdet ihr auch meinen Vater kennen. Schon jetzt kennt ihr ihn und habt ihn gesehen."
Johannes 14,6-7

Auf diesen Jesus bezieht sich das Wort in der Heiligen Schrift: „Der Stein, der die Bauleute als wertlos weggeworfen haben, ist zum Eckstein geworden." (Psalm 118,22) Jesus Christus und sonst niemand kann die Rettung bringen. Auf der ganzen Welt hat Gott keinen anderen Namen bekannt gemacht, durch den wir gerettet werden könnten. Wenn Sie von Ihrer Schuld frei werden wollen und den Wunsch haben, dass Jesus der Herr Ihres Lebens sein soll, können Sie wie folgt beten:

Jesus Christus, ich weiß, dass ich ein Sünder bin.
Ich möchte von dir Vergebung bekommen und von all meiner Schuld befreit werden.
Ich glaube, dass du an meiner Stelle am Kreuz starbst und meine Schuld auf dich nahmst.

Ich bitte dich, mir ein neues, reines Herz zu geben und ein ganz neues Leben.
Ich lade dich in mein Leben ein und bitte dich, bei mir zu bleiben.
Ich will, dass du für immer der Herr in meinem Leben sein sollst, und ich möchte dir von ganzem Herzen nachfolgen.
Die Wege, die du für mich vorbereitet hast, will ich gehen.
Danke, Jesus, dass du lebst und mir für jeden Tag Kraft schenkst.
Lass mich eine Freude sein auch für meine Mitmenschen.
Dich, Jesus, will ich bekennen.
Gib mir durch deinen Heiligen Geist Kraft dazu.

Amen

Sie können auch ganz frei mit Jesus sprechen und Ihre eigenen Wünsche formulieren.

Bald wird Ihnen klar werden, dass Jesus der beste Freund ist. Er hat in seinem Wort, der Bibel, versprochen, alle Tage bei Ihnen zu sein. Er wird Sie nie im Stich lassen.

Wenn Sie irgendwann versagen, sagen Sie es Jesus. Er wird Ihnen vergeben und Ihnen auf Ihrem Lebensweg weiterhelfen.

Wenn Sie Ihren Entschluss aufschreiben möchten oder Fragen haben und vielleicht andere Christen in Ihrer Nähe suchen, können Sie den unten stehenden Antwort-Coupon ausfüllen.

Ich habe mich heute im Gebet für Jesus Christus entschieden und ihn als meinen persönlichen Retter angenommen.

Tag ______________ Zeit ______________

Ort ______________

Ich würde gerne andere Christen in meiner Umgebung kennen lernen.

Name ______________

Straße ______________

PLZ/Ort ______________

Tel ______________

E-mail ______________

Bitte einsenden an:

BIBLE FOR THE NATIONS
Aulkestrasse 28
D-48734 Reken
Tel: 02864-882907

www.BIBLE-FOR-THE-NATIONS.com

NOTIZEN

Du bist bei mir

Und ob ich schon wanderte, in den finsteren Lebenstälern, mich im Großstadtdschungel verirrte und verletzte, im Meer meiner Sorgen fast ertrank und meine Seele ausgedörrt wurde in der Wüste meines Lebens, so weiß ich doch, dass es mir an nichts mangeln wird, denn Du bist bei mir, Dein Stecken und Stab trösten mich und Du bereitest mir einen Tisch im Angesicht meiner Feinde, Du salbest mein Haupt mit Öl und schenkest mir voll ein.
Gutes und Barmherzigkeit werden mir folgen mein Leben lang und ich werde bleiben im Hause des Herrn für immer.

Verlaufen – habe den Weg verloren

Jesus, ich habe mich verlaufen,
ich kann nicht den richtigen Weg finden.
Hilf mir den Weg zu finden.
Sende jemanden zu meiner Hilfe.
Gib mir Führung – wohin soll ich gehen?
Leite mich auf rechtem Wege.
Jesus, gib mir Frieden und Ruhe in meinem Herzen.
Danke Jesus – dass du den Weg mit mir gehst.

GOTT LIEBT DICH

Gott hat die Menschen so sehr geliebt, dass er seinen einzigen Sohn hergab. Nun werden alle, die sich auf den Sohn Gottes verlassen, nicht zugrunde gehen, sondern ewig leben. Gott sandte den Sohn nicht in die Welt, um die Menschen zu verurteilen, sondern um sie zu retten.

Johannes 3,16-17

Wir können zu Jesus, dem Sohn Gottes, beten.
Er ist der Weg zu Gott.

WIR SIND ALLE SCHULDIG GEWORDEN

Alle sind schuldig geworden und haben die Herrlichkeit verloren, in der Gott den Menschen ursprünglich geschaffen hatte. Ganz unverdient, aus reiner Gnade, lässt Gott sie vor seinem Urteil als gerecht bestehen – aufgrund der Erlösung, die durch Jesus Christus geschehen ist.

Ihn hat Gott als Sühnezeichen aufgerichtet vor aller Welt. Sein Blut, das am Kreuz vergossen wurde, hat die Schuld getilgt – und das wird wirksam für alle, die es im Glauben annehmen.

Damit hat Gott seine Gerechtigkeit unter Beweis gestellt, nachdem er früher die Verfehlungen der Menschen ungestraft hingehen ließ, in der Zeit seiner Geduld.

Ja, jetzt in unserer Zeit erweist Gott seine Gerechtigkeit als Treue zu sich selbst und zu seinen Menschen: Er verschafft seinem Rechtsanspruch Geltung und schafft selber die von den Menschen schuldig gebliebene Gerechtigkeit, und das für alle, die einzig und allein auf das vertrauen, was er durch Jesus getan hat.

Römer 3,23-26

Die Sünde ist die Mauer zwischen Gott und uns Menschen. Es gibt nur einen Weg, um schuldfrei zu werden, und das ist der Glaube an Jesus Christus. Wenn wir Jesus als unseren Retter akzeptieren, wird uns unsere Schuld vergeben, und wir werden vollkommen frei von unseren Sünden.

JESUS – IHR EINZIGER AUSWEG, IHRE LEBENSCHANCE!

Jesus antwortete: „Ich bin der Weg, denn ich bin die Wahrheit und das Leben. Einen anderen Weg zum Vater gibt es nicht. Wenn ihr mich kennt, werdet ihr auch meinen Vater kennen. Schon jetzt kennt ihr ihn und habt ihn gesehen."

Johannes 14,6-7

Auf diesen Jesus bezieht sich das Wort in der Heiligen Schrift: „Der Stein, den die Bauleute als wertlos weggeworfen haben, ist zum Eckstein geworden." (Psalm 118,22) Jesus Christus und sonst niemand kann die Rettung bringen. Auf der ganzen Welt hat Gott keinen anderen Namen bekannt gemacht, durch den wir gerettet werden könnten.

Wenn Sie von Ihrer Schuld frei werden wollen und den Wunsch haben, dass Jesus der Herr Ihres Lebens sein soll, können Sie wie folgt beten:

Jesus Christus, ich weiß, dass ich ein Sünder bin.
Ich möchte von dir Vergebung bekommen und von all meiner Schuld befreit werden.
Ich glaube, dass du an meiner Stelle am Kreuz starbst und meine Schuld auf dich nahmst.

Ich bitte dich, mir ein neues, reines Herz zu geben und ein ganz neues Leben.
Ich lade dich in mein Leben ein und bitte dich, bei mir zu bleiben.
Ich will, dass du für immer der Herr in meinem Leben sein sollst, und ich möchte dir von ganzem Herzen nachfolgen.
Die Wege, die du für mich vorbereitet hast, will ich gehen.
Danke, Jesus, dass du lebst und mir für jeden Tag Kraft schenkst.
Lass mich eine Freude sein auch für meine Mitmenschen.
Dich, Jesus, will ich bekennen.
Gib mir durch deinen Heiligen Geist Kraft dazu.
AMEN

Sie können auch ganz frei mit Jesus sprechen und Ihre eigenen Wünsche formulieren.

Bald wird Ihnen klar werden, dass Jesus der beste Freund ist. Er hat in seinem Wort, der Bibel, versprochen, alle Tage bei Ihnen zu sein. Er wird Sie nie im Stich lassen.

Wenn Sie irgendwann versagen, sagen Sie es Jesus. Er wird Ihnen vergeben und Ihnen auf Ihrem Lebensweg weiterhelfen.

Wenn Sie Ihren Entschluss aufschreiben möchten oder Fragen haben und vielleicht andere Christen in Ihrer Nähe suchen, können Sie den unten stehenden Antwort-Coupon ausfüllen.

Ich habe mich heute im Gebet für Jesus Christus entschieden und ihn als meinen persönlichen Retter angenommen.

Tag ______ Zeit ______

Ort ______

Ich würde gerne andere Christen in meiner Umgebung kennen lernen.

Name ______

Straße ______

PLZ/Ort ______

Telefon ______

Email ______

Bitte einsenden an:

BIBLE FOR THE NATIONS
Aulkestrasse 28
D-48734 Reken
Tel: 02864-882907
www.bible-for-the-nations.com

Artikel-Nr. 1792 28 000

G E B E T

Geiseln/ Gekidnappt

Jesus, hilf mir die Ruhe zu bewahren und nicht in Panik zu geraten. Sei an meiner Seite, die ganze Zeit. Gib mir Kraft und Mut. Bewahre mich vor Mutlosigkeit und Furcht. Ich bete für meine Geiselnehmer, dass sie mir nichts Böses antun. Hilf meiner Familie in dieser Situation.
Gib ihnen Kraft und Trost. Ich lege mein Leben in deine Hände, Jesus Christus. Sende einen Engel an meine Seite, der mich vor allem Unheil bewahrt. Jesus, du hast alles Böse überwunden. Ich stelle mich unter dein Blut und deinen Schutz.
Amen.

Ein neuer Tag

Danke für die Nachtruhe.
Jesus, hilf uns an diesem neuen Tag.
Gib uns Kraft weiter zu gehen.
Hilf uns in jeder Entscheidung,
die wir an diesem Tag treffen müssen.
Jesus, wir rechnen heute mit deiner Hilfe.
Amen

G E B E T E

In Schneesturm und Unwetter

Jesus, wir kommen nicht weiter, wir sitzen fest und brauchen deine Hilfe. Jesus, hilf uns!
Wir überleben nur, wenn du uns neuen Mut und Stärke gibst. Gib uns Frieden in unserem Herzen.
Nimm alle Panikgefühle von uns.
Gib uns die richtigen Gedanken – was wir tun sollen, ob wir gehen oder ob wir hier bleiben sollen.
Wir bitten um deinen Schutz für unser Leben.
Jesus, danke dass du bei uns bist.
Wir legen unsere Leben in deine Hände. Vergib uns all unsere Schuld – und hilf uns in Allem bereit zu sein.

Gebet für Vermisste

Wir beten für...................., den wir vermissen.
Du weißt, wo .... sich befindet.
Wir bitten um Schutz für .... gerade jetzt.
Hilf uns ....zu finden.
Wir wissen nicht, was wir tun sollen.
Gib uns die richtigen Gedanken, du weißt alles.
Du kannst uns in Bildern, Träumen und durch unsere Gefühle klar machen, was wir tun sollen.
Jesus, rede zu uns – gerade jetzt. Wir brauchen deine Hilfe – Jesus! Danke, dass du unsere Gebete erhörst.

FÜNF JAHRE LANG ALBTRAUM

FÜNF JAHRE LANG ALBTRAUM

Anfang der achtziger Jahre haben meine Eltern sich getrennt. Ich war damals zehn Jahre alt.

Das war für mich irgendwie in Ordnung, weil meine Eltern sich dauernd in den Haaren hatten. Für mich stand fest, dass ich bei meiner Mutter wohnen wollte. Doch mein Vater hatte entschieden, dass ich bei ihm bleiben sollte. Niemand sagte mir damals, dass man auch als Kind seine Wünsche äußern darf. Meine Mutter kämpfte fünf Jahre lang um mich, aber vergebens. In dem Jahr, in dem ich 12 wurde, haben meine älteren Geschwister das Haus verlassen. Damit begann für mich ein fünf Jahre langer Albtraum. Mein Vater begann mich sexuell zu missbrauchen. Je älter ich wurde, desto schlimmer wurden die Übergriffe. Ich hatte furchtbare Angst. Ich wusste, dass mein Onkel seine Freundin umgebracht hatte und ich dachte, mein Vater sei in der Lage, dasselbe zu tun, also schwieg ich. Ich wurde wie eine verschlossene Muschel.

DIE ÜBERGRIFFE WURDEN NUR NOCH SCHLIMMER

Mein einziger Hoffnungsschimmer in dieser Situation war mein Glaube an Gott. In der Sonntagschule hatte ich von Gott gehört, dass er helfen kann. Ich habe daran geglaubt, dass es auch für mich ein ganz anderes Leben gab. Also habe ich zu Gott um Hilfe geschrien.

Nach der neunten Klasse begann ich eine Lehre als Friseurin. Ich lebte immer noch mit den Übergriffen. Eines Tages sagte ich zu mir selber: „In einem halben Jahr lebe ich nicht mehr, ich kann das nicht länger ertragen". Während dieser Zeit hat meine Schwester irgendwie gemerkt, das Zuhause etwas nicht stimmte. Sie hat sich ernsthaft Sorgen um mich gemacht. Zwei Wochen vor meinem 17. Geburtstag sprach sie mit einer Freundin über ihre Vermutungen. Maggie war eine junge Frau, die gerade zum Glauben an Jesus gekommen war.

Irgendwie war sie fest davon überzeugt, dass Jesus ihr sagte, sie sollte mich aus der Situation rausholen. Sie fuhr 300 km um mich mitzunehmen. Als sie mich fand, nahm sie mich einfach mit. Einfach so! Sie brachte mich zu ihr nach Hause. Ich hatte ganz weiche Knie, war voller Furcht, als ich aus meinem Gefängnis floh.

DER ANFANG DER BEFREIUNG

Zehn Wochen wohnte ich bei Maggie. Sie war Hausfrau und verbrachte viel Zeit mit mir. Das setzte den Prozess der inneren Befreiung in mir in Gang. Sie hatte eine fantastische Art, mir die Bibel nahezubringen, besonders das was die Bibel über Vergebung sagt. Auch die Versprechen, die in der Bibel stehen, hat sie für mich begreifbar gemacht, so dass ich es auch für mein eigenes Leben annehmen konnte. Am Anfang hatte ich überhaupt keine Kraft irgendetwas zu tun oder zu lesen. Sie hat mir einfach die ermutigenden Worte aus der Bibel erzählt und vorgelesen. Sie sagte mir auch, dass ich meinem Vater vergeben müsste, um selber frei zu werden. Sie sagte es

so, dass ich es verstehen und annehmen konnte. Das wurde ein wichtiger Schlüssel für die Wiederherstellung meiner Seele. Maggie gab mir all die Zeit die ich brauchte, sie war Tag und Nacht an meiner Seite.

GERICHTSVERHANDLUNGEN

Nach zehn Wochen durfte ich zu meiner Mutter ziehen. In der neuen Stadt besuchte ich eine Kirche. Dort bekam ich ganz neue Freunde. Die ganze Atmosphäre in dieser Kirche war sehr heilend. Was mich am meisten gestärkt hat, waren aber die Predigten und die Auseinandersetzung mit der Bibel. In diesem Umfeld bekam ich die nötige Kraft, um die Schritte zu tun, die notwendig waren, damit es auch gerichtlich aufgearbeitet wurde. Ich kontaktierte meinen Vater und machte ihm das Angebot, selber Hilfe zu suchen. Vier Monate wartete ich, aber nichts geschah. Dann ging meine Mutter zur Polizei und zeigte ihn an. Es verging ein ganzes Jahr bis es zur Gerichtsverhandlung kam. Ich bekam viel Hilfe durch einen sehr guten Anwalt. Die Verhandlungen fanden hinter verschlossenen Türen statt. Ich musste alles noch mal durchleben, als ich alle schmerzhaften Details erzählen musste. Diese Zeit erlebte ich wie in einem Nebel. Trotz allem habe ich gemerkt, dass Gott bei mir war und mir half. Mein Vater wurde zu drei Jahren Haft verurteilt. Ich verspürte meinem Vater gegenüber keinen Hass, ich war nur erleichtert, dass alles vorbei war.

HENRIC

Nun konnte ich weitergehen im Leben. Die nächsten Jahre waren wirklich gute Jahre. Ich hatte viele Freunde, war sehr aktiv und hatte in der Kirche eine schöne Gemeinschaft. Dann lernte ich Henric kennen. Wir haben geheiratet und endlich schienen für mich die trüben Tage vorbei zu sein. Doch dann kam der Schlag: Henric bekam Krebs in der Bauchspeicheldrüse. Die Ärzte bereiteten alles vor, um ihm eine neue Leber einzupflanzen, aber während der OP stellten sie fest, dass sie nichts mehr für Henric tun konnten. Sie nähten ihn, ohne etwas zu tun, wieder zu und schickten ihn nach Hause. Jeden Tag wurde er vom Pflegepersonal versorgt. Die letzte Zeit zusammen mit Henric war sehr kurz. Nach nur drei Monaten starb er. Trotz allem wurden diese drei Monate, die beste Zeit, die wir zusammen hatten. Wir konzentrierten uns nur noch auf einander. Jeden neuen Tag zusammen haben wir als ein Geschenk angenommen. Henric war ein fantastischer Mensch. Als er starb, ist für mich viel zusammengebrochen. Er war nicht nur mein Mann, er war meine Familie geworden.

ICH WURDE VON MEINEN GEFÜHLEN GESTEUERT

Ich habe keine Rente von meinem Mann erhalten, wir waren zu kurze Zeit verheiratet. Es gab kaum Zeit zum Trauern. Ich musste zusehen, wie ich mit all meinen Aufgaben zu Recht kam. Damals hatte ich ein eigenes Geschäft, das hieß: lange Arbeitstage. Auch für die Kirche hatte ich keine Zeit. Ich habe meine Freunde und die Gemeinschaft fast ganz verlassen. Ein halbes Jahr später, mit 26 Jahren, war ich ausgebrannt.

Das Jahr danach wurde sehr stürmisch, mit viel Selbstmitleid und Selbstbezogenheit. Ich wurde von meinen Gefühlen gesteuert. Schließlich begann ich neu Gott zu suchen. Ich wollte zurück zu meinen Wurzeln in Gott und begann auch für einen christlichen Ehemann zu beten. Nicht lange danach traf ich Mats. Wir verliebten uns und wurden ein Paar. Nachdem wir geheiratet hatten, ließen die Kinder nicht lange auf sich warten. Nach ein paar Jahren waren wir zu viert.

ALLTAGSLEBEN

Jetzt verlief mein Leben wie es in einer Familie mit Kindern üblich ist. Der

Alltag holte uns ein. Irgendwann standen wir in der Gefahr vom Alltagsstress aufgefressen zu werden. Wir fingen an, uns über Kleinigkeiten zu streiten. Außerdem waren wir auch so unterschiedlich vom Wesen her. Das Einzige was so richtig klappte, war, dass wir zusammen beteten. Um uns herum fingen die Ehen unserer Freunde an zu bröckeln. Jemand sagte mir während dieser Zeit, ich sollte doch in erste Linie an mich selber denken und was für mich gut wäre. Doch innerlich war mir klar, dass Gott wollte, dass wir zusammen hielten und als Familie zusammen blieben. Mats und ich fassten dann einen Beschluss, nicht aufgrund unserer Gefühle, sondern aufgrund dessen was die Bibel sagt, zu leben. Wir beschlossen Gott zu fragen, was er für Pläne für uns als Familie hat.

ÖSTERREICH

Nicht lange danach öffnete sich für uns eine ganz neue Tür. Wir zogen nach Österreich, um in einer Kirche mitzuarbeiten. Mein Mann als Musiker und meine Aufgabe war es, mich um die Frauenarbeit zu kümmern. Wir verkauften alles, was wir hatten und fuhren einfach los.

Die Zeit in Österreich war für uns als Familie eine Wiederherstellungsphase. Wir durften viel lernen und an unserer Beziehung bauen. Ich hatte in meinem Leben schon so viel erlebt und manche Erfahrungen machten mir schwer zu schaffen. Meine Fähigkeit einem Menschen ganz zu vertrauen, war in meiner Kindheit zerstört worden, weil mein eigener Vater mein Vertrauen total missbraucht hatte. Ich musste neu lernen, Menschen zu vertrauen oder wie die Bibel sagt: „In meinem Inneren erneuert werden, um meinem Mann neu zu vertrauen."

Während dieser Zeit wurde die Bibel zu einem richtigen Schatz. Die Versprechen, die Gott uns gegeben hat, wurden meine Quelle und Kraft zur Heilung; ein Fundament für mein Leben.

Mir war in dieser Zeit klar geworden, dass ich mein egoistisches Leben so nicht weiter leben konnte. Ich war nicht mehr das Zentrum. Ich musste an das Beste für meine Familie denken. Als ich das für mich entschieden hatte, bekam ich selber so viel Gutes zurück. Ich entschied für mein Leben, dass mein Hintergrund (meine Vergangenheit) nicht meine Zukunft bestimmen sollte!

IN DIE ZUKUNFT MIT GEBORGENHEIT IM RUCKSACK

Als Familie sehen wir der Zukunft mit großer Spannung entgegen. Das Leben ist ein Abenteuer. Für uns steht fest, wir möchten gemeinsam der Zukunft begegnen.

Wenn Du in Deinem Leben sehr schwere Zeiten durchgemacht hast, möchte ich Dir sagen, dass Deine Zukunft fantastisch werden kann! Mach dasselbe, was ich tat: Wähle Gottes Weg für Dein Leben. Er weiß, was am Besten für Dein Leben ist und er verspricht Dir, Dich nie zu verlassen.

Lena

*Lena lebt heute in Stockholm,
wo sie in eine neu gegründeten
Gemeinde/Kirche arbeitet.*

Gebet – Auf der Flucht

Hilf uns, Jesus!
Wir müssen fliehen!
Hilf uns, die richtige Entscheidung zu treffen
– jetzt und jeden Tag.
Gib uns deutliche Zeichen – was zu tun ist.
Leite uns und gib uns Anweisungen
– wie wir von hier wegkommen sollen.
Mache die blind, die hinter uns her sind.
Zeige uns, auf welchen Wegen wir flüchten sollen
– wo die Wege offen sind.
Hilf uns Jesus!
Amen

Gebet – Schwierigkeiten in der Wüste

Jesus, bitte rette uns aus dieser Not.
Wir brauchen Wasser.
Lass uns irgendwie Wasser bekommen.
Lass jemand zu Hilfe kommen.
Hilf uns hier weiterzukommen.
Gib uns neue Gedanken, Kraft und Mut.
Amen

HOLY
RIDERS
MC
TURN OR BURN

ANNE

Zweimal meinen Mann verloren

FUNDAMENTALISTISCHE MENSCHEN

Mein Zuhause war ein frommes Pflaster. Man kann sagen, dass meine Eltern fundamentalistische Menschen waren. Sie haben tatsächlich die Bibel ernst genommen und auch danach gelebt. Viele Dinge sahen sie als Sünde an. Sie waren streng und doch kann ich sagen, dass meine Kindheit sehr glücklich war, denn gleichzeitig war meine Mutter sehr liebevoll und warmherzig. Sie hat uns Kindern ein Bild von Gott vermittelt, das ihn als sehr liebevollen Gott vermittelte. Mein Vater nahm die Bibel so sehr ernst, dass er einmal sogar ohne seine Schuhe nach Hause kam. Er hatte sie einfach an einen Mann verschenkt, der keine hatte.

MEINEN EIGENEN WEG GEHEN

Unser zuhause war geprägt von Kirche, Gottesdiensten und Stubenversammlungen, mit anschließendem Kaffeetrinken.

Als ich Teenager wurde, bekam ich das Bedürfnis auszubrechen, meinen eigenen Weg zu gehen. Mir schien die Lebensweise meiner Eltern zu eng. Trotzdem blieb bin ich weiterhin in der christlichen Gemeinde. Innerlich aber löste ich mich von vielen Sachen.

ULRICH

Mit 17 traf ich meinen Ehemann Ulrich. Er war genau so wie ich in einem christlichen Elternhaus aufgewachsen. Als ich 19 Jahre alt war, haben wir geheiratet. Wir sind dann ins Münsterland gezogen, fuhren aber am Wochenende zur Gemeinde nach Duisburg. Wir hatten irgendwie einen Nachholbedarf und wollten all das ausprobieren, was wir als Kinder nicht durften. Gott geriet dabei in den Hintergrund, weil andere Sachen und Erlebnisse in den Vordergrund rückten. Innerlich war ich zerrissen. Ich wusste eigentlich nicht, wohin ich wollte mit meinen Leben. Eines Tages standen unser Pastor und seine Frau vor unserer Tür und fragten, wo wir geblieben seien. Also fuhren wir am nächsten Sonntag wieder in die Gemeinde.

WIR HABEN UNS WIRKLICH KINDER GEWÜNSCHT

Als ich 20 Jahre alt war, wurde unser erster Sohn, Benjamin geboren. Vier Jahre später kam Andreas und unser jüngster, Manuel, ist Jahre später geboren worden. Wir haben uns wirklich Kinder gewünscht und waren glücklich. Ich war berufstätig, bis Benny ein paar Jahre alt war. Nach einem Umweg über den Schwarzwald und den Bodensee landeten wir wieder im Ruhrgebiet, in Duisburg. Mein Mann hatte sich mittlerweile als Getränkehändler selbständig gemacht. Nun hatten wir drei Söhne.

ICH LEBTE IN ZWEI WELTEN

Während unserer Zeit in Süddeutschland hatte ich ein einschneidendes Erlebnis. Seit meiner Heirat lebte ich irgendwie in zwei Welten, in der Kirche und in der Welt. Ich konnte mich nicht entscheiden, in welche Richtung ich wollte. Eines Abends, wollte ich meinen Mann in einem Karnevalszelt treffen. Auf dem Weg dorthin passierte es dann. Betrunkene Männer kamen mir entgegen und aus der Lautsprecheranlage dröhnte: „Wir kommen alle in den Himmel, weil wir so brav sind.“ Es war wie eine Stimme in meinem Inneren, die sagte: „Was machst du hier Anne, was ist aus dir geworden?“ Ich drehte mich um und ging weinend nach Hause. Als ich dort ankam, ging ich auf meine Knie und sagte: „So, Jesus! Ab jetzt gehört mein ganzes Leben dir!“ Ich wollte nicht mehr auf zwei Seiten stehen.

NOCH MEHR GEBETET

Danach wurde unser Leben auf den Kopf gestellt. Mehrere Schicksalsschläge folgten kurz hinter einander. Ich verlor meine Arbeit. Die Firma meines Mannes ging in Konkurs; bei Frost platzten alle Flaschen in unserer Lagerhalle. Unser LKW ging kaputt und noch ein paar andere Sachen passierten. Meine Reaktion war, dass ich noch mehr betete. Durch meine Oma bekamen wir oben in einem Gemeindehaus in Duisburg eine Wohnung. Wir zogen um, obwohl die Wohnung eine regelrechte Baustelle war. Als wir den Umzugswagen ausgeladen hatten, bekam mein Mann Arbeit als LKW-Fahrer. Da stand ich mit meinen drei kleinen Kindern auf der Baustelle und mein Mann war fort. Als er wieder da, war bekamen wir nur eine kurze glückliche Zeit zusammen.

ER WURDE SEHR HART

Mein Mann hielt damals Gott auf Abstand. Er hatte schon einen Glauben, lebte aber nicht mehr mit Jesus im Herzen. Er war enttäuscht von Christen und innerlich sehr hart geworden. Er konnte nicht mehr weinen. Ich ging regelmäßig zur Gemeinde, mein Mann aber kam nie mit. Dann passierten mehrere Dinge innerhalb kurzer Zeit, die wie eine Vorbereitung auf seinen Tod waren. Eines Sonntags zog er sich

schick an. Ich fragte ihn warum. Er sagte dann, dass er an diesem Sonntag mit in den Gottesdienst käme.

DIE MEINT DOCH WOHL NICHT MEINEN MANN!

Im Gottesdienst war eine junge Truppe von Christen zu Gast. Eine Frau sagte mitten im Gottesdienst, dass sie ihre Predigt ändern würde, weil sie spürte, dass jemand im Gottesdienst sei, der bald von Gott abgerufen würde, aber noch sein Leben mit ihm in Ordnung bringen muss. In diesem Moment dachte ich: „Die meint doch wohl nicht meinen Mann! Ich schaute ihn von der Seite an und sah, dass er geweint hatte. Es war das erste Mal seit vielen Jahren. Dann kam eine richtige Predigt zur Umkehr. Nach dem Gottesdienst sagte mein Mann: „Ich muss nach vorne gehen, um mit dem Pastor zu reden." Es wurde ein langes seelsorgerliches Gespräch, in dem er sein Leben neu Jesus gab.

ER SOLLTE LÄNGST ZU HAUSE SEIN

Am nächsten Tag fuhr er zur Arbeit. Eigentlich wollte er unseren Sohn Andreas mitnehmen, weil er Ferien hatte und gerne mit seinem Vater mitfuhr. Als er aber früh morgens vor dem Bett seines Sohnes stand sagte er nur: „Ach, den kleinen Kerl lassen wir schlafen", und so fuhr er ohne ihn zur Arbeit. Er drückte mich ganz fest bevor er ging und sagte: „Weißt du Anne, dass ich dich so unendlich liebe", und so ging er aus dem Haus. Er fuhr einen LKW mit 36 Tonnen Eisen hinten drauf. Auf einer abfallenden Strecke im Raum Hagen versagten die Bremsen. Er verstarb noch auf der Unfallstelle. Ich wartete bis in die Nacht auf ihn, er sollte längst zu Hause sein.

ICH WAR WIE IN EINEM NEBEL

In der Nacht kam dann die Polizei, um mir die traurige Nachricht zu überbringen, dass mein Mann tödlich verunglückt war. Kurz darauf, in derselben Nacht, kamen meine Eltern. Da stand ich nun – alleine mit einem 10-jährigen und einem 7-jährigen Kind, sowie einem vier Monate alten Baby. Dazu kam, dass wir auch noch viele Schulden hatten. Mein Vater nahm alles im Zusammenhang mit der Beerdigung und dem Papierkram in die Hand. Meine Mutter half mir viel praktisch. Ich erfuhr auch von der Gemeinde viel Unterstützung und finanzielle Hilfe. Innerlich aber fühlte ich mich wie in einem Nebel. Nach einem halben Jahr redete meine Mutter sehr ernst mit mir und rüttelte mich aus meinem Schockzustand auf. Danach stürzte ich mich förmlich auf die Arbeit. Weil der Unfall ein Berufsunfall war, bekam ich Rente und kam so finanziell über die Runden.

EINE SEHR HARTE ZEIT

Es begann für mich eine sehr harte Zeit, aber in der Gemeinde waren Viele um mich besorgt, auch Rüdiger, der mir sehr geholfen hat. Zuerst dachten wir beide, es bleibt bei der Freundschaft. Rüdiger kam oft und hat bei uns gegessen und uns viel geholfen. Er half mir auch mit den Kindern. Nach einiger Zeit machte er mir einen Heiratsantrag. Zuerst war ich skeptisch. Ich war der Meinung, dass man eine Frau mit drei Kindern nicht so leicht heiraten konnte. Er aber bestand darauf, dass er sich das gut überlegt hatte und gerne die Verantwortung für meine drei Kinder übernehmen wollte, wie ein Vater. Rüdiger half uns in allen Berei-

chen. Die Kinder akzeptieren ihn unterschiedlich. Zwei meiner Söhne nahmen ihn sofort an, aber einer meiner Söhne hatten Schwierigkeiten mit Rüdiger. Mit der Zeit änderte sich das jedoch und inzwischen ist er derjenige, der Rüdiger am ähnlichsten ist.

HOLY RIDERS

Rüdiger war ein begeisterter Biker. In der ersten Zeit hatten wir aber nur das Geld für ein Auto. Als die Kinder ein wenig größer waren, ist er wieder aufs Motorrad umgestiegen. Er hatte irgendwie ein Bedürfnis das freie Leben zu leben. Wir fanden guten Anschluss bei den verschiedensten Biker Clubs in unserer Region. Ich spürte, dass ich auch eine Aufgabe in dieser Szene hatte. Mit der Zeit bekamen wir auch Kontakt zum Tribe of Judah und mit dem Holyriders MC, zwei christlichen Bikerclubs. Wir fühlten uns in dieser Gemeinschaft sofort wohl und wurden Mitglieder bei den Holyridern.

TROTZDEM IMMER AUF ACHSE

Rüdiger war Feuer und Flamme. Er brachte sich viel in den Club ein und war durch und durch ein Biker. Bei verschiedenen Anlässen erzählte er Menschen von Jesus. Das war, nachdem er ein neues, starkes Erlebnis mit Jesus hatte. Nach diesem Erlebnis war er irgendwie anders. Leben bedeutete für ihn, anderen Menschen von Jesus zu erzählen. Überall erzählte er Menschen von Jesus.

Die Ärzte stellten bei Rüdiger fest, dass er nur noch eine 30%ige Herzleistung hatte. Dazu kam ein schwerer Diabetes. Aber er war trotzdem immer auf Achse mit seinem Motorrad.

ICH WOLLTE ZUM KRANKENHAUS FAHREN

Als wir 2008 in Urlaub fuhren, mietete er sich ein Motorrad. Er fuhr durch die Berge und hat es total genossen. Eines Abends, bevor er einschlief, drehte er sich um und sagte zu mir: „Sei nicht traurig, wenn ich morgen nicht aufwache." Einige Sekunden davor war ein Gedanken in mir hochgeschossen, dass Gott ihn bald heimholen würde. Ich sagte nichts, war aber innerlich unruhig nach seinem Kommentar.

Auf dem Flug nach Hause sah ich, wie er leise vor sich hin weinte. Nachher erzählte er mir, dass er dachte, dass er im Flugzeug sterbe würde. Ich wollte zum Krankenhaus fahren, er wollte aber nach Hause. Also fuhren wir dorthin. Einen Tag lang war er krank, aber dann kam er wieder auf die Beine.

ER WAR TOT, EINFACH SO!

An einem Tag, kurze Zeit später, fuhren wir in unsere Gemeinde. Auf der Heimfahrt haben wir beide im Auto gesungen. Als wir zu Hause ankamen, hatte er Lust auf ein Eis. Ich ging es holen, er ging sich die Hände waschen. Dann nahm er meinen Kopf zwischen seine Hände und küsste mich auf den Kopf. Er gab mir einen Löffel voll Eis und dann fiel sein Kopf zur Seite - er war tot. Einfach so! Ich war wie versteinert. Dann rief ich um Hilfe und die Jungs sind gekommen. Langsam wurde es mir bewusst: Ich bin zum zweiten Mal Witwe geworden. Diesmal wusste ich, was auf mich zukommen würde an Traurigkeit und Einsamkeit.

ICH BIN WIRKLICH NIE ALLEINE

Und doch war ich nicht allein. Gott war das erste Mal dabei, als ich Witwe geworden bin und auch jetzt erlebte ich seine Fürsorge und Liebe. Ich bin wirklich nie alleine, Jesus ist da, aber auch meine Familie, meine Söhne, meine Schwiegertöchter und meine Enkelkinder. Auch wenn ich natürlich traurige Momente habe und mich manchmal frage, was jetzt auf mich zukommt und in welche Richtung ich gehen soll, weiß ich gewiss, dass mein Leben sicher ist in den Händen Jesu. Da habe ich Frieden.

DIE EWIGKEIT IST LANG

Was ich in all diesen Jahren gelernt habe, ist, dass es das Wichtigste im Leben ist, in der Nähe Jesu zu bleiben, auf ihn zu hören und das zu tun was er sagt. Das Leben ist so unendlich kurz, aber die Ewigkeit ist lang. Das Beste, was wir Menschen in unserem Leben hier auf Erden tun können, ist für die Ewigkeit zu leben. Jesus ist treu – vertraue dein Leben ihm an.

Ein Unfall mit schweren Folgen

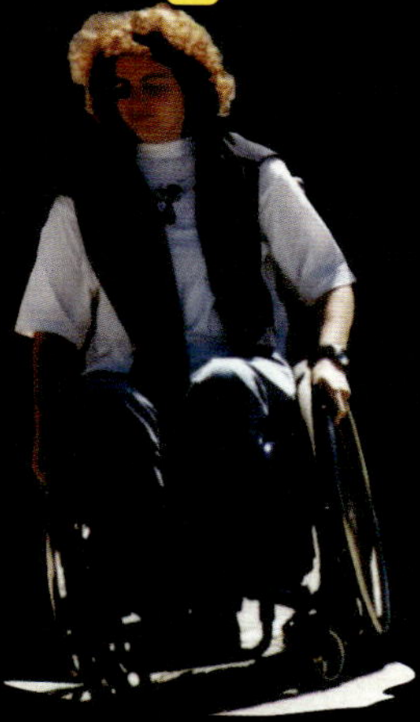

Wer damals von meinem Unfall hörte, war tief erschüttert. Und kaum jemand hielt es für möglich, dass ich am Leben bleiben würde. Seit der Motorradfreizeit, bei der der Unfall passiert ist, sind bereits über zwei Jahre vergangen, und ich habe viele schöne Erinnerungen an diese Woche. Woran mir jedoch jede Erinnerung fehlt, ist der Unfall selbst. Wie es abgelaufen ist, haben mir die anderen hinterher erzählt: Wir mussten einen Überholversuch mit einer Vollbremsung abbrechen und fielen in dem Moment, in dem wir zum Stehen kamen, auf die Gegenfahrbahn. Das entgegenkommende Auto hatte keine Chance auszuweichen. Der Fahrer des Motorrades kam mit leichten Verletzungen davon. Ich musste im Krankenwagen wiederbelebt werden und befand mich mehrere Wochen lang in Lebensgefahr. Geblieben ist eine Querschnittslähmung.

EINE HARTE ZEIT

Während der ersten Wochen in den Kliniken fehlte mir die Orientierung. Wo ich war, warum ich da lag und wie es mir ging, habe ich gar nicht mitbekommen. Immer, wenn ich kurz bei Bewusstsein war, erklärten mir meine Eltern, ich hätte einen Unfall als Sozia gehabt und sei im Krankenhaus, aber das alles erlebte ich mehr wie einen Film im Kino, in dem ich die Hauptrolle spielte. Die starken Medikamente hatten zur Folge, dass ich die meiste Zeit über schlief oder phantasierte. Die ganze Zeit über habe ich nicht mitbekommen, was los war – es ist ein Wunder. Ich habe nicht geahnt, wie ernst es wirklich mit mir stand. Nur allmählich nahm ich wahr, dass ich mich kaum bewegen konnte. Da ahnte ich schon etwas, merkte es aber nicht wirklich. Kurz vor der Verlegung in eine Rehaklinik wurde mir klar, dass ich gelähmt war. Was das bedeutet, habe ich dann erst dort gemerkt und gelernt. Diese Zeit waren sechs harte Monate.

GOTT ERHÖRT GEBETE

Als es für mich um Leben und Tod ging, haben sehr viele Menschen für mich gebetet. Und Gott hat ihr Gebet erhört! Ich lebe, mir geht es wieder gut, und inzwischen bin ich trotz der Lähmung nicht mehr auf Hilfe angewiesen. Auch meine theologische Ausbildung, die ich vor dem Unfall begonnen hatte, konnte ich inzwischen beenden.

DIE FRAGE NACH DEM WARUM

Klar, ich war und bin genervt, wenn etwas nicht so funktioniert, wie ich es gerne hätte. Aber ganz sicher bin ich mir, dass Gott mich durch diese Zeit begleitet hat. Oft werde ich gefragt, wo denn mein Gott gewesen sei, und warum er so etwas zugelassen hätte. Ich bin der festen Überzeugung, dass dieser Unfall mit seinen Folgen kein Zufall war. Es war nicht so, dass Gott die Situation einfach nicht im Griff gehabt hätte. Ich glaube, er hat diesen Unfall gewollt und nicht nur zugelassen, weil er etwas mit mir vor hat, wozu er mich im Rollstuhl braucht! Also steht es mir auch nicht zu, dem Fahrer des Motorrads einen Vorwurf zu machen, zumal er nicht riskant gefahren ist. Schließlich war es meine eigene Entscheidung, an diesem Tag nicht selbst zu fahren.

HEUTE WEISS ICH, WOFÜR GOTT MICH MIT MEINEM ROLLSTUHL BRAUCHT

Es war mir schon vor dem Unfall wichtig, andere Menschen – und ganz besonders Sportler – für ein Leben mit Jesus zu begeistern. Ich hatte bereits den Entschluss gefasst, mich ehrenamtlich in der Betreuung von Sportlern zu engagieren. Was liegt jetzt näher, als mit behinderten Sportlern ins Gespräch zu kommen? Gott hat diesen Gedanken bei mir und anderen bestätigt. Es ist mir ein Anliegen, Sportlern, die Jesus noch nicht kennen, die Gelegenheit zu geben, ihm zu begegnen. Gott weiß, was gut für mich ist – auch wenn ich es besser zu wissen glaube. Ohne diese Gewissheit wäre ich orientierungslos – auch ohne Querschnittslähmung! Vor kurzem hatte ich die Gelegenheit, wieder auf einem Motorrad mitzufahren. Zum Entsetzen aller Nichtmotorradfahrer macht es mir immer noch viel Spaß!

10 BRENNENDE FRAGEN AN JOEL

1 GIBT ES WIRKLICH EINEN GOTT?

Ich finde es logisch, dass es für jedes Bild einen Künstler gibt, der es gemalt hat. Jede Uhr hat einen Hersteller, egal ob sie 1000 Euro oder nur 4,52 Euro kostet. Jedes technische Gerät, das du zu Hause hast, ist durch Menschen entstanden, die kreativ dachten und etwas Neues produzierten. Aber was die Schöpfung angeht (Menschen, Tiere, Pflanzen usw.) behaupten viele, sie sei durch einen Zufall entstanden. All das, was doch so viel mehr durchdacht, kompliziert und detailliert ist als Computer, Uhren und andere menschliche Erfindungen... Ist das nicht ein bisschen komisch?

Die neuesten Computer und Autos können uns beeindrucken. Aber was kann besser durchdacht sein als die Schöpfung! Ein Computer hat einen Hersteller und Erfinder, aber das, was oft so viel komplizierter ist als ein Computer, der Mensch, hat er einen Schöpfer? Für mich ist das eine klare Sache.

2 KANN JEDER GOTT KENNEN LERNEN?

Ich bin fest davon überzeugt, dass Gott will, dass jeder Mensch Jesu Vergebung und Liebe erlebt und dass jeder Mensch mit Jesus leben darf! Jesus hat den Weg zu Gott für alle frei gemacht. Wer sich entscheidet, Jesus in sein Leben einzuladen und beginnt, mit ihm zu leben, wird Gott kennen lernen. Gott hat es in seinem Wort versprochen: Wenn du ihn von ganzem Herzen suchst, wirst du ihn finden.

3 FÜHREN DENN NICHT ALLE RELIGIONEN ZU GOTT?

Manche finden mich ein bisschen engstirnig, wenn ich auf diese Frage mit Nein antworte. Aber das ist meine Überzeugung, und ich wäre nicht ehrlich, wenn ich etwas anderes sagen würde. Jesus sagte selbst, dass er der einzige Weg zu Gott ist. Warum gerade Jesus, kann man sich fragen? Weil er von Gott gesandt wurde, um die Schuld der Menschen wegzunehmen.

Er sagt selbst, dass er der Weg, die Wahrheit und das Leben ist und dass niemand zum Vater kommt außer durch ihn. Man muss natürlich selbst prüfen, ob das wirklich stimmt. Ich habe selbst erlebt, dass das, was in der Bibel steht, wahr ist. Darum glaube ich daran. Jesus hat mir Frieden in meinem Inneren gegeben, Freude und Liebe. Das hat in mir bewirkt, dass ich den Worten von Jesus, dass er der einzige Weg zu Gott ist, glauben kann.

4 WAS GESCHIEHT, WENN ICH JESUS NICHT GLAUBE UND SEINE VERGEBUNG NICHT ANNEHME?

Die Bibel sagt, dass alle gesündigt haben und darum Jesu Vergebung brauchen. Wenn deine Sünde nicht verschwindet, steht die Strafe dafür noch aus. Gott kann mit Sünde keine Gemeinschaft haben, weil er heilig und durch und durch wahr ist. Ohne Jesu Vergebung ist man von Gott und allem, was er ist, getrennt. Wenn ein Mensch stirbt, wird das noch konkreter: ewiges Leben oder ewiger Tod. Von Gott getrennt sein bedeutet, dass man ewig von Wahrheit, Liebe, Leben, Freude und allem anderen Wunderbaren getrennt ist.

5 SIND CHRISTEN NICHT TOTAL LANGWEILIG?

Hast du einen guten Freund, der Christ ist? Manchmal kommt man auf Gedanken, die nichts mit der Wirklichkeit zu tun haben. Christ zu sein bedeutet, mit Jesus zu leben, und das ist alles andere als langweilig! Das ist ein spannendes Leben. Aber es kann natürlich Menschen geben, die sich Christen nennen, aber das richtige Leben mit Jesus noch nicht erlebt haben. Sie haben vielleicht nur die äußeren Formen und Traditionen anstelle des wirklichen Lebens kennen gelernt. Sie haben in ihrem Glauben noch nicht an Tiefe gewonnen. Stell dir eine Orange vor: Wenn man nur die Schale probiert, schmeckt sie bitter und eklig, aber wenn man das isst, was sich in der Schale befindet, schmeckt es richtig gut! Ich glaube, dass jeder Mensch, der seinen Glauben wirklich ernst meint, Leben und Freude entdecken wird.

6 STIMMT ES, DASS CHRISTEN NIE PROBLEME HABEN?

Als Christ hat man auch Probleme. So ist das einfach. Aber es gibt einen großen Unterschied: Wenn man für Gott lebt, ist man mit seinen Problemen nie allein. Gott ist dabei, und er will uns helfen. In der Bibel steht, dass wir alle unsere Sorgen auf ihn werfen können, denn er sorgt für uns. In der Gemeinschaft mit Gott bekommt man Hilfe, um die Alltagsprobleme auf ganz andere und neue Weise anzugehen.

7 Wenn Gott so gut ist, warum passiert dann so viel Schreckliches in der Welt?

Diese Frage nennt man auch das Theodizee-Problem. Gott ist ein guter Gott, der nur das Beste für die Menschen will. Doch weil der Mensch Gott den Rücken zugekehrt hat, gibt es viel Böses im Menschen. Ich glaube, die meisten stimmen da zu. Das Böse, was in der Welt geschieht, hat seine Ursache darin, dass der Mensch Gott den Rücken zugekehrt hat. Nur ein Beispiel: Gott hat uns die Erde gegeben, und es gibt genug Essen, dass alle satt werden könnten. Doch aufgrund des Egoismus des Menschen sterben jeden Tag Kinder an Unterernährung.

8 Warum tut Gott nichts dagegen?

Gott hat die Macht über die Erde den Menschen überlassen. Und er hat den Menschen einen eigenen, freien Willen gegeben. Der Mensch kann machen, was er will – Gutes wie Schlechtes. Und Gott mischt sich nicht in den freien Willen der Menschen ein. Er hätte uns zu Robotern machen können, die alles korrekt, richtig und gut machen, aber das tat er nicht. Er wollte, dass wir einen eigenen und freien Willen haben. Er wollte, dass es ein Geschöpf gibt, das ihn lieben kann. Gott will, dass wir zu ihm umkehren und in Liebe leben, unsere Mitmenschen lieben wie uns selbst. Aber so lange Menschen in Aufruhr gegen Gott leben, geschieht viel Schreckliches, und leider sind oft auch unschuldige Menschen betroffen. Es kommt ein Tag, an dem die, die an Jesus glauben, mit ihm im Himmel leben werden. Dann wird alles Böse ein Ende haben.

9 Was kommt eigentlich nach dem Tod?

Das ist eine Frage, die sich jeder stellt, glaube ich. Ich erinnere mich, wie ich einmal mit einem Freund draußen unterwegs war, um mit Menschen über Gott zu sprechen. Da saß ein Paar auf einer Parkbank, und ich ging zu ihnen und fragte: „Wisst ihr eigentlich, was nach dem Tod kommt?" Diese Frage ist fast zu direkt, um sie Fremden zu stellen, aber ich tat es trotzdem. Später erfuhr ich, dass das Paar gerade über dieses Thema gesprochen hatte, als ich zu ihnen kam. Ein naher Verwandter von ihnen war gestorben. Mein Freund und ich konnten dem Paar Hoffnung vermitteln. Dann wollten sie Jesu Vergebung annehmen und mit ihm weiterleben. Wenn du Jesus als Herr und besten Freund hast, darfst du wissen, dass du ewiges Leben hast, dass der Tod nicht das Ende ist. Er ist eigentlich nur der Anfang von etwas weitaus Schönerem.

10 WARUM GLAUBST DU AN JESUS?

Ich bin in einer christlichen Familie aufgewachsen. Meine Eltern haben mich nie gezwungen, Christ zu werden, aber sie haben sicher einen Einfluss auf meine Entscheidung gehabt. Es war ganz natürlich für mich, weiter an Jesus zu glauben. Das liegt daran, dass ich selbst so viel erleben durfte. Das Größte sind vielleicht gar nicht alle Wunder und Zeichen, die ich sehen durfte, sondern dass ich mich wie ein naher Freund von Jesus fühlen darf. Ich spreche mit ihm und er mit mir. Das ist Gemeinschaft und Nähe. Diese Gemeinschaft gibt mir so unglaublich viel Kraft und Inspiration. Ich möchte niemals ohne diese Freundschaft mit Gott sein!

Joel Sjöberg wurde 1976 geboren und lebt in Örebro/Närke in Schweden. Er ist Buchverleger, hält Vorträge und predigt. Er reist gern und trifft neue Menschen. Seine Hobbys sind Musik, Krafttraining und Jogging. Aber über alldem steht für ihn Jesus, der sein Leben bestimmt und prägt.

Text aus dem Buch „Ein letzter Wunsch" von Joel Sjöberg.

In stürmischer See

Jesus, ich habe solche Angst.
Ich bitte um deinen Schutz mitten in diesem Sturm.
Halte deine mächtige Hände über uns. Stille diesen Sturm.
Sende uns Boote in die Nähe – wenn unser Boot
diesem Sturm nicht standhalten kann.
Wir brauchen deine Hilfe.
Wir bitten für unsere Leben – Hilf in Jesu Namen.
Amen

Unfall – Schaden

Hilf uns, hier die richtige Entscheidung zu treffen.
Wir bitten um Schutz.
Halte uns fest – ganz nahe bei dir. Sende uns Hilfe.
Jesus, wir legen unser Leben in deine Hände.
Nimm alle Panikgefühle von uns.
Gib uns deinen Frieden.
Amen

Vor der Nacht

Jesus, wir bitten dich um Hilfe in dieser Nacht.
Lass uns gut schlafen.
Bewahre uns von allem Bösen.
Gib uns Ruhe und neue Kräfte für den morgigen Tag.
Sei mit unseren Angehörigen, Eltern, Kindern,
Geschwistern und Freunden.
Amen

Gebet mit Sterbenden

Jesus, ich übergebe nun mein Leben in deine Hände.
Gib mir deinen Frieden.
Vergib mir alle meine Sünden und meine Schuld.
Reinige mein Herz.
Jesus, danke dass du für meine Sünden
am Kreuz gestorben bist.
Jesus, ich nehme deine Vergebung an.
Jesus, danke, dass ich nun zu dir kommen darf.
Jesus, du bist mein Erretter – ich gehöre dir.
In Jesu Namen Amen

RAT FÜR GEBET BEI STERBENDEN;

Nimm die Person bei der Hand, die gerade im Sterben liegt. Erzähle, dass du jetzt mit dieser Person ein Gebet sprechen wirst. Bitte denjenigen nachzusprechen. Lese die Wörter zweimal – um der Person zu helfen – nachzusprechen. Wenn derjenige nicht sprechen kann, lese trotzdem, wahrscheinlich kann die Person das Gebet in Gedanken verfolgen.

Schwerer Unfall mit Natronlauge

Ich heiße Bernie Acklin und bin quasi mit dem Lastwagen aufgewachsen. Mein Vater gründete in dem Jahr meiner Geburt unseren kleinen Familienbetrieb, und seit dem Abschluss der Rekrutenschule mit 20 Jahren arbeite ich da mit. Von früh bis spät fahre ich mit meiner Renault Sattelzugmaschine vor allem flüssige Güter im In- und Ausland umher. Abends arbeite ich dann in der eigenen Werkstatt weiter, und nachts erledige ich Administratives. Dies ist mein Alltag, mein Leben – war es zumindest, bis zum 3. Juli 2003. Dieser Donnerstag sollte mein Leben abrupt und unwiderruflich verändern.

HEISSE NATRONLAUGE TRAF MICH MITTEN IM GESICHT

Es begann eigentlich als normaler Arbeitstag und verlief bis zum Abend planmäßig, wenn aber auch wie gewohnt hektisch. Beim letzten Kunden musste ich einen Tankcontainer mit 50%iger, 50 C° heißer Natronlauge entladen. Gut ¾ der zweiten Tankkammer waren bereits entladen, als ich meinen gewohnten Kontrollgang nach hinten machte, um nach den Schlauchverbindungen zu sehen. Just in diesem Moment, als ich hinter dem Auslauf stand, löste sich, aus heute noch ungeklärten Gründen, der Schlauch explosionsartig vom Anschluss, und aus dem 2-Zoll-Rohr schoss mit hohem Druck die heiße, aggressive Lauge. Der dicke, schwere Strahl traf mich mitten ins Gesicht und durchnässte mich bis auf die Unterwäsche, vom Scheitel bis zur Sohle, sogar in Mund und Nase spürte ich das seifige Produkt eindringen. Sofort rannte ich in Richtung Notdusche, rutschte aber auf der seifenglatten Lauge aus und fiel der Länge nach hin, in die Pfütze aus Natronlauge.

BERNIE ACKLIN

Beim Sturz verlor ich die Schutzbrille, die ich bis dahin wie vorgeschrieben getragen hatte. Ich merkte, wie mir die Lauge vom Haar in die Augen rann. Ich rappelte mich auf und spurtete zur Dusche. Die Haut am ganzen Körper brannte wie Feuer, ebenso meine Augen, und ich konnte von Minute zu Minute schlechter sehen. Als ich es unter der Dusche vor Kälte und Atemnot nicht mehr aushielt, rannte ich zum LKW, schloss die Hähne, hängte die Schläuche ab und stellte den Sattelzug zur Seite, solang ich noch halbwegs genug sehen konnte.

ICH WAR SO GUT WIE BLIND

Beim Einsteigen fiel mein getrübter Blick in den Rückspiegel, und ich sah mein rechtes Auge, das bereits eisblau und trübe war. In diesem Moment realisierte ich, dass Natronlauge für die Augen etwas sehr gefährliches ist. Ich hastete zurück zur Notdusche und schaffte es irgendwie, meine Frau anzurufen und die Sanitäter zu verständigen. Lange Zeit mussten die Sanitäter auf mich warten, da ich wegen der Verätzung nicht unter dem kühlenden Strahl der Dusche hervorkommen konnte. Mein ganzer Körper und die Augen brannten wie Feuer, ich hielt es kaum aus. Schließlich brachten sie mich ins Inselspital Bern, wo ich die ganze Nacht mit einer sehr schmerzhaften Augenspülung wach lag. Inzwischen konnte ich außer geringem Hell-Dunkel-Kontrast nichts mehr sehen. Ich war so gut wie blind!!!

Schnell begann ich die volle Tragweite des Unfalls zu realisieren. Wenigstens konnte ich noch vor der Nacht mit meiner Frau Christine reden. Wir hatten vor 3 Wochen geheiratet und wären in wenigen Tagen in die Flitterwochen gefahren. Stattdessen lag ich jetzt im Krankenhaus und sah mich mit einer ausweglosen Situation konfrontiert. Meine Frau glaubt an Jesus Christus und alarmierte sofort nach meinem Anruf alle ihre gläubigen Freundinnen und Freunde, auch Meile und Paul Lehmann von „Agape auf Achse“. So wurde eine ganze Armee von Betern und Beterinnen aktiviert, um für mich zu beten! Meine Frau versicherte mir, dass sie zu mir halten werde, egal was aus mir wird und dass sie tatsächlich „ja“ gemeint habe vor 3 Wochen vorm Traualtar! Sie machte mir Mut, gab mir Kraft und munterte mich auf, obwohl sie selber große Angst um mich hatte. Sie dankte Gott dafür, dass ich noch lebe, sagte sie.

KLEINE MENGEN VERSCHLUCKTER LAUGE WÄREN TÖDLICH GEWESEN

Die Ärzte hatten ihr gesagt, dass es keine Hoffnung gäbe, dass ich je wieder sehen könnte und dass ich aus medizinisch unerklärlichen Gründern überlebt hätte, weil ich die Lauge, die ich mit großem Druck in den Mund bekam, nicht reflexartig geschluckt hatte Bereits kleine Mengen verschluckter Lauge wären tödlich gewesen. Christine sagte, dass sie mich am nächsten Morgen besuchen kommen wollte. Davon versuchte ich sie zuerst abzubringen, denn ich hatte große Angst vor ihrer Reaktion auf meine Verletzungen.

Mein Gesicht war entstellt, das spürte ich, die Haut und die Schleimhaut in Mund und Nase hingen in Fetzen herunter. Ich konnte kaum sprechen, geschweige denn essen und meine Augen waren eisig-hellblau und trübe, wie Gletschermilch. Nein, ich war nicht mehr der Mann, den sie vor 3 Wochen geheiratet hatte! Schon in der Nacht hatte ich nachgedacht, hatte mir ausgemalt, was für Konsequenzen der Verlust des Augenlichts für mich haben würde. Ich würde nie mehr LKW fahren, das war so gut wie sicher. Ziemlich sicher war auch, dass ich nie mehr PKW fahren konnte. Letztlich konnte ich froh sein, wenn ich mich jemals wieder alleine zu Fuß irgendwo hin bewegen konnte! Meine gesamte Zukunft stand auf dem Spiel, beruflich wie privat. Ich fühlte Panik und Hoffnungslosigkeit in mir aufsteigen. So lag ich da und betete so ziemlich zum ersten Mal in eigener Sache zu Gott, flehte ihn an, mir zu helfen.

ICH FLEHTE JESUS AN MIR ZU HELFEN

Am nächsten Tag kam meine Frau trotz meiner Widerreden und schloss mich überglücklich in die Arme. Sie tröstete mich und gab mir Mut und Hoffnung. Sie beteuerte immer wieder, dass Gott auch heute noch Wunder tue. Ich war trotz allem noch relativ gelassen, dachte viel nach über mein bisheriges und mein zukünftiges Leben. Dass ich aktiv nichts zu meiner Genesung beitragen konnte, außer brav den Anweisungen der Ärzte und Schwestern zu folgen, machte mir große Mühe.

Ich war es gewohnt, alle Probleme im Alleingang zu lösen, mich auf mich selbst und meine Fähigkeiten und Kraft zu verlassen. Damit kam ich aber in der momentanen Situation nicht weit. Es war ein hartes Stück Arbeit, das zu akzeptieren und mir einzugestehen, dass diesmal nicht ich derjenige sein würde, der entscheidet, wie die Sache ausgeht. Ich musste mich wohl oder übel auf Jesus verlassen, ihn um Hilfe bitten! Und ich musste lernen anzunehmen, dass es Gottes Entscheidung sein würde, ob ich blind bleiben oder jemals wieder würde sehen können. Wie schwierig für einen selbständig Arbeitenden! Hinzu kamen noch die Sorgen finanzieller Art. Alles in meinem Leben war ins Wanken geraten, und der Einzige, der mir jetzt noch Halt geben konnte, war Jesus Christus, Gottes Sohn. In vielen demütigen Stunden habe ich gelernt zu beten, auch mit meiner Frau zusammen (da habe ich heute noch Hemmungen, aber es geht einigermaßen). Ich flehte Jesus an, mir zu helfen.

GOTTES WIRKEN VERSETZTE DIE ÄRZTE IN ERSTAUNEN

Und siehe da, Gott antwortete auf meine Gebete! Schon wenige Tage nach dem Unfall begann ich etwas besser zu sehen. Die bis auf die unterste Schicht verätzte Hornhaut, von der die Ärzte sagten, sie würde sich unmöglich selber reparieren können, begann aus dem Nichts zu verheilen. Ich verweigerte eine Operation, nach Rücksprache mit meiner Frau, um Gott eine weitere Woche Zeit zu geben, das Auge zu heilen. Das schwerer verletzte Auge, das anfangs so schlecht durchblutet war, erholte sich zusehends.

Die Wunden an meinem Körper, im Gesicht und im Mund heilten rasch. Immer wieder versetzte Gottes Wirken die Ärzte in Erstaunen. Einmal hatte ich sogar den Mut, ihnen zu sagen, sie hätten die Rechnung halt ohne Gott gemacht, als sie sich fragten, wie so etwas möglich sei!

Die Zeit nach der Krankenhausentlassung, das halbe Jahr, in dem ich nicht arbeiten konnte, weil ich zu schlecht sah, war für mich so was wie ein Schlüsselerlebnis. Viele Hindernisse in Form von Rückfällen, Schmerzen, Ängsten, Einschränkungen und Entbehrungen, auch Ablehnung und Unverständnis von Mitmenschen gab es zu überwinden. Während der ganzen Zeit aber war deutlich die Wirkung der vielen Gebete und Fürbitten zu spüren, sowie Gottes Kraft und Gnade. Bereits im Krankenwagen hatte ich beschlossen, nicht aufzugeben und zu kämpfen.

Während der ganzen schweren Zeit fühlten wir beide, meine Frau und ich, uns wunderbar getragen. Nur ganz selten überfiel uns die Hoffnungslosigkeit oder die Traurigkeit. Ich durfte am eigenen Leib erfahren, wie es ist, von Gott geheilt zu werden, denn die Medizin konnte es nicht.

Am 22. Dezember 2003 erhielt ich meinen LKW Führerschein zurück, da ich sogar für diese Anforderungen wieder genug sehen konnte!

HALLELUJA WAR DAS EIN FEST!

– HERNIE ACKLIN

„Ich bin getroffen"

„Jetzt stirbt sie, wann sterbe ich?", dachte ich, als ich anfing rückwärts zu fahren! Das ganze hintere Fenster war zerborsten vom Kugelregen, der das Fenster getroffen und das ganze Auto durchquert hatte. Diese Sekunden waren erfüllt von einer grausamen Unwirklichkeit. Aber gleichzeitig war mir bewusst, das ich alles tun musste, um aus dem Schussfeld zu gelangen.

MEINE KOLLEGEN WAREN UNTER BESCHUSS

Es war während des Wochenendes, als ich Bereitschaftsdienst hatte. Meine Dienstwaffe hatte ich Zuhause. Es war am 27. Dezember nachts. Mein Chef rief mich an und sagte, dass meine Kollegen beschossen würden. Die Täter waren mit einem Volvo auf der Flucht und auf dem Weg in unsere Richtung, nachdem sie eine Polizeiabsperrung durchbrochen hatten. Ich habe es zuerst nicht richtig verstanden: ...unter Beschuss, in unserer ruhigen Ecke? Meine Kollegin und ich bekamen den Auftrag rauszufahren, um zu sehen, ob wir sie ausfindig machen könnten.

ES WAR GENAU SO EIN WAGEN, WIE DER, NACH DEM GEFAHNDET WURDE

Ich holte meine Kollegin Zuhause ab. Wir tauschten unseren Polizeiwagen gegen einen zivilen Einsatzwagen. Mit hoher Geschwindigkeit fuhren wir in die Richtung, in der man die Täter zuletzt gesehen hatte. In der Nähe einer Tankstelle fuhren wir rückwärts in eine Einfahrt und hatten damit einen sehr guten Überblick über die Kreuzung. Wir funkten unserem Vorgesetzen, dass wir jetzt angekommen waren und einen guten Überblick über die Landstraße und die Kreuzung hatten. Nach einigen Minuten näherte sich ein Auto der Tankstelle. In 150 Metern Entfernung fuhr es in die Auffahrt. Es war genau so ein Wagen, wie der, nach dem gefahndet wurde.

DAS AUTO IST UNS HINTER HERGEFAHREN

Ich fuhr langsam raus und an der Tankstelle vorbei. Es gelang mir, das Nummernschild zu erkennen. Es war das Auto, nach dem gefahndet wurde! Langsam fuhr ich weiter und kam dabei in das Industriegebiet hinein. Ich wusste, dass diese Männer lebensgefährlich waren und dass die bereit waren zu töten. Wir machten die Scheinwerfer des Autos aus und fuhren langsam zurück in Richtung Tankstelle. Als wir dort ankamen, war das Auto verschwunden. Ein Stück weiter war ein Schneepflug, mitten in der Nacht, am schneeschieben. Wir fuhren hin, um den Fahrer zu fragen, ob er den schwarzen Wagen gesehen hatte. Er erzählte, das Auto sei hinter uns hergefahren. Später hat sich herausgestellt, dass die Täter versucht hatten, uns zu finden. Als sie uns aber nicht fanden, fuhren sie weiter, auf einem kleinen Weg und einen steilen Hügel hoch.

ES WAR ALLES ANDERE ALS BERUHIGEND

Während wir mit dem Schneepflugfahrer sprachen, sahen wir die Rückleuchten des Wagens oben auf dem Hügel. Langsam fuhren meine Kollegin und ich den Hügel hoch. Oben erreichten wir eine Ebene mit einer Rechtskurve. Es war alles andere als beruhigend – mitten in der Nacht, verlassene Gegend, nur wenig Licht, Neuschnee und mehrere Männer in einem Auto vor uns, die keine Probleme damit hatten, Menschen umzubringen.

Auf der Straße lagen vier Zentimeter Neuschnee. Wir konnten den Spuren des Autos auf diesem abgelegenen Weg folgen. Als wir um die Rechtskurve fuhren, stand dort ein Fahrzeug. Im Wagen war die Beleuchtung an. Mein erster Gedanke war, ehrlich gesagt, dass es sich um ein anderes Auto handeln musste, das irgendwie Probleme bekommen hatte. Ich konnte mir nicht vorstellen, dass es gefährliche Männer sein könnten, die dort auf uns lauerten.

„ICH BIN GETROFFEN"

Als wir heranfuhren und im Abstand von ca. 80 Metern vor dem Auto hielten, konnte ich sehen, dass es der Wagen war, nach dem gefahndet wurde. Ich bremste sofort. Im selben Moment begannen die Männer auf uns zu schießen. Alles war so unwirklich. Als ich den Rückwärtsgang eingelegt hatte, spürte ich Schmer-

zen am Kopf. Gleichzeitig hörte ich meine Kollegin neben mir sagen: „Ich bin getroffen!“ Als sie das sagte, brach sie neben mir zusammen. „Jetzt stirbt sie, wann sterbe ich?“, dachte ich, als ich begann rückwärts zu fahren! Das ganze hintere Fenster war zerborsten vom Kugelregen, der das Fenster getroffen hatte und das ganze Auto durchquert hatte. Die Sekunden waren erfüllt von einer grausamen Unwirklichkeit. Aber gleichzeitig war mir bewusst, dass ich alles tun musste, um aus dem Schussfeld zugelangen.

DIE TÄTER HATTEN DIE BREMSLEITUNGEN DURCHSCHOSSEN

Ohne jegliche Sicht fuhr ich rückwärts, um zum Dorf zurück zu fahren. Als ich auf die Bremse trat, funktionierte sie nicht. Die Täter hatten die Bremsleitungen durchschossen. Wir rasten rückwärts über die Kreuzung, ich zog die Handbremse, um das Auto zu wenden und in einem unbemannten Polizeirevier Schutz zu suchen. Irgendwie gelang es uns, zum Polizeirevier zu kommen. Ich schaffte es die Tür aufzuschließen. Wir hatten es geschafft! Draußen stand der total zerschossene Wagen. Meine Kollegin lag am Boden. Ich wusste nicht, wie schlimm sie verwundet war. Später stellte sich heraus, dass sie in die Brust getroffen worden war. Ich selber war voller Blut von den ganzen Splittern.

ERST ALS WIR IM KRANKENHAUS ANKAMEN KONNTEN WIR AUFATMEN

Ich bekam meinen Vorgesetzten ans Funktelefon. Er sorgte dafür, dass sofort ein Krankenwagen losfuhr. Auch die Sanitäter waren voller Sorge, als sie endlich kamen. Keiner von uns wusste, ob die Männer noch mal versuchen würden, auf uns zu schießen, wenn wir aus dem Dorf rausfuhren. Erst als wir im Krankenhaus ankamen, konnten wir aufatmen. Dort entfernten sie mir die Splitter der Kugel, die mich seitlich am

Kopf getroffen hatte. Die Kugel stammte von einer AK:5 und wurde aus 80 Metern Entfernung abgeschossen.

EINE EINZIGE KUGEL, DIE NICHT DAS FENSTER DURCHSCHLUG

Als die Polizei die technische Untersuchung des Autos gemacht hatte, konnte sie von einigen Wunder zu berichten. Es zeigte sich, dass ich ganz exakt in meiner eigenen Schneespur zurück gefahren war, als die Bremsen kaputtgeschossen waren und wir rückwärts den Hügel hinunter fuhren. Die Strecke war nach Aussage der Techniker 1160 Meter lang. Einer der Techniker sagte mir, dass von allen Kugeln, die abgeschossen wurden, es nur eine einzige gab, die nicht durch die Scheibe durchschlagen hatte. Sie blieb in einem dünnen „Film“ vor der Fensterscheibe hängen und flog leicht nach rechts. Wenn diese Kugel durchgekommen wäre, hätte sie mich genau in die Brust getroffen und mich auf der Stelle getötet.

NACH ZWEI TAGEN WAR ICH WIEDER IM DIENST

Es war für mich schon etwas merkwürdig, dass ich nach diesem Erlebnis nie Alpträume hatte, auch keine Schweißausbrüche oder Angstzustände. Das wäre völlig normal gewesen, nach so einem Erlebnis. Nach zwei Tagen war ich wieder im Dienst. Es war Silvester und ich wollte nicht, dass ein andere Kollege für mich einspringen musste. Aber als wir in dieser Nacht dieselbe Strecke fuhren, war mir schon ein wenig mulmig. Heute handhabt die Polizei die Krisenbewältigung für ihre Leute ganz anders als damals.

„DEIN WILLE GESCHEHE, NICHT MEINER“

Als ein paar Jahre später mein Sohn, der nur 17 Jahre alt geworden ist, den Kampf gegen den Krebs verlor, war mir dieses Erlebnis eine Hilfe. Ich konnte einfach nicht gegen Gott rebellieren und ihn anklagen. Mir war bewusst, dass er Leben und Tod in seiner Hand hält. Trotzdem war es vermutlich das Schwerste, was man als Eltern erleben kann. Nur einige Tage, bevor Mattias zu Gott gegangen ist und nach nur dreieinhalb Monaten Krankheitszeit, ging ich in sein Krankenzimmer, beugte meine Knie und betete das schwerste Gebet meines Lebens: „Herr, ich lege Mattias in deine Hände. Dein Wille geschehe, nicht meiner." Zwei Tage später hörte Mattias Herz auf zu schlagen.

ICH BIN KEIN SUPERMANN

Nach dem Tod von Mattias haben wir als Familie einen großen Frieden und innere Ruhe gespürt, obwohl das nicht heißt, dass wir nicht traurig waren oder den Verlustschmerz nicht erlebt haben. Heute kann ich dieses Erlebnis anderen betroffenen Familien weitergeben. Ich hatte das Vorrecht, mehrere Kollegen in Trauer- oder Krisenzeiten zu begleiten. Mir fällt es nicht schwer, Menschen zu begegnen, die trauern. Bevor ich einen Termin mit einem Trauernden habe, bitte ich immer den Heiligen Geist um die richtigen Worte, um gerade diesem Menschen in der vielleicht schwierigsten Situation seines Lebens helfen zu können.

Ich bin kein Supermann und ich habe großen Respekt vor den Menschen, denen ich begegne.

Es ist wie ein Auftrag von Gott, Menschen zu begleiten, ihnen zu helfen und sie in dieser schweren Zeit zu trösten.

Lars-Göran Hannler, Polizist

ABGESTÜRZT
und doch gehalten

Die junge Karin Wäspi ist vielseitig interessiert und reist gerne. Die bewegungsfreudige Frau liebt Sport – im Speziellen Klettern und Boarden. Einmal im Monat trifft sich die kaufmännische Angestellte mit Freunden in der Kletterhalle. Ein offener Karabiner verändert ihr Leben an jenem Abend von Grund auf.

WAS GESCHAH IN DER KLETTERHALLE?

Seit ich bei einem siebenmonatigen Aufenthalt im kanadischen Whistler das Klettern entdeckte, übte ich dieses Hobby auch in der Schweiz regelmäßig aus. Es war ein Freitagabend, eine Woche vor Weihnachten im Jahr 2005. Zusammen mit Freunden ging ich, wie viele Freitagabende zuvor, in eine Kletterhalle. Dieser Freitag abend sollte jedoch mein Leben verändern.

«BEI SECHSEINHALB METERN VERLIESS MICH DIE KRAFT UND ICH WOLLTE MICH INS SEIL FALLEN LASSEN, ABER MEIN KARABINER HATTE SICH GELÖST ...»

Nach vier Stunden Klettern mit Freunden wagte ich es, alleine mit dem Top-Ass-Seil zu klettern. Ich war zuerst sehr skeptisch, ob mich dieses Seil auch wirklich halten würde. Nach vier Klettergängen fühlte ich mich sicher und wählte als letzten Klettergang eine etwas schwierigere Route. Bei sechseinhalb Metern angelangt, verließ mich die Kraft und ich wollte mich ins Seil fallen lassen, was normalerweise gut klappt. Irgendwie hat sich aber mein Karabi-

ner gelöst, und ich fiel sechseinhalb Meter hinunter auf den Boden.

WAS GING DIR DURCH DEN KOPF, ALS DU AM BODEN LAGST?

Ich war sehr geistesgegenwärtig und bei Bewusstsein. Die ersten 30 Sekunden waren schlimm! Ich dachte, jetzt ist mein Leben zu Ende. Ich konnte fast nicht mehr atmen. Plötzlich bekam ich wieder Luft. Ich spürte, dass mein Rücken verletzt war, und wusste aus SLRG-Kursen, dass ich mich nicht bewegen darf. Meine größte Angst war die einer Lähmung. Ich spürte meine Beine noch, und eine anwesende Krankenschwester versicherte mir dann, dass ich nicht gelähmt sei. Darüber war ich sehr erleichtert. Minuten vergingen, die Ambulanz kam. Dann tauchte ich weg und erwachte erst im Krankenhaus wieder.

DIE DIAGNOSE IM KRANKENHAUS?

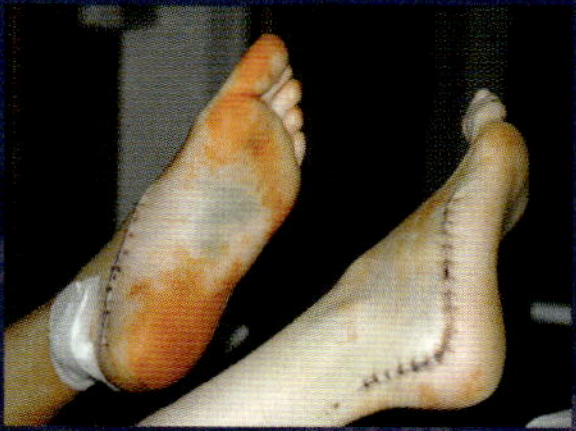

Ich realisierte nicht, wie gravierend meine Verletzungen waren. Ich hatte an beiden Fersen einen Trümmerbruch, dazu einen gebrochenen Lendenwirbel, und das Schambein war auch gebrochen. Es folgten alle zwei Tage insgesamt fünf Operationen an Rücken und Füßen. Nach dreieinhalb Wochen wurde ich in eine Rehabilitationsklinik verlegt. Weil beide Füße gebrochen

waren, durfte ich sie drei Monate nicht belasten und war auf den Rollstuhl angewiesen.

WIE HATTEST DU BIS ZU DIESEM MOMENT DEIN LEBEN «GEMANAGT»?

Ich hatte mein Leben voll im Griff und fühlte mich wohl im Zürcher Oberland. Seit einem Jahr hatte ich eine gute Arbeitsstelle, und drei Monate zuvor startete ich mit einer theologischen Ausbildung. Erst kurz zuvor hatte ich zudem eine junge, dynamische Kirche in der Region gefunden, wo ich mich wohlfühlte. Ich stand also «mitten im Leben», war sportlich auch im Triathlon sehr aktiv und spürte den Puls des Lebens – dies alles änderte sich schlagartig.

> **«MEINE KÖRPERLICHE BEGRENZUNG GAB MIR VERSTÄNDNIS UND SENSIBILITÄT KÖRPERLICH BEHINDERTEN MENSCHEN GEGENÜBER.»**

WAS WAR DAS SCHWIERIGSTE FÜR DICH WÄHREND DER ZEIT IM KRANKENHAUS?

Dass ich jetzt nichts mehr im Griff hatte! Ich lag im Spitalbett und konnte mich nicht selber waschen und mich kaum bewegen. Dieses Ausgeliefertsein, sich hilfsbedürftig zu machen, war echt herausfordernd. Als freiheitsliebender Bewegungsmensch war ich unabhängig und auf wenige Menschen angewiesen. Doch nun hatte ich keine andere Wahl, als mir helfen zu lassen.

WAS HAT DIR GEHOLFEN?

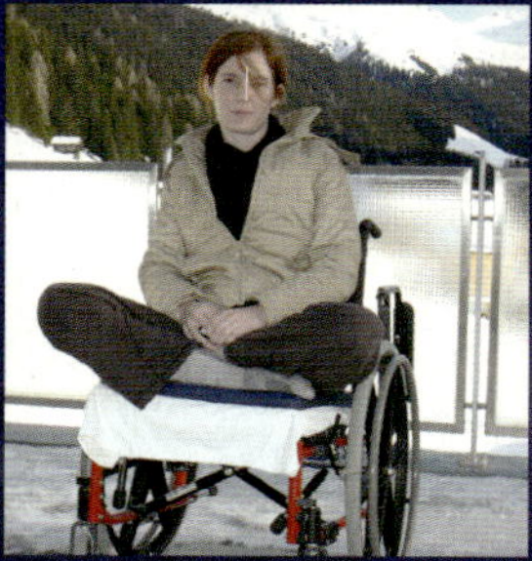

Das Gedicht «Spuren im Sand» brachte es auf den Punkt: Die Autorin beschreibt hier, dass in schweren Zeiten ihres Lebens nur eine Fußspur im Sand zu sehen war. Auf die Frage: Wo warst du, Gott? Warum hast du mich alleine gelassen?, antwortete Gott: «Mein liebes Kind, ich liebe dich und werde dich nie allein lassen, erst recht nicht in Nöten und Schwierigkeiten. Dort, wo du nur eine Spur gesehen hast, da habe ich dich getragen.»

Mir wurde sofort klar, dass diese Erfahrung nur möglich ist, wenn ich es zulasse und loslasse. Diese schwierige Lektion war jetzt dran. Ich erlebte sehr große Anteilnahme von meiner Kirche, meiner Familie und Freunden. Jeden Tag waren Besucher da, ich wurde überflutet von Karten, E-Mails und SMS.

WELCHE BEDEUTUNG HATTE DIE BERGWELT WÄHREND DEINER REHABILITATION?

Ich liebe die Berge und war überglücklich, als mir im Krankenhaus gesagt wurde, dass ich nach Davos-Clavadel in eine Reha-Klinik verlegt würde. In den Bergen fühle ich mich zuhause, und ich bin sicher, dass dieses Umfeld für meine Genesung wesentlich war. Gottes Schöpfung mit Sonne und Bergluft wirkte heilend – auch für meine Seele. Als aktive Snowboarderin

im Rollstuhl konnte ich mich sogar beim Zuschauen am Pistenrand freuen. Zu meiner großen Freude traf ich bei der Olympiafeier die Snowboard-Goldmedaillen-Gewinnerin Daniela Meuli. Davos wird mir immer in spezieller Erinnerung sein, dank den Patienten, dem Klinik-Personal, Freunden und der Familie, die mich besuchten.

DEIN AUSBLICK HEUTE?

Es war eine Erfahrung, die mein Leben prägt. Gesundheitlich bin ich auf einem guten Weg. Einige Einschränkungen sind da. In einer Nachoperation musste ich mein unteres Fußgelenk versteifen lassen, deshalb bin ich nicht mehr so beweglich wie früher. Ich bin tief berührt und bewegt, wie Gott mich getragen hat in dieser Zeit. Gleichzeitig erlebte ich praktische Hilfe durch ein professionelles Case Management. Vielleicht werde ich mich beruflich in diese Richtung weiterbilden.

Luis Weiss

Ein Freund Gottes

Mit ausgebreiteten Armen steht er am Rande eines Teiches und betet. Der Teich liegt versteckt und ist von Urwaldbäumen und Bananenstauden umgeben. Es ist der Ort, an dem Luis Weiss ungestört mit Gott reden kann. Manchmal zwei Stunden. „Hier habe ich den Himmel, die Pflanzen (Wald) und das Wasser, und Jesus ist gegenwärtig“, sagt er. Seit seiner dramatischen Bekehrung hat sich in seinem Leben viel verändert. Er weiß es. Und immer wieder berührt es ihn tief, dass Jesus Christus ihn nicht in seinem alten Leben gelassen

hat. War er doch gefürchtet und berüchtigt in der ganzen Gegend.

Alle Nachbarn und auch die Guaraní-Indianer[1] im Tal auf der anderen Seite fürchteten seine Aggressivität. Seine Familie, allen voran seine Frau, hatte nichts zu lachen. 22 mal hat man ihn wegen irgendwelcher Gewalttaten ins Gefängnis gesteckt. Und dann kam der Tag, den er nie mehr vergessen würde. Es war der Tag, an dem er in einem der Urwälder von Misiones[2] einen Baum fällen wollte. Irgendwie hatte er nicht aufgepasst und einer der starken Äste schlug so unglücklich auf sein Bein, dass es schwer verletzt wurde. Er konnte sozusagen zusehen, wie er verblutete.

Blitzschnell schoss es ihm durch den Kopf: Nun wirst du in der Hölle landen! Verzweifelt drückte er sein Gesicht in die Erde und schrie: Gott, lass mich nicht in die Hölle fahren sondern nur an den Rand! Kaum hatte er gebetet, da spürte er, wie ihn eine wundersame Wärme durchfuhr.

1 Indianerstamm in Südamerika, dessen Siedlungsgebiete sich über Argentinien, Paraguay, Brasilien, Uruguay und Bolivien erstrecken

2 Provinz im Norden Argentiniens

Er sah, wie sein zerschmettertes Bein aufhörte zu bluten. Irgendwie schaffte er es, in das Krankenhaus nach Oberá zu kommen, wo er fast neun Monate behandelt werden musste. Fast hätte er sein Bein verloren. Gleich am Anfang besuchte ihn Arturo Köbernick, damals Pastor der Baptistengemeinde Oberá. Der machte ihm klar, was er erlebt hatte und erklärte ihm den Glauben an Jesus Christus. Tief bewegt schrieb Luis in die Bibel, die der Pastor ihm geschenkt hatte:

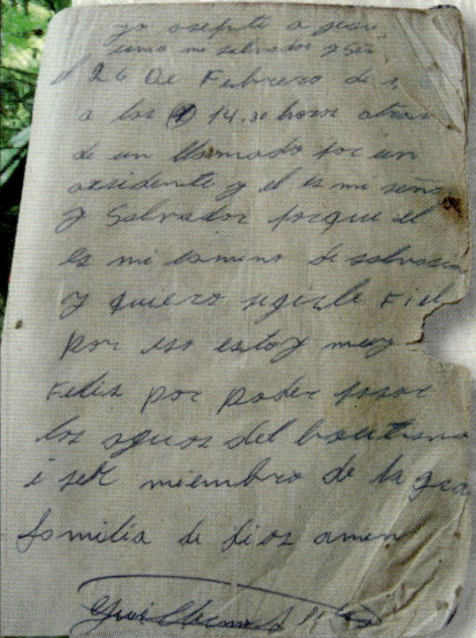
yo acepto a jesus como mi salvador y señor 26 De Febrero de a las 14.30 horas atraves de un llamado por un accidente y el es mi señor y Salvador porque el es mi camino de salvacion y quiero seguirle fiel por eso estoy muy feliz por poder pasar los aguas del bautismo i ser miembro de la gran familia de dios amen

„Ich nehme Jesus als meinen Retter und Herrn an, am 26. Februar um 14h30, nach einem Ruf durch einen Unfall. Er ist mein Herr und Retter, mein Weg der Rettung, ihm will ich treu folgen. Deshalb bin ich auch glücklich, durchs Wasser der Taufe zu gehen und Mitglied der großen Familie Gottes zu werden. Amen. Guillermo Luis Weiss.“

Von diesem 26. Februar 1988 an begann eine wunderbare Veränderung im Leben des Luis Weiss. Das spürten zunächst die Mitpatienten, in deren Krankenzimmer er an Krücken, mit der Bibel unter dem Arm, humpelte. Das spürte erst recht seine ganze Familie, die verwundert und auch skeptisch erlebte, wie der Vater nun radikal mit Gott lebte. Als auch die Nach-

barschaft mitbekam, welche Veränderung der Glaube an Jesus bewirkt hatte, öffneten sich viele dafür.

Ins Staunen kamen auch die Guaraní-Indianer unten im Tal, sahen sie doch, wie aus einem aggressiven, gewalttätigen Weißen jemand geworden war, der ihnen mit Liebe und Demut begegnete. Die Art, wie er von Jesus sprach, berührte sie unmittelbar und sie sagten: ‚Wenn der Glaube einen Menschen wie den Luis verwandelt kann, dann wollen wir auch an Jesus glauben.' Er wurde sozusagen ihr Anschauungsobjekt, an dem sie erkennen konnten, wie Jesus ist. Und so baten die Indianer ihn, sie doch in ihren Siedlungen zu besuchen, was er auch regelmäßig mit seinem roten Uraltjeep tat. Noch ahnte er nicht, dass diese Menschen einmal seine Lebensaufgabe werden würde.

Dietrich Weiand

Naturkatastrophe

Jesus, hilf uns nicht in Panik zu geraten.
Zeige uns den Weg.
Hilf uns die richtige Entscheidung zu treffen.
Wir bitten für die Bergungsarbeiter.
Gib Gelingen für ihre Bemühungen.
Wir bitten für alle in Not. Gib Stärke und Hoffnung.
Gib deinen Frieden – mitten im Chaos.
Amen

Bist du in Not, so rufe mich zu Hilfe!

Vor einiger Zeit entstand der Gedanke, diese Bibeln zu drucken und sie jedem Paket, das die Firma SeguRisk versendet, kostenlos beizulegen. Wir sind der Meinung, dass der Gott der Bibel, an den wir selber glauben, stärker ist als jede Krise. Wir möchten Sie ermutigen, ihn in Jesus Christus kennen zu lernen und ihm zu vertrauen. Er ist nur ein Gebet weit entfernt und spricht Ihnen zu:

Bist du in Not, so rufe mich zu Hilfe! Ich werde dir helfen und du wirst mich preisen. *Psalm 50,15*

Wenn Sie durch das Lesen dieser Bibel und zu den enthaltenen Lebensberichten Fragen haben oder Gott näher kennen lernen möchten, dann können Sie mir (Benjamin Bleich) gerne eine Email schreiben unter:

b.bleich@segurisk.de oder mich anrufen unter: **0172-2569209**

TREFFPUNKT
GIPFELKREUZ
Zwischen Himmel und Erde
Die majestätischen Alpengipfel des Wallis, umhüllt vom warmen Licht der aufgehenden Sonne, bringen Menschen zum Staunen und fordern heraus, sie zu besteigen. Den 4505 m hohen Gipfel des mächtigen Weisshorns zu erreichen, ist für viele Alpinisten ein Traum. Dort oben sieht die Welt ganz anders aus. Natur- und bergbegeisterte Menschen erleben in der faszinierenden Bergwelt oft unvergessliche Augenblicke, die Spuren in ihren Herzen hinterlassen und eine Sehnsucht, die über die Gipfel hinaus geht.
Ein Film über den Aufbruch und die Ankunft des Menschen; mit Bildern, die sprachlos machen.
Treffpunkt Gipelkreuz – Gratweg zwischen Himmel und Erde.
www.treffpunkt-gipfelkreuz.ch

Das Buch von Jesus

– für Kinder von Gefangenen in Polen –

Bible for the Nations startet die Aktion:
Jeder Gefangene – eine Biker Bibel (NT) / Frauen Bibel (NT) und beginnen mit der Verteilung der ersten 10.000 Biker Bibeln in den Gefängnissen Polens im Oktober 2018. Gleichzeitig werden 10.000 Exemplare von **„Das Buch von Jesus“** in polnischer Sprache gedruckt, um den Gefangenen die Möglichkeit zu geben, ihren Kindern **„Das Buch von Jesus“** zu Weihnachten zu schenken.

Wenn Sie das Projekt: – **„Das Buch von Jesus“** – für die Kinder von Gefangenen in Polen unterstützen möchten, senden Sie uns Ihre Spende bitte mit dem Vermerk: „Kinder von Gefangenen in Polen“ zu.

Das Beste, was wir Kindern schenken können ist die Gewissheit, dass Jesus sie liebt und erretten will.

Roul Åkesson, Bible for the Nations e.V.
im Oktober 2018

Bitte bei Spenden den Vermerk:
Kinder von Gefangenen in Polen angeben
Neue Spender – bitte die vollständige Adresse im Verwendungszweck angeben. Vielen Dank!
Bible for the Nations IBAN: DE57 4401 0046 0412 6204 62
BIC/SWIFT: PBNKDEFF